江苏省精品年鉴
Excellent Yearbook in Jiangsu Province

兴化年鉴

2023

兴化年鉴编纂委员会 编

方志出版社
Publishing House of Local Records

图书在版编目(CIP)数据

兴化年鉴. 2023 / 兴化年鉴编纂委员会编.—北京:
方志出版社, 2023.11
ISBN 978-7-5144-5950-0

Ⅰ. ①兴… Ⅱ. ①兴… Ⅲ. ①兴化—2023—年鉴
Ⅳ. ①Z525.34

中国国家版本馆CIP数据核字(2023)第242717号

责任编辑:李晓晓
责任校对:张玉霞
责任印制:梅中英
出 版 者:方志出版社
地　　址:北京市朝阳区潘家园东里9号(国家方志馆4层)
邮　　编:100021
网　　址:http://www.zgfzcb.cn
发　　行:方志出版社图书营销中心(010-67110500)
印　　刷:南京凯德印刷有限公司
开　　本:889毫米×1194毫米 1/16
印　　张:25.75
字　　数:806千字
版　　次:2023年11月第1版
印　　次:2023年11月第1次印刷
定　　价:300.00元

兴化年鉴编纂委员会

主　　任：殷　俊

副 主 任：常冬海　许　兵　王贵善　杨　蓓　刘春龙

委　　员：张大军　赵　斌　张冬健　金国明　张进厚

冯鸿灿　顾小兵　陈永根　王　迅　陈建中

邵国昱　唐小进　杭　雯　房宝才　陈　莉

主　　编：冯鸿灿

副 主 编：姚桂本　陈　莉　孙东圣

执行主编：陈　莉　孙东圣

《兴化年鉴》编辑部

主　　任：陈　莉

总　　纂：陈　莉

副 总 纂：孙东圣

编　　辑：王雯雯　钱　炜

彩页设计：孙东圣　吕　飞

校　　对：陈　辉　冯余宏　黄洪山　卞宝胜　邹建元

朱存安　邓婷婷　贺益梅　赵长洪　张　维

何永祥

封面设计：杜小平

《兴化年鉴》审稿人员

市领导

陈锋剑	殷　俊	常冬海	许　兵	王贵善	杨　蓓	刘春龙

乡镇、市级机关审稿人（按姓氏笔画排列）

万光明	马　捷	毛文敏	王学兵	王圣山	王　军	王　建
王建韬	王　萍	王　翔	王益兰	王道斌	卞秀祥	方迎峰
许少华	许昊天	包志和	叶建军	史宏祥	朱尧胜	刘　波
刘晓琴	孙荣贵	华　磊	邢寿和	花在明	李东伟	孙政权
李　凯	李有专	李　俊	陈永松	陈龙德	吴家润	汪夕禄
沈卫平	谷　牧	沈长海	沈大平	张大军	张云彬	张兰军
张文川	张进厚	张敬宾	张　华	张　丽	张　敏	张　琴
张　翔	邵小琴	陆明凯	陆玉花	沈赛林	张　舒	陆秀勇
陈元荣	陆银昆	陈金钟	陈　晨	陈曙军	苗　浩	居明峰
周根凤	周世美	房元健	单江帆	闻　敏	施　燕	赵惠敏
姜正明	姜　华	胡　炜	耿洪盛	高建国	袁晓东	顾　岚
顾国庆	顾秋贵	顾　鑫	顾　洁	顾新燕	钱　红	钱　怡
倪建明	徐永海	徐德元	栾忠明	高硕士	秦龙飞	黄金军
黄满盛	萧万茂	梅　军	常　骥	董华龙	葛　彦	葛海燕
韩雅倩	舒永喻	童文勇	谢天海	裴马年	裴建坤	戴玉华
戴兴宏	魏红革	魏　东				

编 辑 说 明

一、《兴化年鉴》是兴化市人民政府主办，兴化年鉴编纂委员会编纂的年度资料性文献，2002年首次出版，每年一卷，国内外公开发行。《兴化年鉴(2023)》以马克思列宁主义、毛泽东思想、邓小平理论、“三个代表”重要思想、科学发展观、习近平新时代中国特色社会主义思想为指导，坚持辩证唯物主义和历史唯物主义的立场、观点和方法，全面、系统、翔实地记录2022年兴化政治、经济、科技、文化、社会等方面的基本情况和发展态势，为认识兴化、研究兴化、发展兴化提供信息密集、准确实用的地情资料。

二、本卷年鉴采用分类法编辑，全书设类目、分目和条目3个层次。类目、分目分别用宋体和黑体字加以区别。部分分目设副分目，条目为述实体。卷首设专题图片、特载、大事记、鱼米之乡，卷末设附录、索引。主体内容分为垛田保护、中国共产党兴化市委员会、兴化市人民代表大会、兴化市人民政府、中国人民政治协商会议兴化市委员会、兴化市纪委监委、群众团体、法治、军事、经济管理、河蟹产业、农业、工业、建筑业、商贸服务业、金融业、旅游业、开放合作、交通、城市建设与管理、乡村振兴、生态建设、科学技术、教育、文化、卫生健康、体育、就业与社会保障、社会事务、公共安全、乡镇(街道)、人物 荣誉等类目。与上年年鉴相比，将建筑业、科学技术、体育由分目升格为类目，同时对部分类目、分目名称以及位置、排序进行了规范，并新设乡村振兴、垛田保护、河蟹产业类目，其中垛田保护、河蟹产业为本年鉴独有，具有地方特色、时代特色。

三、本卷年鉴数字、标点符号用法分别采用国家标准《出版物上数字用法》(GB/T 15835—2011)、《标点符号用法》(GB/T 15834—2011)，计量单位采用国家技术监督局1993年12月发布的《量和单位》系列国家标准。农业部分及各乡镇重点村、特色村介绍中土地面积均以亩、公顷为计量单位，产量以千克、吨为计量单位。考虑到社会使用习惯，全书中亩不统一换算。

四、书中机构名称均采用规范化或习惯性简称，目录前备有部分组织机构全称、简称对照表。

五、本卷年鉴资料由全市各有关部门、单位提供，并经领导人审核。统计资料由兴化市统计局提供。部分数据合计数或相对数，由于单位取舍不同而产生的计算误差，本书均未作机械调整。

六、作者姓名加括号列于所写正文之后，同一分目或副分目内相邻条目为同一作者的，列于末条正文之后。

七、为便于检索，卷首配备详细目录，卷末设有主题索引、表格索引。主题索引采用主题分析法编制，款目按汉语拼音顺序(同音字按声调)排列。

兴化名片

全球重要农业文化遗产（垛田传统农业系统）
世界灌溉工程遗产名录（垛田灌排工程体系）
全国县域经济基本竞争力百强县（市）
全国中小城市综合实力百强县（市）
全国科技实力百强县（市）
全国科技进步先进市
全国“科技富民强县”试点市
全国粮食生产标兵（先进）县（市）
全国慈善城市百强
全国工业百强市
全国食品工业强市
国家卫生城市
国家级生态示范区
中国农村综合实力百强县（市）
中国不锈钢之乡
中国国际象棋之乡
中国小说之乡
中国最美油菜花海
中国河蟹养殖第一县
中国果蔬脱水加工第一县
全国休闲农业与乡村旅游示范市
全国“妇幼健康优质服务示范市”
长三角最具商业潜力十大县（市）
长三角自驾游“双十强”城市
江苏省历史文化名城
江苏省园林城市
江苏省文明城市
江苏省双拥模范城市
江苏省社会治安安全市
江苏省放心消费示范市
江苏省新农村新家庭示范市

城市印象

2022年

城市概览

户籍人口：148.73万人	出生率：3.94‰ 死亡率：11.42‰ 自然增长率：-7.48‰
面积：2395平方千米	设县年代：公元920年

人文景点：千垛菜花、李中水上森林、郑板桥故居、四牌楼、状元坊
历史名人：郑板桥、李鱓、施耐庵、刘熙载、高谷、李春芳、吴甡、韩乐吾
当代名人：李继侗、李春芬、王振义、袁木、葛家澍、王存玉、林鸣、毕飞宇、侯逸凡

天　气

年平均气温：16.6摄氏度
年总降水量：746.8毫米
年日照时数：2164小时
年内出现≥35.0摄氏度高温日数：31天
年内出现寒潮：1次

经　济

地区生产总值	1085.19亿元	比上年增长	4.3%
第一产业增加值	148.47亿元	比上年增长	2.2%
第二产业增加值	424.96亿元	比上年增长	4.6%
第三产业增加值	511.76亿元	比上年增长	4.6%
一般公共预算收入	48.02亿元	比上年增长	4%
城镇居民人均可支配收入	51154元	比上年增长	5.2%
农村居民人均可支配收入	27638元	比上年增长	7%
社会消费品零售总额	315.36亿元	比上年增长	6.8%

人民生活

就　业	
城镇新增就业12000人	扶持新增成功自主创业9543人
社会保险	
企业职工养老保险新增4100人	企业职工工伤保险新增1.52万人
城乡居民医疗保险参保率98.5%	城乡居民养老保险基础养老金发放率100%

生态建设

生态环境状况指数：69.54
PM_{10}平均浓度：52.8微克/立方米
$PM_{2.5}$平均浓度：30.4微克/立方米
环境空气质量优良天数比例：80％
城镇集中式饮用水源达标率：100%

地区生产总值

单位：亿元

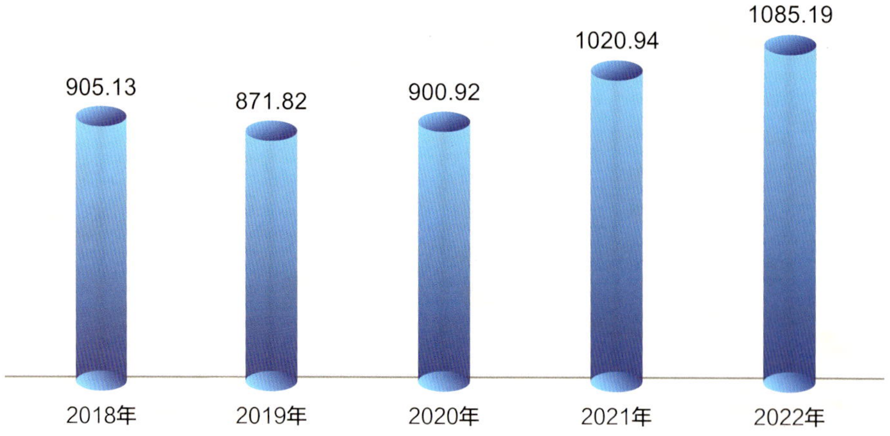

人均地区生产总值

单位：元

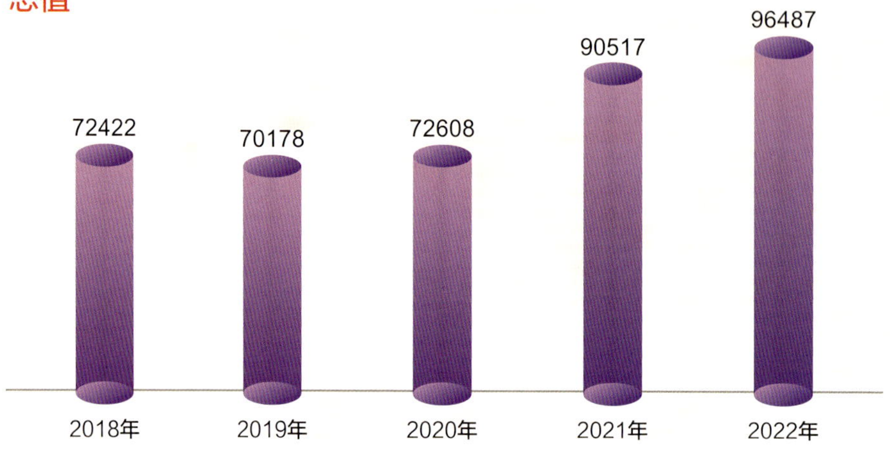

2022年地区生产总值构成

单位：亿元

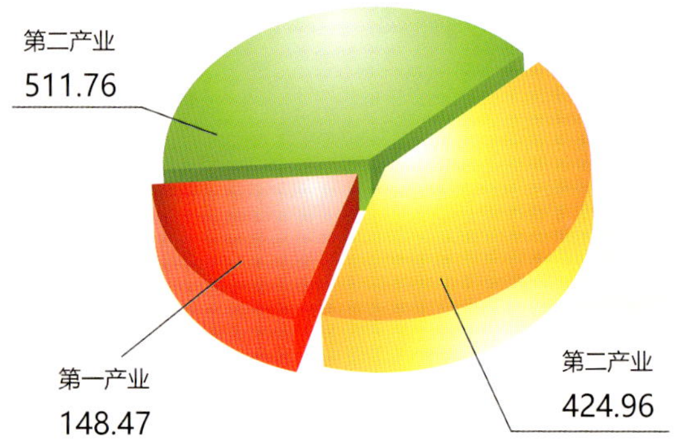

地方一般公共预算收入

单位：亿元

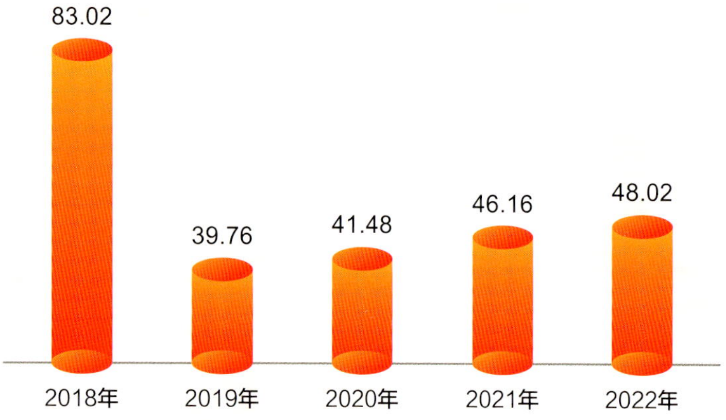

一般公共预算支出

单位：亿元

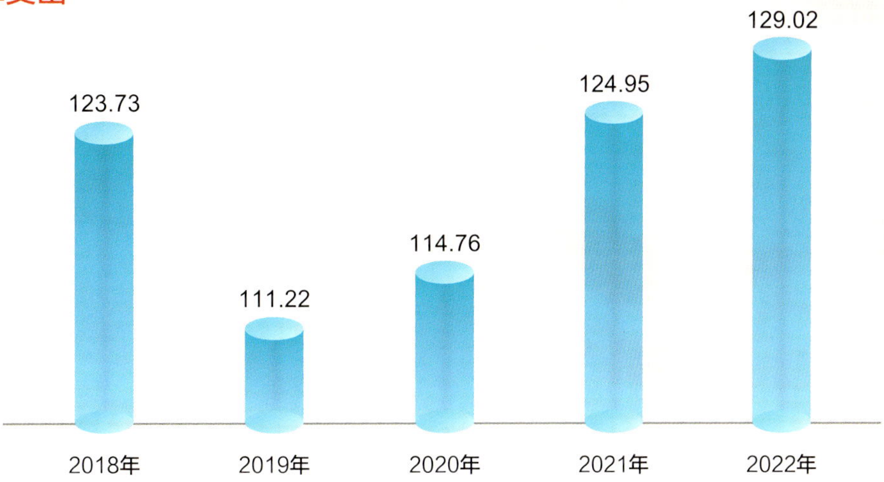

社会消费品零售总额

单位：亿元

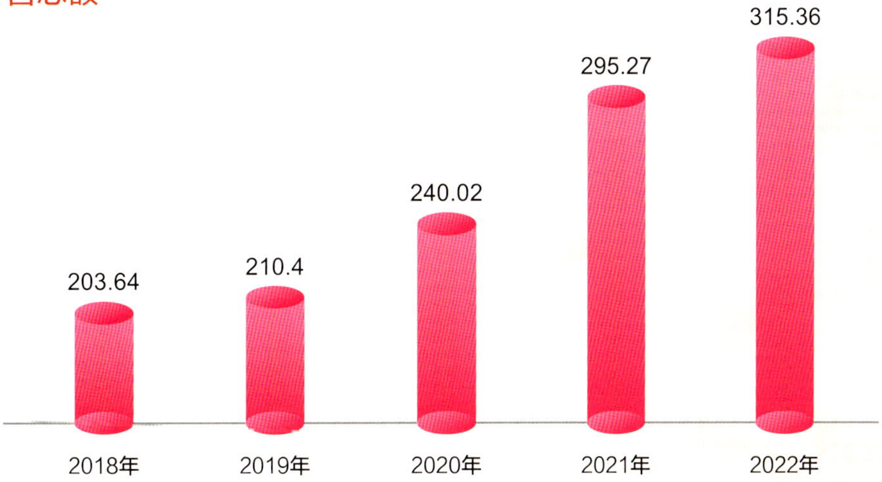

城镇居民人均可支配收入与农村居民人均纯收入

单位：元

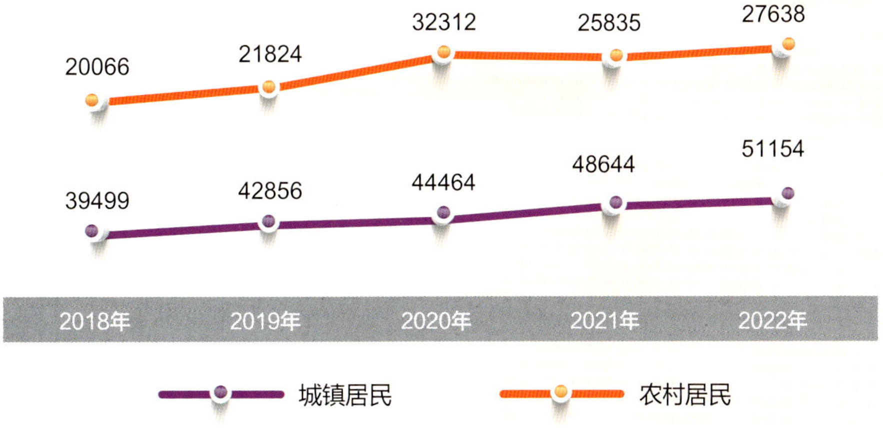

城镇企业职工基本养老保险参保人数

单位：人

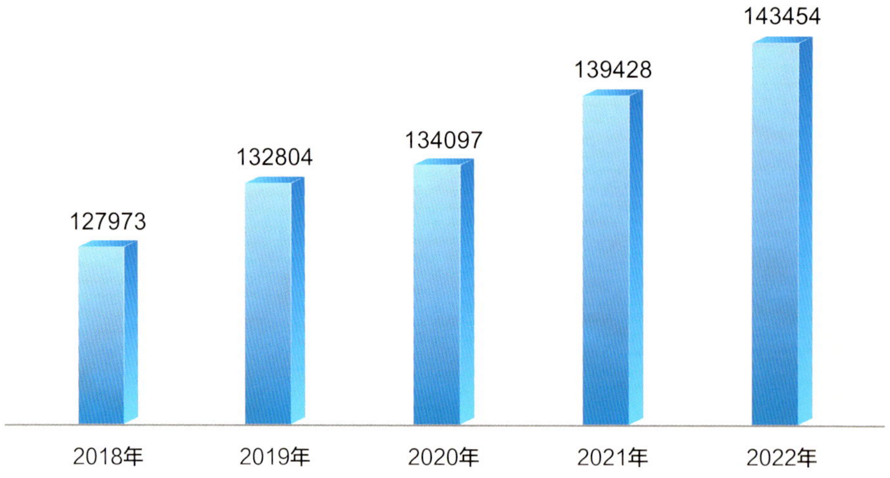

城乡居民医疗保险参保人数

单位：人

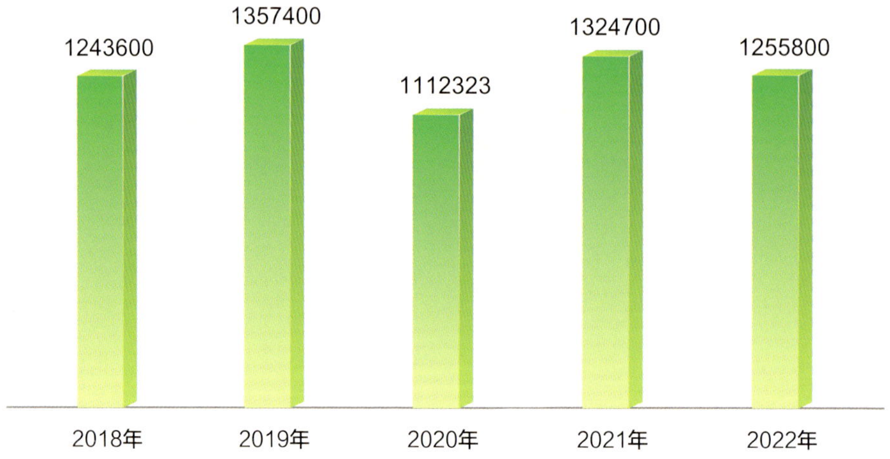

城镇事业保险参保人数

单位：人

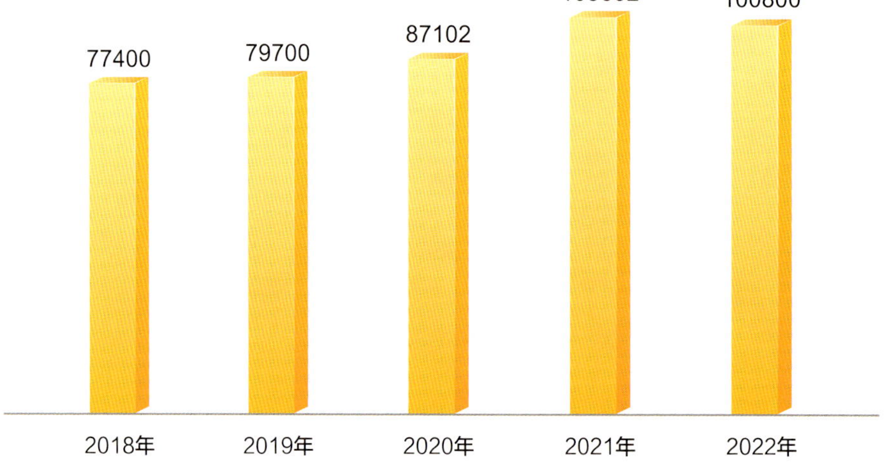

城乡居民养老保险续保率

单位：%

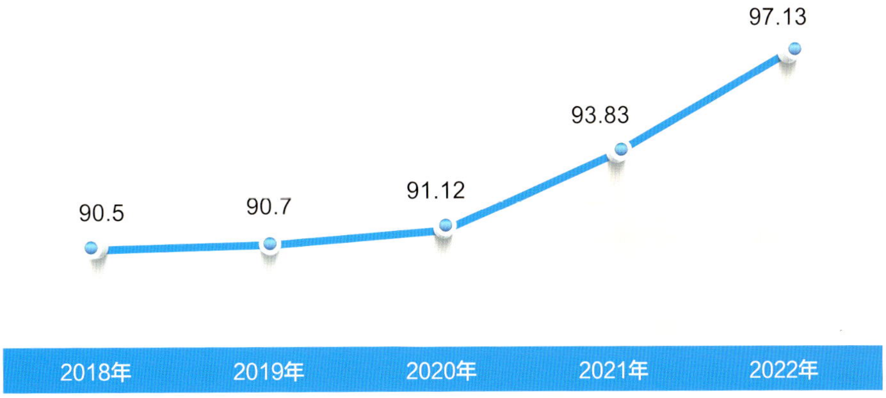

年末银行存款额

单位：亿元

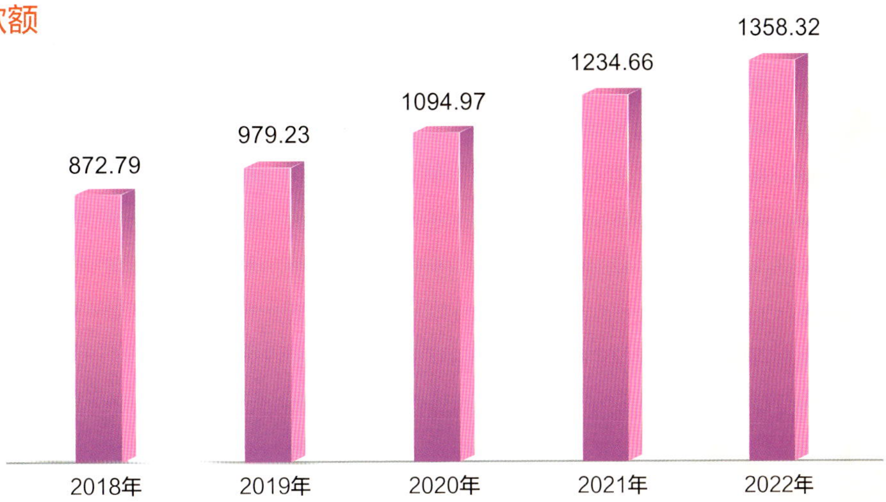

年末银行贷款额

单位：亿元

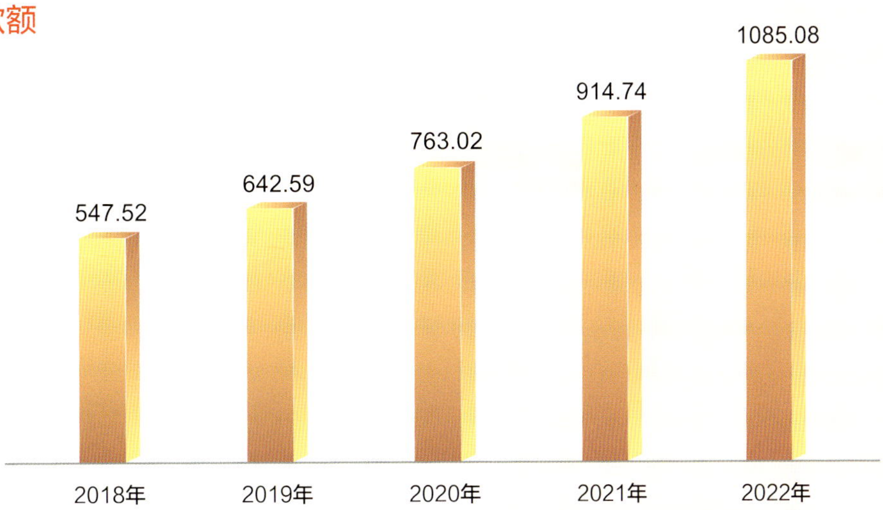

2014年4月29日，兴化垛田农业系统被确定为全球重要农业文化遗产

兴化垛田，是当地先民在湖荡沼泽地带开挖河泥堆积而成，状如小岛，四面环水。自明朝中叶以来，位于江苏中部里下河地区的兴化洪涝多发，素有“洪水走廊”之称。为应对连年灾害，兴化先民因地制宜、创造性地开发了“垛田”这一全新的农业生产模式，最终孕育出人与自然和谐共生的垛田传统农业系统。因其独特的垒土方式和水利文化，2014年，该系统被联合国粮农组织确定为全球重要农业文化遗产，成为江苏省首个获此殊荣者。2022年，兴化垛田灌排工程体系又成功入选第九批世界灌溉工程遗产名录。“双遗产”成为当地经济社会发展的金字招牌。

千垛之春

千垛之秋

2022年11月13日，世界灌溉工程遗产江苏兴化垛田灌排工程体系揭牌

千垛之冬

千垛之景

2022年5月6日，由中共兴化市委宣传部、共青团兴化市委员会主办的“喜迎二十大、永远跟党走、奋进新征程”青春宣讲会（线上）成功举办

2022年9月30日，在兴化市新时代文明实践中心举办“喜迎二十大 礼赞新时代 勇毅向未来”专场朗诵会

2022年5月11日，兴化市召开《匠心笔梦》新书首发式暨“兴化工匠”表彰大会

2022年9月22日，市文联在李中水上森林景区组织开展“喜迎二十大 强国复兴有我”主题快闪活动

2022年11月25日，兴化市新业态新就业群体党的二十大精神“学说做”活动举行

2022年11月15日，党的二十大精神宣讲“文艺轻骑兵”走进大营镇

2022年11月4日，开展“e路同行——喜迎二十大 网眼看兴化”主题活动

2022年7月29日，在兴化八字桥文化广场举办“喜迎二十大 文化进万家”文化惠民演出

2022年12月30日，中国共产党兴化市第十三届委员会第三次全体会议召开

2022年1月10日，兴化市第十七届人民代表大会第一次会议召开

2022年1月9日，中国人民政治协商会议兴化市第十四届委员会第一次会议召开

2022年4月28日，全市党建工作暨水乡兴锋工作团组建动员部署会议召开

2022年6月21日，兴化市网络名人联盟党委揭牌暨“兴”新向荣党建品牌发布启动仪式举办

2022年6月1日，兴化市村干部能力大比武实干能力比拼暨“兴有强雁”支部书记讲坛活动举办

2022年6月14日，基层党建重点任务推进暨“放亮”项目现场观摩会召开

2021年，江苏兴达钢帘线股份有限公司销售收入105亿元。图为2022年1月24日在江苏兴达2021年度总结表彰大会上举行的“百亿兴达”授鼎仪式

2022年5月26日，腾龙精线不锈钢高端线材智能制造项目签约

2022年6月18日，江苏申源集团公司高性能特种合金材料产业化及高线智能化技术改造项目开工建设

2022年9月16日，兴化市绿色健康食品产业联盟及党委成立大会召开

2022年7月8日，博生医材创新层挂牌上市暨生物膜新车间开工仪式举行

夏收

2022年9月25日，兴化大闸蟹开捕节在安丰镇举行

2022年10月5日，2022中国·兴化品蟹赏菊旅游季暨“青红之恋”兴化大闸蟹美食体验活动在银北门品蟹一条街正式启动

2022年6月25—27日，兴化夏季房地产展示交易暨汽车博览会在吾悦广场举行

2022年6月30日，南京至盐城高速公路泰州段开工动员会在兴化举行

2022年8月12日，直港河中桥建成通车

2022年8月30日，城区兴姜和苑住宅小区交付使用

2022年11月28日，三水家园安置房竣工

省特色田园乡村——唐庄

2022年10月20日，城南邻里工程竣工

水乡美路

2022年5月17日，兴化召开企业家早茶峰会

2022年12月16日，全市群众性经济技术创新成果表彰暨农业产业化劳模创新工作联盟成果发布会召开

2022年10月14日，兴化市人民医院“护企宝”微信服务平台正式上线

新兴产业科创区

2022年12月15日，泰州首个“服务乡村振兴（兴化）实践基地”揭牌

2022年7月26日，市总工会成立司机之家服务联盟

2022年2月10日，“农村商业银行杯”兴化市2022年新春舞龙表演大赛在新区体育馆举行

2022年7月2日，“千垛之城 荷你有约”——2022兴化市荷文化旅游节在万亩荷塘景区开幕

2022年6月2日，第十四届乌巾荡龙舟大赛及“相约乌巾荡 共享米粽香”兴化端午·粽文化旅游节在乌巾荡湿地公园举办

2022年11月12日，2022年紫金文化艺术节兴化市群众文化活动之兴化市新创暨群众文艺调演

2022年，兴化市立足长效，不断改进和完善品牌群众文化活动建设，丰富群众文化生活，着力提升群众获得感、幸福感。举办第五届施耐庵文学奖评审活动，组织毕飞宇工作室·小说沙龙走进世界文学客厅、仙林艺术中心等6场活动，放大名人效应，助力文化品牌“出圈”。围绕传统节日，举办“上元好时节 邂逅银北门”元宵佳节赏花灯、鉴非遗、猜灯谜活动，组织民俗踩街、中秋晚会、重阳文艺演出等群众性文化活动。紧扣江苏省优秀群众文化活动重点项目，举办新春舞龙大赛、乌巾荡龙舟大赛、广场舞大赛，提升全市“三大赛事”品牌影响力。立足景区和酒店公共空间，打造昭阳里森林小剧场、道情小剧场、东罗小剧场等一批特色小剧场，推出《板桥放粮》《范公断案》等精品作品并进行常态化演出，组织《昭阳里·踏车行》专场演出、“兴小淮·紫藤讲堂”淮剧授课等群众性文艺活动。引导文化志愿者开展“天天戏相逢 线上活动月”抖音直播活动，让群众足不出户就能领略兴化民歌、淮剧、号子、小调等水乡特色作品的魅力。常态化组织开展“非遗大集”进广场、进社区、进校园活动，弘扬传统文化。

2022年6月11日，“大美兴化 非遗魅力”——“非”一样的大集引热吾悦广场

02

小淮剧《门前不是陌生客》

（投票编号：1040号）

演出单位：
兴化市文体广电和旅游局
兴化市淮剧团

小淮剧《门前不是陌生客》，小戏采用轻喜剧的方式，讲述了村妇尤菜花久居城里带孙子，这一天匆匆回家准备收割菜籽，却发现一个陌生的男子在她家菜地里锄草、修埂、割菜籽，尤菜花放出看家护院的大黄狗，却不料大黄狗与陌生男子摇头摆尾……经过菜地"升堂、问案"，方知陌生人就是新调来的村支书！小戏歌颂了乡村振兴中的党群干群关系，"门前不是陌生客，却如农家梦中人"！

2022年6月22日，小淮剧《门前不是陌生客》入选江苏省五星工程奖终评

2022年5月27日，兴化市淮剧团2022年"戏曲进校园"走进陈堡级中学

2022年5月2日，《昭阳里·踏歌行》专场演出在李中水上森林公园景区森林小剧场上演

2022年，第二十届江苏省运动会在泰州举办，6月至8月兴化承办了省运会篮球、三人制篮球、举重、国际象棋、赛艇和皮划艇等6项比赛。投资1.7亿元，新建了占地123亩，各类设施齐备的陈堡草荡泰州水上运动训练中心，在此地成功举办省运会青少年部皮划艇、赛艇等水上赛事项目。

2022年7月28日，江苏省第二十届运动会青少年皮划艇比赛在陈堡泰州水上运动训练中心开赛

2022年8月31日，江苏省第二十届运动会青少年赛艇比赛在陈堡泰州水上运动训练中心举行颁奖仪式

2022年3月5日，位于陈堡镇的陈堡草荡泰州水上运动训练中心建成

2022年7月21日，江苏省第二十届运动会青少年三人制篮球比赛颁奖仪式在兴化举行

2022年8月20日，江苏省第二十届运动会青少年部国际象棋比赛颁奖仪式在兴化举行

2022年8月31日，江苏省第二十届运动会“水手之夜”联谊晚会在兴化举行

陈堡草荡水上训练中心

2022年5月24日，兴化中学学生公寓楼竣工

2022年11月23日，市开发区举行施耐庵中学(初中)主体结构封顶仪式

2022年4月29日，兴化乡村振兴农村金融驻点邮银现场推进会召开

2022年9月16日，江苏省科技企业融资路演服务中心兴化市“科e融”助企纾困专项活动在兴化举行

2022年12月7日，陈堡镇人民广场入选2022全省最美乡村健身公园（广场）

2022年11月17日，兴化市老年大学建校30周年专场文艺演出。图为文艺表演后合影

2022年10月20日，“银发三长”助力文明城市创建志愿服务活动

2022年9月9日，市城管局开展垃圾分类宣传活动

东罗小剧场

公益彩页图片供稿：市人大办　市政协办　市委宣传部　市委老干部局　市总工会　市妇联　市文联　市统战部
市融媒体中心　市文体广旅局　市住建局　市城管局　市交通局　市法院　市科技局
市邮政公司　戴南镇　千垛镇　陈堡镇　大营镇　经济开发区（临城街道）　杨天民　梅立成

部分组织机构全称、简称对照表

全称	简称	全称	简称
中国共产党兴化市委员会	市委	兴化市应急管理局	市应急管理局
兴化市人民代表大会常务委员会	市人大常委会	兴化市科学技术局	市科技局
兴化市人民政府	市政府	兴化市国有资产管理办公室	市国资办
中国人民政治协商会议兴化市委员会	市政协	兴化市住房和城乡建设局	市住建局
中国共产党兴化市纪律检查委员会	市纪委	兴化市文体广电和旅游局	市文体广旅局
兴化市人民法院	市法院	兴化市城市管理局	市城管局
兴化市人民检察院	市检察院	兴化市交通运输局	市交通局
中共兴化市委办公室	市委办	兴化市生态环境局	市生态环境局
兴化市人民政府办公室	市政府办	兴化市自然资源和规划局	市自然资源和规划局
中共兴化市委组织部	市委组织部	兴化市供销合作总社	市供销社
中共兴化市委宣传部	市委宣传部	兴化市教育局	市教育局
中共兴化市委统一战线工作部	市委统战部	兴化市融媒体中心	市融媒体中心
中共兴化市委政法工作委员会	市委政法委	兴化市卫生健康委员会	市卫健委
中共兴化市委老干部局	市委老干部局	兴化市疾病预防控制中心	市疾控中心
中共兴化市委党校	市委党校	兴化市市场监督管理局	市市监局
中共兴化市委机构编制委员会办公室	市委编办	兴化市税务局	市税务局
兴化市民族宗教事务局	市民宗局	兴化市盐业公司	市盐业公司
兴化市党史方志办公室	市史志办	兴化市烟草专卖局	市烟草局
兴化市妇女联合会	市妇联	中国人民银行兴化市支行	市人行
中国共产主义青年团兴化市委员会	团市委	中国工商银行股份有限公司兴化支行	市工行
兴化市工商业联合会	市工商联	中国农业银行股份有限公司兴化市支行	市农行
兴化市科学技术协会	市科协	中国建设银行股份有限公司兴化支行	市建行
兴化市残疾人联合会	市残联	中国银行股份有限公司兴化支行	市中行
兴化市人民政府外事办公室	市政府外事办	中国农业发展银行兴化市支行	市农发行
兴化市发展和改革委员会	市发改委	江苏兴化农村商业银行	市农商行
兴化市人力资源和社会保障局	市人社局	中国人民财产保险股份有限公司兴化支公司	市人保公司
兴化市农业农村局	市农业农村局	中国人寿保险股份有限公司兴化支公司	市寿保公司
兴化市工业和信息化局	市工信局	江苏省兴化经济开发区管理委员会	市开发区管委会

总　目

目　录

特　载

大事记

鱼米之乡

垛田保护

中国共产党兴化市委员会

兴化市人民代表大会

兴化市人民政府

中国人民政治协商会议兴化市委员会

兴化市纪委监委

群众团体

法 治

军　事

经济管理

河蟹产业

农　业

工　业

建筑业

商贸服务业

金融业

旅游业

开放合作

交　通

城市建设与管理

乡村振兴

生态建设

科学技术

教　育

文　化

卫生健康

体　育

就业与社会保障

社会事务

公共安全

乡镇(街道)

人物　荣誉

附 录

索 引

垛田:世界"双遗产"

2022年10月6日,"兴化垛田灌排工程体系"入选(第九批)世界灌溉工程遗产名录。2014年4月29日,"兴化垛田传统农业系统"被联合国粮农组织确定为全球重要农业文化遗产。

兴化垛田有着悠久的历史

兴化古称昭阳,又名楚水,历史悠久。在4000多年前的新石器时代就有人居住,兴化文化传统往上可追溯至楚汉文化。设有22个镇、1个乡、3个街道、463个村。2022年户籍人口148.73万人,地区生产总值1085.19亿元,其中第一产业占13.9%。

兴化垛田的形成演变可以溯及千年以上的历史。里下河平原是位于江淮之间的凹陷地带,一般指里运河一线以东、苏北灌溉总渠以南、串场河以西和通扬运河以北的地区。兴化地处江苏中部的里下河腹地、古射阳湖核心区南域,历史悠久,4200年前的新石器时代就有先民生产劳动、繁衍生息。境内河湖港汊纵横交错,但地势低洼,形如"锅底"。自金元时期射阳湖开始遭受黄河南下的淤积物反复覆盖趋于淤废,逐渐变成沼泽型湖泊。明清时期黄淮合流以后,淤塞速度显著加快,大量荡地出现。明中后期黄河南下夺淮,兴化逐渐成为洪水走廊,但人口大量增长,给人水地关系带来了新的挑战。

"垛田"是里下河腹地独有的灌溉田制,是目前唯一分布在兴化湖荡区的高地旱田。清代《嘉庆高邮州志》有明确记载:"下河地势卑下,凡有基址隆然而起者即以垛名。"唐大历二年(767)修捍海堤(今常丰堰),自盐城入海陵,长200余里。堰西斥卤之地(含今兴化东部)渐成农田,由于劳动力增多、种植业发展,人们在沼泽和浅水地区以木桩、木架塞入水草泥土作基础,再以河泥层层垒积成片的岛状,形成"葑田",亦称"架田"。隋唐以后,大运河体系确立后,以运河为中心的水流调控形成,为运河以东的广大地区提供清水灌溉。宋天圣元年(1023),范仲淹督修捍海堤(范公堤),六年堤成。在沼泽地用木桩、木架塞上泥土水草,覆盖土壤,形成架田(葑田),有效挡住了海水侵灌,使里下河地区的农田得到进一步开发。南宋黄河夺淮后引来了更多的泥沙,里下河一带尤其是兴化境内的沼泽地大量露出水面,当地居民在早已形成的垛岸基础上进一步积土垒垛,从而出现了成千上万块四周环水的岛屿状田地,垛田灌排系统初步形成。明代后期以来,黄河改道南下,带来了大量泥沙,里下河一带,特别是兴化境内的沼泽地露出水面,垛田祖先在早已形成的垛岸基础上进一步积土垒垛,从而出现了成千上万块四周环水的岛屿状田地,垛田灌排系统开始形成。到了清代,随着人口增长,在抵御自然灾害和罱泥施肥的诉求中,人们堆叠河泥,抬高圩岸和垛田田身,塑造出高低错落的农田微地貌。河泥丰富程度和堆叠的差异,加剧了农田地势的分化。在多样的农田微地貌上,人们发展出丰富的作物种植体系。

形成了“葑田凫唼唼,芦渚雁嗈嗈”的胜景。

农业丰收离不开完备的垛田灌溉体系

中国的农业发展与灌溉工程技术之间存在着天然的联系。兴化垛田也不例外。“兴化垛田传统农业系统”和“兴化垛田灌排工程体系”,其覆盖范围皆涉及兴化当地的垛田街道、千垛镇、沙沟镇、中堡镇、兴东镇、竹泓镇、林湖乡等地。两处遗产地有很大程度是叠加重合的。兴化农业遗产以垛田为中心,计算范围约46.8万亩,其中核心区垛田约6万亩;兴化灌溉工程遗产则以灌溉面积作为计算范围,覆盖范围约52.88平方千米。“兴化垛田灌排工程体系”中列入的历史遗存,包含了垛田及田间灌排设施、主体灌排工程遗存、古河湖水系;此外,还有古桥等相关建筑遗址,文献、传说等相关水利文化内容。这些要素与兴化农业遗产内容存在重叠,“垛田”同属两类遗产中的核心要素。兴化农业遗产关注的是如何在沼泽地建立起了良田,关注垛田的堆垒方式,垛田上生产出的龙香芋等特色农产品,关注传统的搁种法以及罱泥、扒、捱水草、戽水等传统的耕作方式,这些相互关联的内容构建起一整套农事系统。而在灌溉遗产视角下,垛田只是灌排工程的一部分,与圩口、水闸成为一个调蓄的水利体系。比如挖河道底泥堆垒、罱泥、扒收集农家肥这些“农事”,在灌溉工程中则视为河道清淤,戽水这种灌溉农作物的重要方式也位于灌排工程中最末的一个环节。

兴化垛田展示了兴化的历史、科技、文化内涵

“兴化垛田传统农业系统”和“兴化垛田灌排工程体系”,从不同的关注视角,发掘、展示了兴化垛田的历史、科技、文化内涵。从遗产价值角度来看,农业遗产下的垛田作为古代土地利用的活化石,是研究当地生态环境变迁和土地利用方式转变的珍贵标本。而作为灌溉工程,兴化垛田则是国内外唯一、里下河腹地独有、分布在兴化湖荡区的高地旱田灌排工程体系,起到了支撑农业发展和调蓄水资源的双重作用。农业遗产将当地农林渔的立体复合经营模式、农作物种植多采用轮作倒茬、间作套种相结合的种植制度和特色农产品等作为农耕技术体系与生计要素,描绘出栖息地上的先民如何发挥智慧将沼泽地变成了“菜篮子”和“果盘子”。灌溉工程遗产则以圩口、堤坝、包括古河道和湖荡的古河湖水系以及古桥、古码头遗址等水利设施,展现了延续至今的科技成就。此外,作为“农业系统”和“工程体系”的组成部分,当地的生产和生活风貌、文化与民俗也都被纳入遗产关注的范围。除了饮食、节日、服饰文化外,“兴化垛田传统农业系统”涉及了兴化的高跷龙、刻纸与扎裱、垛田歌会、垛田庙会等农耕文明的习俗;“兴化垛田灌排工程体系”则聚焦当地水神崇拜、水工文化以及文献、传说内容。兴化“双遗产”,不仅激励了兴化保护和延续垛田的积极性,更迅速转化为社会发展的动力。

2020年7月11日,兴化发布了“兴化精神”。垛田先民在与恶劣环境的抗争中创造出来的垛田奇迹,造就了这一极具里下河特色的“全球重要农业文化遗产”,经过历史的积淀、时代的交融,也最终成为兴化的精神象征、文化底蕴、时代风貌、价值追求——垒土成垛、择高向上。

兴化垛田自然文化遗产成为生产力

兴化拥有全国闻名的不锈钢产业,也是一个农业大市。有了“农业遗产”后,当地以旅游产业为新抓手开始谋划新的发展路径,希望遗产资源能够融合旅游观光,创造出当地经济发展新的增长极。每当春日来临,垛田油菜花连片开放,船儿摇曳其间,尽显江南水乡气息。到了秋天,蟹肥菊黄,龙香芋到了丰收的季节。一年四季,年复一年,农人们利用垛田产出丰富的物产;现在,兴化水乡不仅卖农品,也开始“生产”遗产景观。2009年4月,兴化举办了首届中国“千岛菜花节”,当时大家还习惯性将垛田称为“垛子”。兴化当时立足农业部油菜万亩高产创建示范片区,尝试做休闲观光农业。但随着与专家不断沟通,慢慢形成了“垛田”构想;同时,人们也意识到只有在保护好垛田的基础上,才能将垛田价值和景观持续保持下去。2011年,江苏省政府将“兴化垛田”确定为省级文保单位。2012年,“中国重要农业文化遗产”开始申报。2013年,“兴化垛田传统农业系统”便入选第一批“中国重要农业文化遗产”。保护文化遗产、自然遗产日益受到全社会的普遍认同与拥护。拥有国际级别的遗产认定,就获得了一块“金字招牌”,可对当地经济尤其是旅游业发展产生极大的推动作用。2004年,在中国江苏苏州举办了第28届世界遗产大会。这是中国首次承办联合国教科文组织世界遗产委员会最高级别的国际会议。对于经济相对发达又有着崇文重礼传统的江苏来说,“申遗”始终是一件有情怀、有责任感也更

有实力支撑的事，拿到“中国重要农业文化遗产”之后，就有了参加申报“全球重要农业文化遗产”的资格。2013年9月，兴化投入极大的热情，开始申报“全球重要农业文化遗产”。2014年4月，首届东亚地区农业文化遗产学术研讨会和“全球重要农业文化遗产”（中国）工作交流会在兴化召开。2014年4月29日，“兴化垛田传统农业系统”被联合国粮农组织确定为“全球重要农业文化遗产”。2015年兴化市的《政府工作报告》中提出，要合力实施遗产的多功能开发，让“兴化垛田传统农业系统”成为遗产地及兴化经济发展的一大助推器。兴化全力发挥了遗产品牌的优势，提升知名度与影响力。2016年与墨西哥的墨西哥城政府人类世界自然文化遗产地区部签订农业文化遗产合作交流备忘录。2015年至2017年，兴化承办了3期“南南合作”框架下全球重要农业文化遗产高级别培训班和“一带一路”国家农业文化遗产管理与保护研修班。兴化大力推进农业一、二、三产业融合发展，引进种植万寿菊，形成“春看菜花、夏观荷花、秋赏菊花、冬品芦花”的四季美景和休闲观光农业。通过培育脱水蔬菜产业，兴化建成了万亩国家级出口食品农产品质量安全示范区，成为“中国果蔬脱水加工第一县”。现在，兴化是全国最大的蔬菜脱水加工基地和脱水蔬菜产品集散地。

兴化垛田保护利用

兴化垛田传统农业系统和灌排工程，与当代生产生活方式也产生了一定的冲突。世界各地遗产地共同面临的问题，在兴化也同样存在。

自20世纪80年代始，随着防洪设施不断完善，垛田传统防洪功能便逐步弱化，开始出现大面积推垛成田、放岸填沟现象；许多垛田被占用建房、办厂，改蔬菜种植为粮食生产，开沟挖塘搞“精养”；部分地方削垛填沟，新增土地指标上市交易获利，垛田面积急剧减少。从事垛田农耕技术的农户年龄偏高，罱泥、扒等繁重农活缺少青壮年劳力，这使得河道缺乏经常性疏浚，导致垛间河沟淤塞、水草丛生，影响了垛田的生态。由于“兴化垛田”品牌促进了经济增长，市政府投入资金进行遗产保护、清淤河道并进行农业产品体系的持续优化与培育。这一系列成效使得农户从“垛田”中受益，有了新的积极性去维护、传承垛田的遗产价值。2014年，兴化市制定出台《兴化垛田农业文化遗产保护与发展规划》，划定了生态保护红线，垛田保护逐步受到人们重视。2017年6月，泰州市五届人大常委会将《泰州市垛田保护条例》列入立法规划。2021年3月1日，《泰州市垛田保护条例》正式实施。兴化市人民政府组建兴化垛田传统农业系统院士专家工作站暨保护与发展研究中心，为垛田的保护与发展提供人才支撑和智力保障。兴化相关部门组织开展垛田保护日常巡查，及时发现、处理侵占破坏垛田的违法行为，并对垛田水域淤积和水土保持情况进行监测，对撂荒田块进行吸泥填土，除草翻新。截至2022年，兴化千垛景区已完成500亩垛田综合治理，并规划以每年200亩的进度持续推进。兴化市划定国家级和省级保护边界和矢量范围，并实地标定界桩和公告牌，涉及垛田街道、千垛镇、沙沟镇、中堡镇约21.62平方千米，推动垛田保护范围精细化管理，确保垛田保护范围内执法监督有据可依。

兴化垛田记（资料来源：央视频道【中国影像方志】兴化篇垛田记）

（宋怀兵）

踔厉奋发　开启中国式现代化兴化新征程

兴化是江苏地理位置中心。根据蒋庄良渚文化遗址考证,早在4500年前至5500年前,兴化就有先民生活。在历史的长河中,兴化诞生了《水浒传》作者施耐庵、诗书画“三绝”郑板桥、《封神演义》作者陆西星、“东方黑格尔”刘熙载等鸿儒巨匠。20世纪八十年代以来,兴化涌现出一批以茅盾文学奖获得者毕飞宇为代表的作家群体,形成独特的“兴化文学现象”。兴化,是中国小说之乡、国家示范生态区、首批全国全域旅游示范区创建单位、省级历史文化名城。

2022年,兴化入选中国县域经济百强市、全国综合实力百强市、中国工业百强市。实现规上工业开票销售增长10%;完成对外直接投资4600万美元,位居泰州首位。

在中共兴化市委十三届三次全会上,全会向全市发出动员令:“新征程肩负着新使命,新使命更要有新作为。踔厉奋发、苦干实干,奋力开启中国式现代化兴化新征程,不断开创兴化更加美好的未来!”

聚焦产业,筑牢发展之基

2022年,面对疫情带来的不利因素,兴化出台“工业企业纾困15条”“农产品保供6条”“服务业纾困21条”,高效统筹疫情防控和经济社会发展,稳住经济“大盘”。实现地区生产总值1085.19亿元,一般公共预算收入48.02亿元。

在兴化市第十七届人民代表大会第二次会议上,兴化市市长殷俊指明2022年产业发展路径:“坚持把发展经济的着力点放在实体经济上,从现有产业基础和特色出发,把准主攻方向,加快建设现代化产业体系,推动经济实现质的有效提升和量的合理增长。强化重大项目牵引。坚定不移把项目作为经济工作的中心和推动发展的关键,高水平策划项目,高精度招引项目,高效率推进项目。大力实施“三比一提升”行动,选优配强专职招商队伍,紧盯头部企业和旗舰项目。借力行业协会、产业联盟、专业机构,积极拓宽项目源、引入新增量。

构建特色产业集群。聚力主导产业转型出关,持续深化“再造一个新戴南”战略部署,系统实施市场、冶炼、酸洗、物流、质检、展示、交易“七个集中”,推动不锈钢产业集群化发展。支持开发区打造中国健康食品产业名城,以调味品产业集聚区为牵引,推动健康食品与生态旅游、医疗康养有机结合,积极融入泰州大健康产业体系。

促进文旅深度融合。深耕兴化厚重的人文底蕴和丰富的旅游资源,大力发展文旅产业,积极申报国家历史文化名城,全力争创国家级全域旅游示范区。实体化运作乌巾荡省级旅游度假区,提档升级千垛菜花、湿地公园、万亩荷塘、沙沟古镇等核心景区。培育新消费、新供给、新业态,拉长“吃住行游购娱”产业链条,推动旅游业从门票经济向产业经济转变。

2022年10月,位于兴化的江苏兴达钢帘线股份有限公司,以其“子午线轮胎用钢帘线”入围第七批国家级制造业单项冠军示范企业,这标志着兴达公司“子午线轮胎用钢帘线”生产技术或工艺国际领先,代表全球制造业细分领域最高发展水平、最强市场实力。2022年7月14日至15日,泰州举行全市“三比一提升”项目建设现场督查活动,在安井食品三期项目现场,泰州安井食品有限公司总经理江恒用“六个一”诠释了企业与兴化的“双向奔赴”。自2011年落户兴化,“安井”一路高歌,如今已是国内最大的速冻调制食品生产基地。

聚焦生态,展现水乡之美

“坚持以人为核心,遵循城市发展规律,一体推进城镇村规划、建设、管理,促进城乡共生共荣、各美其美。”这是兴化2022年聚焦生态、在提标提质中展现城乡之美的发展方略。落实到具体行动:深化“创建为民、创建惠民、创建利民、创建靠民”理念,聚焦老百姓反映强烈的居住环境、市容市貌、交通秩序、集贸市场、违法建设等突出问题,开展专项提升行动,全员发动,全域共创,全力以赴创成全国文明城市。深化党建引领下的社区、业委会、物管企业“三驾马车”齐抓共管机制,实质性提升小区物管服务水平。

推动城乡融合发展。2022年兴化以创成全国文明城市为目标，一体规划高铁枢纽片区、得胜湖片区，系统推进东部未来城建设。完成老旧小区改造27个，三水家园、兴姜和苑等安置房竣工交付。启动以千垛镇为核心的江苏省特色田园乡村示范区建设。空气优良率80%，$PM_{2.5}$平均浓度30.4微克/立方米，分别列泰州第二、第一。启动实施海沟河综合整治工程，清退复垦兴盐界河沿线9203亩养殖塘口，国省考断面水质优Ⅲ比例达100%。建成幸福河湖102条、河长制主题公园5个。

全面推进乡村振兴。扛起粮食安全重任，全域打造高产稳产“吨粮田”。推广应用农业物联网技术，大力发展智慧农业、高效农业、生态农业，叫响“千垛百味”农产品区域公用品牌。以全国农业科技现代化先行县共建为抓手，加快全国农业现代化示范区建设，争创国家级现代农业产业园。

守好生态绿色家底。坚持精准治污、科学治污、依法治污，加强污染物协同共治，健全现代环境治理体系。持续深入打好蓝天、碧水、净土保卫战，严控工业废气排放、建筑工地扬尘，空气优良率达80%以上，$PM_{2.5}$浓度不超过30.4微克/立方米。2022年12月，国家林业和草原局公布2022年国家湿地公园试点验收结果，江苏兴化里下河国家湿地公园通过验收，这是对兴化坚持“全面保护、科学修复、合理利用、持续发展”湿地建设成效的充分肯定。同年，兴化参加《湿地公约》第十四届缔约方大会。

聚焦民生，走实共富之路

2021年8月，兴化耗资10多亿元建成兴化市中医院南亭路院区。新院区占地8.72公顷，建筑面积13.86万平方米，开放床位800张，功能设备一应俱全。把群众的“呼声”变成“掌声”，多年来，兴化始终坚持以人民为中心，用心用情用力做实富民、惠民和安民三篇文章，擦亮民生幸福底色。

2022年，兴化将全部财力的80%以上用于改善民生，不断满足人民对美好生活的向往。发放各类就业补贴补助1790万元，新增就业1.2万人，扶持创业9543人，城镇登记失业率控制在5%以内。组织各类培训1万人次，人力资源服务产业园开园运营。实施居民防贫综合保障保险，城乡养老保险待遇、医保补助标准进一步提高，主要险种参保率保持在98.5%以上。开展特殊困难群体救助帮扶专项排查整治，城乡低保标准提高到每人每月770元。退役军人服务保障体系更加健全，实现省级双拥模范城“九连冠”。同时，更加注重民生工作的精准度、精细度、平衡度，紧紧抓住人民最关心、最直接、最现实的利益问题，尽力而为，量力而行，不断在发展中保障和改善民生。

努力增强群众获得感。落实落细就业优先政策，持续加大援企稳岗力度，鼓励企业积极承担稳就业的社会责任，促进高校毕业生、农民工、退役军人等重点群体多渠道灵活就业。实施居民收入倍增计划，增加低收入群体收入，扩大中等收入群体，让群众的腰包“鼓”得更加充实。

着力提升百姓幸福感。办好人民满意的教育，持续优化城乡教育资源配置，争创省级义务教育优质均衡发展市。推进“双减”工作，注重学生心理疏导和法治教育，有效缓解教育“内卷”焦虑。加强市域紧密型医共体建设，健全分级诊疗制度，推动优质医疗资源下沉扩容。积极应对人口老龄化趋势，大力发展普惠养老事业和高端养老产业，更好满足老年人健康需要。加强困境儿童、留守儿童关爱保护，争创全国首批未成年人保护示范市。

全力保障居民安全感。认真落实新阶段疫情防控各项政策要求，聚焦“保健康、防重症”，加大群众就医用药保障力度，推进老年人等易感群体疫苗接种，确保顺利度过流行期。严格落实食品安全属地管理和企业主体“两个责任”，守好群众“舌尖上的安全”。

大事记

1 月

5 日　中共兴化市第十三届委员会第二次全体会议召开。

9 日　政协兴化市第十四届委员会第一次会议在市昭阳剧院召开。

10 日　兴化市第十七届人民代表大会第一次会议在昭阳剧院召开。

13 日　市商务局、市电商公共服务中心与亚马逊官方招商团队合作，举行 2022 亚马逊卖家交流会兴化站活动。

14 日　2022 年兴化市文化科技卫生“三下乡”活动在陶庄镇启动。

19 日　全市党史学习教育总结会议召开。

△　2021—2022 年全市基层党员冬训工作部署会召开。

△　省级双拥模范城镇江市交叉互评考核组对兴化市创建省级双拥模范城情况进行交叉互评。

21 日　市妇联九届三次执委（扩大）会召开。

23 日　省市场监管局副局长李杰带队到兴化市督查调研春节期间市场监管工作。

24 日　全市安全生产工作会议召开。

△　江苏兴达钢帘线股份有限公司 2021 年度总结表彰大会召开。

△　泰州市委副书记汤成快，泰州市委常委、宣传部部长、副市长刘霞到兴化市开展春节前走访慰问。

25 日　2021 年抓基层党建工作述职评议暨市委党建工作领导小组会议召开。

△　民盟江苏省委、民盟泰州市委到沙沟镇开展“特色党务”——泰州民盟烛光教育行动乡村行暨送福进乡村活动。

26 日　市供销合作总社获评 2021 年省“二十强县级供销合作社”。

27 日　市委党史学习教育专题民主生活会暨警示教育专题民主生活会召开。

28 日　中国共产党兴化市第十三届纪律检查委员会第二次全体会议召开。

2 月

7 日　全市复工复产期间常态化疫情防控工作会召开。

9 日　开发区提升综合竞争力构建发展新优势动员大会召开。

△　兴化市工业经济“开门红”会议召开。

10 日　市委宣传部、市文体广电和旅游局在新区体育馆联合举办“农村商业银行杯”兴化市 2022 年新春舞龙表演大赛。

14 日　2022 中国·兴化千垛菜花旅游节组委会第一次会议召开。

16 日　市十七届人大常委会第二次主任会议召开。

18 日　全市春季重大项目集中开工暨安井食品三期项目动工仪式举行。

△　《兴化市兴盐界河民主村国考断面溯源

整治工作方案》技术审查会召开。

21日　市委组织部举行“100+10”村级集体经济发展项目路演汇报会。

△　市政府与马来西亚顶级集团举行视频会晤。

22—23日　农业农村部下沉一线包省包片夺夏粮小麦丰收指导组到兴化对春季田管、春耕备耕、政策落实、防灾减灾等工作进行指导协调。

25日　全市生态环境保护专项资金项目申报培训会召开。

28日　市十七届人大常委会第一次会议召开。

3月

2日　兴化市公安工作会议召开。

△　省交通运输厅党组成员、省交通工程建设局局长蒋振雄带队到兴化调研宁盐高速先导段前期工作。

3日　全市政法(信访)工作暨深化网格化社会治理推进会召开。

5日　泰州市水上运动训练基地揭牌仪式在兴化举行。

8日　泰州市委常委、统战部部长张小兵带队到兴化调研统战工作。

△　市政府召开全体(扩大)会议。

10日　共青团兴化市第十七届委员会第七次全体会议召开。

11日　兴化举办水利文化馆开馆暨省级水情教育基地揭牌仪式。

19日　全市重大产业项目推进会召开。

24日　兴化市启动“保春耕、护生态”法制宣传月活动。

30日　全市疫情防控重点事项推进会召开。

4月

5日　市政府第三次常务会议召开。

6日　泰州市委常委、政法委书记孔德平到兴化现场督查挂钩重点突出环境问题。

7日　泰州市副市长周小慧带队到兴化,督查挂钩重大安全风险隐患整改情况。

8日　市委常委会会议召开。

△　市委常委会会议暨2022年市委党的建设工作领导小组第一次会议召开。

10日　泰州市副市长徐文进率队到兴化调研督查企业生产经营和疫情防控工作。

11日　泰州市委书记朱立凡,泰州市委常委、市委秘书长徐克俭,到兴化督办突出生态环境问题整改工作。

12日　市十七届人大常委会第三次主任会议召开。

14日　全市重大产业项目推进会召开。

16日　市政府第四次常务会议召开。

18日　兴化市“清风行动”工作推进会召开。

19日　兴化市获“江苏省自然资源节约集约利用进步奖”称号。

△　市政协十四届委员会常务委员会第二次会议召开。

20日　泰州市委常委、常务副市长刘浩到兴化开展重大项目建设“送服务 解难题”调研活动。

21日　市委十三届市委第二轮巡察工作动员部署会召开。

22日　市委2022年人才工作领导小组会议召开。

△　市“悦园”人才公寓正式投入使用。

23日　2022年“垛上读书节”启动仪式暨“4·23世界读书日”推广活动,在市新时代文明实践中心举办。

26日　泰州市人大常委会副主任、党组副书记陈明冠率队到兴化视察农文旅融合发展情况。

△　泰州市委常委、政法委书记孔德平到兴化督查政法重点工作。

27日　市委常委会会议召开。

28日　全市党建工作暨水乡兴锋工作团组建动员部署会议召开。

5月

4日　市委市党政联席会议召开。

7日　市安委会暨消委会全体(扩大)会议召开。

△　市农业产业化劳模创新工作联盟成立仪式在开发区举行。

△　市政府高新区重大产业项目及企业复工复产达产达效推进会召开。

11 日　市委深改委会议召开。

△　市“喜迎二十大 建功新时代——《匠心笔梦》新书首发式暨‘兴化工匠’表彰大会”的活动举办。

12 日　防汛抢险救援演练活动在市乌巾荡广场举行。

△　泰州市人大常委会主任、党组书记张余松,泰州市人大常委会秘书长李卫国到兴化市调研人大工作。

16 日　全市电动自行车、电动摩托车专项治理工作动员部署会召开。

△　市 2021 年度综合考核总结表彰大会召开。

△　兴化垛田灌排工程体系成功入选 2022 年度世界灌溉工程遗产名录。

18 日　兴化市举办第五次“企业家早茶峰会”。

19 日　市政府第五次常务会议召开。

△　兴化市“二省联创”动员部署会暨“八五”普法工作推进会召开。

20 日　市委全面依法治市委员会第四次会议召开。

23 日　全市工程审计工作会议召开。

26 日　市委、市政府举行兴化高新区产业项目暨腾龙精线集团有限公司不锈钢线材智能制造项目集中签约仪式。

28 日　市委市党政联席(扩大)会议召开。

6 月

1 日　全市食品安全委员会全体(扩大)会议召开。

2 日　全市重点工作督查推进会召开。

△　“体育彩票·苏航杯”兴化市第十四届乌巾荡龙舟大赛在乌巾荡湿地公园举行。

6 日　《苏中地区高铁发展战略研究工作大纲》交流研讨会在兴化市召开。

7 日　市委常委会会议召开。

△　兴化市第一家医保便民服务站正式揭牌。

8 日　兴化市挂牌成立“兴化市法律援助中心未成年人法律援助工作站”。

△　“重拾信心、共话未来”第一届长三角旅行社“乡村旅游论坛”在千垛镇举行。

△　泰州市委书记朱立凡到兴化市,专题调研夏收夏种夏管及夏粮收购、秸秆“双禁”工作。

11 日　市国省考断面汛期水质保障专题会召开。

△　兴化法院与淘宝(中国)软件有限公司签订合作协议,成为泰州首家启动全流程异地执行的法院。

12—15 日　市委书记方捷带队赴重庆开展招商考察活动。

13 日　省委依法治省办第六督察组实地走访市行政审批局。

14 日　首批国家级、省级生猪产能调控基地授牌仪式在兴化举行。

15 日　全市防汛抗旱、河长制工作会议召开。

△　市华中二分区革命烈士陵园、市苏中公学旧址、东浒村入选红色地名。

16 日　市党政专题会召开。

17 日　市政府第六次常务会议召开。

△　南京农业大学副教授、博士王玮、杨平,以及兴化市相关负责人共同为千垛生态健康养殖培育基地揭牌,并在基地举行异育银鲫“中科 5 号”鱼苗投放启动仪式。

△　兴东镇北贺村的“苏热 1 井”开始进行热储层压裂实验,干热岩综合利用试验项目正式启动。

18 日　江苏申源集团有限公司高性能特种合金材料产业化及高线智能化技术改造项目奠基。

△　兴化市首条毗邻公交 231—1 戴南客运站—姜堰溱潼(尤庄)线正式开通。

19 日　2022 中国·兴化乡村旅游节暨施耐庵文化旅游节在新垛镇施家桥村举行。

20 日　市委审计委员会第七次会议召开。

20—24 日　市长殷俊带领相关部门负责人,赴江浙粤三地开展招商活动。

21 日　市委常委会会议召开。

△　网络名人联盟党委揭牌暨“兴”新向荣党建品牌发布启动仪式举办。

22 日　市慈善总会被江苏省慈善总会评为“2021 年全省慈善网络募捐最佳组织奖”,其在 2021 年“99 公益日”活动中开展的“兴好有你扶老助幼”项目被评为 2021 年全省慈善“99 公益日”活动慈善品牌项目。

23日　昆山开发区党工委委员、管委会副主任张晓冬带领昆山经济技术开发区政企代表团到兴化市考察交流。

24日　省运会组委会秘书长，泰州市委常委、宣传部部长，副市长刘霞率相关部（室）负责人到兴化，实地检查省运会比赛场馆及备赛工作。

25日　“啤酒+龙虾 嗨翻银北门”啤酒龙虾美食节活动在兴化银北门启动。

26日　江苏省兴化市未成年人“一站式”取证中心正式揭牌运行。

△　江苏省第二十届运动会青少年部（16～17岁组）篮球比赛开幕式在兴化新区体育馆举行。

28日　市第十七届人大常委会第三次会议召开。

29日　省退役军人事务厅副厅长、省双拥办副主任徐卫带队到兴化，考评创建省级双拥模范城工作。

30日　兴化市产业专职队伍出征动员会召开。

△　南京至盐城高速公路泰州段开工动员会在兴化举行。

7月

2日　“千垛之城 荷你有约”——2022兴化市荷文化旅游节开幕式在万亩荷塘景区举行。

3日　十三届兴化市委国家安全委员会第一次全体会议召开。

△　市委常委会会议召开。

4日　兴化市新一届人大代表首期履职能力提升培训班在湖南省中南大学举办。

5日　2022年江苏省高性能合金产业绿色转型发展专题论坛（兴化专场）在兴化召开。

△　兴化市建筑行业党委暨“兴筑先锋”党建联盟成立大会召开。

△　江苏兴达钢帘线股份有限公司入选“江苏制造突出贡献奖”优秀企业。

6日　市食品质量检验检测中心揭牌举行。

7日　泰州市委书记朱立凡到兴化市调研企业研发创新、产品销售、“智改数转”、产业转型发展等情况。

△　江苏省委改革办副主任何光胜带领省、泰州市相关部门领导到垛田街道高家荡村实地调研特色农产品示范园区蔬菜保供情况。

9日　市委常委会（扩大）会议召开。

11日　市委党政专题会召开。

14日　泰州市委书记朱立凡带领项目督查A组，泰州市委副书记、市长万闻华带领项目督查B组，到兴化市经济开发区的东华链条二期项目和泰州安井食品有限公司现场督查项目建设情况。

18日　兴化垛田传统农业系统在全球重要农业文化遗产大会亮相。

20日　市委提级包案案件过堂会召开。

△　省人大监察司法委副主任委员张锦道一行到兴化市，开展《江苏省社区矫正工作条例》立法后评估专题调研。

△　省发改委调研组到兴化开展大健康产业集聚发展调研。

21日　市委常委会会议召开。

24日　市慈善总会第四届会员代表大会召开。

25日　中国致公党中央海联委副主任、辽宁省委副主委、沈阳市委主委李展超率队走访江苏亚盛金属制品有限公司拉丝车间、江苏申原集团有限公司炼钢厂和江苏星火特钢集团有限公司企业文化展厅，调研企业生产、制作环节及企业文化等情况。

28日　市政府第七次常务会议召开。

△　市十七届人大常委会第六次主任会议召开。

△　省运会青少年部皮划艇比赛开赛仪式在陈堡镇草荡的水上运动训练基地举行。

29日　市人力资源服务产业园开园仪式暨“兴趋势、兴经济、兴动能”论坛活动在开发区恒兴科技小镇举行。

30日　全市“两区三园”项目述职会召开。

8月

1日　直港河中桥建成通车。

△　兴化市被命名为省双拥模范城（县、区），殷爱根（市退役军人事务局）获评省双拥先进个人。

2日　八字桥文旅休闲街区入选第二批省级夜间文旅消费集聚区。

△　全市金融工作座谈会召开。

4日　江苏兴达钢帘线股份有限公司入选省绿色发展领军企业。

8 日　江苏申源集团有限公司、江苏新华合金有限公司、江苏兴海特钢有限公司、江苏威鹰机械有限公司 4 家企业入选第四批专精特新“小巨人”企业培育和第一批专精特新“小巨人”企业。

9 日　兴化市入选国家级农业现代化示范区创建名单。

△　2022 江苏绿色农业发展论坛暨江苏省乡村振兴联合体成立大会召开,兴化市银桂水产品养殖专业合作社理事长陆银桂获得江苏新时代“苏农匠”称号。

10 日　省食品科学与技术学会理事长金征宇一行,考察市健康食品产业研究院和食品质量检验检测中心。

11 日　兴化政府网站获评“2021 年度中国优秀政务网站”。“中国兴化政府网”微信获评“2021 年度中国优秀政务新媒体”。

△　市委常委会会议召开。

12 日　全市农房改善和土地增减挂钩工作推进会召开。

15 日　市委党政专题会召开。

△　市实验小学季翼获第十五届宋庆龄奖学金。

17 日　泰州市委常委、统战部部长张小兵到兴化督查文明城市创建工作。

18 日　泰州市领导汤成快带队到兴化实地观摩了麦肯嘉顿二期食品加工项目、安井食品三期项目和起亮食品等项目建设情况。

△　省司法厅副厅长刘保民率调研组到兴化市调研指导社区矫正和安置帮教工作。

△　市档案馆获全省 2022 年度档案宣传工作特等奖。

22 日　省政协科技委党外委员视察组到兴化就“数字乡村建设”开展专题视察。

25 日　昭阳湖城市空间风貌建设项目获“江苏人居环境范例奖”。

△　兴化籍作家庞余亮凭借《小先生》获第八届鲁迅文学奖。

△　国家林业和草原局湿地管理司副司长谭小春带领国家湿地公园验收专家组到兴化,对里下河国家湿地公园试点建设工作进行验收评估。

△　市政协第十四届委员会常务委员会召开。

26 日　省第十四批科技镇长团兴化团总结暨第十五批下派工作会议召开。

△　泰州市发改委调研组一行到兴化高新区、经济开发区进行调研。

27 日　全市优化营商环境暨作风效能大提升专项行动推进会召开。

△　市自然资源和规划管理委员会第二十次会议召开。

29 日　兴化运动员许俊安以 1 分 17 秒 38 的成绩获得江苏省第二十届运动会青少年部游泳项目男子 11 岁组 100 米蛙泳冠军,系游泳项目首枚金牌。

30 日　市委召开党政专题会,研究全市再生资源回收网点和报废机动车回收场地布点规划工作。

30 日　泰州市统战工作第四期观摩研讨活动在兴化举行。

31 日　市政府第八次常务会议召开。

9 月

1 日　省乡村振兴局党组书记、局长朱国兵一行到兴化调研“政府 + 社会资本 + 村集体”的创新合作模式、园区建设运营等情况。

△　2022 年兴化区域公共品牌推介会暨京东首届大闸蟹助农富农丰收节启动仪式在兴化市举行。

2 日　全市党委(党组)理论学习中心组学习会召开。

△　江苏省兴化中学徐永忠获江苏“最美人物”(最美教师)称号。

5 日　全市领导干部会议召开。

△　全市全面从严治党优化营商环境督查组进驻动员大会召开。

7 日　市政府第九次常务会议召开。

16 日　全市常态化扫黑除恶斗争推进会召开。

19 日　“共绘苏乡 · 周庄实践”规划师下乡工作站揭牌仪式在周庄镇殷庄村举行。

20 日　市委第三轮巡察工作动员部署会召开。

△　老区“三会”(乡村振兴研究会)乡村振兴观摩座谈会在沈坨镇召开。

△　省政协农业和农村委主任顾小平、泰州

市政协副主席祝光到兴化,就“提高粮食和重要农副产品供应质量和水平”开展专题调研。

21 日 省、泰州市关工委在兴化乐吾实验学校(戴窑镇)举行助学金发放仪式,对 50 名困境小学生进行帮扶助学。

21—23 日 市长殷俊带领相关部门负责人到上海开展招商活动。

22 日 市委深改委第二次会议召开。

23 日 市十七届人大常委会第九次主任会议召开。

24 日 市委反腐败协调小组召开会议。

25 日 2022 兴化大闸蟹开捕节在安丰镇安东村举行。

26 日 共青团兴化市第十八次代表大会在昭阳剧院召开。

28 日 市政协十四届二次主席协商会议召开。

10 月

1 日 兴化市人民医院选送的 4 个品管圈,在江苏省医院协会举行的比赛中,“疫线摆渡人”获一等奖,“爱心圈”获二等奖,“塑骨圈”获三等奖,“红 e 圈”获优秀奖。

5 日 2022 中国·兴化品蟹赏菊旅游季暨“青红之恋”兴化大闸蟹美食体验活动启动仪式在银北门品蟹一条街举行。

6 日 兴化垛田灌排工程体系入选第九批世界灌溉工程遗产名录。

9 日 市人大常委会 2022 年民生实事项目实施情况部署会召开。

10 日 泰州市“四好农村路”高质量发展现场推进会在兴化召开。

11 日 市委关工委成立 30 周年纪念大会召开。

12 日 第五届施耐庵文学奖新闻发布会在兴化举办。

13 日 全市深化机关作风整顿优化营商环境警示教育大会召开。

14 日 市自然资源和规划管理委员会第二十一次会议召开。

△ 市委党建工作领导小组会议召开。

16 日 全市人口抽样调查工作推进会召开。

18 日 省侨联党组成员、副主席张霓一行到兴化市调研侨联建设相关工作。

20 日 第十二届江苏—澳门·葡语国家工商峰会在澳门金光大道会展中心开幕。专题举办了兴化大闸蟹品鉴会。

22 日 农机应急作业服务队授旗仪式举行,市领导向市农机应急作业服务大队授旗。

24 日 由南京农业大学和市政府联合主办的“水稻绿色智慧生产新技术”现场观摩会暨兴化先行县稻米产业发展研讨会在兴化召开。

25 日 兴化市审计局入选国家第二批节约型机关。

26 日 兴化市“兴化香葱”成功进入 2022 年国家地理标志产品保护示范区筹建名单(全国共 29 家)。

△ 江苏兴达钢帘线股份有限公司以其“子午线轮胎用钢帘线”入围第七批国家级制造业单项冠军示范企业。

26—27 日 市政府第十次常务会议召开。

28 日 市政协十四届三次主席协商会议召开。

29 日 全市船舶修造(拆)企业专项整治攻坚推进会召开。

11 月

1 日 泰州市委书记朱立凡到兴化专题调研中央生态环境保护督察反馈问题整改工作。

△ 泰州市市长万闻华,泰州市政府秘书长钱忠一行到兴化调研“智改数改”及发展情况。

△ 泰州市人大常委会副主任、党组副书记陈明冠带队到兴化调研高标准农田建设情况。

3 日 泰州市委副书记汤成快到兴化调研项目建设情况。

5 日 全市中央、省生态环境保护督察反馈问题整改工作推进会召开。

8 日 “兴化大闸蟹”成功入选全国螃蟹行业唯一品牌。

9—11 日 市委书记方捷率队赴上海市拜访企业。

13 日 世界灌溉工程遗产“江苏兴化垛田灌排工程体系”揭牌仪式在千垛镇东罗村举行。

15 日 兴化市入选首批江苏省文化和旅游产业融合发展示范区名单。

17 日 市老年大学建校 30 周年庆祝大会暨

专场文艺演出在市文化馆小剧场举行。

△ 玉荣建筑科技(兴化)有限公司、江苏聚达机械制造有限公司、兴化市兴利来机械有限公司、兴化市恒泰弹簧垫圈有限公司、兴化市福鑫机械制造有限公司、江苏长友特钢机械有限公司、兴化市三强机械制造有限公司、兴化市精锐机械有限公司、兴化市东昌合金钢有限公司、江苏香满人间食品有限公司、辣口福食品(江苏)有限公司等11家企业拟认定为省三星级上云企业。

21日 泰州市第三届食品生产品质联盟论坛在兴化举行。

23日 泰州市人大常委会副主任沈明刚一行到兴化调研2022年民生实事项目实施情况。

24日 市十七届人大常委会第十次主任会议召开。

△ 葛家澍教育基金捐赠暨"家澍奖"颁奖仪式举行。厦门大学会计系教授、博士生导师、《当代会计评论》主编刘锋代表"葛家澍基金会"向市教育局捐赠20万元。

26日 兴化摄影家杨天民凭借《千垛春色》《奔腾争先——帕米尔高原叼羊赛》《戈壁通途——独库公路库车段》等摄影作品获2022年江苏省文艺大奖·第四届摄影奖。

12月

1日 省人大常委会委员、农委主任刘大旺带领省人大常委会调研组,到兴化市调研省政府2022年民生实事项目实施情况。

4日 兴化市获评省"城乡公交一体化达标县"。

5日 市政协第十四届委员会常务委员会第五次会议召开。

10日 市委召开学习贯彻党的二十大精神推进经济高质量发展专题座谈会。

△ 市委党政联席(扩大)会议召开。

12日 全市学习贯彻党的二十大精神推进乡村振兴座谈会召开。

13日 全市根治欠薪冬季攻坚行动推进会召开。

△ 市人武部党委第一书记任职大会召开,市委书记陈锋剑任市人武部党委第一书记。

△ 泰州市民兵水上训练基地揭牌仪式在陈堡镇举行。

14日 由泰州市委组织部、泰州市关工委组成的调研组,对兴化关工委学习贯彻党的二十大精神及关心下一代工作开展情况进行调研。

15日 省法院服务乡村振兴(兴化)实践基地正式揭牌。

△ 市青年工作联席会议第三次全体会议召开。

16日 市残疾人联合会第六次代表大会召开。

△ 中国县域经济创新发展论坛发布2022年全国县域百强榜单,兴化市列69位。

19日 市政府第十一次常务会议召开。

△ 市委审计委员会第八次会议召开。

20日 江苏兴化里下河国家湿地公园顺利通过验收,正式成为国家湿地公园。

△ 泰州市"三比一提升"项目建设现场观摩活动举行,泰州市委书记朱立凡,泰州市委副书记、市长万闻华分别带领项目观摩A组和项目观摩B组实地观摩兴化项目建设情况。市委书记陈锋剑,市委副书记、市长殷俊等兴化市领导参加活动。

△ "兴化市未成年人关爱保护平台"获评2022年度中国"互联网+政务服务"典型案例(十佳)。

22日 市政协第十四届委员会常务委员会第六次会议召开。

22—23日 市十七届人大常委会第六次会议召开。

27日 横跨下官河的沙沟镇崔垛大桥竣工通车。

△ 市政府第十二次常务会议召开。

△ 市红十字会第四次会员代表大会召开。

△ 市委常委会第40次会议召开。

30日 中国共产党兴化市第十三届委员会第三次全体会议召开。

△ 施耐庵东路改造工程临中河中桥建成通车。

城市名片

【最美油菜花海】 江苏兴化位于长三角经济带北缘，建城已有2300多年历史，是江淮地区的一颗水乡明珠，有着深厚的文化积淀和独特的水乡美景。“兴化千垛菜花”位于兴化缸顾乡东旺村，总面积近万亩，油菜花观光核心区4600亩，为国家AAAAA级旅游景区，以“垛田”特色地貌享誉全球。“垛”是里下河地区独有的一种农业景观。750年前，缸顾乡农民在水中取土堆田，整齐如垛，并在上面种植农作物，形成了具有世界自然文化遗产价值的兴化垛田奇观。由于垛田地势较高、排水良好、土壤肥沃，尤其适宜种植瓜果蔬菜，因此20世纪50年代，便有了“垛田油菜，全国挂帅”之美誉，因蔬菜品种全、产量高，垛田又有“蔬菜之乡”的美称。每年的清明前后，在辽阔的水面上，千姿百态的垛田形成了上千个湖中小垛，垛田上开满金灿灿的油菜花，在水面上形成一片金黄色“花海”。2009年，被评为“中国最美油菜花海”。

【中国河蟹养殖第一县】 兴化发布了全国首个河蟹价格指数，拥有安丰国蟹交易市场、永丰河蟹交易市场等12个集中交易市场和1000多个线下交易门店，成为“中国河蟹第一市场”。

2008年8月24日，中国渔业协会授予兴化市“中国河蟹养殖第一县”称号。

截至2022年12月底，全市共有12个工商登记的水产品批发市场。安丰、永丰、中堡和临城等乡镇成为“中国河蟹之乡”。河蟹养殖面积4.2万公顷，2022年产量6.19万吨，现价产值41.44亿元，河蟹产量、产值分别占全省的1/5、1/7。养殖大镇主要为安丰、永丰、合陈、海南、昌荣等东北片乡镇，安丰镇、永丰镇蔡星村依靠河蟹特色产业分别成为第七批、第八批全国“一村一品”示范镇、村。养殖模式主要有河蟹精养、虾蟹混养、蟹鱼混养等，经济效益约在3000元/亩。

2022年，全市从事河蟹加工的企业30家，规模加工企业10家，拥有2家河蟹出口基地。全市有30万人从事大闸蟹产业相关行业，河蟹加工以初加工为主，主要产品有香辣蟹、醉蟹、花雕蟹等，深加工产品包括蟹膏、蟹油、蟹粉等。兴化大闸蟹线上线下销售额超180亿元，其中电子商务销售额超50亿元。

【中国果蔬脱水加工第一县】 兴化市脱水蔬菜产业是全省农副产品深加工中的特色产业。产品畅销全国各地，年销售量占全国总量40%以上，年出口量占全省出口蔬菜总量的60%以上，是全国乃至亚洲最大的脱水蔬菜加工基地、出口基地和产成品集散地。2014年3月被中国蔬菜流通协会授予“中国果蔬脱水加工第一县”的称号。现有脱水果蔬企业86家，其中国家级龙头企业1家、省级龙头企业7家。就业人数近2.8万人，带动农民3.3万户。同时带动了兴化市城乡运输业、建筑业、服务业等产业的发展。全市已建成无公害各类蔬菜生产基地25万亩。2014年11月经国家质检总局批准将垛田街道、兴东镇2.06万亩基地建设为“兴化市国家级出口食品农产品质量安全示范区”,优质原料年出口量约65万吨。

近年来,兴化脱水蔬菜企业调整产业结构,开拓国内外市场,不断转型升级,挂靠科研院所研发新品。实现了从配料产品到终端产品、从佐食产品到保健品的两个飞跃。开发了20多种科研新产品。加工工艺从传统的AD技术提升到FD先进加工技术,形成了高质量发展的新趋势。2022年脱水蔬菜产品的主要产品有香葱、高丽菜、胡萝卜、青梗菜、洋葱、辣椒、大蒜、香菜、番茄、菠菜、芹菜、香菇等,占行业产品70%。脱水企业年加工销售脱水蔬菜干制品15万多吨,消化各类蔬菜160万吨,产品远销欧盟、美国、日本、韩国、俄罗斯等65个国家和地区。2022年,实现销售收入51.5亿元,同比增长3.5%;其中自营出口额1.2亿美元,同比增长4.5%。

【中国文学之乡】 2011年,中国小说学会授予兴化市全国首家“中国小说之乡”称号。2020年,中国作家协会中华文学基金会对兴化进行“文学之乡”创建考察,并授予兴化市“中国文学之乡”称号。中国四大古典名著中有3部与兴化有较深的渊源。古典名著《水浒传》是中国第一部章回体长篇白话小说,作者是兴化人施耐庵,被称为“中国长篇小说之父”。《三国演义》的作者罗贯中是施耐庵的学生。《西游记》的各种版本均标注有“华阳洞天主人校”,“华阳洞天主人”是指兴化籍“状元宰相”李春芳,是《西游记》的校订者,也是《西游记》的隐身作者。

从明清至民国,兴化还涌现出一批有影响的小说创作者。明代兴化人陆西星创作了《封神演义》;清初兴化人李清创作了《梼杌闲评》(又名《明珠缘》)、《女世说》、《鬼母传》;晚清天长人宣鼎寓居兴化期间,进一步丰富了《夜雨秋灯录》的内容,鲁迅曾把这部作品与王韬的《淞隐漫录》等书相提并论,谓其笔致为《聊斋》一流;兴化人刘熙载因撰写文艺论著《艺概》,被誉为“东方黑格尔”;民国前期,兴化籍刘韵琴创作了多篇小说,其中的《大公子》是中国第一部现代白话短篇小说,她是中国现代第一位女作家。兴化是中国长篇小说发祥地、明清小说的重要基地。

自元至清,县志收录的邑人著作有320多部,其中14部被收入《明史・艺文志》,5部被收入《四库全书》。

20世纪80年代以来,兴化涌现出一大批在小说创作方面卓有成就的作家,形成了一个群星璀璨的作家群体,其中,4人5次获茅盾文学奖、鲁迅文学奖,10人20次获江苏省紫金山文学奖,形成了引人注目的“兴化文学现象”。兴化籍作家及文学创作爱好者累计出版现当代小说及文学评论集130多部。

为推动中国长篇叙事文学的发展,兴化市人民政府设立了“施耐庵文学奖”,著名作家贾平凹、王安忆、阿来、阎连科等获得此奖,扩大了兴化文学的知名度和影响力。为鼓励本土作家进行文学创作,兴化市委、市政府建立文艺精品扶持奖励制度,设立郑板桥文艺奖,对兴化市在文学艺术等领域取得成就的集体和个人给予表彰奖励。

2022年,全市有兴化籍中国作协会员22名、江苏省作协会员81名、泰州市和兴化市作协会员300余名。

【中国国际象棋之乡】 兴化的国际象棋运动起步于20世纪80年代,经过多年的艰苦努力,兴化的国际象棋事业有了一个跨越式的发展。2009年兴化成为全国第一个“国际象棋之乡”,并被中国国际象棋协会授予“中国国际象棋高水平后备人才培训基地”称号。

兴化的国际象棋运动从无到有,逐步发展壮大,培养了男子国际特级大师侯逸凡,女子国际特级大师谷笑冰、郭琦,国家大师聂昕、刘曼犁、胡月、刘可心,亚洲棋联大师袁烨,以及全国少儿冠军景珊珊、沈居祺、张睿、陈牧野等。

截至2022年12月底,全市有18人次获得世界冠军,9人次获得亚洲冠军,89人次获得全国冠军,214人次获得省级冠军。其中1人获得“男子国际特级大师”称号,2人获得“女子国际特级大师”称号,1人获得“亚洲棋联大师”称号,4人获得“国家大师”称号,22人获得“棋协大师”称号。

自然地理

【地理位置】 兴化市地处北纬32°40′~33°13′,东经119°43′~120°16′。东邻盐城市大丰区、东台市,南接姜堰区、扬州市江都区,西与扬州高邮市、扬州宝应市为邻,北与盐城市盐都区隔界河相望。境内地势低平,河网密布。政区东西最长、南北最宽各55千米。

【地形地貌】 兴化市位于江苏省中部,里下河地区腹部。兴化地貌特征为周高中低,形为侧釜,是里下河域三大洼地(兴化、建湖、溱潼)之一,全境地形总趋势大致为:唐港河以东和蚌蜓河以南偏高,唐港河以西蚌蜓河以北地势偏低,俗称"锅底洼",呈明显向心式。地面真高平均只有1.8米。兴化境内湖荡棋布,河道纵横交错,分属长江、淮河水系。河道总长近1.1万千米,其中有骨干河道22条、650千米,主要湖荡有5湖12荡,总面积约8万亩。

表1 2022年兴化市骨干河道一览表

序号	河道名称	起讫地点		长度(千米)	走向	流域面积(平方千米)	河道状况		
		起	讫				统计流量(立方米/秒)	底高(米)	底宽(米)
1	李中河	北沙庄	沙沟镇	20.75	南北	104	20	-1.5	14
2	沙黄河	朱夏庄	严家舍	7.7	南北	32	90	-4.0	40
3	卤汀河	周庄镇	市区	29.1	南北	127	100	-1.0	30~50
4	下官河	乌巾荡	沙沟镇	26.0	南北	77	70	-1.0	100
5	中引河	东罗庄	大纵湖	8.0	南北	12	30	-1.5	27.5
6	鲤鱼河	吴公湖	大纵湖	3.69	南北	11	30	-1.5	30
7	上官河	车路河	古殿堡	20.62	南北	142	70	-2.0	25
8	西唐河	姜家庄	兴盐界河	59.9	南北	200	50	-1.5	20
9	渭水河	兴泰界河	兴盐界河	52.5	南北	301	40	-1.5	45
10	盐靖河	罗顾村	兴盐界河	54.0	南北	204	30	-2.5	12.5
11	雄港	车路河	海沟河	15.2	南北	20	40	-1.5	25~40
12	雌港	海沟河	兴盐界河	8.5	南北	45	100	-2.5	40
13	兴盐界河	大纵湖口	刘庄	39.5	东西	137	40	-0.6~1.5	25~50
14	海沟河	西鲍村	白驹	50.3	东西	254	70	-1.0~1.5	40~60
15	白涂河	市区	草堰	46.4	东西	190	40	-1.0~1.3	20~30
16	车路河	市区	丁溪村	42.5	东西	106	80	-3.0~5.0	24~50
17	梓辛河	市区	东台市博镇	52.9	东西	115	50	-0.6~1.6	32~63
18	蚌蜓河	老阁村	南柯	36.5	东西	159	40	-0.4~1.4	20~50
19	兴姜河	市区	帅垛	36.3	南北	149	30	-1.0~1.5	30~50
20	串场河	宗家园	张家架子	25	东西	60	30	—	—
21	通界河	界河	沈坨镇	11.5	南北	35	17.3	-1.0	18
22	潼河	扬州宝应市	郭正湘	3	东西	15	40	-1.0	50

(周广学)

【河流湖泊】 兴化境内湖荡棋布,河道纵横,属淮河水系。旧时,南自江都孔家涵受通扬运河水流经斜丰港由老阁入境;西至高邮南北各闸洞分受里运河水东流,一支由运盐河圣河口穿海陵溪入境,一支由澄子河入斜韦港至老阁入境,3支同往南官河。另有蚌蜓河北分之水及高邮北支渠穿海陵溪东流之水,然以南官河来水为大宗。泄水大势由西南而趋东北,通过经河、纬河东流注入串场河,北流注入兴盐界河,分别泄入归海5港——王港、竹港、斗龙港、新洋港、射阳港。随着江都和高港水利枢纽的建成,境内水系逐步调整为南北走向。南北向主要河道有串场河、茅湾港、陈营港、横经河、雌港、雄港、东唐港、盐靖河、西唐港、渭水河、上官河、下官河、卤汀河,市境西北部的沙黄河、李中河、中引河、鲤鱼河、西孤峯河等经河,具有重要引排作用。东西向主要河道有兴盐界河、海沟河、白涂河、车路河、梓辛河、蚌蜒河。境内西北部的潼河以及中部的兴姜河等纬河,是重要的引水和泄洪河道。境内湖荡众多,面积较大的有:大纵湖、吴公湖、郭正湖、平旺湖、得胜湖、乌巾荡、沙沟南荡、癞子荡、官庄荡、王庄荡、花粉荡、广洋荡、团头荡、沙沟北荡、时堡南荡、黄邳西荡、洪家荡、马港西荡等。

【气候特点】　气候　兴化气候特征是处于北亚热带湿润气候区,兼有海洋性和大陆性气候特征,雨量充沛,日照充足,四季分明,霜期不长,气温偏高,降水偏少,日照偏多。

气温　2022年平均气温16.6℃,与常年同期相比偏高0.9℃,除2月、9月、10月、12月偏低外,其余月偏高。年极端最高气温39.7℃(8月14日),年极端最低气温-8.9℃(12月23日)。梅雨期平均气温29.9℃,与常年同期相比偏高3.1℃,为1961年以来第二高值(仅次于1978年30.2℃)。2022年出现≥35.0℃的高温日数31天,分别出现在6月2日、16—18日、26日、29日,7月5日、9—14日、28日,8月8—15日、19日、22日,10月2—3日。8月14日出现年极端最高气温39.7度。

降水　2022年总降水量746.8毫米,比2021年偏少三成,除1月、3月、10—11月偏多外,其余月偏少,其中5月、7—9月降水量异常偏少,5月降水仅0.4毫米。6月23日入梅,入梅比正常略晚(常年平均入梅日为6月19日),7月11日出梅,较常年偏早(常年7月13日),梅期18天。梅雨非典型性特征明显,梅雨期间多晴热高温天气,梅雨量明显偏少,以对流性降水为主。全市平均梅雨量76.1毫米,不足常年三成。梅雨期多雷暴大风等强对流天气,其中6月23日和7月10日均出现局地9级以上短时大风。2022年出现暴雨2次,出现在3月20—21日(57.6毫米)、6月4—5日(61.3毫米)。

日照　2022年日照时数2164小时,较常年偏多53.5小时,年日照百分率49%,其中:1—2月、9月、11月较常年偏少,其他各月均较常年偏多。

寒潮　2022年出现寒潮1次,出现在11月28—30日。

(葛　蕾)

【自然资源】　土地资源　2022年末,全市土地变更调查统一时点总面积239500.29公顷。其中,农用地165771.54公顷,净减少210.2公顷,占比69.22%;建设用地34427.56公顷,净增加125.98公顷,占比14.37%,未利用地39301.19公顷,净增加84.22公顷,占比16.41%。全市农用地中耕地125296.7公顷,净减少418.1公顷,占比51.84%;园地1115.28公顷,净减少2.47公顷,占比0.43%;林地4675.57公顷,净减少90.88公顷,占比1.88%;交通运输用地7584.56公顷,净增加14.27公顷,占比1.28%;水域及水利设施用地73400.59公顷,净增加188.03公顷,占比29.25%(其中河流38350.97公顷,净减少97.65公顷,占比16.01%),其他土地1265.66公顷,净增加1.3公顷,占比0.52%;城镇村建设用地28616.54公顷,净增加124.73公顷,占比11.95%;水工建筑2606.54公顷,净减少3.1公顷,占比1.09%,湿地206.73公顷,净减少0.29公顷,占比0.09%;草地817.09公顷,净增加182.16公顷,占比0.31%。

矿产资源　2022年末,全市已发现各类矿产6种,其中查明资源储量的有3种,列入全市矿产资源储量统计表的矿产地共11处,已利用的矿产地10处。

水资源　兴化市2022年年降水量16.95亿立方米,2021年年降水量26.98亿立方米,与2021年比较减少37.2%。全年梅雨量59.3毫米,与常年相比减少75%。2022年年径流量8.12亿立方米。浅层地下水资源1.84亿立方米。全年人均水资源量26立方米。

森林资源　截至2022年底全市林木覆盖面积为4.03万公顷;其中,有林地面积2.77万公顷、特灌林地面积1840公顷、四旁树折算面积1.08万公顷,核减大水面5.78万公顷后,林木覆盖率为22.18%。

湿地资源　全市湿地总面积6.05万公顷(不包括提水养

殖面积），自然湿地面积2.58万公顷。截至2022年底受保护自然湿地面积达1.72万公顷，自然湿地保护率达66.6%。

（赵　灿）

历史人文

【建置沿革】　兴化古称昭阳，又名楚水，历史悠久。南荡遗址文物证明，在新石器时代兴化就有人居住。春秋、战国时期为吴楚之地。周慎靓王时为楚将昭阳食邑。秦为九江郡地。两汉至隋唐历属临淮、广陵、江都。兴化建县始于五代杨吴武义二年（920），划海陵县北设招远场，不久改招远场为兴化县。故有“昭阳古邑”“海陵旧址”之称。北宋时期，初属扬州，后改隶泰州。南宋建炎四年（1130），升高邮为承州，割兴化而属之。明清时代属扬州府高邮州。民国元年（1912）废府制，兴化直隶江苏省。民国30年（1941）2月兴化成立抗日民主政府，先后隶属苏北临时行政委员会、苏中行政委员会、苏中第二行政区。抗日战争、解放战争期间，曾建立过“兴东县”“溱潼县”“沙沟县（市）”，后撤销并入兴化（一部分并入东台、泰县）。民国37年（1948）12月，兴化解放，属苏皖边区二专署领导。1949年5月兴化隶属苏北扬州专区。1950年1月兴化隶属泰州专区。1953年1月泰州专区撤销，兴化隶属扬州地区。1983年3月扬州地区撤销，兴化属扬州市。1987年12月兴化撤县建市，仍属扬州市。1996年隶属新设立的地级市泰州市。

表2　2022年全市行政概览表

	计量单位	2022年
乡镇个数	个	25
街道	个	3
建制镇	个	24
乡	个	1
开发区	个	1
村民委员会	个	463
居民委员会	个	58
土地总面积	公顷	239500
耕地	公顷	125299
水域	公顷	71002
总户数（户籍）	户	488901
总人口（户籍）	人	1487336
#男	人	779644
女	人	707692
年平均人口（户籍）	人	1497868
出生人口	人	5906
出生率	‰	3.9
死亡人口	人	17099
死亡率	‰	11.4
自然增长率	‰	-7.5
总人口（常住）	万人	112.28

【行政区划】 至2022年12月，全市设有乡镇及街道26个：昭阳街道、戴南镇、大垛镇、荻垛镇、戴窑镇、合陈镇、昌荣镇、陶庄镇、海南镇、大邹镇、永丰镇、安丰镇、新垛镇、钓鱼镇、大营镇、沙沟镇、千垛镇、中堡镇、兴东镇、陈堡镇、周庄镇、垛田街道、竹泓镇、林湖乡、沈坨镇。设有江苏省兴化经济开发区(临城街道)，居民委员会58个，村民委员会463个。

【地名】 兴化标准地名信息4172条入库。按照“不随意更改老地名”的要求，建立历史地名分级保护体系，建立完善红色地名文化标识，年内华中二分区革命烈士陵园、苏中公学旧址、周庄东浒村被评为江苏省红色地名；兴化、昭阳、垛田、沙沟、老阁、施家桥、茅山、边城、戴南、昌荣、白沙湖、南北芙蓉、安丰、中堡、韩家窑、马场基、八里铺入选省级地名文化遗产保护名录，石梁村入选国家级传统村落。完成562块不规范路牌整改。

【人口】 年末常住人口112.28万人，比上年减少0.38万人。户籍人口总数148.73万人，比上年减少2.11万人。户籍人口中，当年出生5906人，人口出生率为3.94‰，比上年下降0.9‰；死亡17099人，人口死亡率为11.4‰，比上年上升2.77‰；人口自然增长率为-7.5‰。流动人口40524人，迁出11516人，迁入1646人。

【民族】 20世纪90年代前，兴化人口以汉族为主，后随着经济快速发展，少数民族人口逐年增加，大部分属于婚迁或务工人员。2022年，兴化市人口以汉族为主，有少数民族40个，少数民族常住人口2992人，其中，蒙古族55人，回族206人，藏族16人，维吾尔族3人，苗族498人，彝族244人，壮族459人，布依族139人，朝鲜族19人，满族135人，侗族236人，瑶族29人，白族99人，土家族477人，哈尼族61人，哈萨克族2人，傣族21人，黎族35人，傈僳族37人，佤族14人，畲族6人，拉祜族49人，水族21人，纳西族3人，景颇族9人，土族8人，达斡尔族2人，仫佬族6人，羌族8人，布朗族9人，毛南族2人，仡佬族25人，锡伯族1人，普米族4人，怒族3人，俄罗斯族3人，鄂温克族1人，德昂族1人，独龙族3人，鄂伦春族2人。此外，有穿青人37人，革家人4人。

【宗教】 2022年，全市有佛教、道教、天主教、基督教，宗教团体3个，宗教活动场所84处，其中，佛教54处，道教7处，天主教1处，基督教22处。

【方言】 兴化方言属江苏省两大方言区之一的江淮方言区。明初，随着大批苏州移民的迁入，因而方言含有一些与吴语相似的成分。近年来，由于经济文化的发展，水陆交通的开发，方言有向普通话靠拢的趋势。

【风俗】 兴化是历史上吴越文化与楚汉文化的交会处，自古以来民风淳朴，既有吴越风情中的柔韧，又有楚汉风情中的刚毅，至今兴化人民一直以吃苦耐劳、精明能干享誉四方。兴化的饮食文化历史悠久，烹调制作方法以炖、焖、蒸、烧、炒见长。名菜名点有：炒鲨鱼片、醉蟹清炖鸡、醋熘鳜鱼、蟹黄包子、水乡米饼、沙沟春卷、沙沟鱼圆、中庄醉蟹、水晶虾仁、松花皮蛋、戴南香肚、安丰三腊菜等，属“淮扬菜系”风味。兴化的民俗文化多数传统内容与劳动生产相伴，并且含有浓郁的宗教色彩。其中劳动号子最有特色，尤以茅山号子、窑工号子、挑担号子内容最为丰富。兴化民间有摇花船、打莲枪、舞龙、船会等文化习俗。文化活动形式与传统节日相连，文化内涵以祈祷平安吉祥为主。

早在明代兴化就有昆曲联社。清同治年间至民国初年，徽剧和京剧班社盛极一时，剧种有淮剧、扬剧、京剧、越剧、木偶剧、杂技、曲艺等。于1990年恢复兴化淮剧团。

【历史名人】 兴化历史悠久，据影山头出土的文物考证，境内人类生存史可追溯到新石器时期，距今5500—6300年。沧海桑田、斗转星移，这方神奇的土地孕育了一批又一批人杰，名闻遐迩。他们中有古典文学巨著《水浒传》作者施耐庵，明代三任宰辅高谷、李春芳、吴甡，明“嘉靖七子”之一、文学家宗臣，“东海贤人”韩乐吾，清代画派“扬州八怪”中的代表人物郑板桥、李鱓，著名文艺理论家、“东方黑格尔”刘熙载，经学家、扬州学派早期代表人物任大椿、顾九苞，国学大师李详，江淮名医赵海仙等。近现代，从兴化走出去的学者有生物学家李继侗、化学家钮经义、地理学家李春芬等。作家毕飞宇、费振钟、王干，佛学大师霜亭、震华、慈舟，政经、军事名人袁木、戴凤举、蔡祖铭、解厚铨、王凤银及国际象棋大师谷笑冰、侯逸凡等。兴化文化积淀深厚，人才辈出，自南宋咸淳年间至清末光绪时期，有262人中举，105人中进士，文武状元各1人，分别是李春芳和解学熊。

施耐庵（约1296—1370），名彦端，字耐庵，元末明初大文学家，《水浒传》作者。曾官钱塘二载，以不合当道权贵，弃官归里，闭门著述。卒后葬兴化新垛施家桥。1957年施耐庵墓被公布为江苏省第一批省级文物保护单位。

高　谷（1391—1460），字世用，号育斋。明永乐十三年（1415）进士，选庶吉士，授中书舍人，正统十年（1445）任工部右侍郎，入内阁参与机要。后升任谨身殿大学士。一生历事永乐、洪熙、宣德、正统、景泰五朝，被尊称为“五朝元老”。

李春芳（1511—1585），字子实，号石鹿，别号华阳洞天主人。明嘉靖二十六年（1547）状元，任翰林院修撰。嘉靖四十四年，以礼部尚书加太子太保兼武英殿大学士入阁。隆庆二年（1568）任内阁首辅。著有《贻安堂集》《宗藩条例》《明隽》等。一说曾校订《西游记》。

宗　臣（1525—1560），字子相，文学家。明嘉靖二十九年（1550）进士，授刑部主事，调吏部文选司。后任福建布政参议，升按察副使、提督学政。其诗文主张复古，与李攀龙、王世贞齐名，为“嘉靖七子”之一。著有《宗子相集》十五卷，其中的《报刘一丈书》被收入《古文观止》。

吴　甡（1589—1670），字鹿友，号专愚，晚年号柴庵。明万历四十一年（1613）进士，天启元年（1621）任山东潍县知县，崇祯初年任御史，崇祯十五年（1642）升任礼部尚书，兼东阁大学士。著有《柴庵疏稿》《安危注》等。

韩　贞（1509—1585），号乐吾，兴化戴窑韩东村人，世业陶，幼家贫。曾拜泰州著名理学家王艮为师，因其笃学力行，品德高尚，深得王艮赞赏。乐吾一生以道德为楷模，极力宣扬“助人为乐”和乐天安命思想，且躬行力践，表正一乡，善行无数，被誉为“东海贤人”。卒后远近赴吊，哀声彻野，邑人在城内建韩公祠祀之。有《韩乐吾遗集》存世。

李鱓（1686—1762），字宗扬，号复堂，又号懊道人。康熙举人，清代著名书画家，“扬州八怪”之一。康熙五十二年（1713）被选入内廷，为南书房行走，供奉内廷书画。擅长花卉虫鸟，形成任意挥洒“水墨融成奇趣”的独特风格。长期往来扬州、兴化之间，以卖画为生，终老扬州。

郑　燮（1693—1766），字克柔，号板桥。清代杰出书法家、文学家，“扬州八怪”代表人物，康熙秀才、雍正举人、乾隆进士，曾任山东范县、潍县知县，后辞官归里，卖画为生。郑板桥诗书画被世人誉为“三绝”，擅画兰竹，以草书中竖长撇法运笔，体貌疏朗、风格劲峭。书法以隶为主，独创一格，谓之“乱石铺街”体。诗词言情述事，直抒胸臆，多写民间疾苦。

任大椿（1738—1789），字幼植，又字子田。清代著名经学家，“扬州学派”早期代表人物。乾隆三十四年（1769）进士。曾任礼部仪制司主事，《四库全书》纂修官。学术上在考证名物制度、搜辑小学佚书方面有很高成就。撰有《弁服释例》《字林考逸》《小学钩沉》诸书。

刘熙载（1813—1881），字伯简，号融斋，晚年号寤崖子。道光进士，后任翰林院庶吉士，入值上书房。同治三年（1864）任广东学政，后主讲上海龙门书院。学问渊博，通晓经史、天文、算法、字学、韵学，工诗词，著有《艺概》《昨非集》《说文叠韵》等九种，为清代杰出的文艺理论家。

赵履鳌（1830—1904），字海仙。清末淮海医派杰出代表，精于内科，善于治疗疑难杂症，弱冠时即医名大震。医德高尚，救死扶伤，时人誉为“赵半仙”。有《寿石轩医案》《霍乱辨证》等存世。

名特产品

【兴化大闸蟹】 兴化大闸蟹，学名中华绒螯蟹，俗称河蟹、螃蟹。此蟹产于兴化，属于淡水河蟹。兴化大闸蟹历史悠久，明万历十九年（1591）《兴化县志》、清康熙二十三年（1684）《兴化县志》、清咸丰元年（1851）《重修兴

兴化美食（资料来源：央视科教频道报道【中国影像方志】兴化篇）

化县志》、民国32年(1943)《兴化县续志》等史书上都有关于兴化大闸蟹的历史记载。兴化大闸蟹品牌主要有“红膏”“板桥”等。其中红膏大闸蟹是兴化大闸蟹的典型代表，除了具有江苏蟹“壳青、肚白、金爪、黄毛”的共性特点外，还具有“膏红、肉鲜”的个性特征。

【兴化慈姑】　慈姑又称茨菰，多年生草本植物。生长于兴化水田。株高50厘米至100厘米。叶似箭头，地下有肉质球茎，黄白色或青白色，可作蔬菜食用，是无公害绿色保健食品中的上等珍品。泽国兴化，气候温和，阳光充沛，水网密布，便于浇灌，土壤肥沃，为褐黏土，适合生长慈姑。这里出产的慈姑，质高量大。兴化慈姑，作为无公害农产品，已走进千家万户，伴随着水乡儿女的成长。

【兴化干丝】　兴化干丝是兴化市的特色产品之一，在当地已有几十年的历史。从古到今，从城市到村镇，从酒楼食肆到寻常居家，每逢早餐，或三五好友，或自家成员，围坐品茗细啖干丝，其乐融融。兴化干丝为纯手工制作，选用兴化本地优质黄豆，先经过浸泡、磨浆、晃浆、烧浆、点卤、浇百叶、榨百叶、剥百叶等诸多工序制作成百叶，其中点卤是整个工艺流程中最为关键的步骤，直接影响百叶的质量；然后切成丝状，松软细腻，口感极佳。

【千垛菜花蜜】　千垛菜花蜜是兴化市土特产。兴化气候温和，光照充裕，水源富足、土壤肥沃，其优越的地理条件恰好满足了对自然生态环境要求十分苛刻的养蜂产业。近20万亩的油菜花更是蜜源植物中的上等佳品。兴化出产的油菜花蜜口感细腻、鲜甜，纯天然无污染，独具水乡特色。

【兴化熏烧】　熏烧就是卤味，里下河地区一带习惯称卤味烧制的肉食为熏烧。兴化熏烧以猪头肉、熏烧鹅为代表。兴化猪头肉早在晚清时期即享有盛名。将选好的兴化本地猪头洗净，镊去细毛，割下双耳，挖出口条，劈开猪头，取出猪脑，浸泡在清水中，漂去血渍，用热水浸泡或下水锅煮半小时，捞出洗净后，整片放到大口锅或木甑子里，倒入熬制好的老卤汁，加上五香、八角、桂皮、花椒、葱姜、酱油、精盐及清水，先用旺火烧沸，再用文火煨煮2~3小时至肉酥烂。烧制的火候与时间要恰到好处，以能用手将骨肉扒离为准。熏烧好的猪头肉表面油光，色泽红润，香味独特，精肉鲜香，肥肉酥烂，肉质醇美，别有一番风味。而兴化熏烧鹅有着其独特风味，用蒸锅加各种佐料煮成，熟烂而不散。整只取出，剁切时皮肉完整。每户每天都制作熏烧鹅，经久形成了“老汤”，有了“老汤”，兴化熏烧鹅才算味道地道。

【兴化龙香芋】　兴化地方品种，是兴化特色传统无公害农产品。株高1.2~1.5米，叶片深绿色，叶柄绿色，叶柄长，叶片与叶柄相连处有紫晕，母芋近圆球形，肉白色，粉而香，子芋少，椭圆形，肉质黏。“兴化龙香芋”生长期间基本无虫害，金秋九月是龙香芋上市的季节，用以满足中秋、国庆两大节日市场供应。秋冬时节食用，更是口感细腻，香味独特，长期以来深受广大城乡居民的喜爱。兴化市常年种植“龙香芋”10000多亩，亩产量在2500千克左右，每亩每季纯收入在4000元以上，种植效益较高。

（孙东圣）

千垛菜花蜜　　（倪逸民/摄）

经济社会发展

【概况】　改革开放以后，兴化市先后获评全国县域经济基本竞争力百强县、全国中小城市综合实力百强县、全国科技实力百强县、全国科技进步先进市、全国粮食生产标兵先进县、全国慈善城市百强、全国工业百强市、全国食品工业强市、国家卫生城市、国家级生态示范区、中国农业综合实力百强县、中国不锈钢之乡等称号。2022年，实现地区生产总值1085.19亿元，同比增长4.3%；一般公共预算收入48亿元，增长4%；固定资产投资372亿元，增长14.5%；城镇、农村居民人均可支配收入51154元、27638元，分别增长5.2%、7%。入选全国综合实力百强市、中国工业百强市、中国创新百强市。

【经济建设】　农业　2022年新增高标准农田3.3万亩，创成粮油绿色高质高效示范片60个。粮食总产124.36万吨，位列全省第二，夏熟产量创历史新高。启动国家级现代农业产业园创建，入选全国农业现代化示范区创建名单，全国农业科技现代化先行县共建综合考评位列首位。举办“兴化大闸蟹”开捕节、澳门专场品鉴会，线上线下年交易额突破200亿元。垛田灌排工程体系入选第九批世界灌溉工程遗产名录。农村产权交易额全省领先。

工业　2022年实现规上工业总产值987.07亿元，增长13.9%；规上工业增加值299.97亿元，增长5.3%；工业开票销售1100亿元，增长10%。税收超千万元的企业达19家。兴达公司获评国家级制造业单项冠军、“江苏制造突出贡献奖”优秀企业，威鹰机械、兴海特钢等4家企业获评国家级专精特新“小巨人”企业。建筑业实现总产值125.92亿元，增长2.8%。

服务业　2022年实现第三产业增加值511.76亿元，增长12.6%；社会消费品零售总额315.36亿元，增长6.8%。不锈钢综合贸易示范区、恒兴科技园列入2022年省服务业重点项目，开发区获批省“两业深度融合”试点单位。举办品蟹赏菊旅游季、第五届施耐庵文学奖评选活动，入选首批江苏省文化和旅游产业融合发展示范区。开展“苏新消费·活力水乡”消费促进活动，八字桥文旅休闲街区获批省级夜间文旅消费集聚区。

【项目建设】　2022年新签约亿元以上项目150个，其中5亿元以上项目30个；新开工亿元以上项目55个，其中5亿元（3000万美元）以上项目14个；新竣工亿元以上项目60个，其中5亿元以上项目10个。推进“亩均论英雄”改革，加大“批而未供、供而未用”土地处置力度，盘活低效闲置工业用地3400亩。推动各类惠企政策精准直达，减税降费20.36亿元。加大金融服务实体经济力度，在全省率先推出“抗疫贷”系列金融产品，博生医材在新三板创新层挂牌。清理整合国有融资平台，完成国企改革三年行动收官战，国投控股获2A⁺信用评级。出台支持开发区打造中国健康食品产业名城扶持政策，重点园区基础设施和功能配套加快完善。建立与昆山经济开发区互动机制，伽力森主食与日世食品签约合作。完成进出口总额11亿美元，实际利用外资8000万美元。完成200个智能化改造数字化转型项目，对353家企业开展免费诊断服务，创成省级智能车间2家、星级上云企业107家。建设运行兴化（南京）离岸创新中心。新增国家高新技术企业130家、省创新型领军企业1家，获批省级众创空间1家。达成产学研合作项目64项，新建校企联盟15家。组织“才智兴化”系列活动，新引进高层次人才288名，“悦园”人才公寓投入使用。

【城乡统筹】　2022年，兴化市以经济增长为路径，以创成全国文明城市为目标，推动城乡融合发展。一体规划高铁枢纽片区、得胜湖片区，完成老旧小区改造27个，三水家园、兴姜和苑等安置房竣工交付。延伸直港河、沧浪河等滨河步道，打通施耐庵东路、板桥西路等断头路。新改建公交站台310个、停车场4座，新增停车位680个、充电桩260个。开展市容环境、交通秩序、违法建设等专项整治，实施物业管理攻坚提升两年行动，创成6个“祥泰小区”。宁盐高速兴化先导段顺利开工，阜溧高速建湖至兴化段加快建设，盐泰锡常宜铁路进入可研批复阶段。科学编制“多规合一”实用性村庄规划，推进整块连片增减挂钩，完成农房改造改善5057户，入选省高品质农房改善示范项目2个，行政村集体土地上的C级、

D级危房全部消险解危。持续深化镇村环境整治,创成省级生态宜居美丽示范镇1个、示范村50个。完成户厕改造4645户。启动以千垛镇为核心的江苏省特色田园乡村示范区建设,新增省级特色田园乡村2个、泰州市级特色田园乡村8个。新改建农村公路38千米、桥梁158座。维修改造圩口闸100座、排涝站50座,实施圩口闸电启闭改造100座。空气优良率80%,$PM_{2.5}$平均浓度30.4微克/立方米,分别列泰州第二、第一。启动实施海沟河综合整治工程,清退复垦兴盐界河沿线9203亩养殖塘口,国省考断面水质优Ⅲ比例达100%。建成幸福河湖102条、河长制主题公园5个,兴化市水利文化馆开馆。加快补齐环境基础设施短板,实施城南污水处理厂扩容提升工程,完成8个污水处理提质增效达标区建设,编制乡镇生活污水排水规划,铺设镇村污水管网320千米,新建60个村庄生活污水处理设施。创成里下河国家湿地公园,亮相《湿地公约》第十四届缔约方大会。完成成片造林4000亩。

【社会民生】 社会保障　千方百计稳定就业,2022年发放各类补贴补助1790万元,新增就业1.2万人,扶持创业9543人,城镇登记失业率控制在5%以内。组织各类培训1万人次,人力资源服务产业园开园运营。实施居民防贫综合保障保险,城乡养老保险待遇、医保补助标准进一步提高,主要险种参保率保持在98.5%以上。开展特殊困难群体救助帮扶专项排查整治,城乡低保标准提高到每人每月770元。退役军人服务保障体系更加健全,实现省级双拥模范城"九连冠"。

社会事业　坚持教育优先优质发展,2022年城区6所幼儿园建成投用、5所中小学加快建设,义务教育学校集团化办学全覆盖,民营学校办学进一步规范,中高考成绩稳步提升。创成省级区域卫生中心1家,新购置救护车29辆,新增ICU重症床位42张,紧密型医共体服务能力和院前急救水平有效提升。建成城市街道综合养老服务中心3个、农村区域性养老服务中心5个,完成困难老年人家庭适老化改造900户,新社会福利院投入运营。开展妇女儿童权益保障专项排查整治行动,成立益行儿童基金会、成长护航公益协会。大力实施文化惠民工程,市文化馆获评江苏省示范小剧场。建成陈堡草荡水上运动中心,圆满完成第二十届省运会赛事承办任务。

社会治理　推进安全生产大检查、百日攻坚行动,高质量完成"三年大灶"专项整治,生产安全事故起数、死亡人数保持"双下降"。落细落实"信访突出问题攻坚化解年"行动,推动社会矛盾风险隐患大排查大起底大化解,常态化开展扫黑除恶,零容忍打击各类违法犯罪,圆满完成党的二十大安保维稳任务。

(政府办)

兴化概览(资料来源:央视频道【中国影像方志】兴化篇)

综　述

兴化市位于里下河腹地最低洼的地方,俗称“锅底洼”,区内水网稠密,湖荡相连,芦荻摇曳,蒲莲密布,是里下河沼泽湿地最重要的代表性区域,素有“苏北江南”之称,保存了相对完整的天然沼泽湿地生态系统、丰富多样性的生物、特色的湿地景观,也孕育了典型的湿地农耕渔业,以及传统的湿地文化,是里下河湖泊湖荡分布最为集中的地区。每到汛期,不少田地被冲、庄稼被毁,农民深受其害。在与自然的抗争中,兴化先民探索建起了垛田种植系统。垛田的演变最早可以追溯至唐代修建捍海堤。隋唐以后,以京杭大运河为中心的水流调控形成,为沿线广大地区提供了清水灌溉。宋范仲淹督修范公堤后,江淮交汇的清流环境使里下河地区农田得到进一步开发。当地农民在早期形成的垛岸基础上积土垒垛,从而出现成千上万块四周环水的岛屿状田地,垛田灌排系统开始形成。至清代,灌排工程趋于成熟,兴化垛田渐成规模,搁种法、劚岸、戽水、罱泥、扒苲、捩水草等传统农田水利耕作方式使垛田土壤疏松,土质肥沃,各种作物在垛田上都能长势良好。垛田种植模式沿用至今,这是湖荡沼泽带独有的土地利用方式,是历代低洼地治水智慧的结晶。

近代以来,随着防洪压力减轻,垛田高度逐渐降低,并向周围连片扩展。“早期是垒土成垛,现在更多采用堆垛,先在湖荡里罱泥,取河底淤泥水草装满船舱,运至土垛旁,然后一次次往土垛上堆积。年复一年,将土垛堆起,最终成为可以种植的垛田。千百年来,垛田先民发挥创造精神,把沼泽之地变成水上垛田,再演变成如今的千垛花海。

垛田区域生态保护修复

【概况】 全市河道、湖荡、滩地等湿地面积60517.57公顷,其中自然湿地面积25855.47公顷,面积1万亩以上的湿地有11个。兴化市高度重视湿地生态保护工作,积极进行湿地生态修复,2022年兴化里下河国家湿地公园获得国家林业和草原局批准试点,通过验收。兴化大纵湖被列入江苏省省级重要湿地,西北湖荡重要湿地纳入江苏省生态红线保护区域二级管控区。

【里下河国家森林保护】 江苏兴化里下河国家湿地公园地处里下河腹地的洋汉荡,总面积1304.8公顷,湿地资源丰富,景观独特,孕育以森林沼泽和草本沼泽为主的湿地生态系统,2022年12月经国家林业和草原局批复正式成为国家湿地公园。公园自然湿地面积增加234.96公顷,自然湿地率增加16.86%。湿地公园内共记录到植物223种,鱼类60种,两栖爬行类21种,兽类11种,鸟类达208种,其中鸟类种类比建设前增加49种。分布有国家Ⅰ级重点保护鸟类6种,国家Ⅱ级重点保护鸟类42种,《IUCN濒危物种红色名录》极危(CR)物种2种、濒危(EN)物种5种、易危(VU)物种8种,省级保护鸟类89种,占鸟类总物种数的42.79%。秉承“尊重自然、顺应自然、保护自然”的理念,对公园内湿地功能退化区域实施退渔还湿、鱼塘修复、活水畅流等系列生态修复工程。经过保护恢复,里下河湿地公园生物多样性增加,较修复前,湿地公园新增鸟类49种,包括东方白鹳、黑脸琵鹭、猎隼等珍稀濒危物种;小天鹅种群数量由20多只增加到100多只。

【垛田风貌保护】 市农业部门开展垛田治理与保护工作研讨,通过传统罱泥方式,将河道内淤泥覆盖垛田,补充垛田土壤,提升土地肥力;休耕一季再行耕种,防止土壤耕种过度;种植护堤植物,防止垛土塌降。围绕千垛花海以及周边特色田园乡村打造,积极开展"加拿大一枝黄花"专项整治,在36个行政村排查清理"加拿大一枝黄花"生长面积约30000平方米,防止外来物种侵袭蔓延。

【水资源保护】 兴化以推行河长制为抓手,坚持问题导向,统筹推进水环境治理,加大水环境整治力度。以"清理整治、问题起底、督查考核"三个全覆盖为抓手,以"封牢盯紧、除根剿清"为目标,市镇两级投入7000多万元、大中型保洁船101条,分别在2月、5月、10月开展三轮水环境整治专项行动,强力推进水花生、水葫芦、水浮莲等水面漂浮物清理,打捞漂浮物总量达500多万吨,全市水环境质量得到了全面提升。开展"两违""四乱"整治行动。完成797处遥感疑似碍洪图斑复核工作,成功处置30处河道"两违""四乱"遥感疑似点和551处变化点。借助"水、陆、空"巡查手段,对全市骨干河道进行巡检,着力处置河湖新增"两违""四乱"和历史存量,发现一处、清理一处、销号一处,逐步修复河湖生态,永续发挥河湖综合功能。开展重点河道专项跟踪检查,围绕盐靖河河坡违法构筑物历史遗留问题,与相关部门形成工作合力,通过持续跟踪监督,最终推动属地政府拆除。开展住家船及河道堤岸专项整治,督促打捞、破拆沉船以及无主船80余条,拆除河堤违章建筑900余平方米,平整河岸2万余平方米,推进100余条"住家船"集中停放,实现保护水环境与改善民生双赢。开展乡镇污水管网专项监督。通过主动走访行政审批局、调取12345政务服务热线数据等方式,全面收集梳理涉管网运行的投诉,挖掘公益诉讼线索,发现部分乡镇污水处理设施堵塞、停运、处理率不达标等问题,及时制发检察建议,督促整改到位。围绕生活污水管道直排高王河致使河水污染等问题,通过检察建议督促职能部门和属地政府落实居民搬迁、管网建设、河道治理等工作,有效整治污水直排问题。

2022年12月,里下河湿地公园被评为国家湿地公园。图为里下河湿地公园风光
(市文体广旅局/供图)

垛田资源开发利用

【概况】 2022年,兴化垛田灌排工程体系入选(第九批)世界灌溉工程遗产名录。近年来,兴化市为保护和传承好垛田农业文化遗产做了大量的工作,2014年,兴化市人民政府制定出台《垛田农业文化遗产保护与发展规划》,设置垛田保护区,实行保护与开发相结合,因地制宜,大力发展菜花旅游业,垛田的自然风光和生态特质,成为独具魅力、极富潜力的旅游观光景区。2021年3月1日起正式施行的《泰州市垛田保护条例》,打破区划限制,立足里下河区域整体,从泰州市级层面编制垛田保护规划,设计分级保护制度,将垛田保护区分为一般保护区和重点保护区,规定被认定为文物保护单位的垛田区域、兴化千垛景区、水上森林景区应当划入重点保护区,保证最精华的垛田得到最精心的呵护。

【千垛】 位于江苏省兴化市缸顾乡东旺村东侧,总面积近万亩。千垛景区的自然景观形成于750

年前。随着政府加大投入，兴建了观光塔，铺设了木栈道，配备了水上木船，形成了观光旅游景区。“垛”是里下河地区独有的一种农业景观。在泥土缺乏的泽国，勤劳智慧的兴化人民在湖荡沼泽地带开挖网状深沟或小河的泥土，一方一方使其堆积如垛，成为了可以耕作的垛田，形成了具有世界自然文化遗产价值的兴化垛田奇观。由于垛田地势较高、排水良好、土壤肥沃，尤其适宜种植瓜果蔬菜，20 世纪 50 年代，便有了“垛田油菜，全国挂帅”之美誉，因蔬菜品种全、产量高，垛田又有“蔬菜之乡”的美称。在《舌尖上的中国》中，垛田出产的“兴化龙香芋”一举成名，芋头烧肉、蟹黄豆腐等水乡特色美食令人食指大动。

【大纵湖】 位于兴化市西北部、与盐城市交界，南北长约 6 千米，东西宽约 9 千米，呈椭圆形，总面积 30 平方千米。其中，中堡镇占湖区总面积的一半。风景区交通便捷，332 省道和 231 省道在湖区呈“十”字形交会。从湖区至南京禄口、上海虹桥机场约 2.5 小时，到扬州泰州、盐城机场仅 1 小时。

【蜈蚣湖】 位于兴化市北部。亦因位于中堡之南，与中堡之北的大纵湖南北相对，故当地又称南湖或前湖。为古射阳湖经解体分化后的残迹湖之一。水位 3.00 米，长 5.6 千米，最大宽 4.8 千米，平均宽 3.2 千米，面积 18.0 平方千米；最大水深 3.24 米，平均水深 2.6 米，蓄水量 0.468 亿立方米。湖区属北亚热带季风气候，年均气温 14.9℃，1 月平均气温 1.6℃，7 月平均气温 27.7℃。冬季遇强冷空气南袭，有冰情出现。地势低下，水系发达，周围大小湖荡棋布。湖水依赖地表径流和湖面降水补给。纳得胜湖、乌巾荡、平旺湖等湖沼水网区来水，调蓄后经中引河、鲤鱼河北泄大纵湖，水产丰富。

【徐马荒湿地】 徐马荒又名“秋雪湖”，位于原西郊镇西部，距兴化城区 15 分钟车程。徐马荒总面积 11 平方千米，其中沼泽 273.33 公顷，陆地 130 公顷，森林 186.67 公顷，鱼塘 321.33 公顷。徐马荒是里下河地区少有的自然生态保护接近原始状态的地方，有“南有沙家浜，北有徐马荒”之说。徐马荒荒僻中见古朴，荒芜处有野趣。每到秋高气爽之际，水天一片，草木纵横，萧然起色，逸兴顿生。徐马荒有着大片大片的芦荡和宽广的荷塘，也有青砖路、木拱桥、游船、风车等人工痕迹。宽广的水域、连片的森林、原始的生态、多样的生物种类以及丰富的地域宗教、历史文化内涵，使得此处成为城市人放飞心情的理想佳地。

【平旺湖旅游开发】 2022 年，兴化市实施黑高码头至千垛菜花景区连通工程，打通乌巾荡公园经平旺湖与千垛菜花景区相连的水上通道，将“1 号水路”水上游览航线延伸至碧水东罗，以水串景，拓展水上旅游线路，整合乌巾荡公园、千垛景区与碧水东罗特色田园特色资源，实现景区联动发展，打造融观光休闲、研学旅游、农趣体验为一体的全球最美垛田和特色文化遗产园区。

生态环境资源协同保护机制

【概况】 兴化市检察院联合市公安局、农业农村局、自然资源和规划局、生态环境局、水利局、文体广电和旅游局、垛田街道等 7 家单位会签《兴化市垛田联动保护协调机制运行办法》，明确垛田风貌保护、水系保护、环境保护、水生野生动物保护、渔业资源保护、工程建设旅游开发保护、文物保护利用等 7 项保护重点，并建立信息共享、联合执法司法、案件会商、公益诉讼联动

2022 年 12 月，徐马荒湿地的芦苇荡 （市文体广旅局/供图）

等工作机制。各职能单位依据职责分工,开展集中整治,整顿撂荒田块、打击电捕鱼、清理河道围网、打捞河道漂浮物。截至2022年12月底,共清理垛田护坡180米,清运水面垃圾28吨、疏浚壅塞河道4处、拆解废弃船只2条。

【环境协同保护机制】 市生态环境部门建立监测网络,制定监测计划,定期对区域内垛田土壤质量、河道内的水质、空气质量、农作物质量进行监测,保障生态修复符合自然生态系统规律及可行性。紧紧围绕《江苏省"八项工程"监测统计实施办法》,以保护自然湿地资源,维护生态系统平衡,改善生态环境,实现人与自然和谐为主线,积极加快湿地保护小区建设步伐,大力实施湿地保护小区建设,取得明显成效。截至2022年底,全市共建成西北湖荡、大纵湖等52个湿地保护小区,受保护自然湿地面积19654.65公顷,自然湿地保护率提升到66.6%。加强千垛生态外围水环境保护和周边乡村环境整治,走访排查周边17个村,发现各类垃圾违法收集处置、河道污染线索20处,通过印发检查建议,督促职能部门及时清除固废、垃圾等1100余吨,清理河道13条。

【渔业资源保护机制】 市渔业部门举行以"开展增殖放流 建设美丽兴化"为主题的冬季渔业资源增殖放流活动。分别在车路河—昌荣镇段、垛田街道段进行鱼种投放,共投放花白鲢、草鳊鱼等鱼类苗种1.5万千克。通过增殖放流,可以充分发挥"以鱼治水、以鱼养水"的功效,有效恢复渔业资源、修复水域生态,维护生态系统稳定,促进渔业可持续发展,实现生态效益、经济效益、社会效益的"三效合一"。加强放流后水域管控,安排专人负责管护放流水域;渔政执法人员加大巡查和执法力度,严防非法捕捞等行为。开展河道水环境整治,加大环境治理力度,养护和修复兴化水域生态环境。扎实开展打击各类非法捕捞行为的宣传,切实加强水乡生态保护和环境治理,推动水域生态环境持续改善。

2022年,全市创成省级特色田园乡村15个。图为省级特色田园乡村东罗村耘朵民宿 (市文体广旅局/供图)

【旅游资源保护】 兴化垛田传统农业系统是"全球重要农业文化遗产",围绕"种风景、卖风景、富农民",致力于农旅融合,发展休闲农业。推动属地政府、城管局、公安局、消防大队等单位常态化开展千垛景区周边民宿、宾馆安全巡查,重点对消防安全、建筑安全、社会治安等事项进行监督。每年举办千垛菜花旅游节,挖掘地方特色景观、农耕文化、乡风民俗,培育了千垛菜花、水上森林、万亩荷塘、徐马荒湿地等乡村旅游景区,涌现出碧水东罗、古朴唐庄、水润刘泽等一批特色田园乡村。截至2022年底,全市创成省级特色田园乡村15个,泰州市级特色田园乡村23个,梯次培育泰州市级特色乡村创建村5个,建成兴化市级特色田园乡村45个,兴化市级特色田园乡村实现乡镇(街道)全覆盖。启动以千垛镇为核心的"江苏省特色田园乡村示范区"建设,加快推进特色田园乡村由点的创建向区域集聚示范延伸。全市有休闲旅游农业园区景点50余个,从业人员7万余人,带动农户6.2万户。年接待游客260万人次,年综合经营收入24.8亿元,旅游带动农副产品销售收入20亿余元。

垛田文化

【概况】 垛田对兴化的民间文艺、风俗习惯、饮食文化等各方面都有着深刻影响。垛田街道成为苏北地区唯一的"江苏省民间艺术之乡",其主要文艺形式包括高家荡的高跷龙、歌会、农民画等，都具有鲜活的地域特色和垛田风情。垛田自身的耕作体系和生态系统本身就是一种富有特色的地域农耕文化。兴化是吴楚文化、南北文化的汇聚交融之地，施耐庵、刘熙载、郑板桥等文人雅士均出自此。兴化市遵循“在传承中发展，在保护中利用”的工作方针，以“产业生态化、生态产业化”为指引，强化宣传，提升全社会对遗产的关注度，推动遗产保护工作措施的落实。注重传承，开展遗产宣传推介，用微电影、专题节目，大力宣传推介垛田这一沼泽洼地土地利用典范的农耕智慧；积极组织、参与各类农产品博览会、交易会，推介垛田名特优农产品，扩大影响力；参加各类农业文化遗产的学术研讨和交流活动，先后成功承办了首届东亚地区农业文化遗产学术研讨会和“全球重要农业文化遗产”（中国）工作交流会；建成传统农耕文化展示中心，利用幻影成像等现代科技，集中展示水牛耕田、妇女栽秧、人工收割、挑把、打场撒网捕鱼等传统劳作场景，提高社会公众对农耕文化的知晓度，增强保护意识与文化自豪感。

【兴化精神】 2020年7月11日，兴化发布了“兴化精神”。垛田先民在与恶劣环境的抗争中创造出来的垛田奇迹，造就了这一极具里下河特色的“全球重要农业文化遗产”，经过历史的积淀、时代的交融，也最终成为兴化的精神象征、文化底蕴、时代风貌、价值追求——垒土成垛、择高向上。

【农耕文化】 为使“垛田传统农业系统”这一全球独具特色的湿地生态系统得到有效保护，传承利用垛田传统农业种植技术，促进垛田农业生态系统生态农业发展。市农业农村局通过推广合理使用肥料、农药、农用薄膜等农业投入品，科学处置农用薄膜、农作物秸秆等农业废弃物，减少农业面源污染，鼓励采用罱泥、扒苲、布水草等传统方式，进行垛田耕种和日常保养、维护。围绕农药减量控害和减量增效目标，积极推广高效低毒低残留农药，通过绿色防控模式逐步降低单位面积化学农药使用量，高效低毒低残留农药使用占比85.9%。同时，组织开展农药包装物和农膜残膜废弃物的回收试点工作，减少环境污染，促进田园的清洁。进一步加强垛田保护，精准定位垛田保护范围，在原国家级保护范围和省级保护范围的基础上，结合国调成果和遥感影像，划定精准的国家级和省级保护边界和矢量范围，包含垛田街道、千垛镇、中堡镇、沙沟镇约21.62平方千米，并准备沿保护边界实地标定界桩和公告牌，推动垛田保护范围精细化管理，确保垛田保护范围内执法监督有据可依。通过兴化垛田传统农业系统的示范引领，全市共有5个农产品获得有机农产品证书，10个农产品被认证为国家地理标志产品，96个农产品获绿色食品证书，其中，4个水产品、1个畜禽产品获绿色食品证书，沙沟镇（淡水鱼）2020年入选第九批全国“一村一品”示范镇。“兴化大闸蟹、兴化香葱”分别入选江苏农业品牌目录区域公用品牌名录，“兴化香葱”获“全国绿色农业十大最具影响力地标品牌”称号，“兴化香葱、兴化龙香芋”入选泰州市农产品区域公用品牌名单。兴化垛田独特的地貌和生态系统，产出了“兴化香葱、兴化龙香芋”等具有地方特色农产品，其主要生长于垛田，种植历史悠久，周边环水、独特的垛田地貌，造就了“兴化香葱、兴化龙香芋”香味浓郁的优良品质。

2022年3月，沙沟古法捕钓“十八帮”渔文化风情体验园的鸟瞰图

（市文体广旅局/供图）

【民俗文化】 高跷龙舞 高跷龙舞是一种将踩高跷与龙灯舞融为一体的舞蹈形式。它既有高跷的惊险,又有舞龙的热烈;既讲究个人的技巧,又讲究群体的配合;既可以在街巷巡游,又可以于空地表演。对表演者来说,他既要练就扎实的踩高跷的基本功,又要掌握舞龙的技巧要领;既要身强力壮有足够的力气,又要身灵心巧有艺术的才气。这是一项高难度、高耗能、完全依赖家族传承的高精尖的民间艺术,虽传续已久却所存无多,目前,在苏北地区乃至全国仅见于垛田高家荡。高跷龙的高跷为杉木所制,高度为1米左右。高跷龙的龙与里下河地区常见的龙灯舞豹龙相同,竹骨布衣,龙头、龙身、龙尾共11节。与普通龙灯舞不同的是,高跷龙前没有龙球(龙灯)引路,动作的变化、套式的转换全由掌龙头者带动指挥。高跷龙的动作套式与兴化地区流行的龙灯舞基本相似。但受高跷的限制,一般只有大花、小花、寻阳背剑、连环4套。高跷龙舞表演者的服饰,早期为上穿白褂,下穿蓝花裤,头勒白巾,腰系红带。现在一般头扎毛巾(后扎式),黄褂红裤,脚穿球鞋。高跷龙的配乐为锣鼓。行走或过场时一般为长锣、走场锣,上套式为紧锣,如急急风等。

高跷龙舞一般在街头游行,遇有人多的开阔地带,或有人放鞭炮"接龙"的,便停下来要上一两套。行进时,表演者脚踩高跷、手举长龙,长龙摇头摆尾,如在空中游弋,观众远望可见、近观昂首,加之前有开道的横幅、彩旗、锣鼓,场面热烈。

2022年2月,垛田高家荡庙会举行。图为高跷龙舞在街头表演展示

(市文体广旅局/供图)

拾破画 拾破画古称"锦灰堆",俗称"破卷残书""拾破画",是我国传统工笔画的一个独特画种。作品以被水渍、火熏、虫蛀的公文、私札、契约、函件等作为绘画素材,按照一定的方式排列组合,就像一堆破旧的东西摆放在纸上,具有很强的立体感、韵律感,彰显特有的古典美、残缺美。

芦洲东岳庙会 芦洲庙会始于明朝洪武年间,兴盛于清末、民国。芦洲庙会敬仰的是东岳菩萨黄飞虎,是里下河地区颇负盛名的大型庙会。每逢农历三月二十八日庙会之期,香火旺盛,四方道友皆来赴会。庙会形式多种多样,西村万福会、南村祈福会、北村得胜会、东村幸福会为四大分会。芦洲庙会,历时十天,严密的组织,浓厚的古风,丰富多彩的传统文娱队伍,是芦洲庙会的重要特色。芦洲庙会由72个班会组成,900余人,每班都有自己的头领和固定的会员。他们的分工及行使的职能和明朝苏州府升堂理事判案的分工和职能范围十分相似。72个班会有:同福会、文武判、秋千会、大小龙会、高跷会、令香会、鼓号队、乐队、狮子等。

兴化湿地生态好 候鸟来"做客"

(资料来源:新华社新媒体2022年11月12日)

中国共产党兴化市委员会

综 述

2022年，兴化市面对严峻复杂的国内外形势，全市上下以迎接党的二十大、学习宣传贯彻党的二十大精神为主线，深入落实中央关于“疫情要防住、经济要稳住、发展要安全”系列决策部署和省委、泰州市委工作要求，各项事业取得新成绩。

经济运行稳中向好。全年实现地区生产总值1085.19亿元，增长4.3%；一般公共预算收入48.02亿元，增长4%。入选中国县域经济百强市、全国综合实力百强市、中国工业百强市。支持工业企业积极化解疫情带来的不利因素，实现规上工业开票销售增长10%；完成对外直接投资4600万美元，位列泰州市第一。兴达钢帘线获评工信部制造业单项冠军示范企业。推进“亩均论英雄”改革和“五未土地”整治，全年盘活（提升）低效闲置工业用地226.67公顷，支持安井食品三期、盛泰科技、申源集团技改等14个“三比一提升”重大产业项目开工，全年新竣工5亿元以上重大项目10个。实施“智能化改造、数字化转型”项目200个，兴化（南京）离岸创新中心正式运行，净增高新技术企业59家、国家科技型中小企业130家，分别同比增长25%、21%。博生医材成为全市首家新三板创新层挂牌企业。建成高标准农田3.3万亩，入选农业现代化示范区创建名单。兴化垛田入选世界灌溉工程遗产，千垛镇获批全国“一村一品”示范村镇。服务业提质增效，入选首批省文旅产业融合发展示范区，里下河国家湿地公园通过验收，兴化经济开发区获批两业深度融合区域集聚发展省级试点。

城乡环境不断改善。推进全国文明城市创建，完成老旧小区改造43个，创建省级生态宜居美丽示范镇1个、示范村50个，实现省级下达厕所革命目标，推进新时代文明实践阵地提升工程，建成10个示范所、100个示范站和群众身边的实践点513个。科学划定国土空间“三区三线”，获自然资源部批复。阜溧高速加速推进，宁盐高速顺利开工。推进中央环保督察以及省、泰州交办问题整改，清退复垦水产面积9023亩，小造（修）船、橡胶颗粒、氧化锌、涉炉企业重点行业整治基本到位。推进城镇污水处理提质增效精准攻坚333行动，建成8个达标区，升级改造15个乡镇污水处理厂。建成养殖尾水达标排放示范基地3300亩，新建60个村庄生活污水处理设施，国省考断面水质优Ⅲ比例达100%，直港河获评省级幸福河湖。入选全省首批生态产品价值实现机制试点。全年空气质量优良天数比值80%，$PM_{2.5}$平均浓度30.4微克/立方米，分别列泰州市第二、第一名。

民生福祉继续提升。落实国家疫情防控方针政策，因时因势调整优化疫情防控措施，切实抓好常态化疫情防控。高标准开展全行业、全领域安全生产专项整治，全市安全生产事故起数和死亡人数同比分别下降28.8%、60%。落实就业优先政策，城市零就业和农村零转移家庭保持动态清零，人力资源服务产业园正式开园运营，全年新增就业1.2万人。城乡居民人均可支配收入分别达51154元和27638元,增长5.2%、7%。深化教育改革,全市域推进义务教育集团化办学,新(改扩)建中小学幼儿园12所。公共卫生医疗中心、妇女儿童健康中心建设加快推进,沙沟中心卫生院建成省级基层区域医疗卫生中心。社会保障待遇逐年提高,城乡居民基础养老金标准每人每月提高到228元,基本公共卫生服务补助连续12年增长。建成并运营水上运动训练基地,承办第二十届省运会篮球、赛艇等6个大项比赛项目。新建26个多功能运动场,实现乡镇街道全覆盖。聚焦"一老一小",建成城市街道综合养老服务中心3个、农村区域性养老服务中心5个;成立益行儿童基金会、成长护航公益协会,建成省级示范型保护工作站2个。深化扫黑除恶斗争和政法队伍教育整顿,社会大局保持和谐稳定。

从严治党纵深推进。精心组织"喜迎二十大""学习贯彻二十大精神"系列主题活动,成功举办"建功新时代 奋进梦水乡"新闻发布会,开设《解读党的二十大报告》专题节目,策划推出"贯彻党的二十大精神在基层"系列报道。坚持市领导带头,充分发挥百姓名嘴宣讲团、"银发生辉"宣讲团、青年讲师团队伍作用,组织开展党的二十大精神"六进"宣讲活动。精神文明新风深入人心,1人当选"中国网事·感动2022"年度网络感动人物,5人获评江苏好人,位列泰州第一。大力实施"党建引领 共兴共富"三年行动计划,成立26个"水乡兴锋"工作团和14支乡村振兴工作队,开展"村村到、户户进、人人访"集中走访活动,解决了一批老百姓关注的热点难点问题。重视加强市委人才工作,面向新业态新就业群体,打造"兴"新向荣党建品牌,全省率先成立网络名人联盟党委。聘请236名民生工程监督员,深入开展整治群众身边腐败和作风突出问题"清风行动",扎实推进"幸福兴化·兴好有你"作风效能大提升专项行动,严肃查处一批有影响的案件。

重要会议

【市委全委会会议】 2022年,中共兴化市委全委会会议召开2次。

2022年1月5日,市委十三届二次全体会议召开。市委书记方捷代表市委常委会作工作报告。市委常委会就抓党建工作情况作书面报告,会议表决通过了《市委十三届二次全体会议决议(草案)》,递补市委委员1名。会议要求,2022年,全市要"聚力高质量发展、致力高效能治理"两大主题,统筹疫情防控和经济社会发展,统筹发展和安全,扎实做好"六稳""六保"工作,思想理念要彻底转换,发展路径要深度转轨,产业结构要加快转型,社会治理要多维转变,以优异成绩迎接党的二十大胜利召开。市委四套班子领导,十三届市委委员出席会议,部分基层党代表列席会议。

2022年12月30日,市委十三届三次全体会议召开。市委书记陈锋剑代表市委常委会作工作报告。会议表决通过《中国共产党兴化市第十三届委员会第三次全体会议决议》,审议通过《中共兴化市委常委会2022年度抓党建工作的情况报告》。市四套班子领导、十三届市委委员、市委候补委员出席会议,市纪委委员和有关方面负责人,部分基层市党代表,市委法律顾问代表列席会议。

【全市党史学习教育总结会议】 2022年1月19日,全市党史学习教育总结会议召开。市委书记、市委党史学习教育领导小组组长方捷讲话。会议要求,全市各级党组织要不断巩固拓展党史学习教育成果,掌握历史主动、开创美好未来。严明政治纪律,严守政治规矩,站稳人民立场,践行人民至上,发扬斗争精神,强化担当作为。泰州市委党史学习教育第二巡回指导组负责人出席会议。市领导常冬海、刘洪、花再鹏参加会议。

【市委常委会(扩大)会议】 2022年内,兴化市委常委会会议召开19次,市委常委会(扩大)会议召开3次。

表3 2022年兴化市委常委会会议及常委会(扩大)会议一览表

时间	会次	主要议题
1月5日	第一次市委常委会会议	传达泰州市委六届二次全会精神;听取关于2022年市政府民生实事候选项目形成情况的汇报。研究讨论市委十三届二次全会方案、全会报告、市委常委会2021年度抓党建工作的情况报告、政府工作报告;会议还对筹备召开市"两会"及重点工作进行安排
1月23日	第二次市委常委会会议	传达学习习近平总书记在省部级主要领导干部学习贯彻党的十九届六中全会精神专题研讨班开班式上的重要讲话精神,研究讨论《兴化市贯彻落实省督察办生态环境保护专项督察反馈意见整改方案》事项
1月28日	第三次市委常委会会议	传达学习十九届中央纪委六次全会、十四届省纪委二次全会、六届泰州市纪委二次全会精神,研究讨论十三届市纪委二次全会工作报告,《兴化市委关于涉粮联动巡察反馈意见整改工作方案》《兴化市贯彻落实省督察办督查泰州市突出环境问题反馈意见整改方案》《兴化市委关于涉粮联动巡察反馈意见整改工作方案》《兴化市贯彻落实省督察办督查泰州市突出环境问题反馈意见整改方案》等事项
2月7日	第四次市委常委会会议	传达学习习近平总书记在中共中央政治局第三十六次集体学习时的重要讲话精神,省统计局第五统计督察组督察意见反馈问题的情况通报,中共中央办公厅、国务院办公厅印发的《关于更加有效发挥统计监督职能作用的意见》;听取《关于支持兴化经济开发区打造中国健康食品产业名城的实施意见》《兴化市"全国农业科技现代化先行县"创建工作方案》
2月20日	第一次市委常委会(扩大)会议	传达学习泰州市委书记朱立凡关于疫情防控工作的讲话精神、泰州市委副书记、代市长万闻华带队到兴化"四不两直"督查疫情防控工作的讲话精神;研究兴化市贯彻落实意见并对当前疫情防控工作进行安排
3月2日	第五次市委常委会会议	传达学习泰州"两会"精神和泰州市委书记朱立凡参加兴化代表团集中审议时的讲话精神、《中共中央办公厅、国务院办公厅关于印发〈地方党委和政府领导班子及其成员粮食安全责任制规定〉的通知》,并研究兴化市对《通知》要求的贯彻落实意见;听取讨论2022年城建计划、《关于完善网格化治理机制夯实社会治理基础的实施方案》的汇报;讨论并原则通过《关于推动落实耕地保护责任的纪检监察建议整改情况的报告》《兴化市委2022年巡察工作计划》《"信访突出问题攻坚化解年"行动实施方案》
4月8日	第六次市委常委会会议	研究讨论《市委党的建设2022年工作要点》,2022年全市统战工作要点、组织工作要点、宣传思想文化工作要点和老干部工作要点,《抓党建促"村""民"共富行动方案》《关于建立行政村党组织"组织力指数"监测体系的实施方案》《关于开展党建引领乡村治理"三份清单 五个一行动"的实施方案》《关于实施兴化市"乡村振兴青年人才"培育"三个一批"工程的工作方案》和《关于深化"定制村干"培育工程的工作方案》。
4月8日	第七次市委常委会会议	传达学习中央环保督察组进驻江苏动员会精神,听取突出生态环境问题整改情况汇报,研究讨论《关于省政府督办兴盐界河涉渔问题整改的实施建议》;讨论并原则通过2022年第一批2000万元以上政府投资项目建设计划初步安排、2021年度人物评选、《从严加强"一把手"监督的实施细则》、《中共兴化市委2021—2025年巡察工作规划》
4月27日	第八次市委常委会会议	传达学习江苏省委书记吴政隆批示和江苏省委常委潘贤掌在全省党内法规工作会议上的讲话精神,全国、省、泰州市统战部长会议,泰州市对台工作会议精神;研究讨论兴化市2022年交通建设计划、兴化市委科技创新委员会组建方案、《落实泰州市委关于涉粮问题专项巡视反馈意见整改方案》、《关于防范化解行政争议提升行政复议应诉工作质效的意见》、2021年度改革创新奖评选情况;对"2021年度改革创新奖"和"2021年度改革创新提名奖"进行打分评选
6月7日	第九次市委常委会会议	研究讨论进一步加强作风建设的工作意见,就秸秆禁烧工作进行安排
6月21日	第十次市委常委会会议	研究讨论《关于开展"幸福兴化·兴好有你"作风效能大提升专题行动的实施方案》,听取市纪委监委的工作汇报

续表 3

时间	会次	主要议题
7 月 3 日	第十一次市委常委会会议	听取《2022 年文明城市创建项目资金安排情况汇报》《关于开展老城区部分区域实施污水转接工程的情况汇报》,研究讨论《关于深化拓展兴化市新时代文明实践中心建设的实施意见》《关于持续保持严打高压态势纵深推进常态化扫黑除恶斗争的实施意见》等有关事项
7 月 9 日	第二次市委常委会(扩大)会议	传达学习泰州市委书记朱立凡到兴化调研时讲话精神、泰州市政府第一次全体(扩大)会议暨全市政府系统廉政工作会议精神,并研究贯彻落实意见及工作进行安排
7 月 21 日	第十二次市委常委会会议	学习习近平总书记在十九届中央政治局第四十次集体学习时的重要讲话精神,研究讨论《兴化市优化营商环境三年行动计划(草案)》、关于 2022 年兴化市政府重大行政决策事项目录、《泰州市委生态环境突出问题专项巡察组巡察反馈意见整改工作方案》、2022 年度兴化市综合考核文件、《2022 年度泰州市综合考核指标责任分工方案》等有关事项,会议原则通过《市委人大工作会议方案》《关于新时代坚持和完善人民代表大会制度,加强和改进人大工作的实施意见》
8 月 11 日	第十三次市委常委会会议	学习习近平总书记在省部级主要领导干部专题研讨班上的重要讲话精神,听取讨论《市委工作会议方案、讲话》、就 2022 年第三批 2000 万元以上政府投资项目建设计划初步工作进行安排;会议原则通过《兴化市大纵湖圈围养殖清退工作实施方案》《兴化市船舶修造(拆)企业专项整治工作实施方案》《兴化市建立健全生态产品价值实现机制省级试点工作方案》《兴化市建立健全生态产品价值实现机制省级试点工作方案》
8 月 31 日	第十四次市委常委会会议	传达学习习近平总书记给“中国好人”李培生、胡晓春重要回信精神、中央统战工作会议精神和各级民族、宗教工作会议精神,研究讨论国务院第九次大督察发现问题整改工作事宜;审议《关于推动党史学习教育常态化长效化的实施方案》;会议原则通过《关于推动党史学习教育常态化长效化的实施方案》;听取 2022 年全市民族宗教工作及宗教专项工作整治情况汇报、全市八月信访和社会稳定的情况报告
9 月 22 日	第十五次市委常委会会议	传达学习习近平总书记重要文章《坚持和发展中国特色社会主义要一以贯之》重要精神,听取关于疫情防控货车卡(路)口监控建设有关情况的汇报。听取并原则通过《关于 2022 年招商引资项目建设工作考核办法》,听取讨论关于安丰国蟹市场合作开发有关情况和东部未来城(一期)片区合作开发项目情况等事项;并要求贯彻落实精神文明建设各项任务
10 月 17 日	第十六次市委常委会会议	传达学习《习近平关于社会主义精神文明建设论述摘编(节选)》;听取《中共兴化市委关于加强和改进新时代乡镇人大工作的意见》等有关事项;听取并原则通过《开发区港口项目关于新建绿色建材项目投资方案》
11 月 4 日	第十七次市委常委会会议	传达学习《中共中央关于认真学习宣传贯彻党的二十大精神的决定》,听取讨论《兴化市工程建设领域“多测合一”改革实施办法》、安全生产专项整治三年行动开展情况,中央、省生态环境保护督察反馈问题整改情况的报告、加快推进媒体深度融合发展实施方案、市残联第六次代表大会筹备及换届工作的情况汇报
12 月 8 日	第三次市委常委(扩大)会议	学习讨论党的二十大精神,传达学习泰州市委六届四次全会精神,贯彻疫情防控国十条,听取当前重点工作汇报
12 月 19 日	第十八次市委常委会会议	传达学习中央经济工作会议精神,研究兴化市贯彻落实意见;对筹备召开市委十三届三次全会、市“两会”重点工作进行安排;研究讨论国防动员体制改革等相关事项;讨论并原则通过《关于加强和改进新时代政协工作的实施意见》
12 月 27 日	第十九次市委常委会会议	传达学习中央农村工作会议精神,研究兴化市贯彻落实意见;听取并原则通过市委“三重一大”相关制度;听取市人大常委会 2023 年工作议题初步安排、市政协 2023 年工作计划初步安排;研究讨论《兴化市推进共青团基层组织改革“四大工程”实施方案》等有关事宜

【全市 2021 年度综合考核总结表彰大会】 2022 年 5 月 16 日,全市 2021 年度综合考核总结表彰大会召开。会议要求,全市上下要发扬“拼”的精神,保持“干”的劲头,坚持“实”的作风,不断

2022 年 5 月 16 日，全市 2021 年度综合考核总结表彰大会召开 （市融媒体中心/供图）

扬优势、补短板、强弱项，努力推动兴化的发展每天都有新进步、每年都有新突破。市委副书记、市长殷俊主持会议。市委副书记常冬海宣读《关于表彰 2021 年度先进集体、先进个人的决定》。市委常委、常务副市长夏爱东宣读《关于 2021 年度“改革创新奖”获奖项目的通报》。会议对先进集体、先进个人和突出贡献企业等进行了集中颁奖授牌。市四套班子全体负责人，各乡镇（街道）党（工）委书记，开发区管委会主任，戴南镇镇长、安丰镇镇长，市级机关各部门主要负责人，2021 年度杰出人物，部分企业负责人代表参加会议。

【市委工作会议】 2022 年 8 月 12 日，市委工作会议召开，学习习近平总书记在省部级主要领导干部专题研讨班上的重要讲话精神，省委工作会议、泰州市委工作会议精神，研究兴化市贯彻落实意见。市四套班子领导，市法院院长、市检察院检察长，各乡镇（街道）党（工）委主要负责人、开发区管委会主任，市级机关各部门、直属单位党政主要负责人，部分基层党代表，部分工业、农业、服务业、建筑业重点企业主要负责人参加会议。

【市党政联席（扩大）会议】 2022 年，市党政联席（扩大）会议召开 3 次。

2022 年 5 月 4 日，市党政联席会议召开，听取研究重点信访化解攻坚情况。会议要求，坚持“事要解决”，因案施策、逐个攻坚，集中力量推动“事心双解、案结事了、息诉息访”。包案市领导要率先垂范、亲力亲为，亲自梳理案由，亲自落实分工，亲自跟踪督查。各乡镇街道、单位部门要按照“属地管理、分级负责”和“谁主管、谁负责”的要求，主要领导是第一责任人，要亲自研究、部署、督办。

2022 年 5 月 28 日，市党政联席（扩大）会议召开，传达学习省委人大工作会议精神、泰州市委常委会会议精神，并研究兴化市贯彻落实意见；就疫情防控工作及重点工作进行安排。

2022 年 12 月 10 日，市党政联席（扩大）会议召开，传达学习泰州市委六届四次全会精神、《中共中央政治局贯彻落实中央八项规定实施细则》精神，研究部署当前重点工作。

【市委常委议军会议】 2022 年 10 月 17 日，市委常委议军会议召开。传达学习《习近平谈治国理政（第四卷）》“坚持走中国特色强军之路”专题内容和后备力量建设相关文件，研究兴化市后备力量建设和年度党管武装重点考核相关事项。会议要求，妥善做好退役士兵、复转军人安置工作，营造良好的政治生态和社会风尚。

（赵　宸）

督查调研

【督查】 2022 年，兴化市委办公室重点做好市委全会、常委会等市委重要会议精神贯彻落实情况和重点工作推进情况的督查工作。制订督查检查计划 19 项，与 2021 年相比减少 4 项。全年现场督查 30 多次，形成督查通报 80 期。处理各级信访来信 600 余件。处理各类网络舆情、“我的兴化”、“12345”等问题线索 200 余件。

【信息调研】 2022 年，兴化市委完善调研制度，深入调研全市经济和社会发展方面的重点、难点、热点课题。形成《常委会会议纪要》《专题会议纪要》等 40 余篇，完成《加快推进淡水生态养殖的调研报告》《全域建设“吨粮田”全力实现“土生金”》《全面实施乡村振兴战略、加快农业农村现代化建设》等100余篇调研成果,为市委领导科学决策提供参考。全年刊发《兴化情况》10期、《兴化快报》49期,累计刊发各类信息300余条,流转领导批示文件、紧急信息1700余条。刊登省委、泰州市委信息157条,得到省委领导批示2条,中央办公厅采用1篇。

【深化改革】 制发《中共兴化市委全面深化改革委员会2022年工作要点》《关于进一步完善深化改革工作机制推动改革任务落地落实的意见》《兴化市食品质量检验检测中心改革方案》,激发经济发展新动能,保障经济运行畅通。全面完成5项国家、省试点改革任务、2项市级重点改革任务、96项重点改革任务。编印改革专刊12期,其中《兴化市健全"五项机制"推动改革任务落实》在省委改革办《改革参考》刊发。

巡　察

【概况】 2022年,兴化市对9家单位、7个乡镇(街道)和97个村(社区)党组织开展常规巡察,发现并反馈问题307个,移交问题线索55件。推进交叉巡察,对兴化中学、市农业农村局开展交叉、联动巡察。推进巡视巡察整改。圆满完成十九届中央巡视江苏对照整改督查工作。做好"办组地"挂钩联系巡察工作,用好中央对江苏、省对兴化巡视巡察指导督导成果,巡察工作质效得到明显提升。

【市委第二轮巡察工作启动】 2022年4月21日,十三届市委第二轮巡察工作动员部署会召开,标志着市委第二轮巡察工作全面启动。按照巡察计划安排,此轮巡察采取"常规巡察+镇村同巡"的方式,对住建局、水利局、交通运输局、自然资源和规划局、民政局等5个部门开展常规巡察,同时采用"镇村同巡"的方式对昭阳街道、大邹镇、钓鱼镇等3个乡镇(街道)及所辖47个村(社区)开展常规巡察。

【市委第三轮巡察工作启动】 2022年9月20日,市委召开第三轮巡察工作动员部署会,市委书记、市委巡察工作领导小组组长方捷出席会议并讲话。会议要求丰富巡察手段,把"真发现问题、发现真问题"贯彻巡察全过程,真正把问题的"盖子"掀开,防止留下"爆雷"隐患。精准反馈问题,本着对市委负责、对干部负责的原则,实事求是、客观反映,进一步提升巡察报告的严谨性、精准度。整改落实到位,班子的问题由班子集体解决,个人的问题要责任到人,立行立改,同时建立健全"台账管理""销号管理"等制度,加大巡察问题的反馈、整改、督办、处置力度,推动监督、整改、治理有机贯通。按照巡察计划安排,此轮巡察将对市教育局、卫健委、总工会、红十字会开展常规巡察,对教育局直属学校周庄高级中学、板桥初级中学、实验小学开展延伸巡察;根据泰州市委巡察办要求,对农业农村局开展联动巡察;同时,采用"镇村同巡"的方式对陶庄镇、海南镇、昌荣镇、林湖乡4个乡镇及所辖50个村(社区)进行巡察。

【巡察问题整改落实】 压紧压实巡察整改政治责任,对5个单位整改情况进行量化评估,对3个乡镇以及27个村(社区)整改成效进行群众评议,推动十二届市委巡察移交的1377条问题线索全部按期办结。协同推动省委涉粮巡视44条整改措施以及泰州涉粮巡察120条整改措施全部完成,办结信访100件,给予党纪政务处分34人。

(周　娴)

组织建设

【概况】 截至2022年12月底,兴化市有党组织3964个,其中基层党委87个、党工委10个、党组44个、城区党总支110个、乡镇党总支444个。全市有党支部3269个,其中乡镇党支部2074个、城区党支部1195个。全市有党员77005名,其中乡镇农村党员51546名、城区党员25459名,新发展党员735名。

【干部队伍建设】 高质量统筹推进干部队伍建设,注重加强"一把手"队伍、班子成员和年轻干部、女干部、非党干部等结构性干部配备,严格按照《干部选拔任用条例》相关规定组织实施,圆满完成新一届政府组成部门换届工作,进一步选优配强乡镇(街道)和市级机关部门单位领导班子。完善干部考察评价体系,强化干部鼓励激励,加强调研式考察,注重在信访维稳、征收拆迁、安全生产等急难险重工作中考察识别干部,运用实绩"阳光评议"和"政治体检",深入了解领导班子运转情况和领导干部现实表现。全年共提请市委常委会讨论干部11批次，其中提拔正乡科职21人、副乡科职60人，进一步使用37人，晋升四级调研员21人，有效整合干部资源，优化队伍结构，增强领导班子整体功能。

【干部教育培训】　将学习贯彻新思想新精神作为干部教育培训"首课主课"，围绕建设高素质专业化干部队伍目标，举办领导干部读书班、"一线实干"讲习所、第十七期新任领导干部培训班等主体班次。年内，举办各类专题班次54期，选派人员参加上级调训28批，培训各层级干部24800多人，各级党员干部政治轮训1.1万多人，实现干部能力素质提升与经济社会发展同频共振，有效推动新思想新理念转化为兴化生动实践。启动"青垛竞航"年轻干部成长计划，举办"多彩学堂"5期，开拓年轻干部成长"第二课堂"。以实施"基层一线筑基、项目专线攻坚、干事全线培能、赋能外线提质"四大行动为牵引，遴选44名年轻干部组成10支乡村振兴工作队下沉镇街摔打磨炼，选派20名专职招商人员在外驻点招商，分批选派24名优秀年轻干部参与信访维稳工作。

【干部监督】　扎实抓好换届风气监督工作，严格按照严肃换届纪律加强换届风气监督工作方案要求，通过印发提醒卡、签订承诺书、观看警示教育片等方式，为圆满完成人大、政府、政协换届工作提供纪律保障。持续加强干部日常监督管理，研究制定《兴化市干部监督"三色"预警管理暂行办法》，组织开展干部能上能下工作，收集整理干部负面问题信息317条，确定"红色"对象77人，优化完成经济责任审计项目13个，对4名乡科级领导实施关爱提醒，对214人开展组织部内部审查和联合预审。不断加大干部选拔任用监督力度，组织开展干部选拔任用工作"一报告两评议"，对测评较差的16个单位从严落实整改；充分发挥巡察检查的作用，先后对16个单位开展选人用人专项检查，对14个单位整改落实情况进行问效评估，切实提高干部选拔任用工作规范化水平。

【干部管理服务】　严格落实中层干部管理办法各项规定，严把"编制关、职位关、年限关"，全年备案中层干部842人次。破除职级晋升照顾平衡、论资排辈思维枷锁，在三、四级主任科员常态化晋升工作中实施"两提一考"模式，全年举办基层集训班1次，开展晋升工作4批次，累计晋升334人次。将落实激励干部担当作为与执行市委、市政府决策部署有机融合，贯穿运用于干部选拔任用全过程，确保做到融入日常、深入经常、做在平常。深挖群众身边先进典型，定期收集上报激励干部担当作为典型案例，全年收集典型案例274篇，市内编印4期。实施干部人事档案管理质量提升工程，全面推进标准化建设，将每年4—5月作为"集中收集归档月"，巩固全市"三专三星"评定成果，健全完善预审进退双机制，对全市72家"星级"管档单位实行动态管理，及时根据量化评分情况进行星级升降。加快档案信息化水平提升，稳妥有序推进市管干部人事档案数字化建设工作。

【基层组织建设】　推进"五聚焦五落实"（聚焦基本组织，把党的全面领导落实到基层；聚焦基本队伍，把党的坚强力量落实到基层；聚焦基本活动，把党的号召要求落实到基层；聚焦基本制度，把党的纪律规矩落实到基层；聚焦基本保障，把党的关心服务落实到基层）深化提升行动，健全"1+3+N"党建工作机制，巩固提升6个高质量党建集成示范乡镇、53个示范点，精心打造2条党建示范带，不断放大引领带动效应。打造"两区三园多点"党建工作矩阵，组建绿色健康食品、高性能金属制品两大产业联盟党委，建立3个园区非公党群服务中心、14个党群服务点，全面统筹、分类推进"两新"领域党的建设。大力实施"三个一批"工程，公开选聘党政青年人才（乡村振兴岗）8人，集中招录"乡村振兴青年人才"205人，定向委培"定制村干"47人，着力储备一批懂农业、爱农村的"强雁"队伍。深化村干部提质强能三年培训计划、村干部能力大比武活动，组织382名村干部学历提升，实现3200余名村干部"战训一体"培训全覆盖，在泰州村干部大比武决赛中获得一等奖1个、三等奖2个。打造"兴"新向荣新业态新就业群体党建品牌，在全省范围内率先成立网络名人联盟党委并成立交通运输和快递外卖2个行业党委，实体化运行10个功能型党组织，制定出台暖"新"双十条，打造92

个“暖蜂驿站”,为新业态新就业群体筑起温暖的“家”。出台《抓党建促“村”“民”共富行动方案》,实施村集体经济发展“双百”工程,组织232名党委(党组、工委)委员领办“村”“民”共富项目247个,年增收2000余万元,有效激发发展动能。深入推进城乡基层党组织建设专项整顿,构建集中走访常态化机制,引导26个水乡兴锋工作团、1.4万余名党员干部走访群众49.8万户、148.5万人次,解决问题11424条。

【党员管理】 2022年,市委组织部成立21个“网格兴锋”党总支、172个党支部,组织5800多名党员志愿者参与疫情防控工作,“敲门行动”志愿服务活动被《新华日报》重点报道,人民网、新华网、“学习强国”学习平台、交汇点等新媒体宣传报道20余次。围绕“争先进位、奋斗有我”主题开展第三轮党员集中轮训,举办乡镇(街道)专题培训班54期,集中轮训党员12000余名。贯彻落实《兴化市党员激励办法(试行)》,对困难党员和防疫一线党员进行慰问激励。围绕市委“致力民生、聚力转型”奋斗目标和党建引领基层治理相关要求,实施村(社区)党组织“放亮”项目1025个,开展镇、市两级优秀“放亮”项目现场述比,13个项目获泰州最佳,其中周庄、陈堡2个项目被泰州列为可推广项目向全市推广。利用“智慧党建”云平台,实现流动党员精细化管理,制定流动党员管理办法,出台“关爱八条”“礼遇六条”,不断放大“兴好有爱 流动有家”品牌效应,相关做法被《新华日报》整版宣传报道。

【公务员管理】 2022年,市委组织部立足公务员管理职能,健全工作机制,有序实施“考录精准提质、管理规范提升、能力培养提效”三大行动,妥善处理历史矛盾,大力推动信息化管理,务实推进公务员考录、转任、选任、调任等工作。2022年,全市新录用公务员102人(不含公安校招、特殊职位招录),其中“90后”年轻公务员87人,大学以上学历占比达100%,研究生以上学历占比达8.8%,进一步充实各级党政机关特别是基层一线工作力量,有效优化公务员队伍年龄、学历和专业知识结构。紧紧围绕新录用公务员三年培养管理黄金期,通过系统化、精准化、常态化的跟踪培养,为年轻公务员成长成才按下“加速键”,提升干事创业的能力和水平。

2022年4月22日,举行“悦园”人才公寓入住揭牌仪式

(市委组织部/供图)

【综合考核】 2022年,市委组织部全面落实公务员平时考核制度,定期开展调研督查,把平时考核结果与年度考核结果挂钩。健全鼓励激励机制,及时运用“向上攀登红旗”“慢进退步黑牌”奖惩办法。推动落实各项鼓励激励举措,及时兑现上级综合表彰以及高层次荣誉奖励。统筹安排公务员绩效奖金的标准和项目,严格核实全市4095名公务员以及147名离休干部的职务(职级)。规范执行公务员工资福利待遇,调整公务员基本工资标准,重新审批全市的年终一次性奖金、应休未休年休假工资报酬,全面清理超出国家明确规定范围和标准发放的工资津贴补贴、在编行政事业人员在国有企业领取任兼职报酬工资等。做好公务员退休待遇、一次性补贴审核,全年为154人办理退休手续,132人享受退休一次性补贴。

【人才工作】 2022年,市委组织部成立市委人才工作领导小组,出台《推进新时代人才强市建设意见》《加快人才集聚助力高质量发展“双六条”举措》,成立市科技创新委员会、兴化市人才科创集团有限公司，党管人才责任不断夯实。举办中科院金属所专家教授兴化行、省高性能合金绿色转型发展论坛等高端人才产业对接活动，建成运营兴化（南京）离岸创新中心，全年招引各类高层次人才288人，留学回国人员22人，入选省“科技副总”11人、泰州市“双创计划”18人。打造“兴好有你”民生人才品牌，通过绿色通道引进20名民生领域高层次和急需紧缺人才。16名人才入选省第六期“333工程”培养对象，开展新兴领域人才培训450人次。出台《非物质文化遗产乡土人才认定与管理办法》《淮剧后备人才培养资助计划》，68名非遗人才评选纳入乡土人才管理，入选省乡土人才大师示范工作室1家。出台《高层次人才服务“一件事”改革实施方案》，正式运营人力资源服务产业园，入驻各类人才机构21家。加快市级人才公寓、人才综合服务中心建设，举办“悦园”人才公寓揭牌仪式。制定出台《关于关爱激励疫情防控一线专业技术人才的八条措施》，激励引导人才在疫情防控一线担当作为。

（徐　燕）

【离退休干部作用发挥】 2022年，市委老干部局制定下发

兴化党的建设（资料来源：今日兴化App兴化新闻2022年12月30日）

2022年9月20日，举行“银发三长”助力文明城市创建百日志愿服务活动启动仪式　（薛　峰/摄）

《“银发三长”实施方案》，以“银发三长”志愿服务项目为载体，释放离退休干部作用发挥。组建“银发智囊团”“银发宣讲团”“科技服务团”“银发志愿团”“银发爱心团”等志愿服务队，精心组织开展“银发宣讲”“银发义诊”“银发调解”“银发监督”“银发助防疫”“银发送科技”“倾情助老”等52个“银发三长”志愿服务团队，参与人数达980人。年内，组织开展巡河巡路、网格服务等活动1963次，发现污水排放、水面漂浮物、农杂船清理等问题63起，路面破损、广告残缺等问题73个，参与疫情防控“敲门行动”1479次，矛盾调解62起，政策宣传1265人次，督促相关部门处置办结率达100%。开展党建示范点创建和“一支一品”创建活动，创成10个示范党支部、1个省级“六好”离退休干部党支部。推行“家门口”老年大学建设。制定印发《关于进一步推进市老年大学分校建设的实施方案》，截至年末，在昭阳街道和安丰、沙沟、陶庄、荻垛等乡镇设立16家分校。制定《“一对一”结对联系离休干部活动方案》，局机关每名同志挂钩联系多名离休干部，负责结对沟通和走访慰问。全年共走访慰问老干部320人，慰问住院离休干部42人，上门吊唁、处理老干部丧事28起，为14名离退休干部祝寿，为6户离休干部家庭购置助浴椅、坐便椅，安装无障碍扶手、门铃等家居设施，为10名离休干部报销自费医药费近11万元。

（瞿国蓉）

宣传教育

【概况】 2022年，全市宣传思想工作围绕中心、服务大局，承担起举旗帜、聚民心、育新人、兴文化、展形象的职责使命，各项工作取得显著成效。连续三年入选全国县级市传播指数百强榜。

【理论教育】 制定《基层群众“乐心工程”实施方案》，建立

240人的“六名”宣讲人才库,完善市乡村三级宣讲网络,运用茅山号子、板桥道情等本地资源,组织“文艺轻骑兵”“五进”活动4800余场次,把党的创新理论传递到千家万户。围绕政治理论类、党史学习教育类、政策法规类等五类主题开展宣讲活动。组织开展“科学家精神”宣讲大赛,收到38所中小学校163个宣讲作品,录制20个宣讲视频在全市进行巡讲。组织乡科级领导干部开展“坚决扛起新征程新的光荣使命,奋力开创泰州现代化建设新局面”专题读书调研活动,撰写读书心得调研报告127篇。用好“学习强国”学习平台,刊登“道理说进你心里”基层宣讲、“学习有感”等报道43篇。

【意识形态工作】 2022年,市委宣传部牢牢掌握意识形态工作领导权和话语权,建立常态分析研判机制,制定市委意识形态工作联席会议工作规则、意识形态联络员责任制、2022年全市意识形态工作任务清单等规章制度,明确25项具体任务和85条工作举措。开展“冬训优秀主讲人”评选活动,组织“喜迎二十大 奋进新征程”专题征文和演讲比赛,编印冬训学习参考资料。围绕“持续学习贯彻习近平新时代中国特色社会主义思想”等8个专题进行学习,实现基层党员全覆盖。制定20部主旋律电影推荐名录,推送“冬训主讲人”理论视频12部,其中3部在省委宣传部《理论之光》栏目推出。制定《关于推动党史学习教育常态化长效化的实施方案》,围绕制度建设、理论宣讲、红色教育等18项中心工作,重点打造苏中公学、里下河第一个农村党支部等16个现场教学点。开展劳模工匠进校园、思政教师进企业、“兴联心”巾帼大宣讲、“我是党课主讲人”、红色故事大家讲、党史知识竞赛等活动,巩固提升党史学习教育成果。

【舆论宣传】 2022年,市委宣传部致力全媒体传播,沟通中央主流媒体、澎湃新闻等网络平台发布渠道。加快融媒体中心体制机制改革,做强市属媒体矩阵宣传。开展“喜迎二十大 奋进梦水乡”全媒体新闻行动。举办2022中国·兴化千垛菜花旅游节,组织宣传推介、文化兴旅等系列活动,菜花美景、节庆活动持续亮相央媒、省媒,组织“云”赏菜花系列宣传。发挥网络名人联盟党委作用,创新打造“争做兴化好网民”网络海选活动。用好“指尖讲堂”思政专栏和“水乡兴声”网评引导品牌,生动讲好“兴化故事”。央视、《人民日报》和《新华日报》等重点央媒、省媒推出报道2411篇,1篇报道在江苏省好新闻评选中获一等奖。

【精神文明创建】 以文明创建、文明培育、文明实践为抓手,推动新时代精神文明建设高质量发展。实施“十所百站”提升工程,建成新时代文明实践点513个。开展“喜迎二十大、奋进新征程”“强国复兴有我”主题宣教活动。组织核心价值观系列宣传微视频、微电影、公益广告征集大赛,面向全国征集平面类、视频类公益广告1000余条,其中视频动画类作品《最美的窗口》参加全国比赛。组织开展道德讲堂总堂基层行活动,赴各部门(单位)、乡镇(街道)、村(社区)开展道德讲堂1300余场。做好江苏“好人”、“最美人物”系列典型申报工作,5人获评江苏“好人”。推动未成年人思想道德建设。10名同学获评

2022年9月9日,市委统战部组织召开特约人员工作推进会

(市委统战部/供图)

"新时代水乡好少年",3名同学获评泰州市"新时代好少年"。开展"梦想与担当"系列活动,邀请林鸣院士、庞余亮等兴化籍精英为家乡学子送上开学寄语。

【文化建设】 围绕服务大局、精品创作、品牌打造,文化繁荣、队伍建设,延续城市历史文脉,开展文艺精品创作,扎实推进各项工作。"垛上读书节""童心里的诗篇"优秀少儿诗歌评选,诗篇《山路》获全省一等奖。举办第五届施耐庵文学节,组织拍摄大型纪录片《郑板桥》,叫响本地文化品牌。丰富群众生活。以"喜迎二十大""强国复兴有我"为主题开展文化惠民演出1100余场,线上线下文艺展演活动30余场,丰富群众文化生活。组织开展"非遗大集"进广场、进校园、进社区活动,举办"喜迎二十大 礼赞新时代"文艺展演、专场朗诵会、作品分享会等,组织泰州市暨兴化市文化科技卫生"三下乡"集中慰问服务活动,完成泰州市重点剧目巡演3场,弘扬传统文化,提升群众获得感、幸福感。

(徐亚军)

统一战线工作

【概况】 中共兴化市委统一战线工作部(简称市委统战部)负责全市统一战线工作。市委统战部围绕"三创一全面"要求,整合资源,打造特色亮点,构建"大统战"格局,推进统战工作创新发展、提升贡献兴化力量。

【思想政治建设】 组织开展党的十九届六中全会精神专题辅导,"喜迎二十大 我与国旗合个影""学习贯彻二十大 党外人士对党说""感恩知语 非凡这十年"主题征文等活动,覆盖党外代表人士660人次。推荐8名无党派人士担任市政协读书指导员,带领广大无党派人士、党外知识分子研读经典书目,开展自我教育。健全完善沟通联系协调机制,推进特约人员工作制度化、规范化,新聘任6个特约人员小组,指导开展专题协商工作,特约工作覆盖面和影响力不断扩大。全年采用宣传稿件165篇,其中《中国统一战线》杂志1篇,《挚友》杂志1篇,《江苏民族宗教》杂志1篇,《新华日报》9篇,"新华网"2篇,省委统战部、省侨务办、省民宗委网站39篇,"华人之窗"13篇,"学习强国"学习平台5篇。

2022年9月23日,市委统战部组织党外代表人士参加市委工作情况通报会

(市委统战部/供图)

【党外协商】 完善市委领导与党外代表人士联系交友制度,制定实施2022年党外协商计划。引导党外人士履行参政议政职责。截至年底,全市有党外领导干部31名(副处职级6名、正科职级4名、副科职级21名),15个政府部门均配备党外领导干部。聘请36名党外人士担任特约人员,发挥党外人士参政议政、民主监督作用。做好党外干部发现、培养和管理工作,吸收储备党外人士400余人。23名民主党派成员纳入党外代表人士队伍一同服务管理。推荐4名党外干部参加泰州市党外干部培训班,组织党外代表人士参加各类教育培训活动,推荐一批优秀党外青年人才充实到14支乡村振兴工作队中。

【统战载体创新】 团结党外知识分子和网络、传媒等新媒体界人士,开展"喜迎二十大 网眼看兴化""一心向党 e路同行"等主题活动。成立3个新的社会阶层人士"同心助力"社会治理工作室,组织6支行动队,探索推进新的社会阶层人士参与基层社会治理的创新实践。放大"儒新社"品牌效应,高标准打造"恒新园"新的社会阶层人士实践创新基

2022年5月13日,市委统战工作领导小组召开以"送政策、强信心、促发展"为主题的"民企服务月"活动部署会　(市委统战部/供图)

地,创建"1+4+5+N"(1个党建引领工作室+团建活动、休闲阅读、成果展示、专题培训4个功能分区+健康成长活动、主题教育活动、考察交流活动、参政议政活动、社会服务活动5大特色活动+"充电桩"、"群英荟"、"大舞台"、"导师营"、"孵化器"等一批服务平台)服务体系,实现乡镇(街道)新联会组织全覆盖。打造"智汇昭阳"工作品牌,探索"红石榴+"模式,拓展民族工作的内涵与品质,推进民族工作高质量发展。组织开展江苏省"红石榴夏令营"兴化分站活动,带领33名贵州少数民族青少年参观郑板桥纪念馆、碧水东罗等景点,增强青少年民族团结意识,营造"中华民族一家亲"的浓厚氛围。

【民营经济领域统战】 健全民营经济统战工作协调机制,打造"亲""清"新型政商关系,搭建银企交流沟通平台,协同组织召开银企座谈会,建立"政企沟通、公检法司协作、金融助力发展"机制,为230家企业问需解难;帮助民营企业有效缓解融资难、融资贵等问题。协助民营企业开展线上线下招聘活动38场,达成初步就业意向8000多人。协助举办银企对接活动10场,累计为企业融资(含预授信)4.02亿元。推进幸福民企建设,开展"万企联万村 共走振兴路"行动,联建企业431个,实施村企联建项目587个,带动村级集体经济增收6000多万元。

(张雅淇)

机构编制管理

【概况】 2022年,兴化市委编办紧紧围绕市委工作要求,深化体制机制改革,推进重点领域改革,创新和加强机构编制管理,各项工作取得明显成效。

【机构设置优化】 按照"撤一建一"原则,撤销市公安局指挥中心下设的指挥调度中队,增设执法勤务机构合成作战中心,整合警务资源。设立现代农业产业园区管理机构,撤销"兴化市科技工业园区管理委员会",设立"兴化市现代农业产业园区管理办公室"。将兴化市里下河国家湿地公园党工委(管委会)更名为江苏省兴化乌巾荡旅游度假区管理办公室,挂兴化市里下河国家湿地公园管理办公室牌子。

【部门权力管理】 全面深化市级部门权力清单"四级四同"动态管理。对市司法局、人社局、应急管理局、农业农村局等19个部门393项行政权力事项进行动态调整。完成市级部门权力清单的国家、省、市、县,权力编码、权力名称、权力类型、权力依据"四同"标准化调整。

【事业单位管理】 严格落实事业单位登记工作程序,做好事业单位登记管理工作,全年设立登记23个,变更登记207个,注销登记9个,证书补领6个,归档各种资料129份,并将登记情况在兴化市事业单位登记管理局网站予以公示。完成领导职数预审工作,完善市发展改革服务中心、市粮食和物资储备服务中心、江苏省兴化现代农业产业园区管理办公室等单位领导职位职数名录数据库。重点审核机关事业单位进出编人员信息,规范人员编制使用。印发《中共兴化市委机构编制委员会办公室议事规则》,废止《关于印发〈兴化市事业单位信用等级评价办法(试行)〉的通知》。

【基层"三整合"改革】 启动试点乡镇培育督导,会同司法、行政审批、指挥中心等部门,选取安丰、沙沟、周庄、沈坨等乡镇为改革示范乡镇,推进为民服务中心、综合行政执法局、综合指挥中心规范化建设,提升基层治理体系和治理能力。结合市委巡察,对昭阳街道、大邹镇等乡镇部门机构编制工作和纪律执行情况开展全面检查，强化机构编制管理，巩固机构改革成果。

【综合行政执法体制改革】 制定《兴化市深化应急管理综合行政执法改革实施方案》，整合有关行业领域安全生产监管、行政处罚、行政强制等职能，组建市应急管理综合行政执法大队，完成乡镇（街道）安全生产监督管理办公室统一更名。

【民生领域机构编制保障】 出台《兴化市行政事业编制周转池管理暂行办法》，通过跨行业、跨部门调剂编制，向经济社会发展急需、基本公益服务领域和基层一线倾斜，盘活现有资源、提高使用效益。助力就业支撑和人才引进，共下达用编计划900个，备案制计划305个，高层次人才用编计划94个。完善中小学幼儿园教职工编制管理，完成全市各中小学编制数备案。建立“县管乡用”周转池，用于基层医疗卫生机构人员补充，下达使用计划10名。在社会福利院增挂“养老服务指导中心”牌子，加强养老服务行业指导，在市医疗保障服务中心设立“长期护理保险科”，全面落实长期护理保险制度，着力推动养老事业健康发展。

（王志全）

对台事务

【概况】 2022年，市台办坚持以习近平总书记对台工作重要思想为指导，认真贯彻落实中央和省、市委关于对台工作的决策部署，紧扣中心，紧贴实际，创新方法，着力推动对台经贸合作和涉台服务，主动作为、攻坚克难，各项工作取得新进展。

【对台贸易】 按照“精、准、实”的要求，创新招商理念、招商方法、招商措施，制定出台“工业企业纾困15条”“服务业行业渡过难关21条”等惠企政策。宣传推介2022年出台的《台湾问题与新时代中国统一事业》白皮书、《江苏省对台经济文化交流合作促进条例》及兴化市对台招商政策。建立“云上会客”机制，与台胞、台商开展“云”交流。引导台企、侨商参与到疫情防控工作中，累计收到侨台界人士捐赠款物100余万元。

【对台交流交往】 组织重点台胞、台属学习贯彻习近平总书记在中央统战工作会议上的重要讲话精神，开展“喜迎二十大 同心跟党走”台胞、台属、陆生代表座谈会，切实增强对台胞、台属的思想教育及与他们的情感联络。开展台商、台胞、台属联谊会活动。开展“喜迎二十大、看变化、议发展”主题活动，组织台商、台属代表参观长江引水工程、陈堡草荡水上运动基地、健康食品产业园和特色田园乡村，让他们切身感受兴化经济社会发展的最新变化，引导他们向岛内亲朋好友宣传兴化、推介兴化。深入开展服务台胞台属工作“进三区”活动，在文峰社区成立基层法官工作室、涉台政策咨询台等，打造主题鲜明、内容丰富的服务品牌，让台胞台属切身感受到大家庭的温暖。开展心肺复苏（CPR）急救知识培训活动，为30多名台属台胞普及急救知识、心肺复苏操作技能，提高自救、互救能力。加强与财政、民政、卫健等部门的沟通联系，开展送医上门、关爱空巢老人等活动，帮助解决侨眷台属各类需求12个，有力提高台胞台属的获得感和幸福感。

【台企服务】 坚持把台胞作为推动经济社会发展的重要资源，

2022年5月13日，市台属联谊会开展喜迎二十大、看变化、议发展活动，组织台属参观兴化市长江引水工程周庄泵站、泰州市水上运动训练基地

（市台办/供图）

用心用情做好对台文章,引导台胞牵线搭桥、回乡投资。组织台企负责人参加早茶峰会、企业家座谈会,鼓励台商发挥自身资源优势,帮助家乡更好地引资引智;建立“云上会客”机制,与台胞、台商开展“云”交流,动员更多台胞到兴化投资兴业。承办由泰州市委统战部主办的同心助力·“泰为侨”为侨(台)企服务沙龙主题活动,活动精准聚焦侨台企业在生产经营中面临的各种困难和挑战,协调解决企业在生产经营中面临的原料、人才和技改等方面困难,搭建交流合作的平台,坚定台商、台企在转型升级中的信心,促进台企高质量发展,努力在做好“六稳”“六保”工作中发挥作用。4 月,了解到台企绿托邦农业科技有限公司因物流不畅,导致蔬菜运输不出亟须解决的问题,第一时间与中堡镇政府联系,沟通协调,急事急办,在中堡镇政府的大力支持下,帮助办理好相关卡口的通行证,解决了货物运输问题;面对绿托邦基地还积压大量蔬菜难题,又通过泰州市台办,帮其在“学习强国”学习平台线上进行推广,扩宽其销售渠道,真正做到“帮助到位、纾困到位、助力到位”。

【对台宣传】　以学习贯彻党的二十大精神为契机,向台湾同胞深入宣讲党的二十大精神和改革开放以来取得的辉煌成果。利用网络途径向台湾岛内的朋友定期发送介绍兴化的信息,让岛内的亲戚朋友感受家乡变化。持续开展涉台教育工作进校园、进社区活动。组织制作了图文并茂的 8 块涉台宣传展板竖立在长安社区景观道,分专题介绍台湾概况、台湾风物、宝岛风光、台湾问题的由来、两岸关系发展历程、中央对台方针政策、在新的历史起点上推动两岸关系和平发展的新理念新主张新要求等涉台知识和对台工作情况。结合“六一”儿童节推进“涉台教育进校园”活动,先后在老圩小学、戴南小学、永丰中心校等开展活动,受教学生 2000 名左右,充分发挥学校和课堂的主阵地作用。通过国旗下讲话、班队课等活动形式,为学生学习涉台知识、了解和掌握党的对台方针政策提供平台,增强学生热爱祖国的朴素情感及对中华传统文化的认同感。同时,通过开展以“台湾在我心中”为主题创作的手抄报,展现以笔为船,以线为舵,“绘画 + 书写”相结合的形式,把实现祖国完全统一的期盼藏在字里行间,增强“两岸一家亲,共圆中国梦”的感情,激发师生爱国主义热情。撰写涉台宣传调研文章,组织各种涉台信息报送,全年共报送各类信息 80 余条,在省台办、泰州统战公众号等媒体刊发。

（周红艳）

党校教育

【概况】　2022 年,市委党校(行政学院)举办各类培训班 36 期,培训学员 4108 人,下基层理论宣讲 76 场,实地调研 10 次。接待来校培训学员及外地来校学习考察 4100 人。年内,获“泰州市党校系统 2020—2021 年度教学组织奖”;3 名教师获泰州市基层党员冬训优秀教师、1 名教师获“泰州市党校系统 2020—2021 年度优秀教学管理工作者”称号;2 份教案获评泰州市冬训工作优秀教案。

【干部培训】　创新培训形式,丰富教学载体,在培训班中开设分组研讨“交流课”、现场教学“体验课”、圆桌论坛“碰撞课”,激发学员的主动性,增强教育培

2022 年 3 月 10 日,市委党校举行板桥林园党性教育基地揭牌仪式

（市委党校/供图）

2022 年 6 月 8 日，市委党校教师在严昌荣红色教育基地开展现场教学（市委党校/供图）

训效果。举办第十七期新任领导干部培训班 1 期 60 人，全市领导干部读书班 1 期 168 人；乡镇（街道）综合执法培训班 1 期 280 人；法制审核人员培训班 1 期 70 人；城区党员发展对象培训班 1 期 192 人；姜堰区税务系统党员轮训班 1 期 75 人；全市产业招商专题培训班 1 期 34 人；社会救助业务培训会 1 期 150 人；新疆昭苏县村党支部书记示范班 1 期 31 人；全市基层工会干部培训班 1 期 147 人；新疆昭苏经济高质量发展培训班 1 期 16 人；全市国家安全暨政治安全教育培训班 1 期 85 人；全市农业农村干部教育培训班 1 期 129 人；全市年轻干部“多彩学堂”培训活动 4 期 538 人；兴化农行党史学习教育培训班 1 期 24 人；法制审核人员培训会 1 期 110 人；市级机关党工委“我是党员奋斗有我”党员轮训培训班 1 期 238 人；税务局“兴税强国、奋斗有我”党员轮训班 1 期 95 人；兴化农行“喜迎二十大，学史颂党恩”党员主题轮训班 1 期 44 人；全市网络安全宣传周开幕式暨网信工作专题培训班 1 期 130 人；全市基层团干部培训班 1 期 118 人；全市“两新”组织党务工作者专业化资格认证培训班 1 期 123 人；“赋能服务保障 奋进二次创业”全员培训班 2 期 248 人；泰州三新供电服务有限公司兴化分公司党员轮训班 1 期 309 人；新录用公务员初任培训班 2 期 264 人；全市城乡建设专业干部人才履职通识培训班 2 期 250 人；全省新任职县（市、区）团委班子成员暨基层团干部培训班 1 期 98 人；全市政法网军暨政法宣传舆论骨干培训班 1 期 43 人；扬州大学兴化市村干部学历提升班 39 人。《铸魂育才谱“兴”篇》获省委党校重点推介。

【理论宣讲】 坚持党校姓党，强化政治责任，将“为党立言、为党育人”作为首位之责。创新宣讲载体，在微信公众号开设“理响兴化·喜迎二十大”“‘理’赞二十大‘兴’心永向党”微视频专栏，全年发布宣讲视频 12 期。围绕习近平新时代中国特色社会主义思想、党的二十大精神、市委全会精神、社会热点问题等，组织党校教师赴机关、乡镇（街道）、社区开展理论宣讲 76 场，听众累计达 50000 余人次，推动习近平新时代中国特色社会主义思想和党的政策理论进农村、进机关、进社区。

【教学科研】 完善内外联动机制，整合人员力量，形成“资源配置科学化、内容融合高度化、各类成果精品化”的良好局面。组织开展两轮 19 场集中备课试讲活动。《冷枪热血张桃芳》被评为精品党课，《争当表率 争做示范 走在前列——学习贯彻习近平总书记三次视察江苏重要指示精神》获评“泰州市党校系统 2020—2021 年度优秀课”。成功立项省级课题 1 项，泰州市级课题 6 项，获泰州市级表彰 12 项。参与完成 6 项专项调研课题研究，8 项各类专项调研课题研究。编印《党课汇编》《科研调研成果汇编》，收录往年公开发表或获奖的部分优秀调研报告共 33 篇。完成 25 项专项课题和主题征文，其中 5 篇论文获泰州市委党校、泰州市哲学学会“二十大精神研讨会”表彰，《把提高“政治三力”贯穿干部教育培训全过程》获泰州市“二十大精神研讨会”一等奖。《双循环格局下的农村电商实践探索——以兴化市为例》获 2020—2021 年度全市党校系统优秀科研成果奖三等奖，《张桃芳的精神品质及其在党校教学中的应用》获泰州市党校系统“中国共产党人精神谱系与红色文化”理论研讨会优秀论文二等奖。

（罗建国）

兴化市人民代表大会

重要会议

【概况】 兴化市人民代表大会常务委员会是兴化市人民代表大会常设机构。2022 年内,召开人民代表大会会议 1 次、常委会会议 6 次。

【市十七届人民代表大会第一次会议】 2022 年 1 月 10 日至 13 日,兴化市第十七届人民代表大会召开第一次会议。大会应到会代表 446 名,实到会代表 439 名。会议听取和审议市政府工作报告、市人大常委会工作报告、市法院工作报告、市检察院工作报告,审查和批准《兴化市 2021 年国民经济和社会发展计划执行情况和 2022 年国民经济和社会发展计划草案的报告》《兴化市 2021 年预算执行情况和 2022 年预算草案的报告》《兴化市 2022 年国民经济和社会发展计划》《兴化市 2022 年市级预算》《市政府关于"加快实施兴化长江引水工程建设"和"推进农村公路提档升级工程建设"两件议案办理情况的报告》。会议期间,议案和建议审查委员会共收到代表提出的议案、建议 258 件。选举产生了新一届市人大常委会,票决通过 2022 年市政府民生实事项目;表决通过兴化市第十七届人民代表大会法制委员会、财政经济委员会和社会建设委员会的组成人员名单,新当选的人员向《中华人民共和国宪法》宣誓。

【市十七届人大常委会会议】 2022 年 2 月 28 日,市十七届人大常委会第一次会议召开。听取审议《兴化市人民代表大会议事规则(修订草案)》《兴化市人民代表大会常务委员会主任会议议事规则(修订草案)》《兴化市人民代表大会常务委员会组成人员守则(修订草案)》《关于深入推进"双联"工作的意见(草案)》《关于设立市人大常委会代表资格审查委员会的报告》。审议通过《关于设立市人大常委会代表资格审查委员会的决定》。表决通过市政府提请

2022 年 1 月 10 日至 13 日,市十七届人大一次会议召开。图为大会场景 (市人大办/供图)

的人事任免议案。

2022年4月29日,市人大常委会第二次会议召开。听取讨论《关于政府重大投资项目监督办法(试行)(草案)》《市政府关于2021年度国有资产管理情况的综合报告及市人大常委会财经工委相关调查报告》《市人大常委会种子“一法一条例”执法检查组关于检查全市〈中华人民共和国种子法〉和〈江苏省种子条例〉贯彻实施情况的报告》《市政府关于2021年度环境状况和环境保护目标完成情况的报告及市人大常委会环资城建工委相关调查报告》《关于建立市人大常委会委员履职档案和“两述一评一考”工作机制的意见(草案)》以及“双联”工作三月份“集中走访月”活动督查情况的通报。票决通过有关常委会委员辞职事项和有关人事任免事项。

2022年6月28日,市人大常委会第三次会议召开。听取审议市监委《关于整治群众反映强烈的问题工作情况的报告及市人大常委会监察和司法工委相关调查报告》《市政府关于兴化市2021年财政决算草案的报告》《关于2021年度兴化市本级财政预算执行、决算草案和其他财政收支的审计工作报告》《市人大财政经济委员会相关初审报告》。表决通过市法院提请的人事任免议案以及有关人事任免事项。

2022年8月19日,市人大常委会第四次会议召开。听取审议《市人大常委会执法检查组关于检查全市〈中华人民共和国未成年人保护法〉贯彻实施情况的报告》《市政府关于2022年上半年国民经济和社会发展计划执行情况的报告》《关于2022年上半年财政预算执行情况的报告和市人大财政经济委员会相关调查报告》《市政府关于〈中华人民共和国大气污染防治法〉和〈江苏省大气污染防治条例〉贯彻实施情况的报告和市人大常委会环资城建工委相关调查报告》《市政府关于〈中华人民共和国种子法〉〈江苏省种子条例〉执法检查报告审议意见落实情况的反馈报告》《市人大常委会财经工委关于2022年度在建政府重大投资项目跟踪监督候选项目形成情况的报告》《兴化市人民代表大会常务委员会人事任免办法(修订草案)》。表决通过有关人事任职事项和政府重大投资项目跟踪监督项目。

2022年10月26日,市人大常委会第五次会议召开。听取审议市人大常委会办公室《关于召开市第十七届人民代表大会第二次会议的决定草案的说明》《关于兴化市人民代表大会常务委员会关于讨论、决定重大事项的规定(修订草案)》,市人大常委会人代联工委《关于推行街道议政代表会制度的实施意见(草案)》,市人大常委会监察和司法(法制)工委《关于规范性文件备案审查工作情况的报告》,市政府《关于市十七届人大一次会议代表建议、批评和意见办理情况的报告和市人大常委会人代联工委相关报告》《兴化市2022年市级预算调整方案(草案)议案》《关于全市抓好粮食生产、提高粮食保供能力情况的报告和市人大常委会农村工委相关调查报告》《关于有效减轻义务教育阶段学生过重作业负担和校外培训负担工作情况的报告和市人大常委会社会建设和教科文卫工委相关调查报告》。表决通过市法院提请的人事议案以及有关任免事项。

2022年12月22日至23日,市人大常委会第六次会议召开。听取审议市人大常委会各工委《关于2022年工作情况报告和市人大常委会委员履职情况报告》。听取讨论《“一府两院”工作报告(征求意见稿)》《市政府关于兴化市2022年国民经济和社会发展计划执行情况及2023年国民经济和社会发展计划草案的报告》《关于兴化市2022年财政预算预计执行情况及2023年财政预算草案的报告》《关于2022年市政府民生实事项目落实情况和2023年市政府民生实事候选项目形成情况的报告》。听取审议市政府《关于〈中华人民共和国未成年人保护法〉执法检查报告审议意见落实情况的反馈报告》《关于审计查出问题整改情况的报告》。审议通过《兴化市人民代表大会常务委员会工作报告及报告人名单(草案)》《兴化市第十七届人民代表大会第二次会议议程(草案)》《兴化市第十七届人民代表大会第二次会议主席团和秘书长名单(草案)》《兴化市第十七届人民代表大会第二次会议列席人员范围(草案)》《兴化市人民代表大会议事规则(修订草案)》。表决通过有关人事任免议案。

【市十七届人大常委会主任会议】 2022年内,市十七届人大常委会召开主任会议10次。

表 4　2022 年市人大常委会主任会议议题一览表

时间	会次	议题内容
1 月 24 日	一	会议学习了《江苏省人民代表大会常务委员会关于深入学习贯彻习近平总书记在中央人大工作会议重要讲话精神加强和改进新时代地方人大工作的决定》;通过市人大常委会 2022 年工作要点、市人大常委会领导分工和各委办对口联系部门(单位)分工安排
2 月 16 日	二	会议听取了市政府关于 2022 年度城建计划的汇报
4 月 12 日	三	会议听取了市政府关于得胜湖退圩还湖与得胜湖旅游度假区市政配套工程项目情况的汇报;听取了市人大常委会财经工委关于得胜湖退圩还湖项目实施情况的调查报告
4 月 22 日	四	会议听取了市法院关于破产案件审理情况的汇报;听取了市人大常委会监察和司法工委关于市法院破产案件审理情况的调查报告
5 月 27 日	五	会议听取了市政府关于土地增减挂钩工作情况的汇报;听取了市人大常委会环资城建工委关于全市土地增减挂钩工作情况的调查报告
7 月 28 日	六	会议听取了市政府关于全市推进紧密型县域医共体建设情况的汇报;听取了市人大常委会社会建设和教科文卫工委关于全市推进紧密型县域医共体建设情况的调查报告
8 月 30 日	七	会议听取了市政府关于《泰州市垛田保护条例》贯彻实施情况的汇报;听取了市人大常委会农村工作委员会关于全市《泰州市垛田保护条例》贯彻实施情况的调查报告
9 月 9 日	八	会议听取了市政府关于东部未来城(一期)片区合作开发项目相关情况的报告
9 月 23 日	九	会议听取了市商务局、应急管理局、住建局、农业农村局、文体广旅局等 5 个部门关于 2021 年度部门决算情况的汇报,市商务局关于开放型经济奖励专项资金使用情况、农业农村局关于高标准农田建设专项资金使用情况的汇报;听取了市人大常委会财经工委关于 2021 年度 5 个部门决算和 2 个财政专项资金使用情况的调查报告
11 月 24 日	十	会议听取了市政府关于市域社会治理现代化工作情况的报告和关于 2022 年度在建政府重大投资票决跟踪监督项目实施情况的报告

人大监督

【概况】　2022 年,兴化市人大常委会听取审议 15 个专项工作及计划、预决算、审计工作报告,开展 2 次执法检查、2 次专题询问和 14 项满意度测评,听取 9 个专项工作汇报,组织 7 次代表视察,作出决议、决定 11 项。

【经济领域监督】　深化预算审核,听取审计计划、决算、预算、审计工作报告,批准 2021 年财政预算,就 2022 年预算调整方案做出决议,建立并深化“全方位、全过程、全覆盖”的预算绩效监督机制,提升预算编制科学化、规范化、精细化水平。《强化预算联网平台建设 提升人大预算监督能力》的专题报告被《中国会计报》刊用。制定出台《兴化市行政事业性国有资产管理办法(暂行)》《政府重大投资项目监督办法(试行)》,规范政府投资行为,提高政府投资效益。对 2 个重点项目进行全程跟踪监督,推进项目建设。对市农业农村局、商务局、应急管理局、住建局、文体广旅局等 5 个部门决算情况和 2 个财政专项资金管理使用情况进行调研审查,整理问题整改清单,增强监督刚性。

【民生领域监督】　坚持上下联动提升监督效能,聚焦农业、城建交通工程建设、环境保护问题、义务教育、紧密型县域医共体建设等热点问题,深入推进跟踪监督,重点问题重点督办。听取审议市监委关于整治群众反映强烈的问题工作情况报告;全市抓好粮食生产、提高粮食保供能力情况报告;土地增减挂钩工作情况汇报;市政府年度环境状况、环境保护目标完成情况、大气污染防治“一法一条例”贯彻实施情况报告;义务教育“双减”工作情况报告;全市推进紧密型县域医共体建设情况汇报。通过组织视察、开展专题调研等方式对民生实事项目落实情况进行全过程监督,推动民生实事办好办实。探索人大监督与媒体监督有机融合,推出《代表问效》电视专栏,制作住宅小区电动自行车充电难、被撤并乡镇集镇村庄人居环境有待改善等专题节目,播出后社会反响强烈。受市纪委监委邀请,担任“特邀监督员”,开展“民生工程人民监督”工作,对妇女儿童健康中心、施耐庵小学等项目开展挂钩

2022年7月25日，市人大常委会召开《未成年人保护法》执法检查动员会。图为会议场景　（市人大办/供图）

督查。组织开展以“你点我督”助力全国文明城市创建为主题的“五级代表回选区访选民”活动，收集群众建议意见863条，排查问题1351个。自主完成《站位一线守护绿水青山——县级人大在生态环境保护中的作为和思考》调研报告，并在省人大《人民与权力》杂志、交汇点网络媒体进行刊发。

【法治监督】　2022年，市人大常委会召开立法调研座谈会5次，150人参与法律法规意见建议征集活动，60多条意见建议被上级人大采纳。听取审议市监委关于群众反映强烈的问题整治专项工作汇报，实现“一府一委两院”监督全覆盖。听取审议市法院破产案件审理情况、区域社会治理现代化工作情况汇报、《泰州市垛田保护条例》贯彻实施情况汇报，促进地方性法规全面有效实施。听取审议全市规范性文件备案审查工作情况，强化规范性文件备案审查能力建设。发挥基层立法联系点立法“智囊团”、民意“直通车”作用，参与全国、省和泰州市人大组织开展的立法调研论证、法规草案征求意见等工作。

人大任免

【概况】　2022年，市人大常委会依法行使人事任免权，依法召开6次会议任免国家机关工作人员123人。

【人事任免】　2022年2月28日，市十七届人大常委会第一次会议免去：徐文凤市人大常委会办公室主任、研究室主任职务，汪子泉市人大常委会垛田街道工作委员会主任职务。任命：于海翔为市人大常委会办公室主任、研究室主任，毛登铭为市人大常委会垛田街道工作委员会主任。决定任命王迅为市人民政府办公室主任，范晓娟为市审计局局长，陈元荣为市行政审批局局长，林支勇为市信访局局长，王勇为市发展和改革委员会主任，沙增平为市人力资源和社会保障局局长，房兴杰为市统计局局长，王长美为市市场监督管理局局长，陈永根为市工业和信息化局局长，刘广勇为市商务局局长，崔广煜为市应急管理局局长，裴马年为市科学技术局局长，张冬健为市财政局局长，陈永斌为市地方金融监督管理局局长，陈建中为市住房和城乡建设局局长，孙广周为市城市管理局局长，刘震祥为市交通运输局局长，邵国昱为市农业农村局局长，冯建祥为市水利局局长，顾晓斌为市教育局局长，郭庆军为市文体广电和旅游局局长，孙健为市卫生健康委员会主任，曹慧为市医疗保障局局长，明冠为市公安局局长，唐彪为市司法局局长，朱树萍为市民政局局长，殷爱根为市退役军人事务局局长。

2022年4月29日，市十七届人大常委会第二次会议免去：唐爱霖市人民法院刑事审判庭副庭长职务，李志英市人民法院审判员职务，高顺祥市人民法院审判员职务，张洪昌、陆照兴、严凤、陶润、陈文婷、刘蓓蕾、王栋、聂风平、龚鹤麟、张小春、陈晓琴、葛月珍市人民法院人民陪审员职务。任命：朱雯、戴佩佩、宗碧云、崔年、李敬、徐鹤平、于广龙为市人大常委会昭阳街道工作委员会委员，李开江、金加伟、宋文杰、顾义海、徐雯雯、朱有俊、高和斌为市人大常委会临城街道工作委员会委员，金蕾、钱海花、王徐瑶、钱世华、翟拥军、王永明、潘成功为市人大常委会垛田街道工作委员会委员，钱晖为市人民法院审判员。

2022年6月28日，市十七届人大常委会第三次会议免去：邹健市人民法院审判委员会委员职务,张锦海市人民法院审判委员会委员职务,赵健市人民法院审判委员会委员职务,倪其庆市人民法院审判委员会委员职务,包同英市人民法院审判员职务,戴洪涛西鲍人民法庭副庭长、审判员职务,姚卫强市人民法院速裁审判庭庭长职务,胡云慧西鲍人民法庭副庭长职务,沈玉秀市人民法院少年及家事审判庭副庭长职务,谢俊成市人民法院民事审判第二庭副庭长职务,朱卫群市人民法院速裁审判庭副庭长职务,邵吟春市人民法院审判员职务,陈英姿市人民法院审判员职务,陈荣市人民法院审判员职务,颜莉曾市人民法院立案庭副庭长职务,束正文市人民法院立案庭副庭长职务,苏胜忠市人民法院速裁审判庭副庭长职务,许志兰戴南人民法庭副庭长职务。任命:姚卫强为市人民法院民事审判第二庭庭长,胡云慧为市人民法院刑事审判庭副庭长,沈玉秀为市人民法院民事审判第一庭副庭长,奚斌为市人民法院民事审判第二庭副庭长,谢俊成为西鲍人民法庭副庭长,颜莉曾为市人民法院审判委员会委员、少年及家事审判庭庭长,杨凯为市人民法院审判委员会委员,束正文为市人民法院审判委员会委员、立案庭庭长,苏胜忠为市人民法院速裁审判庭庭长,许志兰为市人民法院审判委员会委员、戴南人民法庭庭长,张艳为市人民法院立案庭副庭长,邹小敏为兴化市人民法院民事审判第一庭副庭长,丁军生为兴化市人民法院民事审判第二庭副庭长。

2022 年 8 月 19 日,市十七届人大常委会第四次会议免去:王志华市人大常委会监察和司法工作委员会主任、市人大常委会法制工作委员会主任职务。决定任命:刘洪为市人民政府副市长,汪园为市人民政府副市长,杨蓓为兴化市人民政府副市长,贺山鹏为兴化市人民检察院检察员。决定接受:刘汉梅辞去市人民政府副市长职务。

2022 年 10 月 26 日,市十七届人大常委会第五次会议免去:赵海文市人大常委会办公室副主任职务,谢俊成市人民法院西鲍人民法庭副庭长职务。任命:陈永松为市人大常委会办公室副主任,谢俊成为兴化市人民法院西鲍人民法庭庭长,赵倩芸为市人民法院审判员,唐林华为市人民法院审判员,陶翰钊为市人民法院审判员,朱卫群为市人民法院立案庭副庭长。

2022 年 12 月 23 日,市十七届人大常委会第六次会议免去陈元荣市行政审批局局长职务,刘华斌市监察委员会副主任职务,陆秀勇市人民检察院副检察长、检委会委员、检察员职务,刘建中市人民检察院检察员职务,徐德俊市人民检察院检察员职务。任命:王桂为市人民政府副市长,翁利荣为市行政审批局局长,张华为市监察委员会副主任,张勤为市人民法院副院长、审判委员会委员、审判员,徐开勇为市人民法院副院长,丁铌为市人民检察院副检察长、检委会委员、检察员。

代表管理服务

【人大代表构成】 截至年底,兴化市第十七届人民代表大会有代表 438 名。女性代表 142 名,占 32.4%;工人、农民代表 125 名,占 28.5%;专业技术人员代表 99 名,占 22.6%;党政干部代表 147 名,占 33.6%;企业代表 42 名,占 9.6%;其他类代表 25 名,占 5.7%;非中共党员代表 149 名,占 34%。人大代表中汉族代表 437 名,少数民族代表 1 名。代表具有本科、大专及其以上文化程度的 367 名,占 83.8%。35 周岁以下的代表 78 名,占 17.8%;36 至 55 周岁的代表 331 名,占 75.6%;56 岁以上的代表 29 名,占 6.6%。

【代表视察】 年内,市人大常委会领导赴挂钩联系部门、乡镇街道调研 68 次,走访企业 73 家,联系群众 400 余人。共组织 6 次代表视察。5 月 18 日,市人大常委会组织部分人大代表视察国家全域旅游示范区创建情况。7 月 26 日,市人大常委会组织部分人大代表视察上市企业政策落实情况。8 月 24 日,市人大常委会组织部分人大代表视察城区污水处理“333”工程、农村污水管网工程等城建交通工程建设情况。9 月 26 日,视察农村养老服务体系建设情况。10 月 28 日,视察工业重大项目招引和园区建设情况。11 月 23 日,视察全市“江苏省淮河流域平原洼地治理项目”建设情况。

【代表联络】 2022 年,市人大常委会出台《关于深入推进“双联”工作的意见》,创新建立“双联双解双促”工作机制,每位常委会组成人员固定联系 3 名市人大代表,每位代表固定联系 3

名选区群众，每年集中走访3次，为每个联系对象至少解决一个实际困难。年内，全市有2103名市、乡镇两级人代表走访固定联系对象18075人，收集各类社情民意和意见建议2752条，闭环解决群众急难愁盼问题1584条。“双联双解双促”工作机制在《中国人大》等媒体宣传推介。推进代表履职平台提档升级，召开全市人大代表履职平台建设现场推进会，制订《关于建立委员履职档案和“两述一评一考”工作机制的意见》《关于加强和改进新时代乡镇人大工作的意见》，建成昭阳、千垛、钓鱼等9个代表之家示范点，新建片区代表联络站42家，代表工作室4家，形成“家站室”联动互补的代表履职网络。健全代表列席常委会会议制度，确保市人大代表届内列席常委会会议全覆盖。举办人大代表履职能力提升培训班3期260人参加培训。

【议案建议督办】 坚持议案建议“内容高质量、办理高质量”，健全源头把控、交办预评估、重点建议重点督办、日常指导督办等制度，提升代表建议办结率和满意率。市十七届人大一次会议代表提出158件建议，全部办理答复完毕，满意率和基本满意率100%。市十七届人大二次会议期间代表提出258件建议，全部办理答复完毕，满意率100%。健全办理激励约束制度，完善督办考核机制，确保办理工作有序推进。结合建议办理有关改革发展的重要工作。围绕重大基础设施建设、健康食品产业发展、营商环境、人才引进、农业农村发展等方面，以解决问题为导向，抓难点补弱点通堵点，将办理代表建议与中心工作、重点工作结合起来，推动政策措施的落地见效。

（仇秀娟　翟欣颖）

表5　兴化市第十七届人大第一次会议优秀代表建议一览表

序号	建议人	建议标题
1	陈林等33人	关于提请市委市政府出台支持兴化经济开发区打造中国健康食品产业名城相关政策意见的议案
2	张伟等39人	关于支持中国(戴南)不锈钢城建设的议案
3	沈妍	关于加快青年和人才友好型城市建设的建议
4	刘震祥等10人	关于加快推进高铁新城项目建设的议案
5	朱秀慧等10人	关于加大财政资金投入，加强乡村医生培养的议案
6	戴金萍	关于加强对“学生校外托管点”监管的建议
7	陆银昆等11人	关于加快安丰工业园区建设的议案
8	刘桂东等10人	关于加强小区物业建设和管理的议案
9	周锦坤等10人	关于加大现代农业产业园建设扶持力度的议案
10	沈浮等12人	关于提升河道清淤改善水质的议案
11	邢寿和等12人	关于规范完善粮食种植基地建设 进一步擦亮“兴化大米”地理标志品牌的议案
12	裴马年等10人	关于加快全域旅游核心区建设，推动旅游经济高质量发展的议案
13	翟广益	关于进一步开展信息网络领域整治工作的建议
14	殷志年等30人	关于全面实施“兴有颐养”民生工程，加快构建新时代高质量兴化养老服务体系的议案
15	姚金元等3人	关于解决老旧住宅小区电动车充电难问题的建议

兴化市人民政府

综　述

2022年,兴化市人民政府牢牢把握稳中求进工作总基调,全面落实“疫情要防住、经济要稳住、发展要安全”重大要求,有效应对各类风险挑战,立足千亿新起点,“二次创业”再出发,较好完成了市十七届人大一次会议确定的各项目标任务。全年实现地区生产总值1085.19亿元,增长4.3%;一般公共预算收入48.02亿元,增长4%;固定资产投资增长16.6%;城镇、农村居民人均可支配收入51154元、27638元,分别增长5.2%、7%。列全国综合实力百强县第72位、中国工业百强县第92位、中国创新百强县第66位。全年新签约亿元以上项目150个,其中5亿元以上项目30个,新开工亿元以上项目55个,其中5亿元(3000万美元)以上项目14个;新竣工亿元以上项目60个,其中5亿元以上项目10个。推动各类惠企政策,减税降费20.36亿元。稳定就业,发放各类补贴补助1790万元,新增就业1.2万人,扶持创业9543人,城镇登记失业率控制在5%以内。退役军人服务保障体系更加健全,实现省级双拥模范城“九连冠”。自觉接受市人大、市政协和各方面监督。承办泰州市建议提案33件,其中泰州人大代表建议27件,政协提案6件,省级建议提案会办3件,答复率、见面率、满意率均达100%。办理兴化市建议提案667件,其中人大代表建议258件,政协提案409件,按时办结率、答复率均为100%。办结市长信箱群众诉求1364件,其中泰州市长信箱523件,兴化市长信箱841件。办理国务院互联网督查平台转交问题11个,泰州市转办人民来信34封,泰州重点信件转办21件,办结率均为100%。

重要会议

【市政府全体(扩大)会议】　2022年3月8日,市政府全体(扩大)会议召开。会议总结2021年的工作,部署2022年全市总体工作。市长殷俊作工作报告。会议指出,各单位深入学习贯彻省党代会精神、泰州“两会”会议精神、市委十三届二次全会会议精神,按照泰州市委、政府两会工作部署要求,坚决完成好年度经济社会发展各项目标任务,迎难而进,奋力开创高质量发展新局面,加快建设“新时代鱼米之乡”。紧扣市委“办好省运会,做出旅游范,喜迎八方客;聚合全要素,打造生态谷,建设低碳城;扮靓一座城,走好共富路,幸福水乡人”的工作主线,雷厉风行抓落实,紧张快干求突破,善作善成见实效,真正在产业转型发展上有作为,在城乡融合发展上快提升,在生态绿色发展上走在前,在民生事业发展上见实效。各乡镇(街道)、开发区、各部门切实找准各自在全市大局中的定位、职责和任务,精准把握好自身工作与全局工作的结合点、切入点和着力点,主动服从、服务于全市发展大局。加强政府班子成员之间的协调配合、部门之间的协同配合、部门与乡镇(街道)之间的协作配合。市政府组成人员作为“关键少数”,要带好头、作表率,主动适应社会主要矛盾转化和发展阶段变化,把纪律规矩挺在前面、把依法行政抓在手上、把改进作风融入日常,以更高标准、更严要求、更实举措加强自身建设，提高政府治理体系和治理能力现代化水平。市委常委、常务副市长夏爱东主持会议。副市长刘汉梅、孙玲玲、王晓秋、戴金龙、王辉、张冬根、明冠参加会议。

【市政府常务会议】 2022 年，市委副书记、市长殷俊主持召开市政府常务会议 12 次。

表 6 2022 年兴化市政府常务会议一览表

时间	会次	主要议题
1 月 25 日	市政府第一次常务会议	讨论《兴化市“十四五”节约用水规划》《兴化市“十四五”农业农村现代化发展规划》《兴化市“全国农业科技现代化先行县”创建工作方案》《关于加强全市农村宅基地管理工作的意见（试行）》《2022 年城建计划》《兴化市长期护理保险制度实施意见》，听取关于 2021 年省级以上财政支农项目资金分配有关情况的汇报、关于 2021 年度兴化市农村人居环境整治提升组织奖考核情况的汇报、关于完善城乡居民基本养老保险制度的情况汇报、关于泰州市水上运动训练基地项目合作协议有关情况的汇报、关于省运会沿线环境整治工程设计发包的情况汇报
3 月 4 日	市政府第二次常务会议	传达学习中共中央办公厅、国务院办公厅《关于更加有效发挥统计监督职能作用的意见》和省统计局第 5 统计督察组督察意见反馈问题情况通报，讨论《兴化市深化“亩均论英雄”改革加快闲置和低效工业用地提质增效两年行动计划（2022—2023 年）》《关于进一步加强城镇燃气安全监管工作的意见》《兴化市 2022 年全面推行林长制工作要点》《兴化市 12345 政务服务便民热线平台运行管理实施办法》和《兴化市 12345 政务服务便民热线平台运行效能督查督办实施细则》《省政府督办兴盐界河涉渔问题整改实施方案》；听取关于 2021 年度全市招商引资项目建设考评情况的汇报，关于公开招聘城市社区专职网格员的情况汇报，关于建设综合指挥中心、综治中心、非诉讼服务中心等社会治理机构的情况汇报，关于 2022 年第一批政府投资项目建设计划初步安排的情况汇报
4 月 5 日	市政府第三次常务会议	讨论《兴化市进一步帮助服务业领域困难行业渡过难关若干政策措施》《兴化市积极应对疫情影响助力工业企业纾困解难若干政策措施》
4 月 16 日	市政府第四次常务会议	学习《关于深入学习贯彻习近平总书记关于安全生产重要论述和安全生产十五条重要举措的通知》、吴政隆在镇江现场督办中央生态环境保护督察通报典型案例整改工作时的讲话精神、《中共中央办公厅、国务院办公厅关于印发〈地方党委和政府领导班子及其成员粮食安全责任制规定〉的通知》，听取关于粮食安全及涉粮巡察整改工作的情况汇报、关于实施 2022 年首批民生“微实事”项目的情况汇报、2021 年度全市乡村振兴工作考评和《关于做好 2022 年全面推进乡村振兴重点工作的实施意见》的情况汇报、关于兑现 2021 年度建筑业奖励政策的情况汇报、关于建筑业高质量发展拟表彰单位和优秀企业家名单的情况汇报、关于调整 2022 年度城乡建设用地增减挂钩任务的情况汇报，关于 2022 年第二批政府投资项目建设计划初步安排的情况汇报；讨论《2022 年兴化市河湖长制工作实施意见》《2022 年兴化市乡镇（街道）河长制工作考核办法》《兴化市 2022 年交通建设计划》、有关重点环保问题整改方案
5 月 19 日	第五次市政府常务会议	传达学习全省“三区三线”划定工作部署会精神、省委办公厅、省政府办公厅《关于进一步加强融资平台公司经营性债务管理工作的通知》和泰州市《关于进一步重申债务风险管控和投资融资规范管理相关规定的通知》精神，讨论《进一步强化财政支出预算执行管理的意见（草案）》《关于全面加强我市工贸行业安全生产工作的实施意见》《兴化市推进工业用地提质增效实施细则》《兴化市制造业智能化改造和数字化转型三年行动计划（2022—2024 年）》和《兴化市制造业智能化改造和数字化转型 2022 年工作实施方案》《兴化市优化营商环境三年行动计划》《兴化市地质灾害防治“十四五”规划》；听取关于安排 2022 年新建校舍装备购置资金的情况汇报、关于 2021 年度全市工业企业“亩均论英雄”改革考评情况的汇报、关于 2022 年文明城市创建项目资金安排的情况汇报、关于兴化市海沟河整治工程有关情况的汇报、关于戴南循环经济产业园污水处理等建设 PPP 项目变更情况的汇报、关于第四批兴化市文物保护单位“两线”划定的情况汇报
6 月 17 日	市政府第六次常务会议	听取关于 2021 年度企业科技创新积分奖励兑现的情况汇报、关于 2021 年度兴化市市长质量奖评审情况的汇报、关于老城区部分区域实施污水转接的情况汇报、关于实施兴化市城南污水处理厂一期工程改造项目的情况汇报、关于调整城区生活污水处理厂扩容工程可研批复项目总投资的情况汇报、关于 2022 年兴化市政府重大行政决策事项目录的情况汇报、关于 2022 年兴化市人民政府规范性文件制订计划的情况汇报、关于 2021 年财政决算的情况汇报、关于 2021 年工业经济、开放型经济、品牌战略等考核表彰情况的汇报，讨论《兴化市自建房安全专项整治实施方案》《兴化市“十四五”新型城镇化规划》《兴化市解决特殊疑难信访问题专项资金管理办法》

续表 6

时间	会次	主要议题
7 月 28 日	第七次市政府常务会议	传达学习国家、省、泰州市统计局统计造假不收手不收敛问题专项纠治工作动员部署会议和省委办公厅、省政府办公厅《关于更加有效发挥统计监督职能作用的实施意见》有关精神,《信访工作条例》;讨论《兴化市"十四五"城镇住房发展规划》《兴化市农村住房条件改善专项行动方案(2022—2026 年)》《关于促进建筑业高质量发展的实施意见》《兴化市环境卫生专项规划(2020—2035 年)》《兴化市 24 条省级骨干河道保护规划》《兴化市"十四五"妇女发展规划》《兴化市"十四五"儿童发展规划》;听取关于施耐庵东路改造增加立项金额的情况汇报、关于 2021 年兴化市金融服务实体经济竞赛考核情况的汇报、关于 2022 年第三批政府投资项目建设计划初步安排的情况汇报
8 月 31 日	第八次市政府常务会议	研究国务院第九次大督查发现问题整改工作,讨论《兴化市全民健身实施计划(2021—2025)》《兴化市乡镇生活污水排水规划》《兴化市瓶装燃气经营企业整合工作方案》《2022 年制造业"工贸分离"及批零住餐行业"个转企""小进规"考核办法》《"兴有颐养"农村养老服务体系建设改革创新试点工作方案》《2022 年招商引资项目建设工作考核办法》《兴化市"十四五"卫健事业发展规划》;听取关于有效应对疫情影响促进我市房地产健康发展、商品房项目单栋申请预售许可、《兴化市商品房预售资金监管办法》的情况汇报、关于 2021 年度兴化市电子商务扶持项目考核情况的汇报、关于 2021 年度全市限额以上批零住餐统计工作奖励项目考核情况的汇报、关于《兴化市中小企业转贷应急资金管理办法》修改情况的汇报、关于《兴化市公安机关警务辅助人员管理实施细则》修改情况的汇报、关于疫情防控货车卡(路)口监控建设有关情况的汇报
9 月 7 日	市政府第九次常务会议	学习《国家发展改革委等部门关于严格执行招标投标法规制度进一步规范招标投标主体行为的若干意见》《国务院办公厅关于个别地方违规兴建楼堂馆所和乱设乱用财政专户乱存乱放财政资金问题的通报》,讨论《兴化市工程建设领域"多测合一"改革实施办法》,听取关于安丰镇国蟹市场合作开发有关情况的汇报、关于东部未来城(一期)片区合作开发项目的情况汇报
10 月 26 日	市政府第十次常务会议	学习党的二十大精神,讨论《兴化市再生资源回收网点和报废机动车回收场地布点规划(2021—2025 年)实施方案》《兴化市船舶修造(拆)企业专项整治奖补方案》《兴化市市级应急物资储备管理办法》《关于进一步加强政府购买服务工作的实施意见》《关于切实加强市属企业内部审计工作的意见》《关于大力推进标准化规范化便利化加快建设"兴舒畅"现代政务服务体系的实施方案》,听取关于当前信访工作的情况汇报;关于重大安全隐患整改情况的汇报、关于 2023 年市级部门预算编制工作情况的汇报、关于兴化市行政许可事项清单的情况汇报、关于戴南镇有关审批权限委托下放情况的汇报、关于 2022 年兴化市行政规范性文件清理工作的情况汇报、关于第五批兴化市文物保护单位名单的情况汇报、关于 2022 年第四批政府投资项目建设计划初步安排的情况汇报、关于 2021 年度服务业发展引导资金考核情况的汇报、关于合陈粮库并购有关情况的汇报
12 月 19 日	市政府第十一次常务会议	学习省委吴政隆书记在《"过紧日子"的历史经验》上的批示精神,听取关于 2023 年市级财政预算初步安排的情况汇报、关于突出生态环境问题整改情况的汇报、关于全市安全生产工作的情况汇报、关于全市消防工作的情况汇报;讨论《兴化市畜禽养殖污染防治规划(2022—2025 年)》《兴化市"十四五"应急体系建设规划》《兴化市"十四五"青年发展规划》
12 月 27 日	市政府第十二次常务会议	学习中央经济工作会议精神,讨论《政府工作报告(讨论稿)》,听取关于 2022 年市政府民生实事项目完成情况和 2023 年市政府民生实事候选项目的情况汇报

重要施政

【决策服务】 2022 年,市政府办公室紧紧围绕全市工作大局,切实履行综合协调、参谋助手、督查督办、保障服务等职能,为政府决策提供重要参考。全年编发普刊 34 期,工作专报 2 期,专刊 140 期;上报信息 700 余条,被泰州政府办采用 180 条、被省政府办公厅采用 78 条、被国务院办公厅采用 14 条,获得国务院领导批示 5 次。其中《兴化反映 2022 届高校毕业生就业和企业招聘面临多方面困难》被泰州、省、国务院采用,并获国务院领导批示。全年办理各级来文 5000 余件,其中办理请示 900 余件,制发本级公文 800 余件,组织召开市政府常务会议 12 次,市长办公会议、各类专题会议 70 余次。全年起草领导讲话、工作汇报、督查检查材料等各类文稿 200 余篇。

【民生实事】 2022 年 1 月,经市十七届人大一次会议审议通过,最终确定十大重点民生实事项目,至年底基本完成。

(陈立群　马　丽)

表7　2022 年兴化市 10 项民生实事完成情况表

序号	项目	完成情况	完成率
1	新建沧浪小学、上官河小学、施耐庵小学、施耐庵初中、文峰初中。实施全市中小学智慧教育工程建设。推进公共卫生医疗中心建设(完成主体工程),推进妇女儿童健康中心建设(完成主体4层)	沧浪小学、上官河小学、施耐庵初中、文峰初中等4所义务教育学校主体结构已经封顶,施耐庵小学钢梁安装70%,计划于2023年秋学期竣工交付使用。建立有线、无线融合的校园网络,更新1598间教室用多媒体教学设备,所有教室安装交互式一体机、高拍仪和配套黑板,促进师生教学互动,激发学生学习兴趣。兴化市公共卫生医疗中心已经完成隔离服务中心、感染医疗中心和综合病房楼结构封顶。兴化市妇女儿童健康中心正进行首层土方开挖和基坑支护的施工。完成八家发热门诊,五家发热诊室的建设工作	100%
2	家庭适老化改造900户,打造3A级标准居家养老服务中心30家,完成5个新建小区嵌入式养老服务设施建设;通过政府购买服务为全市6.4万名高龄老人提供每月1次、每次1小时居家养老上门服务。实施长期失能人员护理保险	完成900户特困、低保、高龄失能老年人家庭适老化改造任务。评定3A级标准居家养老服务中心34个。完成兴姜和苑居家养老服务中心、滨河阳光小区老年人活动中心建设,长久小区、吾悦和府小区项目建设。通过政府购买居家养老上门服务加强80周岁以上老人养老服务保障,已累计受理长护险待遇申请4000余人次,已经通过上门评估确定符合待遇标准900余人	100%
3	建成镇(街)省级儿童"关爱之家"2个;培育儿童类社会组织3家,对2800名困境儿童和3100名重点留守儿童开展深度关爱活动。改造"梦想小屋"30户,开设公益暑托班30个班次。创建省心理健康服务中心1家,开展学生及儿童心理健康筛查3万人	建成26家慈善和社会工作站。"大手拉小手"儿童关爱项目正在实施中,全市困境儿童和农村留守儿童均被纳入"大手拉小手"关爱活动中。全市85户"梦想小屋"已经全部改造完成,开设青仔公益暑托班34个班次,2600余名小学生受益。已完成创建心理健康服务中心1家,已对25所中小学校开展了心理筛查和测评工作,筛查完成率100%,完成3.7万人次	100%
4	实施城区8个达标区污水处理提质增效"333"改造工程。新建60个村庄生活污水处理设施。升级改造15个乡镇污水处理厂。新建450吨污水处理厂1座	投资2亿元,完成8个达标区建设,合计12.55平方千米,已完成改造主体工程。完成60个村庄生活污水处理设施主体工程。千垛450吨污水处理厂基本完成主体工程建设。升级改造15个乡镇污水处理厂进场施工	
5	实施8个被撤并乡镇集镇区环境整治及公共基础设施提升工程。建成美丽宜居乡村23个	千垛镇投资2620万元,开展整治、提升工作,现已全面完成老镇区环境整治工作及公共基础设施提升工程。安丰镇从农村厕所革命、生活污水处理、生活垃圾分类等28个方面建设生态宜居美丽乡村,圆满完成相关建设任务	100%
6	打造100条市、镇、村三级幸福河(段),维修改造圩口闸100座、排涝站50座,实施圩口闸电启闭改造100座。实施高王河河道活水工程。整治城区春江花园南边河道、观澜湾西门与兴临路间八里铺河道	完成102条幸福河湖建设。完成维修农村圩口闸100座、排涝站维修50座,实施圩口闸电启闭改造100座。完成城区春江花园南边河道、观澜湾西门与兴临路间八里铺河道整治	100%
7	新建兴化中学九顷校区避难场所,改造森林公园避难场所。开工建设国安教育培训中心。开工建设城区第三消防站	森林公园应急避难场所提升改造工程目前已全部完成并进行了初验。兴化中学(九顷校区)应急避难场所完成了项目前期所有工作并已进行网上招标公示。完成国安教育培训中心现场"三通一平"建设。城区第三消防站已正式进入开工建设	100%
8	维修改造城堡新区、王家塘等26个老旧小区	老旧小区改造共计27个小区,涉及建筑面积共计24.5万平方米、居民2807户、120幢楼层	100%
9	开展文化惠民演出500场,精品剧目演出6场。新增体育健身场地50处。更新置换城乡超保期健身路径200处。维修改造人民体育场跑道	完成500场惠民演出,完成6场精品演出。新增体育场地50处。用于更新置换的200套。完成体育场塑胶跑道改造工程	100%
10	新改建城乡公路桥梁158座。新改建城乡公交站台310座。实施北水关大桥、备战桥重建工程	完成158座城乡公路桥梁改造工程。完成310座公交站台建设。完成北水关大桥拆除重建	100%

政务服务

【概况】 2022年,市行政审批局贯彻落实市委、市政府优化营商环境各项决策部署,践行"舒心畅办"政务服务理念,持续深化"放管服"改革,推进政务运行标准化、服务供给规范化、为民办事便利化,构建上下联动、纵横协同、运行高效的市、乡镇(街道)、村(社区)三级现代政务服务体系,提供更加优质高效便利的政务服务,打造市场化法治化国际化一流营商环境,各项工作取得明显成效。全年办理各类企业注册登记业务9927件,其中新设企业3503户,变更企业2861户,注销企业3232户,其他331户。新增个体工商户10102户,新增农民专业合作社107户。

【项目审批】 推动企业开办"零成本",2785户市场主体享受"五零"服务,免费获9321枚企业印章,节约企业开办成本284.07万元。发放食品经营许可证1336件,注销14件,发放药品零售经营许可证123件、注销2件,发放第三类医疗器械许可证39件,注销4件。文化类行政审批67件,备案企业投资项目297个,其中新建项目250个、技改项目49个,核准企业投资项目5个。办理建筑工程施工许可证134份,与上年比增长3.87%。实现"拿地即开工"项目4个;商品房预售许可证发放13份,发证面积169729.47平方米,与上年比下降70.07%;城镇污水排入排水管网许可证核发25份;新建民用建筑防空地下室同步建设审批4项,减少3项;建筑面积16480.32平方米,与上年比下降53.7%;新建民用建筑防空地下室易地建设审批69项,增加23项;建筑面积7466.52平方米,与上年比下降15.4%;燃气工程项目初步设计文件审批1项。完成进场交易工程建设项目1160项,总预算58.23亿元,总成交48.51亿元,节约资金9.73亿元,节约率达16.7%;完成1837个政府采购项目进场交易,其中代理完成政府采购项目21项,预算金额约3532.01万元,成交金额约2925.28万元,节约资金606.73万元,节约率17.17%。完成国资出租(让)项目81项,评估总价685万元,成交价839.87万元,溢价154.87万元;完成直接发包备案登记929份,预算价总额约1.65亿元,成交价总额约1.36亿元,节约资金0.29亿元,节约率达17.59%。强化管理制度建设,规范运行管理机制,制订《兴化市政府投资工程变更受理和议事规则》。依法核准工程建设项目发包方案202个,依规出具工程建设项目发包方案建议书201个。召开工程变更联审会议10次,审议变更项目73个,否决、核减变更事项17个,涉及资金约516万元。

【"兴舒畅"现代政务服务体系建设】 编制印发《市政府关于大力推进标准化规范化便利化加快建设"兴舒畅"现代政务服务体系的实施方案》《兴化市打造高效规范便利的一流政务环境实施方案(2022—2024年)》,推进"兴舒畅"现代政务服务体系建设,优化营商环境。完善以"综合窗口""全科窗口"为主导的运行机制,落实无差别服务;畅通诉求渠道,设立"舒兴畅办 有茬无忧"效能窗口,着力破解企业群众办事难等难题。推进行政许可事项清单管理工作,编制印发《兴化市行政许可事项清单(2022年版)》,梳理行政许可事项271项,涉及28个市级主管部门,依法编制行政许可事项清单,制定和细化统一行政许可实施规范,严格依照清单依法依规实施行政许可,加强事前事中事后全链条全领域监管,及时做好清单动态调整衔接。建立"好差评"数据定期分析、定期通报制度,全年累计收到各类评价数据1216818条,其中二维码评价40748条,办件评价1176070条,好评率99.99%。

【"放管服"改革】 强化政策支撑,推进"一件事"标准化建设,制订《兴化市深化"一件事"改革优化政务服务实施方案》,完成办件38612件。运用直接取消审批、审批改为备案、实行告知承诺、优化审批服务等4种方式,推进分类改革,惠及市场主体近2877家。深入推动企业开办"五零"服务,为3503家新设企业提供"五零"服务。建立工作联动机制,设立"省内通办""跨省通办"服务专窗,通过"全程网办""异地代收代办""多地联办""一件事联办"等方式,推动部门73项"省内通办"和89项"跨省通办"事项落地落实,与浙江省平湖市、扬州市广陵区等地签订战略合作协议。推行"一业一证"改革,联合市市场监管局、市城管局等多家部门，对全市药店、KTV、书店等行业，发放365份行业综合执业证，覆盖药店等15种行业。清退2021年前各类保证金583.46万元。办件率达95%，不见面办理率99.9%。

（杨　帆）

【电子政务服务】 全年上报省政府、泰州市政府政务信息843条，被采用235条。转发各类时政要闻68篇，发布各类专题报道100多篇，发布“政策简明问答”8期，完成微信矩阵榜单12期。开展“在线访谈”6期，征集意见37条，录制新闻发布会9期，书记信箱转办1137件、市长信箱转办847件。依规公开政策文件212份，政策解读18份，召开协调会8次；受理政府信息申请120件，办结117件。加大政务新媒体考核力度，采取月度考核+随机抽查的方式，对多次出现问题且整改不到位的政务新媒体予以关停。做好政府网站信息发布，录入各类信息17596条，部门、乡镇动态栏目和公告栏目信息分别审核通过1282条、2755条。政府网站获评“2022年度中国优秀政务网站”。

（陆彩萍）

信访工作

【概况】 2022年，全市共受理群众信访3294件，其中上级转交来信1232件，本级收信2062件；接待群众来访1505批5175人次；集访170批3284人次。推进基层满意窗口建设，全市12个镇（街）全部达标并完成申报。推进网上“人民满意窗口”建设，打造“阳光信访”新模式，让群众“最多投一次”。健全信访事项办理机制，优化办理环节和办理方式，实行“简易事项马上办、一般事项快速办、疑难事项提速办”，提高网上信访首办环节的工作质量和效率。全市责任单位满意率98.71%、责任单位参评率98.14%、网上信访一次性化解率97.56%。

【信访案件办理】 按照信访工作“三到位一处理”要求，规范初信初访事项转送、受理、办结，有效杜绝“信转访”。全年办理初信初访3242件，其中上级转交2693件，本级自收549件；其中求决申诉类1886件，化解1825件，化解率达97.77%。

【信访积案化解】 开展“信访突出问题攻坚化解年”专项行动，推进重复信访治理、化解信访积案专项整治，对重点问题、重点领域存在的信访突出问题进行集中攻坚，维护信访秩序。截至年末，国家信访局交办重复信访积案第一批240件、第二批85件，全部按期办结。

（葛　岑）

外　事

【概况】 2022年，市外事办在市委、市政府的正确领导下，坚持服务国家总体外交大局，服务全市经济社会发展，充分发挥外事资源优势，全力服务好涉外企业，为全市经济社会发展做出积极贡献。做好因公出国（境）管理，办理出国团组3批4人（次）。深入涉外企业宣传APEC商旅卡，全年共办理APEC商旅卡2批4人次。

【外事管理】 全年办理出国团组3批4人次。6月、8月分2次选派人民医院3名医生参加

2022年4月29日，市信访局开展宣传信访工作条例系列活动

（市信访局/供图）

中国(江苏)第32期援桑给巴尔医疗队,提供医疗卫生服务。10月20日,市政府副市长王晓秋应邀参加第十二届江苏—澳门·葡语国家工商峰会,推介江苏兴化大闸蟹,兴化市板桥故里水产品养殖有限公司等与相关方面签订合作协议。

【涉外企业服务】　市外事办加强中国高校与东盟国家高校之间的食品科技合作,促进东盟国家的农业和农村发展,协助南京农业大学举办东盟国家农产品技术线上培训班(兴化),来自柬埔寨、印度尼西亚、老挝、马来西亚、缅甸等国家的官员和技术人员参加培训。11月3日,开展"在兴外籍人士看兴化"主题宣传活动,邀请来自南非、阿尔及利亚、牙买加、日本等国的外籍人士,走进兴化垛田,实地探访世界灌溉工程遗产、全球重要农业文化遗产,领略水乡的别样风情。成立兴化市境外公民和机构安全保障协调小组,有针对性地开展境外安保工作。帮助1名韩国籍初中生落实好外籍身份证明。推广使用平安丝路网App,3家境外企业39人注册使用。全年走访联系重点涉外企业10余次,走访慰问服务外籍人士10人次。

(许　珺)

机关事务管理

【概况】　2022年,市机关事务服务中心坚持把机关事务服务与机关事业单位运转需求统一起来,加强并做好办公用房的统一规范管理。以提升行政效能、建设节约型机关为统揽,以管理科学规范、服务优质高效、保障精准到位为目标,推动各项工作。

【公务用车管理】　研究制定《关于进一步规范公务用车管理的通知》,规范公务用车管理,明确权属、使用、维修、经费及驾驶员管理等方面工作。全年维修保养车辆3316台次,相比市场价节约79.6万元,节约率达13%。联合市纪委等部门在春节、五一、端午等节假日期间开展公车督查10多次,重点督查"三化"管理、社会化租赁和公车停放等情况,做到网上监管与实地督查相结合。

【基建房产管理】　印发《兴化市党政机关办公用房管理办法》《关于加强党政机关办公用房维修管理的通知》,规范管理党政机关办公用房。完成省党政机关办公用房管理信息系统优化升级。推进办公用房统一权属,将市行政审批局办公用房权属转移登记至市机关事务服务中心名下。

【公共机构节能保障】　推进市行政中心750千瓦分布式光伏项目建设,于2022年6月正式并网启用,光伏发电设施8800平方米,装机容量0.75兆瓦,全年发电量80万千瓦时。截至12月底已发电40.3万千瓦时。开展以"绿色低碳,节能先行"为主题的节能宣传周活动和以"落实'双碳'行动,共建美丽家园"为主题的全国低碳日活动,免费发放环保购物袋和印有节能标语的安全头盔近600份,发送节能公益短信10多万人次、发放宣传手册单页1万多份。上报2个公共机构能源资源节约示范案例,1家单位创建为2022年度省级公共机构节能低碳示范单位,3家单位通过复核。

(李　飞)

重要会议

【概况】 2022 年，全年组织召开 6 次常委会会议、3 次主席协商会议和 5 次专题视察，形成 9 份协商视察意见。

【政协兴化市第十四届一次会议】 2022 年 1 月 9 日至 12 日，政协兴化市第十四届委员会第一次会议在兴化召开。会议听取和讨论市委书记方捷的讲话；听取和审议政协兴化市第十三届委员会常务委员会工作报告和提案工作情况的报告；列席市十七届人大一次会议第一次全体会议，听取并讨论市政府工作报告及其他报告；举行大会协商发言；听取市政协十四届委员会一次会议提案初步审查情况的报告；会议选举产生政协兴化市第十四届委员会主席、副主席、秘书长和常务委员，审议通过大会决议。

【政协兴化市第十四届委员会常务委员会议】 年内，市政协十四届常委会共召开 6 次会议。

1 月 12 日，通过政协内部机构设置、委员分组和人员任命；协商通过市政协 2022 年工作计划。

4 月 19 日，传达全国和省、泰州市政协全会精神；通过有关人事事项；举行财税知识专题讲座。

6 月 24 日，听取市财政局关于全市 2021 年财政决算情况的报告、市审计局关于全市 2021 年财政预算执行及其他财政收支审计情况的报告，并进行协商；听取市政府关于镇村污水处理设施运营维护情况的通报，听取市政协社会法制委关于镇村污水处理设施运营维护情况的调查报告，并进行协商；通过有关人事事项。

8 月 25 日，听取市政府关于 2022 年上半年全市经济社会发展情况、关于 2022 年上半年财政预算执行情况的通报，并进行协商；听取市政府关于培育壮大战略性新兴产业情况的通报，听取市政协经科委关于培育壮大战略性新兴产业情况的调查报告，并进行协商；审议通过《关于评选先进委员小组、政协工作先进乡镇（街道）、优秀政协委

2022 年 4 月 19 日，政协兴化市第十四届委员会常务委员会第二次会议召开 （市政协办/供图）

员、优秀提案和优秀社情民意信息的工作规则(试行)》。

12 月 5 日,听取市纪委监委关于党风廉政建设和反腐败工作情况、公安局关于打击严重刑事犯罪和经济犯罪工作情况的通报,并进行协商;听取市政府关于推进区域卫生中心规范化建设的通报,听取市政协教卫文体委关于推进区域卫生中心规范化建设的调查报告,并进行协商;听取市政府关于提案办理情况的通报;听取市政协民主评议领导小组关于民主评议发改委工作情况、发改委关于市政协民主评议发改委工作所提建议意见整改落实情况和民主评议农业农村局提案办理工作情况的报告;通过《关于召开政协兴化市第十四届委员会第二次会议的决定(草案)》;通过有关人事事项。

12 月 22 日,传达学习中国共产党第二十次全国代表大会精神,协商通过《关于学习贯彻中国共产党第二十次全国代表大会精神的决议(草案)》;协商讨论政府工作报告、法院工作报告、检察院工作报告、2022 年国民经济社会发展计划执行情况和 2023 年国民经济社会发展计划草案报告、2022 年财政预算执行情况和 2023 年财政预算草案报告(征求意见稿);讨论通过市政协十四届常委会工作报告和提案工作情况的报告及两个工作报告的报告人;各专委会、办公室报告 2022 年工作;政协常委、委员小组组长述职;协商通过市政协十四届二次会议有关事项;通过有关人事事项。

【主席协商会议】 年内,市政协主席协商会议召开 3 次。

4 月 22 日,市政协召开十四届一次主席协商会议,围绕“加强职业教育、助力产业发展”进行专题协商。副市长刘汉梅通报了兴化市职业教育发展情况;市政协教卫文体委汇报了关于加强职业教育助力产业发展的调研情况;与会人员围绕职业教育如何加快发展理念、提高办学水平、完善发展机制和精准对接产业发展需求等内容展开协商讨论,并提出具体意见与建议。

9 月 28 日,市政协召开十四届二次主席协商会议,围绕“社会组织参与城市社区治理”进行专题协商。副市长戴金龙通报兴化市社会组织参与城市社区治理情况;市政协社会法制委汇报前期调研情况;主席、委员代表分别从不同角度进行协商发言,并提出意见和建议。

10 月 28 日,市政协召开十四届三次主席协商会议,围绕“城市文化记忆修复与保护”进行专题协商。市委常委、组织部部长、市政府副市长刘洪通报兴化市城市文化记忆修复与保护情况;文史委汇报前期调研情况;参会单位部门进行补充,主席、秘书长和文史专家代表分别从不同角度进行协商发言,并提出意见和建议。

协商议政

【概况】 2022 年,市政协围绕“走访乡镇(街道)和部门、关爱帮扶困难群众、聚焦工业经济、联谊驻外商会、走访新社会阶层人士、调研乡村振兴、感受‘兴有优教’、走进社区看物业、关注‘兴有良医’、共话‘人文兴市’”等主题,多维度进行走访调研。走访困难群众 659 户、驻外商会 10 个、新的社会阶层人士 529 名、中小学校和幼儿园 182 所、医院 61 家等,参与委员达 2000 余人次。完成 8 份走访情况综合报告,提出 52 条建议。

【有事好商量】 2022 年,市政

2022 年 10 月 13 日,市政协文艺新闻组“有事好商量”协商议事会召开 (市政协/供图)

协明确有事好商量协商议事工作的目标任务、规则程序，制定《关于推动有事好商量协商议事工作常态长效走深走实的指导意见》，确定5月、9月为集中协商议事月，谋划协商议题。全年开展各类协商议事活动960次，助推解决520件群众身边的实事难事。推进协商文化培育展示点建设，选取11个部门单位先行先试，拓宽民意反映渠道，培育协商民主文化，推动部门单位采用协商方式集思广益、凝聚共识，化解矛盾、推进工作。

2022年7月26日，市政协对口协商未成年人关爱保护工作会议召开　（市政协/供图）

【对口协商】　围绕农村住房条件改善、未成年人保护、文物保护与利用等议题开展对口协商，推动解决农村危房改造、未成年人关爱等人民群众最关心的问题。市政协主席调研后专题向市委、市政府提交建议案，并督促市住建局、民政局、文体广旅局、财政局等办理落实，加快推进相关工作。

【专题协商】　围绕"城市文化记忆保护与修复""加强职业教育，助力地方产业发展""深入细致科学调研，找准资金扶持方向""进一步强化健全财政资金绩效评价机制""跟踪整改情况，促使落实到位、强化固定资产投资审计"等议题进行专题协商。推进区域卫生中心规范化建设议题，建议坚持公立医院公益性定位，加大财政投入保障，优化规划布局和功能建设，加大医卫人才培养招录力度，让老百姓就近享受到硬件好、软件强、服务优、实惠又安心的医疗卫生服务。围绕"农房改善工作"，组织部分委员走访乡镇部门，提出"尽快出台相关意见和办法，对农房改造提供政策保障和相关支持"等意见建议。围绕"战略性新型产业"的发展，组织部分政协委员走访乡镇、园区和部门，并赴常州武进、苏州吴江等先进发达地区开展学习，形成协商意见。

建言献策

【提案工作】　2022年，市政协组织委员围绕农业产业发展、劳动力就业创业、民宿发展富民、道路交通秩序管理等方面，现场查看现代农业产业示范园、人力资源产业园、千垛归园田居、昭阳湖交管警务工作站等地，实地了解相关提案建议的落实情况。市政协十四届一次会议以来，政协委员共提交提案419件，立案409件，其中集体提案4件、委员个人和联名提案405件，提案经58个承办单位办理，已全部受理答复，满意率100%。

表8　兴化市政协十四届一次会议优秀提案一览表

序号	提案人	案由
1	黄华新	关于建设智慧城市的建议
2	费桂铭	关于进一步加快推进我市高铁新城建设的建议
3	周德富	加强劳务品牌建设 促进人口红利向人才红利转变
4	吕增和	做优高质态特色产业链 助推工业经济高质量发展
5	房兴杰	关于加快我市战略性新兴产业发展的建议
6	王乾高	加快"智改数转"步伐 推动我市产业转型发展

续表8

序号	提案人	案由
7	张洁丹	关于小区物业管理工作的建议
8	张迎红	关于进一步推进垃圾分类工作的建议
9	李佳敏	关于优化城市公交便民方案的建议
10	朱　健	关于加快推进我市乡村振兴的建议
11	董佳贝	关于"兴化大闸蟹"品牌建设的几点建议
12	纪　丽	关于应对疫情对农民收入影响的几点建议
13	解春滨	关于全面提升我市水环境质量的建议
14	吴海媛、蒋北娟	关于巩固文明城市创建成果的建议
15	祁巧平	关于切实丰富兴化村社文化业态的建议
16	刘安早、沈玉荣、刘　峰、周晓华	实施"五长共育" 开启水乡教育创新发展新模式
17	赵宏高	关于加快兴化全域旅游核心区建设的建议
18	朱运荣	擦亮文化名片 发展特色经济
19	花　艳	点亮"文化夜经济" 丰盈"兴化晚八点"
20	赵小娟	引导民宿科学发展 促进富民增收
21	郑卫星	关于保护与利用好非遗资源的建议
22	姚丙南、王骞	关于预防和减少道路交通安全事故的建议
23	翟佩佩	关于防范和打击诈骗老年人违法行为的建议
24	王　芳	关于加强农村普法教育的建议
25	顾　斌	积极推进社区居家养老 有效应对人口老龄化

【社情民意信息】　全年共收集822篇社情民意信息，编印简报12期，上级政协采用5件。《建议及时启动应急预案和响应机制降低高温热害对农业的不良影响》《当前秋收秋管秋种工作面临的问题及建议》2件信息被省政协采用。

委员管理服务

【委员视察】　年内，共组织市政协委员视察活动5次。

4月20日，市政协委员实地视察江苏兴达钢帘线股份有限公司技术中心、江苏威鹰机械有限公司研发中心、麦肯嘉顿(江苏)食品有限公司和兴化健康食品产业研究院，详细了解企业技术研发、运营管理、应用领域、人才引进情况以及下一步发展规划。视察产业研究院和企业研发机构。

4月26日，市政协委员到市蒋庄良渚文化遗址，通过实地参观蒋庄遗址现场和展示馆建设现场，听取蒋庄遗址考古发掘、保护、研究、利用情况。

5月24日，市政协委员到市文昌路幼儿园、创业路初中、青少年活动中心、城南路幼儿园、施耐庵小学和五里亭幼儿园等现场，通过实地查看和现场介绍的方式，详细了解在建学校规划布局、教学环境、设施配备、班级设置及师资力量等相关情况。视察城区学前教育、义务教育在建项目建设。

10月21日，市政协委员到千垛镇夏广村增减挂钩项目、里下河国家湿地公园、阜溧高速建湖至兴化段项目、市公共卫生医疗中心、施耐庵东路改造工程及张垛花园(张皮安置房工程)等重点工程项目现场视察，听取项目建设情况汇报，详细了解重点工程建设进展情况，并与承建单位现场交流，提出针对性意见和建议。同时视察城建、交通、旅游重点项目、土地综合整治。

11月2日，市政协委员视察组围绕"微实事"项目、道路交通秩序管理、劳动力创业就业、民宿发展富民、农业产业发展等方面情况，实地查看沧浪河步道百姓议事亭、昭阳湖交管警务工作站、人力资源产业园、千垛归园田居、现代农业产业示范园和万嘉名城健身广场等地。

【"亲又清"观察员专班】 成立优化营商环境"亲又清"观察员专班,组织委员走访企业467家,汇总梳理企业意见建议68条。推荐22名委员担任优化营商环境监督员,收集社会各界对营商环境建设工作的意见和建议。

【民生"微实事"项目】 落实"议大事有事好商量、管小事有事能办成"要求,面向全体委员、乡镇街道征集民生"微实事"项目,征集涉及城乡的民生"微实事"95件,确定实施五类十项民生"微实事"项目78件,经过各相关部门单位的共同努力,民生"微实事"项目全面完成。

【专题活动】 年内,市政协共组织17次专题活动。

(邹 安)

表9 2022年市政协组织开展专题活动一览表

时间	活动主题
2月15日	市政协书画工作室联合艺概书画院举办元宵笔会
4月15日	市政协联合市农商行举办"同心抗疫 携手同行"协商成果暨三大抗疫金融产品发布会
4月23日	市政协举行"委员讲堂"开讲仪式暨委员读书交流活动
6月16日	泰州市政协副主席祝光一行到兴化开展企业走访活动
6月22日	泰州市政协城乡建设委工作座谈会在兴化召开
6月28日	省政协副主席周继业带领省政协调研组到兴化,围绕"完善'一老一小'服务体系"开展专题调研
7月28日	市政协举行学习报告会,邀请《人民政协报》江苏记者站站长江迪、省农村经济研究中心主任邵红宁为市政协委员和部分新的社会阶层人士作专题讲座
8月2日	市政协举行"圆梦明天"优秀学生和教师团队表彰奖励大会
8月10日至15日	市政协2022年首期委员履职能力提升培训班在苏州大学举行
8月22日	省政协科技委党外委员视察组就"数字乡村建设"到兴化开展专题视察。省政协副主席、党组副书记阎立,省政协副秘书长、办公厅主任金建明参加视察
8月23日	市政协举行政协委员履职能力专题培训,邀请省政协副秘书长、办公厅主任金建明为委员作专题辅导
9月12日至17日	市政协2022年第二期委员履职能力提升培训班在苏州大学举行
9月14日	泰州市政协副主席、党组副书记徐军带领相关专委会负责人到兴化开展"走近委员"活动
9月20日	省政协农业和农村委主任顾小平带领调研组到兴化,围绕"提高粮食和重要农副产品供应质量和水平"开展专题调研
10月26日	市政协特别邀请兴化市书画家走进昭阳街道举办首场"喜庆二十大,翰墨颂党恩——书画进社区、乡村、学校、企业"系列活动
11月4日	市政协特别邀请兴化书画家走进市第一中学举办第二场"喜庆二十大,翰墨颂党恩——书画进社区、乡村、学校、企业"系列活动
11月21日至25日	市政协委员学习贯彻党的二十大精神暨2022年第三期履职能力提升培训班在苏州大学举行

兴化市纪委监委

重要会议

【全市领导干部警示教育大会】2022年1月20日，全市领导干部警示教育大会召开。市委书记方捷出席会议并讲话，市委副书记、市长殷俊主持会议。方捷强调全市党员干部要常存敬畏之心、常修为官之德、常思贪欲之害，筑牢思想道德防线，提高拒腐防变能力，要强化自我修炼，始终做到对党绝对忠诚；要严守纪律规矩，坚决不碰法纪“高压线”；要摆正自己的位置，学会习惯在监督下干事；压实“两个责任”，纵深推进全面从严治党。与会人员观看警示教育片。

【市纪委十三届二次全会】2022年1月28日，中国共产党兴化市第十三届纪律检查委员会第二次全体会议召开。会议深入学习贯彻十九届中央纪委六次全会精神特别是习近平总书记重要讲话精神，全面落实十四届省纪委二次全会、六届泰州市纪委二次全会精神，总结工作、分析形势、部署2022年兴化市党风廉政建设和反腐败工作。市委书记方捷出席会议并讲话，要求全市各级党组织和纪检监察组织要认真学习、深入领会，结合兴化实际，抓好贯彻落实。要勇于自我革命，坚定不移巩固发展反腐败斗争压倒性胜利；要从全面从严治党取得的历史性开创性成就中，深刻领会“两个确立”的决定性意义，更加自觉地增强“四个意识”、坚定“四个自信”、做到“两个维护”，始终紧跟习近平总书记的步伐奋斗前行；要从“六个必须”“九个坚持”的系统阐述中，深刻领会以伟大自我革命引领伟大社会革命的实践内涵，准确把握新时代推进自我革命的政治方向、思想武器、有效途径、攻坚战役、队伍锻造、制度保障，自觉运用到管党治党全过程各方面；要从反腐败斗争新的阶段性特征中，深刻领会“反腐败斗争永远在路上、反腐败永无止境”的谆谆告诫，必须以抓铁有痕、踏石留印的坚韧和执着，永远吹响反腐败斗争的冲锋号；要从纵深推进全面从严治党的重大部署中，深刻领会新一年纪检监察工作的方向重点，强化一以贯之的政治定力，以历史主动精神走好全面从严治党新的赶考之路；要始终坚持严的主基调不动摇，永葆自我革命精神，永远吹冲锋号，以直面问题、刀刃向内的魄力和勇气，坚决打好党风廉政建设和反腐败斗争攻坚战持久战。市委常委、市纪委书记、市监委主任常军代表市纪委常委会作工作报告。会议审议通过市纪委十三届二次全会工作报告和全会决议。

【市委反腐败协调小组会议】2022年9月24日，市委反腐败协调小组会议召开，会议传达学习《关于进一步推进受贿行贿一起查的意见》文件精神。市委书记方捷出席并讲话，要求保持定力，不断增强惩治腐败的信心决心；站在讲政治、讲大局的高度，旗帜鲜明，坚持党对反腐败工作的统一领导，切实增强通力合作的自觉性，做到各司其职、互相配合，有效衔接、同频共振；围绕市委、市政府中心工作，加强腐败风险预警预测，认真开展预防调查、犯罪分析和对策研究,加强监管、完善制度、堵塞漏洞,在服务保障高质量发展中充分彰显反腐败工作的成效;要坚持“以人民为中心”,紧紧围绕解决群众反映强烈的突出问题,加大民生领域的腐败预防力度,推动行业和领域主管部门开展行业专项治理、区域治理;要厚积力量,持续提升反腐败工作的能力水平;要围绕群众、企业反映的难点热点问题,优先受理、提级办理、加快查办,对影响恶劣的问题挂牌督办、从重处理,通过惩一儆百,形成强大震慑力,营造风清气正的政治生态;要推动党内监督、民主监督、法律监督、舆论监督等有机贯通、信息共享,进一步加大违纪违规线索排查、案件审查力度,用办案的雷霆行动,让全体党员干部深刻认识“正风反腐就在身边”。

【“扫黑除恶”斗争工作推进会】 2022年9月16日,“扫黑除恶”斗争工作推进会召开。会议听取相关工作的进展情况汇报,对重点工作进行部署。会议要求各乡镇(街道)、各部门深挖彻查重点线索,在真查上出硬招,确保清仓归零;在深查上见实效,确保查深查透;在回查上下重拳,确保清仓见底。

党风廉政建设

【概况】 2022年,兴化市纪委监委履行纪检监察职责。运用“四种形态”批评教育帮助和处理2114人次,立案613件,办理职务犯罪案件11件,挽回经济损失588.84万元。全年开展警示教育165场次。常态化开展扫黑除恶工作,组织政法系统问题线索和办结案件“回头看”,立案查办14件。全年查处各类违纪违法案件613件。

【党风政风监督】 推进智慧纪委监委建设,成立党风廉政建设信息网络中心,对大数据查询研判中心进行改造升级,健全完善业务功能模块,实现纪检监察工作网络通、数据通、业务通,运用大数据平台为监督办案提供数据查询1339人次、研判报告150份。制定出台《一体化协查操作流程》《监督审查技术措施应用指引》,增强信息技术对监督办案的服务效能。完善“室组”联动监督、“室组地”联合办案机制,统筹“四项监督”资源力量,对行业性区域性问题、重大疑难复杂案件等聚力攻坚。严把党风廉政意见回复关,针对提拔任用、评先评优等关键环节,回复党风廉政意见1849人次。统筹推进纪检监察监督与组织、审计等监督贯通协同,深化流程联通、力量联动、信息联享、整改联督,相关经验做法被省纪委专刊推介。

【警示教育】 坚持开展警示教育,公开通报案情。组织全市党员干部观看《权力的迷途》《斩断伸向企业的“黑手”》等警示教育片,通过曝光各类违规违纪典型问题,用身边反面教材为身边人敲响警钟,持续警醒广大党员干部。丰富廉洁文化优质产品供给,打造板桥清廉家风馆、廉洁农民画馆、廉洁剪纸馆和政德教育馆,创作的廉政漫画《走神》、廉洁微视频《把柄》分别获得国家级一等奖和二等奖。

【纪检监察队伍建设】 2022年,市纪委监委打造“枝叶关情”讲坛,开展14期专题培训,参训人数2100余人次。开展“三榜联动”促“三争”主题活动,推行“红蓝绿”三色榜机制,通过揭榜打擂、亮榜晒绩、以榜考评等方式,引领全市纪检监察干部对标找差、补短强弱。树立重实绩的用人导向,充实18名人员到纪检监察队伍,提拔重用43人,轮岗交流18人,选派19人到上级纪委监委跟班锻炼。执行问题线索管理、审查调查措施使用、涉案财物管理、办案安全监管等制度,确保依规依纪依法履行职责。开展案件质量检查考评,细化处分决定宣布和执行工作规范,确保查办的案件经得起历史的检验。加强对纪检监察干部的约束和监督,核查反映纪检监察干部的问题线索,坚决防治“灯下黑”。

监督执纪

【政治监督】 开展优化营商环境作风效能大提升行动,查处党员干部庸懒散软以及侵害企业利益问题21个,给予党纪政务处分31人。抓实疫情防控监督,推动解决问题263个,给予党纪政务处分15人。推进中央、省生态环保督察反馈问题整改,排查生态环保领域问题线索55件,给予党纪政务处分66人,4个乡镇被责令作出书面检查。

【清风行动】 2022年,召开全市“清风行动”工作推进会,推动重点领域专项治理和专项监

2022年7月1日,市纪检委举办"民生工程面对面"活动
(市纪检委/供图)

督落地见效。在全市行政审批、景观绿化等10个领域推进"清风行动",排查问题线索338件,给予党纪政务处分273人,2个专项治理成果得到上级部门批示。开展特殊困难群体救助帮扶和妇女儿童权益保障领域专项治理,排查问题线索17件,给予党纪政务处分23人,对4起典型问题进行通报。

【"四风"问题整治】 坚持源头治理,注重深挖彻查,紧盯重点领域涉企隐形"四风"问题,排查背后由风及腐、风腐交织、风腐一体问题。通过制发纪检监察建议、组织专题调研等方式,督促出台公务用车、商务招待等"小特精"制度8个,推动作风建设常态化长效化。聚焦"四风"问题新动向新表现,开展明察暗访、专项检查,排查违规使用公车、违规吃喝等"四风"问题45个,给予党纪政务处分35人。深化"中梗阻"专项治理,重点整治缺乏担当、怠政懒政、敷衍塞责等作风乱象,查处形式主义、官僚主义问题39个,给予党纪政务处分40人。

【派驻监督】 全年派驻机构开展监督检查540余次,主动约谈被监督单位人员384人次,查结信访104件,处置问题线索201件,给予党纪政务处分99人。

【惩治腐败】 推行三色"清风卡"制度,加强对党员领导干部"嵌入式"监督,全年制发"清风卡"1056份。细化从严加强"一把手"监督28条实施细则,约谈17家单位主要负责人,及时指出问题、纠偏正向、警示提醒,不断增强对"关键少数"的监督实效,对6个党组织和45名党员领导干部进行问责。制订《受处分人员回访教育实施方案》,对486名干部实施回访教育。做好容错纠错和澄清保护工作,对4个符合规定情形的人和事容错纠错,为8名党员干部澄清正名。

【基层监督】 统筹基层监督力量,构建"派出监察员办公室+乡镇纪委+村纪检委员"联动监督模式,聚焦乡村振兴、征地拆迁、生态环保等群众反映强烈的领域实施跟进监督,着力打通基层监督"最后一公里"。全年派出监察员办公室处置问题线索284件,政务立案162人次。

审查调查

【概况】 2022年,市纪委监委坚持把查办违纪违法案件与堵塞制度漏洞、强化行业监管结合起来,围绕执法规范化、驾培行业管理、非法集资风险防范等方面,精准制发纪检监察建议16份,适时对建议整改情况进行专题督查,推动行政执法、工程建设等领域健全制度31项。

【案件查办】 加大案件查办力度,提升办案质效。2022年,全市共立案613件,其中乡科级74件,给予党纪政务处分604人,移送司法机关11人。重点查处市人社局原局长朱某美受贿、景观绿化工程窝案等有影响的案件。运用"四种形态"批评教育帮助和处理2114人次,其中第一、二、三、四种形态分别占71.34%、24.69%、1.04%、2.93%。

(周 娴)

兴化市总工会

【概况】 2022年,兴化市总工会围绕中心、服务大局、聚力打造塑铸魂、赋能圆梦、幸福暖心、固本强基四大工程,推动全市工会工作再上新台阶。全市有基层工会组织2098个、会员142626人,覆盖基层单位3785个,独立建会1901个,其中乡镇(街道)工会26个、系统工会18个、市直工会17个、其他工会1840个。坚持把节约型机关建设作为加快转变工会事业发展的重要抓手,获国家级"节约型机关"称号。年内,1人获"全国五一劳动奖章",2人获"省五一劳动奖章",7人获"泰州五一劳动奖章",3家企业获"泰州五一劳动奖状",9家企业获评"泰州工人先锋号"。

【职工服务帮扶】 2022年,市总工会举办职工就业创业"家"课堂"7点班"职业技能培训,2000多人参加培训。开展职工"双百"提升工程,帮助203名职工和农民实现学历提升、技能晋级。通过"牛助理"就业服务平台,提供岗位信息1800个以上。组织开展职工(劳模)疗休养活动,组织一线职工(劳模)疗休养300人次,为320名新就业形态劳动者赠送健康体检礼包,为200名新就业形态劳动者购买意外伤害保险。新增1批"关爱·圆梦"基地,11家幸福企业建设试点企业开展试点工作。建成18家女职工康乃馨服务站和14家户外劳动者驿站。推动职工福利政策改革,提升职工群众生活品质,提供服务2000多人。156名工会会员专享保障救助。开展"携手同行 共抗疫情"走访慰问活动,为疫情防控工作人员、企业困难职工、滞留货车司机等送去慰问物资价值26.6万元,为困难职工家庭送去慰问物资及慰问金21万元,向28名建档立卡的困难职工家庭的孩子赠送学习用具、健康礼包、生活用品等价值2万余元。统筹各级工会组织助销本地农产品,销售金额达401万元。落实小微企业工会经费全额返还支持政策,返还1331家、659.93万元。

【劳模评选与宣传】 举办庆"五一"劳模表彰大会,选树一批文明班组和文明职工、10名最美职工。组织劳模工匠、思政教师深入一线,开展"劳模工匠进校园、思政教师进企业"主题活动20余场,深化劳模创新工作室建设,发挥劳模师徒结对等"传帮带"作用。成立全省首届具有兴化产业特色的农业劳模创新工作联盟,开展技术交流和业务协作研讨。开展2022年"兴化工匠"评选活动,10人获评2022年"兴化工匠",10人获2022年"兴化工匠提名奖"。

【职工维权】 2022年,市总工会利用职工服务中心窗口和工会网站、"兴化职工之家"微信公众号,打造线上线下"老黄维权站"职工维权平台,聘请103名司法、人社、应急管理、卫生健康等部门法律工作者、专业人士以及专职律师组成服务团队。通过"法院+工会+人社+N"模式多元联动,协助欠薪处置及劳资纠纷调解20起,涉及金额50多万元。推动各乡镇职工法律援助服务站(点)实体化规范

2022年12月13日,江苏省产改调研评估组到兴化调研指导产改工作

(市总工会/供图)

化建设,建立全市职工法律援助服务阵地网络。年内,各级工会维权服务站点共受理职工来电、来访46人次,办结率达100%。职工法律援助中心获评全省工会第二批“三化”建设成效明显职工法律援助中心(站)。

【改革创新】 对全市703家规上企业摸底调查,确定21家市级以上产改试点企业、96家市级产改试点企业(后试点企业数量增加至150家);制定出台《全市非公企业工会主席岗位津贴补助试行办法》,明确21家非公企业工会主席作为首批试点补助对象;建立挂钩联系产改企业工作制度,按照“一市一品”“一企一品”思路,打造具有兴化特色的产改品牌。推进《兴化市产业工人群众性经济技术创新成果评价积分奖励办法(试行)》的实施,征集创新成果83项,其中14项获泰州市以上表彰,30项获市级表彰,1项获省科学进步三等奖,2项入选全国大国工匠创新交流大会展示项目,创造经济效益2.27亿元。

(金 蕾)

共青团兴化市委员会

【概况】 2022年,共青团兴化市委员会(简称团市委)坚持以习近平新时代中国特色社会主义思想为指引,紧扣“三力一度”工作布局,构建“围绕中心、服务大局、凝聚青年、从严治团”的工作格局,推动全市共青团工作实现新跨越。完成换届选举工作。截至年底,全市共有下级组织2159个,其中团委57个,团工委4个,团总支100个,团支部1998个。开展青年五四奖章评选,10名青年、10个集体获表彰,15名青年获2022年“最美兴化人——最美青年”称号。获全国优秀少先队集体1个,省优秀少先队辅导员2名,省优秀少先队员2名,8个集体获评省优秀少先队集体、省红领巾奖章“四星章”。“兴苗”青年学习社获评省级“青年学习社”。2名团干部获全国“两红两优”表彰。

【宣传教育】 2022年,市各级团组织开展“青春礼赞新时代 青年追梦复兴路”“学习宣传贯彻党的二十大精神”等宣讲活动186场,覆盖3.5万余人。开展7期“青年大学习”网络课程学习,累计学习人数达22万人次。开展庆祝中国共产主义青年团成立100周年专题学习活动,覆

2022年4月27日,老黄维权站、职工维权法律顾问团成立

(市总工会/供图)

盖1869个支部、10万余名青少年。组织参观垛田农民画精品展,参加迷你版"长征"2.5千米徒步,打卡"寻稻逐梦·窑火淬青""薪火'勇'传·青阅高地"青年学习社线路等活动40场。举办"我是红领巾讲解员""红领巾成长营"等活动60多期,"兴青思享汇"、专题宣讲、专题讨论活动12期。举办"喜迎二十大 永远跟党走 奋进新征程"专题宣讲会34场;组织青年讲师团宣讲系列活动79场;创新"青年唱红歌""剪纸映初心"等"文艺范"宣讲形式,开展党的二十大精神宣讲43场。团属微信公众平台发布"点赞兴青年"系列推文13期,"把兴化读给你听"9期,"兴青年战'疫'日记""战'疫'团旗飘"系列推文30篇。

喜迎二十大 永远跟党走 奋进新征程 青春宣讲会(资料来源:兴化共青团微信公众号2022年6月29日)

【青年志愿者服务】 团市委组织青年成立"青'兴'护航"志愿服务队,开展志愿服务94场。组织开展文明创建、营商环境、民生民意收集等志愿者服务活动,收集整理问题诉求276条。组建文明城市创建青年突击队,发动全市21家机关团组织累计3168人次助力创建工作。组织72名志愿者参与省运会6场项目的志愿服务,4名青年获省优秀青年志愿者称号。组织各乡镇(街道)、单位部门在雷锋日开展"学雷锋"系列志愿服务活动36场。助力疫情防控期间复工复产,累计招募299名志愿者赴抗疫一线,建立"保货运·畅物流·稳生产"青年突击队,累计服务时长8120多小时。开展"青禾"科技志愿服务,帮助2户种养大户和科研院所结对,推广技术1项、形成专题调研1篇。年内,获2022年江苏青年志愿服务项目大赛三等奖。

【青少年关爱帮扶】 团市委组织"喜迎二十大·护苗助成长"帮教活动26场,发放《青少年自护知识手册》1600余份,开展防性侵教育、预防校园欺凌等专项活动36场。开展"温暖同行 点亮梦想"暖冬行动,为203名困境青少年赠送暖冬礼包和生活物资,累计价值约7.3万元。完成全市85户"梦想小屋"改造工作,组建"星光伙伴"帮扶团队,常态化开展关爱活动129场。开办"青仔公益暑托班"100个,覆盖留守儿童、新业态新就业群体子女等2639名。

【青年就业创业服务】 团市委制订印发《兴化市"十四五"青年发展规划》,新发展团员1510人,实现电子档案建档率100%。寻访选树省级乡村振兴青年先锋4人,培育村村好青年82人。实施"青鸟归兴"计划,223名大学生返乡参加暑假实践活动。组建青年创业导师团,结对创业青年60人次。建成"兴青驿站"20间。开展"青兴面对面""政企面对面"活动3场。开展新生代企业家"兴动力"培育,组织38名新生代企业家赴厦门大学参加高级研修班。联合青年创业组织开展项目活动6场,服务青年620人次。完成"新农菁英"大学生就业实习41人次,新增人才61名,发放贷款223笔,总额14688万元。开展"青耘中国"直播助农活动4次,成交金额4万元。建设兴化青商苏青C空间,创建青年创业导师团,结对创业青年60人次。举办"兴好有你"联谊交友、技能培训等活动12场。深化校地团组织共建,与广西大学、桂林理工大学等高校签订校地共建协议;新垛镇团委与扬州市职业大学团委签订校地合作协议;昭阳街道西霞社区与钟山职业技术学院挂牌成立实践基地。

【基层团组织改革】 印发《兴化市推进共青团基层组织改革"四大工程"实施方案》,实施"青雁齐飞""青垒强基""青苗培优""青兴领航"工程,落实29条改革举措。推进"一专一站两联"工作,成立兴化市快递外卖行业团工委,新建社会领域团组织119个。建立团市委直属社会组织6个,覆盖青年2600余人。

(张　聪)

兴化市妇女联合会

【概况】 2022年,市妇联突出"跟党奋进新征程 巾帼建功新时代"主题,增强"政治引领、维护权益、服务群众"能力。截至年底,全市共有三级妇联组织548个,其中市级1个、乡镇26个、村463个、社区58个,市直及其他新领域81个。年内市妇联获"江苏省妇女儿童工作先进集体"、泰州市"七五"普法先进单位称号。

【政治引领】 在全市妇联开展"跟党奋进新征程 巾帼建功新时代""我奋斗、家国美"等活动180场次。评选"十佳好军嫂",60名"巾帼奋斗者"。开展"五个100·在你身边"文明实践巾帼志愿阳光服务,做强做优"兴联心"巾帼志愿服务品牌。建立文明实践巾帼志愿服务队28支,阳光服务站20家,开展助老、护童、文明创建等各类志愿服务200多次。

【妇女发展】 实施创业就业巾帼行动,争取到"她乡好货"赋能培训项目,40名优秀女性创业者、乡村女主播代表参加培训。创建1家巾帼家政服务社区示范工作站。深化岗位建功巾帼行动,6个岗组获泰州市巾帼文明岗称号、兴化农村商业银行英武支行获省巾帼文明岗称号。

2022年7月29日,市妇联开展"最美军嫂"评选活动。图为"十佳好军嫂"合影 (市妇联/供图)

【妇女儿童关爱服务】 实施"我助妇儿康·女性'两癌'救助"项目,为四类贫困家庭"两癌"女性提供兜底保障,299名贫困妇女获得投保。组织开展"冬日送暖,与爱同行""岗村结对,巾帼共建"等主题活动,为困境妇女送去慰问物资。"六一"儿童节期间,市妇联举办走访慰问活动,送去慰问金29.04万元。做好"音乐种子助学行动"、E万行动项目以及"兴联心"慈善助童成长项目。组建"爱心妈妈"志愿服务队,结对帮扶关爱留守儿童,为昭阳中心幼儿园赠送200册绘本图书。整合企业、爱心人士等社会资源,前往兴东镇高新村、临城街道陆横村开展"情暖金秋,爱心助学"公益助学活动,为3名困难学生捐赠助学金2万元。

2022年8月26日,市妇联举办"她乡好货"——电商直播技能培训班 (市妇联/供图)

【妇女儿童权益维护】 组织开展"三进一议"基层维权服务活动、妇女权益保障专题走访调研。联合司法局在市未成年人关爱保护中心设立法律援助工作站。联合市民政局、检察院成立兴化市家庭教育指导中心,出台《关于在涉未成年人不起诉案件中开展家庭教育指导工作的实施意见》,以科学家教促进未成年人健康成长。开展平安家庭建设工作先进典型评选活动,表彰市级"平安家庭户"221户、优秀家事调解员30名。联合市民政局在婚姻登记处挂牌成立"兴联心"平安家庭学校,线上开设"兴联心"平安家庭学校微课堂,以短视频、动漫等形式解读《中华人民共和国民法典》。发布《甜蜜的骗局》《"铁拳"出击,"硬核"护童!》等普法微课堂。开展"幸福护航 法佑万家"线上知识竞答活动,1 万多人参与竞答。

【妇女组织建设】 推动市人大、纪委、行政审批局、商务局建立机关妇联,推动市委组织部印发《关于进一步加强妇联基层组织建设的意见》,成立恒兴科技园、快递行业、直播电商行业 3 家新兴领域妇联,新增三级妇联执委 560 人。

(胡 琴)

兴化市科学技术协会

【概况】 2022 年,全市有市级学会 14 家,乡镇(街道)科协 26 家,园区和企业科协 85 家。年内,市科协联合江苏省铸造学会、江苏省食品科学技术学会,整合资源搭建科技服务平台,江苏申源集团有限公司、泰州市博世特精密铸造有限公司、泰州市金鹰精密铸造有限公司、兴化市华丰电子科技有限公司就企业发展、技术问题与东南大学、中国矿业大学专家进行面对面交流,得到专家的指导和建议。牵头与多部门共同印发《关于推进"四长"进入基层科协组织发挥作用的实施意见》,推进基层科协"四长"组织和工作全覆盖,开展基层健康科普活动 20 场次;3000 多名农业科技人员参加实用技术培训。兴化科普馆累计服务 20 余万人次。市科协被评为"2022 年江苏省全国科普日优秀组织单位"。

【科技服务】 采取"备案制"方式,推动园区企业新建科协组织,新建企业科协 20 家,培育重点企业科协 5 家,专业应用典型案例 5 个。组织 50 家企业参加"科技赋能、助力创新"企业研讨会,双乐颜料股份有限公司、东华链条有限公司 2 家公司分别获 2022 年中国创新方法三等奖和优胜奖。江苏锁龙消防科技股份有限公司在 2022 年"科创江苏"提升学会服务科技创新能力计划项目中得到省科协专项资助。落实"科教结合"战略,牵线苏州大学和兴化中学,创立苏州大学硕士专业研究生兴化中学实践基地,为兴中师资培养增加新的渠道。做好科技志愿服务工作,新增科技志愿服务队 20 支,"科普中国"信息员注册 3622 人,月活量 3138 人,传播量 122217 次。年内,全市新增 103 名优秀科技工作者,2 名科技工作者获"最美泰州人"称号;2 名科技工作者被评为"泰州市第十二届优秀科技工作者";2 名科技工作者入选 2022 年"科创江苏"企业创新达人。本土科学家"深耕沃土、情守三农"案例在"科学也偶像"全国网络竞赛中点赞排名全国第 8。"四长"典型案例中,虾蟹混养"兴化模式"在中央农业农村频道进行报道。锁龙消防潘煜合作项目获"十四五"期间国家重点研发计划重点专项立项。

【全域科普】 举办"科学家精神宣讲"大赛,"云宣讲"覆盖 3 万余人,活动报道 2 次登"学习强国"平台。组织参加江苏省全民科学素质大赛网络赛,参赛 169309 人次。在泰州市"科学家精神进校园宣讲"评比中,4 人获得一等奖,6 人获得二等奖。5 所学校获"十四五"期间泰州市科学教育特色学校称号、市第二实验小学单杰等 8 人获泰州市"十四五"期间优秀科技辅导员称号。泰州市科技创新朱石明名师工作室入选泰州市青少年科学教育名师工作室名

2022 年 5 月 25 日,全国科技活动周暨兴化市第 34 届科普宣传周——科普进校园活动在江苏省兴化中学 VR 实验室举行 (市科协/供图)

单。江苏省兴化中等专业学校获省科学教育特色示范校荣誉称号。在第八届泰州市青少年科技创新市长奖评选中,2人获市长奖,2人获市长奖提名,2人获科技辅导奖,1所学校入选摇篮奖。江苏省兴化中学、兴东初级中学、昌荣中心校3个科技社团被评为泰州市优秀科技社团。

（苏慧勤）

兴化市文学艺术界联合会

【概况】　2022年,兴化市文联以文化兴化建设为总基调,以扩大兴化文学品牌为着力点,提升施耐庵、郑板桥名人“IP”为抓手,紧紧围绕兴化市委、市政府工作重心,打好文艺主动仗,以守正创新撬动文艺发展。截至年底,全市共有文艺家协会8个,下设戴南作协分会、戴窑作协分会、陈堡作协分会。其中,作家协会会员198人,摄影家协会会员166人,书法家协会会员101人,戏曲家协会会员206人,音乐舞蹈家协会会员220人,美术家协会会员60人,朗诵协会会员168人,青年书法家协会会员117人。拥有国家协会会员30人,江苏省协会会员164人。8月30日,市摄影家协会完成第四届换届。12月12日,兴化市青年书法家协会成立。年内,戏曲家孙翔,施小兰,分别获得“泰州市第十一届、十二届戏曲票友大赛”一等奖,许桂华获得“泰州市第十一届戏曲票友大赛”二等奖,钮小丽、朱宏义分别获得“泰州市十一届、十二届戏曲票友大赛”三等奖,李琴凤获得“泰州市第十二届戏曲票友”三等奖。书法家王家任、邹国美、周宇、宗明义分别在中国书法兰亭奖、第十一届、十二届全国展中获奖、入展,王德胜、冯秦、刘小洁、夏宇亮等在江苏省级展览中获奖、入展。

【文艺活动】　2022年,兴化市文联围绕喜迎党的二十大组织“新时代颂”江苏美术摄影联展暨第六届“祥泰之州”美术摄影展、“艺心送给党 献礼二十大”、第二届陶瓷艺术探索展、“喜迎二十大 奋进新征程”书法展、“喜迎二十大 强国复兴有我”摄影展、“咬定青山不放松”书画展、“盛世华光”喜迎二十大主题征文、《信仰的力量——“喜迎二十大 礼赞新时代 勇毅向未来”》专场朗诵会、“新时代颂”2022江苏美术摄影主题联展暨兴化市“喜迎二十大 奋进新征程”主题书法、摄影作品展等系列庆祝活动。3月18日—9月21日,举办毕飞宇工作室8期小说沙龙,其中在南京师范大学、苏州大学、华东师范大学、北京师范大学、江苏师范大学开展5期专场小说沙龙,文艺家代表及文学爱好者40余人参加。开展“进乡村、进社区、进基层、进学校、进企事业单位”的五进活动,组建党的二十大精神宣讲“文艺轻骑兵”巡演5场次,受益人数3000余人。市文联、省作家协会、中央电视台十套拍摄组先后组织到新垛镇施耐庵文化园开展文艺采风活动。

【第五届施耐庵文学奖】　5月26日,启动第五届施耐庵文学奖评选工作。2022年通过出版社推荐、初评委员会提名的方式,征集到作品100多部,遴选出符合参评条件的作品88部。9月4日,进行第五届施耐庵文学奖初评,投票产生20部候选作品。10月11日,举办终评会议,省作协作为施耐庵文学奖指导单位,全程参与评审工作。中国作协副主席、省作协主席毕飞宇,组委会主任、省作协党组书记、书记处第一书记、常务副主

2022年9月30日,“喜迎二十大 礼赞新时代 勇毅向未来”专场朗诵会在兴化市新时代文明实践中心举办　（市委宣传部/供图）

席汪兴国，省作协党组成员、书记处书记、副主席丁捷出席会议。终评采用现场会议与视频连线相结合的方式，经集体讨论和3轮实名投票，评选出《回响》《民谣》《文城》《雾行者》《烟火漫卷》5部作品获第五届施耐庵文学奖。

2022年10月11日，第五届施耐庵文学奖落幕。图为颁奖仪式
（市委宣传部/供图）

【好小说评议活动】 12月30日，由中国小说学会主办、中共兴化市委宣传部承办的“中国小说学会2022年度好小说”评议会在兴化举行。兴化连续第十次举行年度中国小说排行榜评议会。来自全国各地的40名评委最终评选出45部上榜作品。其中5部长篇小说、10部中篇小说、10篇短篇小说、10篇小小说·微型小说，10部入选网络小说排行榜。

（刘小刚）

兴化市归侨侨眷联合会

【概况】 2022年，市侨务办利用开展华侨文化宣传交流活动，扩大对外宣传影响，发挥好华侨文化交流基地的独特媒介和传播作用。开展侨务工作“进三区”（进社区、进园区、进校区）活动，建成“侨胞之家”5个、“新侨之家”1个。坚持“服务在国内，影响在海外”的工作思路，创新工作方式方法，深入归侨侨眷和重点侨企去，广泛收集侨情数据，搭建联络联谊平台，提升为侨服务水平，努力为兴化的高质量发展多作贡献。

2022年8月30日，泰州市委常委、统战部部长张小兵（右二）一行参观文峰社区“侨胞之家”，听取社区“1+6+N”服务侨眷属模式的情况汇报
（市侨务办/供图）

【侨务宣传】 开展侨眷台属访昭阳系列活动、“喜迎二十大、看变化、议发展”主题活动，组织侨眷侨属代表参观长江引水工程、陈堡草荡水上运动基地、健康食品产业园和特色田园乡村。通过江苏文化云平台同步直播，海内外近20万人次观看和分享。

【为侨服务】 创建“1+6+N”服务模式，成立6支服务队伍，开展文艺活动、专家义诊、上门关爱等助侨服务60多场。构建“智慧关护”“生活无碍”“医疗上门”“便民到家”“爱心共享”五个维度的社区服务体系，打造“长安365”为侨服务品牌。开展春节“送温暖”侨界慰问活动，走访慰问5户侨属代表。10月18日，省侨联副主席张霓到兴化调研顶能科技新侨企业，开展“魅力江苏·侨爱乡梓”送文化、送医疗、送法律“三下乡”

活动,增强侨务工作影响力。加强与财政、民政、卫健等部门的沟通联系,开展“天涯同心 侨爱同行”中医惠侨、关爱空巢老人等活动,解决侨眷等各类需求12个。

【助力高质量发展】 承办“创业中华·筑梦江苏”侨商兴化行活动,为兴化引智引才牵线搭桥。邀请民盟中央副主席曹卫星和省农业农村厅、南京农业大学领导专家到兴化指导智慧农业、产业融合发展和统战特色小镇建设,为兴化产业转型升级和乡村振兴出谋划策。

【助力侨企发展】 坚持把海外侨胞作为推动经济社会发展的重要资源,引导侨胞牵线搭桥、回乡投资。开展“点对点”“面对面”政策解读,帮助侨企更多享受税收、信贷、用工等政策红利。承办“泰为侨”为侨企服务沙龙主题活动,协调解决企业在生产经营中面临的原料、人才和技改等方面困难,坚定侨商转型升级的信心。做好到兴化探亲、旅游、考察、经商侨胞的接待工作。

(周红艳)

2022 年 5 月 20 日,市侨务办开展“泰为侨”为侨企服务沙龙活动

(市侨务办/供图)

兴化市工商业联合会

【组织建设】 2022 年,市工商联切实发挥工商联统战性、经济性、民间性的优势和桥梁、纽带、助手的作用。有 26 个(街道、乡镇)基层商会,上海、北京、广东、南京、西安、苏州、无锡、常州、徐州、扬州等地建有 10 家驻外商会。行业商(协)团体会员有兴化市脱水蔬菜行业协会、兴化市青年商会、兴化市不锈钢行业协会、兴化市铸造行业协会、兴化市酒类流通商会、兴化市鱼圆行业协会、兴化市印刷行业协会等 7 家。9 月 30 日,高性能金属制品产业联盟委员会成立大会在戴南镇举行,建立高性能金属产业联盟党委。举办同心圆·梦水乡——兴化市民企“喜迎二十大·同心向未来”幸福跑活动。组织民营企业家深入学习宣传习近平总书记系列重要讲话精神,组织非公企业家参观省级特色田园乡村陈堡镇唐庄村、里下河地区第一个农村党支部旧址、周庄镇东浒村党员组织生活馆;组织部分年轻一代企业家参加泰州举办的“年轻一代理想信念教育培训班”,赴张謇企业家学院学习。邀请市政协领导班子成员,走访西安、北京、上海、苏州等驻外商会。联合市商务局向全市各乡镇(街道)、部门征集杭州、青岛、新疆等地区兴化籍政界、商界及其他方面成功人士信息。年内,兴化市总商会挂牌成立。

【政企沟通平台搭建】 举办“企业家早茶峰会”“科技赋能助力创新”主题活动,宣传“苏政 40 条”、兴化市服务业纾困 21 条和工业企业纾困 15 条等惠企措施。组织企业家参加省工商联、省税务局联合举办的“春雨润苗”专项行动;联合市金融监管局、兴化农村商业银行在千垛镇举办“送政策 强信心 促发展——金融助企乡镇行”活动,组织有关企业参加泰州“抗疫纾困 全力以赴”政银企对接会;联合市人民检察院制定《“检企挂钩”专项活动实施方案》,举办民营企业防范经营风险的法律讲座,建立涉案企业合规第三方监督评估机制;多渠道解决企业间纠纷。

【参政议政】 举办“月月走基层”活动,组织工商联界别政协委员走进校园、走进社区、走进企业,宣讲党的二十大精神等。组织企业开展全国上规模民营企业调研、民营企业履行社会责任调研等,形成调研报告 1 篇。

(耿洪盛)

政法委与综治

【概况】 2022 年，市政法委全力巩固拓展教育整顿成果，从严管党治警。围绕“红色基因、青蓝结对、暖色服务、铁军锻造”，着力打造绝对忠诚、绝对纯洁、绝对可靠的政法铁军。开展青年干警培养“优青”计划、创新实施“中流砥柱工程”、打造“立根向未来工程”等活动，提升干警履职能力。围绕乡镇（街道）政法委员队伍建设，建立市镇一体的政法委员培训制度，落实责任清单，完善工作机制。组织开展全市政法队伍正风肃纪“清风行动”，建立《兴化市公安局强化队伍教育管理十项措施》《聘用制书记员考核管理暂行办法》等制度机制 60 余项。全市群众安全感达 99.17%，对政法机关和政法队伍满意率达 96.48%。

【“平安兴化”建设】 市政法委推进“六安”+“六无”系列平安创建，重点行业领域平安创建覆盖率 100%，“六无”村（社区）达标率 88.8%。开展特殊困难群体救助帮扶和妇女儿童权益保障问题专项排查整治行动，出台《关于贯彻落实严重精神障碍患者监护“以奖代补”政策的通知》，排查特殊困难群体。开展打击整治养老诈骗专项行动，成立专项整治办和 5 个工作组，打掉犯罪团伙 1 个。全市电诈案件发案数泰州最低，同比下降 16.7%，破案数同比增长 5.7%，为群众挽回经济损失 600 余万元。

【市域社会治理】 市区域社会治理现代化综合指挥中心夯实网格化治理基础，加快推进市域社会治理现代化。制定《关于完善网格化机制夯实社会治理基础的实施方案》《关于打造“红色堡垒”提升基层社会治理效能的实施方案》，调整全市 1803 个网格，划分 5884 个微网格，建立 1788 个网格服务群，实现网格治理全覆盖。实施“精网微格”工程，建立以“1788 个网格员”+“5884 个网格信息员、12773 个网格志愿者”+“各类社会志愿力量”为主体的“1+2+N”网格力量体系，建立“网格化+12345+我的兴化”联动处置机制，建设 1306 个网格党支部。推进规范化建设，招聘 284 名专职网格员，每个微网格配备 1 名网格信息员，打造网格长—网格员—网格信息员的基层治理队伍。开展“最美网格员”推选活动，评选出 350 名“网格之星”、25 名“坐席之星”，7 名网格员获“泰州最美网格员”称号。开展基层社会治理短板弱项集中整顿，排查整改问题 103 条。开展“大排查、大起底、大化解”专项行动，排查各类矛盾纠纷 4958 次，排查出矛盾纠纷 583 件，预防化解 577 件。推进“新一代雪亮技防工程”建设，将项目建设纳入政府为民办实事工程，多渠道解决建设经费 7000 余万元。

【重大风险防范化解】 严格落实风险防控“四项机制”，开展“排风险、见清单、除隐患、保稳定”专项行动，制发《关于做好党的二十大维稳安保工作实施方案》《北京冬奥会等重大活动安保维稳工作方案》。组织联合研判 29 次、战时研判 27 次、专题研判 17 次。开展社会稳定风险评估备案43个,提前预防风险6个。组织开展全市社会稳定风险防控业务培训和社会稳定风险评估工作培训,提升基层干部风险防控能力和业务水平。健全政法机关民刑衔接机制,印发《兴化市政法系统涉嫌经济犯罪线索移送联席会议制度》《兴化市民间"标会"活动化解稳控处置工作方案》,联合司法局拍摄《远离"标会"风险,防范非法集资》宣传视频,化解信访突出问题36件。

【"扫黑除恶"专项斗争】 推进"扫黑除恶"斗争工作开展,群众扫黑除恶满意度97.17%。推进教育、市场流通、金融放贷等重点行业领域整治,立案查处工程建设领域案件39件、自然资源领域案件54件、交通运输领域案件177件,形成长效机制13项;开展夏季治安打击整治"百日行动",坚持社会面治安清查常态化,检查、暗访各类场所4800家次,发放《责令限期改正通知书》130份,责令整改、停业整顿167家。组织开展《中华人民共和国反有组织犯罪法》集中宣传月活动,印发《反有组织犯罪法》口袋书等各类宣传资料15250余份,悬挂宣传横幅3800余条,电子屏宣传标语5300余条,开展宣传教育培训4498人次。

【执法监督】 组织开展"执法司法问题大整治""涉案财物大清查""社矫安帮大督查""法治营商环境大优化""信访接处实效大整顿""顽瘴痼疾大复查"等行动。规范司法救助程序,组织开展国家司法救助制度落实及资金使用情况、"利剑护苗"集中打击性侵未成年人违法犯罪专项行动、"兴系未来,守护明天"未成年人文身专项治理等专项监督,制定《兴化市司法救助档案管理办法(试行)》《关于建立侵害未成年人案件强制报告制度的意见(试行)》《关于开展安置帮教工作"五个专项行动"的实施方案》,强化对未成年人的综合司法保护。

(王　明)

法治政府建设

【概况】 2022年,兴化市坚持依法治市、依法行政共同推进,法治市、法治政府一体推进。印发法治政府建设、法治社会建设方案和年度依法治市工作要点,统筹"十四五"时期法治政府、法治社会建设工作。投入156.61万元,建设"智慧矫正中心"。《兴化"一号工程"聚焦法治"双创"》报道在《江苏法治报》刊登。落实市政府常务会议定期学法、定期研究法治建设制度,设置"依法行政及诉讼能力提升"课程,组织学习《习近平法治思想学习纲要》读本等。开展"依法行政大讨论"活动,市委、市政府主要负责人、分管负责人对败诉单位主要负责人开展约谈,树规立矩、传导压力。法治建设情况纳入市委、市政府年度督查检查事项、市委巡察内容和年度综合考核。分层分类开展依法行政理论和实务培训,围绕"推进依法行政 打造法治政府"主题,举办8期2200人"一线实干"讲习所。

【规范性文件管理】 构建市委、市政府"大顾问"工作体系,落实《关于开展行政规范性文件全面清理工作的通知》,全市规范性文件清理233份,备案审查部门规范性文件10份。全年出具合法性审查意见73份,备案审查各级各部门规范性文件11份,清理行政规范性文件234份。

【政府文件合法性审查】 全市出具市政府重大行政决策事项合法性审查意见书80份,审核事项包括市政府重大项目行政协议20份,涉及市政府重大项目13个;市政府征收补偿类决定11份,市政府其他重大行政举措、重大规划等36份,为市政府重大行政决策的合法有效提供有力的法律支撑。参与市政府8个重点项目协议的合法性审查,涉及项目包括《北京桑德环境工程有限公司协商征收协议》《兴化市12345政务服务管理办法》《得胜湖项目争议评审报告》《江苏省兴化市中医院南亭路分院一期PPP项目运营期绩效评价(运营期第一年)咨询服务合同》《戴南循环经济产业园区污水处理等建设PPP项目项目变更》《兴化市草堰港遗址考古发掘经费包干协议书》《兴化市高铁新城片区合作开发项目磋》《北水关大桥拆除重建工程新桥建筑安装工程定标方案》等。

【行政复议与应诉】 推进"硬核十六条",发挥行政复议化解行政争议主渠道作用,行政复议直接纠错率10.83%。全年依法办理行政复议案件120件,撤销并责令重新处理、确认违法13件,申请人撤回申请终止47

件,实质性化解率39.17%。市政府经复议被列为被告的行政诉讼案件共22件,结案11件,其中判决驳回诉讼请求7件、裁定驳回起诉2件、准予撤诉2件,行政机关负责人出庭应诉率达100%。

【行政执法监督】 推进落实行政执法“三项制度”,将行政处罚、行政许可、行政强制、行政检查等行政行为纳入日常监督管理。规范涉企行政执法,制定印发《全面推行涉企轻微违法行为不予处罚和一般违法行为从轻减轻处罚清单实施意见》,各行政执法机关从轻处罚248起,减少罚款1355.88万元;减轻处罚172起,减少罚款923.2万元;免予处罚53起,减少罚款128.84万元。规范基层综合执法监督,下发《整改通知书》8份,对整改情况进行回头看。印发《市政府办公室关于进一步加强政府购买服务工作的实施意见》,上门检查各类政府购买服务协议876份,发现问题协议2份。开展应急管理局进驻式“点穴”督察,26个乡镇(街道)、29个执法部门“全域进驻”法治督察。开展行政执法人员持证上岗、法制审核人员配备、行政管理职责(行政执法权限)委托行使等专项督察,清理不符合申领条件人员251人,保留符合条件人员2067人,通过考试人员2022人,未考试人员45人。

(张 娇)

公 安

【概况】 2022年,市公安局持续推进基础管控、多维处警、智慧侦查“三大改革”,构建以合成作战中心为龙头,综合指挥室、案管中心为支撑的智慧战防新模式。加大案件侦办力度,确保社会大局持续安全稳定,切实提升群众安全感、满意度。深化“警网格”融合,开展“警法共治”试点工作,建立110报警平台与“12345”政务服务热线联动分流机制,累计实现4400余起非警务警情分流。课题项目“人像档案和态势感知的实战应用”获评泰州公安科技强警一等奖。推进执法领域大整治和教育整顿,规范警情处置、执法办案、执法管理等22项制度。年内,26个集体、148名个人受到上级表彰。

【刑事案件侦查】 全面开展夏季治安打击整治“百日行动”,治安重点整治地区实现首批摘牌。严打各类违法犯罪,共破获各类刑事案件1545件,抓获犯罪嫌疑人2492人。连续第23年现行命案全破,记录位居全省县级公安机关第二名。全市刑事案件破案率同比提升14.7%,电诈案件发案数、万人发案比泰州最低,民生案件破案率位居泰州同类地区第一名。

【经济案件侦查】 严厉打击各类经济犯罪,强化涉众金融风险防控,统筹推进打击犯罪、化解风险、追赃挽损和维护稳定工作,成功发起破获伪造金融票证案、“7·11”虚开增值税专用发票案、“5·23”妨碍信用卡管理案3起全国数据协同案件。坚持“立足国内、以劝为主、精确追逃”的方针,成功抓获在逃人员3人。侦办食药环案件43起,抓获违法犯罪嫌疑人171人。

【治安管理】 调整配备专职社区民警182人、社区辅警512人,建设警务室170家,提档升级改造12家。加强警网融合,发展“平安义工”5.8万人、物业保安1512人、其他安保力量2148人。推动全域智慧安防工程建设,在人员密集区域、商业街区域、政府机关重点区域增加

2022年9月16日,兴化市公安局交管警务工作站成立

(市公安局/供图)

2022年,市公安部门组织开展“百团进百万企业千万员工”安全宣讲活动 (市公安局/供图)

高空瞭望设备,不断提升重点公共区域视频监控覆盖率。开展15次社会面治安清查、宣防行动,提升社会面见警率、管事率。年内,检查暗访各类重点企业、行业场所约4800家,发放《责令限期改正通知书》130份,责令整改、停业整顿167家,整改安全隐患115处。危险物品公安安全监管领域连续第21年“零事故”。开展实有人口信息攻坚,新登记流出、寄住、暂住人口6.85万人,出租房屋1.7万户。强化校园安保工作,对全市263家中小学、幼儿园及校外培训机构,开展全方位、拉网式大排查。疫情防控期间,对1965家规模企业监控设施进行完善,常态化开展旅馆、棋牌室、酒吧等场所防控。

【交通安全管理】 开展道路交通事故预防“减量控大”百日攻坚行动,深入排查整治全市重点路段安全隐患,按照“一点一策、一路一策”,制定整改方案,累计治理安全隐患437处,整改交通安全设施963个,全年累计查处交通违法行为48.8万余起。

(全　鑫)

检　察

【概况】 2022年,全市推进扫黑除恶斗争,建立公检法配合机制,对1名涉恶人员、3名包庇人员提起公诉。市检察院加强反洗钱监测,与公安机关、人民银行等部门建立防范机制,起诉1起涉非法集资类犯罪的洗钱案件。推行繁简分流,组建交通类、盗窃类案件2个速裁组,速裁率同比提升78.37%。制定《关于充分发挥检察职能优化营商环境的十条意见》,发挥职务犯罪检察职能,起诉职务犯罪案件3件5人。市检察院联合职能部门对华中二分区革命烈士纪念塔修缮保护事宜进行磋商,推动申报省级文物保护单位。年内,市检察院获评全国检察机关宣传工作先进单位、省文明单位;成年人检察工作和队伍建设等7项工作做法被最高检、省检察院转发,1个案例入选最高检典型案例,4个案例入选全省典型案例。22个集体、33名个人受到市级以上表彰,1人获评全省警务技能能手,1人获评全国普法工作先进个人,1人获评全国检察机关宣传工作先进个人。

【刑事检察】 2022年,市检察院依法打击各类刑事犯罪,全年共批捕204人,起诉772人;其中,聚众斗殴、寻衅滋事案件45件101人。推进“净网”行动,起诉电信网络诈骗案件43人、侵犯公民个人信息案件7人、网络寻衅滋事案件3人。强化妇女权益保护,办理严重侵害妇女权益的刑事案件31件。成立侦查监督与协作办公室,介入刑事案件54件,案件退查率同比下降32.61%。审慎办理涉企刑事案件,监督撤销涉企案件5件8人,依法不起诉6人,建议判处缓刑1人。开展集中整治拖欠农民工工资专项行动,办理拒不支付劳动报酬刑事案件2件6人、追索劳动报酬非诉执行案件2件19人、起诉追薪案件3件3人。

【民事行政检察】 市检察院加强合同纠纷、民间借贷等民事诉讼监督,制发民事再审检察建议7件。制发民事、行政审判违法监督检察建议21件,执行活动监督检察建议18件。打击农村地区民间“标会”,办理非法吸收公众存款、集资诈骗等案件,涉及犯罪7人。

【未成年人犯罪案件检察】　市检察院创新开发临界未成年人司法保护平台，推动覆盖“六大保护”的关爱支持体系建设。联合多部门建成未成年人“一站式取证中心”，开展心理辅导、感情关怀、物质帮助。牵头召开集中打击性侵未成年人违法犯罪专项行动会议，印发《兴化市侵害未成年人合法权益强制报告工作指引》。年内，对侵害未成年人权益的成年人批捕10人、起诉25人，纠正漏捕漏诉3人。对主观恶性大的未成年人批捕23人、起诉13人。对具有帮教条件的未成年人依法附条件不起诉25人，2人经帮教考取大专院校。督促职能部门开展校园周边文化市场、休闲娱乐场所、校外培训机构等专项检查8次，整治宾馆、网吧17家。

【控告申诉检察】　全年市控告申诉检察部门受理群众来信来访277件，全部办理答复率100%。市检察院践行新时代“枫桥经验”，由主要负责人带头包案办理信访申诉案件14件，化解重点信访3件，成功化解1件长达20余年的信访积案，相关做法入选最高检典型案例。参与全市行政应诉硬核16条专项治理活动，通过纠正违法、促成和解、司法救助等方式，化解行政争议案件25件。

【社会监督】　市检察院加强与代表委员的联络，走访各级代表委员63人次，精心办理代表委员提案3件。主动接受社会各界监督，公开选聘30名听证员、聘任7名特邀检察官助理，邀请代表委员、人民监督员、听证员160人次参加案件评查3次、公开听证44次、执法督察12次。围绕公民个人信息保护、未成年人权益保护等印发社会治理类检察建议10份。围绕粮食系统购销领域监管漏洞，向主管部门发出社会治理检察建议。针对毛某等人利用直播平台辱骂打压其他主播的问题，向文化部门发出建议，加强网络暴力行为监管，建议被评为全省优秀“三书一函”。开展主题检察开放日活动，邀请社会各界人士走进检察机关6次。

【检务督查】　全年全市监督立案撤案68人，纠正漏捕漏诉29人，纠正侦查活动违法41件，提出提请刑事抗诉4件，纠正审判违法6件，纠正刑事执行违法40件，监督收监执行16人。办理冒名顶替和弄虚作假婚姻登记行政检察监督案件2件。推进打击非法占地专项监督，制发土地执法领域行政监督检察建议13件、公益诉讼诉前检察建议3件，恢复被破坏农用地3.15公顷。推动职能部门撤回未执行到位的非诉执行申请27件。针对环境污染、住宅安全等问题，制发公益诉讼诉前检察建议81件，整改率100%。

（卜铁进）

法　院

【概况】　2022年，市人民法院紧扣“强基础、转作风、树形象、争一流”工作目标，履行宪法法律赋予的职责，推进审判执行工作。全年受理各类案件19643件，结案17070件，员额法官人均结案294件，结案率、结收案比、平均审理天数等主要质效位列泰州市基层法院前列。年内，获评江苏省文明单位、泰州市七五普法先进集体。

【刑事审判】　2022年，市人民法院全年审结抢劫、诈骗等各类刑

2022年3月18日，兴检普法宣讲团成立　　（市检察院/供图）

事案件593件,判处罪犯772人。依法审结安全生产类犯罪9件,对11人判处刑罚。审结组织卖淫、开设赌场、贩卖毒品等案件28件,判处罪犯39人。严惩电信网络诈骗、侵犯个人信息、虚开增值税发票等犯罪行为,20件案件中31人被依法惩处。严惩聚众斗殴等九类案件48件84人。开展“打财断血”专项行动,办结涉恶刑事裁判涉财产部分执行案件54件,依法追缴罚没财产1278.27万元。依法惩治职务犯罪行为,审结职务犯罪案件9件,判处三年以上刑罚6人,乡科级以上干部2人,追缴违法所得并处罚金705.35万元。加强“一老一小”司法保护,加大对侵害未成年人犯罪的惩治力度,对19起案件中的27人判处刑罚。严厉打击养老诈骗犯罪,推进整治养老诈骗专项行动,审结一批涉老诈骗案件,聚焦“涉老诈骗”行为,组织青年干警开展反诈宣传,切实维护老年人合法利益,增强老年群体法制意识和防骗能力。

2022年11月11日,村规民约上墙,法官现场为村民讲解

(市法院/供图)

【民商事审判】 2022年,市人民法院审结各类涉民生案件8246件,解决群众“薪”事,依法调解用工方支付“美团外卖小哥”经济补偿金,保障“互联网用工”新就业形态下劳动者的合法权益,审结追索劳动报酬纠纷及劳务合同纠纷547件,涉案标的额1159万元。保障群众“安”居,创新实地看、随机访、入户问、集中谈、巡回审“五步走”物业纠纷审判机制,妥善化解物业纠纷213起。开展“套路贷”虚假诉讼专项整治,对16名不诚信行为的当事人采取惩戒措施,全年新收一审民间借贷案件同比下降15.51%。审结拖欠工程款、延期交房等涉房地产纠纷237件。审理劳动争议案件275起。联合市总工会、人社局等部门,多元协同调解企业用工纠纷471件,调解率达83%。市人民法院联合市工商联、市人行设立金融纠纷调解工作室,审结金融借款、融资租赁等金融纠纷案件418件,涉案标的额3.06亿元。出台《关于实施“363”模式推动新时代人民法庭高质量发展的工作方案》,实行人员、案件、装备“三下沉”,买卖合同、婚姻家事、追索劳动报酬等24类“简案”、65%以上的民商事案件在基层法庭就近立案、就近审理。全年审结土地承包经营权、渔业承包合同、排除妨害等纠纷122件,4个法庭平均审理天数仅为61.95天,同比下降10.37天。年内,市人民法院被省高院确定

2022年11月17日,市人民法院开展“夜‘狩’突击涉民生专项执行直播”活动

(市法院/供图)

为泰州首个"服务乡村振兴实践基地"。

【案件执行】 2022年,市人民法院执结案件5562件,到位金额4.7亿元,其中根治欠薪等涉及民生专项执行到位1371.66万元,有财产可供执行案件法定审限内执结率达99.67%。与淘宝(中国)软件有限公司签订合作协议,实行跨域执行直播看房,有效破解异地财产处置难题。开展"夜'狩'突击涉民生专项执行直播"活动,受到近10万网友关注。

2022年1月4日,市法院在执行大厅开通涉企案件快速办理"绿色通道" (市司法局/供图)

【服务发展】 2022年,市人民法院审结一审买卖、加工、定作等合同类纠纷1333件,标的额3.96亿元。出台《服务小微企业十条措施》《优化营商环境双十举措》,向763家企业发送《司法护企意见征询函》。编发《民法典合同编案例汇编》,研发"护企宝"线上服务平台。全市300余家企业注册登记,提供线上互动服务1740次。实施优化法治化营商环境执行年"1+4"专项行动,为1033家符合条件的企业解除失信。通过企业破产案件办理,推动85家"僵尸企业"有序出清,累计化解债务29.55亿元,安置职工674人,增加税收7180万元。对接国资平台和产业园区,盘活低效闲置土地38.27公顷。助力田园主义项目、起亮食品项目落户兴化经济开发区食品产业园,投资7亿元。建立破产案件"1+1"和解机制,帮助因行业整治、民间融资、联贷联保等陷入债务危机,但具有较好经营基础和发展前景的企业重获新生。在市人民法院的帮助下,江苏宏泰、宏甫公司合力化解债务1.94亿元,保障工作岗位300个,2022年销售额1.9亿元。

【司法举措】 2022年,市人民法院推进"一站式"多元解纷和诉讼服务体系建设,建成在线调解、电子送达、网络开庭为一体的"云上"诉讼服务体系,当事人足不出户就能参加诉讼。严格控制简易程序转换为普通程序,一审案件简易程序适用率79.52%,平均审理天数同比下降12.12天。加大律师服务网络平台推广应用,实现兴化律师全员注册,受理网上立案申请7236件,成功率73.51%。选聘14名驻院人民调解员,诉前分流案件4327件,调解成功率达65.3%,位列泰州市基层法院首位。为困难群众缓、减、免缴诉讼费用7.5万元,发放救助资金30.2万元。组织开展"涉诉信访突出问题攻坚化解年"行动,对重点涉诉信访案件制定领导包案方案,建立健全院庭长信访接待制度,固定每周二为执行案件接待日,全年重复涉诉信访办结率100%。派员参与集中管辖法院行政审判工作,接受委托调解案件70件,实质化解17件,实现行政诉讼发案率、败诉率"双下降"。稳妥办理"屋顶上的马桶"一案,依法纠正违背公序良俗行为,组织各类专题法治宣讲40场,21名法治副校长深入学校宣讲37场次,受益群众、学生近万人。

(欣旭伟 熊芳菲)

司法行政

【机构队伍】 2022年,市司法局监督管理律师218名人,基层法律服务工作者132人,公证员7人,司法鉴定从业人员9人。

【法律援助】 全市设立法律援助工作站11个,新建8个法律援助工作站在全市邮政网点,26个乡镇(街道)工作站、523个村(社区)设有联络点,扩大法律援助覆盖面。市司法局全年接待群众来访来电咨询人员11200余人次，办理法律援助案件1987件，挽回经济损失3000余万元。开展以城乡基层“援法议事”推进法律援助活动，推广村民议事协商模式，建立基层协商民主建设协调联动机制，开展“援法议事”活动1400余场。年内，婚姻家庭法律援助工作站获评“全省十佳示范性工作站”，2起“援法议事”案例入选全省典型范例。

2022年6月2日，市司法局与市公安局联合启动禁毒戒毒所地融合发展工作　　（市司法局/供图）

【法治宣传】　2022年，市政府召开“八五”普法推进会。市司法局依照“密切配合，齐抓共管”的要求，重点宣传《中华人民共和国民法典》《中华人民共和国未成年人保护法》《中华人民共和国反有组织犯罪法》，开展各类主题宣教活动500余场次。开展寻访兴化市“最美法律明白人”活动，新增“法律明白人”1000名。提升“豪哥说法”品牌工作室，推出“法治兴化”视频号和“法治兴化”公众号。开展“法治小区”建设，以昭阳街道、垛田街道作为试点。年内，紫荆河宪法主题公园创成第九批省级法治文化建设示范点。

2022年6月，法律明白人法治宣传　　（市司法局/供图）

【社区矫正帮教】　加强重点人群教育管理服务，出台《关于开展安置帮教工作“五个专项行动”的实施方案》，提升社区矫正信息化、智能化水平，新投入156.61万元，高标准建设全省一流“智慧矫正中心”。落实重点人员衔接管控，市司法局联合启动禁毒戒毒所地融合发展工作。组织473批次、1156人次远程视频会见，走访帮扶“五类人员”困难家庭153户，落实困难补助、救助金7.3万元。开展“心理矫治巡回讲堂”，动态管理社区矫正对象800余名，安置帮教对象4200多名，戒毒后续照管对象130余名。严格依法监管社区矫正对象，提请收监7人。“大融合 大照管”经验做法获省戒毒管理局领导批示推广。

【人民调解】　成立市行政争议多元调处中心，落实“警法共治三所联动（司法所、派出所、法服所）”机制。推广应用“苏解纷”非诉讼服务平台，提高“苏解纷”微信小程序在群众中的知晓度，平台注册用户达61158人。开展社会矛盾风险隐患拉网式“大排查大起底大化解”专项活动，全年各级调解组织共受理调解各类社会矛盾纠纷

2022 年 1 月,市司法局工作人员向群众宣传“苏解纷”小程序使用方法 （市司法局/供图）

17160 件,成功调处 16852 件,调处成功率 98.21%,涉及金额 4.42 亿元。

【公共法律服务】 推进“1 + N”法律服务产业园建设(“1”即以市、县(区)两级公共法律服务中心为依托,在全市省级以上开发园区分别设立 1 家法律服务中心,为园区提供合法性审查等法律支撑,为企业统筹提供法律咨询、法治宣传、纠纷调解、公证仲裁等法律服务;“N”即确定 1 名法律服务专员、每年集中开展一次“送法进企业”活动、形成一系列企业成长法治档案),助力服务业纾困“法五条”,制定完善企业法律服务清单,组建“法治体检”服务团,对全市 1000 余家企业开展“法治体检”,为 500 余家企业提供精准法律服务。在不锈钢、食品加工、水产养殖、机械加工、三产服务业以及建筑业等领域组建 6 支法律服务团队,推动百名律师、百名法律工作者“双百下基层”,开展“抗‘疫’护企”“公共法律服务进园区”等活动。加快推进城乡公共法律服务体系建设,出台《关于全力推进公共法律服务体系建设的实施意见》《关于加快推进律师队伍高质量发展的意见》。加强公共法律服务实体平台、热线平台、网络平台等三大平台建设,整合法律服务资源。年内“法蟹畅行”入选司法部“乡村振兴 法治同行”案例库。

仲 裁

【劳动人事争议调解仲裁】 年内,市劳动人事争议仲裁院处理劳动人事争议案 703 件,其中立案受理 435 件、案外调解 268 件。案件按期结案率 100%、年度结案率 99.54%、劳动人事争议调解成功率 81.51%,全年无错案、无上访案件。

【调解组织建设】 市劳动人事争议仲裁院依托人社部调解平台、省人社一体化信息平台,推进“互联网 + 调解”调解模式、“互联网 + 立案”立案模式、“互联网 + 仲裁”庭审模式,线上调解案件 200 余件,线上立案 20 余件,线上组织庭审活动 10 余件。加强多部门联动调解处理劳动人事争议,全年调解劳动争议案 166 件,市劳资纠纷调解服务中心调解成功 151 件,成功率 90.96%。按照《兴化市创建金牌劳动人事争议调解组织和劳动人事争议能人调解工作室实施方案》的工作部署,创建垛田街道“大江”能人调解工作室,发挥调解基础性作用。

（王明圣）

军事

兴化市人民武装部

【概况】 2022年,兴化市人民武装部(以下简称市人武部)围绕市委、市政府决策部署,加强练兵备战,依法从严治军,深化党管武装,加强党的建设,完成预备役登记等各项工作任务。

【党管武装】 2022年,市人武部落实双重领导、党委议军、武装工作述职等制度,确保党管武装工作制度化、常态化、长效化。把习近平关于加强国防和军队后备力量建设的一系列重要论述,以及《中华人民共和国国防法》《中华人民共和国兵役法》《中华人民共和国民兵工作条例》等法律法规纳入市委理论学习中心组学习计划,组织开展市四套班子"军事日"、党政机关干部进军营以及形式多样、内容丰富的军民共建活动,营造人人关心、人人支持武装工作的浓厚氛围。

【战备工作】 2022年,市人武部抓好重大节日和重要时期战备工作。在春节、元旦、五一劳动节、十一国庆节和上级指定的重要时机,落实战备要求。落实"值班首长—值班参谋"两级值班制度,乡镇武装部按要求落实民兵应急分队待命状态,常态化保持1个民兵应急排30人并落实战备装备要求,预防和处置各类突发情况。坚持把上级专项演练任务作为大抓练兵备战的有利契机,以临战姿态狠抓落实。

2022年5月12日,市人武部牵头组织开展抗洪抢险演练

(市人武部/供图)

【兵员征集】 市人武部在2022年的征兵工作中,针对兵员学历要求高、政治条件兵数量多、疫情防控要求严的特点,坚持早筹划、早部署、早展开。按照《兴化市征兵工作规范》,明确各单位工作职责和征兵工作流程,廉洁征兵贯穿两季征兵全过程,圆满完成兵员征集任务,大学生征集比例和兵员质量较往年有大幅度提高。

【民兵整组】 2022年,市人武部对全市拟编兵单位进行实地调研,组建改革组,将任务细化分解到各成员单位,实现军地联合、齐抓共管,完成基干民兵编建任务。

【双拥工作】 2022年,市人武部发挥基层武装部和民兵营

(连)的作用,组织广大民兵参与社会经济建设,在维护治安、抢险救灾、民兵参建等工作中发挥重要作用。持续发扬兴化市双拥工作优良传统,研究解决随军家属就业、高校毕业生入伍激励政策等事项,兴化市连续九年获得“省级双拥模范城”称号。

(张寓寒)

武警兴化中队

【概况】 2022 年,武警兴化中队学习贯彻习近平强军思想,围绕“建设一支强大的现代化武装警察部队”目标,完成看押、看守、守卫、武装巡逻等勤务。连续 25 年执勤安全无事故。

【思想政治建设】 2022 年,武警兴化中队坚持用习近平强军思想建队育人,统筹抓好主题教育、干部队伍教育。开展“忠诚维护核心、矢志奋斗强军”“传承红色基因,担当强军重任”主题教育及“学习党的二十大精神”分享课活动。年内,武警兴化中队被泰州武警中队评为“四铁”先进中队。

【执勤训练】 2022 年,武警兴化中队坚持以从严治勤为切入点,狠抓执勤制度的落实,每月组织方案演练,增强中队官兵执勤战备处突能力。提高中队官兵自身军事素质,组织体能训练等。全年出动官兵 30 余人次,配合公安机关和有关部门完成押解勤务 10 次;出动官兵 60 余人次,配合巡特警完成春节、“两会”、国庆兴化城区联勤武装巡逻任务。10 月,武警兴化中队参加江苏省武警总队规范化执勤等级评定,总评为“优秀”,被江苏省武警总队评为“执勤先进中队”。

【部队管理】 2022 年,武警兴化中队坚持依法治军、从严治军,注重在精细上下功夫,狠抓队伍正规化建设。开展暑期百日安全竞赛活动,组织全体官兵进行安全教育、安全理论学习、安全训练,确保武警兴化中队全年无行政事故、无执勤事故、无刑事案件、无严重违纪、无自杀和无失泄密,实现“两个确保”工作。开展“条令年”活动,突出抓好官兵学条令、守条令,加强官兵作风养成和遵规守纪,树立良好军人形象。重视后勤人才队伍建设,健全后勤队伍。加大在外人员管控力度,采取部队严格管控、官兵自控互控、家庭社会联控管理模式,注重强化安全意识,防范重大安全问题。

(李东伟)

人民防空

【人防宣传教育】 2022 年,市人防办督促指导各社区开展“5·12”全国防震减灾日和“9·18”防空警报试鸣日人防宣传教育活动。9 月 18 日,在兴化中学举办主题为“居安思危警钟长鸣,不忘初心铸盾为民”的防空防灾疏散演练活动,1100 余名师生参加。开展进学校、进社区、进企业等活动 10 余次;利用人防知识科普周宣传、人防知识教育图案巡展、人防工程“安全生产月”开展专题宣讲活动;城区 16 个社区多媒体警报终端滚动播放防空防灾减灾、文明城市创建、安全生产、扫黑除恶、国家安全、双拥工作等宣传标语 80 多条;发放《人防知识读本》1200 多本、《防空防灾应急知识手册》900 多册、宣传手提袋 1300 多个;向全市中小学生免费发放《人防知识》教材 1 万余册。组织 80 名人防志愿者培训。举办防空防灾知识讲座 3 次,1.3 万人次参与。开展防空防灾演练(消防灭火、防空袭、防震逃生等)6 次。

【人防工程管理】 2022 年,市人防办强化人防主管部门监管,落实新竣工人防工程与地面建筑同步验收和备案、发证,衔接建与管,新发证 8 处、年审 28 处、换证 1 处、变更 1 处。强化人防工程平时使用和维护管理,协调市国资办做好 2 处自建人防工程 132 个汽车停车位招租评估,完成停车场配套设施完善,落实公开竞租、交接使用、监管工作,平战结合收入 20.5 万元。协同市审批局完成 4 处新立项工程功能布局的联审,提高人防工程平时利用率。落实有关全国市域社会治理现代化试点城市(泰州)验收涉及人防工程新增人防车位 1103 个。

【指挥通信保障】 2022 年,市人防办组织完成兴化人防地面指挥中心系统调试、平台升级更新、人员培训,6 个月试运行工作。购买人防指挥通信系统设备,运行正常。参加泰州人防机动指挥所赴连云港的远程拉动训练,联合靖江市、姜堰区人防机动指挥所拉动训练,完成在集结地域组织机动指挥所开设、组网和撤收等课目训练,实现机动指挥所现场与基本指挥所的视频会议、5G 通信平台等通信链路互联互通。

(宗高翔)

经济管理

宏观经济运行状况

【概况】 2022年,全市经济发展企稳向好。全年实现地区生产总值1085.19亿元,增长4.3%;一般公共预算收入48.02亿元,增长4%;完成固定资产投资378.01亿元,增长16.6%;城镇、农村居民人均可支配收入51154元、27638元,分别增长5.2%、7.0%。实现工业开票销售1136.88亿元,增长11.9%;规模以上工业产值987.37亿元,增长13.9%;规模以上工业增加值212.28亿元,增长8.7%。全年粮食面积243.92万亩,新增高标准农田3.3万亩,创成粮油绿色高质高效示范片60个。粮食总产124.36万吨,位列江苏省第二,夏熟产量效益创历史新高。实现服务业增加值511.76亿元,增长4.6%,占GDP比重47.1%;限上批零销售额472.48亿元,增长24.5%。实际利用外资及港澳台资6095万美元。

【经济社会发展调研】 2022年,兴化市根据经济形势发展走向,定期跟踪监测全市国民经济计划完成情况,形成各季度经济形势分析报告和《关于全市2023年经济社会发展初步思路的调研报告》,深入开展调查研究,形成《关于全市服务业发展情况的调研报告》《关于全市优化营商环境的调研报告》等调研文章。针对经济发展新形势,加强对国际国内宏观政策、经济运行形势的研究分析,形成《关于当前宏观经济形势和周边地区发展态势的调研报告》。

【营商环境优化】 2022年,市发改委制订《兴化市优化营商环境三年行动计划》,围绕政务环境、市场环境、政策环境、法治环境、人文环境等方面,推进30条具体举措,为企减负,促进行业复苏。开展调查研究,精准研判当前形势,编制《关于兴化市2021年国民经济社会发展计划执行情况和2022年国民经济社会发展计划(草案)的报告》,提交市第十七届人代会第一次会议审议批准。

【改革创新】 2022年,市发改委牵头开展全市改革创新奖评选工作,印发《中共兴化市委全面深化改革委员会2022年工作要点》《兴化市改革创新奖评选办法(修订)》,编制2022年度市级机关部门、乡镇政府投资项目建设计划,对2000万元以上的重大项目,提交市委常委会审核。全年共审批政府投资项目423个。

(马　丽)

自然资源管理

【概况】 2022年,市自然资源和规划局紧紧围绕"优空间、护资源、促发展"工作主线,坚持党建引领发展,统筹疫情防控和服务保障,凝心聚力、主动担当、创新作为。年内,获省厅自然资源节约集约利用进步奖、全省耕地保护激励县市,两度获市"向上攀登红旗"奖。

【土地复垦】 2022年,市自然资源和规划局推进整块连片增减挂钩复垦,成立土地复垦工作专班,制订出台《关于做好整块(连片)增减挂钩复垦工作的通知》《宅基地退出市区购买商品房补助券发放暂行办法》《兴化市土地要素市场化配置管理办法(试行)》,激发乡镇实施动力。与水务、农业农村部门紧密沟通,做好立项报批,加强技术指导,完成约80公顷增减挂钩复垦土地,占补平衡约466.67公顷(含2021年因河湖控制线调整延迟到2022年实施的266.67公顷)。土地要素市场化配置由国投公司专户运营、闭环管理。年内,11个项目、32.15公顷土地参与市场化配置。其中,9个项目使用增减挂钩复垦流量空间27.96公顷,2个项目使用占补平衡复垦新增耕地指标4.19公顷,指标调剂账面金额3.01亿元。签订补充耕地指标调剂合同125.78公顷,5.04亿元调剂金全部到账。强化补充耕地项目问题整改,开展结余库清查(2006—2020年)、2020年以来耕地保护督察补充耕地问题专项整改。推进省投项目建设,千垛镇省级投资土地综合整治项目(总投资2482万元,涉及土地总面积605.25公顷,建设周期2年)。加强巡护监管,在库土地30宗、面积77.73公顷。

【国土空间规划】 2022年,市自然资源和规划局制定《全市生产力发展与布局规划及其他规划》,统筹划定市域"三区三线",启动《兴化市"三园"产业发展和布局规划》,确定产业发展定位与方向。做好新一轮镇村布局规划调整工作,对城镇开发边界外1643个自然村进行规划,形成《兴化市镇村布局规划(2022版)》。推进"多规合一"实用性村庄规划编制,编制行政村村庄规划232个。其中155个行政村规划已报省自然资源厅备案,77个行政村规划正在编制中。

【土地入市试点】 2022年,全市农地入市共88宗91.4公顷。其中,工业用地入市77宗86.57公顷,出让金额2.4亿元;其他经营性用地11宗4.83公顷,出让金额0.18亿元。集体拨用35宗4.76公顷。

【"两未土地"处置】 2022年,全市"两未土地"更新调查批而未供土地涉及项目303个、面积276.12公顷;供而未用66个、面积136.22公顷。制订《兴化市批而未供、供而未用土地处置工作方案》,2022年完成40%处置任务。出台《关于解决批而未供相关问题操作口径》,按照"一宗一策"方式编制59.33公顷"两未土地"处置方案,已处置到位57.53公顷。批而未供数据库之外完成28.87公顷,共计完成86.4公顷。处置到位24.67公顷涉嫌供而未用土地。

【城市用地规划】 2022年,全市计划指标48.96公顷(含农村村民建房2公顷),经营性用地37宗、面积85.94公顷,出让金40.3亿元;工业用地8宗、面积9.46公顷,出让金2634.5万元;划拨用地30宗、面积242.89公顷。3个单独选址111.13公顷(宁盐高速先导段、东兴高速、戴窑110千伏输变电工程);违法用地项目整改使用13.96公顷。召开10期用地计划会办会,安排用地计划108宗、141.45公顷。

(徐兴旗)

国有资产监督管理

【概况】 截至2022年底,全市纳入财政部行政事业性国有资产报告编报范围的行政事业单位共507家,其中行政单位88家、事业单位419家,资产总额249.11亿元,负债总额56.91亿元,净资产192.2亿元。纳入全市企业(不含金融企业)国有资产统计年报的共有6家,资产总额1125.12亿元,负债总额730.79亿元,所有者权益394.33亿元。

【资产调处与经营】 全市国有资产出租360处,为落实国家"六稳六保"优惠扶持政策,面向313户服务业小微企业和个体工商户减免租金389.09万元,实收租金994.72万元。不断推进经营性国有资产集中统一监管,有效落实全市97项经营性资产划转任务(包括549处保障性住房,3.9万公顷水域养殖承包经营权)。

【行政事业资产监管】 推进国有资产信息化管理,立足信息化平台,构建资产精细化管理模式。出台《兴化市行政事业性国有资产管理暂行办法》及出租、处置和评估3个领域的实施细则,稳步形成行政事业性国有资产"1+N"的制度体系框架。推进国有资产清查,厘清家底,探索盘活存量闲置资产,提高资产管理实效。

【国有企业资产监管】 落实"1+3+N"国企运作模式,组建市委国资工委,实现市国资办履行出资人职责、国资监管职责和党建管理职责的“三责合一”。全面深化国资国企改革,印发《兴化市国企改革三年行动实施方案(2020—2022年)》,推动落实31个重点改革任务、105项具体工作举措,国企改革三年行动总任务量完成100%。出台16个规范性、制度性文件,建立以发展战略、主业核定、业绩考核、薪酬分配、人事任免、财务评价、产权管理、监督考核、风险管控等内容为主线的国资监管体系。强化国有企业市场主体地位,促成市国投控股AA⁺及文旅公司AA信用评级工作,实现全市市属企业AA信用评级全覆盖及AA⁺平台零的突破。

(房元健)

财　政

【财政收入】 2022年,兴化市实现一般公共预算收入48.02亿元,占预算的97.6%,比上年增长4%。其中:税收收入完成33亿元,占预算的81.8%,比上年下降8.9%。

【财政支出】 2022年,兴化市完成一般公共预算支出129.06亿元,比上年增长3.3%。其中:教育、科技、文化、社会保障、医疗卫生、环境保护、农业、交通和住房保障等民生及社会事业支出104.04亿元,占一般公共预算支出的80.66%。从严把控一般性支出,市级部门经常性项目支出预算压减10%。充分盘活财政存量,盘活存量资金6.33亿元,用转移支付资金置换本级财力2.03亿元,保障财政平稳有序运行。

【服务经济发展】 2022年,市财政局全面落实稳经济各项政策,全年对企业减税退税缓税20.36亿元,减免房租389万元,兑现各类涉企奖励2.99亿元。落实普惠金融发展示范区奖补政策,综合运用“小微贷”“苏科贷”“应急转贷资金”等信贷支持业务,2022年末,贷款投放约24亿元、助企转贷10.38亿元。超额完成化债任务,争取新增政府债券17.03亿元,有效控制和化解财政风险,促进经济平稳发展。

【民生保障】 2022年,市财政投入16.66亿元,支持教育事业高质量发展。统筹安排0.35亿元,支持重点群体就业创业,稳住就业“第一民生”。安排4.67亿元,保障城乡低保、特困、重残等困难群众待遇。安排4.45亿元,支持提升卫生健康水平,提高城乡居民基本医疗保险和基本公共卫生服务财政补助标准;安排2.76亿元,保障防控物资储备、疫苗接种、核酸检测等经费。安排16.47亿元,重点用于惠民补贴发放、高标准农田建设、农村综合改革等,推动现代农业高效发展,促进农民增收、村集体增富。落实政府采购支持乡村振兴,完成“832”平台、鲜丰汇平台采购任务。生态环境保护方面,筹集资金2.18亿元,保障水、气、土污染精准协同治理,推动环境质量持续改善。投入1.2亿元,推进老旧小区改造、垃圾分类处置、镇村环境整治等,促进城乡协调发展,助推美丽兴化建设。

【财政改革】 2022年,市财政局坚持以改革促管理、以创新增效益,深化预算管理改革。运用零基预算理念,按照“大专项+项目清单”要求,科学编制项目支出预算。出台《关于进一步强化财政支出预算执行管理的意见》,增强预算执行刚性约束,规范支出预算管理。深化绩效管理改革。制定市级财政支出事前绩效评估管理暂行办法,完善全过程预算绩效管理链条。全年组织开展150个绩效自评价项目和54个部门整体支出自评价,涉及资金51.42亿元;对财政重点评价项目,核减预算0.28亿元。落实国企改革三年行动各项任务,推进融资平台清理整合,实现市属企业AA信用评级全覆盖、AA⁺平台零的突破。深化国有资产管理制度建设,全面构建国资监管的“1+N”制度体系,制定《行政事业性国有资产管理办法(暂行)》,出台国有资产出租、处置和评估细则。在全市行政单位推进“资产云”管理系统和经营性资产信息平台,完善国资动态监管体系;规范资产配置、使用、处置行为。

(蔡楚昭)

税　务

【概况】 2022年,市税务局突出主业主责,强化税源管理,组织收入取得良好预期。全年累计完成各项税收收入131.69亿元,其中税收收入57.88亿元,比上年减少6.98亿元,下降10.77%;折合公共财政收入33.01亿元,比上年减少3.21亿元,下降8.87%。社保非税收入合计73.68亿元,比上年增加35.81亿元,增长94.54%。

【减税降税】　落实各项减税降费政策,累计办理出口退税4.95亿元,比上年下降0.4%;办理留抵退税5.8亿元,增长330%;办理其他各类退税3.23亿元,增长28.69%;制造业中小微企业享受缓缴税款6.94亿元。研发费用加计扣除企业254户,增长53.94%;加计扣除金额4.26亿元,增长99.82%。全市有效期高新技术企业235户,其中183户申报研发费用加计扣除,受惠面77.87%。政策性减免优惠新增降费(含非税和社保)2.53亿元。

【征管改革】　持续深化税收征管改革,组织召开深化征管改革工作推进会、动态评估布置会和督查推进会,建立税收征管职责清单运转综合协调会议制度,细化落实2022年改革任务清单67项,建成改革成果展示厅。

【营商服务】　落实便民办税"春风行动"5类20项80条便民办税举措,累计组织泰税云线上直播培训9场,发放宣传资料2.1万余份,发送提醒短信5.76万余条,向全市182户政协委员和人大代表任职企业发送减税降费红利账单。组织"大走访、送政策、问需求"专题调研活动,走访基层税务分局和42户各行业代表企业,收集企业意见建议。税务窗口全部进驻行政服务中心,新办企业"一件事一次办"。出台《缴税"一件事"改革实施方案》,按照"线上为导向、线下为补充、线上线下互通互融、线下为线上兜底"的思路,加强部门配合协作,推广线上办税缴费服务产品。联合经济开发区、市工商联共同成立"纳税人之家",开展宣传辅导、需求征集、征纳沟通等活动,提高纳税服务质效,构建"亲""清"政商关系,优化营商环境。

【税费征管】　推进智慧税务建设,组建"数据产品应用仓库",上架60个数据产品,运用数据情报实现应对成效9949万元。建立税费协同共治工作机制,推进国有土地使用权出让收入划转。推进社保费"协同化+网格化"征缴服务,开展社保费线下缴纳替代渠道试点。完善"法院+税务"联动机制,69户企业破产债权申报2256万元,司法拍卖91起入库4213万元。做好专票电子化网格化服务和全电发票预先服务,推广应用"江苏税务"App,开展税收征管质量5C监控评价工作,做好征管期间保障工作。加强税收风险管理,风险应对直接入库成效3.09亿元,应对总成效4.47亿元。开展所得税汇算清缴,2021年度企业所得税汇缴面达99.63%,净补税2.19亿元,比上年增加0.13亿元。开展风险排查、专项督察、"一案双查",梳理排查风险点284个,拟定风险防控措施453个,牢牢守住风险防范的底线。加强税务执法监督,明确四大类7项法制审核事项,稳妥处置行政复议5起、行政诉讼3起。

（张振国）

金融监管

【金融服务】　2022年,人民银行兴化市支行指导兴化农商行在农村地区布点建设一批集支付服务、综合服务和智能服务于一体的普惠服务点,建成普惠金融服务点525家,精品"金融e站"10家,普惠金融服务覆盖全市463个行政村。实施"金融惠才"工程,建立"贷+担+投"金融服务人才体系,推动人才链和资金链良性互动、深度融合,全年累计为12家人才企业提供融资5260万元,其中豹翔机械、兴海特钢2家企业优惠投贷1500万元。加大金融机构产品创新力度,推出"全民抗疫贷""助企抗疫贷""兴商抗疫贷"三大专项抗疫金融产品,提供授信3.02亿元,用信余额超0.67亿元。

【外汇管理】　2022年,人民银行兴化市支行开展"外汇服务银企行""外汇政策进戴南 助企纾困增便利"等外汇活动,全年服务银行和企业80余家次。开展汇率避险宣传和服务,推进跨境金融区块链服务平台建设,3家企业开展42笔资本项目便利化业务,金额2379万美元。指导市中行为江苏兴达钢帘线股份有限公司办理外汇资金集中运营境外放款业务5笔,累计金额折合5998万美元。按月对货物贸易项下重点企业、标识企业和分项及报告业务监测的企业开展非现场监测;加大对服务贸易和个人外汇业务的监测核查,对个人外汇业务月度暗访;货物贸易现场核查9家企业,6家企业被降级。落实"3+2"跨境人民币结算企业融资,推动财政全年对企业货物贸易跨境人民币奖励比例从万分之二提高到千分之一,奖励比例提高5倍;指导市农商行利用贷款政策,为3家跨境人民币结算企业发放贷款1600万元。

【风险监控】 2022年,市金融办按照"属地管理、分级负责"的原则,建立防范和处置非法集资工作机制。实行"日登录、周排查、月上报、季检查、年考核"贯穿式监管,通过每日登录平台系统关注业务数据,每周排查负面动态信息,每月分析研判存在问题,每季度开展现场检查和专项检查,年终进行量化考核,全方位强化地方金融组织监管、立体化防范化解风险隐患。截至年底,开展现场检查9家15次,下发整改通知书15份、风险提示函3份。强化机构设立行政许可的初审初查,筹建农村小额贷款公司2家。加快问题地方金融组织市场出清,注销融资担保经营许可证1家、待清理农村小额贷款公司1家。出台《兴化市贯彻落实〈防范和处置非法集资条例〉实施方案》,协助市供销总社推进压降清收,戴南镇、兴东镇(城东)、安丰镇农合联社吸收资金清零(系统内),合陈等农合联社吸收资金余额下降,西鲍互助社吸收互助金余额3986.85万元,完成压降至4000万元以下任务。针对供销农合联社潜在风险,同时实行"竞争"机制帮助兴东、安丰2家农合联社申请设立小贷公司进行转型,筹建兴东惠兴、安丰安信小贷公司。重要敏感时间节点,围绕《防范和处置非法集资条例》《反有组织犯罪法》《江苏省地方金融监管条例》等开展各类宣传活动,集中宣传活动8次,发放宣传资料1.6万余份,累计接待现场咨询群众1200余人次。开展防范非法集资宣传活动20余次,覆盖群众近万人。依托各类媒体渠道发布防范非法集资宣传报道、政策解读、处置公告10余篇,累计阅读量近5万人次。联合市公安局、市市场监管局,对全市企业名称、经营范围内包含敏感词汇的企业组织开展现场核查10次。开展地方金融行业领域扫黑除恶斗争,对地方金融组织开展针对性排查,防范化解地方金融行业领域、投资利益受损群体的各类矛盾风险,全市立案查处非法集资案件1起182人,涉案金额645.2万元。

【银行管理】 降低企业融资成本。定向为2169户新型农业经营主体和普惠小微企业发放支农支小贷款10亿元。围绕兴化特色产业,创新"蟹农贷"产品,建立多重政策扶持机制。截至12月末,实现贷款投放超1000户,金额超亿元,农户融资实行贷款市场报价利率。配合公安部门做好防范非法集资和民间"标会"排查整治。年末,全市银行机构不良贷款余额7.26亿元,比年初减少4038万元,不良贷款率0.67%,比年初下降0.24个百分点。开展"支付降费 让利于民"等系列主题活动,全年累计降费金额341.18万元,惠及企业13607家。建立"财税库联动"机制,全年处理个税退税2.7万笔,增值税留底退税1600多笔。全年拨付疫情防控防疫资金约1.5亿元。指导兴化农商行代理发行库工作,全年投放现金43.45亿元,回笼现金33.16亿元,轧差净投放10.29亿元。

(焦 倩 夏振建)

审 计

【概况】 2022年,全市审计(调查)30个项目单位,其中财政预算执行审计项目5个、专项资金审计(调查)项目9个、经济责任审计项目13个、自然资源资产审计项目1个、资产负债损益审计项目2个,查出各类违纪违规金额379万元、损失浪费金额148万元、管理不规范金额近5.97亿元,为各级领导提供审计报告、要情51篇,移送问题线索和事项25件,省、泰州、兴化相关领导批示50件次。

【财政预算执行及专项审计调查】 组织2021年度市本级财政预算执行、决算草案和其他财政收支审计。针对2021年度兴化市本级财政预算执行、决算草案编制及政府专项债券发行使用、生态环境保护专项资金使用等七大类33个方面的问题剖析原因,提出"加强收入管理,增强财政公共服务能力""严格预算约束,提高财政预算执行质效""创新监管手段,加大资金资产监督力度"等3条审计建议。推动市政府及相关部门单位出台《关于进一步强化财政支出预算执行管理的意见》《关于进一步加强政府购买服务工作的实施意见》等制度文件30余项。组织全市2017—2021年城乡绿化项目建设情况专项审计,对市住房和城乡建设局、交通运输局及全市市属国企进行审计,贯通安丰镇、中堡镇、兴东镇经济责任与自然资源资产审计,累计发现6个方面24条问题,查出项目违规161件次,移送问题线索7件。

【固定资产投资审计】 全年累计完成固定资产投资审计项目195个,其中工程决(结)算审计项目173个、财政支农审计项目9个、资产评估审计13个,审计资金总额33.63亿元(含财政支农、资产评估),核减金额1.43亿元。实施招标采购工程决(结)算审计(复核)项目13个共23个标段(涉及送审金额29.39亿元)、跟踪审计项目12个共15个标段(涉及跟踪审计金额15.36亿元);招标采购预算金额1076.88万元、中标成交金额451.43万元,节约金额625.45万元。设立社会中介机构、专业人员"审计质效红黑榜"并采用飞行检查、随机抽查、定期通报、综合考评等方式予以全时段、全流程监管,全年累计编发审计质量预警通知书(提醒函)5份,3家外聘机构"染红"、2家外聘机构"涂黑"。

【跟踪审计监督】 委派8名工程审计人员全员兼任跟踪审计项目监督指导员,下沉式对受托社会中介机构审计质效开展"四不两直"督查检查。年内,进行跟踪审计现场督查5轮次,编发跟踪审计意见单13份、整改督办单6份。跟踪审计沙沟镇紫薇苑安置房建设、区域供水镇村管网改造、开发区基础教育小学、施耐庵东路改造桥梁等29个工程建设项目,审计金额59.43亿元。

【党组织软弱涣散村(社区)集体财务收支情况专项审计】 组织相关街道党(工)委审计委员办公室完成对全市11个省定党组织软弱涣散村(社区)集体财务收支情况专项审计任务。累计发现问题54个(其中金额类问题34个、非金额类问题20个),涉及金额1031.38万元,给予1人免除党内职务处分。

【审计整改及成果运用】 坚持一手查问题、一手抓整改,提高审计成果利用。组织开展2018—2021年审计报告指出问题整改情况专项"回头看"行动,对131项1711个问题的整改情况进行倒查梳理,对未整改的66个问题事项"点对点"出具整改督办单,明确时限、督促落实。年度审计工作报告发现问题整改到位率98%,推动入库非税收入及政府性基金1.47亿元、清理存量资金2.6亿元、清收资金本息631.33万元。

(高　逸)

统　计

【概况】 2022年,市统计局优化统计服务,为全市"聚力高质量发展、致力高效能治理"提供统计保障。加大运行监测和研判的力度,为市委、市政府中心工作献计献策。推进书记项目、大走访大落实等一系列民生实事工程,完成群众办实事项目18件,受益群众达3000余人,帮扶资金约3万元。开展各类专题学习4次、专题研讨6次,领导干部讲党课4次。全年推送各类专题学习教育材料100余篇、工作动态信息113篇,55篇工作宣传报道获《新华日报》、江苏交汇点、中国网、央广网等主流媒体平台刊登报道。年内,市统计局获评全市文化宣传工作先进单位、全市一季度"向上攀登红旗"奖等。发挥统计部门作为经济发展"晴雨表"、党委政府"参谋部"、社会公众"信息窗"三大职能作用。以每月召开的部门统计联席会议为抓手,准确掌握各项指标进展及存在的问题。在做好数据汇总分析的同时,加强高质量监测考核方法的业务指导,做到主动对接,靠前服务,及时分析研判存在的问题,提出合理建议,明确工作举措,确保各项工作落到实处。

【统计监测】 建立健全统计数据监测及预警报告制度,建立健全"周推进＋旬统筹＋月调度"的工作机制,通过每月部门统计联席会议对各领域、各部门的指标进行逐项过堂、逐项研究、逐项分析,准确掌握各项指标进展及存在的问题。加强高质量监测考核方法的业务指导,做到主动对接,靠前服务。加强重点时段、重点行业、重点数据监测管控,实行报数期间"一日一监测—汇总—分析"。定期开展数据质量核查工作,提高统计数据质量。推进年定报工作,组织开展季度营商环境满意度调查、公众评议调查,全年共撰写统计分析121篇、统计信息265篇。举办各类培训班,提高统计人员预警分析能力。对各专业、乡镇报送的统计分析、信息实行月度一汇总一通报一点评。推行"AB岗"工作机制,对部分专业人员适时交流轮岗。实行"以老带新"师徒结对工作机制,打造"一专多能"复合型统计人才。

【统计创新】 推进统计改革创新,制定《兴化市一套表数据质量评估办法》,组织对有关乡镇进行执法检查,对乡镇数据进行实时监测分析。创新分类精准指导,对规模以上工业企业进行ABCD分类,对企业建模管理、分类指导,提高源头数据质量。创建“三方联审”工作机制,参加招商活动和项目审核工作,定期报告联审情况,加强对项目入库数据的监测分析,形成入库筛查完美闭环机制。

【统计服务】　依托区域经济力促服务业列统。对规模较大的市场、综合体成立信息服务公司,通过信息服务收入、利息收入、政府补贴等形成企业的营业收入,促成信息技术服务业达标入库。加强与GDP核算相关职能部门间的数据联审,召开季度全市经济形势分析会,增强GDP数据与相关指标的协调性和匹配性,提高基础数据质量。探索“工贸分离”列统新路径,联合市商务局出台《2022年制造业“工贸分离”及批零住餐行业个转企“小进规”考核办法》,对入库节点进行差别化奖励,对实行工贸分离的工业企业进行重奖,推动全市批发业体量增长步入快车道。

(侯素萍)

物价管理

【价格改革】　2022年,全市推进用水到户价格改革,实现城乡供水价格构成统一;优化城镇居民阶梯气价政策,扩大用户分档气量;取消非住宅商品房价格备案,进一步优化营商环境。规范清理涉企收费,规范全市建设项目水电气暖接入工程费用纳入土地储备成本,明确接入工程费用承担主体,促进行业健康发展;清理供水供电供气行业不合理收费,切实减轻企业和居民负担。

【价格管理】　2022年,全市动态调整和公布《兴化市政府性基金和行政事业性收费目录清单》《兴化市市级政府定价管理的经营服务性收费目录清单》,规范行政事业性和经营服务性收费行为,主动接受社会监督。落实省涉企违规收费专项整治要求,会同相关部门排查涉企违规收费问题;督促相关部门签订规范收费行为承诺书,做到清单之外无收费。推动《关于做好助企纾困水资源费相关工作的通知》等文件有效落实,切实减轻企业负担,优化营商环境。印发《关于调整兴化市公办幼儿园收费标准的通知》,规范幼儿园收费标准行为,助推学前教育高质量发展。强化市场价格监测和预警,发挥监测点网络的布局优势,密切关注和居民生活息息相关的粮油、蔬菜、肉蛋等生活物资市场价格动态。做好日常价格监测数据上报,及时发现并报告倾向性、苗头性问题,切实维护市场价格基本稳定。按期实施6次全市供热价格联动措施;调整管道燃气配气价格,价格降低至0.78元/立方米;合理疏导2期非居民用管道天然气价格;完成商品房、前期物业等各类价格备案34件。

【物价监管】　在全市开展教育收费专项检查、涉企违规收费专项整治、物业服务企业侵犯业主权益专项整治、转供电环节电价重点整治、医疗服务价格专项检查等重点价费专项行动,覆盖300余家单位,立案查处17件,涉案金额376万元。对全市132家行业协会、109家中介机构进行专项检查,对排查出的问题逐一整改。印发《中介机构“五公开”服务规范(试行)》,推行公开服务项目、服务标准、项目收费标准及依据、办理时限和客户评价情况,规范行业协会、中介机构收费服务行为。

(于洛锋　王仙华　余友银)

市场监督管理

【概况】　2022年,市市场监管局全面推进国务院督查问题整改,全力做好疫情防控、文明城市创建、常态化扫黑除恶专项斗争工作,持续深化优化营商环境作风效能大提升专项行动,大力实施质量强市、知识产权强市战略,深入开展质量提升、品牌培育行动,系统推进法治监管、信用监管、智慧监管,守牢食品、药品、产品质量和特种设备安全底线,在开启中国式现代化兴化新征程中作出积极贡献。1人获得泰州市市场监管局“十佳检验检测能手”称号。全年办理外商投资企业登记8件、外商投资企业核转32件,办理二类医疗器械备案143件、股权出质31件、预包装食品备案1088件、小餐饮备案719件。全年发放食品经营许可证648份、小餐饮信息公示卡583份。全市共有各类广告经营企业155家,相关从业人员467人,广告经营额7278.83万元。全年立案查处各类违法案件759件,罚没入库2147万元,向公安部门移送涉刑案件7件。

发放小作坊登记证311份、餐饮备案证694份、食品摊贩备案证559份。制定《兴化市消费品质量提升实施方案》《兴化市2022年质量品牌培育计划》，培育重点企业、重点产品；累计指导服务企业290家，解决质量问题25个；申报江苏省质量奖企业1家、泰州市市长质量奖企业6家、江苏省质量信用等级AA级及以上企业8家；“江苏精品”认证企业11家，“泰州品质”认证企业12家。2022年，全市新增“江苏精品”认证产品1个，“泰州品质”认证产品(或服务)2个，省质量信用AA级企业3家。

【行政许可事项划转】 2022年，根据《市政府关于印发〈兴化市相对集中行政许可权改革首批划转事项目录清单〉的通知》《市政府关于印发〈兴化市乡镇(街道)权力事项清单目录〉的通知》，从2022年7月1日起兴化市市场监管局各分局不再接受个体工商户(个人独资企业)登记、农民专业合作社登记、食品经营许可、食品小作坊登记。

【“双随机、一公开”监管】 2022年，市市场监管局制订《兴化市2022年度部门联合监管计划》等文件，推进落实江苏省市场监管平台运行应用、“两库一单”(“两库”指市场主体名录库、执法检查人员名录库，“一单”指随机抽查事项清单)建设。依托省市场监管信息平台，做好随机抽查事项清单编制和建名录等工作，在信用监管和食品流通环节探索跨部门联合双随机，双随机抽查系统抽查市场主体8969次，其中市场监管局抽查市场主体3548次。市场监管信息平台上线监管部门31个，各部门累计登陆平台6379次，上传抽查事项数413条、执法人员数3193人次、企业名录库主体数13.33万条。制定抽查任务549项，其中跨部门抽查任务312项，抽取市场主体4984户。通过公开招标，6家审计公司核查企业基本信息1146家。

【广告监管】 至2022年底，运用“双告知”“双随机”“联合惩戒”“监管预警”“数据归集”等平台功能实现信息共享和部门联动，推进协同监管常态化建设。联合相关部门组织开展校外培训广告、养老诈骗、医疗美容整治等各类专项行动，查处虚假违法广告案件32件，罚没入库102.42万元。开展非法金融广告线索监测排查、房地产领域非法金融活动专项整治、重点风险机构排查及投融资服务企业“双随机”“软色情”等低俗庸俗媚俗广告清理、长江流域非法捕捞渔获物违法广告专项治理。年内，市市场监管局被省市场监管局命名为广告监管工作基层联系点。

【网络市场监管】 对全市内网站和淘宝、天猫、京东、1688、美团外卖、饿了么等平台内网店的商品，开展元旦、春节、中秋、国庆节假日和“6·18”、“11·11”网络商品集中促销日专项监测，开展野生动物及其制品销售、长江禁渔、“冬奥”、燃气灶具、丹东草莓、驰名知名、“涉老”食品、保健品、农资、“二十大”、军队、军品、价格、电蚯蚓机、地龙仪等关键词专项监测1492个次，责令整改网站1个、提请关闭网站3个、责令停止平台服务网店10个。开展2022年网络市场监管专项行动，清理网上违法违规信息，查办网络违法案件23起，罚没入库44万元。年内，兴化市水韵沙沟食品有限公司、江苏科丝美蒂商贸有限公司、兴化市启航食品贸易有限公司、兴化润泰商业有限公司、泰州市土得很食品有限公司5家企业被泰州市企业信用管理协会认定为2021年度泰州市“诚信网店”。

【“七小行业”整治】 开展“七小行业”(小餐饮店、小副食品店、小作坊、小旅馆、小浴室、小美发美容店、小歌舞厅)整治行动，规范“七小行业”管理。全年累计投入10余万元，印制宣传画6000份、桌贴6万份、桌牌2000个，倡议书3000份。联合相关职能部门对城区主要干道、重点乡镇及校园周边开展专项督查。年内，4家酒店被泰州市人民政府命名为2022年“祥泰酒店(宾馆)”，16家餐厅被泰州市市场监管局、泰州市商务局命名为2022年“祥泰餐厅”，3家餐厅被泰州市市场监管局、泰州市餐饮协会命名为2022年“泰州市早茶标准化示范店”。

【平安市场创建】 召开平安市场创建工作协调会，制定《2022年度兴化市城区农(集)贸市场创建全国文明城市攻坚实施方案》，重点围绕市场卫生、食品安全、文明宣传、整体环境等方面逐一落实。组建4支“文明城市创建党员先锋队”，固定每周六对市场内出摊经营、车辆乱停乱放等问题进行集中整治,市场主体固定每周五下午对市场环境卫生进行清理保洁,规范市场管理秩序和经营行为。联合商务局、消防应急救援大队、农业农村局、城管局、公安局,对城区11个农贸市场从规章制度、明火操作、规范用电、设施管理、主体责任及市场周边活禽交易点位进行专项检查。

【合同监管】　开展2022年格式合同条款侵害消费者合法权益专项整治行动,重点检查物业服务和汽车买卖中的典型不公平格式条款,检查物业服务和汽车销售企业30家。开展“2021年度市级守合同重信用企业”公示工作,增强企业社会责任感,促进企业信用体系建设,全市共66家企业申报。

【稽查执法】　组织民生领域案件查办“出铁拳、保安全”集中执法、中介服务机构突出问题整顿、河蟹市场明码标价专项检查、医美行业专项治理等专项行动,行政处罚决定39件,从轻处罚案件331件,减轻处罚案件266件,占处罚案件总数的78.66%。

【公平竞争审查】　建立“内部特定机构统一审查”公平竞争审查模式,引入第三方评估机构参与公平竞争审查,完善公平竞争审查机制,定期开展公平竞争审查宣传培训,召开兴化市公平竞争审查联席会议成员单位会议,部署安排公平竞争审查工作。全年共审查增量文件20份,修改调整文件1份,废止存量文件2份。

【重点工业产品质量安全监管】　围绕10类重点工业产品组织开展企业现场检查,出动执法人员210人次,排查危险化学品包装物、水泥、燃气具等8类产品共163家企业,其中,生产企业35家、销售企业128家。将10类重点产品列入重点监管目录,抽取燃气具、电动自行车等5类产品42批次,其中,不合格3批次,立案查处3件,罚没入库9.02万元。

【标准化建设】　截至年底,全市259家企业现行有效标准980项,涵盖1265种产品,其中国家标准27个、行业标准13个、企业标准940个。

【诚信计量建设】　组织开展加油站诚信计量建设活动,摸清全市加油站在用计量器具数量,开展加油站专项计量监督检查,检查加油站64家、在用加油机273台、油气回收检定装置491件。开展重要节点期间计量专项监督检查,宣传计量法律法规,完成生产流通领域355个批次30类定量包装商品净含量、预包装商品和商品过度包装等计量监督检查,合格率100%。在全市乡镇医疗卫生机构组织开展“医疗计量保健康”专项行动,检查36家乡镇卫生院的血压计、心电图机、诊断X射线设备、B超、CT机等强检医用计量器具945台,非强检医用计量器具158台。开展夏粮、秋粮收购企业“双随机、一公开”监督检查,检查夏粮收购企业26家、电子汽车衡32台、水分测定仪21台、谷物容重器26台、其他计量器具30台。开展秋粮收购计量监督管理工作,检查秋粮收购企业14家,38家国有粮站(库)的水分测定仪和谷物容重器送泰州计量测试院集中检定,确保粮食收购计量准确。

【消费权益保护】　全市围绕“共促消费公平”消费维权年主题,举办“3·15”系列活动,编印《消费维权手册》,加强消费维权教育引导,举办各类消费讲座、培训、座谈及宣传咨询服务活动17场次,发布消费警示提示11次。年内,受理各类咨询投诉举报7942件,按时办结率100%,为消费者挽回经济损失258.05万元。推进放心消费创建,22家单位获“放心消费创建单位”称号。

2022年度江苏省放心消费创建示范单位

兴化市贤人米业有限公司
江苏光明天成米业有限公司

2022年度泰州市放心消费创建示范单位

江苏银行股份有限公司兴化支行
兴化市朋缘水产有限公司
中国电信股份有限公司兴化分公司
兴化市海通全鼎汽车销售服务有限公司
江苏吉得利食品有限公司
兴化新城吾悦商业管理有限公司(兴化吾悦广场)

2022年度泰州市放心消费创建先进单位

兴化润泰商业有限公司
兴化新奥燃气有限公司
兴化市兴隆餐饮管理有限公司

兴化市聚兴食品商贸有限公司
江苏祥兴米业有限公司
兴化市锦辉服饰店
泰州市平民大药房有限公司兴化市周庄店
兴化市闼闼木门经营部
江苏红膏饲料有限公司
泰州市长九国际大酒店有限公司
江苏金莎食品有限公司
泰州中油燃气有限责任公司
兴化市水韵沙沟食品有限公司
兴化市天宝花园酒店投资有限责任公司

【质检中心整改】 2022 年 8 月,国务院第九次大督查中发现兴化市产品质量综合检验检测中心管理不严、制度缺失问题。发现问题后,市市场监管局加强建章立制和内部管理,强化技术能力提升,规范业务流程,强化检定服务。全年免费服务 21 个乡镇卫生院及其村(社区)卫生室,检定血压计、B 超、心电监护仪、心电图机合计 294 台(个),检定市区医院血压计、多参数监护仪合计 586 台,检定电子秤 1184 台,燃气表 2.05 万只,出租车计价器 234 台,压力表 9227 只,加油枪 1518 只,焦度计 4 台,验光仪 4 台,验光镜片箱 4 只。

(余友银)

食品药品管理

【食品安全监管】 2022 年,市财政投入 984 万元专项资金用于食品安全日常监管和专项检查、集中整治、抽样检测、质量监督等工作,行政村(居委会)协管员工作经费统一纳入市财政预算,食品安全监管经费投入为 8.72 元/人。落实食品安全属地管理责任,全市明确市(区)、镇、村包保干部 849 名,包保主体 1.13 万家(含“三小”行业),签订包保干部《食品安全责任与任务承诺书》849 份。安排经费 8 万元,制作发放食品生产企业落实“两个责任”公示牌 600 块。开展“治违禁控药残促提升”行动,监督抽检食用农产品 1250 批次,快速检测食用农产品 1.46 万批次。紧盯“一老一小”(老人、婴幼儿食品)、“一药一非”(食品农兽药超标和非法添加)等重点领域,查办各类食品案件 340 件,罚没入库 628.33 万元,移送司法机关案件 1 件。开展农村假冒伪劣食品专项整治行动,检查食品生产经营主体 6570 户次,抽检食品 426 批次,检测不合格 11 批次;查处各类食品案件 253 件,收缴假冒伪劣食品 1838.45 千克,罚没入库 330.42 万元;取缔无证无照 2 户。开展食盐质量安全专项检查月活动,检查食盐销售、使用单位 1639 家,开展行政约谈 5 场次,查处案件 12 件,没收食盐 2.63 吨,罚没入库 1.18 万元。开展校园食品安全专项检查,对 13 家民办学校超市和 12 家学校食堂食品供应商进行检查,抽检食品(食用农产品)98 批次,全部合格;开展校园周边食品摊贩、高考考点周边食品安全专项检查,检查校园周边食品销售者 42 家次、食品摊贩 33 家次。

农村食品规范化经营示范店名单(兴化)

兴化市若群食品商行
兴化市刘晓兵食品商行
兴化市惠乐家购物中心
兴化市西鲍官河烟酒经营部
兴化市如千生命世纪华联超市连锁店
兴化凯芸食品店
兴化市好家购百货超市
兴化市昌荣镇佳林超市
兴化市海南发联超市加盟店
兴化市隆盛杭州生命世纪华联超市加盟店
兴化市春杰六安市好又多超市加盟店
兴化市瑶乐超市
兴化市优乐多生鲜超市
兴化市陈瑶好又多超市加盟店
兴化市望想六安市好又多超市加盟店
兴化市竹泓镇好乐多超市
兴化市金莎百货超市
兴化市李中六安好又多超市加盟店
兴化市佳选南通好润多超市加盟店
兴化市月霞超市

【食品中心改革】 2022 年 5 月 11 日,中共兴化市委全面深化改革委员会召开会议,讨论通过《兴化市食品质量检验检测中心改革方案》。6 月 2 日,中共兴化市委机构编制委员会下发《关于同意市食品质量检验检测中心机构编制调整的批复》,将兴化市食品质量检验检测中心单独设置,为市市场监管局下属公益二类事业单位。6 月 15 日,中共兴化市委全面深化改革委员会办公室印发《兴化市食品质量检验检测中心改革方案》,明确兴化市食品质量检验检测中心的改革目标。7 月 6 日,市政府为市食品质量检验检测中心举行揭牌仪式。机构改革后,兴化市食品质量检验检测中心职

2022 年 7 月 6 日,兴化市食品质量检验检测中心揭牌仪式举行

(市市监局/供图)

责为食品检验检测、相关标准研究、开展相关专业技术服务和人员培训、指导食品生产经营使用单位质量检验技术等。8 月,中心完成检验检测机构资质(CMA)1500 余项参数和中国合格评定委员会实验室认可资质(CNAS)300 余项参数的两个证书变更,全年完成各项检测 1.18 万批,业务量比上年增长 15%,业务收入 570 余万元,增长 31%。参与制修订国家农村农业部标准(《绿色食品 果蔬汁饮料》)1 项。

【药品安全监管】 在全市开展药品经营和使用专项检查,自查 982 家,自查问题 15 条,查处药品案件 11 件。做好药店疫情防控工作,组织 10 家连锁负责人及 165 家单体药店负责人分批召开零售药店疫情防控会议。开展药店常态化防疫督查,检查药店 871 家次。针对防疫"新十条"政策出台后部分药品出现市场紧缺现象,将兴化 2 家药品批发企业和 10 家连锁药品经营企业纳入全市药品零售环节的重点保供单位。

【医疗器械安全监管】 开展医疗器械质量安全风险隐患排查专项检查,组织 1078 家医疗器械经营单位开展自查,检查发现风险隐患 3 起,排除 3 起,责令改正 2 家,立案 1 家,查处医疗器械案件 15 件。检查实施三级监管医疗器械批发企业 1026 家,检查覆盖率 100%。开展一类医疗器械产品备案工作。加强二类备案核查,事前指导企业 26 家,并同步发放经营备案证。结合疫情防控实际,实行"疫情防控 + 药械安全专项整治行动"双联动,抽调精干人员组成"抗疫药械整治组",在疫情防控全覆盖督查的基础上,围绕疫情防护用医疗器械领域,进一步加大隐患排查整治力度,对 2 家销售标签说明书不符合规定防疫器械的单位予以立案。对全市 6 家新冠核酸检测试剂使用单位、1 家经营单位、33 家新冠抗原试剂经营药店开展 2 次全覆盖检查。

【化妆品安全监管】 开展化妆品经营环节专项整治,累计出动执法人次 1754 人次,检查化妆品经营单位 790 家、使用单位 145 家。持续开展化妆品不良反应监测,全年上报化妆品不良反应报告 156 份。开展 2022 年"安全用妆,携手'童'行"儿童化妆品安全科普系列宣传活动,联合市昭阳湖幼儿园、市第三人民医院、市皮防所在昭阳湖幼儿园开展"5·25 护肤日"宣传活动暨儿童化妆品安全科普进校园活动,接待人员 300 人次,发放化妆品宣传手册 300 本,宣传单 300 张。联合英武社区开展科普进社区活动,为社区居民讲解化妆品安全知识。联合美容美发行业协会,对 49 名化妆品经营使用单位负责人开展规范经营化妆品专题培训。

(余友银)

知识产权管理

【概况】 至年底,全市专利授权量 3506 件,其中发明专利持有量 1781 件,万人发明拥有量 15.81 件,比上年增长 21.4%。高新区(筹)专利持有量 669 件、开发区(临城街道)专利持有量 413 件。全年共有 123 家企业通过江苏省保护中心主体备案,提交发明专利预审 310 件,预审发明专利通过率 84.84%(高于全省平均值 70.01%);预审授权 124 件,在泰州市(区)位列第二。

【专利保护】 全市通过知识产权贯标绩效评价企业 5 家,2 家企业获泰州市贯标先进单位认定,2 家企业获批泰州市高价值专利培育计划项目，5家企业获批泰州市企业知识产权战略计划项目，4家企业获批泰州市知识产权密集型企业。指导企业完成知识产权质押融资项目24件，通过知识产权质押融资9760万元。1家企业获第三届泰州市专利奖金奖，1家企业获泰州市专利奖优秀奖。加强知识产权保护，全年查处商标侵权案件23件，查处侵犯奥林匹克专用标志案件4件，查处假冒专利案件1件，处理专利侵权纠纷案件8件，调解专利侵权案件6件，其中2件作出侵权裁决，查处假冒专利案件1件。组织兴化市香葱协会申报2022年度泰州市商标品牌指导站并获批，协助泰州市市场监管局成功举办"泰有品·品牌沙龙"第一期活动。

【商标注册】 2022年，全市新申请商标3993件，新注册3758件，有效注册商标23201件，新注册马德里国际商标9件，万企有效注册商标企业数1202户。

（余友银）

信用体系建设

【概况】 至年底，兴化市城市信用状况排名全国第60位。全年培训37家泰州市信用管理合格企业，培育2家泰州市信用管理市级示范企业，20人通过江苏省信用管理师职业技能等级认定。发布12批诚信"红黑榜"，公开守信法人1373个、守信自然人2人、失信法人23个、失信自然人211人。

【企业信用体系建设】 全年归集"双公示"信息6702条，其中行政许可信息5968条、行政处罚信息734条。梳理市级部门行政强制、行政确认、行政裁决、行政奖励、行政监督检查等5类信息目录清单，报送增量数据信息1.1万条。归集市场主体履约践诺和违诺信息1.13万条，引导市场主体知信守信、履约践诺。全年在专项资金发放、标杆企业申报、产业项目扶持、企业稳岗返还、评优评先等领域提供信用审查服务40余次，查询企业6011家、自然人129人。在食品、卫生监督、税务、交通运输、医疗保障等领域落实信用分级差异化监管，在项目审批、资质审查、资金扶持等多个领域实施守信激励。开展《江苏省社会信用条例》学习宣传贯彻活动，围绕"3·15"国际消费者权益日、"6·14"信用记录关爱日、食品安全宣传周、诚信兴商宣传月等节日开展主题宣传服务活动，发放诚信倡议书500余份，签订诚信经营承诺书100余份。开展信用领域突出问题专项治理，对448家失信被执行人企业开展现场调查，推动1728条执行案件信息删除1706条。组织举办4场信用修复专题培训，帮助318家企业修复失信记录。开展重错码问题专项整治，协调民政、教育等7家部门解决6家行业协会和民非企业重错码问题。

【企业信用监管】 在全市落实年报工作责任制，制订并印发《兴化市市场监督管理局市场主体年报精细化管理工作方案》，建设年报精细化管理作战平台，精准分类、标准定库、按类施策、精确定责、动态预警、质量监督，全方位、多角度提高企业年报速度和质量，全市企业年报率99.9%。加大长期停业未经营企业的清理规范工作力度，建立清单挂号机制，全年共清理吊销企业154户。推进信用风险分类管理，制定《兴化市市场监督管理系统企业信用分类管理暂行办法》，对风险类别进行分类，抽取1146家市场主体进行基本信息核查，修复处罚信息12条，列入异常名录334个次，移除异常名录191个次。

【交通信用体系建设】 2022年，市交通运输局组织开展信用等级评定，对交通运输市场主体进行分级分类监管，加强信用评价在交通运输领域准入、表彰奖励等范围的应用，提高监管效果。年内，共评定道路水路运输企业5918家，其中货运AAA级3家、AA级5666家、A级107家、B级17家；客运AAA级1家、AA级25家；机动车维修经营者AAA级38家、AA级1家；机动车驾驶人培训企业AAA级7家、AA级3家；港口企业AAA级50家。

（陈旭磊　余友银　刘小涛）

河蟹产业

河蟹养殖

【概况】 2022年,全市水产品总产量30.67万吨,连续33年位居全省内陆渔业县级之首;渔业第一产业产值115.4亿元,同比增长0.58%。河蟹养殖面积4.2万公顷,产量6.7万吨,统计现价产值44.7亿元。

【养殖规模】 兴化市位于江苏省中部、里下河地区腹部,境内水域辽阔,河道纵横,水网密布,水生资源十分丰富,其中水面近6.67万公顷,发挥产业优势,建立以"332省道(大兴金公路)"为轴线分布的生态养殖优势产业带,以安丰、永丰为核心辐射带动,建成陶庄、合陈、新垛等乡镇河蟹高效养殖区。形成133.33公顷以上的河蟹连片养殖面积2.4万公顷,河蟹养殖规模666.67公顷以上的乡镇20个,成规模养殖的企业及养殖大户26家,培养出红膏、板桥等一批知名河蟹产业。

【河蟹品牌】 2009年"兴化大闸蟹"被核准注册为地理标志集体商标,江苏红膏大闸蟹有限公司"泓膏 HongGao 及图"商标获国家商标局驰名商标认定。截至2022年底,全市共注册河蟹商标1917件,大闸蟹行业协会会员139个,其中团体会员94家、个人会员45人,获地理标志集体商标专用标志使用权限集体成员数75家。江苏红膏大闸蟹有限公司"泓膏"一级"兴化大闸蟹"、兴化市朋缘水产有限公司"膏满堂"特级"兴化大闸蟹"获得江苏精品国际认证联盟"江苏精品"认证证书。

【河蟹科技】 围绕养殖结构调整组织全市开展渔业生产科技培训服务活动,创业富民专题培训1200人。推广虾蟹降本提质增效模式,重点推广虾蟹混养"兴化模式",建立展示基地5个,组织线上线下专题培训35场,推广养殖面积6666.67公顷。在全市建立水产养殖用药减量示范点30个,推进水产养殖用药减量行动和举办规范用药培训7期,累计受训养殖户500人次以上。建立科技入户示范乡镇15个、示范村68个、示范户400户,示范养殖面积1866.67公顷。开展送科技下乡60次,发放技术资料2万份,赠送科学养殖杂志280套。与上海海洋大学、中国水科院淡水渔业研究中心建立战略协作关系,成立国家河蟹产业技术创新战略联盟、中国河蟹互联网产业联盟,红膏公司、九寿堂公司分别建立江苏省渔业企业第一家国家级博士后工作站和科技创新实践基地(省级博士后工作站)。

【水产品风险监测】 2022年,全市依法开展水产品质量监督抽查和水产苗种产地检疫,从源头防止含有违禁药物或药残超标的水产品进入流通市场。印发《水产品质量安全提升"清源治违"两年行动方案》,开展水产品风险监测,全市水产品例行监测273个,专项监测106个。开展水产品质量安全专项执法行动2次,水产养殖生产单位执法检查比例达6.5%,水产品质量安全违法违规案件查处数量10件。开展水产养殖专项检查7次,及时反馈风险隐患警示信息。开展水产品质量安全相关法律法规宣传培训,发放宣传材料1万份,强化规范用药指导,督促指导各类水产养殖生产主体执行水产养殖"三项记录"制度,保障水产品质量安全。

【江苏红膏大闸蟹有限公司】 创立于1988年,现为江苏省农业产业化重点龙头企业、江苏省绿色食品示范企业,建有江苏省渔业企业第一家国家级博士后工作站,形成股份化合作、生态化养殖、一体化生产、品牌化经营的"泓膏特色",自有养殖面积6666.67公顷,吸纳城镇、农村劳动力和下岗职工5000人,员工人均年收入2.1万元,在兴化带动养殖面积4万公顷,从事养殖、经营人员4万人。2022年,公司年销售额6000万元,"泓膏"品牌入选全国百佳农产品品牌,"泓膏大闸蟹"获中国驰名商标和"江苏我最喜爱的著名商标"之一。

【江苏板桥控股集团有限公司】 成立于2013年,注册本3000万元,是江苏省农业产业化重点龙头企业、江苏省民营科技企业。公司位于"中国河蟹之乡"——兴化市永丰镇刘葛开发区,占地面积7800平方米,建有板桥饲料厂、标准化办公大楼等硬件设施。现有65个高标准养殖基地,专业从事河蟹养殖,形成"育苗—养殖—销售—加工"一条龙的产业链。公司有基地面积(包括自建及订单)1010公顷,带动农户总数4010余户。共吸纳城镇、农村劳动力和下岗职工1万余人。2022年,公司年销售额5800万元,员工年收入3万元左右。"板桥大闸蟹"在第四届中国名蟹大赛中获得"中国十大名蟹"称号,"板桥"饲料获泰州市知名商标。

河蟹加工

【概况】 2022年,全市有蟹制品生产企业55家、小作坊34家,在传统生产加工醉蟹基础上,近年来新增加香辣蟹和蟹黄生产加工,规模普遍较小,处于季节性生产状态。醉蟹主要分布在中堡镇及周边,香辣蟹和蟹黄生产加工主要分布在大邹、安丰等河蟹养殖集中乡镇,户均年销售额60万元左右。

【兴化市正童食品有限公司】 "泰州老字号"企业,生产的"童德大"牌中庄醉蟹迄今已有600多年历史。童氏第二代传人于洪武二十七年(1394)前后创立"童德大"醉蟹加工作坊,后经市场管理部门批准演变成为兴化市正童食品有限公司,公司负责人为其第十代掌门人童玉。清光绪二十四年(1898),该品牌中庄醉蟹被从事"实业救国"闻名的张謇推荐到南洋(新加坡)参加国际物赛会及巴拿马国际博览会,获"一等奖"和食品类"金奖",20世纪90年代参加江苏食品展销会再获"金奖"殊荣。2007年被评为"泰州市非物质文化遗产项目"。2022年公司年产醉蟹3万瓶,年销售额200万元,主要销往线下各大土特产门店、联华、大润发超市等。

【兴化市邂逅青春电子商务有限公司】 公司创立于2016年,位于安丰镇工业集中区南区,从自家炒制发展到标准化食品厂。2021年,公司新引进蒸煮及液氮冷冻技术,产品品质与生产效率大为提升。公司有生产、冷却、打包等车间和加工包装机器十余台,生产车间占地2500平方米。2022年公司产品通过网络和微信代理商销售,微信代理商覆盖全国多个省市。每月生产所有品类15万盒左右,年销售额500万元,推进河虾、河蟹等综合种养产品精深加工和向品牌营销一体化全产业链发展。

河蟹销售

【概况】 截至2022年底,全市共有河蟹交易市场13家,经营户747户。分布于全市9个乡镇,其中安丰镇4家(江苏安丰国蟹水产品有限公司、兴化市新东方水产品商城、兴化市老圩水产品市场、兴化市张阳水产品市场有限公司),合陈镇1家(兴化市合陈河蟹市场有限公司),永丰镇1家(兴化市永丰河蟹交易市场有限公司),周庄镇2家(兴化鑫胜水产品交易有限公司、兴化市御海水产市场),海南镇1家(兴化市万虹水产品批发市场有限公司),钓鱼镇1家(江苏渭水水产品批发市场有限公司),沙沟镇1家(兴化市沙沟水产品批发市场),昭阳镇1家(兴化市昭阳水产品批发市场),昌荣镇1家(兴化市龙腾水产品交易市场有限公司)。兴化市沙沟水产品批发市场成立于2003年1月27日,位于沙沟镇兴沙公路北首,占地面积4000平方米,有经营户28户。规模及成交量最大的是江苏安丰国蟹水产品市场有限公司(曾用名:兴化市安丰国蟹水产品市场有限公司),成立于2011年6月16日,位于兴化市安丰镇国蟹路1

号,占地面积3.3万平方米,有门市365套,经营户208户,年成交额90亿元至95亿元。年内,13家河蟹交易市场全年成交金额约185.95亿元,产品销往全国各地,为全市及周边地区蟹农销售河蟹提供方便,促进农民增收、乡村振兴。

【兴化河蟹市场监管】 2022年,全市规范河蟹市场交易秩序并召开部署会议,市市场监管局制订《全市河蟹交易市场经营秩序监管方案》,在河蟹上市前对13家河蟹市场经营户明码标价情况进行2次专项检查,累计检查河蟹交易市场经营户1094户,现场纠正标价不规范行为115家,下发责令整改通知书49份。

【中国兴化河蟹价格指数】 中国兴化河蟹价格指数是全国首个河蟹价格指数,2013年在兴化市上线发布。河蟹上市季节,河蟹价格指数每天发布一次。指数由价格指数编制组数据采集员从样本单位采集,经价格指数编制组汇总样本数据并计算编制得出。河蟹价格指数体系共有三级价格指标,一级是综合指标,二级是规格指标,三级是单项指标,在此基础上,按照数据采集频率不同,构建周价格指数、月度价格指数和年度价格指数,及时反映河蟹价格变化。2022年,河蟹价格指数依托市场主体,发挥市场价格信号作用,提供公共服务产品,为市场经营户、生产者提供商情信息服务,为广大消费者提供有参考价值的市场信息,方便全市及各地养殖户及销售商及时发现并预判河蟹价格走势,促进兴化河蟹交易流通,增强地区影响力,带动河蟹交易市场发展。年产量6.2万吨,线上线下销售额180亿元,河蟹产量、产值分别占全省1/5、1/7。

节庆活动

【兴化大闸蟹开捕节】 2022年9月25日,兴化大闸蟹开捕节开幕式在安丰镇安东村举行,活动由兴化市人民政府主办,市农业农村局、市融媒体中心、市供销总社、安丰镇人民政府承办。开捕节现场举行兴化大闸蟹开捕节启动仪式、大闸蟹养殖现代科技装备、兴化大闸蟹现场开捕、挑蟹师技能大赛,南京农业大学食品科学技术学院专家对兴化大闸蟹进行品质发布。线上线下销售额过万元,兴化市政府与山乡集团签订框架合作协议、与鲁商冷链签订投资合作协议。

【品蟹赏菊旅游季】 2022年10月5日,兴化市举办2022中国兴化品蟹赏菊旅游季暨“青红之恋”兴化大闸蟹美食体验活动。作为全国最大的大闸蟹生产基地,兴化市河蟹养殖面积4.2万公顷。活动期间兴化市推出各项惠民旅游政策,乡村旅游线路补贴奖励、旅行社组团排名奖励、单个景点价格政策、团队套餐价格,以及旅游业发展引导专项资金奖励等,以补贴、奖补等方式激发消费活力、规范旅游行业行为、提高景区竞争力。同时举行“江苏省夜间文旅消费集聚区”“水韵江苏网红旅游演绎”授牌、长三角地区重点旅行社授牌、兴化美食餐饮店授牌等仪式。

2022年兴化大闸蟹开捕节
(资料来源:兴化发布微信公众号2022年9月25日)

2022年11月5日,在沙沟镇举办的“美滋美味、食在沙沟——2022中国·沙沟金秋美食文化节”　(沙沟镇/供图)

【沙沟古镇金秋美食节】 11月5日，兴化市在沙沟镇举办“美滋美味、食在沙沟——2022中国·沙沟金秋美食文化节”，由市发展和改革委员会、市农业农村局、市商务局、市总工会、市文体广电和旅游局、市人力资源和社会保障局、市供销合作总社、市文化旅游发展有限公司、沙沟镇人民政府主办。展示沙沟鱼圆、麻辣小龙虾、“崔垛丑薯”、藕夹等具有代表性的产品，实现销售额30万元。

【陶庄镇牛羊肉美食文化周】 2022年11月26日，兴化市举办“幸福陶庄 美味牛羊”2022年度陶庄牛羊肉美食文化节，由市文体广电和旅游局、市发展和改革委员会、市农业农村局、市商务局、市供销合作总社、市文旅公司、市粮食集团、市农商行、陶庄镇人民政府主办。推介陶庄牛羊肉美食文化，彰显独特的风味助推乡村振兴，成立市牛羊肉协会功能性党支部。美食文化节分为“美润陶庄”“美味陶庄”“美景陶庄”三个篇章，其中“美润陶庄”展示陶庄有机稻米、陶庄高品质羊肉、鸽子蛋等特色农产品，实现销售额18万元；“美味陶庄”以“美食”为介、“牛羊肉”为媒，开展烹饪比赛，推动兴化牛羊肉美食餐饮的发展和特色饮食文化的弘扬，最终陶庄镇大顾种云牛羊肉馆获得比赛第一名。陶庄镇牛羊肉文化被列为市非物质文化遗产。

河蟹文化

【中国河蟹博物馆】 位于兴化城南郊老龙河畔，江苏省道231线兴泰公路兴化临城段东侧，2011年10月建成。博物馆占地面积500多平方米，投资400多万元，通过图文展现螃蟹的分类与生物特性、养殖与加工饮食、蟹文化、蟹产业等。博物馆有徐渭、吴道子、齐白石、吴弗之、李苦禅等大师的“螃蟹图”，还有李白、曹雪芹等名家的“蟹诗”。

【银北门品蟹一条街】 位于兴化老城区北首，曾是明清最繁华的商业街。2016年，兴化银北门被江苏省人民政府公布为省级历史文化街区。2021年12月，打造银北门“品蟹一条街”，将银北门历史文化街区，嵌入“兴化大闸蟹”元素。巧妙融合本土风情、水乡特色和餐饮主题，为广大市民和到兴化游客提供兴化大闸蟹、兴化早茶、全蟹宴、夜间休闲等体验，实现建文旅美食“高地”和创特色品蟹“高峰”的有机统一。

【沙沟古镇渔文化展示馆】 沙沟源于古射阳湖中一座小“岛”，叫作射阳村。春秋战国时期，此地先属吴、吴亡属越、越灭属楚。传说水产养鱼业祖师——范蠡辞官后曾与西施隐居此村，传授江南渔民拦簖捕鱼法，后写成中华史上第一部《养鱼经》，从此，“授人以鱼，不如授人以渔”的传说故事世代流传。随着人类社会不断发展，沙沟渔民的先辈们逐步形成网、罾、罩、罱、笼、卡、叉、簖等18个捕鱼帮别，发明了近百种渔法、渔具，创造了灿烂的里下河淡水渔业文化。

2008年，筹建国内首家淡水渔业博物馆。以沙沟牵头申报的“兴化渔具制作技艺”被列入江苏省非物质文化遗产名录。沙沟镇先后获评国家历史文化名镇、全国“最美渔村”、江苏省渔文化旅游风情小镇。2022年，沙沟镇渔文化展示馆接待游客近1万人次。

【澳门专场品鉴会】 2022年10月20日，第十二届江苏—澳门·葡语国家工商峰会在澳门举行，兴化大闸蟹亮相并做重点推介。江苏省和葡语国家代表及中联办有关部门主要官员、澳门政府部门代表，以及各界商会和企业代表等近200人参加峰会，兴化市人民政府副市长王晓秋做现场推介。由兴化大闸蟹协会牵头举办兴化大闸蟹品鉴会，兴化市板桥故里水产品养殖有限公司、江苏亦鲜大闸蟹有限公司等6家兴化的大闸蟹企业与澳门相关企业达成了多项合作协议，拓展兴化大闸蟹对外合作。

（袁　野）

农业

综　述

2022年,兴化市实现农林牧渔业总产值260.05亿元,比上年增长2.9%;实现农林牧渔业增加值157.05亿元,增长2.9%。粮食播种面积243.92万亩,比上年增加0.52万亩,增长0.2%;粮食总产量124.36万吨,增产0.01万吨,与上年基本持平。其中,夏粮产量43.95万吨,增长0.8%;秋粮产量80.41万吨,下降0.4%。粮食亩产510公斤,下降0.2%。油料种植面积15.29万亩,增长4.5%;油料产量2.99万吨,增长4.0%。全年改造提升高标准农田6万亩,新增家庭农场219家,新型农业规模经营比重64%,年末建成"菜篮子"工程绿色蔬菜保供基地653.33公顷;规模畜禽养殖场544家;设施渔业面积14.55千公顷,与上年基本持平。农业机械总动力132.28万千瓦,比上年末增长0.9%,耕、种、收机械化率达85%。

加快为农服务综合体、冷藏保鲜设施、池塘生态化改造以及农业物联网应用等生产辅助基础设施建设。全年在建重大项目47个,投入资金20.03亿元。实施农业龙头企业"双倍增"计划,新增省级农业龙头企业2家,泰州市级农业龙头企业20家。128家泰州市级以上农业龙头企业全年销售交易额402.94亿元,比上年增长7.92%。兴化市入选国家级农业现代化示范区创建名单。千垛镇入选全国"一村一品"示范村镇。江苏兴野食品有限公司入选2022年农业国际贸易高质量发展基地;兴化出口蔬菜示范区、江苏顶能食品有限公司出口基地考核合格。泰州市"产业化经营+农旅"融合现场会预备会在兴化召开,兴化市崇禄村生态林果休闲与渔乐集聚区项目入选省级休闲农业特色模式、兴化市大纵湖村休养运动基地入选省级乡村休闲运动基地。

(董　翰)

种植业

【概况】　兴化是全国重要的商品粮生产基地县,全国十大产粮县之一,连续12年被评为全国粮食生产标兵(先进)市,全国50个整建制推进粮食高产创建县(市)之一,江苏省首批亩产吨粮县。2022年,全市粮食作物面积243.92万亩、平均单产509.83公斤、总产124.36万吨,比上年增加78吨。2022年为促进农业供给侧结构性改革,重点打造优质稻米百亿级产业,聚力推进稻米产业高质量发展,调整和优化水稻品种结构,大力推广应用优良食味水稻品种,增加中高端产品供给。年内,获批省级粮食物流园区称号。

【水稻种植】　2022年,全市水稻种植面积123.66万亩,单产628.74公斤/亩,总产77.75万吨。43个水稻绿色高产增效创建示范核心片平均亩产718.9公斤,比全市大面积平均亩增76.5公斤,亩增收200元以上。引进示范筛选南粳5718、金香玉1号、武香粳113、泰香粳1402及南粳46等一批优质食味水稻品种。种植高端优质稻米面积1.5万亩,中端优质稻米面积19.5万亩,常规优质稻米面积超过100万亩，优化优质稻米品种结构和布局。水稻机插秧面积常年保持在85万亩以上，比例达到适合机器插秧面积85%以上。良种覆盖率全省领先。全市农作物良种覆盖率达到98.5%，南粳9108等优质食味稻米品种面积占水稻面积90%以上，良种在粮食增产中的贡献率达到43%以上。

【优质稻米产销】 2022年，兴化市农产品加工区基础设施配套齐全，形成“公司+基地+农户+标准+质量监督”的产业化生产模式，以绿色优质粳稻为原料，采用先进的加工工艺，按照《绿色食品大米加工操作规程》加工生产，年总加工能力700多万吨。全市有粮食生产新型主体8500多户，规模化生产近90万亩。9家“兴化大米”授权企业与全市各乡镇家庭农场签订订单合作协议，生产订单近30万亩，建立起农户、企业、经销商之间风险共担、利益共享的优质稻米产业联盟，带动全市稻谷收购价提高15%左右，农民每亩增收150元。“兴化大米”品牌注册商标331家，有贤人、祥兴、老娘舅等品牌。“兴化大米”是国家地理标志保护和国家地理标志集体商标，先后获“中国十大大米区域公用品牌”、中国绿色博览会金奖、国际农产品交易会金奖、国际有机食品博览会金奖、“江苏大米十大区域品牌”等称号。已建立30个“兴化大米”实物销售展示店，与南京万科、上海好米畈等名企合作，扩大“兴化大米”销售市场。开辟电商销售渠道，与京东集团、阿里巴巴建立战略合作关系，“兴化大米”品牌入驻京东商城、天猫商城、拼多多开设旗舰店和专营店，推动“兴化大米”网上销售。年内，实现稻米交易量550多万吨，交易额88.97亿元。

兴化智慧稻作技术（资料来源：泰州发布公众号发布央视农业农村频道报道）

【小麦种植】 2022年，全市重点开展粮食绿色优质高效技术攻关，推广优质高效、资源节约、生态环保的技术模式，发挥示范带动效果。15个小麦高产增效创建示范片平均亩产508.3公斤，比项目区外增产109.5公斤，增收300元以上。小麦种植面积105.21万亩、亩产400公斤、总产42.07万吨。生产专用小麦种植面积102.53万亩，占小麦种植面积的97.4%，产量41万吨，平均价格3.04元/公斤，产值达12.62亿元。年销售额25亿元。

【油菜种植】 2022年，全市油菜播栽面积14.61万亩，亩产197.5千克、总产2.88万吨。1个油菜绿色高效增产示范片区平均亩产为217.2千克，较全市平均单产增加19.7千克。市农业农村局被评为省夏粮、夏油生产贡献突出单位。

【发展规模】 2022年，全市开工建设高标准农田3.3万亩（含高效节水灌溉0.17万亩），财政总投资10070万元，涉及戴南、大营、临城、陈堡、大垛、沈纶、戴窑、千垛等8个乡镇（街道），创成粮油绿色高质高效示范片60个。粮食总产124.36万吨，位列全省第二。新（拆）圩口闸27个、排涝站2座，新（拆）电灌站105座、防渗渠14千米、机耕桥68座、机耕路63.76千米、跨渠便桥436座、涵洞224座。“兴化大米”年综合产值达31.2亿元，农民收入增加7亿元。创建国家级现代农业产业园，入选全国农业现代化示范区创建名单，全国农业科技现代化先行县共建综合考评位列首位。举办兴化大闸蟹开捕节、澳门专场品鉴会，线上线下年交易额突破200亿元。“垛田灌排工程体系”入选第九批世界灌溉工程遗产名录。

（王继汉　孙少军）

蔬果业

【概况】 2022年，全市蔬菜种植面积36.8万亩次，总产量91.3万吨，产值23.21亿元，同比增加0.23亿元。主栽品种有兴化香葱、龙香芋、青梗菜、甘蓝、莲藕、菱角、洋葱、番茄、黄瓜等。加强农业特色产业发展，推进省园艺作物标准园创建，新增2家省级蔬菜标准园建设单位、3家被认定为第八批江苏省园艺作物标准园，推广蔬菜全程绿色高效生产技术，提升绿色蔬菜供给能力，绿色蔬菜播种面积19.49万亩，绿色蔬菜总产量51.38万吨，绿色蔬菜占比51.38%、产值12.73亿元，开展“菜篮子”工程绿色蔬菜保供基地建设，35个基地被列入江苏省“菜篮子”绿色蔬菜保供基地名录库。建成无公害蔬菜生产基地15万亩,年加工脱水蔬菜干制品15万多吨,消化各类蔬菜160万吨,产品畅销全国各地,远销欧盟、日韩、俄罗斯等30多个国家和地区。年内,实现销售收入51.5亿元,同比增长3.5%。年出口量占全省出口蔬菜总量的60%以上,成为全国乃至亚洲最大的脱水蔬菜加工基地、出口基地和产成品集散地。

【香葱规模化种植】 2022年,兴化市推进香葱规模化种植,种植面积15.6万亩左右,主要种植在垛田街道、兴东镇、大垛镇、竹泓镇等地,年产量50万吨,年产值7亿元左右。通过集约化、农机化、电气化等生产经营模式,发展“特色农业”,打造集香葱生产、加工、销售于一体的产业链。经过加工的脱水香葱出口欧美、日韩及东南亚等国家和地区,每年出口约5.8万吨,带动农民增收致富,助力乡村振兴。

【荷藕栽植】 2022年,兴化市沙沟镇、千垛镇、中堡镇等地利用水资源优势栽植浅水藕,全市荷藕种植面积在5万亩左右,年产量在7.5万吨左右,产值在1.8亿元左右。“兴化荷藕”获批国家地理标志商标。

【龙香芋种植】 兴化龙香芋主要种植乡镇有垛田街道、兴东镇、千垛镇、沙沟镇等,种植基地大面积采取施用河泥、发酵农家肥,覆盖水草、麦草护苗等传统种植方式,提高产品品质,改善垛田种植生态环境,并保持“兴化龙香芋”细腻润滑、有黏度、香气浓郁等特有口感。常年种植龙香芋2万亩,年产量6万吨,年产值3亿元左右。兴化龙香芋被农业部优质农产品开发服务中心选入“全国名特优新农产品目录”,获第十七届中国绿色食品博览会金奖、第十四届中国国际农产品交易会金奖,为国家地理标志产品,入选“江苏省十个畅销产品品牌”。

【水果种植】 2022年,全市西、甜瓜种植面积2.51万亩,其中,西瓜种植面积1.54万亩,产量4.37万吨,产值1.12亿元;甜瓜种植面积0.96万亩,产量2.71万吨,产值0.72亿元。草莓主要在临城街道、陈堡镇等地种植,面积0.56万亩左右,年产量1.24万吨,年产值0.9亿元;葡萄主要集中在林湖乡、千垛镇、竹泓镇等地,品种以阳光玫瑰、夏黑为主,平均产量2150公斤,总产量2.15万吨,亩产值3.27万元,总产值3.34亿元,亩纯效益在1.5万~2万元。林果产业总占地3500多亩,种植有碧根果、水蜜桃、黄桃、冬桃、阳光玫瑰葡萄、火龙果、红美人香橘、橙子等30多个林果品种。年内,实现销售收入400万元,亩均500斤,总销售收入1000万元左右,净收入约800万元。

畜牧业

【概况】 2022年,围绕“保供给、优生态、保安全、促发展”的目标,坚持以“强农富民、生态安全”为导向,统筹抓好畜牧业增产增效。做好重大动物疫情防控,严格落实养殖场生物安全措施,推进畜禽养殖标准化建设,普及生态健康养殖技术,拓宽畜禽粪污资源化利用渠道,加大规模养殖场污染治理与设施化配套能力,畜禽养殖效益稳中向好。2022年全市共有生猪养殖场428个,生猪存栏23.17万头(其中:能繁母猪存栏1.56万头),全年累计生猪出栏达30.45万头。规模养殖场114个,规模存栏量18.2万头,规模占比84%(其中万头以上猪场12个),实际存栏为10.28万头;规模以下猪场314个,存栏为3.77万头,占比16%。猪肉年产量2.32万吨。家禽场812个,其中规模猪场410家,栏存1135.23万羽,其中蛋禽1008.93万羽;肉禽出栏787万羽,禽肉年产量1.15万吨;禽蛋年产量13.88万吨,其中鸡蛋11.66万吨。牛养殖场6家,存栏7820头;生牛奶年产量3.63万吨;肉羊养殖场34户,存栏3.34万只。肉羊年出栏6.99万只,羊肉年产量0.06万吨。

【生猪养殖】 2022年,全市有4家生猪产能调控基地,兴化市温氏畜牧有限公司(茅山种猪场)、大营育肥场入选国家级生猪产能调控基地;兴化市戴窑镇兴和生猪养殖场、兴化市祥明养殖场入选省级生猪产能调控基地。兴化温氏畜牧有限公司(茅山种猪场)设计存栏12800头,母猪存栏15495头,其中能繁母猪10977头,全年上市苗猪175751头;兴化温氏畜牧有限公司(大营育肥场)设计存栏8.8万头,设计年出栏25万头。全市生猪产业持续健康发展,安全保障猪肉供应。成立技术攻关专家团队,针对全市畜禽养殖现状、分布特点及养殖特性,探索新型养殖模式。探索畜禽粪污资源化利用试点项目,改造技术装备,处理工艺,配套农田,粪污干湿分离循环利用模式被列为江苏省畜禽粪污资源化利用典型案例。江苏程氏农牧有限公司、兴化市润坤农业有限公司通过省级兽用抗菌药减量化使用试点验收,引领畜牧业高质量发展。强化畜禽屠宰监督管理。推进生猪屠宰标准化建设。全市生猪定点屠宰企业3家,沈坨镇天宝食品年屠宰生猪20万头。江苏天宝食品有限公司通过农业农村部生猪屠宰标准化建设示范单位验收。

【畜禽养殖】　2022年,全面推进标准化改造和星级场创建活动,打造示范典型,提升养殖环境和畜禽粪污的收运处置能力。全市创建畜禽生态健康养殖场300个,生态健康养殖比重达100%。其中华夏畜牧兴化有限公司获批农业农村部畜禽养殖标准化示范场;兴化温氏畜牧有限公司等54个场点获批江苏省生态健康养殖示范场;兴化市林华生猪养殖场等245个场达到泰州市畜牧生态健康养殖技术规范要求。围绕畜禽粪污资源化利用,加大畜禽养殖污染治理力度,强化源头管控、源头治理,完善畜禽粪污收集处理机制,健全粪污收运处理体系,推广农牧循环和有机肥生产,引导畜禽养殖户配套建设粪污收集池、沼气包、改装传送带、配套干粪棚、干粪场。全市绿色种养循环项目,实施粪肥还田10.2万亩,服务种植主体275个、养殖场95家,消纳畜禽粪污12.8万吨,畜禽粪污资源化综合利用率达98.52%。全市养殖场畜禽粪污资源利用远程监控平台共接入场点57家,其中8家接入省平台。对涉及安丰、大营、新垛、合陈、永丰、戴窑6个重点乡镇的524个养殖场户,规模化养殖场治理率达到100%,强化畜禽屠宰监督管理。规范全市畜禽屠宰企业管理,维护动物卫生监督工作的权威性公正性,监督畜禽屠宰企业履行肉品质量安全和生产安全的主体责任。实行"官方兽医+协检员"的配套检疫模式,执行《动物检疫管理办法》《生猪屠宰操作规程》等相关规定,选派13名官方兽医和10名协检员派驻全市3家生猪定点屠宰企业,派驻期1年。

（钱宏才）

表10　2022年兴化市畜牧业生产情况一览表

产品名称	单位	2021年	2022年	增长率(%)
生猪出栏量	万头	30.37	30.45	0.3
生猪年末存栏量	万头	19.16	23.17	20.9
家禽出栏量	万只	877.05	787.27	-10.2
家禽年末存栏量	万只	1110.27	1135.23	2.2
禽蛋产量	万吨	13.71	13.88	1.3
羊出栏量	万只	5.22	6.99	33.8
羊年末存栏量	万只	3.14	3.34	6.3

水产业

【概况】　2022年,全市推进养殖尾水治理,以池塘标准化改造原位修复模式为主,建设异位修复示范基地,完成改造面积3.43万亩,建设养殖尾水达标排放试点6个,计3300亩,水产健康养殖面积占比为82.88%,特色水产品养殖面积占比达90.23%。发展渔业自动增氧面积7.4万亩,自动投饵面积11.1万亩,认定泰州市级物联网渔业应用基地8个。

【科技推广】　2022年,全市开展渔业生产科技培训服务活动,创业富民专题培训1200人,落实创业扶持政策,打造优良创业环境。推广虾蟹降本提质增效模式,重点推广虾蟹混养"兴化模式",建立展示基地5个,组织线上线下专题培训35场,推广养殖面积10万亩。建立水产养殖用药减量示范点30个,推进水产养殖用药减量行动,举办规范用药培训7期,累计受训养殖户500人次,发放水产养殖用药明白纸6000份,印发用药减量技术资料5000份。开展数字化水产养殖,有渔业主体养殖户58家,数字渔业运用面积856.03公顷。

【青虾养殖】 2022年,“楚水、千垛、金沙沟牌”青虾获国家级无公害水产品质量认定。“兴化大青虾”获得绿色食品、地理标志和集体商标使用权,被认定为江苏农产品区域公共品牌。年内,“兴化大青虾”养殖面积53万亩,产量3553万公斤、统计现价产值25.6亿元。

【小龙虾养殖】 兴化以小龙虾池塘养殖、稻田养殖、藕田养殖、提水养殖、虾蟹池塘混养等模式,按照小龙虾养殖标准,建立标准化养殖示范区,全市推广虾蟹混养“兴化模式”10万亩,每亩增加效益2000元以上。建设中堡、海南、沙沟、千垛、林湖、陈堡等多个小龙虾规模养殖基地。推动“克氏原螯虾产业体系”建设,加快提升小龙虾生产科技水平,加速推进小龙虾产业持续健康发展,建成省小龙虾产业公共技术研发中心试验示范基地,克氏原螯虾产量列全省县级第一。2022年,全市小龙虾养殖面积37万亩,产量1994万千克,产值7.2亿元,“兴化小龙虾”获得国家地理标志产品认证。

【淡水鱼养殖】 2022年,全市有淡水鱼养殖面积17.7万亩,其中池塘养殖类型9.5万亩,河沟养殖类型8.2万亩,主要分布在千垛、沙沟、竹泓、大垛、垛田、林湖等6个乡镇。养殖户3000多个,养殖50亩以上的主体户占73%。养殖的品种以鲫鱼、草鱼为主的混养以及虾蟹池套养模式。年内,淡水鱼年产量15万吨以上,产值达20亿元。

种　业

【概况】 2022年,兴化市紧紧围绕粮食安全和全省“千亿”级种子产业的发展目标,聚焦“种子”这一主线,全面贯彻新发展理念,以促进兴化现代农作物种业安全和科技引领为抓手,坚持做到依法管理、强化服务,维护广大农民的合法权益,着力服务全市粮食生产,有效保障了全市农业生产安全。全市农作物种子企业和经营网站317家,其中持证的农作物种子企业5家、水产苗种企业7家、畜禽苗种企业2家。全年完成农作物种子备案1562份,其中委托生产31份、经营不分装销售备案1507份、委托代销24份。新引进23个小麦新品种、40个水稻新品种(江苏好品种)。

【种苗繁育】 2022年,兴化市水产养殖面积79万亩左右,幼蟹培育面积2.7万亩,培育扣蟹约520万千克,罗氏沼虾育苗量10亿尾,小龙虾育苗量2224吨,四大家鱼育苗量6512吨。青虾、小龙虾苗种原池留塘虾自繁自育,苗种本地化成为兴化市一大特色,小龙虾放养以抱仔虾为主,在全省第一个形成小龙虾抱仔虾规模化繁育技术要点;常规鱼类青、草、鲢、鳙、鲫、鳊等50%为本地繁育,50%外地引进,年内新建1家(兴化市林湖乡广忠水产养殖家庭农场)生产规模在3亿尾生产能力的育苗场,更新四大家鱼亲本160组;特色经济鱼类鳜鱼、虎头鲨等均为异地引进;河蟹苗种70%实行自给自养,30%异地引进,其中“长江1号”“长江2号”“江海21号”“诺亚1号”等优良品种已达60%以上,提升良种覆盖率。

【种子行业监管】 2022年,兴化市农业农村局与相关部门开展协调配合和职能衔接,强化全市种子市场监管力度,对城区的种子批发经营单位召开种子监管工作会议,组织开展多次专项整治行动,强化源头管理。全年出动执法人员450余人,联合执法60次,检查各类种子生产经营单位300多家,检查覆盖率93%;立案3件,处罚金额15000元。根据《关于开展2022年兴化市农作物种子质量监督抽查工作的通知》,扦取涵盖水稻、小麦、大豆、玉米、蔬菜等农作物种子样品130个,完成样品的常规三项检测(水分、净度、发芽率),合格率100%。开展种子田监督抽查,对全市小麦22个品种52040亩和水稻19个品种13118亩种子生产田块进行逐品种抽查,淘汰3000多亩小麦和1250多亩水稻不合格种子生产田。

【种业科技创新】 2022年,兴化市推进科研院所与本地企业进行产学研合作。江苏省水韵苏米产业研究院有限公司与市人民政府、市农业农村局签订合作框架协议,现代农业园区“亚夫工作站”正式运行;泰州金扬种业有限公司与江苏里下河地区农业科学研究所签订产学研合作项目合作协议，进行小麦品种选育合作；泰州金太阳种业科技有限公司与江苏里下河地区农业科学研究所签订合作选育审定协议，进行多抗优质糯稻品种选育合作；兴化市兴润种业有限公司与江苏省神农大丰种业科技有限公司（国家级育、繁、推一体化企业）合作选育优良水稻品种丰粳200通过审定，联合选育中强筋小麦品种3个，其中农麦179、农麦208，还有一个品种在实验中；兴化市东丰农业技术发展有限公司与江苏盐城农业科学研究院联合选育优质多抗广适迟熟中粳水稻新品种。

【泰州金扬种业有限公司】 泰州金扬种业有限公司是2014年7月成立，系江苏金土地种业有限公司控股的有限责任公司。注册资本528万元，公司现有资产2000万元。公司以江苏里下河地区农科所、扬州市现代种业研究院为科技依托，从事品种选育、种子生产、种子经营相关工作。2022年，稻麦生产面积1.6万亩，销售种子1200万千克，其中稻种销售200万千克，麦种销售1000万千克，销售额5500万元。

（吕　晶）

农业机械化

【概况】 2022年，全市农机总值21.16亿元，总动力132.28万千瓦，拥有联合收割机2361台，大中拖配套秸秆还田机2685台（套），水稻插秧机2860台（乘坐式2458台），高效植保机1409台（无人机572台），粮食烘干机1669台（套）。

【农机购置补贴】 2022年，市农业农村局推动农业机械化向全程全面高质高效转型升级，落实农机购置补贴和秸秆机械化还田工作。制订出台《农机购置补贴工作方案》《秸秆机械化还田实施办法》，明确补贴范围、补贴对象、补贴标准、补贴流程。全年发放农机购置补贴资金1993.01万元，补贴机具2110台，秸秆机械化还田面积158万亩，其中夏季秸秆机械化还田面积85万亩，秋季还田面积73万亩。

【农业实用技术推广】 2022年，市农业农村局围绕“测、配、产、供、施”五大环节，按照《测土配方施肥技术规程》（NY/T 2911—2016）要求，开展测土配方施肥，推广测土配方施肥“五个一”工程，向新型经营主体、肥料企业等社会化服务组织打包购买“统测、统配、统供、统施”服务，推进配方肥应用落地。开展绿色种养循环农业试点，推进有机肥部分替代化肥。建立化肥减量增效示范区，化肥使用总量与施肥强度持续下降；优化施肥结构，科学运筹肥料，改进施肥方式，提高肥料利用率，促进农业绿色低碳发展。全年秸秆还田120万亩，肥料“三新”技术集成推广150万亩，测土配方施肥技术推广面积270万亩次，覆盖率稳定在93%，稻麦化肥（氮肥）利用率40%以上。推广“五新”技术，加强农作物病虫害防治技术指导，发挥植保防灾减灾在稳定粮食生产、推进农业绿色发展等方面的重要作用，健全病虫害监测预警体系，辅以智能化预警系统建设；推广植保无人机等新型植保机械；围绕农产品提质增效和农药减量控害目标，推进绿色防控与主导产业发展、绿色优质农产品基地建设和农产品品牌建设相结合，建立省级粮食、蔬菜、果树病虫绿色防控示范区9个和26个兴化市级绿色防控示范方；推广高效低风险农药、实施农作物重大病虫绿色防控项目、推广病虫害绿色防控技术，实现农药负增长，有效地控制农业面源污染。

（贺春玉）

农田水利

【概况】 2022年，全市维修改造的农村圩口闸100座、排涝站50座、实施圩口闸电启闭改造100座，加修农村圩堤土方45万立方米。市水利局坚持城乡一体，水岸同治，建管并重，统筹推进水环境治理、水生态保护、水资源管理、水安全保障和水文化挖掘等工作。农村骨干河道管护被评为全省第一等次，建成全省首个县级水情教育馆，直港河被评定为“淮河流域幸福河湖暨江苏省级幸福河湖”，“兴化垛田”灌排工程体系成功入选2022年度世界灌溉工程遗产名录。

【农村生态河道建设】 2022年，市水利局根据各乡镇农村生态河道建设的申报计划，将82条381.56千米的建设任务下达至各乡镇，以乡镇为主体组织实施农村生态河道建设。委托设计单位绘制五种生态河道典型设计图提供给乡镇用于指导生态河道建设。组建生态河道建设工作专班，年内完成170千米的农村生态河道建设。完成竹石园闸站拆建和高王河活水工程,直港河南闸站新建工程任务。打造幸福河湖102条,建成河长制主题公园5座,建成5处村级河(湖)长制工作站、13座河(湖)长制主题公园。

(周广学)

农产品质量建设

【概况】　2022年,全市有1家市级农检中心、25个涉农乡镇农残速测检测室。省级蔬菜农药残留、畜禽产品违禁物及药物残留、生鲜乳违禁物例行监测合格率连续多年稳定在98%以上,省级农产品质量追溯管理平台累计注册7378家农产品生产经营主体,溯源产品10573个,溯源批次17710批。年内开展基地巡查19646次,打印溯源标签1250.6万张,推动追溯管理与市场准入有效衔接,提升农产品质量安全与品牌质量。

【农产品质量品牌建设】　2022年,全市共有"兴化大米、兴化红皮小麦、兴化面粉、兴化大闸蟹、兴化香葱、兴化龙香芋、兴化大青虾、兴化鱼圆、兴化荷藕、兴化小龙虾"等10个兴化特色农产品获得国家地理标志保护产品和集体商标。获得食用农产品种养殖环节绿色食品85个,有机农产品5个,创建绿色优质农产品基地18个,全市种植业绿色优质农产品比重达到75.2%。举办"兴化大闸蟹"开捕季,参加第十二届江苏—澳门·葡语国家工商峰会;"兴化大闸蟹"入选江苏省第二届十强农产品区域公用品牌;"兴化大米、兴化大闸蟹、兴化龙香芋"获评泰州市农产品营销促销强势品牌;兴化大闸蟹入选全国农业品牌创新发展典型案例,并列入2022年农业品牌精品培育计划名单;制修订农业地方标准8项,总标准数达到20项。

【农产品质量安全保障】　2022年,农检中心参与制修订国家农业农村部标准1项(《绿色食品果蔬汁饮料》),中心技术人员发表《实验室检验过程质量控制分析》《基于LC-MS/MS法测定蔬菜中多种农药残留的方法研究不确定度》《基于评审准则食品检验检测机构的应对策略》《超高效液相色谱-串联质谱法测定牛奶中氯霉素的不确定度评定》4篇专业技术论文。开展"治违禁控药残促提升"行动,监督抽检食用农产品1250批次,快速检测食用农产品1.46万批次。紧盯"一老一小"(老人、婴幼儿食品)、"一药一非"(食品农兽药超标和非法添加)等重点领域,查办各类食品案件340件,罚没入库628.33万元,移送司法机关案件1件。开展农村假冒伪劣食品专项整治行动,检查食品生产经营主体6570户次,抽检食品426批次,检测不合格11批次;查处各类食品案件253件,收缴假冒伪劣食品1838.45千克,罚没入库330.42万元;取缔无证无照2户。

【农药安全管理】　2022年,兴化市坚持依法履职、依法尽责,提升农药行业管理能力,推动农药行业健康发展。开展农药日常监督检查,加强技术培训、政策宣传和监督检查,推进农药生产企业危险化学品使用安全专项治理行动,压实企业安全生产主体责任,防范和遏制农药行业安全事故发生。配合推进农药经营标准化门店建设,开展持证生产企业、限制使用农药经营单位许可条件"回头看"复查。参加省农药监管信息平台建设,建立农药产品质量追溯体系和企业诚信体系。落实农药使用记录制度,督促农药使用者严格执行农药推荐使用剂量和安全间隔期,提高安全科学用药水平。

(王　舜　余友银　袁　野)

农业产业化经营

【农业龙头企业】　2022年,全市新增省级农业龙头企业2家(和平米业、润华食品)、泰州市级龙头企业20家;监测泰州市级龙头企业21家。全市共有农业龙头企业128家,其中:国家级3家、省级26家、市级99家。全年龙头企业销售交易额400亿元。

【农业重点项目】　2022年,全市新建项目35个,续建项目12个,年度投资额20.03亿元,项目数量和投资额较上年均正增长,达到省考核要求。"加、新、高"项目数量29个,对比新建项目数量占比为82.86%。省级示范项目2个(安井食品三期项目、鼎一食品加工项目)。当年建成投产项目数量39个,对比全年项目数量占比为82.98%;年内建成投产项目完成固定资产投资额22.57亿元,对比全年47个项目总投资额41.25亿元,投资占比为54.72%。

(张小峰)

综 述

2022年,兴化市委、市政府稳企业、扩需求,出台助力工业企业15条措施,编印《兴化市惠企政策汇编》;全年累计为企业减轻负担16.3亿元,为126户中小企业提供转贷服务。截至12月底,全市新增规上工业企业159家,开票过亿元企业138家,税收超千万元企业21家。完成征收期工业开票销售1137亿,与上年比增长11.9%;工业净入库税收26.8亿元,下降0.37%;规模以上工业产值987.4亿元,同比增长13.9%,增幅排名泰州市第四;规上工业增加值212.3亿元,同比增长8.7%。规上工业利润完成48.6亿元,增长9.1%。不锈钢、绿色健康食品、装备制造三大产业完成产值779.8亿元,同比增长16.6%。结合"企业家能力提升",开展各版块"智改数转"培训班、浙江能力提升培训班等提升企业家管理能力和水平。1家企业(兴达钢帘线)被评为省级智能工厂,1家企业(东华链条)被评为省级智能车间,9家企业获评泰州市级智能车间,2家企业(威鹰机械、五得利面粉)获评泰州市级工业互联网标杆工厂,109家企业获评星级上云企业,2家企业(五得利面粉、威鹰机械)获评五星级上云企业。

2022年6月27日,全市项目建设、"智改数转"和"亩均论英雄"改革工作布置会召开,印发《兴化市深化"亩均论英雄"改革加快闲置和低效工业用地提质增效两年行动计划(2022—2023年)》《关于开展"五未"土地整治专项行动深化工业企业"亩均论英雄"改革实施意见》。坚持依法处置,按照"转型提升一批、倒逼腾退一批、收储收购一批"的思路,重点对闲置和低效工业用地开展分类提升,推进再开发利用。提升低效闲置工业用地(厂房)面积200公顷以上,盘活总量的50%。以"智改数转"为抓手,带动项目招商、企业扩建,提高园区的工业档次,提高企业的智能化程度。兴达钢帘线扩建项目打造为省级示范智能化工厂,扩建项目建成达产后,可新增工业开票销售18亿元,税收8500万元,亩均税收可达到37万元。

2022年7月5日,省高性能合金产业绿色转型发展专题论坛在兴化召开,邀请省级专家围绕智能化改造数字化转型作专题政策解读。加快推动健康食品产业智能化、数字化、绿色化转型。举办脱水蔬菜行业专场培训以及"兴智汇"企业家沙龙等活动,组织开展各类活动19场,参与企业家达350余人次。对全市工业企业开展摸排,重点梳理2021年度开票销售1500万元以上的工业企业,遴选成长潜力大、发展前景好、创新能力强的中小微企业,建立2022年度"小进规"企业培育库,完善培育库动态更新机制,协助落实"小进规"惠企政策,激发企业进规升级积极性。推动重点用能企业利用"智慧能源管理平台"等方式实现节能管理,推动20余项节能绿色改造项目实施。推荐兴达钢帘线"热处理工艺余热余能综合回收利用节能技术改造"项目申报省工业和信息化转型升级资金项目。兴达钢帘线、东华链条、双乐颜料和新宏大等4家企业获评省级绿色工厂,申源集团有望创成国家级绿色工厂。开展"两高"技改项目清理处置工作,完成10余项"两高"项目的清理工作。做好年度节能监察任务,督促企业淘汰落后高耗能机电设备(产品)32台(套)。

表11 2022年全市规模以上工业总产值一览表

单位:万元、±%

指标名称	本年累计	增幅
规模以上工业总产值	9873710	13.9
1. 按轻重工业分		
轻工业	3130847	10.4
重工业	6742863	15.6
2. 按企业规模分		
大中型企业	3723446	25
小微企业	6150264	8.1
3. 按行业分		
#三大主导产业	7797623	16.6
不锈钢制品	4557604	19.6
健康食品	2074342	14.7
装备制造	1165677	8.9
#其他产业	2076087	4.8
纺织服装	187147	16.8
轻工	444057	-1.1
电子	260983	11.6
医药	62050	-34.2
化工	119001	0.3
有色金属	550090	11.2
建材	314965	5.6

不锈钢产业

【概况】 2022年,全市拥有不锈钢中小企业3000多家,有216家规模以上不锈钢企业,年产不锈钢制品近200万吨。域内戴南镇是"中国不锈钢制品名镇",不锈钢产业入选全国百佳产业集群和江苏省重点培育的千亿级产业集群。有国家不锈钢制品质量监督检验中心、兴化市高性能金属材料制品研究院,1个院士工作站、3个博士后工作站、1个国家级企业技术中心、36个省级科技研发平台、2个省级工业设计中心。不锈钢产业总体实现市场、酸洗、冶炼"三个集中",从原材料回收—冶炼—质检—轧制—酸洗—制品—物流—商贸一体化体系,进入高质量发展新阶段,有回收网点4000多个,回收企业960多家,年回收废旧不锈钢150万吨以上，4万多人从事不锈钢回收和不锈钢制品销售。全国近70%的不锈钢钢丝和不锈钢焊丝、80%的不锈钢异型件和非标产品都出自兴化市高新区。年内，完成产值455.8亿元，同比增长19.6%。

【不锈钢产业发展】　2022年，兴化市委托冶金工业规划研究院、钢铁研究总院等部门，研究制定《戴南不锈钢产业转型升级实施方案》，与蓝鲸咨询有限公司合作共同研究编制《兴化市“十四五”不锈钢（特种合金材料）产业发展规划》《戴南镇产业布局和不锈钢产业链设计及产业链招商图谱项目研究报告》。不锈钢产业坚持“多品种、小批量、大市场”的定位，有40多个系列产品、1万多个品种，产业带动戴南及周边20万群众创业就业，年均上缴国家税收20亿元以上。推动产业基础研究、应用研发、成果转化和产业化为一体的全链条科技创新组织模式，构建产学研协同创新机制，启动兴化高新区（沈阳）离岸创新中心建设项目。

【江苏申源集团有限公司】　江苏申源集团是集冶炼、热轧、机加工、探伤及理化检测于一体的大型生产企业联合体，集团公司系全球第二、国内最大的内燃机气阀钢生产企业，是GB/T 12773—2008《内燃机气阀用钢及合金棒材标准》等21项国标、行标和团标的主要起草单位，拥有授权专利190项，其中发明专利8项、省级新产品鉴定4项。集团具有年产20万吨精品特钢和热轧加工20万吨、冷加工5万吨生产能力。下属5家生产型企业和2家电子商务公司，集团拥有总资产20多亿元，员工达1300余人，总占地面积66.67公顷、总建筑面积20多万平方米。集团公司主产品为内燃机气阀钢棒、电热合金、高温耐蚀合金、特种焊丝、特种不锈钢等八大系列150多个钢种，应用于汽车、核电、军工、石油化工、锅炉机械等制造行业。产品远销美国、意大利、韩国等欧美国家及东南亚市场。产品主要性能指标达到国际先进水平，整体技术水平处于国内领先地位，气阀钢销售连续10年居全国同行业首位。公司建有省级工程研究中心和省级企业技术中心，先后获得国家重点高新技术企业、省专精特新“小巨人”企业、省创新型企业、省绿色工厂、省文明单位、省质量信用AAA级企业、泰州市十佳工业企业、市县二级市长质量奖等称号。2022年全年完成开票销售53.7亿元，入库税金3598万元。

【亩均论英雄改革行动】　2022年，兴化市围绕工业资源集约利用和提质增效两大主题，深入推进亩均论英雄改革，坚持以高质量发展为核心，盘活存量闲置低效工业用地，优化发展空间，持续推进产业结构调整和转型升级。开展零税企业及低效铸造企业专项行动，零税企业新增纳税1358.7万元，兴化市恒源特钢有限公司年产3500吨耐热耐磨高强系列铸钢件生产项目，产能置换已经省级部门现场核查后公示。对列入2022年改造提升的低端低效企业实行清单化、节点化管理，推广“兼并重组、招引复苏、标杆扩张、改造提升、司法拍卖、平台收购、小散清整、联合开发”八种盘活提升方式，打造特色亮点、选树典型案例。全市共盘活提升低效闲置工业用地3693亩。组织开展对全市工业企业摸排，对2021年度开票销售1500万元以上的工业企业进行梳理，建立2022年度“小进规”企业培育库，完善培育库的动态更新机制，持续检

2022年5月，江苏申源特钢有限公司　（戴南镇/供图）

测库内企业的生产经营和经济指标情况。

健康食品产业

【概况】　2022年,全市119家规上健康食品企业累计完成产值207.43亿元,同比增长14.7%。市经济开发区作为健康食品产业主阵地,总投资200亿元,总体规划面积8平方千米,东至红星路、南至333省道、西至351省道、北至新庄路。集聚五得利面粉、安井食品、伽力森主食、特味浓食品、华宝嘉豪、元富食品、兴野食品、拉面说、田园主义等食品企业,健康食品产业初步形成调味品、火锅料食品、米面制品、水产制品、脱水蔬菜、乳制品、肉制品、方便休闲食品、功能食品、预制菜肴等系列产业集群。年内通过国家外贸转型升级基地(脱水蔬菜)考核。

【健康食品产业管理】　2022年,兴化市紧扣健康食品产业发展定位,加大项目招引力度,拓展延伸健康食品产业链。规划建设“中国唯一、世界第一”调味品产业集聚区,与中国食品工业协会建立战略性合作,共建“中国健康食品产业创新基地”,与中国农业大学合作,建立中国农业大学(兴化)健康食品产业研究院。委托新加坡邦诚设计公司高标准编制集聚区发展规划,投资建设综合服务区,更新、置换原有非食品企业,增加产业服务功能,在集聚区建成首期12.6万平方米的标准厂房并有部分企业入驻,加快推进二期60多万平方米厂房、会展中心项目及冷链物流等配套工程建设。推动调味品产业创新、集群壮大速度,借力中国调味品协会,举办全国性调味品产业发展大会和专业年会、专家论坛,支持企业参加大型调味品会展等行业活动。截至12月底,全市累计注册230余家调味品企业,工商注册调味品企业473家,调味品集聚区入驻企业300多家,投资总额超过200亿元。

【国家外贸转型升级基地(脱水蔬菜)】　2022年,兴化市国家外贸转型升级基地(脱水蔬菜)通过商务部考核认定。全市有脱水蔬菜加工企业86家,年加工销售脱水蔬菜制品15万吨,带动种植户3.6万多户,种植基地25万亩,产业从业人员2.2万人。形成从上游果蔬种植、中游脱水果蔬生产加工到下游电商网络销售、外贸出口的产业链。基地出口产品覆盖整个东南亚地区,开拓欧盟、美国、韩国、日本、俄罗斯等五大销售市场。基地果蔬种植核心区面积为2.06万亩,覆盖区面积为4.85万亩,涵盖兴化香葱、高丽菜、青梗菜、洋葱、大蒜、香芋、芹菜等20多个品种。

装备制造业

【概况】　兴化市装备制造产业以汽车零部件和精密制造为主,分布于高新区、陈堡镇和开发区等地,产品包括汽车零部件、装饰装潢挂件等精密铸锻件和耐热钢铸件。精密铸锻造企业实现从传统工艺到先进工艺全覆盖,在生产规模、技术水平、产品质量和市场占有等方面取得进步。位于陈堡镇的兴化市精密铸造产业园,作为中国精密铸造产业基地、中小企业产业集聚示范区,产业集聚优势明显,企业技术研发能力较强,科技成果转化与应用脚步坚实,打造百亿级精密铸锻造产业集群。2022年,127家规上装备制造企业累计完成产值116.6亿元,同比增长8.9%。

【省考高质量制造业指标落实】2022年,兴化市“制造业增加值占地区生产总值比重及增速、工业战略性新兴产业总产值占工业总产值比重”等5项省考高质量发展牵头指标强弱项、补短板。兴达钢帘线获评“工信部第七批制造业单项冠军示范企业”“江苏制造突出贡献奖”,申源集团、兴海特钢、新华合金、威鹰机械4家企业获工信部第四批专精特新“小巨人”企业,新增省级专精特新“小巨人”企业18家。组织企业开展“创业创新基地”“公共服务平台”“企业技术中心”等项目申报,20余家企业申报国家、省和泰州市级企业技术中心项目,格林生物等4家企业获评省级企业技术中心,新宏大集团获“省工业设计中心”,同时入选省服务型制造示范企业。深入兴达钢帘线、众拓新材料等重点企业,开展节能法律法规宣传贯彻。

【产业关键技术研发】　组织实施产业关键技术研发,促进形成具有自主知识产权的原创技术和产品。新华合金“核电军工镍基高温合金材料关键技术研发及产业化项目”打破国外技术垄断,实现我国镍基高温合金材料自主保障,获2022年度省工业和信息产业转型升级专项资金400万元奖励。新宏大集团获2022年度工信部专精特新“小巨人”企业发展资金162.2万元。结合节能宣传周、高温用电用能高峰等时机,多渠道开展节能宣传,提升全社会节能意识。

新兴产业

【概况】 2022年,全市列入战略性新兴产业统计的规上工业企业164家,比2021年增加40家。战略性新兴企业涉及18个乡镇,其中,戴南镇56家、开发区47家,占全市战略性新兴产业企业数的62.8%,2022年上半年共完成战略性新兴产业产值110.4亿元,占全市战略性新兴产业企业总产值的87.6%,战略性新兴产业主要集聚在戴南和开发区。

【新兴产业布局】 兴化经济开发区以“一城两区三核”产业发展,构建产业发展新格局。“一城两区三核”即建设中国健康食品产业名城,做强调味品产业集聚区、培育特膳食品产业集聚区,打造高端装备制造产业核心区、装配式建筑产业核心区、新兴产业核心区。新兴产业核心区建设新一代信息技术、新能源、新材料等特色新兴产业体系,突出项目“细分、专业”的特点,聚焦重点产业的延链补链、集群集聚。兴化经济开发区将原电商产业园列为新兴产业科创区进行升级改造。科创区用地面积约5.15公顷,建设标准厂房9栋,建筑总面积约5.5万平方米。2022年6月全部改造完成。新招引4个科创项目入驻,包括铠戈交直流充电桩项目、清智高端装备制造、山瑞合TFT触摸显示屏生产项目、新誉教育装备生产基地项目。其中,清智高端装备制造是投资规模最大的项目,总投资2.8亿元,由苏州清智科技装备制造有限公司投资建设,核心团队均来自清华大学,项目致力于提供机械零件加工自动化生产线整体解决方案,建成达产后可新增年开票销售3亿元,税收1500万元以上。

2022年11月1日,江苏兴达钢帘线股份有限公司获评“工信部第七批制造业单项冠军示范企业”“江苏制造突出贡献奖”。图为江苏兴达钢帘线股份有限公司 (市工信局/供图)

【铠戈交直流充电桩项目建设】 江苏铠戈电动汽车科技有限公司于2015年8月创立于徐州空港经济开发区,原从事低速电动汽车生产,后搬迁至兴化经济开发区从事电动汽车充电桩和充电模块研发、生产,与南京农业大学电力电子课题组、南京韦兹科技公司合作,研发出国内新一代电动汽车充电桩和充电模块。2021年9月,项目搬迁到新兴产业科创区进行孵化。120千瓦的直流充电桩是新获得国家资质证书的产品。2022年,部分项目投入使用,全部投产后可实现年开票销售2亿元,税收1000万元以上。

(沈兆捷 孙 成)

建筑高质量发展

【规模效益】　2022年,兴化市建筑业总产值620亿元,比2021年增长9.1%;建筑业工程结算收入448.03亿元,比2021年增长17.5%;完成税收5.99亿元。

【建筑创优工程进度】　2022年,兴化市建筑业提质态、优结构、拓市场,出台《关于推进建筑业高质量发展的意见》,奖励符合规模提升、技术创新、品牌创优、开拓经营等条件的建筑业企业,提振全市建筑业企业信心。引导企业参与企业资质晋升,发挥企业主体作用。开展建筑企业"创优质工程、树企业形象"活动,强化监管力度,稳步提升工程质量水平,增强企业社会信誉度和市场占有率。指导创市优工程15项、泰州市优质工程"梅兰杯"14项和江苏省优质工程"扬子杯"1项。

【建筑人才队伍建设】　实施各类培训6076人次。其中,安全三类人员继续教育培训1206人次,安全三类人员新考培训65人次;其他培训4035人次,包括专业技术教育培训、建筑施工特种作业人员培训等各类专业培训;配合安监站开展"送教上工地"活动,合计培训650人次;开展2022年度建设工程BIM技术应用基础培训班,培训120人。加强专业技术人才队伍建设,推荐本系统25人取得高级、正高级工程师资格专业技术人才成为泰州市建设工程中级专业技术资格评审委员会成员。开展2022年度建设工程初级、中级、高级、正高级专业技术资格评审材料纸质材料初审和指导服务工作。初级职称通过103人,中级职称通过86人,高级职称通过28人。

建筑施工

【概况】　2022年,全市建筑工地安全生产和扬尘管控工作集中约谈会召开,158个在建项目负责人签订安全生产目标责任书和扬尘治理承诺书。开展节后复工和深基坑、脚手架、起重机械设备等危大工程专项整治9次,检查施工现场282个,起重机械设备546台次,排查隐患2586处,下发抽查记录13份,事故隐患整改通知单254份,停工整改通知单15份,依法移交行政处罚案件线索25起。实施"智慧工地"建设,"智慧工地"监管平台累计收录监管项目39个,累计监管建筑面积约56万平方米,监管施工单位25家。接入远程视频监点位158个,实现项目监控全覆盖,塔吊实时监测设备66台,升降机实时监测50台,卸料平台监测29台,扬尘监测24台覆盖率100%。推进"标准化、智慧工地"创建,引导施工企业制作定型化、工具化、标准化的安全防护用具和设施,截至12月底,创建省级标化工地6个,市级标化工地9个。

【施工图审查】　2022年,全市审查房屋建筑工程勘察报告93项,一次性审查通过6项,发现并纠正违反工程建设强制性条文4条,违反强制性标准83条;审查房屋新建工程施工图设计文件96项,建筑面积约64.964

万平方米，发现并纠正违反工程建设强制性条文 54 条，违反强制性标准 325 条；另审查专项工程 65 项，发现并纠正违反工程建设强制性条文 34 条。运用“兴化大数据 O2O 审图云平台”V4.00 版本，全程实现“网上办、联合审、不见面”审图模式，勘察审查时限压缩在 2.5 个工作日内，施工图审查时限压缩在 5 个工作日内（个别重点项目压缩在 3 个工作日完成），在确保审图质量的同时，审图效率提升了 50% 以上。

建筑行业管理

【概况】 2022 年，市住建局联合开展 2 次建筑施工领域综合大检查，共计检查 72 个在建项目，移送行政处罚案件 10 起。加强农民工实名制规范化管理，狠抓欠薪工作，确保各项制度得到落实，通过省建筑业实名制管理平台发放农民工工资 8.31 亿元。

【建筑质量监管】 2022 年，办理质量监督手续的工程项目 173 项，总建筑面积 164.14 万平方米，总造价 39.39 亿元，其中，住宅工程 7 项，建筑面积 45.15 万平方米；工业建筑 104 项，建筑面积 95.77 万平方米；公共建筑 35 项，建筑面积 23.22 万平方米；市政工程 27 项，造价 38202 万元。工程竣工验收监督 142 项，总建筑面积 264.12 万平方米。通过日常监督执法检查、监督巡查等方式，依法对工程建设过程中存在违法违规行为的责任主体进行查处并移送行政处罚线索，由市综合行政执法部门实施行政处罚，2022 年移送行政处罚案件线索 20 件。组织全市在建工程质量监督巡查 2 次，混凝土质量专项检查 1 次，钢结构工程质量专项检查 1 次；参与全市建筑市场综合检查 1 次，监理工作专项检查 1 次。

【建筑资质管理】 2022 年，全年共完成建筑企业资质初审 196 次，泰州市建筑市场监管与信用平台信用手册审核 181 家，合同归集 186 份。

表 12 2022 年兴化获奖建筑工程一览表

序号	工程名称	申报单位	参建单位	监理单位	工程类别	建筑面积（平方米）	结构形式	竣工验收时间	造价（万元）	所获奖项
1	江苏兴化农村商业银行办公大楼工程	江苏屹峰建设工程有限公司	江苏舍得建设有限公司、南京国豪装饰安装工程股份有限公司、浙江亚厦幕墙有限公司、苏州金螳螂建筑装饰股份有限公司、淮安市建工设备安装有限公司	南京旭光建设监理有限公司	房建	64508	框剪	2019.8.18	35000	江苏省“扬子杯”优质工程奖
2	西于和园 4#楼及地下室工程	江苏苏兴建设工程有限公司	—	泰州市科源工程咨询监理有限公司	房建	22697.47	框剪	2021.12.27	5118.89	泰州市“梅兰杯”优质工程奖
3	新区高中公寓楼一期工程	江苏舍得建设工程有限公司	—	盐城市轩宇项目管理有限公司	房建	22372.44	框架	2021.9.14	10614	泰州市“梅兰杯”优质工程奖
4	兴化市恒川酒店商务楼	江苏前盛建设工程有限公司	—	兴化市方圆工程监理有限公司	房建	5638.30	框架结构/地上 6 层	2020.8.25	803.88	泰州市“梅兰杯”优质工程奖
5	兴化市青少年活动中心工程	江苏新兴建设工程有限公司	—	江苏汇筑建设项目管理有限公司	房建	13798.42	框架 4 +1 层	2021.9.27	5259.36	泰州市“梅兰杯”优质工程奖
6	幼儿活动中心	江苏嘉凯建设有限公司	—	江苏汇筑建设项目管理有限公司	房建	8995	框架	2020.12.30	3438.06	泰州市“梅兰杯”优质工程奖
7	兴化市同创再生资源有限公司生产车间－新型墙体材料土建安装项目	江苏泰发建设工程有限公司	—	兴化市方圆工程监理有限公司	房建	7488	排架钢结构	2019.12.17	1270.91	泰州市“梅兰杯”优质工程奖
8	戴南不锈钢港口现代工业园区 W9W10W13W14 物管用房	江苏春洋城建有限公司	—	泰州市大地工程管理有限公司	房建	12290.50	框架	2020.5.8	2213	泰州市“梅兰杯”优质工程奖
9	万象商业广场商业住宅 5#楼	江苏富安有限公司	—	泰州市大地工程管理有限公司	房建	78812.84	框架剪力墙/框架	2020.6.30	16000	泰州市“梅兰杯”优质工程奖
10	中医院南亭路院区一期工程项目——兴化市中医院南亭路院区门诊医技病房楼、后勤综合楼、地下车库	江苏中南建筑产业集团有限责任公司	江苏中南建设装饰有限公司、南通市中南建工设备安装有限公司、江苏永信医疗科技有限公司	泰州开源工程设计咨询监理有限公司	房建	138566	框剪	2021.4.22	65331	泰州市“梅兰杯”优质工程奖

续表 12

序号	工程名称	申报单位	参建单位	监理单位	工程类别	建筑面积(平方米)	结构形式	竣工验收时间	造价(万元)	所获奖项
11	泰州市水上运动训练基地建设工程-综合楼	北京城建集团有限责任公司	—	泰州开源工程设计咨询监理有限公司	房建	15772	框架	2021.11.26	10513	泰州市“梅兰杯”优质工程奖
12	兴化市钢贸城地块商住开发项目(文旅紫薇府)工程	华新建工集团有限公司	—	江苏祥和项目管理有限公司	房建	134208	框剪	2021.3.23	29210.69	泰州市“梅兰杯”优质工程奖
13	水润隆府施工总承包(二标段)	兴化市盛达建设工程有限公司	—	泰州市大地工程管理有限公司	房建	21239	框剪	2021.12.20	5917.19	泰州市“梅兰杯”优质工程奖
14	天宝领秀城三区附楼工程	江苏南通三建集团股份有限公司	—	泰州景泰工程咨询监理有限公司	房建	48189.85	框架剪力墙	2019.8.28	7005.56	泰州市“梅兰杯”优质工程奖
15	陈口村安置房工程——一期主体土建安装工程	泰兴市新兴建筑工程有限公司	—	江苏国兴建设项目管理有限公司	新建	105983.79	框剪 17 层	2020.12.16	21526.33	泰州市“梅兰杯”优质工程奖

建筑企业

【概况】　2022 年,兴化市有建筑企业 401 家,一级资质企业 11 家,二级资质企业 29 家,新增资质等级建筑业企业 25 家,指导创建江苏省优质工程 1 项、泰州市优质工程 14 项。建筑业从业人员 23.15 万人,比上年增加 3.26 万人。

【苏兴集团】　江苏苏兴建设工程有限公司简称“苏兴集团”,成立于 2004 年 5 月,注册资本 1 亿元,拥有房屋建筑工程一级施工总承包、市政公用工程一级施工总承包、钢结构工程一级专业承包和建筑装修装饰工程一级专业承包、地基与基础工程二级专业承包、园林古建筑工程二级专业承包、水利水电工程施工总承包、机电设备安装工程专业承包、对外劳务派遣等资质。有职工 5000 多人,拥有各类技术经济职称人员 500 多人。一、二级建造师和小型项目管理师 180 多名。2004 年 11 月,经商务部批准,集团获得对外承包工程资格。2022 年,在兴化入库税收 5180.75 万元,获“江苏省最佳建筑企业”、江苏省 AAA 级“特级信用企业”“泰州市建筑业十强”“泰州市明星企业”、江苏省“信用管理示范建筑业企业”和中建协“优秀会员单位”等称号。

【永泰集团】　江苏永泰建造工程有限公司简称“永泰集团”,成立于 1981 年,2007 年改制重组后成立的股份制企业,注册资金 3.12 亿元。拥有国家房屋建筑工程施工总承包一级资质、工程设计(建筑工程、人防工程)甲级资质、市政公用工程施工总承包二级资质,建筑装修装饰工程专业承包一级资质,地基基础工程、钢结构工程、建筑机电安装等专业承包二级资质。公司有各类经济、技术职称人员 500 余人,其中中、高级职称人员 120 余人,一、二级建造师 150 余人;各类施工人员 5000 余人。有主编国家级行业标准 1 项,参编国家标准 1 项,国家级发明专利 2 项,国家级实用新型专利 34 项,省级工法 13 项。2022 年,公司纳税额 4915.77 万元,获评“全国优秀施工企业”“江苏省建筑业最具成长性百强企业”“江苏省建筑业优秀企业”;被泰州市政府授予“建筑业十强企业”“建筑明星企业”“综合实力三十强企业”等称号。

表 13　2022 年兴化市建筑业房建一级以上企业名录

序号	企业名称	等级	序号	企业名称	等级
1	江苏永泰建造工程有限公司	一级	7	泰州胜兴建设工程有限公司	一级
2	江苏苏兴建设工程有限公司	一级	8	江苏银泰建设工程有限公司	一级
3	江苏新兴建设工程有限公司	一级	9	江苏永烨建设工程有限公司	一级
4	江苏明灿建设集团有限公司	一级	10	江苏舍得建设工程有限公司	一级
5	江苏富安建设有限公司	一级	11	兴化市宝鼎建设工程有限公司	一级
6	兴化市新华建设工程有限公司	一级			

(宗高翔)

商贸服务业

商贸流通

【概况】 2022年，全市各类专业市场年交易额达280亿元左右，戴南不锈钢市场、戴窑粮食市场、富民农副产品交易市场、安丰国蟹市场、永丰河蟹市场、沙沟水产品批发市场等功能和配套设施进一步完善。全面启动县域商业体系建设，制定全市乡镇(街道)"十四五"商业网点规划。推动全市再生资源网点和报废机动车网点规划，建立兴化市预付卡联席会议制度，处置群众"12345"投诉519件。

【批发零售】 2022年，全市批发业销售额460.2亿元，比上年增长15.6%，位列泰州市第一。其中，限额以上批发业销售额382.1亿元，与上年相比增长22.8%，位列泰州市第一。零售业销售额307.9亿元，同比增长12.6%，增速排名泰州第一。

（王　璐）

【"祥泰商超"创建】 2022年，兴化市积极按照祥泰品牌创建要求，开展"祥泰商超""祥泰酒店（宾馆）"培育工作，以商场超市创建工作为抓手，结合安全管理、疫情防控、文明城市创建等工作，推进商超点位创建工作。由泰州市政府命名，纳入旅游宣传推广和信用红名单。兴化市10家大型商超、7家酒店（宾馆）参与"祥泰商超""祥泰酒店（宾馆）"评选，兴化吾悦广场、兴化万达广场、兴化大润发超市等7家大型商超获评泰州市"祥泰商超"，数量居全市第一。

（余友银　孙小康）

住宿餐饮

【概况】 2022年，兴化市持续加大住宿、餐饮企业培育力度，推动工贸分离，汇聚、金豪、梦缘等10家企业实现工贸分离。强化企业奖励激励，扶持限上企业发展，助力企业做大做强。开展消费促进活动，刺激市场消费，挖掘消费潜力，推动全市行业发展。住宿业贸易额完成1.91亿元，比上年增长22.63%，住宿业营业额完成4.3亿元，比上年增长16.4%，位列泰州市第三；餐饮业贸易额完成4.71亿元，比上年增长7.67%，餐饮业营业额完成31.6亿元，比上年减少2.9%。

【管理服务】 2022年，兴化市办理《特种行业许可证》且装机开业的旅馆共有520家，其中大约20%为家庭式旅馆。全年住宿业系统申请开机56次、停业69次。住宿业治安管理信息系统上传信息90.8万条。开展各类检查18720次，安检率98%。召开兴化市餐饮业纾困解难协调会，出台《兴化市进一步帮助服务业领域困难行业渡过难关若干政策措施》帮助服务业企业纾困解难。开展"守底线、查隐患、保安全"食品安全专项行动，推进食品经营单位自查责任落实，召开食品经营单位培训会，宣传《餐饮服务经营者食品安全自查指南》《食品销售者食品安全主体责任指南》，指导食品经营单位结合自身规模和业态掌握不同的自查要点，常规自查和全项目自查。

（孙小康）

粮食流通

【概况】 2022年,列统粮食企业实现工业总产值124.99亿元,同比增长17.69%,主营收入121.98亿元,同比增长18.31%;利润3.87亿元,同比增长-0.02%。全市有市级以上农业产业化龙头企业19家,其中国家级2家、省级5家、地市级12家。五得利面粉日产4000吨面粉生产线项目建成投产,新增粮食仓容29万吨。深入推进优质粮食工程,“中国好粮油”行动计划示范县项目通过验收,获批2022年度优质粮食工程建设示范县,江苏粮食物流产业园获得江苏省省级粮食物流产业园认定。

【粮食储备】 2022年,兴化市强化粮食和物资储备管理,成立市粮食和物资储备服务中心,推进粮食储备机制体制改革,成立市储备粮管理有限公司,全面推进粮食储备管理“两分离、四分开”,新增兴化市级政府储备粮规模6000吨。

【粮食购销】 全市国有粮食购销企业全年粮食购销总量112.07万吨。粮食收购量26.21万吨,其中夏粮收购22.97万吨,秋粮收购3.24万吨。全市优质优价收购粮食15.3万吨,落实收购补贴资金972.97万元,粮食优质品率增加明显,有效助农增收。

【粮油市场监管】 2022年,市发改委积极实施粮食流通“监督检查质量年”行动;市政府与泰州市发改委联合主办,市发改委具体承办,在昭阳湖广场举办兴化市2022粮食流通“监督检查质量年”暨“科技周”活动启动仪式;兴化、姜堰两地粮食和物资储备局签订《粮食流通区域协同监管协议》,建立毗邻区域粮食流通监管协作机制;市发改委、市财政局、农发行兴化支行联合制定《兴化市地方储备粮联合监管工作方案》,建立储备粮联合监管工作机制。积极开展粮食流通监督检查质量提升行动,完善粮食流通协同监管工作机制,加强政策性粮食和夏秋粮收购市场监管,粮食流通市场平稳有序,全年未发生较大以上安全责任事故和粮食流通违法违规案件。

(夏福发　徐小勇)

供销合作

【概况】 2022年,市供销社紧紧围绕乡村振兴战略的部署和要求,以全国总社县域流通服务网络强县、省社“三位一体”综合改革创新试点市(县)为契机,推进供销社综合改革,助力乡村振兴战略实施。全市有直属供销企业10家,市社参控股企业20家,职工学校1所,基层供销社26家,注册乡镇农合联社21家。连续12年被省总社表彰为“二十强县级供销合作社”,连续11年被泰州市总社表彰为“综合业绩考评特别贡献奖”。

【农业社会化服务】 2022年,市供销社与市科协签订战略合作框架协议,强化科技支撑,推广使用有机肥、水溶肥、配方肥和生物农药。举办“供销惠农 服务下乡”农业生产社会化服务对接交流活动63场。新建1500平方米有机肥工厂,形成示范辐射效应,促进农民富起来。流转土地3800亩,种植结构为夏季水稻,秋季休耕(一季绿肥,一季水稻),实行“六统一”(统一购种、统一育秧、统一栽植、统一农资、统一植保、统一收储)种植管理模式,打造集生产、加工、销售于一体的“兴化大米全产业链示范基地”。开展耕种管、产加销一条龙服务,土地全程托管和半托管、菜单式农业社会化服务61.1万亩,比2021年增加服务面积7万亩。全市有各类耕、栽、收、烘机械720台(套),农业喷防飞机90架。

(朱　炜)

烟草专卖

【概况】 2022年,兴化市烟草专卖局(分公司)深入领会“四个牢牢把握”,推进“三大体系建设”,狠抓落实,加快推动高质量发展、推进高效能治理、造就高素质队伍,推进兴化烟草高质量发展,超额完成年度目标任务。1项专利获国家外观设计专利证书、3项成果获得国家版权局颁发的计算机软件著作权登记证书。荣获烟草系统2022年度优秀质量管理课题成果二等奖2个、三等奖1个、优秀奖1个;“安全隐患人人查随手拍”活动中,二等奖1个、优秀奖3个;摄影大赛一等奖、征文比赛三等奖。获“泰州市‘七五’普法先进单位”“兴化市文明班组”称号,1人被评为“最美志愿者”“巾帼建功标兵”等称号。

【烟草市场监管】 2022年，全年共查获涉烟案件224起，卷烟948.32万支。创新推行“2453”行政许可监管工作法，进一步稳总量、控增量、清存量，做到“应清尽清，应减尽减”。发挥专卖内管监督作用，加强卷烟销售“八大环节”监管，规范经营监督落地见效。聚焦“五不一稳”目标，坚持以“端窝点、断源头、破网络、抓主犯”为工作重点，开展“铁拳行动”“利剑9号”专项行动、“攻坚100”专项治理，成立“大案突击组”，创新实践“端窝打点外科手术法”等多种战法，促进关键指标稳健提升，从源头上织密织牢卷烟外流防控网。推行案件审理“主办责任制”，强化风险防控，全年无行政复议变更、无行政诉讼败诉案件。

【助农帮扶】 2022年，兴化市烟草专卖局（分公司）协助沙沟镇三界、仲南、崔垛三个帮扶村完成村庄两侧路沿培土、村庄硬质化道路建设、冷库建设等“组长项目”3个，安丰镇民乐村道路建设“兴村”项目2个。开展助力本地农产品消费专项行动，认购禽蛋3865千克、大米1550千克，总金额83560元；开展助农直播带货活动3次，累计观看人数27884人，成交订单148单，销售额达15540元。

（刘文杰）

食盐经营

【概况】 2022年，兴化市盐业有限公司创新经营思路，完善管控体系，打造“淮盐”品牌。全市盐产品实现销售28500吨，其中小包装食盐销售2936吨，大包装食盐销售24300吨，实现商品销售收入2437万元。其中主营产品销售收入2249万元，非盐产品销售收入188万元。合格碘盐市场覆盖率100%。

【安全用盐】 2022年，兴化市在保证正常供应以外，将政府储备食盐扩大到2600吨，同时定期检查储备盐质量安全和储存安全，确保食盐随时能保障供应。食盐储备管理工作，通过省、市两级检查验收。利用“3·15”消费者权益日、“5·15”碘缺乏病防治日、食品安全周等节日，公司组织员工到商超、乡镇集贸、社区等人口密集地设立咨询台，开展食盐加碘、消除碘缺乏危害的知识宣传活动，发放《食盐安全使用手册》，提高民众对科学食用盐的认识。

（王　凯）

邮政快递

【概况】 2022年，中国邮政集团有限公司兴化分公司（简称邮政兴化分公司）累计完成业务总收入3.51亿元、同比增长15.21%，位列全区第一位。年内，邮政兴化分公司获“全省邮政先进基层党组织”称号，邮政西鲍支局获“全国邮政服务示范窗口”称号（集团）。

【邮政普通业务】 2022年，邮政兴化分公司助推乡村振兴，全力保障农业生产金融需求。寄递同城邮件约8000件，帮助果蔬农场及合作社销售滞销草鸡蛋6000盒、约7500千克，甜瓜800箱、约9000千克。成立下圩、陈堡乡村振兴工作室，发放惠农贷款338万元，受益农户19户。年内，累计发放惠农贷款140笔，贷款金额2931万元，受益农户319名。

【“四方共建”退役军人邮电服务驿站】 2022年4月27日，兴化市退役军人事务局、邮政公司、电信公司以及邮储银行在兴化邮政西鲍支局启动“兴化市退

2022年4月27日，兴化市退役军人邮电服务驿站成立

（市邮政公司/供图）

役军人邮电服务驿站”揭牌仪式。西鲍支局是全省首家“退役军人邮电服务驿站”。“四方共建”兴化市退役军人邮电服务驿站,全方位为退役军人提供邮政金融、创业贷款、光速宽带、智慧家庭组网、邮电专属接待等各项优惠服务和用邮体验。邮电部门把退役军人邮电驿站打造成退役军人身边的“温馨平台”。依托遍布城乡的网点资源,为退役军人提供服务。

(陈兴华)

通信服务

【中国电信股份有限公司兴化分公司】 2022年,中国电信股份有限公司兴化分公司提供优质综合智能信息服务,推动地方经济发展。完成投资3813.37万元,新建5G基站167个。截至2022年底,全市4G基站总量达1267个,5G基站总量达600个;新增IP城域网出口60G,达到1080G;千兆FTTH端口总量达35.5万个,实现城乡千兆网络全覆盖。推进数字信息基础设施建设,实现数字化农业种植(5G+无人农场)、渔业养殖、食品加工制造(5G+智能工厂)等。全年共处理各类咨询投诉16078件,处理及时率达99.8%,满意率达99.1%。年内,电信兴化分公司获评“2022年度泰州市放心消费创建示范单位”称号。

(张　凯)

【中国移动通信集团江苏有限公司兴化分公司】 2022年,中国移动通信集团江苏有限公司兴化分公司围绕城市发展主线,推进物联网、云计算、人工智能等新兴技术落地,提升民生服务能力。承建应急管理局智慧消防工作站、交通警察大队警务工作站、医保局和财政局机房改造、雪亮工程校园技防、司法局智慧矫正中心建设、道路交通安全设施项目等13个项目。投资2900余万元,新建5G基站116座、4G基站13座、室内分布58个,城区网格测试覆盖率达99.21%,乡镇达到98.52%;宽带新增覆盖2.7万户,城区、乡镇、行政村覆盖率99.36%以上;管道建设总长度33.76千米,布放光缆584.48千米。加快基站建设,累计建设基站1596余座,所有基站均使用自建传输线路,通过网络维护代维的方式,提高网络运行质量和覆盖效果。

(宗　晨)

【中国联合网络通信有限公司兴化分公司】 2022年,中国联合网络通信有限公司兴化分公司投入资金2800万元,新建宽带小区44个、传输光缆310千米,开通5G小区516个、室内分布系统7处,单站验证完成率100%。深入推进互联网营销转型,积极与多行业开展异业金融合作,通过双向引流和权益包装,为消费者释放更多实惠。聚焦政务、教育、医卫、生态环境、交通、文旅、工业互联网、5G行业应用八大领域,推进创新业务规模效益发展。以云计算、大数据、物联网为引领,结合传统业务、应用云网一体化产品,通过“云+网+应用”集成服务,满足客户数字化转型需求。

(蔡小花)

电子商务

【概况】 2022年,全市实现电子商务交易额约150亿元,农产品网络零售额约为14亿元,位列泰州市第一。依托电子商务产业扶持奖励政策,财政累计奖补电商企业2382.7万元。电商企业注册1.96万家,销售额5000万以上企业超15家,农产品网络销售额超76亿元。兴化电子商务形成四大产业链:调味品产业链主要集聚于林湖乡,有300余家从事调味品电商销售企业,带动就业2万余人;大闸蟹及水产品加工产业链,200多家电商企业分布于安丰镇、钓鱼镇、开发区等地,带动就业2万多人;休闲食品产业链,有销售超亿元企业3家,日均发货量2万单左右,带动就业1万余人;戴窑大米产业链,年销售额超30亿元,其中电商企业70余家,日均零售发货量30吨。

【电子商务平台建设】 2022年,兴化市建设市级电商中心,探索“云计算+大数据+电子商务”综合服务,形成农村电子商务集成平台,打造国家级农产品电商服务示范区。继续推进市镇村三级电子商务开展,拓宽全市农村电商流通网络渠道,形成供销系统线上线下相结合的经营业态,带动农业产业化发展。改造升级54个基层网点,利用QQ、微信、App等现代通信软件,开展网上订货业务,根据农户个性需求,为农户提供“订单式”服务,分乡镇建立26个农资服务信息群,为销售企业和农户提供农资供需交流平台。

【农村电子商务】 2022年，兴化市依托国家级电子商务进农村综合示范项目，开展兴化大闸蟹品牌推广系列活动，建成电子商务公共服务中心，成功孵化清水源等10家电商企业，完成涵盖23个乡镇、120个村级服务站点建设，优化县域三级物流配送体系。培强电商龙头企业、特色村，培育苏航木业等销售3000万元以上电商企业9家。新培育打造3个电子商务特色村：安丰镇九丰村、大邹镇吴家村、千垛镇徐圩村。发挥电商培训服务平台作用，全年组织30场电商培训，涉及28个乡镇及街道，共培训2218人次。推广田头直播模式，打造供销品牌。组织“兴好有你，供销惠农”为主题的电商直播系列活动，举办包括葡萄、大闸蟹、双十一直播、年货节直播带货等6次活动。

（马捷勋　朱　炜）

房地产业

【概况】 2022年，兴化市连续出台利好政策支持刚性、改善型等合理住房需求，规范购房补贴政策，加大住房公积金贷款支持力度，降低存量房交易成本、优化个人住房信贷政策等多项政策，释放消费潜力，全年房地产开发投资54.91亿元，其中，住宅投资47.63亿元，增长6.3%。

【用地保障】 截至12月底，全市上报19批次建设用地项目；涉及新增建设用地3350.54亩，16批次项目用地面积1683.63亩，国有建设用地使用权供应75宗、总面积5074.4亩。

【存量房交易】 截至11月底，全市成交商品房1760套，同比下降64.79%；商品房施工面积296.09万平方米；商品房新开工面积47.58万平方米，竣工面积81.46万平方米，销售面积96.63万平方米，待售面积7.99万平方米。成交均价10298元每平方米。全年（1—11月）共办理存量房网签备案2362宗，成交面积25.66万平方米，交易合同金额21.02亿元；办理存量房交易资金监管服务1284笔，监管并结算交易资金共计11.41亿元。

【房屋征收】 2022年，全市792户签约，征收房屋建筑面积约8.97万平方米。12户滞留户签约腾空，施耐庵东路房屋征收项目全部“清零”，推进剩余15个往年项目104户滞留户房屋征收（搬迁）扫尾工作。

【房产中介】 2022年11月中旬，市住建局联合市监部门对城区15家门店进行了“双随机、一公开”执法专项检查，警示约谈4家中介机构负责人和多名从业人员，全力查处和整治“强制服务、不合理收费”等违法违规行业乱象。同时，通过召开房地产经纪机构座谈会、开展业务培训和签订承诺书等，加强正面宣传引导，督促房产经纪从业人员遵守职业道德准则，全面推动实现诚信服务承诺。专项整治过程中，各中介服务机构、房地产中介协会共签订《诚信自律承诺书》78份。全年共受理商品房销售代理机构备案申请1份，另为2021年第二批11家房地产中介机构颁发了经纪机构备案证明。

【物业管理】 2022年，兴化市有物业管理委员会263个，其中昭阳街道229个、临城街道29个、垛田街道5个。成立业委会166个，未成立业委会97个，专业化物业服务覆盖率100%。打造锦绣园、张阳南区、景范康城、富康花园和典雅居5个宜居住区，8月底完成省级宜居住区迎检的工作。推进4个“智慧物业示范小区”打造，时代嘉园、富康花园智慧物业终端安装启用，小区的基础信息、物业公司及人员信息、业委会人员信息、物业客服台账、物业日常管护台账、装修管理台账正常使用。国际公寓老区、东天阁等16个小区智慧停车系统完成。推进“智慧小区”建设工程，涉及全市265个小区，景范康城、锦绣园2个雪亮工程示范小区“智慧小区”建设工程已完成。

（徐兴旗　宗高翔）

物流业

【概况】 2022年，江苏中发物流股份有限公司被省发改委评为“江苏省重点物流企业”，公司从事重大件运输，业务范围涵盖工程物流、逆向物流、多式联运、供应链管理、报关、货代、船代、仓储配送等物流功能。拥有1家省级示范物流园——江苏（戴南）不锈钢综合物流园区；2家省重点物流基地——兴化市粮食交易市场和江苏戴南现代物流园区。

（王　璐）

【物流管理】 2022年，全市注册登记快递物流服务经营主体工商户228户。创新“网点+站点”运营模式,建成网点+站点881个,其中优质站点475个。9月“交邮快”共配中心建成并投入使用,开通公交车代运邮政快递服务,依托三级物流体系全面构建线上线下相融合的“农产品进城”和“工业品下乡”双向流通渠道。9月9日,大营镇寄递物流共配中心正式成立。联合多部门对全市480辆快递电动三轮车集中挂牌。进一步规范快递物流市场经营秩序,联合打击超地域经营违法行动2次。

(张兴华)

【江苏中发物流股份有限公司】 公司位于安丰工业园区内,成立于2011年6月,注册资本2000万元。2022年,公司资产总额9896.16万元,实现主营业务收入1.03亿元,运输整机设备253套。公司有员工85人,仓储总面积10万平方米。自有货运车辆7辆,总载重931.7吨;自有船舶2艘,总吨位1万吨;整合社会货运车辆约100辆,总载重3600吨;自租码头1个、公用码头3个、通航能力8000吨、起重能力400吨。公司业务范围涵盖工程物流、逆向物流、多式联运、供应链 管理、报关、货代、船代、仓储配送等物流功能,是全市最大的综合物流服务商之一。

(季明朗)

商务服务业

【人力资源服务】 2022年,全市有人力资源服务机构87家,从业人员2216人,实现营业收入2.43亿元。在全市人力资源服务机构中开展诚信机构创建活动,明确诚信机构创建标准和创建要求,引导鼓励经营性人力资源服务机构诚实守信。兴化市民生劳务服务有限公司、兴化市建兴人力资源有限公司被认定为省诚信人力资源服务机构。开展人力资源服务机构年度报告公示、人力资源市场年报统计等业务培训。1523人参加人力资源管理师、江苏省人力资源服务资格证书等培训。

(周 卿)

【律师服务】 2022年,兴化市有律师事务所12家,律师218名,基层法律服务工作者132人,其中专职律师119人、公职律师95人、公司律师3人。全市每万人拥有律师数1.85名,全年全市律师办理诉讼案件5649件,非诉案件1183件。开展律所社区结对服务,8家律师事务所与16个社区签订结对服务协议。联合市妇联开展“我助妇儿康·妇儿权益维护与安全守护课堂”系列公益讲座活动,组织律师到村、社区开展妇女儿童权益保护专题讲座,累计宣讲54场。

【公证服务】 2022年,办理各类公证1656件,其中国内公证1391件,涉外公证260件,涉港公证1件,涉台公证4件。制定并公示公证处助企纾困六条服务承诺,设置专用窗口,“一对一”接待企业法律咨询。全年共向25家企业提供公证服务,共办理涉企公证25件,包括委托公证17件、保全证据公证2件、文书签名(印鉴)公证1件及涉外公证5件。

【司法鉴定】 2022年,依据《司法鉴定机构登记管理办法》《司法鉴定人登记管理办法》《江苏省司法鉴定管理条例》,严格按照《司法鉴定程序通则》开展鉴定工作。兴化市第三人民医院司法鉴定所有工作人员9名,取得司法鉴定资格人员8名,其中取得高级专业技术人员6名、中级专业技术人员1名。全年受理并完成法医临床鉴定案件740例,同比增加176例;采信率100%,与上年持平;投诉案件0例,与上年持平;出庭案件0例,与上年持平;司法鉴定法律援助0例,与上年持平。

(张 娇)

【科技服务业】 2022年,兴化市科学研究和技术服务业实现营业收入34884万元,增速23.2%,位列泰州第四名。9月18日,江苏省农业科学院、江苏沿海地区农业科学研究所、兴化市农业农村局和兴化市钓鱼镇政府在兴化市举行亚夫科技服务“兴化钓鱼工作站”揭牌仪式,启动兴化亚夫科技服务体系建议,推广服务新机制,助力兴化产业发展。年内,兴化市入选“全国农业科技现代化先行县”。

(鲁 萍)

【检验检测服务】 2022年,全市检验检测行业共有服务企业1137家,实现检测业务收入410万元,检测业务量11828批,同比增加15%;实现业务收入586.33万元,增加31%。完成各类产品委托检验4400批次,出具检验报告4354份,检测报告一次合格率达到100%,做到服务零投诉。组织人员外出参加各类专业技术培训学习8人次，参加上海材料研究所检测中心组织的能力验证 4 项、测量审核 1 项。申报并获授权实用新型专利 2 项、发明专利 4 项。7 月 6 日，兴化市食品质量检验检测中心揭牌，项目总投资约 1.3 亿元，占地面积 36 亩，实验室面积 6000 平方米，有仪器设备 395 台套，总价原值超过 3000 万元。与市经济开发区德汇公司共同组建技术团队，共有人员 42 人。完成 CMA 认证资质 1412 项；CNAS 认可资质 211 项；农残 200 余项、兽残 100 余项。免费服务 21 个乡镇卫生院及其村（社区）卫生室，检定血压计、B 超、心电监护仪、心电图机合计 294 台，检定市区医院血压计、多参数监护仪合计 586 台，检定电子秤 1184 台，燃气表 20453 只，出租车计价器 234 台，压力表 9227 只，加油枪 1518 只，焦度计 4 台，验光仪 4 台，验光镜片箱 4 件。

（余友银）

居民生活服务业

【养老服务】 2022 年，兴化市持续推进“兴有颐养”工程，制定《“兴有颐养”农村养老服务体系建设改革创新试点工作方案》，做实做细养老服务。培育 9 个本地社会组织参与上门服务，各乡镇（街道）慈善社工站均实体化运营。设立养老服务公益基金，为特殊困难老人开展公益慰问帮扶活动，接受服务老人 6.37 万人，服务覆盖率 97.33%。开展老年人运用智能技术专项普及培训，累计培训近 407 场 9154 人次。全市 35 家养老机构内设医务室，建成各类城乡社区养老服务设施 616 个，养老服务设施覆盖率 100%。完成陈堡、合陈、戴窑 3 所敬老院标准化农村区域性养老服务中心提升改造，3 所街道综合养老服务中心建设、35 家养老机构等级评定工作。完成 900 户特殊困难老年人家庭适老化改造项目。开展养老护理员培训，690 人参加培训，其中 567 名通过考核，获得初级养老护理员资格证书。新建 5 个小区嵌入式养老服务设施。对全市 378 个居家养老服务中心进行摸排，评定 AAA 级居家养老服务中心有 34 个。年内，全市有 35 家敬老院，新建 3 家区域性养老服务中心，有 3 家农村敬老院公建民营，有居家养老服务站点 375 个，有持证养老护理员 1494 名；享受高龄人员养老待遇补贴（尊老金）的人数为 6.7 万人；享受基础养老金的平均人数为 336959 人。通过社保精准扶贫，为 13093 名贫困人员代缴城乡居民养老保险费 130.93 万元。

（汤志宏 李正泉 罗爱华）

【家政服务】 2022 年，全市有家政服务经营主体 795 家。开展针对性、实效性家政服务员技能培训，采用“理论授课、实训操作 + 视频教案”相结合的方式，累计开展家政服务员培训 3 班次，培训 112 人，83 人通过考核获初级技能等级证书。拓宽就业渠道，主动与用人单位（企业）对接，实现“培训 + 就业”互联，120 人走上家政服务、康复养老等工作岗位，实现技能就业。

（汤志宏）

【托幼服务】 2022 年，兴化市聚力打造普惠托育服务体系，按照“政府引导、部门协同、家庭为主、多方参与”的总体思路，促进婴幼儿照护服务体系建设和发展普惠托育纳入“十四五”卫生健康工作规划。成立“兴化市婴幼儿早期发展指导中心”。增加托育资源供给，以大托班、混龄班的形式优先解决 2～3 岁婴幼儿的照护需求。至年底，兴化市有提供 3 岁以下托育服务的机构 47 家，其中 42 家为幼儿园托班、5 家早教托育机构，形成公办和民办共同发展的托育服务模式，提供托位 2764 个，收托人数 671 人。兴化市昭阳中心幼儿园等 3 家单位被评为江苏省普惠托育机构，兴化市戴南中心幼儿园、蓝天幼儿园、翰林敦品幼儿园等 10 家单位被评为泰州市普惠托育机构。 （罗爱华）

【美容理发】 2022 年，兴化市新注册登记经营范围“生活美容服务”的市场主体 231 家、“理发服务”的市场主体 106 家。注销经营范围为“生活美容服务”的市场主体 52 家、为“理发服务”的市场主体 23 家。

【洗浴保健】 2022 年，兴化市新注册登记“洗浴服务”市场主体 44 家、“养生保健服务”市场主体 256 家。注销“洗浴服务”市场主体 18 家、“养生保健服务”市场主体 59 家。

（杨 帆）

金融业

综　述

2022年，全市共有地方金融组织等金融机构69家，其中银行业金融机构18家。兴化作为全省唯一入选县（市）级“中央财政支持普惠金融发展示范区”，配套扶持资金1250万元，建立4家乡村振兴特色支行。拥有A股上市企业1家，港股上市企业1家，新三板挂牌企业2家，其中博生医材成为全市首家新三板创新层挂牌企业。全市银行机构本外币各项存款余额1358.32亿元，同比增长10.02%；各项贷款余额1085.08亿元，同比增长18.62%。“普惠型金融重点领域贷款”余额达326.82亿元，占各项贷款比重30.12%，同比增长0.86个百分点，总量和占比均位列泰州第一。

立足区域产业优势，推广“惠企e贷”“惠企一证通”“兴园宝”“孵化贷”等金融产品，为一、二、三产业提供全方位金融服务，助力地方经济融合发展。涉农贷款余额达732.39亿元，同比增长15.66%。推广应用“江苏省综合金融服务平台”，新增注册上线企业766家，授信笔数2084笔，授信金额88.57亿元。建立完善企业走访服务制度，动态更新企业上市（挂牌）后备库，在库企业达30家，新增98家挂牌企业。联合人民银行开展“政银携手 暖企惠民金融服务乡镇行”活动，出台《关于进一步做好金融支持疫情防控和经济社会发展工作的通知》，编发《兴化市金融支持助企纾困产品汇编》，推动全市14项利企政策、15条服务工业企业措施、21条扶持服务业措施和12条暖企惠民政策落实，建立先放款后补手续容缺办贷相关机制。

（夏振建　焦　倩）

银行业

【中国农业发展银行兴化市支行】 2022年，本外币贷款余额60亿元，日均存款余额11.02亿元，完成内部资金定向转移带来

2022年6月29日，市人民银行在戴南镇举办“外汇政策进戴南 助企纾困增便利”活动
（市人民银行/供图）

2022年6月8日，市农发行开展金融知识宣传活动 （市农发行/供图）

的利润7383.74万元。夏秋两季粮食收购期间累计发放市场化收购贷款3.7亿元，支持企业收购小麦11.51万千克，稻谷1660万千克。依托现有粮食共同担保基金，为国有粮食企业授信4亿元。支持张皮安置房、杨花二期安置房、城东何家垛片区城市更新改造工程，以及戴南镇文体设施工程等项目，投放贷款15.9亿元。为兴化市景区提档升级项目投放贷款2.3亿元。重点聚焦农村流通体系建设，发放贷款5600万元。

【中国银行股份有限公司兴化支行】 2022年，中国银行股份有限公司兴化支行本外币各项存款余额48.42亿元，本外币存贷款余额54.26亿元。坚持“存款立行”理念，拓展新客户、大客户，抢抓资金源头，以行政事业单位、拆迁项目和智慧工地建工代发为突破口，加强代发项目营销，做大做强存款规模。优化信贷结构，大力扶持中小企业和实体民营经济。加强资产质量管理，推进不良资产清收工作。

（解文倩）

【中国工商银行股份有限公司兴化支行】 2022年，中国工商银行股份有限公司兴化支行统筹推进客户拓展、信贷提升、风险管控、队伍建设、战略落地等工作，全行业务经营健康稳步发展。截至年末，人民币各项存款余额82.55亿元，各项贷款余额46.3亿元，中间业务收入0.631亿元，实现净利润1.26亿元。年内，加强源头业务拓展，新开人民币对公结算账户971户，对公存款余额17.59亿元，个人客户金融资产达82.9亿元，其中储蓄存款64.96亿元。建立健全资产质量管理长效机制，加强信贷风险管控，全年账销案存清收780余万元，公司贷款余额31.86亿元，个人贷款余额达13.02亿元，个人住房按揭贷款2.05亿元。全年实现减值准备前利润1.76亿元，净利润1.26亿元。加强费用支出管理，全年营业费0.38亿元，基金余额1.11亿元，保险余额4.5亿元，理财产品余额7.8亿元。

（裴建坤）

【中国农业银行股份有限公司兴化市支行】 2022年，中国农业银行股份有限公司兴化支行被省行评为安全保卫“三化三达标”优秀支行。截至2022年底，人民币各项存款余额205.35亿元，各项贷款余额103.05亿元；中间业务净收入7622万元；人民币对公实体贷款投放58.8亿元，制造业贷款32.25亿元，涉农贷款余额78.46亿元，普惠贷款余额21.1亿元。加大实体经济和“三农”服务力度，推行“一项目一方案一授权”普惠信贷业务运作新模式。提升案防风控水平，全年实现不良贷款清收处置1720万元，不良贷款余额1547万元。组织“金融知识宣传进社区”、“3·15”主题活动、“征信安全宣传月”、防范和处置非法集资宣传等活动，提升居民金融风险防范能力。开展重点业务专项整治活动，提升反洗钱履职能力，全年未发生重大案件、责任事故和有影响的声誉风险事件。

（沙璐娟）

【中国建设银行股份有限公司兴化支行】 2022年，中国建设银行股份有限公司兴化支行一般性存款日均余额89.69亿元，新增9.8亿元，增幅12.27%；各项贷款余额80.16亿元，新增7.29亿元，资金使用效率及效益较高。全年实现中间业务收入7706万元，增幅48.52%。资产质量稳定，不良资产控制在计划之内。拨备前利润2.44亿元，较上年增长0.69亿元，集约化经营水平领先当地同业。投放城市更新贷款3.54亿元，农村基础设施贷款1.75亿元。为兴化龙头企业兴达钢帘线投放厂房建设贷款

2亿元;全年累计投放小微企业及农户贷款3亿余元。与兴化市农业农村局签订战略合作协议的基础上,联合打造普惠兴农示范点。乡村振兴裕农通服务点持续扩面增量,服务点达329户、裕邮E站39个、标杆服务点43个,活跃率100%。乡村振兴卡累计发卡2.2万张、农户签约6921户。裕农通服务民生交易8.40万笔,裕农快贷新增客户31户791万元,城乡融合贷投入262笔2.51亿元,红膏饲料有限公司合作产业链项目投入30万元。

(梅林森)

【兴化农村商业银行】 2022年,兴化农村商业银行实现营业收入27.13亿元,利润总额5.57亿元,净利润4.58亿元。本外币各项存款余额517.95亿元,本外币各项贷款余额389.8亿元,资产总额603.13亿元。推进网格建设,实现辖内458个行政村、34.65万户家庭、115.97万农户建档评议全覆盖。开展"全民共抗疫 农商送温暖"三大行动,出台12条暖企惠民政策措施,推出三大抗疫产品,开展"政银携手 暖企惠民 金融服务乡镇行"等系列主题活动11场。截至年末,三大抗疫产品共授信用户4980户、贷款金额2.28亿元。成功发行全国县域农商银行首单"碳中和"专项绿色金融债券,对全市125个项目建立信息台账,授信12.07亿元。开展"党建引领 共兴共富"五大行动,协助全市26个乡镇(街道)创办并运营美丽乡村建设公司,投放"兴村易贷"9笔、金额1253万元,"兴锋e贷"533户、金额9603.53万元。建成普惠金融服务点476家,提供基础金融服务89.85万笔5.52亿元。打造"共兴金融""朝阳党建""朝阳青年"品牌,推出"廉风竹韵"清廉文化品牌、"+U青年"快贷品牌、"共兴学堂"培训品牌。全年实现减费让利1.56亿元,纳税总额1.39亿元,对外捐赠355万元。年内,获"江苏省银行业金融机构普惠金融服务先进单位""驻泰银行机构服务高质量发展考核第一等次"等荣誉。

(李鹏飞)

【苏州农商银行兴化支行】 2022年,苏州农商银行兴化支行实现营业收入4049万元。本外币存款余额14.83亿元,比年初增加1.3亿元。其中公司存款额10.13亿元,比年初净增574万元。零售存款额4.7亿元,比年初增加1.24亿元。本外币贷款余额8.72亿元,比年初增加4824万元。其中公司贷款余额6.38亿元。零售贷款余额2.34亿元,比年初净增1459万元。经营性贷款额1.45亿元,比年初净增1895万元。不良贷款余额349.56万元,其中公司不良贷款余额200万元,零售不良贷款余额149.56万元。

(庞琛昊)

【中国邮政储蓄银行兴化市支行】 2022年,中国邮政储蓄银行兴化市支行本外币各项存款余额177.7亿元,本外币各项贷款余额52.1亿元,实现自营收入1.87亿元。推进特色白名单模式,小额极速贷净增2亿元,消费极速贷净增1亿元。加强全面风险管理,完善"全面、全程、全员"风险管理框架,严守风险底线。抓好资产质量管控。开展"防范非法集资宣传月""'3·15'消费者权益保护教育宣传""普及金融知识万里行活动""普及金融知识,守住'钱袋子'"等宣传活动,提升社会公众风险防范意识。

(周思敏)

保险业

【中国人民财产保险股份有限公司兴化支公司】 2022年,实现保费收入5.7亿元,比上年增长18.50%。强化行业自律,健全内控管理制度。推动农险"提标、扩面、增品",强化警保联动,打击违法行为。深化"保险+科技+服务"模式,推进风控平台建设,提供承保前风险查勘服务。强化政企互动,成功中标兴化市医疗机构医疗责任保险项目、兴化市计生特别扶助对象住院护理保险补助及重大疾病治疗补偿保险项目、兴化市残疾人意外伤害综合保险项目、2023—2025年政策性农业保险项目。

(朱健鸿)

【中国人寿保险股份有限公司兴化支公司】 2022年,实现保费收入5.3442亿元,其中新单保费收入8525万元,短险保费3559.64万元。有销售人员686人。全年共处理赔案14682件,其中长险553件、短期健康险和意外险14129件,支付赔款5320万元。全年各种满期给付3亿元。受理二线转入险种咨询742件、查询办理621件、建议26件、理赔412件。平台投诉共61件,其中:行业协会投诉10件、

2022年3月11日，市人寿公司组织走访慰问特教学校
（市人寿公司/供图）

“12345”平台群众投诉8件，公司内部其他系统及柜面投诉37件，银保监局6件。

（朱佳荣　董维安）

证券业

【华泰证券股份有限公司兴化英武中路证券营业部】　华泰证券股份有限公司位于兴化市英武中路198号，成立于2012年，主要业务包括沪深A股、B股，国债代理买卖，基金代销，理财产品代销，科创板开户，融资融券，股票期权等。2022年，华泰证券泰州兴化英武中路证券营业部完成考核收入超1000万元，市场融资9.55亿元，实现税收297.92万元。9月，兴化22F2创兴化地区债券发行历史最低利率。持续推动本地党建合作，认真执行对口帮扶本地乡镇工作，践行乡村振兴战略，通过“万企连万村，共走振兴路”项目向昌荣镇盐北村进行精准帮扶，2022年拨付帮扶资金81.36万元。

（蔡理昂）

【中信建投证券股份有限公司兴化牌楼西路证券营业部】　中信建投证券股份有限公司位于兴化市牌楼西路18—20号，营业部成立于2009年，主要业务包括证券经纪，证券投资咨询，融资融券，IB业务，基金代销等。2022年，中信建投证券股份有限公司兴化牌楼西路证券营业部完成考核收入达1368万元。发挥信用保护工具在支持民营企业融资过程中的作用，提出“债券发行＋信用保护合约创设”综合服务方案，为民营企业债券融资提供增信支持，以“低保险费”撬动市场资金参与民营企业债券投资。助力“专精特新”企业发展，为创新型中小企业提供全产品、全生命周期的服务。完成产品销售折合标准金融券19261万元。销售量化主动管理私募930万元，其他量化私募200万元。

（于学谦）

其他非银行金融机构

【典当】　2022年，全市有兴化市万和典当有限公司典当行1家，典当发生额4058.5万元，其中动产3862万元、不动产196.5万元；典当余额811.5万元。

【小额贷款】　2022年，全市共有兴化市百发农村小额贷款有限公司、兴化市兴达农村小额贷款有限公司、兴化市三鑫农村小额贷款有限公司、兴化市董北富联农村小额贷款有限公司等小额贷款公司4家，贷款余额10.01亿元，其中农村小额贷款公司发放各项涉农贷款392笔5.53亿元。

【融资担保】　2022年，全市共有兴化市银桥融资担保有限公司、江苏华鼎融资担保有限公司、江苏省农业融资担保有限责任公司兴化分公司、兴财源融资担保公司等4家融资担保公司，其中法人机构3家、分支机构1家，在保余额11.22亿元，比年初增加11587万元。兴财源融资担保公司在保余额1.35亿元，同比增长30.36%，江苏省农业融资担保有限责任公司兴化分公司累计为辖内671家农户、涉农企业担保4.85亿元，减免保费373万元。

（焦　倩）

【商业保理】　2022年，全市有保险业从业机构38家，其中寿险从业机构19家、财险从业机构17家、保险代理公司1家、保险经纪公司1家。全市保费收入20.20亿元，同比增长4.21%。财产险承保收入8.93亿元，同比增长13.38%；人寿险承保收入11.27亿元。

旅游业

综　述

2022年,全市拥有世界重要农业文化遗产1处、国家AAAA级旅游景区2家、国家AAA级旅游景区5家、省级生态旅游示范区1家、中国历史文化名镇1家、全国和省重点文保单位16处、省历史文化街区2处,非遗名录124项。以"旅游+"为抓手,推动旅游与农业、工业、文化、大健康等融合发展,有千垛果园、龙香芋产业园等一批新型产业;大地蓝绢纺有限公司入选省级工业旅游示范点;有国家级非遗竹泓木船制造工艺、茅山号子、茅山清明会船等。年内,接待国内外游客近246.4万人次,旅游总收入达到15.3亿元,旅游业总收入占GDP的比重达到1.41%以上。有旅行社设立社14家,星级旅游饭店5家。

按照《兴化市"十四五"旅游发展规划》要求,兴化市注重旅游策划,拓展发展领域,提升旅游品质。发挥生态旅游资源优势,对千垛景区、水上森林景区等所在5个乡镇统一规划,整合资源,实施区划调整,成立新的千垛镇和沙沟镇,优化旅游业资源配置。构建"以水为脉、以文铸魂,城乡融合、区域协调"的兴化旅游发展新布局,推动兴化全域宜居宜业宜游。

旅游资源

【千垛景区】　位于千垛镇东旺村,总面积逾万亩;是世界重要的农业文化遗产,江苏省四星级乡村旅游景区;它与法国普罗旺斯薰衣草花海、荷兰郁金香花海、日本京都樱花花海,并称为"全球四大花海";享有"全国最美油菜花海""江苏最美赏花地""长三角十佳乡村旅游景区"等称号。这里河湖港汊纵横交错,独一无二的垛田地貌入选为全球重要农业文化遗产;"河有万湾多碧水,田无一垛不黄花""船在水上行,人在花中走"的生态美景,使其不仅登上了中国邮政"美丽中国"邮票系列,还成功亮相美国纽约时代广场。

【李中水上森林景区】　江苏省最大的人工湿地生态林,始建于20世纪70年代末,位于兴化市千垛镇舜川路东首,是国家AAAA级旅游景区。这里原是一片芦苇荒滩,经人工改造、垒土为垛,栽种10万余株水杉、池杉等树木,长成高大茂密、生机盎然的水上杉林,形成了"林中有水,水中有鱼,林中有鸟,河流回环,水杉林立"的生态湿地景观,吸引白鹭、灰鹭等数万羽鸟类来此栖息,被誉为"苏中九寨沟、华东鸟天堂"。在旅游产业转型升级背景下,李中水上森林景区着力打造以湿地森林为核心,囊括康复医院、医养大厦、花园式酒店、万亩养生花海等项目在内的水上森林康养旅游综合体。

【郑板桥·范仲淹纪念馆】　建于1986年,位于市区牌楼北路,是江苏省、泰州市、兴化市爱国主义教育基地,国家AAAA级旅游景区,是兴化收藏、保护、研究、展示文物和研究郑板桥、施耐庵、范仲淹的主要机构。纪念馆总面积25500余平方米,建筑面积约3289平方米,展陈面积2180平方米,东与李园相连,南与兴化县署(范仲淹纪念馆)相通,系仿明清徽派建筑风格而建。全年免费对社会开放,年接待参观总人数突破60万人

2022 年 7 月，金东门老街景区一角 （市委宣传部/供图）

次。有固定陈列“楚水流长——兴化简史料陈列馆”、“三绝奇才——郑板桥生平及艺术成就展馆”、“范仲淹纪念馆”、“施耐庵文物史料陈列馆”、兴化历代名人史料陈列、当代兴化名人成就展等展馆。

【沙沟古镇】 国家级历史文化名镇，位于兴化市西北部，始建于公元前 206 年，东邻盐都，西与高邮、宝应毗邻，北与建湖隔河相望，自古便是五县通衢的中心城镇，是国家 AAAA 级旅游景区。这里人文荟萃、底蕴深厚，走出过举人、进士 120 余名，诞生了福建右布政使万云鹏、《中国医学史》作者陈邦贤等诸多名贤。古镇拥有保存完好的古街巷 75 条、明清古建筑 187 处，虹桥、大士禅林、进士坊、望火楼、明清古厕、板桥塾馆、沙沟市政府旧址、苏中公学、程家大院等众多历史文化景观。沙沟渔业资源丰富、古法捕鱼“十八帮”传承至今、沙沟大鱼圆驰名中外；被评为“江苏省渔文化旅游风情小镇”，获国家级“最美渔村”称号。

【金东门老街景区】 国家 AAA 级旅游景区。位于市区中东部，是一个由明清古建筑群组构而成的街区，素有“金东门”之称，历史上店铺林立、商贾云集、日进斗金，形成“一街（东城内、外大街）三行（菜行、鱼行、米行）”的商业形态和“竹巷”“染坊巷”“珠蕊巷”等手工业集聚区，是省级文物保护单位。现存街道东西长约 1200 米，鱼骨状的幽深古巷分布在南北两侧，原住居民近万户。明城墙、东岳庙、上池斋药店、竹业公所、家舒巷古民居建筑群，赵海仙洋楼、状元坊、解家祠堂等各级文物保护单位均坐落于此。

【施耐庵文化园】 位于新垛镇施家桥村东北，为元末明初大文学家、《水浒传》作者施耐庵墓地。墓地四面环水，墓冢成圆形土堆，高 3.5 米，直径 4.5 米，立“大文学家施耐庵先生之墓”石碑一方，前有三门砖砌牌坊，正中横梁上悬有“耐庵公坊”四字石刻，是国家 AAA 级旅游景区。墓园东南方为施耐庵文物陈列室，陈列有施氏家世表、与施耐庵及其后裔有关的各类文物以及《水浒传》的各种版本资料。

【乌巾荡风景区】 位于市区北部，交通便捷，自然环境优越，是集休闲娱乐、水上旅游观光、农业观光、生态调节、文化旅游功能于一体的湿地生态保护区。乌巾荡拥有约 3.2 平方千米的水面和周边湿地地貌，围合空间面积约为 8.36 平方千米。区内

2022 年 6 月，乌巾荡大桥 （市委宣传部/供图）

有乌巾荡湿地公园(国家 AAA 级旅游景区)、上方寺、水上乐园、兴化游园等项目。

【万亩荷塘】 国家 AAA 级旅游区。位于千垛镇刘家沟村。2015 年,由泰州市九州营销策划有限公司投资开发,同年 7 月 28 日开园迎宾。景区是以“荷文化”为主题打造的生态旅游景区,核心区域总面积 80 公顷,是集旅游观光与休闲度假于一体的生态农业区。每届盛夏季节,藕莲、子莲、花莲、王莲四大类 20 个品种 36 个品系的荷花竞相开放,乘坐一叶木筏穿行于荷花、荷叶之间,阵阵清香扑鼻而来,可体验“船在水上走,人在画中游”的奇妙感觉。

【徐马荒湿地】 位于千垛镇徐圩村和马港村西侧,总面积 10.68 平方千米,有陆地 133.33 公顷、林地 200 公顷、荒滩水面 266.67 公顷、鱼池 333.33 公顷。湿地景观四季分明、各有特色——春季森林鸟鸣翠、夏季荷塘碧连天、秋季芦荡花飞雪、冬季荒野寂无声,享有“苏中沙家浜”和江苏“香格里拉”等称号。千垛镇政府在加大生态保护和修复工作的同时,正抓紧把徐马荒湿地打造成为苏中地区重要的鸟类摄影基地,成为人们走进自然、认识鸟类、研究鸟类、享受生态的科普之地。

【郑板桥故居】 郑板桥故居俗称“郑家大堂屋”,位于兴化东城湾郑家巷(在今板桥东路)9 号。为市级文物保护单位,原建于清代,1983 年重修。整座故居坐北朝南,前后两进,有正屋坐南朝北房 3 间,另有门楼、小书斋、厨房等。故居原为板桥之父郑立庵家居课徒之处,郑板桥出生和青少年时代生活、读书也都在这里。故居基本陈列为“郑板桥生平及艺术成就”,有板桥先生生前遗物、7 种版本的《郑板桥集》、板桥墨迹的复制品及有关研究论著、资料等。

郑板桥故居(资料来源:央视科教频道报道【中国影像方志】人物记)

【状元坊】 位于市区东门历史文化街区,是一座双柱单门跨街牌坊,为明嘉靖二十六年(1547)状元李春芳所建。李春芳是兴化明代“三宰相”(高谷、李春芳、吴甡)之一,有“状元宰相”之称。状元坊旁边的状元巷是李春芳刻苦攻读、考中状元的地方。

【上池斋药店】 全国重点文物保护单位。位于昭阳镇东城外大街 10 号。始建于清康熙年间,民国 21 年(1932)落架大修,创建者为扬州人方石川。在深入考察兴化市场后,方石川毅然率族迁居兴化城,并在城门口黄金地段附近买房置业,开设药店,悬壶济世,并根据《史记扁鹊传》中“饮是以上池之水,三十日当知物矣”典故,定药店名称为“上池斋”。清乾隆十五年(1750),上池斋业主聘请被“扬州八怪”代表人物郑板桥誉为“邑中楷书第一”的书法家李培源为其书写店名,并将其制成金字招牌。

【成家大司马府】 又名“成氏宅第”“兴化大司马府”,是明朝兵部尚书成琎和五世孙成谐的故居。位于牌楼东路。明洪武年间成铨初建,明洪熙元年(1425)改建。成铨次子成琎(1359—1408)入仕后,曾追随燕王朱棣参加“靖难之役”有功,去世后被追赠“兵部尚书”,成氏宅第因此赐建为成家大司马府。此宅现存建筑两路六至七进,占地面积 1895.26 平方米,建筑面积 1280.24 平方米,共 13 个院落,南北间各院有通有隔,两路间以中内廊、东火巷、西串廊相缀而成。成家大司马府现为江苏省现存体量较大的明代府第建筑群,其内部院落之间,隔而不断,分而不散,对于研究地方明早期相关等级的府第建筑有一定的历史与科学价值。2011 年 12 月,被江苏省政府公布为江苏省文物保护单位。

【东岳庙】 位于城区东大街,始建于明永乐年间,局部建筑(四圣观)建于元至正年间,占地面积 5005.7 平方米,建筑面积 2839.6 平方米。东岳庙大殿为垂檐歇山顶,间架端正,由前后两部分相接组成,西阔三间 13 米。殿前门楣、额枋、雀替、斗拱俱全。传说兴化籍状元宰相李春芳为表孝心,按照京城金銮殿的格局样式为父母修建,以慰二老不能目睹紫禁皇城之憾事。2019 年 3 月,被江苏省政府公布为江苏省文物保护单位。

2022 年 4 月，四牌楼 （市委宣传部/供图）

【四牌楼】 兴化市级文物保护单位。位于市区牌楼路。始建于明朝，原名“四攒坊”，清代后更为今名。牌楼高 8.63 米，每边底宽 7.3 米，建筑面积 53.29 平方米。牌楼内外共悬挂 47 块匾额，旌表兴化忠臣孝子、乡贤名家 75 人 81 人次，上自南宋“开科第一”，下迄民初“仁寿之征”，跨越宋、元、明、清、民国五个朝代。著名者如“五朝元老”高谷、“状元宰相”李春芳、“中原才子”宗臣、“东海贤人”韩贞、“才步七子”郑板桥、“经训贻芳”任大椿、“性静情逸”刘熙载等人。原四牌楼在“文化大革命”中被毁，仅保存“五岳朝天”金属顶和 7 块老匾。20 世纪 80 年代重建，除利用幸存的 7 块老匾外，其余 40 块匾额为邀请全国各地的书法家重新书写，包括启功、赵朴初、武中奇、沙孟海等当代大家。重建后的四牌楼，可以称之为书法艺术的瑰宝与奇观。

【李园】 位于兴化城区武安街 13 号，原为清咸丰年间祖籍高邮的扬州盐商李半园（1814—1881）迁居兴化后所建的私家园林。李园的典型建筑为“沧浪画舫”（又称船厅），船厅整体呈船状，船头朝西，呈“L”字形，共七间，卷棚歇山顶。船头挂落上方，悬“自在流行”匾额；舱屋中间以大型双面雕花落地罩分隔。东端与后舱有隔栈，上悬常州书法家汪洵所题“沧浪画舫”额。后舱南北为三间，南二间与北一间中有圆形落地罩分隔，花罩上方悬清代著名书法家杨岘所题“谅斋”小匾。船厅外部南侧正中有一斜面坡道，状似跳板；船头外有花台，缠绕的紫藤树干好似缆绳系在岸边，整个船厅便犹如一艘装饰典雅的画舫荡漾在花草树木之中，是江苏省文物保护单位。

李园船厅（资料来源：今日兴化 App《李园船厅》）

【八字桥文旅休闲街区】 为第二批江苏省省级夜间文化和旅游消费集聚区建设单位。位于老城内八字桥风貌区，街区以板桥“竹”为主题，沿街导览标识和路牌门牌个性鲜明，富有人文气息，周边环境风貌协调统一。街区内设有综合服务中心，提供旅游咨询、导览导游、投诉处理服务。街区常年开展夜演、夜秀、夜展活动，如兴化县署开演《板桥放粮》《范公断案》等传统淮剧小戏。街区核心地段定期上演大型 5D 实景演出《垛上谣》。

【银北门“品蟹一条街”】 位于

2022 年 7 月，银北门“品蟹一条街” （市委宣传部/供图）

兴化老城区北首,是江苏省历史文化街区,以品蟹为主题的农文旅美食休闲街区。街区含1处省级和4处市级文物保护单位、6处登记不可移动文物和5处历史建筑。街区有兴化大闸蟹、兴化早茶、全蟹宴、特色美食、夜间休闲、网红打卡等多元素的旅游体验,美食与美景交相辉映。

旅游开发

【概况】 2022年,完成水上森林内部提升工程、海沟河水环境综合整治、健康驿站等重点工程。打造千垛景区,完成新游客中心、停车场、木栈道新建等基础设施配套建设。完成李中水上森林和万亩荷塘景区内部提升。施耐庵文化园整合园区蟹塘等资源打造成集旅游观光、生态体验于一体的旅游线路。加快建设米仓客栈、石梁茶馆、水上森林酒店,完善旅游要素,推进相关旅游项目落地建设和运营。完成对李中水上森林和万亩荷塘景区经营权的收回,由国有企业运营。

【创成里下河国家湿地公园】 2022年,全市立足"全面保护、科学修复、合理利用、持续发展"的要求,完成李中水上森林内部提升工程,助力里下河国家湿地公园创建工作,里下河国家湿地公园通过国家林业和草原局国家湿地公园试点验收,成功创建里下河国家湿地公园。

旅游业态

【旅游项目】 2022年,兴化市打造千垛花海、名流兴化两大龙头品牌,以兴化水乡、田园、古镇、古建筑、古船、公园、湿地、乡村、宗教、红色、民俗等资源为载体,开发观光旅游、休闲度假、文化旅游、专项旅游、亲子体验五大全域支撑产品。丰富金东门景区等城区项目的商业业态,开辟旅行社业务,整合资源项目。整合运营施耐庵文化园、沙沟古镇景区、陈堡草荡的人文生态资源。

【旅游品牌】 2022年,打造千垛菜花旅游节、万亩荷塘荷花节、品蟹赏菊旅游季、水上森林红杉节等四季旅游节庆品牌。发挥品牌引领作用,把旅游品牌建设作为提升兴化旅游发展质量和旅游核心竞争力的关键,构建由旅游目的地品牌、产品品牌、企业品牌、管理与服务品牌构成的兴化市旅游品牌体系。塑造"水润兴化,如诗如画"的整体旅游形象品牌,推出精品景区、精品线路、休闲度假、旅游节庆、旅游美食、旅游商品等系列品牌旅游产品。开发"兴好有礼"文创产品,打造"昭阳里"城市休闲服务品牌,城市书房、餐厅等成为网红打卡点,挖掘新的盈利增长点。着力培育本土特色的旅游企业,精心打造一批省内知名的旅游企业品牌,全力提升兴化旅游"软实力"。

【全域旅游创建】 2022年,兴化市依托汽车客运站游客聚集优势,整合咨询投诉、票务信息、旅游年卡办理等服务,做好"互联网+",为游客打造网上高效服务窗口,完成智慧旅游中心建设,获评省智慧旅游示范项目,全面提升全域旅游服务中心接待功能。以"城市会客厅"为目标,高标准推进全域旅游集散中心建设。加大"厕所革命"力度,旅游景区、城区重要干道全面实施旅游厕所改造,并在达标的停车场、公共厕所以及全市各重要节点设置全域旅游标识牌。

旅游促销

【概况】 2022年,到北京、上海等地举办旅游推介会和专题营销活动,连续三年入选全国城市传播指数百强榜。举办农民丰收节、千垛菜花旅游节、大闸蟹开捕季等旅游系列活动,更高层次展示水乡兴化独特魅力。入

2022年7月,大地蓝四合院民宿　　（市文体广旅局/供图）

选"全国十大乡村旅游目的地"、全国休闲农业和乡村旅游综合发展实力十强县。

【"水润兴化 如诗如画"兴化旅游春季产品发布会】 2022年3月9日,"水润兴化 如诗如画"兴化旅游春季产品发布会在河南郑州召开。由兴化市文化旅游发展有限公司、凤凰旅游网主办。邀请中原游客、河南、江苏两地知名旅行社、户外团队、房车自驾团队200余人,共商豫苏两地文旅合作共赢之计。本次推介活动是针对疫情以后推动行业复苏、带动文旅消费的硬核举措,针对河南及周边省份出台一系列优惠政策,进一步拓宽两地文旅合作渠道,实现市场共享、产品共推、机制共建。

【中国·兴化千垛菜花旅游节】 2022年3月18日,中国·兴化千垛菜花旅游节开幕式在千垛景区举行,5月8日结束。以"文旅搭台、经济唱戏,以节造势、办节兴旅"为主题,展示全国最美油菜花海盛景和全域旅游示范区创建成果,提升兴化旅游环境、营商环境。充分挖掘兴化旅游资源,聚焦工业旅游、特色田园乡村游、研学游、农旅产品展销等,在内容、形式、载体上不断创新创优。旅游节期间接待旅客3万余人,旅游收入25000元。

【兴化荷文化旅游节】 2022年7月2日,"千垛之城 荷你有约"——2022兴化荷文化旅游节开幕式在万亩荷塘景区正式拉开帷幕。旅游节从7月2日延续至8月底,为期2个月。围绕"千垛之城 荷你有约"主题,举办"百名大V看万亩荷塘"、"荷你有约"摄影赛、荷文化诗读朗诵、赠荷叶伞、饮荷叶茶、尝荷莲蓬等系列活动。是加快旅游产业发展、全力推进国家旅游示范区创建、构建四季旅游产品的重要举措。为游客提供全过程、全时空和全方位的游览体验,为兴化旅游业发展注入更多的动力。

【中国·兴化品蟹赏菊旅游季】 2022年10月5日,2022中国·兴化品蟹赏菊旅游季暨"青红之恋"兴化大闸蟹美食体验活动启动仪式拉开帷幕。同时举行"江苏省夜间文旅消费集聚区""水韵江苏网红旅游演绎"授牌、长三角地区重点旅行社授牌、兴化美食餐饮店授牌等仪式。市政府同步出台各项惠民旅游政策,乡村旅游线路补贴奖励、旅行社组团排名奖励、单个景点价格、团队套餐价格等政策,以及旅游业发展引导专项资金奖励,以补贴、奖补等方式激发消费活力,规范旅游行业行为,提高景区竞争力。

【中国·兴化首届施耐庵文化旅游节】 2022年6月19日,中国·兴化乡村旅游节暨施耐庵文化旅游节在新垛镇施家桥村举行。展品包括文化创意产品、传统"非遗"、书画、传统美食、本地农副产品等。围绕"来往施家桥 共圆好汉梦"主题,举行"千垛万家"民宿联盟单位授牌仪式、市中小学劳动教育主题研学实践基地集中授牌仪式、"读四大名著 饮千垛百味"征文比赛颁奖仪式、江苏春季花胜地暨省级乡村旅游点授牌仪式等系列活动。

旅游管理

【旅行社管理】 至2022年末,兴化市有旅行社、设立社14家。组织全市各旅行社、景区景点导游(讲解员)进行讲解技能、消防技能、应急救援等各项业务技能培训,提高旅游从业人员业务技能素质。做好旅游节假日期间的旅游数据统计和网络舆情分析,为兴化旅游市场宣传推广政策制定提供有力的数据支撑。落实旅行社行前说明会制度,加强游客文明引导提示,落实旅游行程各环节文明引导。做好咨询投诉接待,设立旅游咨询投诉热线,不间断无休保障旅游咨询投诉处理,保证各类旅游投诉办结率达到100%。

【旅游饭店管理】 2022年,兴化市有列统旅游星级饭店5家,其中四星级1家,三星级4家。旅游星级饭店房间数596间,床位数916张,全年旅游星级饭店客房出租率约42%,平均房价约278元。年内,开展餐饮单位食品安全自查,以食品安全"守查保"专项行动为抓手,坚持严的主基调,加强源头治理和应急处置,规范饭店管理,打击违法违规行为。

【旅游市场监管】 2022年,市文体广旅局加强对A级景区、星级旅游饭店和旅行社监管。根据疫情防控要求,联合市场监管局对相关涉旅企业疫情防控工作进行专项执法检查。加强对旅游经营单位的监管,规范旅游景区的旅游商品摊区、饮食经营户的食品卫生检查,净化旅游市场环境。

旅游公共服务

【概况】 截至12月底,建成菜花大道、徐马荒—水上森林连接线、主城区直达西北部旅游景区连接线,新建和改造兴泰高速、英武大道、兴泰公路、351省道,建成100千米一级公路标准的环城旅游风景廊道,投入近3亿元做好绿化美化、驿站小品等,让"交通线"成为"风景线","风景线"串起"精品点"。建成兴化"1号水路",开辟水上畅游兴化的特色旅游线路。

2022年4月11日,大垛镇管阮村被评为"泰州十大乡村踏青目的地"。图为管阮村鸟瞰图　　(市文体广旅局/供图)

【文旅融合发展】 2022年,兴化市打造以平旺湖、千垛景区、乌巾荡公园、1号水路为主要内容的乌巾荡省级旅游度假区,启动度假区规划、环评,盘活乌巾荡温泉度假酒店,持续提升景区品质。紧抓省运会契机,助力陈堡文化旅游资源市场化,形成游客、消费集聚效应,以产业集聚促进文体旅小镇发展。依托现代农业科学技术,打造四季皆有美丽"垛花"的千垛景区。以"品蟹美食"为主题开发银北门品蟹一条街,有序布置"品蟹堂""蟹元甲""赶蟹创意小馆"主题体验门店,策划提升万兴大典、朱氏医堂,形成银北门"沿河知渔事,沿街品蟹鲜"的独特街景。

【公共服务优化】 2022年,兴化市加强智慧旅游景区体系和标准化建设,加快各类旅游重点区域5G网络覆盖,结合最新5G+4K超高清+VR+多视角等最新技术,探索发展数字化旅游体验空间。支持建设一批智慧旅游示范景区和村镇,普及电子地图、语音导览等服务,推动道路、旅游厕所等数字化建设,推动一批无人化、非接触式基础设施普及运用,加速兴化旅游大数据中心建设。提升高速公路服务设施的文化和旅游功能,完善普通公路旅游服务设施,配套建设停车场、驿站等设施,打造精品公路旅游产品,建设自驾游营地,完善旅游交通标识引导系统和加油、车辆修理、医疗救护等设施,实现自驾车无障碍旅游。加快修建旅游景点交通连接线,设置景点旅游公交专线。建设兴化旅游风景道,并与沿河、沿湖、旅游城镇、旅游名村、主要旅游区与度假区旅游风景道有机串联,逐步形成覆盖全域、连接城乡、主客共享的慢行休闲绿道系统。

【旅游文明创建】 2022年,兴化市推进全市文化和旅游产业融合发展。积极创建国家历史文化名城、国家级全域旅游示范区等,构建现代文旅产业体系和治理体系。设立文体旅游业发展专项引导资金,奖补文化旅游项目近60个,发放奖补资金近700万元。开展旅游惠民活动,发行超值市民旅游年卡,丰富公共休闲场所、公园。年内,兴化市被评为"江苏省文化和旅游产业融合发展示范区",施家桥村、管阮村被评为"泰州十大乡村踏青目的地"。

(王　翔　张　旭)

兴化古城(资料来源:央视中文国际频道报道《记忆乡愁》兴化古城)

开放合作

招商引资

【概况】 2022年，全市新签约亿元以上内资项目及1000万美元以上外资项目169个；新签约5亿元以上内资项目及3000万美元以上外资项目共43个；“三比一提升”新开工项目9个；新竣工项目4个。选优配强专职招商人员，出台《兴化市产业招商局招商人员管理考核奖励办法》《激励招商人员“实干争先”六条》，组织乡镇园区、产业招商队伍赴苏州大学开展专题培训，坚持“周计划、月点评、季交流、年总结”管理模式，提升招商引资工作组织化、专业化。20名专职招商人员累计拜访企业（客商）170多家（人）次，共上报有效信息33条，签约项目10个，注册项目7个，开工项目2个。

【项目建设】 2022年，全市组织16个项目参加省重大项目、32个项目参加兴化市春季重大项目集中开工活动。遴选5个项目参加泰州（上海）城市及产业投资环境推介会集中签约。围绕“3+3”产业，市四套班子负责人分别带队赴上海、重庆、浙江、广东、山东、徐州、昆山等地开展招商活动14次，拜访相关企业50余家，成功签约重大项目12个。

2022年6月30日，兴化市产业专职招商队伍出征动员会召开
（市商务局/供图）

对外贸易

【概况】 2022年，全市实现进出口总额11.25亿美元，同比增长0.7%。其中出口10.42亿美元，同比下降0.8%；进口8327.3万美元，同比增长24.9%。国家外贸转型升级基地特色产品脱水蔬菜出口8737.9万美元，同比下降10.7%，占全市出口额的7.76%。

【进出口贸易】 截至2022年，有进出口实绩的企业267家，其中进出口额超亿美元企业1家，进出口额在1000万~1亿美元的企业16家、进出口额在500万~1000万美元的企业21家。组织市50余家企业参加广交会、医博会、进口博览会等线上线下各类展会对接会，积极开拓国际市场。引导扶持50余家外贸企业运用阿里巴巴、亚马逊、中国制造网等跨境电商平台拓展海外业务，转变外贸发展方式，扩大国际市场。扶持外贸企业用好出口信用保险,66家企业投保,运用政策性保险工具规避出口风险。引导符合条件的企业积极申报各级商务资金共计1152.46万元,其中省级商务发展专项资金共计255.5万元,兴化市市级开放型奖励资金896.96万元,引导企业用好用活各级的资金补贴政策,帮助企业在开拓国际市场、提升自主品牌方面降低成本。

(马捷勋)

境外经济技术合作

【概况】　2022年,全市储备境外投资项目6个,对外投资总额6700万美元,两项指标均位列泰州首位。完成实际利用外资6095万美元,其中高新区3891万美元、开发区2204万美元,均位列泰州第一。

【境外投资】　2022年,兴化市利用线上线下展会对接会开拓市场,组织中小企业参加131届、132届线上广交会、第五届中国国际进口博览会;引导扶持60余家外贸企业运用跨境电商平台拓展海外业务;累计为45家外贸企业免费办理出口信用保险,运用政策性保险工具规避出口风险,协助做好双乐颜料国际反倾销案件调查。推动单一的资金对外投资升级为技术投资、设备投资等多方位对外合作体系。持续参与国际产能合作,完成兴达钢帘线泰国项目增资2.4亿美元,江苏昊星新材料美国工厂并购项目,投资地区由单一的东南亚地区扩展成为美国、澳大利亚等经济发达国家。江苏兴达钢帘线上争省级奖励资金224.65万元。

(仲　文)

园区建设

【概况】　2022年,兴化市有省级经济技术开发区1个,省级高新技术开发区1个,特色产业园9个。实现业务总收入30.41亿元。有2个省级孵化器、1个省众创空间、1个省众创社区、1个离岸创新中心,企业建有1个院士工作站、3个博士后工作站、1个国家级企业技术中心、2个省级工业设计中心、37个省级科技研发平台。

【江苏省兴化经济开发区】　园区位于兴化城区西南,于1993年经省政府批准设立的省级经济开发区,2006年经省政府同意设立的农副产品加工区,2011年被农业农村部认定为国家农业产业化示范基地。2022年,兴化经济技术开发区已拥有良好的综合配套能力,供电、供热、治污、排水等各类管网设施配套齐全,健康食品产业研究院、食品质量检验检测中心、科技创业中心、职业教育中心、职工生活服务中心等各类服务平台齐备完善,是具有兴化水乡特色的园林式、环保型的省级生态工业园区。全年实现税收收入9.13亿元,一般公共预算收入5.39亿元,工业开票销售208亿元,同比增长11.4%。集聚中小微企业800多家,其中规上企业131家。建设开发区人才公寓,打造新兴产业科创区,组建绿色健康食品产业联盟,推进中华食谷B区建设,在江南大学建立健康食品离岸科技孵化创新中心。开发园区推进低效工业企业改造提升,盘活现有存量土地资源,加快"腾笼换鸟""退二优二",推动空间布局优化、产业集聚提升,让有限的资源实现高效利用和产出,坚持政策标准提高、坚持率先村改提速、坚持项目招引提质、坚持企业村改提效、坚持厂房盘活提升,完成盘活(提

2022年7月,江苏省兴化经济开发区管委会办公大楼

(市开发区/供图)

升)低效闲置工业用地84.37公顷,低端低效退出企业25家。腾退低效用地25.17公顷,减少能耗2.49万吨标煤。开发区全年新签约亿元以上项目39个,新开工1亿~5亿元项目10个,5亿元以上项目5个,实际利用外资2204万美元。

(赵朝春)

【兴化高新技术产业开发区】 产业园位于戴南镇,2020年经省政府批准设立。2022年,实现税收收入18.51亿元,一般公共预算收入9.41亿元,工业开票销售585亿元,同比增长15.6%。高新技术产业开发区聚焦产业发展和经济建设,制定出台《兴化高新技术产业开发区(筹)改革实施方案》,相关人员全部聘任、划转到位。集聚中小微企业3000多家,其中规上企业236家。形成汽车轮胎子午钢帘线、不锈钢及金属新材料等特色产业,是世界第一的钢帘线生产基地,全国最大的不锈钢原材料集散地和华东地区最大的不锈钢制品交易中心。不锈钢产业入选全国百佳产业集群和江苏省重点培育的千亿级产业集群、第六批国家"城市矿产"示范基地、全国百佳产业集群。有省级物流中心和覆盖全国的物流网络、中转节点,有覆盖全国的物流专线145条、中转节点1195处。有2家省级"瞪羚"企业、4家国家级专精特新"小巨人"企业、112家高新技术企业,340家科技型中小企业。全年盘活(提升)低效闲置工业用地58.07公顷;低端低效退出企业23家;腾退低效用地64.13公顷,减少能耗2.96万吨标煤。全年完成新签约亿元以上项目38个,新开工1亿~5亿元项目8个,5亿元以上项目7个,实际利用外资3891万美元。

(周冬平)

【兴化市安丰工业园】 位于安丰镇,建于2000年,注册资本10.56亿元,2016年6月经泰州市机构编制委员会批准设立兴化市安丰工业园区管委会(正科级建制)。2022年,实现开票销售收入24.69亿元,税收收入4221万元,新签企业8家,新开工项目2个。园区产业主要以汽车配件、机械铸造、纺织服装、食品加工等行业为主导。安丰工业园区组建市装备制造产业局,下设"一办四部",即园区办公室、计划财务部、招商引资部、规划建设部、经济发展部,重点抓好企业投资、建设、经营3个阶段的服务。有各类企业175家,新签约项目10个,新开工项目4个,新增企业9家。

(曹国祥)

【兴化市精密铸造产业园】 兴化市精密铸造产业园位于陈堡镇省道231、陈张公路交会处。2017年,园区获得"中国精密铸造产业基地"和"中国产学研合作创新示范基地"称号。兴化市精密铸造产业园建成区面积为173.33公顷、入园企业92家,路、水、电、讯、网、燃气等基础设施配套齐全,园区基础设施总投入累计逾亿元。2022年,实现工业增加值8.21亿元,工业开票销售25.5亿元,完成固定资产投资12.98亿元,其中工业投资10.43亿元,规上工业产值23.2亿元。园区始终保持规划的科学性、合理性、前瞻性,并通过区域环评,精密铸锻造、电子元器件两大主导产业特色明显。陈堡镇注重发挥"江苏省精密铸造产业基地""江苏省中小企业产业集聚示范区"和"泰州市特色工业园区"效应。随着全镇铸造产业的转型升级和铸锻造企业的集聚集群,"兴化市精密铸锻造产业园"品牌效应越发凸显,兴化市精密铸锻造产业研究院获批省科技企业孵化器。年内新增规模以上工业企业7家、高企7家。新签约亿元以上项目12个,其中5亿元以上项目1个,泰州认定亿元以上开工项目3个、亿元竣工项目4个。

(王安杰)

【兴化市双蝶工业园】 兴化市双蝶工业园位于周庄集镇北侧,是兴化市重点打造的"两区三园"板块之一。有企业59家,其中规上企业19家,2022年园区实现产值20.2亿元,上缴税收3200万元,创造就业岗位800个。园区地处泰州、兴化的地理位置中心,省道352、省道231穿境而过;园区西侧有省三级航道卤汀河直通长江。园区区位独特优化,水陆交通便捷发达,是客商投资兴业的"风水宝地"。园区基础设施配套齐全,项目落户路、水、电、网、气及土地平整全部到位。坚持"一切围绕项目转、一切围绕项目干",园区项目服务专班实体化运行,为入园项目提供一站式帮办代办服务。经过长期发展,园区现已形成3个传统支柱产业+4个新兴培育产业的产业格局。3个传统支柱产业分别是纸制口包装、啤酒麦芽、阳极碳素,实现开票销售10亿元,新兴培育产业分别是新能源汽车零部件、智能家电配件、新材料绿色环保产业。策应全市发展大局,加快与陈堡工业园区融合发展。周庄镇计划抓紧牵头编制“大”园区发展规划,明晰产业定位,调优发展思路,致力做大做精园区。进一步强化招商引资、项目建设,主攻大项目、好项目,推动产业结构优化、产业层次提升,着力形成产业兴镇的良好态势,努力打造镇园共建的新亮点,树好兴化南大门崭新形象。

(周长青)

【兴化市新源轻工科技产业园】 兴化市新源轻工科技产业园,位于兴化城区的“东大门”——大垛镇,地处宁靖盐高速与国道344交会处,水陆交通便捷,区位优势明显。园区创建于2003年7月,同年12月经兴化市政府批准挂靠省级兴化经济开发区挂牌“兴化市民政工业园”,总体规划面积313.33公顷,按照“一次规划、分步实施、招商同步、主攻项目”的总体要求,形成以国道344为轴,南区北区“一体两翼”的开发格局。已投入近1亿元,初步形成了“三纵四横”的格局。电力通信、有线电视、道路桥梁、绿化亮化、给排水、污水处理等基础设施全部到位。2011年1月,由兴化市委、市政府更名为兴化市精纺产业园。2012年10月为促进新型包装材料产业及轻工产业集聚发展,提升工业园区的综合竞争力,经兴化市人民政府同意更名为兴化市新源轻工科技产业园。

2022年,园区共有工业企业152家,新签约亿元以上项目10个,5亿元以上项目2个,新开工亿元以上项目3个,实现开票销售44.7亿元。从业人员5000多人。形成了新型包装材料、有色金属、机械加工、纺织服装等4大支柱产业。根据“布局集中、用地集约、产业集聚”的要求,实施南北两区之间错位发展,以龙头企业和重大项目为依托,以产业集聚和产业链延伸为重点,转型升级、结构调整,形成产业集聚度高、特色突出鲜明、规模效益显著的产业集群。

北区逐步发展形成以新型材料为主的特色产业:围绕新烜新材料(泰州)有限公司产业链,规划500亩土地招引更多新型材料、金属包装配套企业、仓储物流企业落户,重点引进产业配套性强的企业。打造产业链,以金属包装企业为利益核心,打造利益共同体。形成紧密联系的产业链,增强应对挑战和风险的能力。

南区形成以有色金属、纺织机械制造为主的特色产业:以通泰纱线、汤氏纺机为代表的一批有色纺纱、机械制造企业,通过企业发展提升产品档次,联合科研院所提升科技创新能力、实现借力发展,做大做强。不断推进传统产业提档升级,依靠技术进一步提高劳动者素质推动转变,从注重生产能力扩张向注重技术能力积聚转变,从生产型制造向服务型制造转变,实现由制造向创造的转变。合理配置资源,促进产业集聚,提高工业经济核心竞争力,创新服务机制,提高服务效能,推动园区企业成长与发展,将园区建设成为一个投资环境优越、人居环境优美、经济发展优质、社会管理优异的兴化一流工业园区。

【兴化市铜制品产业园】 园区位于荻垛镇集镇北侧,地处省道229,区位优势明显。2005年设立,2011年被兴化市委、市政府设为全市重点工业园区,产业定位授牌“兴化市铜制品产业园”。2022年,实现工业开票销售4亿元,税收收入1.8亿元,新增企业2家,提供就业岗位500个。园区建成“六横两纵”主框架,企业用地面积80公顷,有企业72家,其中从事合金生产的企业有21家,这21家企业主要从事铜镍、铜锌、铝锌(银)、镍铁等合金材料及产品的生产。园区内供电、供水、通信、排水、燃气等管网设施配套齐全,道路绿化亮化到位,园区紧依集镇,国税、地税、工商、电信、银行、公安、国土、住建、人社等单位均设有分机构,方便企业办理业务。园区积极鼓励、支持、引导企业进行转型升级。兴东铸钢、东方铸钢、华航精密铸造通过技改,先后新注册了江苏金汇陶瓷精铸股份有限公司、江苏奥宇合金材料有限公司、江苏华航陶瓷新材料科技有限公司,与上海、南京等地有关科研院所合作,分别在低碳、超低碳铬铁合金和航空发动机、燃气轮机单晶叶片等产品领域取得革命性升级。

【兴化市汽车齿轮产业园】 兴化市汽车齿轮产业园(又称塔子河工业园区),位于合陈镇西昌合路两侧,东至塔子河,西至横泾河,与盐城大丰区草堰镇、白驹镇相毗邻,地处沿江沿海发展战略“T”形经济带,省道351穿境而过,北邻省道465、西连宁靖盐高速东临沿海高速、国道

204,总面积约3.31平方千米。近年来,镇党委、政府坚持“园区是窗口、园区是特色、园区是品位、园区是实力”的新理念,高度重视园区平台建设,切实加大园区的规划引领和基础设施建设力度,“三横五纵六区”道路框架正在按规划逐步拉开,水、电、路等配套工程日趋完善,联通、移动、电信、广播电视等四家线缆全部实施地埋,加上兴东水厂、加油站以及11万伏变电所的落户,园区的整体配套功能和承载力进一步增强。

园区主要以机械制造、齿轮生产为产业定位,产业链条越来越明显。拥有2条总炉量20吨的热处理加工生产线,拥有各类翻砂铸造、石蜡浇铸、机械配件精深加工等生产厂家,拥有专业抛丸机械、起重机械设备和服务外包市场,拥有技术先进的齿轮加工检测设备平台等产业可配套要素,基本形成了从“金属铸件—毛坯铸造—抛丸处理(起重运装)—精深加工—热处理工艺—产品检测—产品形成”的一条龙产业链,品种齐全,条件优越,互补优势明显,新上合作项目配套空间非常广阔。

2022年,全镇现有机械制造及齿轮生产企业20家,年产齿轮700余万只,产值3.2亿元。

【兴化市脱水果蔬产业园】 位于兴东镇和垛田街道境内,建于1991年3月,2003年4月经兴化市人民政府正式批准为市级产业园。2010年底,正式更名为兴化市脱水果蔬产业园,成功申报国家外贸转型升级基地,是兴化市重点园区之一。园区规划总面积666.67公顷,一期已开发利用134公顷,正在实施的二期工程项目规划167.5公顷。农户配套种植蔬菜面积130公顷,为脱水企业配套基地530多公顷。园区内有脱水蔬菜企业89家,其中,兴东镇脱水企业30家,垛田街道59家。2022年,实现开票销售收入16.46亿元,税收收入3602万元,出口创汇1.2亿美元,提供就业岗位1万余个。新签约项目1个,新开工项目1个。脱水果蔬产业作为兴东镇、垛田街道的传统优势产业,经过20年的发展,已发展成为全省最大的脱水果蔬生产加工和销售基地,成为极具兴化地域特色的支柱产业。

(杨洪江　王　韵)

2022年11月,兴化市脱水果蔬产业园　(杨志江/摄)

【兴化市竹泓木船文化产业园】 兴化市竹泓木船文化产业园位于古镇竹泓,水运交通便利,木船制造业十分发达,至今已有1000多年历史。2008年,兴化市竹泓木船制造技艺被正式列入第二批国家级非物质文化遗产名录。园区建于2012年,拥有国家级非遗生产技艺,占地面积16.67公顷,成立竹泓木船文化产业有限公司,实现统一规范管理和技术支持。园区内入驻大小木船企业及木制品加工厂24家,2022年,全镇木船行业总交易超5亿元,年制造各类木船6000余条,解决附近村民就业1200多人。有木工技师100多名,国家级非遗传承人1名,市级非遗传承人2名,江苏名匠2名,乡土人才4名,泰州工艺美术员5名,船工程类专业人员10名,电焊工28名,电工5名,安装工32名等。建设各类网站、网店300多个,网店专业人员达100多人,开展B2B、B2C、O2O等多种电子商务交易模式,产品90%通过电子商务平台进行销售。竹泓木船文化产业园是泰州市首批重点文化产业园区,省级科技企业孵化器,省级电子商务特色产业园区,有国家木船专利7项,获批省级科技企业孵化器、泰州市首批重点文化产业园区、省级电子商务特色产业园。

(徐晟龙)

铁 路

【概 况】 兴化铁路段里程11.79千米,车站1个。位于合陈镇锦贤村,距东台站约20千米,离盐城站43千米,隶属上海铁路局管辖,为四等站。

【铁路建设】 2022年,兴化市完成盐泰锡常宜铁路兴化段可研阶段用地预审、规划选址、资金承诺、行业意见工作,项目与北沿江高铁共线段可研已获得批复。协调争取兴化东站综合枢纽站房按照2万平方米设计,技术预留了淮兴泰铁路引入条件,为后续发展留足空间。

公 路

【概况】 截至2022年底,全市公路总里程3075千米。按行政等级划分:高速公路72.65千米,国省道352.37千米,县道339.61千米,乡道1368.85千米,村道941.52千米;按技术等级划分:高速公路72.65千米,一级公路千米316.779千米,二级公路540.075千米,三级公路106.327千米,四级公路2039.17千米。

【公路管理】 2022年,大力推进"路长制",扎实推进农村公路提档升级、危桥改造和安全生命防护工程,促进乡镇开展"美丽农路"建设,打造"一镇一环线",被确定为"四好农村路"全国示范县创建单位。科学制定养护作业计划,及时下发任务通知书,强化过程监督检查,保障道路安全顺畅,共清理路肩边坡195千米,实施道路维修1.6万平方米,标线出新1万平方米,新增波形梁护栏2758米。推进交通安全设施完善工程,实施省道229至省道352交叉道口精细化提升。开展防台风应急巡查38辆次,清理县道倒伏树木146棵。

【公路运输】 2022年,兴化境内公路客运量0.12亿人次,客运周转量4.52亿人千米;货运量0.047亿吨,货运周转量7.738亿吨千米。

【公路建设】 2022年,阜溧高速公路建湖至兴化段路基土方工程、桥梁工程下部结构已完成,路面底基层完成90%,基层完成53%。已累计完成投资42.6亿元,占总投资的63.2%。东兴高速公路兴化段征地报批手续已报省规划厅批准。宁盐高速公路兴化段先导段先行用地已批复,先导段障碍物迁移已完成,正有序推进全域报批工作。国道344、省道465、省道232、省道125等项目均已陆续开展项目工可、初步设计、施工图等前期工作。省建设计划项目38千米道路、158座桥梁顺利通过泰州和省级验收。

水 路

【概况】 2022年,全市完成水路货物运输量683万吨,货运周转量145.47亿吨千米;开展船舶碰撞桥梁隐患治理,完成29座桥梁整改工程立项、设计、造价、招标、施工、验收等工作。全市有港口码头134个,码头泊位227个,码头岸线总长13.3千米。

【中交(兴化)港】 泰州内河港兴化港区城南作业区码头是由

兴化市人民政府授权兴化经济开发区管理委员会作为实施机构与世界500强企业中国交通建设集团有限公司的直属子公司中交海洋建设开发有限公司（以下简称“中交海建”）合作推进，创建中交（兴化）港口开发有限公司（以下简称“中交兴化港”），负责项目的投资、建设、运营及移交等工作。

中交兴化港2018年9月20日开工建设，2020年8月4日通过交工验收，2021年正式开始运营。现拥有1个1000吨级件杂货泊位、3个1000吨级散货泊位、2个1000吨级集装箱泊位和1个1000吨级待泊泊位及配套港机设备，泊位总长553米；港口一期总占地面积约32.4公顷，预留发展用地约7.33公顷。年通过能力251万吨，集装箱10.6万标箱。截至12月底，中交港口完成货物吞吐量达120.05万吨，与上年比增长32.35%。集装箱吞吐量22021标箱（其中空箱9337标箱、重箱12684标箱），与上年比增长44.66%。

【航道建设】 兴化港开辟了4条集装箱班轮航线，即兴化—太仓、兴化—南京、兴化—江阴、兴化—如皋，吸引了中谷、宁波远洋、如皋港海运、南京通海、民生五家内贸船公司进驻，共计完成1.52万标准箱。通过集装箱出运的货物主要有五得利的面粉、戴窑的大米、戴南的不锈钢、高邮兴化和东台的麦芽、塑料颗粒等，进口货物有陶瓷、卫浴、玉米、塑料粒子、石英砂、石粉等。航道总里程959.99千米。其中，三级航道106.2千米，五级航道31.42千米，六级航道87.34千米，七级航道246.23千米，等外航道488.8千米。

【航道管理】 2022年，全市组织航道工程通航条件技术审查，完结6个航道工程的行政确认许可，加强航道赔（补）偿费的征收，征收50.8万元，做到应征不漏。对辖区内等级航道及等外级航道开展巡查，巡查里程3186.49千米，重点排查等外级航道通航条件，测定等级等外级航道内154座桥梁。

交通运输管理

【公路路政管理】 2022年，市交通运输局争取上级各类专项资金与养护资金2.02亿元，清理路肩边坡195千米，实施道路维修1.6万平方米，标线出新1万平方米，新增波形梁护栏2758米等。推进交通安全设施完善工程，实施229省道至352省道交叉道口精细化提升，排查道口302个，交叉道口2060个。开展防台风应急巡查38辆次，清理县道倒伏树木146棵。

【公路运输管理】 2022年，市交通运输局优化行政执法流程，明晰行政执法责任，全年共查处案件418起。联合公安部门，开展打非治违行动，严查严管“黑车”和非法网约车，共查处“黑车”案件17起，非法网约车营运案件52起，保障客运市场稳定有序。加大区域协作，采取定时与不定时、流动与固定检查相结合的方式开展超限超载专项治理，共出动人员2687人次，检查车辆6110辆次，处理一超四罚案件17起，查处违法超限车辆634辆，卸驳载3571.15吨，超限率由高峰时的0.31%压降至0.07%。开展工程领域“蓝盾”行动，严厉打击工程建设领域违法违规行为，检查单位17家，督促整改问题152处。开展汽车维修市场专项整治，走访维修企业156家，发放告知书298份，发现整改问题21起，拆除取缔违规烤漆房12家。开展道路运输和水上交通安全生产专项整治行动，共排查隐患224处，完成市安全生产专治办交办泰州市领导挂钩重大隐患2起，已全部整改闭环，隐患整改率100%。

【驾培管理】 2022年，全市共有驾校10家，全年共开班41期，培训学员10241人次。开展机动车“驾驶培训质量年”活动，组织驾校教练员教育培训，经考核优秀率达90%以上，及格率100%，组织经营性道路运输从业人员的继续教育，共进行上岗证继续教育39期人员615人。

【汽修市场管理】 2022年，全市备案在册的机动车维修企业共有63家，其中一类维修企业24家，二类维修企业15家，三类维修企业28家，其中2022年新增备案20家。尾气排放治理维护站（M站）共有5家，2022年新增3家，其中城区2家、戴南1家。开展机动车维修行业技能业务培训，加强业务指导和政策宣传，通过政策引导、执法查处，营造规范经营。年内，拆除维修点烤漆设备6处，发放整改通知书16份。

（刘小涛）

国土空间规划

【国土空间总体规划】 2022年,兴化市根据《国民经济和社会发展第十四个五年规划和二〇三五年远景目标纲要》全面落实长江经济带高质量发展、长三角一体化发展等国家区域重大战略,深入实施“1+3”重点功能区战略,着力建设江苏省历史文化名城、苏中地区重要工贸城市、里下河田园水乡旅游城市。优化国土空间开发保护格局,构建等级合理、协调有序的城镇体系,加强城乡融合发展,镇村布局,推进宜居宜业和美乡村建设。打开“一源十廊多节点”(一源:里下河湖泊湖荡集中分布的市域西北片湖荡湿地。十廊:李中河、东平河—上官河、卤汀河—南官河—下官河、渭水河、西塘港、盐靖河、海沟河、白涂河、车路河、蚌蜒河 。多节点:里下河国家湿地公园、大纵湖、蜈蚣湖、乌巾荡、得胜湖、平旺湖、徐马荒、林湖、癞子荡、陈堡草荡。)的生态空间格局,开展湖荡湿地生态修复,持续推进生态文明建设。促进形成“两核、三区、六园”的农业空间格局,推动农业安全、绿色、高效发展。严守城镇开发边界,严控新增城镇建设用地。加强城镇空间的规划引导和统筹协调,做好分阶段时序管控,合理安排新增城镇建设用地的规模、结构和布局。提升城乡空间品质、加强历史文化和风貌特色保护、构建现代化基础设施体系建设。优化中心城区空间结构和用地布局,统筹安排公共服务设施布局,严格城市控制线管控;加大历史文化名城、名镇的保护力度,切实保护好传统风貌和格局,保护垛田全球重要农业文化遗产,强化城市设计、村庄设计,完善区域和城乡各类基础设施建设,健全公共安全和综合防灾体系,提高城市安全韧性。

【专项规划】 2022年,兴化市统筹划定市域“三区三线”,划定成果10月获自然资源部批复启用。启动《兴化市得胜湖景区总体规划设计》编制,对19.72平方千米进行整体策划研究,与城东新区联动规划“宜商、宜创、宜居、宜游、宜养、宜学”的东部未来城。编制《兴化市城市综合交通规划》,以交通引领、支撑、引导来保障国土空间新定位、新目标。启动《兴化市“三园”产业发展和布局规划》确定产业发展定位与方向,结合兴化国土空间总体规划,编制“三园”空间规划。完成镇村布局规划调整,对城镇开发边界外1643个自然村进行规划,编制《兴化市镇村布局规划》(2022版)。推进“多规合一”实用性村庄规划编制,全市232个行政村编制村庄规划。制定《中心城区商品住房用地“十四五”入市计划》《中心城区商品住房用地2022年度入市计划》。全年出具规划红线图227份,规划设计条件226份、规划审查170份,审查建设项目方案30余份;核发建设工程规划许可证55份、工程管线定点红线图55份,建设工程规划定点红线图24份、建设工程规划变更24份。

(徐兴旗)

基础设施建设

【道路桥梁】 2022年,兴化城区施耐庵东路、临中河中桥、直港河中桥、直港河两侧滨河道路改造4条道路竣工通车。施耐庵东路跨兴姜河大桥、北水关大桥拆除重建2项工程正在建设中。道路建设总面积12.74万平方米,投资总额3.83亿元。完成所有城区桥梁186座常规检测,对95座桥梁进行结构检测。

表14 2022年城市建设情况一览表

	计量单位	数值		计量单位	数值
一、设施水平			六、市政设施		
1.人口密度	人/平方千米	3462	1.道路长度	千米	409.52
2.人均日生活用水量	升	171.86	2.道路面积	万平方米	618.55
3.用水普及率	%	100	3.桥梁数	座	118
4.每万人拥有公共交通车辆	标台		4.路灯盏数	盏	29760
5.用气普及率	%	100	5.排水管道	千米	753.40
6.人均拥有道路面积	平方米	27.68	6.防洪堤	千米	
7.排水管道密度	千米/平方千米	17.52	7.污水年排放量	万立方米	1425
8.污水处理率	%	92.73	8.污水年处理	万立方米	1181
9.人均公园绿地面积	平方米	14.93	七、园林绿化		
10.建成区绿地率	%	38.82	1.绿化覆盖面积	公顷	2124
11.建成区绿化覆盖率	%	42.21	其中:建成区	公顷	1815
二、供水和节约用水			2.绿地面积	公顷	1961
1.综合生产能力	万立方米/日	20	其中:建成区	公顷	1669
2.供水管道长度	千米	635.25	3.公园绿地面积	公顷	334
3.供水总量	万立方米	1930	4.公园个数	个	20
其中:生产用量	万立方米	221	5.公园面积	公顷	152
家庭用量	万立方米	1313	八、环境卫生		
4.用水人口	万人	22.35	1.实际清扫面积	万平方米	327
三、公共交通			2.生活垃圾清运量	万吨	8.42
1.出租车	辆	212	3.公厕数量	座	300
2.城市公交	辆		其中:三级以上	座	300
3.农村客运	辆	413	4.环卫机械总数	辆	86
4.乡镇客运	辆		九、人口和建设用地		
5.长途客运	辆	168	1.城市人口	万人	23.4
四、天然气			2.城市面积	平方千米	64
1.供气总量	万立方米	7532	3.建成区面积	平方千米	43
其中:家庭用量	万立方米	1619	4.建设用地面积	平方千米	40.03
2.用气户数	户	118.67	其中:居住用地	平方千米	14.09
3.用气人口	万人	19	公共管理与公共服务用地	平方千米	2.93
五、液化气			工业用地	平方千米	12.42
供气总量	吨	15500	物流仓储用地	平方千米	0.05
其中:家庭用量	吨	2525	道路与交通设施用地	平方千米	6.51
用气户数	户	36000	商业服务业设施用地	平方千米	2.56
用气人口	万人	3.15	公用设施用地	平方千米	0.63
			绿地与广场用地	平方千米	0.84
			特殊用地	平方千米	

表 15 2022 年兴化城区路桥建设工程一览表

序号	道路名称	起讫地点	车行道			人行道			道路总面积(平方米)	投资总额(万元)	道路等级
			长度(米)	宽度(米)	面积(平方米)	长度(米)	宽度(米)	面积(平方米)			
1	施耐庵东路	兴临路—东皋路	1659	40	66360	1659	8	13272	79632	7371	主干路
2	临中河中桥	跨临中河	96	40	3840	96	8	768	4608	5096	主干路
3	直港河中桥	跨直港河	145	40	5800	145	8	1160	6960	5357	主干路
4	直港河两侧滨河道路	施耐庵东路—城南路	东侧长685、西侧长759	东侧宽5,西侧北段宽8.5,西侧南段宽11	10819	东侧长685,西侧长759	东侧宽2,西侧北段宽2.5,西侧南段宽3	3454	14273	2556	次干路
5	施耐庵东路跨兴姜河大桥工程	张皮垛村北侧	330	27	8910	660	4.5	2970	11880	6352.59	主干路
6	北水关大桥拆除重建工程	西起长安路、东至九顷小桥	573	8.5	4870.5	1146	4.5	5157	10027.5	11555.45	主干路

【停车场建设】 2022 年,兴化市深入挖掘城区停车资源,夯实“停车便利化工程”,城区主次干道非机动车辆停放区域画线 20000 余米;新增 2 处 139 个路边临时泊车位,3 个停车场 1365 个停车位,向社会提供 1564 个机动车停车位。

【城市照明】 完成施耐庵路(231 省道至站前路)、南亭路西延、将军庙路、花园人家西侧道路等结转工程,新增路灯 148 杆、346 盏。切实做好城市照明设施维护管理工作,全年共计维修路灯 1352 盏;针对路灯线路顽瘴痼疾,开展路灯线路故障整治月活动,应用电缆故障测试仪等新设备对路灯线路故障精准定电缆损坏故障 30 余处,完成文昌路、五里东路等 6 处线路故障检修工作,处理灯杆被撞 21 起;对照全国文明城市创建关于城市照明的要求,完成城区 97 个路灯变压器、控制箱彩绘更新整治,实施了城区 249 杆晃动、倾斜路灯杆加固调直及城区 40 杆老旧照明设施更新,对城市无灯区及照度不够区域开展补光行动,完成船厂路(红星北路至环城西路)、张家路(高王河水利工程)、文林路(文林北桥)、祥和路、实验小学周边等区域 48 盏路灯补光工作,推进 9 个社区约 100 盏路灯增装工作。

【市政道路】 2022 年进一步加大市政设施巡查管理密度,确保市政基础设施服务功能的正常发挥。全年共计维修砼路面约 5386 平方米、沥青约 5415 平方米、面包砖约 7258 平方米、广场砖约 7431 平方米、大理石约 10780 平方米、路牙约 2742 米。完成所有城区桥梁 186 座的常规检测,对 95 座桥梁结构检测。

【水利设施基础建设】 2022 年,兴化市推进城市水利基础设施建设。完成蚌蜒河整治工程并通过泰州市水利局组织的竣工验收;洼地治理工程总投资 6.94 亿元,项目涉及的向阳河、杨家河 2 条河道治理已全面完成,9 个标段完成建设任务,德洪大桥、巾荡大桥、盐沙大桥、黑高大桥、崔垛大桥建成通车。

(朱鸿程　宋高翔　周广学)

公用事业

【供电】 2022 年,全市用电量达 82.46 亿千瓦时,同比增长 6.73%。其中工业用电量 59.53 亿千瓦时,调度最高用电负荷五创历史新高,达 152.8 万千瓦,同比增长 15.6%。投产 110 千伏及以上线路 56 千米、变电容量 12.6 万千伏安。用户平均停电时间 2.04 小时,同比下降 1.01 小时。线损率 2.70%。兴化市政府与国网泰州供电公司签订新型电力系统战略合作协议。储备 220 千伏兴东变等 23 项电网建设工程。按期投产 110 千伏垛田变等 4 项输变电工程。完成配农网项目 840 项。实施施耐庵路等涉电迁改工程 11 项。大力推广配电自动化实用化应用,三遥线路覆盖率增长 19.04%。推进无人机电网设备巡检规模化应用,提升设备巡检质效。屋顶光伏发电项目,总投资 273.7 万元,备案装机容量 0.625 兆瓦,2022 年 5 月 16 日开工,当年 6 月 22 日竣工,截至 12 月底,共发电 392983.8 千瓦时,其中上网电量 77339.9 千瓦时、自用电量315643.9千瓦时。兴化开发区中华食谷屋顶光伏发电项目,10幢厂房备案装机容量为2.58兆瓦,已安装4幢厂房为1.05兆瓦,2022年5月30日竣工。截至12月底,共发电699105.8千瓦时,其中上网电量319570.62千瓦时、自用电量379535.18千瓦时。

【供气】 2022年,全市天然气供气量7530万立方米,居民使用户数9.4万户,商用1643户。加大燃气安全宣传教育力度。采取入户告知、集中宣讲、线上宣传等方式,开展燃气安全宣传活动40余次,发放燃气安全宣传材料21580余份。推进液化气市场整合工作,原21家瓶装燃气经营企业按照约定的股份共同出资成立兴化市瓶安到家配送服务有限公司,真正形成"统一服务规范、统一车辆、统一着装、统一标识"的配送服务机制。液化石油气累计安检40518户,维修换表5979户。查处违规使用瓶装液化气用户262户,清除钢瓶262只,完成11428户居民用户的老化连接软管更换、1961户餐饮的橡胶软管更换金属软管工作。

【供水】 2022年,全市安全供水量9587万立方米,送水量7670万立方米,自来水用户61.5万户,户表改造户9户。完成城区昭阳湖御景园三期、万达二期等住宅小区给水工程,铺设将军庙路、张庄路供水主管道DN100以上供水管道19千米。根据PPP协议约定,下辖25个乡镇的35个供水服务公司均由兴化供水集团接管、整合,所有用户抄表到户。下属一水厂、二水厂、兴化水厂、缸顾水厂、兴东水厂和三水厂6座水厂,设计每日供水能力36万立方米。

【污水处理】 2022年,兴化市城区生活污水处理厂扩容工程完成土建主体;实施城南污水处理厂三期扩容工程,新增规模2万吨每日,工程总投资1.06亿元。完成8个达标区建设,其中包括实施单位庭院整治64个、工业企业整治13个、小散乱整治75个、住宅小区整治75个(其中小区雨污分流改造32个)、配套新建管网10.8千米、实施控源截污管网82.2千米、新建提升泵站11座和改建智能截流井45座。

【园林绿化】 2022年,兴化市做好兴严大桥、兰悦家园(人才公寓)、人大北侧、昭阳路(环城路—红星路)张庄路(五里东路—施耐庵路)提升,英武大桥下东南侧、王家塘滨河等绿化工程。做好西外环沿线道路和北外环绿化全国文明城市创建专项整治,出动310人次、机械设备25台(班),清运垃圾约440车;修剪乔木100多棵、球类700多棵;清理枯死树60多棵、杂草约45000平方米;桥梁护栏出新约860米;维修路牙约200米、花池约70米、路面约100平方米;安装道路桥梁警示桩26根。完成东五里安置房和杨花二期安置房绿化工程。完成植树节在旗杆荡路两侧栽种榉树200余株。完成春节、五一、国庆活动栽种草花,共12个品种190万盆。做好沧浪河南延及直港河北延步道工程建设,共计3千米。推进金大地南侧滨河景观绿化和板桥西路南侧滨河景观绿化两个"乐享园林"项目建设。

(陆范毅 宗高翔 梅立成)

城市更新

【城市品质提升】 2022年,市城管局坚持"人民城市人民管、管好城市为人民"理念,以全国文明城市创建为契机,扎实推进市容环境卫生整治,落实"市容环卫责任",努力提升城市管理水平,不断满足人民群众对宜居城市环境的精神需要。全年组织开展各类市容环境整治220余次,取缔流动摊点10000余处,规范超门窗经营6000余次,规范长安路、英武路、牌楼路三条示范路空调外机227台,清理城区主次干道占道墙角水池和炉台500余处、"牛皮癣"小广告4000余处,查处渣土车辆违法运输50余起,立案查处大气污染案件29起。全年清理河道水生植物及白色漂浮物近10万立方米、河岸堆积物3340吨、福寿螺及卵350千克。全年依法查处违法建设252处,拆除违法面积累计4710.94平方米,其中,拆除新增违建40处,拆除面积1137.2平方米。全年市场化管护一类公厕10座(装配式3座,旅游式7座),二类公厕126座,三类公厕161座。

【老旧小区改造】 2022年,兴化市持续推进老旧小区改造,投入资金1.09亿元,对昭阳街道、安丰镇辖区内17个老旧小区进行改造项目,总建筑面积24.52

万平方米,120 幢楼,惠及居民2856 户,改造楼梯出新、屋面、下水管道、雨水管道、室外道路、监控、路灯、绿化等。完成施耐庵路、南亭路西延、将军庙路、花园人家西侧道路等结转工程,新增路灯 148 杆、346 盏。完成施耐庵路、车路河路—将军庙路、小戚路—将军庙路、支三路、张北路等 5 条新建道路路灯配套工程,新增路灯 128 杆、256 盏。投入资金 2187.33 万元,新增机动车停车位 1275 个、新增电动自行车充电棚 167 处、铺设草皮9.25 万平方米。增设老旧小区住宅楼出入口无障碍设施 60个、加装电梯 21 台、新增小区停车位 550 个、智能电动自行车集中充电位 3500 个。投入资金2.94 亿元,对王家塘东区、阳春公寓、新阳公寓等 42 个老旧小区进行改造,改造屋面改造、墙体楼道铲粉出新、铺设雨污分流的下水管道、弱电改造等配套基础设施和公共服务设施。改造面积 50 万平方米,235 幢居民楼。

【棚户区改造】　2022 年,兴化市推进棚户区改造项目建设,全年完成新开工项目为张皮安置房 1084 套,棚户区改造基本建成安置房共 1364 套,其中北樊安置房项目共建安置房 772 套,三水家园安置房项目建安置房592 套。调入安置房、营业房等房源 2243 套,调出 2168 套房源用于征收安置。完成 1361 户的安置结算工作,发放租赁补贴279 户,21.21 万元。

【背街小巷整治】　2022 年,兴化市按照“边设计、边施工、全程监管、跟踪审计”的改造工作要求,投入资金 7022 万元,对辖区内的小区及后街背巷计 170 个项目进行环境“微”整治。完成342 条巷道整治,维修路面面积8.44 万平方米,更换排水管网2.56 万米,清淤疏通管道 3495米,出新墙面 13.7 万平方米,文化宣传彩绘墙 1600 平方米。投入资金 3536.72 万元,对 232 个小区进行路面修复、拓宽路面8.66 万平方米、绿化修整和补植约 9 万平方米、改造和疏通下水道 1.35 万米、汽车位 1.12 万个、电动车棚 1.45 万平方米。对后街背巷有路无灯的暗区、盲点新增 86 盏路灯,完成城区97 个城市照明专用箱体的彩绘、木栅栏制作等整修美化,城市照明亮灯率和设施完好率均达到 99% 以上。改造效果明显,为居民营造更加舒适的生活环境。

(宗高翔)

城乡公共交通

【城乡公交】　2022 年,全市在册公交车 444 辆(含城市公交182 辆,城乡公交 262 辆),其中新能源车 298 辆,占 71%;公交站点 1540 个,其中电子站牌 483个。新建 300 座公交站亭,改造8 座公交站亭。至年底,全市有公交线路 132 条,其中城市公交线路 29 条,城乡公交线路 103条(含旅游线路 3 条,毗邻公交5 条)。优化公交线路 5 条,通过省级城乡公交一体化达标县验收,463 个行政村公交通达率100%。围绕农村物流达标县创建,推进“交邮”融合发展,在大营、中堡两镇客运站建立“交邮”融合发展示范点。打造毗邻公交客运体系,开通兴化戴南—姜堰溱潼(尤庄)、兴化—高邮(横泾)、兴化—东台(博岳)、兴化—大丰(白驹)、兴化—盐都(尚庄)5 条毗邻公交线路。

【出租车】　截至 2022 年底,全市出租车企业 1 家,出租车在册数为 212 辆,注册驾驶员 254人,出租车公司管理人员 18 人。车辆全部为油气双燃料车型。

【共享自行车】　2022 年,兴化市公共自行车项目经过一期建设,建成站点 101 个,投放自行车 2008 辆,服务居民总数 50 多万人,形成覆盖城区 5 千米范围内绿色低碳出行。市民公共自行车出行 300 多万人次。截至2022 年底,办理公共自行车租车 IC 卡 3800 多张。推出“链尚单车”手机微信、支付宝扫码免押金租车等惠民利民措施,手机扫码租车注册 4 万多人次,总数5 万人。

(刘小涛　朱鸿程)

城市管理

【概况】　2022 年,市城管局秉持“以人民为中心”的初心,践行推动城市管理高质量发展的使命,全力打造兴化城管品牌。不断推进服务型城管转型,实行管理“点对点”、服务“零距离”,持续推动人力三轮车控减工作;深入挖掘城区停车资源,夯实“停车便利化工程”,完成城区主次干道非机动车辆停放区域画线20000 余米;创建“银发路长”管

2022 年 9 月，雾炮车在路面作业　　（市城管局/供图）

理机制，优选身体好、能力强、经验丰富的老干部、老党员挂钩市区主干道牌楼路路段；利用城市港湾、城管执法岗亭等场所设立“暖蜂驿站”，为市民提供避雨纳凉、免费开水、饭菜加热等基础服务，为零距离服务市民提供载体平台。年内，市城管局被国家机关事务管理局、中共中央直属机关事务管理局、国家发展改革委、财政部评为“节约型机关”，市城管局执法大队被江苏省生态环境厅、江苏省人力资源和社会保障厅评为“江苏省打好污染防治攻坚战先进集体”。

【城市综合执法】　2022 年，兴化市围绕“历史违建减存量，新增违建零增长”工作目标，在违法建设防治工作中始终坚持抓关键环节、重点区域、敏感时间节点，走防、控、治综合治理之路，坚持发现一起、查处一起，违建防治工作取得切实成效。全年共依法查处违法建设 1018 处，拆除面积 79563.8 平方米，其中，拆除新增违建 337 处，拆除面积 7804.66 平方米；拆除存量违建 681 处，拆除面积 71759.19 平方米。落实安全生产部门监管责任，开展安全隐患排查整治行动，全年累计拆除大型户外破损广告 200 余处，查处渣土车辆违法运输 50 余起。

【环卫设施建设】　2022 年，兴化市强化环卫基础设施建设，投资约 180 万元，新建 1 座公厕，对城区 4 座公厕和 2 座生活垃圾中转站进行升级改造。主干街道清扫实行“机械为主，人工为辅”模式。投入使用 5 台洒水车及 4 台抑尘喷雾车，实行全天候 24 小时洒水、喷雾抑尘作业，有效降低城区道路 $PM_{2.5}$ 和 PM_{10} 浓度，提升道路保洁质量。

【街巷卫生整治】　2022 年，兴化市开展马路市场、露天烧烤、流动摊贩、超门面经营等专项整治行动，取缔流动摊点 1 万余处；全面推行深度保洁，提高环卫作业强度与频次，对中心城区内主次干道、后街背巷进行全覆盖环境卫生整治；采取上游设挡、内城河循环保洁、航道河拦网打捞等作业方式，加强城区河道河岸保洁。全年共解决各类城市治理上报问题 535 项、交办问题 1719 项。

【垃圾处理】　2022 年，全市转运并终端处置城乡垃圾 30 余万吨，生活垃圾无害处理率、餐厨废弃物处理率均达到 100%。建成 29 个省级垃圾分类达标小区，31 个省“四分类”达标小区，14 个“四分类”乡镇，覆盖率达 53.8%。年内，沈坨镇获评“垃圾分类实践教育基地”，被省住建厅作为“花小钱，办大事”的典型案例重点推介。

（朱鸿程）

综　述

2022年,兴化市出台《兴化市抓党建促“村”“民”共富行动方案》,推动“富民”“强村”同频共振。全市围绕“五大产业链”和7个共建课题,打造8个示范基地,培育19家链主企业,引进示范动植物新品种100多个、新技术20项,印发7个绿色生产技术要点,年度综合考评位列全国72个创建县(市)第一名。坚持“三创联创”,统筹谋划全国农业科技现代化先行县、国家农业现代化示范区、国家级现代农业产业园建设工作。与南京农业大学组建科技先行县共建团队,按照“六强六化”(质量强、标准化,生态强、绿色化,装备强、设施化,数字强、智慧化,主体强、园区化,链条强、融合化)建设标准,积极开展省级农业现代化先行区建设,制定《先行区(示范区)2022—2025年创建方案》,成功入选国家级农业现代化示范区创建名单。推动农业数字化转型升级,新建农业物联网应用基地23个,鳜鱼、鲈鱼工厂化养殖项目获批国家数字渔业创新应用基地。加强无人机等现代化农业机械推广力度,着力构建“卫星+无人机+地面检测”的立体化农情遥感监测平台与技术体系,全市规模化种植中无人机使用率达80%以上。推进农作物秸秆综合利用,秸秆机械化还田面积达85万亩。推进东北片7个乡镇秸秆全量离田试点,实现秸秆离田面积9.6万亩,离田率达80%以上,农作物秸秆综合利用率保持在95%以上。强化各项强农惠农富农政策精准落实,5次发放资金2.61亿元,惠及24万多农户。

强化乡村人才队伍建设,招录“双一流”高校学生8名、乡村振兴青年人才205人,委培“定制村干”47名,组织382名村(社区)干部进行学历提升。抽调63名优秀年轻干部组成14支乡村振兴工作队,全脱产下沉镇村一线3年。

2022年,全市推荐申报创建国家级示范社2家,创成省级示范家庭农场10家、示范社2家,泰州市级示范家庭农场26家、示范社19家。开展金融助力,开发“兴村易贷”“兴锋e贷”等金融产品,授信规模达5亿元。举办消费帮促行动,对全市符合参保条件的低收入人口32447人实施居民防贫综合保障保险,4个乡镇开展公益医疗互助项目试点,推广村级医疗互助模式,有效防范因病返贫致贫。截至2022年12月底,全市共培植发展村级集体增收项目88个,覆盖25个乡镇(街道)204个行政村,总投资2.01亿元。85个村发展光伏产业类项目,19个村发展机械(烘干、打捞船)设备类项目,40个村发展仓储(粮食、冷链)类项目,1个村发展鱼塘整治类项目,2个村发展商铺类项目,55个村发展标准化厂房类项目,2个村发展乡村旅游(农家乐、民宿)类项目。

农村改革

【概况】　2022年,兴化市巩固和完善农村基本经营制度,推进农村承包土地“三权分置”改革,全面完成农村土地承包确权工作。制定出台《关于开展全市农村承包地确权登记颁证错误数据修改工作的通知》，健全常态化管理体制机制，全年完成数据修改274次。出台《关于进一步明确规范收取基础设施使用费和土地流转管理服务费的通知》，明确收取政策依据、收取标准和方式、服务内容、费用收取程序、资金用途和管理。推进农村集体产权制度改革，加强农村集体“三资”（资金、资产、资源）管理，推动农村产权交易。

【农村集体产权制度改革】 2022年，市农业农村局开展农村集体产权制度改革“回头看”工作，指导各乡镇（街道）各村存在人员信息重复、经营性资产量化不全面等问题及时整改完善，26个乡镇（街道）共排查91个问题，全部整改完成。推进“政经分开”改革，制订《戴南镇戴泽村“政经分开”改革试点分账核算的实施意见》，巩固农村集体产权制度改革工作成果。深化农村集体产权制度改革，创新村级集体经济管理和分配机制，推动资源变股权、资金变股金、农民变股东，增加农民财产性收入，全市145个村股份经济合作社实现按股分红，分红总额达283.86万元，惠及成员43.5万人。开展“小特精”专项治理活动，制订《关于规范农村小型工程建设管理方案》。年内，全市土地经营权平台交易数1155笔，交易总面积6110.8公顷。

【农村集体“三资”管理】 2022年，市农业农村局推进农村集体“三资”管理规范化建设，开展农村集体财务在线支付创新试点工作，与市财政局共同研究制订农村财务在线支付方式方法，在昭阳街道、竹泓镇等地开展初步试运行。开展农村集体资产智慧监管平台试点工作，昭阳、荻垛、竹泓街道（乡镇）各选1个村进行试点。开展村级集体财务审计工作，组织全市乡镇农经工作机构对2021年的村级财务进行审计，委托第三方抽查，对70个村的2020年、2021年村级财务进行审计。强化村级“三资”平台监管，对7乡镇44条合同履行异常、5乡镇村级财务不及时公开进行督办交办。全市463个行政村和9个涉农社区，村级集体总收入达9.91亿元，其中，经营性收入4.54亿元，同比增长19.8%；集体经营性收入50万元以上村313个，100万元以上村138个，200万元以上村44个，全面超额完成“8420”目标任务，村集体经济发展综合指数位列泰州市第二名。

【农村产权交易】 2022年，全市农村产权交易平台成交标段5496笔，成交金额7.43亿元，溢价5931万元。持续开展农村产权线上交易，乡镇覆盖率保持100%，线上成功交易3359笔，成交金额4.7亿元，位列全省第二名。

镇村建设

【概况】 2022年，兴化市启动新一轮镇村布局规划调整工作，对1643个城镇开发边界外自然村进行规划，形成《兴化市镇村布局规划（2022版）》。印发《镇级巡查工作台账》《村级巡查记录本》，指导建立“乡镇（街道）—行政村—自然村（责任区）”宅基地建房动态巡查机制。

【镇村规划】 2022年，结合国土空间规划，兴化市优化镇村布局规划，推进土地整块连片增减挂钩，村庄规划编制数量及备案数量均位于全省前列。推进“多规合一”实用性村庄规划编制，232个行政村编制村庄规划。其中155个行政村规划报省自然资源厅备案，77个行政村规划正在编制中，编制总量及备案总数均处于全省前列。

【农村危房改造】 2022年，全市登记在册的行政村集体土地上304户C、D级农村危房全部消险解危；106户低收入群体危房改造全部竣工，农民群众的住房安全得到有力保障。累计完成农房改善4794户。

【农民集中居住区建设】 2022年，全市在建拟建农民集中居住区项目43个、建成入住的4个、完成规划选址办理立项手续的13个、启动方案论证纳入建设计划的26个、162户农户喜迁新居、2个农民集中居住区项目入选江苏省高品质农房改善示范项目。

【农村道路桥梁建设】 2022年，兴化市全面完成纳入省计划的农村道路、危桥改造和安防工程，自然村（组）道路硬质化率达99.61%。

产业发展

【村级集体经济发展】 2022年，推进村级集体经济发展项目建设,出台《兴化市党建引领发展壮大村级集体经济三年行动计划(2021—2023年)》,投入资金0.6亿元,为80个村培植7大类39个集体经济发展项目,光伏电站类项目46个村,机械(烘干、冷库)设备类项目12个村,标准化厂房类项目11个村,冷链仓储类项目6个村,商铺类项目2个村,乡村旅游类项目2个村,鱼塘整治类项目1个村。村级集体经济增长,农民幸福感、获得感增强。

【家庭农场培育】 2022年,全市录入名录系统的家庭农场达6673家,每月进行动态调整。积极构建示范家庭农场"三级联创"机制,加大"家庭农场随手记"App推广使用力度,成功创建省级示范农场10家、泰州市级示范农场26家,组织申报评定兴化市级示范农场70家,成功创建省级"百佳农场"2家。兴化市红妹粮食种植家庭农场被省妇联表彰为"五好家庭"。做好省现代农业发展(家庭农场)项目建设和乡村振兴战略奖补申报兑现工作,为34个经营主体发放奖励资金235万元。

【农民合作社发展】 2022年,遵循"面上抓规范、点上抓突破"的工作思路,促进农民合作社规范化发展。加强与市行政审批部门、市场监管部门的紧密协作,实现数据共享,累计注册合作社997家。组织100多家示范社理事长、会计进行业务培训,实现19家省级示范社财务电算化全覆盖。构建四级联创机制,申报国家级示范社3家,成功创建省级示范社2家,泰州市级示范社19家,兴化市级示范社14家。按季度对全市农民专业合作社非法集资情况进行全面排查,组织乡镇(街道)多渠道、全方面开展《防范和处置非法集资条例》宣传工作,确保合作社健康有序发展。

【重大项目建设】 2022年,市委、市政府联合印发《2022年全市农业农村重大项目建设实施意见》,《精准施策,全力推进农业农村重大项目建设》被评为全省农业农村重大项目建设机制创新典型。开展"农业农村重大项目提质增效年"活动,截至12月底,在建重大项目47个,计划总投资41.34亿元,完成投资超20亿元。实施农业龙头企业"双倍增"计划,申报省级农业龙头企业2家,泰州市级农业龙头企业23家。千垛镇成功入选全国"一村一品"示范村镇。加快实施品种培优提升工程,全市农作物良种覆盖率达98.5%,畜禽良种覆盖率达96%。

乡村文化

【概况】 2022年,实施"十所百站"提升工程,投入250万元,推进各街道、乡镇、村新时代文明实践中心、所、站建设。创作以锣鼓书、茅山号子、新编淮剧等为主的移风易俗文艺作品,定期为群众演出。锣鼓书《移风易俗看安仁》在省农民丰收节主会场演出。

【乡村文化阵地建设】 2022年,全市以政策引领场馆建设,在夯实文化阵地、创新文化活动、加快文体旅融合等方面持续发力、综合施策。创成市图书馆和昭阳街道、陈堡镇、沙沟镇文化艺术中心4家"江苏省最美文化空间"。

【乡村文化服务】 2022年,全市乡村文化服务以助力高质量发展为目标,举办节庆期间群众文化活动、"荟文化·惠民生"文化惠民季活动、"喜迎二十大·共筑邻里情"邻里文化节以

2022年11月25日,党的二十大精神宣讲"文艺轻骑兵"走进陶庄 (陶庄镇/供图)

及文化进万家等主题文化活动，引导基层组建“节庆、街演、培训、展览、赏析、讲座”六大矩阵，形成“季季有主题、月月有活动、周周有展览”文化氛围。发挥“文艺轻骑兵”作用，“兴化有戏”文化文艺志愿服务分队常年在基层演出600多场，戏曲联唱《温暖的接力》被选送参加省志交会压轴演出。编排演唱《踏车行》、小淮剧《门前不是陌生客》、歌曲《水乡花鼓调》，舞蹈《垛》获“第十五届江苏省五星工程奖”。聚焦千垛陈杨村编排小戏《三拆桥》。

乡村治理

【概况】 2022年，兴化市以和谐稳定为导向，提高乡村治理现代化水平，深化党建工作机制建设，建立6个维度32项指标的“组织力指数”监测体系，“规范+提升”村（社区）党群服务中心523个，整顿软弱涣散基层党组织26个。推广运用“清单制”和四个“一张图”典型方式，推进村级组织减负增效。坚持“三强三促”，加强农村基层党组织对乡村振兴的全面领导，切实发挥党支部在乡村振兴中的“战斗堡垒”作用。定期分片区召开组织委员例会，推动全市所有乡镇落实推进党建引领乡村振兴“十个要”要求。推进“基层党支部标准化建设工程”，下发《党支部标准化建设工作手册》，深化“标准+示范”、“标准+引领”、“标准+功能”建设。发挥党建“龙头”引领作用，建立“党建工作指导日”制度，推行“三指导一检查”工作法，构建职责清晰、任务明确、环环紧扣的责任链条，实现党务、事务、服务深度融合、同频共振。严格执行“五事四制度”“四议两公开”，督促指导村公开栏及时规范更新，用好每年1000万元市级农村党建工作专项资金，推动村级党群服务中心“六个规范化”达标率100%。组织开展“最美村部”表彰活动，15个村获得表彰。28个软弱涣散村（社区）党组织全部转化。投入250万元实施“十所百站”提升工程，全面提升新时代文明实践中心、所、站建设质效。优化养老设施布局，建成3个区域性养老服务中心，总建筑面积1.5万平方米、总床位415张。

【基层治理】 2022年，兴化市按照“重点突破、多点开花、形成合力”的原则，找准乡村振兴与基层治理的结合点，引导基层党员干部答好“必答题”“自选题”“加试题”，激活乡村振兴的内生动力。重点向集体经济薄弱村、软弱涣散村选派“第一书记”，印发《关于进一步加强“第一书记”管理的通知》，选派133名“第一书记”，到村因地制宜壮大集体经济，带领群众脱贫致富。市委组织部申报扶持20个村级集体经济发展项目，争取省级扶持资金1200万元，投入“市统筹购建标准厂房项目”，平均每村每年增加村级集体收入4.8万元。印发《关于抓党建促联建、助推“万企联万村共走振兴路”行动的指导意见》，发挥基层党组织“火车头”作用，推动党建共谋、村企共赢、发展共兴。全市上报联建项目465个，其中经省厅审定通过的项目224个。印发基层党建项目管理办法和“党建+基层治理”书记项目实施方案，构建“三统四分”（统筹力量、统筹进度、统筹质量，分类施策、分期督导、分类晒比、分级考评）推进机制，建立双挂钩和周对接、月分析、季督查、半年观摩等制度，有效解决一批基层治理难题，形成一批可复制、可推广的经验做法。经过述比28个项目，产生6个金质奖项目、9个银质奖项目和11个铜质项目，3个“书记项目”获泰州市基层党建书记“十佳”。坚持“党建+网格”，按照“镇村干部联包网格、网格组织联结党员、党员结对联系群众”要求，积极探索“三联”网格社会治理模式，组建网格员、网格长队伍，列出责任清单，构建支部主导、党员引领、群众参与、多方联动的群治群策、共治共享基层社会治理服务体系，推动“人往基层走、劲往基层使”，切实打通联系服务群众“最后一公里”。

【农民负担落实】 2022年，全市推进2022年村级公益事业建设一事一议财政奖补项目建设，新建奖补项目237个，涉及115个村，财政奖补资金4913.05万元。下发《关于做好2022年度农民负担落实工作的通知》，严格执行农民负担预算审批、民主议事、公示、负担监督卡和专用票据等制度，加强农民负担工作的检查监管力度。未落实公益事业项目建设的村，不得向村民进行筹资筹劳。全年未发生一起农民负担信访事件。

【农村人居环境整治】 2022年，全市推进农村人居环境整治工作，出台《农村人居环境改善提升行动方案》,采取“以奖代补”的方式支持各乡镇(街道)开展农村人居环境提升工作,实施专项奖补资金1200余万元,打造宜居宜业美丽乡村新样板,助力乡村全面振兴。开展美丽菜园“十百千”创建活动,引导农户建设美丽菜园38900多处。开展“四出四助”(出智、出工、出钱、出物、助困、助卫、助绿、助美)活动,筹集社会捐助资金2亿元,同步发挥村民主体作用,提升村民参与人居环境提升的积极性、主动性、创造性。年内,获评江苏省农村人居环境整治提升工作一等奖。

2022年11月10日,周庄镇殷庄村入选第十批江苏省特色田园乡村 (市住建局/供图)

【农村户厕建设】 2022年,兴化市持续推进厕所革命,建立农村厕所革命联席会议制度,加大资金投入,出台配套奖补政策,按照新建奖补1000元/户,整改达标500元/户进行市级配套。坚持户厕改造项目化管理,以乡镇(街道)为实施主体,市行政审批中心备案工作制,确保改造的农村无害化户厕运行到位。完成农村住户厕所改造4645户,完成18个无害化卫生户厕整村任务。

【农村河道疏浚】 2022年,全市投入资金4000万元,开展疏浚清淤、海沟河综合整治工程。累计投入约4550万元疏浚分圩河和生产河,疏浚土方约158万立方米。开展水产养殖污染治理,建设养殖尾水达标排放试点示范基地3300亩,布设水产养殖塘口水质监测点500个,完成池塘标准化改造面积3.43万亩。

【特色田园乡村建设】 2022年,市住建局组织乡镇申报省级特色田园乡村,创成省级特色田园乡村2个、泰州市特色田园乡村8个,梯次培育建设兴化市特色田园乡村10个。创建省级生态宜居美丽示范镇1个、示范村50个、省绿美村庄12个;省级传统村落17个,新增省传统村落4个;泰州市级乡村振兴中心镇3个和示范村40个。启动省级特色田园乡村示范区建设,安丰镇安东村、周庄镇殷庄村创成省级特色田园乡村,沙沟镇石梁村入选第六批中国传统村落。

(冯　飞　袁　野　宗高翔)

综　述

2022年，兴化市生态环境局坚持牢牢守住“生态环境质量只能更好、不能变坏”的底线，抓好绿色低碳发展、环境污染防治、生态治理修复、突出问题化解，深入打好污染防治攻坚战，持续改善生态环境质量，努力建设生态品质优良、生态经济活跃的新时代鱼米之乡。推进开发区限值限量工作，建成2个自动监测气站、2个自动监测水站、31个微站、2个空气环境污染源监测站。完成“天地双眼”生态红线及生态管控区违法行为督查，及时移交违法违规问题。稳妥解决万里置业（楚水招商城）、大垛中兴花园、莲溪公馆、吾悦和府等历史遗留问题。推进“多测合一”改革，按照“一次委托、多测合一、一次收费、成果共享”思路，对规划测绘、地籍测绘、房产测绘进行整合，逐步实现全流程“多测合一”。开展全市通信基站环境保护现场核查评估，配合完成7家工业射线探伤类企业标准化试点建设及4家核与辐射安全重点风险单位安全检查工作。优化营商环境作风效能大提升专项行动，征求建议19条、需求33条，均责任到人。

做好2022年第二轮中央生态环保督察、2021年省生态环保专项督察及省生态环保督察反馈问题及交办信访件整改工作。对第二轮中央生态环保督察反馈的2个问题，交办的25批63件信访件及两轮省级环保督察反馈的51个问题、交办的240件信访件，市领导带队现场实地督查，全面推进整改。

推进生态系列创建，创成省级生态文明建设的示范镇8个、村4个，创建单位通过省生态环境厅考核，获省级生态文明建设示范镇、村命名。组织申报兴化市徐马荒生态岛项目，通过省生态环境厅专家论证审查。

环境质量

【环境空气状况】 2022年，兴化市环境空气质量状况良好，空气优良天数占监测总天数的80%。二氧化硫（SO_2）、二氧化

2022年1月30日，省生态环境保护专项督察反馈意见整改任务交办会召开　（市生态环境局/供图）

2022 年 5 月 26 日,省生态岛调研组到兴化调研生态岛试验区建设工作

(市生态环境局/供图)

氮(NO_2)年日均值分别为 9.8 微克每立方米、17.8 微克每立方米,可吸入颗粒物(PM_{10})、细颗粒物($PM_{2.5}$)年平均浓度为 52.8 微克每立方米、30.4 微克每立方米。

【水质状况】 2022 年,兴化市境内水质总体较好,主要河流(卤汀河、横泾河、上官河、白涂河、蚌蜒河、车路河、兴姜河、海沟河、下官河、猪腊沟、大纵湖、兴盐界河、盐靖河)总体水质符合《江苏省地表水水域功能区划》划定的水质标准。兴化市自来水厂饮用水源水质达标率保持 100%,12 个国省考断面优Ⅲ比例为 100%。

【声环境质量】 2022 年,城区噪声环境质量达到相应功能区标准。城区区域环境噪声平均值昼间为 52.5 分贝。城区交通干线噪声平均等效声级为 64.4 分贝,不超过交通干线道路两侧标准。

(汪春霞)

表 16　2022 年兴化市环境空气优良天数统计结果表

时间	一级	二级	三级	四级	五级	六级	首要污染物	优良天数所占比例
	优	良	轻度污染	中度污染	重度污染	严重污染		
2022 年	98	194	66	7	0	0	$PM_{10}/PM_{2.5}/O_3$	80.0%

表 17　2022 年兴化市饮用水水质监测结果统计表

2022 年	城区饮用水源达标率(%)	自来水厂	100%
		第二自来水厂	100%

表 18　2022 年兴化市降水监测结果统计表

年度 \ 指标	降水次数	降水量(毫米)	降水 pH 均值	其中酸雨		
				次数	雨量(毫米)	pH 均值
2022 年	39	726.9	6.1	—	—	—

注:降水 pH 值小于 5.60 时为酸雨

表 19　2022 年兴化市区域环境噪声数据统计表

单位:分贝

时间	网格大小(米×米)	测定总数	Leq	L10	L50	L90
			平均	平均	平均	平均
2022 年	400×400	134	51.8	54.9	49.1	45.4

土地资源保护

【耕地保护】 2022年，兴化市推进违法用地综合整治三年行动和“清零”行动，做好森林督查及涉林审计整改。船厂专项整治立案21件已关停9家，违建别墅排查涉及2个问题均已整改到位。强化耕地保护宣传，制作《保红线幸福久长》短视频和音频，到10多个乡镇（街道）开展政策宣讲。

【执法监督】 2022年，兴化市政府出台《关于在全市深入开展“土地执法模范县（市）”创建活动的通知》，争创全省土地执法模范县市。出台《兴化市自然资源执法监察巡查暂行办法》《关于建立兴化市自然资源行政执法与检察监督联动机制的实施意见》《兴化自然资源和规划局违法用地网络舆情提前介入制度》，以制度来规范巡查监管行为。联合市效能办、市纪委监委、市委组织部对违法用地整改情况实施递次督查，形成处置合力。强化违法用地源头防控，建设三级（大队、中队、分局）监管网络，实施巡查周报制。推进农村乱占耕地建房整治行动。全年共立案查处土地违法用地案件34件（其中历史存量船厂21件）、林业违法案件8起，下发《行政处罚决定书》7份。

水资源保护

【水资源管理】 2022年，兴化市加强自备水源户日常巡查和监督管理，及时发现、制止、处理非法用水现象，提升水资源的管理水平。利用“世界水日”“中国水周”“全国科普日”等重要节点，开展以《公民节约用水行为规范》《地下水管理条例》为主题的节水宣传活动；普及节水相关知识，增强市民节水意识。加大水资源费征收力度，按照“应收尽收”的原则，完成水资源费征收641万元。坚持节水优先，建立节水工作机制，引领城区节水型社会建设工作。开展节水活动进单位、进企业、进小区、进校园、进乡村活动，营造“人人参与、人人受益”的全民水情教育氛围。年内，创建省级节水型小区1家、节水型企业3家、节水型机关1家。

【河湖长制工作】 2022年，全市推行河长制，统筹推进水环境治理，河湖长效管护进入新常态。全市建成5处村级河（湖）长制工作站、13座河（湖）长制主题公园。

【水行政执法】 2022年，兴化市推进水环境治理，以“清理整治、问题起底、督查考核”三个全覆盖为抓手，“封牢盯紧、除根剿清”为目标，市镇两级投入7000多万元、大中型保洁船101艘，推进水花生、水葫芦、水浮莲等水面漂浮物清理，打捞漂浮物总量达500多万吨。开展“两违”“四乱”整治行动，完成797处遥感疑似碍洪图斑复核，成功处置30处河道“两违”“四乱”遥感疑似点和551处变化点。实行层层负责制的管理网络，强化车路河、卤汀河、泰东河、通榆河等省市级骨干河道以及省管湖泊的重点检查，发现问题及时处理。工作过程中实行首问负责制、服务承诺制、限时办结制、责任追究制。年内，共巡查165航车次，出动人员500余人次，巡查里程约4800千米。

森林与湿地保护

【国土绿化】 2022年，全市非耕地成片造林面积23.91万平方米，四旁植树86.82万株，实施森林抚育333.33万平方米，新建农田林网控制面积733.33万平方米、完善农田林网控制面积3753万平方米。完成净增成片造林任务20万平方米，完成低效林改造、退化林修复和更新造林面积200万平方米，四旁植树90万株，森林抚育333.33万平方米，新建农田林网控制面积533.33万平方米，完善农田林网控制面积3666.67万平方米；全市新建省级绿美村庄3个，改造提升绿美村庄2个；修复湿地53.33万平方米。

【林地保护】 2022年，严格林地手续办理，积极服务“桃李园”、中俄东线天然气管道工程、宁盐高速公路先导段建设。编制《兴化市森林防火规划》，升级里下河国家湿地公园森林火灾远程监控中心，开展森林防火宣传、实战演练、美国白蛾防控现场演练，全年森林防火安全检查40次。认真开展造林绿化空间适宜性评估，形成造林绿化空间调查成果。全市林业有害生物预防性普防面积1.07万余公顷，重点绿色通道集中防治3万余亩，美国白蛾监测、防治率达100%，叶片保存率达90%。

【生物多样性保护】 2022年，兴化市推进生态环境系统治理，加大生物多样性保护力度，生态环境质量持续改善，生态文明水平持续提升。5月20日，生物多样性保护工作专题发布会在兴化召开。市林业部门开展生物多样性调查和野生动物调查，24个生物多样性调查网格，覆盖兴化市全部区域，涵盖农田、湿地、森林等生态系统。记录物种种数共计1224种，其中，陆生维管束植物368种，鸟类159种，哺乳动物7种，两栖爬行动物5种，陆生昆虫229种，水生植物38种，鱼类52种，浮游动植物334种，大型底栖无脊椎动物32种。列入《国家重点保护野生植物名录》《国家重点保护野生动物名录》的野生动植物累计超过50种，以鸟类为主。

【林长制推行】 2022年，兴化市坚持“山水林田湖草沙”一体保护理念，建立三级(市、乡镇、村)林长组织体系，全市各级林长共1381名。出台林长制四项制度，建设各级林长制公示牌695个。建成市绿化合格村26个、绿化示范村10个，省级绿美村庄12个，林木覆盖率预测达22.19%。修复湿地904亩，新建自然湿地保护小区25个，自然湿地保护率提高到76%。

【湿地保护】 克服里下河湿地公园建设涉及有关国家生态红线调整、建设用地报批、退圩还湖遗留问题处置、永久基本农田保护、建设资金紧张、验收时间紧迫、疫情影响等重重困难，规范管理体制，完善基础设施。12月，里下河国家湿地公园试点建设通过验收，纳入生态红线保护区、江苏省重要湿地名录。

(徐兴旗)

节能减排

【概况】 2022年，全市严控“高能耗、高排放”行业产能，对不锈钢行业、农产品加工业等重点行业开展污染提升改造工程，推进各行业高质量转型升级和结构调整。取缔“散乱污”企业，优化能源结构，全面压减非电行业煤炭消费总量。助推企业绿色发展转型，兴达钢帘线股份有限公司入选2022年度绿色发展领军企业，组织17家企业开展强制性清洁生产审核工作，促进企业减污降碳、提质增效。完善高污染燃料禁燃区建设，扩大高污染禁燃区域范围和提高高污染禁燃类别要求。在全市实行全行业排污许可申报制度，完成排污许可证核发工作。深挖工程减排、结构减排和管理减排潜力，全面推进工业、交通、公共服务、农业等领域的污染减排工作。严格控制挥发性有机物排放，空气环境污染源重点监管企业编制完成“一企一策”方案，开展汽修行业规范化治理空气环境污染源。年内，工业废气排放的二氧化硫、颗粒物、氮氧化物排放量分别为58.80吨、61.39吨、247.73吨。

2022年9月21日，大纵湖湿地保护巡湖行动开展

(市检察院/供图)

【节能降耗】 2022年，兴化市制定《兴化市2022年深度减排措施清单》，细化115家企业减排措施，逐一明确挂钩负责人，严格落实减排措施。对全市电力、垃圾(危废)焚烧、建材等6个重点企业，推动排放大户持续、稳定实现友好减排。18家空气环境污染源重点监管企业和6个重点行业企业开展现场核查评估，帮助企业提升空气环境污染源治理水平。组织283家企业填报空气环境污染源排放清单，开展空气环境污染源末

端治理设施排查,督促103家涉活性炭吸附工艺企业对发现的问题进行整改。对戴南镇电线电缆、橡塑手套等2个重点企业集群整治开展再排查、再提升"回头看"行动,完成竹泓镇集中喷涂绿岛建设。结合节能宣传周、高温用电用能高峰等时机,开展节能宣传,提升全社会节能意识。完善工业能耗强度监测预警机制,按月分析节能形势并提出具体措施加以落实。推动重点用能企业利用"智慧能源管理平台"等方式实现节能管理,推动20余项节能绿色改造项目实施,4家企业获评省级绿色工厂。开展"两高"技改项目清理处置工作,淘汰落后高耗能机电设备(产品)32台(套)。

【污染物减排】 2022年,全市加强危险废物安全处置,制订《兴化市加强危险废物环境管理意见》《兴化市年度危险废物规范化管理工作方案》《关于进一步加强危险废物污染防治工作的通知》,深入排查固体废物处置工作中存在的环境隐患和企业违法违规行为,推进危废处置企业挂牌督办整治工作。开展危险废物"减存量、控风险"行动,完成戴南历史遗留酸洗污泥整治,强化涉及危废企业整治。提高一般工业固体废物综合利用水平,建立工业固体废物收集、运输、贮存、处置的全过程监管体系。生活污水处理厂产生的污泥开展综合利用,部分外送用于蚯蚓养殖,部分用于制砖,部分作为其他污水处理厂的菌种。

(汪春霞　葛晓平)

污染防治

【水污染防治】 2022年,兴化市东北片区设置122个加密监测点位,实时跟踪水质变化,定期汇总分析数据。强化农业面源治理。完成兴盐界河沿线纵深300米范围内9085.33亩池塘清退复垦,完成池塘生态化改造3.3万亩,对国省考断面周边所有210个养殖塘口进行全过程监测。拆除兴盐界河、雌港河、海沟河沿线养殖场496户。探索推进高标准农田排灌系统生态化改造,试点面积420亩。加强秸秆巡查,2022年兴盐界河、雌港河、海沟河沿线秸秆离田面积约8万亩。加强污水处理质效。升级改造15座污水处理厂整合成8家,兴盐界河沿线的中堡、合陈、新垛3座污水处理设施完成一体化设备改造,乡镇污水管网扩面工程抓紧推进。开展水污染物平衡核算、"一断面一方案"编制,邀请专业机构赴兴化市东北片区域,开展水污染来源解析工作。加强河道清洁管护,完成兴盐界河大邹段阻水断面清淤整治工程,对兴盐界河民主村断面上游10千米范围内的中心河、村级河等78条河道组织开展疏浚。完成海沟河生态流量保障项目,日补水量约5万吨。加大水面漂浮物打捞力度,优化设置112处打捞卡点,推动水葫芦资源化利用项目投产。

【大气污染防治】 2022年,兴化市推进治气项目,完成9个"两高"行业产能淘汰和压减等项目、5个能源布局优化与散煤清洁化利用等项目、26个源头替代项目、15个空气环境污染源综合治理项目、12个无组织排放治理项目、38个重点设施工业炉窑清洁能源替代项目、30个工地塔吊安装喷淋设备项目。加强省控站点周边3千米52个主要扬尘源巡查,督促扬尘管控不规范等问题立即整改。组织开展餐饮油烟百日攻坚行动,对各餐饮店、学校、机关食堂等全

2022年9月1日,泰州环境监测中心主任徐亮、兴化市副市长杨蓓联合调研兴化市东北片区水环境质量状况及养殖尾水治理情况

(市生态环境局/供图)

面排查整治。开展柴油货车排放路检路查、施工工地非道路移动机械监测、汽车维修行业整治、加油站挥发性有机物管控、机动车检测机构抽查检查等行动,减少移动污染源污染。引进第三方技术团队进驻,建立“排查、会诊、整改”一体化工作体系,针对臭氧浓度较高的月份,对省控站点周边及重点工业集聚区开展为期13次的空气环境污染源走航。组建6个城市面源和6个工业企业督查组,对涉气工业企业、施工工地、餐饮单位、汽修、加油站等进行检查,共检查点位582个,出具156份轻微环境问题告知书。组织专班人员对有关乡镇(街道)帮扶交办施工扬尘、工业企业废气排放、餐饮油烟排放及道路积尘等问题546个,提升大气污染防治能力。

【土壤污染防治】 2022年,兴化市编制印发《兴化市畜禽养殖污染防治规划(2022—2025)》《兴化市固体废物污染防治长效监管实施办法》,组织全市危废经营单位、重点危废产生单位和全市机动车维修单位进行培训。推进危废贮存仓库手续问题整改,对产废10吨以上危废贮存场所手续不全的企业进行整治。帮扶企业规范使用危险废物全生命周期监控系统,督促企业落实标签标识及相关管理制度。对全市89个重点行业企业关闭遗留地块现状进行摸底;22家高风险遗留地块中,6个完成土壤状况调查,16个进行风险管控。开展26家土壤污染重点监管企业培训,完成隐患排查、自行监测等工作。对4家危废经营单位、19个污水集中处理设施的周边土壤、地下水和农用地开展监测。

【固废危废整治】 2022年,兴化市印发《兴化市固体废物污染防治长效监管实施办法》,组织危废经营单位、重点危废产生单位、机动车维修单位进行培训。推进危废贮存仓库手续问题整改,对全市产废10吨以上危废贮存场所手续不全的企业进行整治。积极帮扶企业规范使用危险废物全生命周期监控系统,督促企业落实标签标识及相关管理制度。开展危险废物专项整治,出动检查328人次,检查企业177厂次,发现问题38件,已完成整改36件。推进戴南镇污水处理厂北酸洗中心治理与修复项目、恒嘉公司遗留酸洗污泥、红土矿尾渣问题整治进度,切实消除环境隐患。年内,工业固体废弃物产生总量为17.72万吨,综合利用处置率为99%。

环境监管

【项目管理】 2022年,全市审批建设项目环境影响评价报告书(表)220份;对1个入河排污口项目进行初步论证、审核;接待建设项目咨询200余次。督促排污许可单位完成年度执行报告,核发排污许可证900份,注销230份。审核建设项目总量申请200份,服务市重点项目20场次。完成“江苏省绿色发展领军企业”两家企业[江苏兴达钢帘线股份有限公司、麦肯嘉顿(江苏)食品有限公司]申报,江苏兴达钢帘线股份有限公司获“江苏省绿色发展领军企业”称号。申报2个“绿岛项目”项目,建成2个自动监测气站、2个自动监测水站、31个空气质量微站、2个空气环境污染源站。

【环境宣传】 2022年,全市开展“同饮一江水 共筑绿篱笆”卤

2022年4月8日,市生态环境保护局举行环保设施公众开放日活动
(市生态环境局/供图)

汀河清水通道生态安全缓冲区植树造林、“6·5”世界环境日“共建清洁美丽世界 共筑繁荣繁华水乡”主题演讲比赛、涉企普法宣传等近10项系列环保宣传活动。组织居民及企业代表参观城南污水处理厂和开发区洁源污染处理厂，激发公众参与环境治理的积极性和主动性。聘请10名水环境质量义务监督员，强化生态空间管控保护，保障生态水源安全。全年在国家、省、市级媒体发稿95篇。

【环境执法】 2022年，全市开展废水偷排漏排、城区餐饮油烟、危废非法处置、涉空气环境污染源企业、监测监控数据及环评文件弄虚作假、污染防治设施安全等专项执法行动，始终保持执法高压态势。进一步加大环境违法行为处罚力度，全年出动执法人员5006人次，检查企业2335家次；立案处罚305件，下发行政处罚决定书314件，决定书处罚金额6549.33万元；涉嫌环境违法犯罪刑事移送7件，行政拘留移送3件。开展生态损害赔偿工作，21件索赔案件，完成磋商并录入生损平台系统案例12件，获生态环境损害赔偿28.95万元。推进“以案释法”，累计300人次参加规上企业环保专项培训。完成2052家企事业单位信用评价，帮助60家企业完成信用修复。

【环境监测】 2022年，编制《2021年兴化市生态环境质量报告书》《2021年兴化市生态环境状况公报》。加强空气环境质量监测，强化城区2座环境空气自动监测站运维管理，按时上报《环境空气质量标准》规定的6项指标，通过官方网站及时向社会发布。全年每月按时对4个点位的大气降尘、硫酸盐化速率进行监测，加强26个乡镇（街道）空气自动监测网络管理，确保城区9个热点网格空气监测微型站正常运行。加强地表水环境质量监测。对4个市控断面及12个非考核断面按时开展例行监测；对地表水国考、省考断面每月开展预警监测，对52个乡镇考核断面进行例行监测；对不能稳定达标的部分断面上游及两侧支流进行加密监测。加强城镇饮用水源地水质监测，开展全市自来水厂、兴东水厂、缸顾水厂等备用水源监测，并对饮用水源（备用水源）进行全面分析，确保饮用水的安全。加强环境噪声监测。全年4个季度对功能区开展环境噪声监测、交通噪声的监测，区域环境噪声开展全年监测。加强农村环境质量（试点村）监测，对合陈镇邓桥村、开发区十里亭社区2个重点监控村庄的土壤、空气、地表水环境质量进行监测。开展重点污染源监督监测。对列入名单的87家企业重点污染源每半年进行1次监督监测工作；对长江经济带入河排口进行1次监测；对全市乡镇污水处理厂及周边土壤开展监测；对农村生活污水处理设施按要求进行监督性的抽测。组织17家重点企业开展强制性清洁生产审核，并通过专家验收；开展辖区内社会化生态环境检测机构调研和监测质量专项检查。

【生态空间管控】 建立《兴化市生态红线保护区和生态空间管控区监管工作联席会议制度》，组织成员单位召开专题会议制度及联合巡查执法制度；组织各乡镇（街道）、经济开发区对生态空间管控区违法违规开发建设进行自查；完成“天地双眼”生态红线及生态管控区违法行为督查，及时移交查处违法用地问题。

（汪春霞）

科学技术

科技项目

【概况】 2022年,全年获批市级以上科技计划项目20多个,上争资金600多万元。其中锁龙公司获批承担国家重点研发计划项目,江苏昊鹏机械有限公司、江苏板桥饲料股份有限公司获批省重点研发计划项目;江苏板桥饲料股份有限公司获批创新支撑计划国际科技合作项目。

【科技项目转化】 8月26日,江苏兴达钢帘线股份有限公司和江苏新宏大集团有限公司分别承担的泰州市2020年重大科技成果转化项目“基于过共析钢强韧化新技术的特高强钢帘线研发及产业化”“石化行业用超大型高效智能固液分离成套装备研发及产业化”项目通过验收。南京航空航天大学、南京工业大学等高校院所技术专家4名和财务专家1名应邀参加验收。

【科技奖励】 2022年,市科技局印发《2022年兴化市企业科技创新积分管理办法》,加强创新积分政策的应用和落实,规范奖补资金的管理。为“主动服务”“超前服务”,市科技局多次深入企业,开展科技创新政策宣讲和业务培训。与兴化农商行首推创新“积分贷”,发放贷款500万元;组织重点企业申报省级科技计划项目5项,获省拨款430万元。获得泰州科技计划项目积分470分,奖补兑现150万元。

表20　2022年泰州科技计划项目获奖项目情况一览表

序号	项目名称	企业名称
1	泰州市科技支撑计划(现代农业)项目	兴化市东奥食品有限公司 泰州市正阳麦芽有限公司 兴化市绿禾食品有限公司 江苏绿佳生态农业科技有限公司
2	泰州市科技支撑计划(社会发展)项目	江苏锁龙消防科技有限公司
3	泰州市中小企业科技成果转化专项资金项目	江苏兴海特钢有限公司 江苏亚盛金属制品有限公司 江苏威鹰机械有限公司

产学研合作

【概况】 全年开展产学研活动17次，新增科技合作项目64项，建立校企联盟15家。面向全市企业常态化征集技术需求，收集甄选出有效技术需求共20项，其中产学研协同创新项目技术需求4项、第七届中国创新挑战赛(泰州)企业技术需求6项。组建课题联合攻关团队，打造示范基地8个，培育链主企业26家，梳理与高校科研院所搭建的农业科技平台69个。引进示范“中科5号”等动植物新品种100多个，筛选推广适宜的水稻机插缓混一次施肥技术模式等新技术20项，印发技术要点7个，编制技术规程2个、课件4个，推进解决“降草”“减药”稻—麦连作杂草可持续防控技术体系等技术问题8个。在新装备新机具研发上，兴化围绕提高农业生产效率，加大机具装备研发力度，加快科技成果的落地和转化。

【产学研平台载体建设】 聚焦平台建设，全力打造高质量发展新高地。邀请省科技战略研究院的知名专家，协助高起点编制高新区总体发展规划和产业发展规划。建立健全离岸创新服务体系，打造高能级创新平台，推进科技成果转移转化与产业转型升级相结合，提升全市创新资源配置和集聚能力。2022年获批省级工程技术研究中心2家、获批泰州市级工程技术研究中心名单7家。

表21 2022年获批江苏省工程技术研究中心名单

序号	名称	企业
1	江苏省(海宇)精密锻造成型工程技术研究中心	江苏海宇机械有限公司
2	江苏省(东华)精密链传动工程技术研究中心	东华链条兴化有限公司

表22 2022年获批泰州市工程技术研究中心名单

序号	名称	企业
1	泰州市智能物流分拣集成系统工程技术研究中心	江苏豹翔智能科技有限公司
2	泰州市大麦若叶青汁工程技术研究中心	顶能科技有限公司
3	泰州市(水冶)高性能耐腐蚀篦板工程技术研究中心	泰州水冶新材料科技有限公司
4	泰州市大跨距复合电缆桥架工程技术研究中心	江苏瑞仕达电气设备有限公司
5	泰州市智能温室大棚工程技术研究中心	创璟农业装备集团有限公司
6	泰州市华丰精密铸造工程技术研究中心	泰州华丰精密铸造有限公司
7	泰州市(鑫盛)电气工程技术研究中心	江苏鑫盛电气有限公司

【产学研对接】 市科技局精准化组织产学研对接活动，围绕兴化市产业结构特点，聚焦“3+N”现代产业体系，精心筹划、认真组织，全年共计开展产学研合作活动17场。以成果转化为重点，广泛开展与国内著名高校、科研院所的产学研合作，充分发挥科技镇长团、兴化籍在外教授专家等桥梁纽带作用，紧密联系重点专家教授，打造一批关系友好型专家教授群体，有效推动产学研合作项目的签约和实施，全年共新增产学研合作项目64项。加强产学研平台建设，建立校企合作长效机制，与中国科学院生物物理研究所淮安研究中心、南京农业大学、江苏大学、扬州大学等高校院所新成立校企联盟15个，为兴化企业发展提供了强有力的科技、人才支撑。

【科技人才引进】 2022年，全市外国高端人才和专业人才来华工作有效持证人数为41人，较上年增加26人。规上有研发活动企业占比、研发人员占比、基础研究支出占比增速均居泰州前列。

科技创新

【创新环境】 2022年，兴化市全面加强科技创新的顶层设计、统筹协调，成立了由市委书记、市长任双组长的市科技创新委员会，建立联席会议制度，研究部署创新发展工作。科创委下设办公室,负责科创委日常管理工作,构建起"强统筹+硬落实"的科创管理模式和全市域大科创一体化推进格局。牵头负责企业科技创新积分管理工作,有261家企业获创新积分8490.39分,兑现财政奖补8394.59万元。

【创新服务】 2022年,兴化市建立健全离岸创新服务体系,打造高能级创新平台,推进科技成果转移转化与产业转型升级相结合,提升全市创新资源配置和集聚能力,出台《兴化市推进离岸创新中心建设实施方案》。9月30日兴化(南京)创新中心正式启动运营,吸引"有机废弃物回收系统"等7个项目入驻,2个项目在兴化注册企业,进入实质化运营阶段。

【科技投入】 全年完成规上工业企业研发投入28亿元,同比增长25.7%,占营收比重达3.5%左右,全社会研发投入占GDP

2022年11月4日,市科技局组织召开科技大讲堂——高新技术企业申报实务培训会 (鲁 萍/摄)

比重达2.1%,增幅泰州第一;万家企业法人高新技术企业数达113.89家,列泰州第二;技术合同登记完成70亿元,输出登记同比增长45.5%。

【高新技术产业】 2022年通过国家高新技术企业认定130家。有国家科技型中小企业750家、国家培育高新技术企业29家、省创新型领军企业1家(江苏兴达钢帘线股份有限公司)、省高新区瞪羚企业1家(江苏泰富恒通特种材料有限公司)、泰州市科技瞪羚企业2家(崴思新材料泰州有限公司、江苏奋杰有色金属制品有限公司),研发经费投入占比2.1%、累计拥有高企数295家。

表23 2022年度兴化市新增国家三部委认定高新技术企业一览表

序号	企业名称	序号	企业名称
1	江苏华新环保设备科技有限公司	15	东华链条兴化有限公司
2	泰州绿水青山环保科技有限公司	16	兴化日成金属制品有限公司
3	江苏昊鹏机械有限公司	17	泰州市凌丰金属铸造有限公司
4	泰州市茂华纸品有限公司	18	兴化市金茂消防器材有限公司
5	江苏鑫盛电气有限公司	19	兴化市盛大精密铸钢有限公司
6	江苏润格铝业有限公司	20	江苏亿鑫齿轮制造有限公司
7	兴化市富强机械铸造有限公司	21	兴化市楚阳精密铸钢有限公司
8	江苏晟辉温室设备有限公司	22	兴化市精密铸钢有限公司
9	江苏亚立特钢有限公司	23	江苏润阳工业炉有限公司
10	兴化市祥和制药机械有限公司	24	泰州兴辰环保科技有限公司
11	泰州华昊废金属综合利用有限公司	25	江苏瑞宇医疗用品有限公司
12	江苏森宏机械有限公司	26	中科泰检测(江苏)有限公司
13	兴化市振泰合金钢有限公司	27	江苏欧泰机械有限公司
14	兴化市富邦机械有限公司	28	江苏华航陶瓷新材料科技有限公司

续表23

序号	企业名称	序号	企业名称
29	江苏苏美特机械有限公司	70	泰州市铭昊精密合金制品有限公司
30	兴化市泰龙消防器材有限公司	71	江苏维卡金属合金材料有限公司
31	兴化市中科渗铝钢管有限公司	72	泰州市大华机电设备有限公司
32	江苏旭峰机械设备有限公司	73	泰州市强达不锈钢丝绳有限公司
33	兴化市通舟船舶设备有限公司	74	泰州市泰业不锈钢制品有限公司
34	江苏汉迪诺网络科技有限公司	75	兴化市天泰合金制品科技有限公司
35	江苏天禾温室科技有限公司	76	江苏润晨新材料科技有限公司
36	江苏苏锐制管有限公司	77	江苏昊博金属制品有限公司
37	兴化市三诚精密锻造有限公司	78	江苏宏诚船舶科技有限公司
38	江苏海装金属成型科技有限公司	79	江苏中鹏电气有限公司
39	兴化市丰华玻璃钢化有限公司	80	江苏圣欣不锈钢制品有限公司
40	江苏联丰温室工程有限公司	81	江苏鸿泽不锈钢丝绳有限公司
41	江苏德创制管有限公司	82	江苏凯龙不锈钢制品有限公司
42	江苏兔创机械有限公司	83	江苏京生管业有限公司
43	泰州市晨锋机械配件有限公司	84	泰州市炬森特钢制品有限公司
44	江苏新环生态农业有限公司	85	江苏快螺紧固科技有限公司
45	江苏金利源印务有限公司	86	江苏泰汇不锈钢有限公司
46	泰州锦和温室设备有限公司	87	江苏新华合金有限公司
47	江苏鑫格调护栏科技有限公司	88	兴化市豪铭机械有限公司
48	泰州华航精密铸造有限公司	89	兴化市润萍金属制品有限公司
49	兴化市兴东铸钢有限公司	90	圣拓热控科技江苏有限公司
50	江苏兴成新材料有限公司	91	兴化市新华龙不锈钢制品有限公司
51	兴化市华成机械制造有限公司	92	泰州市长盈金属制品有限公司
52	兴化市戴窑镇永生橡胶制品厂	93	兴化市环宇焊材有限公司
53	江苏华东包装科技有限公司	94	江苏荣明不锈钢有限公司
54	泰州市尼康医用材料有限公司	95	泰州市嘉信石化机械有限公司
55	泰州飞达电工器材有限公司	96	江苏天利不锈钢制品有限公司
56	泰州市滋睿金属制品有限公司	97	江苏朗宇化工机械有限公司
57	江苏旭强机电设备有限公司	98	江苏鹏申高温线缆有限公司
58	泰州华盟金属材料有限公司	99	江苏板桥厨具有限公司
59	江苏万邦仪表有限公司	100	江苏雅固标准件有限公司
60	江苏宝昱莱特种集装箱制造有限公司	101	江苏振强不锈钢制品有限公司
61	江苏前进不锈钢有限公司	102	泰州汇品不锈钢有限公司
62	泰州鑫进电缆桥架有限公司	103	江苏威雅仕不锈钢制品有限公司
63	泰州华夏特钢有限公司	104	江苏银锡高温线缆有限公司
64	泰州市新龙翔金属制品有限公司	105	江苏恒通管件有限公司
65	江苏苏中再生资源科技有限公司	106	兴化市光辰金属制品有限公司
66	泰州盛平精密机械配件有限公司	107	泰州市华驰不锈钢制品有限公司
67	江苏鑫泽不锈钢制品有限公司	108	泰州元春不锈钢板业有限公司
68	江苏明璐不锈钢有限公司	109	泰州耀华工具有限公司
69	江苏曼瑞新材料有限公司	110	江苏东发链条有限公司

续表 23

序号	企业名称	序号	企业名称
111	泰州市共展电气有限公司	121	江苏省麒麟铸业有限公司
112	江苏恒安电力工具有限公司	122	江苏科宁新材料有限公司
113	泰州市大润机械有限公司	123	泰州市金鹰精密铸造有限公司
114	江苏飒雪制冷设备工程有限公司	124	兴化市天泽汽车配件有限公司
115	江苏古彦铝业有限公司	125	兴化市华讯达电子有限公司
116	兴化金孔雀实业发展有限公司	126	泰州华丰精密铸造有限公司
117	兴化市华诚锌业有限公司	127	泰州市博世特精密铸造有限公司
118	江苏奋杰有色金属制品有限公司	128	江苏伟鹏体育器材有限公司
119	兴化市雅兰机械制造有限公司	129	泰州市宝迪涂装机械有限公司
120	江苏大华电子有限公司	130	兴化市万佳机械有限公司

表 24　2022 年度兴化市国家高新技术企业培育库入库企业一览表

序号	企业名称	序号	企业名称
1	江苏环能硅碳陶瓷有限公司	16	兴化市宝中宝化妆品有限公司
2	兴化市亚鼎不锈钢制品有限公司	17	泰州市惠泰不锈钢制品有限公司
3	江苏凯达新材料科技有限公司	18	泰州市宏程锻造有限公司
4	兴化市万集不锈钢制品有限公司	19	江苏博诚金属制品有限公司
5	江苏润通锌业有限公司	20	泰州市浩联钢绳有限公司
6	江苏新华达不锈钢有限公司	21	兴化市双龙电热电器有限公司
7	兴化市太顺锌业有限公司	22	华普金属制品泰州有限公司
8	兴化市海润铸钢有限公司	23	江苏方舟不锈钢制品有限公司
9	兴化市兴源铸钢有限公司	24	江苏恒械机械有限公司
10	兴化市永安电力工具有限公司	25	兴化市鑫耀不锈钢制品有限公司
11	泰州市金阳金属制品有限公司	26	江苏欧德卫浴制品有限公司
12	江苏金新幕墙材料有限公司	27	泰州日晞机械制造有限公司
13	兴化顶能科技有限公司	28	泰州博力电器有限公司
14	兴化市炜顺金属制品有限公司	29	恒基电子(泰州)有限公司
15	泰州鹏达锌业有限公司		

科技服务

【科技惠民】 落实科技优惠政策,年内有 253 家企业享受加计扣除金额 4.31 亿元,同比增长 54.5%;联合市农商行开展了“党建引领科技创新 金融助企同兴抗疫”企业科技创新“积分贷”产品发布活动,推出创新“积分贷”产品上线;切实开展“三走进三服务”活动,制定出台科技助企纾困“六条政策”,助推企业纾困解难、复工复产、科技创新、转型升级。

2022 年 5 月 23 日,市科技局举办科技金融进孵化器活动(鲁　萍/摄)

2022 年 8 月 10 日，市科技局在兴化森南大酒店举行“乡村振兴科技培训班”（农业科技型企业专场） （鲁 萍/摄）

【农业科技】 以兴化市农业科技现代化先行县建设为抓手，深入实施乡村振兴和创新驱动战略，探索科技服务乡村振兴新路径，切实推进农业科技成果转化应用，有效增强乡村产业发展内生动力。江苏板桥控股集团与南京农业大学建立产学研合作关系，联合开发出新型饲料，成功申报省重点研发科技计划项目，获得 80 万元省补奖励资金。积极组织全市科技服务超市分店、便利店参加省绩效考评，3 家分店获得最高优秀等次，上争省级奖补资金 60 万元；以农村科技服务超市为载体，开展各类科技培训、新品种观摩等活动 45 场次，培训农民 3500 多人次，示范推广新品种、新技术 20 多万亩次，在科技带动下，全市名特优新产品形成竞争优势，持续释放经济和社会效益，跑出了乡村振兴的加速度。

（鲁 萍）

科技普及

【科普宣传】 2022 年，兴化市建成兴化科普馆，累计服务人次 20 余万人。吾悦广场流动科技馆年均接待人次 3 万人左右。做好科技志愿服务工作，新增科技志愿服务队 20 支，“科普中国”信息员注册 3622 人，月活量 3138 人，传播量 122217 次。在《兴化日报》常年开设《每日科普》栏目，普及科学知识、传播科学思想、倡导科学方法、弘扬科学精神。

【科技活动周】 2022 年 5 月 21 日至 30 日，兴化市科技活动周以“喜迎二十大，科技与你我同行”“提高全民科学素质，实现高水平科技自立自强”为主题，集中举办多场次主题活动，举办“喜迎二十大，科技与你我同行”广场宣传、“科学家故事”演讲比赛、科技工作者拍摄宣传片比赛、社会主义核心价值观教学、城乡中小学校开展科普讲座，开展科普研学、科普阅读活动，发放环保袋近 1000 个，“垃圾分类、民法典、预防近视、危化品安全”的科普团扇 500 余个，《兴化市全民科学知识读本》800 余本。市全民科学素质工作领导小组牵头在全市中小学生中开展“科学家精神宣讲”大赛，“云宣讲”覆盖 3 万余人，活动报道 2 次登上“学习强国”学习平台。在泰州市“科学家精神进校园宣讲”评比中，4 人获得一等奖，6 人获得二等奖，林鸣、王振义的故事率先在泰州科协视频号播放。江苏省兴化中学等 5 所学校获得“十四五”泰州市科学教育特色学校、兴化市第二实验小学单杰等 8 人获得泰

2022 年 6 月 2 日，市科协在兴化第二实验小学开展“科学家精神”校园宣讲活动 （苏慧勤/摄）

2022 年 3 月,市气象局开展直通式气象服务 (市气象台/供图)

州市“十四五”优秀科技辅导员称号。江苏省兴化中学、兴东初级中学、昌荣中心校 3 个科技社团被评为泰州市优秀科技社团。组织参加江苏省全民科学素质大赛网络赛,参赛人数 25750 人,参赛人次 169309 人次。“全国科技工作者日”期间,到科研、农技、卫生、教育一线走访慰问 50 多名科技工作者。

(苏慧勤)

气象服务

【概况】 2022 年,市气象局秉承“观云测天为人民、优质服务创一流”的工作宗旨,承担辖区内天气预报,气象探测,专业气象服务,防御雷电管理及行政管理职能。年内,市气象局获“江苏省文明单位”称号,市气象台获得市改革创新成果二等奖。

【气象服务】 2022 年,市气象局共发布气象预报预警服务材料 242 期,其中气象灾害预警服务 82 期、重要天气报告 37 期、一周天气 52 期、重大社会活动气象保障服务 46 期、特殊农时气象服务 25 期,年内启动重大气象灾害应急响应 6 次。开展汛期保障工作,在汛期准确预报了“6・4”陈堡镇特大暴雨、入出梅、夏季连续高温、12 号台风“梅花”等重要天气过程。与市融媒体中心达成应急广播系统快速发布和气象科普宣传协议,与农业农村局、人保财险、供电等部门建立农业灾情现场勘察定损制度,在涉农保险、供电专业服务等方面均取得明显的进展和效益。

【行业社会管理】 2022 年,对 111 家防雷监管企业、行业中介机构进行防雷安全检查,发现问题及时整改。通过“3・23”世界气象日、“5・12”防灾减灾日、安全生产月、科普宣传周、防震减灾日等宣传气象防灾减灾知识和安全生产相关法律法规,共开展安全生产宣讲活动 6 次,年内组织开展、参加应急演练 3 次。

(葛 蕾)

2022 年 12 月 14 日,市气象台开展 2022 年汛前应急演练 (市气象台/供图)

教 育

综 述

2022年，兴化市有幼儿园94所，其中城区38所、镇区47所、乡村9所，在园幼儿23679人，教职工3320人，其中专任教师1811人。普通小学36所，在校生58470人，专任教师3944人；初级中学40所，在校生33344人，专任教师2953人；特殊教育学校1所，在校生179人，专任教师34人；普通高中9所，在校生16972人，专任教师1604人。共有民办学校9所，其中独立小学1所、独立初中1所、九年一贯制学校5所、普通高中2所，民办幼儿园49所，其中省、泰州市优质幼儿园13所，普惠性幼儿园12所，据事业年报统计，中小学校、幼儿园在校学生132644人，民办在校学生19216人。其中民办在园幼儿6128人，小学2795人，初中7518人，高中2775人。

全市推进义务教育集团化办学改革，成立7个片区，统筹推进管理、教研和资源的联动发展。扎实推进义务教育共同体建设，完善10所城区学校结对29所乡村学校的共建体系，通过班子、教师、学生三结对，管理、教研、资源三合作措施，建立健全学校治理统一工作机制、教学管理共享交流机制、教科研共同发展机制、教师队伍联合共建机制、质量提升共同推进机制、学校内涵发展创新共建机制，推进集团管理制度化、教育教学交流常态化、教师培训共同化、校园建设一体化、学生交流项目化，全面实现校际教育共同体理念互融、师生互派、教学互动、资源互通、共建共享、合作共进。严格执行《江苏省义务教育学校考试管理规范》，注重发挥考试评价在诊断学生学习情况、改进课堂教学、评价教学质量方面功能的同时，规范推进学校考试管理改革，严控考试次数，坚决取消区域性、跨校际的考试。全市严格落实新的课程设置方案，坚持德育为先，提升智育水平，加强体育美育，落实劳动教育。研制出台《兴

2022年6月22日，兴化市未成年人"八礼四仪——仪表之礼"示范观摩活动在江苏省兴化中等专业学校创业报告厅举行

（市教育局/供图）

化市中小学校巡课制度(试行)》,全面强化对学校课程开设的督查,及时通报,及时整改。出台全市作业管理意见,公布《兴化市小学生作业管理基本要求》和《兴化市中学生作业管理基本要求》,明确作业管理规范。建立教师备课、作业批改激励机制。出台《兴化市义务教育阶段学校"作业批改之星""备课之星"评选基本条件(试行)》。按照《兴化市民办学校规范管理工作实施细则(试行)》,构建"政府主导、教育主管、部门联动、社会参与"监管体系,提高民办学校依法办学意识与规范办学整体水平。对全市义务教育阶段民办学校、幼儿园依法年检,结合校情做到"一校一表",按时发放整改通知并签订整改承诺书。主动对接公安、民政部门,规范民办幼儿园名称、地址等信息,配合民政部门完成民办幼儿园信息变更、换届换证、年检工作,认定普惠性民办幼儿园3家。

学前教育

【概况】 2022年,全市深入实施教育部"安吉游戏推广计划"实验区和江苏省区域推进课程游戏化项目,保教质量稳步提升,相关工作受到社会各界的关注与认可。推进学前教育深化改革规范发展,建立"以县为主,县乡共建"的学前教育管理体制,基本构建以普惠性幼儿园为主体的学前教育服务体系,普惠性幼儿园覆盖率89.3%,省市优质园覆盖率80.56%。学前教育课改工作被《中国教育报》学前周刊头版头条报道,"学习强国"平台同步推送。

【学校管理】 2022年,全市现有幼儿园94所,其中公办园69所、普惠性民办园13所、其他民办园12所;全市共有省市优质幼儿园72所。建立健全"市局—联盟—中心园—幼儿园"分层管理体系,权能清晰、责任明确,各层级相关工作落实到园,落实到点,避免推诿,以分层管理推动各幼儿园自我转型。修订《兴化市幼儿园保育教育质量评估办法》,突出过程性评估、自我评估导向,优化调整相关项目考核要求,取消不必要的文案工作。市教育局、联盟对幼儿园保育教育工作和自评工作加强指导,切实为教师减负,减缓衔接坡度,推动各园的管理工作、课改工作稳步发展。通过读书、培训、教研、论坛等活动,引导园长、教师、家长在反思中转变理念,重塑儿童观、教育观、课程观。

义务教育

【概况】 全市义务教育学校现有独立小学26所,独立初中14所,九年一贯制学校25所,十二年一贯制学校1所,小学在校生58470人,初中在校生33344人。全面落实"双减"工作要求,强化五育并举,推进"五项工程",促进学生核心素养提升,推动义务教育高质量发展。第二十届省运会,获得青少年组6块金牌。在江苏省全民科学素质网络大赛中,9所学校获省级表彰。1名学生获评第十七届宋庆龄少年儿童发明奖,2名学生获泰州市科技创新市长奖。在江苏省第二十一届中学生英语口语电视比赛中,1名学生获高中组特等奖。戴南中心小学3名学生获第二十一届江苏省青少年机器人竞赛二等奖。在省级以上作文比赛中,1名学生获省特等奖第一名,7名学生获全省一等奖。

2022年8月8日,戴南中心小学3名学生获第二十一届江苏省青少年机器人竞赛二等奖。图为机器人竞赛现场

(市教育局/供图)

《开发学具资源，提升区域小学生“直观想象”水平的实践探索》等3个项目入选2022年省基础教育内涵建设项目。强化学生作业设计与管理，在2022年泰州市义务教育作业管理改革优秀案例评选中，7名教师获一等奖，11名教师获二等奖。推进义务教育共同体建设，完善10所城区学校结对29所乡村学校的共建体系，实现校际教育联动发展。

【课后服务】 2022年秋学期课后服务开学即启动，参加人数占总人数的98.5%，确保所有义务教育学校和有需要的学生全覆盖。推行“5+2”“2+1”的课后服务“兴化模式”。“5+2”即学校每周5天都要开展课后服务，每天至少提供2小时的课后服务。“2+1”即初中开设晚自习（一般安排2小时以内，原则上不晚于20:30结束）。初三利用双休日给学生提供一天的自习辅导服务。建立“1+N1+N2”育人体系（“1”：共同的第一任务，主要是落实国家课程要求，开展学生作业辅导，力争小学生家庭作业在校内完成，初中生家庭作业尽量在校内完成。“N1”：全市“学生素养提升五项工程”课程模块选学。面向全体学生，开展读、写、体、艺、创等校本选学选修。“N2”：学科+特长类、兴趣类、生活类、实践类、活动类生本课程选修，最大限度满足学生的多样化需求，努力让学生“人人出彩”）。

2022年2月20日，兴化首家“课后延时服务实践基地”正式揭牌。图为市图书馆和市实验小学共同开展‘馆校’延时服务

（市教育局/供图）

普通高中教育

【概况】 2022年，兴化市有普通高中学校9所，其中公办普通高中学校7所，民办普通高中学校2所。其中，四星级普通高中4所，三星级普通高中5所，在校生16972人。兴化中学整体搬迁至新校区，第一中学搬迁至兴化中学原校区，在第一中学原校址新建1所高中——昭阳中学。

【教学管理】 推进高中教育特色多样发展，深化普通高中育人方式变革，结合高考选科指引3.0变化，加强学生选科指导，促进学校综合素质评价与德育工作的融合，推进高中学校素质教育。推动省兴化中学、楚水实验学校“泰州市高品质示范高中”建设工作。省兴化中学和第一中学、安丰高级中学分别完成四星级和三星级复评工作。年内，考取文化类本一进线人数1240人，600分以上166人，2人考取清华、北大，22人考取南大、复旦等名校，3人考取空军学院。

特殊教育

【概况】 全市有特殊教育学校1所，招收听力障碍、智力障碍学生为主，兼收脑瘫、自闭症、多重障碍学生的九年制义务教育学校。创建于1993年，原名兴化市聋哑学校，坐落于城东，2008年7月学校迁址城区英武北路兴严桥西首（原新严小学）并更名为兴化市特殊教育学校。学校占地面积14392平方米，建筑面积4552平方米。为了更好满足教育教学及康复需要，每个教室都装有触摸一体机，还拥有微机室、律动室、图书阅览室、手工美术室、音乐治疗室、感统训练室、体能康复室、心理治疗室、语言训练室等各种功能室。学校有教学班14个，在校学生179人，专任教师34名。学校先后获得“泰州市法治校园”“泰州市文明校园”

"泰州市智慧校园""兴化市学校综合管理先进单位""兴化市中小学心理健康特色示范校""兴化市德育工作先进单位"等称号。

【特殊教育服务】 学校本着"一切为了特殊需要的学生"的办学宗旨,倡导"生活自立、适应社会,最终融入社会"的办学理念,根据每个残障学生的身心发展特点,制定有针对性的职训计划、个训计划及文化课的学习计划。在入学端,为每一个残疾儿童青少年开展医教结合评估,形成涵盖身体健康、智能发育、社会适应、康复保健等信息的"一生一档",针对性制定实施个性化教育与康复方案。在培养端,建立常态化的"医学鉴定——个性化教育康复方案调整"动态循环机制,使每一个阶段的教育康复契合,满足残疾儿童发展需求。在保障端,构建了教育、卫生、残联等跨部门医教结合协同机制,学校与医院结对联动、教师与医生常态协作,提升特殊教育实效。学校普及从幼儿教育到职业高中教育的15年义务教育,开设美容美甲、茶艺、烘焙、汽车美容、花艺等课程,为特殊儿童少年都能过上现代化的幸福生活提供强有力的职业教育支撑。学校充分发挥特殊教育学校的骨干作用,成立融合教育巡回指导团队,对72所资源中心进行巡回指导。开展"送教上门"工作,进入特殊儿童家庭,为他们送知识、送技能、送温暖、送康复、送政策(法律援助)、送资源,让特殊儿童在教育教学之路上"一个都不少"。

中等职业教育

【概况】 全市有公办中等职业学校1所,市中等专业学校位于经济开发区施耐庵西路21号,为国家级重点中等职业学校、江苏省四星级中等职业学校、江苏省高水平现代化职业学校、江苏省现代化示范性职业学校。校园占地204亩,建筑面积9.3万平方米。实验实训设备总值超4151多万元;教职工185人,高级职称教师72人;在校全日制学生近2700人。开设机械加工技术、数控技术应用、汽车运用与维修、新能源汽车制造与检测、计算机应用、动漫与游戏制作、机电技术应用、食品加工工艺、幼儿保育、直播电商服务、高星级饭店运营与管理、城市轨道交通运营服务、美发与形象设计、会计事务、工艺美术等25个专业。

【基础能力建设】 市中等专业学校加强基础能力建设,适应社会需求,建成江苏省级品牌专业4个,省现代化专业群2个,国家级实训基地1个,省级高水平示范性实训基地2个。与江苏兴达钢帘线集团、纬创资通(泰州)有限公司、江苏华立自控仪表有限公司、江苏新宏大集团公司、兴化东华齿轮公司、兴化市三诚精密锻造有限公司、泰州天德湖宾馆、泰州安井食品有限公司等50多家单位签订了校企合作协议。年内,学校获省级三等奖以上23人次,1人获第八届泰州市青少年科技创新市长奖、1名教师获科技辅导奖,学校获创新教育摇篮奖。

社会教育

【概况】 2022年,兴化市26个乡镇(街道)的28个社区教育中心均已建成泰州市级及以上标准化社区教育中心,其中省级标准化社区教育中心26所,建有省级标准化居民学校71所;建有省高水平农科教结合富民示范基地3个。以兴化市老年大学为主体,各乡镇(街道)均设立了老年学校,乡镇(街道)老年教育机构覆盖率已达100%,老年教育参与率达25.12%。全年各级各类培训571305人,从业人员年参培率64.2%。

【社区教育】 2022年,兴化市以构建服务全民终身教育体系为目标,以社区教育项目创建为抓手,以打造覆盖城乡数字化学习网络为载体,推进乡镇(街道)社区教育中心基础能力建设,打造社区教育网络平台和宣传学习阵地,开展形式多样的文体活动,努力提高社区居民综合素质和生活质量。以省兴化中等专业学校为龙头,依托乡镇社区教育中心,实施创业富民培训,参培人数1380人。开展农村劳动力转移培训、农民实用技术培训、创业培训等各级各类培训,全年从业人员年培训率达64.2%。开发区(临城街道)社区教育中心举办30场"老年人智能技术暨防诈骗知识培训",惠及7个社区23个村的近千名老年人,成功创建2022年省级品牌项目"银龄智慧学堂"。永丰镇教育服务"三农"高水平示范基地与江苏省农牧科技职业技术学院水产科技学院紧密合

2022 年 7 月 6 日,老年教育调研座谈会举行

（市委老干部局/供图）

作,助推打造生态养殖共同体,促进区域河蟹业的融合发展;与泰州牧院合作"产教融合 电商助农"品牌项目,利用电商平台帮助蟹农扩大销路。推进"泰州·兴化学习在线"登录注册、在线学习、宣传报道等工作,注册用户 6548 人,网站总访问量达 118.8 万人次。

【老年大学】 推动老干部工作融入老龄事业发展大局,为老有所学、老有所乐、老有所为,创造更好条件、更优环境。推行"家门口"老年大学建设。落实关于"老年大学要向社区、农村延伸"的指示要求,针对老同志日益增长的精神文化需求,在乡镇和城市社区进行试点。制定印发《关于进一步推进市老年大学分校建设的实施方案》,明确工作原则、主要任务和具体要求,打造老年大学分校创办模板。通过召开经验交流会,分校建设推进会、现场观摩等形式,加大推进力度,逐步形成以基层需求为导向的老年教育供给结构,构建"市—镇街—村(社区)"三级联动的普惠性、下沉式老年大学网络体系。在昭阳街道和安丰、沙沟、陶庄、荻垛等乡镇设立 16 个分校,有效满足广大老年人文化养老需求。开展"幸福晚年"系列活动,指导和协助各涉老团体开展寓教于乐、有益身心的文体活动。围绕"喜迎二十大",开展主题征稿、门球比赛、党史知识竞答、书画展、文艺会演、棋牌联谊赛等活动,展示老同志生活幸福、健康向上、老有所学、老有所为的阳光心态和精神风貌。以市老年大学和关工委成立 30 周年为契机,谋划并参与年庆活动,邀请市领导参加年庆大会,扩大老年大学和关工委的社会影响力。

（李永辉　蒋春峰）

教育新时空(资料来源:《今日兴化》媒体客户端教育新时空 2022 年 10 月 4 日)

文化场馆

【概况】 2022年,全市有文化馆1个,图书馆1个,乡镇基层文化服务中心27个,农村百姓大舞台397个,专业表演团体1个。有规模以上文化产业单位153家,新增32家,净增21家。完成规上文化产业增加值17.16亿元,增长6.9%。

【图书馆】 2022年,兴化市图书馆占地面积近6560平方米,建筑面积5400平方米,馆藏图书30.3万册,其中古籍20.27万册、善本147册、文献1160册。新增图书1.03万册。累计持证读者1.69万人,年总流通人次25.65万、外借图书29.63万册、网站访问量4.55万人次。增设兴化籍作家作品馆、兴化市民间文学馆、“一得”城市书房、“长安书苑”城市书房、16个社区图书流通服务点、20个城市港湾书香驿站、5家机关单位分馆、26座乡镇街道分馆。全年举办各类线上、线下读者活动138场,累计服务总量达10万人次。获江苏省“最美公共文化空间”、泰州市“最美城市书房”等称号。

【博物馆】 2022年,市博物馆文物藏品总数达2909件(套),其中国家一级文物5件(套),二级文物48件(套),三级文物114件(套)。一级文物为晚唐田字船行银锭一组5件,对研究中国货币史具有很高的价值。新征集文物21件,包括石构件、石刻、拔步床、铜镜、老式家具等。组织工作人员参加“全国考古调查勘探岗位人员职业技能线上培训班”“2022年智慧博物馆与博物馆智慧在线培训班”“兴化市导游(讲解)服务质量提升培训班”等。组织讲解员参加全市红色故事宣讲大赛,获专业组二、三等奖。在各级、各类刊物上发表论文14篇。举办展览97场次,举办文化活动346场次,参与人次5.8万人。接待参观人数20万人次。其中,未成年人参观人数1万人次,接待省市各级领导和市县部分单位宾客参观达4000余人次。

【文化馆】 2022年,兴化市文化馆遵循“文体广旅·秀美生活”发展理念,以创建江苏省示范小剧场为抓手,打造秀美生活的专业服务。创成“泰有戏”示范小剧场、江苏省示范小剧场。成功申报江苏省级社科基地项目“魅力非遗润童心”——非遗项目进校区。举办“喜迎二十大 翰墨颂党恩”书画展、兴化市“喜迎二十大 奋进新征程”书法展、“新时代颂”2022江苏美术摄影兴化地区摄影作品展、“礼赞二十大 翰墨书华章”老年书画作品展、全民艺术普及进基层、“文化迎省运 喜迎二十大”——同喜向党绘省运等文化活动,创作歌曲《踏车行》、视频《传承匠心:兴化木杆秤制作技艺》等作品。《兴化:“七”待有你“夕”望是你》《兴化:板桥道情及鱼鼓简板的制作流程》《兴化:“文艺+宣讲” 让党的声音入民心》、新制作非遗项目视频《传承匠心:兴化木杆秤制作技艺》刊登“学习强国”学习平台。

【农家书屋】 2022年,兴化推进“推进全民阅读 书香兴化”建设，开展全民阅读推广活动，提升各类阅读设施建设，全市城乡村居实现农家书屋全覆盖，全市共建成农家书屋487个，省五星级示范农家书屋1个、泰州市四星级示范农家书屋4个，选聘全民阅读推广人101名。年内，海南镇刘泽村农家书屋获评江苏省五星级示范农家书屋，合陈镇桂山村农家书屋刘华忠、合陈镇九里港村农家书屋施瑞安获评“江苏省优秀农家书屋管理员”称号。

公共文化

【文化惠民工程】 2022年，推进公共文化服务体系建设。以“市有三馆、镇有一站、村有一室”的公共文化服务网络，出台示范单位具体项目内容、成果认定的标准。市文化馆和昭阳街道文化站分别通过省、市评估；实现百姓大舞台行政村全覆盖建设目标。建立“上下联通”的服务网络，推进文化馆、图书馆总分馆制建设，图书馆文化馆总分馆已完成乡镇街道全覆盖。策划出台重要节庆期间群众文化活动、“荟文化·惠民生”文化惠民季活动、“喜迎二十大·共筑邻里情”邻里文化节以及文化进万家等主题文化活动，引导基层组建“节庆、街演、培训、展览、赏析、讲座”矩阵。利用寒假举办中国传统文化见习体验——“艺之趣”未成年人公益培训班；举办“文化迎省运 喜迎二十大”——同喜向党绘省运活动，200多名学生参赛；举办传统“三赛”——“农村商业银行杯”兴化市新春舞龙大赛、“体育彩票·苏航杯”兴化市第十四届龙舟大赛、“体育彩票杯”“喜庆二十大 幸福舞起来”兴化市广场舞大赛。开展“我们的节日”系列活动，举办“迎省运 庆新春 猜灯谜”传统文化过大年活动，“上元好时节 邂逅银北门”元宵佳节赏花灯、鉴非遗、猜灯谜活动，“银北门 遇见美”“相约七夕 情满水乡”我们的节日·七夕晚会、“强国复兴有我——喜迎二十大·幸福连万家”“乡贤·乡愁·团圆·爱国”我们的节日·中秋晚会、“礼赞二十大 道情唱盛世”等活动。组织文化科技卫生“三下乡”集中慰问服务活动，重点剧目3场巡演。

【公共文化活动】 2022年，举办民俗踩街、新春舞龙大赛、乌巾荡龙舟大赛、中秋晚会等群众性文化活动，利用传统节日开展“非遗大集”进广场、进校园、进社区活动，弘扬传统文化。开展以“喜迎二十大”“强国复兴有我”等主题文化惠民演出1100余场，线上线下文艺展演活动30余场。开展“喜迎二十大 礼赞新时代”文艺展演、专场朗诵会、作品分享会等。

【精品实景演出】 2022年，兴化市在八字桥文化广场推出大型实景演出《垛见好人》《垛上谣》，以水乡兴化传统的劳作情境展开，体现了兴化人民垒土成垛、择高向上、勤劳善良、热爱家乡的精神面貌，展现从良渚文明到当代兴化的发展历程；演出200场次，观看人数达万人；获选全省党史学习教育现场观摩点位。

文旅融合发展

【文体旅小镇】 2022年，兴化市结合泰州市级现代农业示范园区建设要求，利用退圩还湖的草荡与唐庄的自然优势，围绕“以农促旅、以旅兴农”发展文体旅小镇建设。推进“草荡—唐庄”联动发展，以点串线、以线促面，拉开“南有宁乡、北有唐庄”的旅游发展框架。围绕游客体验，利用草荡渔业资源规划打造省级生态垂钓公园，结合水上运动中心拓展延伸打造青少年研学基地、亲子乐园、果蔬采摘，紧抓“餐饮＋住宿”旅游原动力，因地制宜打造独具特色的精品民宿，同步做精做优“草荡船菜”，扩大陈堡文旅品牌的影响力。

【特色小剧场】 兴化市文化馆小剧场位于文化馆内，建于2005年，建筑面积512平方米，拥有座席238个。2022年，市文体广旅局致力打造品牌活动，围绕“小而美、精而粹”定位打造“板桥道情小剧场”“森林里小剧场”“文化馆小剧场”等特色小剧场，争取省级财政资金20万元用于文化馆场馆建设，设备添置，市级惠民资金100万元用于引进高水平的艺术团队。创作《沧海变花海》《踏车行》等小剧场精品剧目。开展“天天戏相逢 线上活动月”抖音直播文艺活动，承接各类会议、讲座、培训、文艺演出、小型赛事等。年内，文化馆小剧场获江苏省示范小剧场、“泰有戏”示范小剧场。

（王 翔）

文学艺术

【概况】 2022年,市文学艺术界联合会(以下简称文联)围绕服务大局、精品创作、品牌打造、文化繁荣、队伍建设,团结带领广大文艺工作者,扎实推进各项工作。推荐优秀会员参加中书协、省书协、省作协等举办的各类培训班,提升本土艺术人才的专业素养,2022年度新增中国作协会员1名;加强青年文艺人才培养计划,推荐13名青年艺术家参评"泰州青年文艺新星"。至年末,有作家、美术家、朗诵、书法家、音乐舞蹈家协会、戏曲家协会、青年书法家协会、摄影家协会等8家协会,会员1236人。

表25 2022年兴化市各协会会员情况一览表

协会名称	会员数(人)	会员构成(人)	
兴化市作家协会	198	国家级	22
		省 级	81
兴化市美术家协会	60	国家级	2
		省 级	13
兴化市朗诵协会	168	省 级	3
		泰州级	7
兴化市摄影家协会	166	—	—
兴化市书法家协会	101	国家级	6
		省 级	52
兴化市青年书法家协会	117	—	—
兴化市戏曲家协会	117	—	—
兴化市音乐舞蹈家协会	220	省 级	15
		泰州级	41

【文艺创作】 2022年,兴化市加强对现实、革命、历史题材的创作扶持,不断推出文艺精品。出版图书《太阳花》《大河之上》;完成广播剧《你是我的小天使》《冷枪》;小淮剧《门前不是陌生客》、表演唱《踏车行》入围江苏省"五星工程奖"终评;创作快板《小竹板 送吉祥》、歌曲《小雨点》、书画、美术、摄影等文艺作品1000余件,在各平台进行线上展40余期;推出"陈堡草荡杯"喜迎省运主题征文比赛,征集作品3000余件,其中少儿组2000余件,在兴化朗协公众号展播优秀作品12期。组织民间艺术家创作的"非遗传承——虎头鞋""彩线结出万千世界""兴化木杆秤技艺"等兴化非遗宣题片,被"学习强国"学习平台、省级媒体相继采用。全力推进兴化文学品牌打造,分别在苏州大学、北京师范大学、江苏师范大学、南京世界文学客厅开展5期专场小说沙龙,不断提升本土作家写作水平,持续扩大兴化市"中国小说之乡""中国文学之乡"知名度。

【里下河文学】 里下河地区处于江苏中部,东临通榆河,西临里运河,南至新通扬运河,北至苏北灌溉总渠。密布的水网,兴盛的水运,塑造兴化极具特色的城脉、学脉、文脉,形成里下河兴化民歌、茅山号子等,展现了鲜明的地域特征。茅山会船体现着共同的民族情感,施耐庵与《水浒传》的传说、郑板桥传说、板桥道情,流露出独特的人文气息。这里孕育了以毕飞宇、庞余亮、王干、费振钟等为代表的里下河文学流派,以郑板桥为代表的画派,作品《故乡渔事》,展现了里下河水乡魅力风情。

【《我与垛田》作品分享会】 2022年,举办"乡音·乡情·乡愁"坡子街《我与垛田》作品分享会,放大兴化文学现象、提升垛田知名度和美誉度;分享会线上线下观看人数1万余人。

(徐亚军)

文化遗产保护

【概况】 2022年，全市共有非物质文化遗产保护项目124项，其中国家非物质文化遗产3项，省级文化遗产12项，不可移动文物119处，文保单位110处。先后建成全球重要农业文化遗产1处、中国历史文化名镇1家、全国重点文保单位3处，省级文保单位12处、省级历史文化街区2处。完成全市文化和旅游资源普查工作，认定354个未定级资源、440个一级资源、412个二级资源、257个三级资源、81个四级资源、23个五级资源，并将审核通过的1567个旅游资源(可移动文物等级不包含一般和未定级)及时录入普查平台。

【物质文化遗产保护】 2022年，全市投入资金120万元，完成省级文保单位李园部分古建筑，市保单位李详故居、元老府、解都堂故居以及儒学广场古建筑群(包括陈五房进士第、吴姓故居、任大椿读书楼等)的修缮工程。投入1195万元，实施东门历史文化街区古建筑维修改造工程，对28处古建筑、传统民居进行全面修缮，完成工程进度60%。投入409万元，实施市文保单位北门王府大厅以及古建筑朱氏方脉、大生堂药店修缮工程，已完成概算审核和立项。投入260万元，与南京博物院签订古遗址抢救性发掘合同，勘探和发掘工作已经正式启动。做好万兴大典陈列布展方案二次论证。完成影山头遗址展览馆、任大椿读书楼的布展，并实行对外开放。抓好文物安全工作，与文物保护使用单位签订《兴化市文物保护单位保护管理责任书》。联合安全生产监督职能单位，对全市40多处不可移动文物进行安全隐患排查，发现安全隐患5个。

【非物质文化遗产保护】 全市非物质文化遗产保护名录124项，其中，国家级3项、省级12项、泰州级33项。非遗传承人115人，其中，国家级1人、省级4人、泰州级18人。非遗展示馆7处。年内，结合全市70多个非遗项目的特点，以"静态展陈"和"活态展演"的方式，向群众现场展示非物质遗产，促进消费30万元。加强非物质文化遗产保护，完善非物质文化遗产代表性传承人体制机制建设，出台《兴化市非遗乡土人才认定与管理办法》。争取国家、省、市级非遗保护专项资金20.6万元，推动非遗项目的保护、传承、发展。开展非遗传播、技艺展示、培训讲学、创作研究、交流合作、项目操作等多项活动，增强非遗传承人的文化素质、管理能力、经营水平和发展后劲，提升非遗人才队伍整体素质。开展"非遗进校园"活动，组织茅山号子、锣鼓书、糖塑、剪纸传承人进学校传承教唱、授艺。

(王　翔)

【非遗活动】 2022年，市文体广旅局利用春节、六一儿童节、中秋节等节日，举办"庆六一迎端午"传统文化进校园活动、"童"游楚水 弘古遗韵——非遗研学游、"大美兴化 非遗魅力"非物质文化遗产集会、"博物馆里闹元宵"猜灯谜、"多彩非遗·文化助残"公益等活动。6月3日，开展"非遗进校园"社会实践和研学活动，邀请非遗传承人代表李玉书给孩子们展示非遗技艺，讲述传统文化，促进非物质文化遗产保护与传承，助力兴化非物质文化遗产项目产业化。

社科普及

【概况】 2022年，兴化市哲学社会科学界联合会(以下简称社科联)举办第二届"阅读马拉松"大赛，20个分赛区近千名人员参加，掀起了全民阅读的热潮。3个省级社科普及基地发挥自身优势，线上线下同步发力。开展"红色故事绘""每天一本小人书"等线上阅读推广活动，组织《星辰大海 我们来了》航天主题展览走进中小学校线下活动。举办"喜迎二十大 翰墨颂党恩"线上线下书画展、"喜庆二十大 幸福舞起来"文化志愿服务进基层、"喜迎二十大 争做好少年"青少年主题研学等活动。围绕"喜迎二十大 奋进新征程"等主题，开展社科读物普及、社科知识讲座等群众性社科普及活动，持续扩大活动影响力和覆盖面。推荐史道智、高建

兴化篇 当代记(资料来源：央视网科教频道【中国影像方志】文化 2020年7月27日)

国、石勇、王少海、张巍巍、孔素琴、许杏波、冯韩墨、丁彩萍等9人为泰州市社科联第五次代表大会代表,高建国当选为泰州市社科联第五届理事会理事,史道智当选为泰州市社科联第五届理事会常务理事。

【理论宣传】 坚持把学习宣传习近平新时代中国特色社会主义思想和党的二十大精神作为首要任务,在全市社科范围遴选理论宣讲骨干人才,重点挖掘博物馆、文化馆、图书馆等社科普及基地讲解员,以名师引领、业务培训、集中备课等途径,完善市镇村三级"飞燕"百姓名嘴理论宣讲志愿服务队。开展省第十九届社会科学普及宣传周活动,重点围绕党的二十大精神、《习近平谈治国理政》第四卷,组织"飞燕"百姓名嘴风采展示和形式多样的理论宣讲活动。运用"理论 + 文艺"的宣讲形式,制作茅山号子《党的二十大精神指航向》、快板说唱《二十大喜讯传万家》、板桥道情《领航》等理论宣讲作品,开展"文艺轻骑兵"五进活动,把党的创新理论讲清楚、说明白,让老百姓听得懂、能领会、可落实。

【阵地建设】 坚持以社科普及示范基地建设为重点,推动戴南文化艺术中心和市实验小学通过泰州市社科普及基地复评。泰州市社科普及基地2021年度考核,图书馆被认定为第一等次,戴南文化艺术中心、博物馆、严昌荣红色军事教育基地被认定为第二等次。翟恒芳(图书馆)、赵波(戴南文化艺术中心)、汪友谊(博物馆)、马龙(严昌荣红色军事教育基地)被评为2021年度泰州市社科普及工作先进个人。魅力非遗润童心——非遗项目进校区(市文化馆)、双语"云"阅读(图书馆)、板桥道情传习(博物馆)三个基地项目获得2022年度省社科联社科普及项目资助。

【课题研究】 组织社科理论工作者参加哲学社会科学优秀成果评奖活动,择优申报14部高质量社科成果,《社会主义发展的三大规律》(论文)荣获泰州市第十三届哲学社会科学优秀成果二等奖,《〈论语〉里孔子的教育智慧》(著作)和《闲说水浒》(著作)荣获泰州市第十三届哲学社会科学优秀成果三等奖。以兴化文脉整理研究为重点,组织社科工作者围绕兴化书画艺术、河流与水利、兴化民俗、兴化方言、兴化人文、兴化乡土菜等10个专题开展研究,完成《兴化文化丛书》第二辑的编撰工作。

党史工作

【编研成果】 2022年,市党史方志办公室编撰出版《中国共产党兴化历史(1978—2002)》,全书共设三编14章62节,近40万字,客观总结从1978年12月党的十一届三中全会召开到2002年党的十六大召开前的24年,兴化经济、政治、文化、社会、生态文明和党的建设取得的成就和经验,热情讴歌了广大党员、干部、群众团结拼搏、求实创新、奋发向上的精神风貌。党史正本的出版为持续深入开展党史学习教育、党员干部党性党纪党风教育和青少年爱党爱国爱家乡教育提供了本土辅助教材。面向全市征集中共党史、新四军军史学术论文10篇,其中市党史方志办公室撰写的《新时期伟大建党精神实践价值和意义的探析》被录入泰州市党史学会论文集。

【党史资料征编】 对照泰州市党史方志办《关于征编〈泰州市对口支援口述实录〉的工作方案》,面向全市范围征集对口支援回忆录,以援建单位或个人的视角记录兴化市对口支援工作历程,总结全市对口支援工作的成就和经验,充分展现援建人员勇于担当、无私奉献的精神风貌。通过与市委组织部、市发改委、市卫健委、市教育局等部门的沟通联系,确定符合要求的人员名单,征集整理援藏、援疆档案资料。共征集到党政干部和教育、卫健行业人员回忆文稿11篇、照片80余张,并对文稿进行反复修改完善,其中6篇录入《泰州市对口支援口述实录》。

【红色资源调研普查】 根据市委《关于在全市开展红色资源调研普查工作的通知》要求,对照红色资源认定标准,采取现场调研与座谈相结合的方式,对确定的普查项目逐一现场勘查,进行复核甄别,确定列入全市红色资源的共93处(其中:革命历史事件和活动遗址、遗迹32处,墓碑(群)烈士陵园27处,综合性的革命历史纪念馆8处,革命历史的口头与非物质文化遗产3处,以烈士命名的建制镇1个、行政村22个,建立《兴化市红色资源台账》，并撰写《兴化市红色资源保护开发利用现状及对策》调研报告，编纂出版《红色印迹——兴化市红色资源史料册》，摸清了全市红色资源的类型、分布、保护和开发利用情况，为增强本土红色资源的表现力、传播力、影响力打下了基础，成为《兴化市革命老区发展史》姐妹篇。

【党史宣传教育】 2022年6月，联合昭阳街道、社区，利用展板、传单宣传兴化人民革命斗争史以及历年党史研究成果，并现场派发近年编撰出版的红色、历史书籍，进一步发挥党史资政育人功能。8—9月，与市委宣传部联合举行"强国复兴有我"四史知识竞赛，结合部门职能，完成"中共党史和兴化地方党史试题"的出题及点评工作。10—11月，精心组织《世纪风采》杂志宣传发行工作，完成省委党史工办规定的目标任务。

地方志编修

【基层修志】 按照"一纳入，八到位"（即把地方志工作纳入国民经济和社会发展规划、各级政府工作任务之中，做到认识到位、领导到位、机构到位、编制到位、经费到位、设施到位、规划到位、工作到位）的地方志工作要求，积极推进镇志编纂全覆盖，在首批乡镇志编纂的基础上，以政府名义发文部署推动镇志编纂，对剩余的18家镇（街道）通过组织业务培训、定期汇报交流、专题督查指导、通报编纂情况、制定考核细则等方式，迅速掀起全市乡镇（街道）修志热潮，镇（街道）启动率达100%，启动数量创兴化历史新高，并居泰州各县市区之首。2021年以来，对报送的稿件进行反复打磨，总审稿量和反馈量达300余万字。《安丰镇志》顺利出版，《光耀村志》通过复审，《竹泓镇志》《垛田镇志》通过初审。第二批18家名镇名村志编纂单位，已有11家资料收集率达70%以上，3家乡镇报送部分初稿。

【年鉴出版】 作为省精品年鉴培育单位，《兴化年鉴（2022）》顺利出版，全书（包括附录）总字数90万字，共设置26个类目，240个分目，收录条目1400多条，随文照片165幅，公益性宣传彩页照片128幅、表150张。编纂过程中，大幅调整完善年鉴纲目，多用图表、图片形式反映基础数据、微观数据，采用代表兴化城市建设和旅游特色的垛田灌排工程体系作为封面，公益彩页及内文中继续延续旅游特色及农业特色，在突出农业经济、特色田园乡村建设、电子商务等兴化经济亮点的同时，全方位反映全市在政治、经济、文化、生态等各方面取得的成就。从2022年4月开始逐月编纂《兴化微记录》，全书设置"热词聚焦""会议事项""时事要闻""新政实施""改革创新""水乡风尚""重要数据""美丽兴化"8个篇目，聚焦政治、经济、生态、文化、民生等领域，以专题化、系列化的编纂要求，重点反映全市各项领域取得的成就。通过查找报刊、搜索政府网站等形式，多方面收集全市每月发生的大事、要事，加强校对与审核，去伪存真、去粗取精，每月按时保质编写编发兴化大事记并及时报送到上级业务部门。

档案管理

【档案征集】 创新开展、扎实推进档案征集工作。配合团省委、省档案馆开展共青团史、青

2022年9月7日，《光耀村志》复审会召开

（市党史方志办/供图）

运史资料征集,馆藏《苏中报》苏中公学招生广告,成功入选《青春百档耀百年·江苏记忆》,深受好评。收到共青团江苏省委和江苏省档案馆的感谢信。在全市相继征集到《虞氏族谱》《张氏宗谱》《兴化龙津堂顾氏支谱》资料3套16册,《坡子街》文萃1套,《太阳花》散文集1册,华中科技大学教授任德麟与原武汉市副市长郭友中等人书信2份,此外还征集到林鸣院士与市委、市政府的往来书信1份报送泰州市档案馆。接收各类档案案卷进馆38889卷,文件1.5万余件。年内,市档案馆被评定为“江苏省规范档案馆”。

【档案业务指导】　严格执行《兴化市档案馆各项管理规章制度》,明确档案工作职责和任务,规范归档范围及整理要求,使各部门对文件材料的形成、积累、收集、整理、归档有据可依。通过指导,1家单位被评为“江苏省示范档案室”,4家单位被评为“江苏省规范档案室”。年初下发《关于做好2022年乡镇(街道)、市直机关档案工作的通知》,牵头成立2022年档案年检考核组,对市级机关、乡镇(街道)档案工作进行了年检考核,提高全市档案人员的档案意识及全市档案工作规范化、现代化建设水平。

【档案查询接待】　2022年,收集、整理、移交、接收婚姻档案375盒、14671件,扶贫档案4080盒、38889卷,疫情防控档案500多件。全年接待查档2501人次,利用档案20010卷次、30009件。协助完成馆藏出生医学证明档案目录上传共享工作,共计上传16万多条。

【档案文化宣传】　举办“6·9”国际档案日宣传活动,联合昭阳街道在新义社区城楼广场开展咨询和展览活动,重点宣传《档案法》及实施办法,发放档案编研资料和宣传品2500多份,并在多家媒体宣传报道,高度唤起广大市民的档案意识和知党史、报党恩的热情。协助市档案局开展“喜迎二十大,用档案讲好党的故事”主题征文活动,征集33篇论文。11篇组织的党史方志档案学术论文受上级表彰,2人分别获评“全省方志文化宣传工作优秀个人”“全省地方志系统优秀信息员”。

【口述史采集】　加强乡村振兴口述历史采集工作,以真实记录的多元口述史料有效丰富馆藏资源、发挥填补历史空白、拓宽历史维度效能。开展沙沟镇石梁村、戴窑镇恒和村口述史采集、建档。全年完成75人的采访录音录像,拍摄相关照片100多张,录音录像时长达48小时,基本完成18万字的口述史整理汇编工作。

（孙东圣）

融媒体

【概况】　2022年,市融媒体中心贯彻执行党中央关于新闻宣传、媒体工作的方针政策及省委、泰州市委、兴化市委相关部署,负责全市广播、电视、平媒、网站、新媒体新闻宣传和节目传输、事业发展等工作,在履行职责过程中坚持和加强党对新闻宣传、媒体工作的集中统一领导。策划推出《奋进新征程 建功新时代》《礼赞新时代 勇毅向未来》《我们的新时代·党代表话十年》《非凡十年·我们的红火日子》《优化营商环境·提升作风效能系列专访》《携手并肩 齐心抗疫》《文明城市创建进行时》《聚焦省运会 活力新兴化》等系列专题专栏。实现经营创收1300余万元,同比增长超过40%。

2022年6月9日,市党史方志办组织开展“6·9”国际档案日宣传活动　（市党史方志办/供图）

2022 年 12 月 14 日，市融媒体中心推出的“喜迎二十大 奋进新征程 深化经济领域改革＋赋能高质量”发展系列报道（市融媒体中心/供图）

【对外宣传】 中心摄制的千垛菜花盛景被央视《新闻联播》《大美中国》采用，《乡村振兴工作队 下沉一线办实事》《葡萄长势喜人 种植规模不断扩大》《青盖腹白》等被央视《朝闻天下》《晚间新闻》采用。短视频《水乡春色美》、主题稿件《推进深度融合 彰显党媒担当》等被“学习强国”全国平台采用。全年泰州市级以上媒体用稿（片）700 余条，央视用稿 7 条，省级媒体 150 余条；“学习强国”学习平台全年用稿 261 篇，其中省级平台 54 篇，超额完成年度目标任务。

【融媒体中心建设】 定期组织骨干记者到泰州日报社、泰州市广播电视台跟班学习，切实提升专业素养。巧借外力，聘请各行业专家为策划顾问，“不求为我有，但求为我用”。重启通讯员制度，建立与部门、乡镇长期稳定联系的机制，打通新闻宣传服务群众“最后一公里”。调优结构，通过统一办公地点，实现宣传科室合署办公。调整 11 名后勤人员工作岗位，充实到新闻生产一线、经营创收岗位。开展“融合试岗培训工作”，组建精品创作团队，对标对优、自主策划、全媒生产。首次尝试自主招聘，改变人才梯队老化现状，人才队伍活力也得到了有效增强。

【全媒传播矩阵】 在持续巩固办好报纸、广播、电视、网站等传播平台的基础上，打造移动传播矩阵。“兴化发布”微信公众号定位以市委、市政府的重要活动为主要报道内容；“兴化头条”微信公众号，以社会新闻、民生热点为主要报道内容。其中“兴化发布”公众号粉丝量 34 万，已成为本地粉丝量最高的政务新媒体平台。应急广播定时播报制度形成，将党和政府的声音更大范围传到了千家万户。开辟“兴化发布”视频号，视频号、抖音号等运用可视化短视频，让政务服务和宣传更接地气、更立体化，获得了受众的普遍点赞。保障各类实景、虚拟、访谈等节目录制 1000 余场，完成最美人物录制、政风热线市长上线、百姓春晚等 40 多场次大型活动的保障工作任务。圆满完成泰州、兴化市委全会等移动直播任务 4 场次。

（倪　宇）

广播电视

【概况】 2022 年，全年累计保障播出广播 6000 小时和三频道电视 18000 多小时，播发应急广播累计 1100 余次。

【广播】 兴化人民广播电台为调频 101.9 兆赫，全天播出本地新闻资讯、社教专题、广播文艺

2022 年 7 月 1 日，市融媒体中心摄制党委书记讲主题党课活动（市融媒体中心/供图）

以及直播《政风热线》等节目共17小时。

【电视】 兴化电视台设新闻综合和文化旅游两频道,两频道每天累计播出时长40小时,其中自办栏目16个。《兴化新闻》开播二十多年,通过融合发展,新闻触角延伸到经济社会发展、重大项目建设、脱贫攻坚等重点工作最前沿,高扬改革发展主旋律,让舆论宣传与市委、市政府中心工作始终同频共振。《民生直通车》栏目长期关注民生问题,得到观众的长期认可和好评,被评为泰州市首届"十佳"文明优质服务品牌提名奖。《问政兴化》舆论监督栏目,直面市委、市政府关切、群众关心的热点、难点问题,激发全市上下凝心聚力改革发展的热情和干劲,获得领导和群众的充分肯定。文化与旅游专业频道,以风光、旅游、剧目、新闻等为主线,将兴化历史人文、美景美食、健康生活串联,为广大市民呈现出一个全方位、立体式的历史文化名城。

表26 2022年兴化市获奖作品一览表

序号	作品类型	作品名称	主创人员	参评级别	获奖等次
1	系列报道	书香政协 同心筑梦	范　萌　王　立 姜帷韬	江苏省县级融媒好新闻	二等奖
2	好新闻编排	致敬!"暑"你最美!	陈广新　孙逸凡 姜帷韬	江苏省县级融媒好新闻	三等奖
3	广播社教节目	"世界双遗产"兴化垛田蝶变记	沈　瑜　姜帷韬 陶志雄	江苏优秀广播电视节目	三等奖
4	微纪录片	让"网红"更"红"	李骥翔　陈锦传 刁晓辉　曹　景	江苏优秀广播电视节目	三等奖
5	综艺节目	"梦想与担当"泰州市"开学第一课"示范活动	邢寿和　李骥翔 袁　伟　刘嘉玲 计钰雯　朱琦景 董帅宇　董景云	江苏优秀广播电视节目	三等奖
6	广播文艺播音	古镇沙沟 千年风雅——一个里下河腹地千年古镇的绝美梦呓	陶志雄	江苏优秀广播电视节目	三等奖
7	对象性节目	陆春龙:折翼的翅膀演绎"别样人生"	沈　瑜　董帅宇 王晶晶　朱琦景	泰州市优秀广播社教节目	二等奖
8	公众性节目	"世界双遗产"是怎样炼成的	沈　瑜　姜帷韬 陶志雄　沈晓斌	泰州市优秀广播社教节目	一等奖
9	知识性节目	如何做好疫情前期淡水鱼管理	沈晓斌　赵春玉 王晶晶	泰州市优秀广播社教节目	三等奖
10	优秀栏目	七彩夕阳	沈晓斌　沈　瑜 赵春玉　王晶晶	泰州市优秀广播社教节目	优秀奖
11	微纪录片	让"网红"更"红"	李骥翔　陈锦传 刁晓辉　曹　景	泰州市优秀电视社教节目	一等奖
12	专题片	非遗千古承 船行天地间	夏　阳　刁晓辉 吴　剑　沙　健	泰州市优秀电视社教节目	一等奖
13	科普节目	稳产高效的虾蟹混养"兴化模式"	陈锦传　刁晓辉 沙　健　王　泽	泰州市优秀电视社教节目	二等奖
14	短纪录片	恰青春少年时——大国工匠林鸣	李骥翔　吴　剑 袁向吟　夏　阳	泰州市优秀电视社教节目	二等奖
15	公益广告	因奋斗而精彩	李骥翔　吴政龙 曹　景　袁向吟	泰州市优秀电视社教节目	二等奖
16	公益广告	防患未"燃"幸福家园	李骥翔　洪卫国 曹　景　孔令雯	泰州市优秀电视社教节目	二等奖
17	优秀栏目	寻味乡愁	曹　景　袁向吟 吴　剑　沙　健 刁晓辉　吴晓健	泰州市优秀电视社教节目	优秀奖

续表26

序号	作品类型	作品名称	主创人员	参评级别	获奖等次
18	音乐节目	大地上的歌声——多彩的号子	赵春玉 陈明干 王晶晶	泰州市优秀广播文艺作品	三等奖
19	综艺节目	“梦想与担当”泰州市“开学第一课”示范活动	邢寿和 李骥翔 袁 伟 刘嘉玲 计钰雯 朱琦景 董帅宇 董景云	泰州市优秀电视文艺作品	一等奖
20	专题节目	一枝一叶总关情	李骥翔 沙 健 夏 阳 曹 景 吴 剑	泰州市优秀电视文艺作品	二等奖
21	原创歌曲节目	小雨点	李骥翔 徐 菲 刁晓辉 袁向吟	泰州市优秀电视文艺作品	二等奖
22	原创歌曲节目	东方之舟	陈锦传 徐 菲 王 泽 沙 健	泰州市优秀电视文艺作品	三等奖
23	短消息	兴化大米首次入陕“跋山涉水”支援咸阳	王小军 杨 斌 王晶晶	泰州市优秀广播新闻作品	三等奖
24	长消息	腾龙精线不锈钢高端线材智能制造项目开工	朱良兵 杨 斌 王晶晶	泰州市优秀广播新闻作品	二等奖
25	连续(系列)报道	“美丽菜园”扮靓美丽乡村	郭 勇 袁 熙 施月星 陶志雄 王晶晶	泰州市优秀广播新闻作品	三等奖
26	评论	农产品批发市场:保供不间断 防疫还得再加强	袁 野 杨 斌 王晶晶	泰州市优秀广播新闻作品	三等奖
27	专题	土地增减挂钩 何以“增”出乡村振兴底气?	范 达 蔡承杉 杨 斌 王晶晶	泰州市优秀广播新闻作品	三等奖
28	优秀栏目	兴化新闻	葛中明 仲大娟 李玉梅 杨 斌 王晶晶	泰州市优秀电视新闻作品	三等奖
29	短消息	兴化农商银行成功发行全国县域农商银行首单“碳中和”专项绿色金融债券	王小军	泰州市优秀电视新闻作品	二等奖
30	长消息	“江苏省兴化垛田灌排工程体系”成功入选世界灌溉工程遗产	王小军 袁 熙	泰州市优秀电视新闻作品	一等奖
31	专题	新春走基层 虎年守岁人 120 急救中心:为生命守护奔跑	顾 磊	泰州市优秀电视新闻作品	三等奖
32	连续(系列)报道	“两山实践”在兴化·探秘里下河国家湿地公园	花 艳 王小军 鲁 磊 顾 磊 胡雪玮 姜帷韬	泰州市优秀电视新闻作品	一等奖
33	评论	北水关大桥重建工程:一桥难飞架“天堑”何时变通途?	顾 磊 袁 野 胡雪玮 姜帷韬	泰州市优秀电视新闻作品	二等奖
34	优秀栏目	兴化新闻	花 艳 顾 磊 胡雪玮 刘 兴 屠晶晶	泰州市优秀电视新闻作品	优秀奖
35	广播播音社教	金东门探幽之赵海仙洋楼	赵春玉	泰州市优秀广播电视播音与主持作品	二等奖
36	广播播音文艺	古镇沙沟 千年风雅——一个里下河腹地千年古镇的绝美梦呓	陶志雄	泰州市优秀广播电视播音与主持作品	一等奖
37	电视播音新闻	兴化新闻	朱 瑛	泰州市优秀广播电视播音与主持作品	二等奖
38	电视播音新闻	兴化新闻	张婷婷	泰州市优秀广播电视播音与主持作品	三等奖
39	电视播音社教	非遗千古承 船行天地间	朱琦景	泰州市优秀广播电视播音与主持作品	二等奖
40	电视播音社教	兴融蓝故事宣讲 樊才林	初乐颖	泰州市优秀广播电视播音与主持作品	三等奖
41	电视主持新闻	民生直通车	葛雪原	泰州市优秀广播电视播音与主持作品	三等奖
42	短视频新闻	兴化大闸蟹！足斤足两足够肥！	范 萌 杨 瑾 夏 阳	泰州市优秀广播电视媒体融合作品	三等奖

续表 26

序号	作品类型	作品名称	主创人员	参评级别	获奖等次
43	短视频专题	书香政协 同心筑梦	范萌 王立	泰州市优秀广播电视媒体融合作品	特别奖
44	短视频专题	怀梦想,致远方,高考加油!	范萌 林欢 陶志雄	泰州市优秀广播电视媒体融合作品	二等奖
45	短视频专题	“疫”线微光	范萌 袁伟	泰州市优秀广播电视媒体融合作品	三等奖
46	融合创新	庆盛会 向未来丨我在田间说	范萌 宗威鑫	泰州市优秀广播电视媒体融合作品	二等奖
47	融合创新	致敬!“暑”你最美!	陈广新 孙逸凡 姜帷韬	泰州市优秀广播电视媒体融合作品	三等奖

【人文纪录片《一枝清瘦竹》】 纪录片《一枝清瘦竹》从当今的时代背景出发,通过再现郑板桥坎坷曲折的人生,探索郑板桥的艺术文化和思想内涵,重新解读“板桥精神”赋予新时代的含义。分为《千磨万击还坚劲》《一枝一叶总关情》《新竹高于旧竹枝》三集,每集30分钟。兴化市委宣传部邀请中央新闻纪录电影制片厂(集团)合作打造,于2021年10月完成签约,12月正式启动。2022年3月,摄制组到兴化进行为期2周的前采,完成脚本制作。纪录片拍摄完成时间2022年7月。纪录片《一枝清瘦竹》成功入选“十四五”纪录片重点选题规划(第二批)。

江苏有线兴化分公司

【概况】 江苏有线网络发展有限责任公司兴化分公司主要从事兴化城乡广播电视传输网络建设、开发、维护和管理,广播电视节目传输,数字电视及综合信息业务的服务和营销。分公司于2014年12月30日正式挂牌成立,秉承“建精品网络、创优质服务、传先进文化”的发展理念,锚定数智全业,聚力融合创新,围绕“新四网”全业务,争做业务强、技术强、服务强、管理强的“四强”分公司。提升综合竞争力,实现社会效益和经济效益双效提升,努力成为兴化文化产业和信息服务的主力军。

【广网服务】 加强服务“硬软”环境建设。建成46个一站式服务营业厅,开通“96296”客户服务热线,规范服务窗口工作流程,推行对外服务八项公开承诺和社区服务经理制,开展“服务志愿者”“党员先锋队”等活动,营造良好的服务环境。加强业务内容建设,改变以往单一服务模式,深入推进“5G+宽带+电视+X”全业务融合的发展新格局及一体化运营服务,尽力满足人民群众广播电视基本公共服务需求和个性化多样性文化服务需求。

【政企业务】 注重集团业务的开拓,拓宽公司营收渠道。进一步打造数字经济新优势,坚持新发展理念,营造良好数字生态,在做好市场数据分析的基础上,探索弱电智能化项目,积极参与兴化地区“雪亮工程”和智慧技防建设,成功中标“智慧小区”项目和“技防城升级版”项目,圆满完成全市应急广播体系项目建设。适应乡村振兴战略新趋势新要求,推进智慧广电乡村工程示范村(小区)建设工作。履行“党媒政网民屏”的社会责任,致力并服务于地方经济社会发展。

(黄亚婷)

《兴化日报》

【概况】 《兴化日报》由中共兴化市委、兴化市人民政府主办,兴化市融媒体中心承办。《兴化日报》为4开8版,周五刊,双面彩印刷;一版封面、二版要闻版、三版民生版、四版广角版、五版时评版、六版和七版为部门联办专版,八版为公益广告版面,每周五刊发四版副刊。期发行量1.4万份,全年发行238期(第8357期—第8595期)。

【新闻宣传】 全年出版《兴化日报》238期。开设“强国复兴有我 我为群众做实事”“礼赞新时代 勇毅向未来”“党代表话十年”等栏目,为大会召开营造氛围。开设“新时代新征程新伟业”专栏,报道各地各部门学习贯彻党的二十大会议精神报道,开设“心向二十大 我在基层促发展”专栏,以群众视角展现基层干群对新征程的美好愿景,开设“开启二次创业新征程”专栏,聚焦市委、市政府二十大后的中心工作。围绕市委、市政府的中心工作,开设了《贯彻市委全会精神 建设新时代鱼米之乡》专栏，报道兴化市各级各部门结合自身实际，深入贯彻落实市委全会精神的省市党代会精神的创新举措和工作实践，为全市经济社会高质量发展营造良好的舆论环境。

文化产业

【概况】 截至2022年12月底，全市有规模以上文化产业单位153家，新增32家。实现规上文化产业增加值17.16亿元，与2021年同期相比增幅6.9%。被评为全省文化和旅游产业融合发展示范区。整合室内外资源，打造“文化＋旅游”融合发展，建立文化和旅游高质量融合发展的制度体系和工作机制，推动文化和旅游在更广范围、更深层次、更高水平上深度融合发展，打造金东门、银北门历史文化街区、施耐庵文化园（施耐庵研究基地、水浒文化研究基地、施耐庵文学评奖、颁奖基地）、国际象棋赛事颁奖地、沙沟渔文化小镇、蒋庄良渚遗址公园等项目。举办中国兴化·板桥文化艺术节暨“板桥杯”书画大赛、兴化金秋品蟹旅游月暨施耐庵文化旅游节、小说沙龙、小说排行榜公布地、中国兴化（得胜湖）财富国际论坛等节庆活动。

【项目建设】 2022年，全市实现文化产业融资金额31.2亿元，其中，银行贷款27.564亿元，非银行金融机构融资3.636亿元。融资综合成本6.39%，其中非银行金融机构融资综合成本7.5%，综合成本最高为7.8%。积极争取品牌和资金，指导帮助市文旅公司、大地蓝绢纺有限公司成功申报省文旅产业专项资金，奖补26.1万元；带动社会效益，文体、旅游产业引导资金共奖励项目56个，下达奖补资金579.89万元，奖励新投入建设文体旅游项目。挖掘全国重点文化保护单位和国家田园综合体试点项目，实施黑高码头至千垛菜花景区连通工程，打通乌巾荡公园经平旺湖与千垛菜花景区相连的水上通道，将“1号水路”水上游览航线延伸至碧水东罗，以水串景，拓展水上旅游线路，整合乌巾荡公园、千垛菜花景区与碧水东罗特色田园特色资源，实现景区联动发展，打造融观光休闲、研学旅游、农趣体验为一体的全球最美垛田和特色文化遗产园区。

（张 旭）

文化市场管理

【概况】 2022年，市文化部门落实“放管服”改革要求，深化“证照分离”改革，制定涉企经营许可事项清单，按照直接取消审批、审批改为备案、实行告知承诺、优化审批服务等四种方式分类，推进“不见面”审批、减证便民、简化审批等，降低制度性交易成本，全年受理审批服务事项67件，累计惠及市场主体2877家。

【文化市场综合执法】 2022年，市文化执法部门守牢文化安全和意识形态安全底线，开展“护航”“护苗、清源、净网、秋风”等专项行动。全市累计检查1925家、4528人次，其中互联网经营场所1649家、3867人次；歌舞娱乐场所179家、418人次；游艺娱乐场所34家、88人次；出版物经营场所35家、96人次；印刷企业9家、20人次；关停网络书店8家；取缔擅自从事印刷经营活动的企业2家，查处未按法规履行法定查验义务的印刷企业3家次；检查景区、旅游、艺术经营单位19家次39人次。作出行政处罚45起，处置重大案件3起。年内，获“2021年度查处重大侵权盗版案件（第三批）有功单位”称号，1人获“2021年度查处重大侵权盗版案件（第三批）有功个人”称号。

（王 翔）

卫生健康

综 述

2022年,全市卫生健康工作紧紧把握人民至上、生命至上的根本立场和公益性价值导向,立足新时代党的卫生健康工作方针,围绕“健康兴化”发展战略,坚持疫情防控和卫生健康工作“两手抓”,持续深化医药卫生体制改革,建立完善的公共卫生体系,加强医疗机构规范管理,推进公立医院高质量发展,各项工作取得新的跨越。全市有公立医疗卫生机构57个,其中基层医疗卫生机构42个。在编人员3411人,其中高级职称1034人,中级职称722人。执业医师3224人、注册护士3046人。村卫生室和服务点474个,在编乡村医生1140人。全年门急诊655.2万人次、出院17.67万人次,平均每人次门诊费用247.6元,平均每人次住院费用7045元。全系统资产总额36.54亿元,负债17.81亿元,净资产18.73亿元;房屋建筑总面积44.75万平方米,其中业务用房37.36万平方米。全市共有床位数6692张,其中市直医疗卫生机构3150张,基层医疗卫生机构3542张。

统筹应急保障。建成“119”与“120”联动机制,投入507万元,升级120院前急救指挥调度系统,新建救护车洗消中心,添置10辆救护车(其中负压救护车8辆),设立7个急救站点,初步形成了以120急救指挥中心为运转中枢、市人民医院为救治中心、急救站点为网络支撑的院前医疗急救体系。年内,共出动救护车11959车次,救治13067人次。建立“日检查、周报告、月总结”工作机制,执行“先诊疗后付费”政策,落实“一站式”服务措施,惠及19184人次,医院救助金额3.66万元。

聚焦医养结合融合发展,对4家医养结合机构开展督查,优化服务流程,完善医养制度,提升服务质量。开通老人就医绿色通道,实现就诊、检查、住院等医疗服务无缝对接。组织28名医养结合机构管理及医护人员,参加全国医养结合人才能力提升线上培训。积极推进二级以上公立综合医院老年医学科建设,中医院老年医学科建设被列为省民生实事项目之一。

推进村级卫生人才培养,开展农村订单定向医学生免费培养,新招录57人。开展“不负韶华,筑梦水乡”兴化籍在校医学生暑期见面会活动,组织兴化籍在校医学生,参观2家基层卫生院和4家市直公立医院。创新人才招引方式,高层次人才招引、基层卫生人才招引直接面试,全年招聘高层次20人,基层卫生人才91人。

表27 2022年兴化市医疗机构病床使用率及出院者平均住院日情况统计表

机构名称	病床使用率(%)	出院者平均住院日(天)
医院:	71.6	8.2
综合医院	77.3	7.2

续表 27

机构名称	病床使用率(%)	出院者平均住院日(天)
中医医院	63.6	8.5
专科医院	65.7	20.2
社区卫生服务中心	12.2	8.2
乡镇卫生院	59.9	7.5

医疗卫生体制改革

【医保体制改革】 2022年,兴化市深化医保体制改革,建立健全门诊共济保障机制,出台《兴化市2022年总额预算的控制方案》,改进个人账户计入办法,成立医疗保障基金总额预算领导小组和总额预算管理工作专班,组建兴化市定点医疗机构集体协商代表人员库。成立疾病诊断工作小组,指导医院实行疾病诊断支付方式结算,8家疾病诊断试点定点医疗机构完成结算。调整降低灵活就业人员参保缴费比例,将医保待遇等待期缩短为3个月,取消职工医保退休与企业养老保险捆绑规定,放宽时限要求,并实行缴费年限转保折算。健全职工医保关系转移待遇享受衔接、省内跨统筹地区流动就业参保人员缴费年限互认机制,明确外省流动就业人员转移接续缴费年限计入方式。调整困破企业医保缴费年限,执行职工医保统筹政策,每年减少地方财政负担2000多万元。贯彻医保门特制度,将4种门诊慢性病调整为门诊特殊病,新增7个门诊特殊病和4种治疗方式,提升严重精神障碍门诊特殊病待遇。

(王海华)

【医药卫生体制改革】 2022年,兴化市出台《兴化市紧密型医共体统筹编制和人员使用管理实施意见》,建立医共体内编制资源、人员使用统筹机制,设立"县管乡用"编制周转池。积极探索慢病管理医防融合,市人民医院作为成员单位,参与编撰国家卫健委"千县工程"慢病管理中心等20个建设指南。

疾病预防与控制

【概况】 年内,全市报告法定传染病15种1246例,传染病总发病率较上年同期下降4.89%,累计管理艾滋病感染者和艾滋病病人407例,完成艾滋病自愿咨询检测915人次,按月对全市各娱乐场所进行现场干预。开展卫生防病工作,传染病总发病率较去年同期下降,规范完成学生常见病、饮用水、农村环境卫生、血吸虫病、伤寒/副伤寒、艾滋病哨点等省、国家级监测任务。全市免疫规划、慢性病防治、健康教育等工作稳步开展,圆满完成各项工作任务。

【慢性病管理】 加强慢性病规范管理,累计建立并管理居民

2022年3月10日,全市基本公共卫生服务项目暨预防保健工作会议召开 (市卫健委/供图)

电子健康档案117.72万份,高血压、糖尿病规范管理率分别为62.49%、65.26%,65岁及以上老年人健康管理率达66.74%。强化食源性疾病信息监测,完成省下达食源性疾病病例监测任务。开通兴化市易肇事肇祸严重精神障碍服务管理平台,管理694人,严重精神障碍管理治疗工作名列泰州第一。

【职业病防治】 2022年,开展全市职业健康监督执法巡查,407家企业完成双随机网上申报,职业病危害重点行业新申报及更新152家次,完成30家重点企业作业场所职业病危害因素检测和网报。

【标准化门诊建设】 加强标准化门诊建设,改善接种环境,2022年新建开发区社区卫生服务中心预防接种门诊。全市42家儿童预防接种门诊均达到省标准化预防接种门诊建设要求,以乡镇为单位适龄儿童预防接种率98%以上。

妇幼保健

【概况】 市妇幼保健院开设床位33张,有专业技术人员25名,其中主任医师4名,副主任医师2名、主治医师4名、住院医师4名,主管护师3名,护师8名。医学硕士1名,在读硕士1名。年收住院妇科患者1800人左右,承担全市大部分及周边地区妇科患者的预防保健与诊疗工作。率先开展宫颈疾病、妇科内分泌、更年期、盆底疾病等特色专科的诊断及治疗;在妇科微创方面能完成腹腔镜下或者经阴道子宫肌瘤剔除术、全子宫切除手术等。妇科肿瘤能完成宫颈癌、子宫内膜癌、卵巢癌的根治手术。专科实际水平处于泰州地区前列,门诊人数、日常住院病人数、疑难重症病人诊治数均处于前列。配备了较为先进的医疗保健设备,如:进口四维彩超,宫、腹腔镜,阴道镜、LEEP刀,全自动液基细胞(TCT),麻醉呼吸机等现代化医疗仪器设备。可开展妇产科疾病诊治、无痛人流、可视人流及腹腔镜微创等各类手术,基本满足全市广大妇女的医疗保健需求。2022年开展经闭孔无张力尿道中段悬吊术治疗因盆底功能障碍引起的尿失禁。积极参加各项科研,发表省级以上论文几十篇,核心期刊论文多篇,近5年承担省级课题3项、泰州市课题5项,获江苏省科技奖二等奖1项,泰州市医学新技术引进奖4项(其中二等奖1项),兴化市科技进步奖6项。

【"两癌"筛查管理】 2022年,兴化市对出生缺陷综合防治和妇女"两癌"检查,实现产前筛查和新生儿疾病筛查全覆盖,城乡适龄妇女"两癌"检查28427人。

【出生缺陷防治】 2022年,全市新生儿遗传代谢病筛查101.66%;新生儿听力障碍筛查率99.53%;新生儿先天性心脏病筛查率99.3%。

老年健康服务

【老年友善医疗机构建设】 2022年,兴化市推进老年友善医疗机构建设和老年医学科建设,中医院老年医学科被列为省民生实事项目。全市17家医疗机构(综合性医院、康复医院、护理院、基层医疗机构)开通绿色通道,在挂号、就诊、收费、取药、住院等窗口明显位置设置"老年人优先"标志。发挥医院志愿者服务作用,为行动不便的老年人提供门诊导医、出院随访等服务。年内,市人民医院、中医院、戴窑中心卫生院被命名为省级老年友善医疗机构优秀单位。

【老年健康服务】 2022年,兴化市推动老年医院建设,组织人民医院、中医院、金泰阳护理院5名医生(护士)参加全国老年医学人才脱产培训。推动老年医学研究及老年医学科和人才队伍建设,提升老年健康服务能力,2人申报市老年健康科研项目。利用智慧家庭医生签约系统,为65岁以上居民提供健康咨询、健康管理服务,改善居民的服务感受,实现信息共享,互联互通。完成65岁以上老年人健康体检20.11万人,完成率69.8%。7月25—31日,围绕"改善老年营养,促进老年健康"主题,组织开展形式多样、内容丰富的宣传服务活动,发放宣传材料5000余份,悬挂宣传横幅、标语、宣传画近300幅。开展2022年全国"敬老月"活动,以座谈会、走访慰问、文艺演出、志愿服务等形式开展"敬老月"系列活动。9月27—29日,走访慰问全市99位百岁以上老人,发放慰问金9.9万元。

【安康关爱行动】 2022年,市卫健委推动"安康关爱行动"健康发展,提升全市老年人意外伤害保险覆盖率和保障水平,与老龄办联合市地方金融监督管理局等部门下发《关于进一步推进"安康关爱行动"的通知》,截至12月底,全市16万人投保,任务完成率63.6%。

【老年智能技术普及】 2022年,兴化市组织实施老年人运用智能技术专项普及工程,列为省政府民生实事项目之一,统筹安排部署老年人运用智能技术专项普及培训工程,开展老年人运用智能技术普及培训,培训407场、9154人次,完成任务率114%。

【友好型社区建设】 2022年,兴化市印发《关于推进全市老年友好型社区建设并做好2022年申报工作的通知》,围绕提高老年人社区生活质量,通过设施提质、服务优化、环境改善、关爱细致等方面建设和支持,解决老年人在居住环境、交通出行、健康服务、养老服务、社会参与、精神文化生活等问题。积极创建友好型社区,全市上报27个社区(村),戴南镇裴马村、沙沟镇沙溪社区、钓鱼镇钓鱼社区、陈堡镇宁乡村被省卫健委老龄办评为2022年度老龄友好型社区建设单位。

医政药政管理

【概况】 2022年,开展"优质服务基层行"活动,全市新增国家推荐标准单位7家,基本标准单位26家。新批准设置医疗机构10家,现场校验医疗机构90家,依法注销医疗机构3家。加强重点学科建设,建成省级重点专科3个、市级重点专科30个,基层医疗机构6家,新申报市级特色科室8个。

【医疗机构监管】 推进美容美发、洗浴行业的"一业一证"改革工作,与行政审批局、城管局、市场监管局等部门协商制定美容美发和洗浴行业的"一业一证"实施方案。开展消毒产品、小区制售水、餐饮具集中消毒、医疗乱象治理、医疗美容服务、蓝盾卫健八号等专项整治工作,深化"放管服"改革,进一步完善涉企行政执法"三张清单",强化企业信用修复指导工作。重新制定饮用水供水单位卫生许可相关文书材料,增设不同类别许可,简化审批流程。做好"两会"、高中学业水平测试、中高考和"省运会"卫生监督保障工作。开展医疗乱象专项治理、依法执业专项整治、医疗美容行业问题清理整治等监管工作,规范全市医疗秩序。

【医学继续教育】 2022年,全市共开展涉及医疗及护理各类专业培训100余场,通过线上、线下培训方式,内容涉及院感疫情防控、临床医学的新进展、护理学的新理论、医学检验、精神卫生等方面。

【医院感染管理】 2022年,调整市医院感染管理质量控制小组成员,遴选28名院感染防控专家参与质控工作,开展院感知识培训5场,6000余名医务人员参加。

【医药服务管理】 2022年,兴化市对全市所有医疗机构2021年药品目录、使用情况等数据,全部按序时进度上传至国家药品使用监测系统,实现监测网络系统同步运行。完成全省公立医疗机构药品使用监测数据采集报送。以各医疗卫生机构基本药物配备使用为抓手,提高基本药物品种和金额占比数,全市基层医疗卫生机构基本药物品种占比达标率100%。

中医药事业

【概况】 2022年,举办《中医药法》讲座,悬挂条幅、摆放展板,发放《中医药法》宣传册、宣传页6000份。做好泰州市中医药健康旅游示范基地申报认定工作。开展中医药项目培训,市中医院与扬州大学联合举办西医临床人员学习中医培训班,参培人数69人。开展基层医疗卫生机构中医馆服务能力等级建设评价工作,建成三级标准中医馆15家、四级标准中医馆2家、五级标准中医馆1家。

【中医药服务】 2022年,市中医院定期组织专家到基层坐诊,在陈堡、合陈、大营、林湖等乡镇成立14个中医专家工作室。开展"中医药就在你身边"等各类培训。

基层医疗卫生

【基层医疗设施建设】 2022年,启动安丰镇中圩卫生院新建医养结合医疗用房、戴南镇唐刘卫生院门诊楼装修项目,完成开发区社区卫生服务中心迁址装修工程、周庄中心卫生院病房楼扩建、千垛镇李健卫生院医养结合病房改造、钓鱼镇钓鱼卫生院病房改造、大营镇卫生院医技楼装修、合陈镇卫生院病房综合楼改造工程。公共卫生医疗中心主体结构封顶。持续推进农村区域医疗卫生中心建设,沙沟中心卫生院建成省级基层区域医疗卫生中心。

【基层医疗卫生服务】 2022年,推动优质医疗资源下沉到乡镇卫生院和村卫生室,市人民医院医共体在戴南、戴窑、沙沟镇的9个村,开展市、镇、村一体化医疗服务,将专家诊疗直接延伸至村,市人民医院消化科、心内科、肿瘤科、普外科、耳鼻喉科、骨科等专家团队在市五院、沙沟中心卫生院成立专家工作室(联合病房)。强化乡村卫生服务一体化管理,落实乡镇卫生院开展村卫生室实地评价及评档,3家村卫生室申报省甲级村卫生室。

【市人民医院普外科】 始建于20世纪50年代末,现已发展成为人才结构合理、医疗设备先进、技术优势明显的特色专科,在区域及周边地区具有广泛影响。自2007年实施专科化建设,细分为肝胆胰外科组、胃肠外科组及甲状腺乳腺外科组等3个二级专科,2013年又建立肛肠外科,普外科技术水平和服务能力有了质的飞跃,现为江苏省普外科重点专科建设单位、泰州市重点专科。2021年有医生32人,其中主任医师9人、副主任医师9人、主治医师6人、住院医师8人,硕士生导师2人,博士在读1人,硕士研究生11人。普外科近年来依靠医院先进的核磁共振、螺旋CT、彩超、数字胃肠机、数字乳腺钼靶机、DSA(数字化减影血管造影术)等医疗设备,大胆实践,不断创新,紧贴现代医学前沿领域,在肝脏、胆道、胰腺、胃肠及甲状腺乳腺良恶性肿瘤的诊治上有了新的突破。腔镜外科在省内具有较高的知名度,目前拥有OLYMPUS电子腹腔镜1套以及胆道镜2套,STORZ高清、超高清腹腔镜系统3套,STORZ3D腹腔镜系统1套以及脉冲等离子电刀、C臂机、超声止血刀、能量平台等设备。普外科有床位133张,能开展普外科全部乙类手术和大部分甲类手术,年收治病人5000人次,年手术量4000余台。其中经脐单孔腹腔镜胆囊切除术、双镜联合胆石症治疗、腹腔镜脾切除术、腹腔镜胃肠道手术及保乳乳腺癌根治术为本科特色,在泰州地区处于领先地位。近年来获得泰州市科技进步三等奖、泰州市卫生局新技术引进三等奖、兴化市科技进步奖等20余项,承担泰州市级科研立项2项。

【市第三人民医院骨伤科】 成立于1997年,为泰州市中医重点专科建设单位,2009年被兴化市人民政府授予"兴化市名科"称号。2014年成为北京汉章针刀医学研究院、中国中医学研究促进会"兴化市临床教学医院",是中国针刀临床进修科研基地。2021年有医护人员18人,其中主任医师1人,副主任医师2人,副主任护师1人,中级职称10人;泰州市"311工程"培养对象1人,兴化市"313工程"培养对象2人,1人担任江苏省中西医结合学会肿瘤专业委员会委员。骨伤科运用小针刀疗法治疗颈椎病、腰椎间盘突出症、肩周炎、骨质增生、强直性脊柱炎、股骨头无菌性坏死等疾病,独树一帜,疗效显著,年诊治患者一万多人次。科室注重人才培养,先后派出多名医师前往上级医院相关专业进修学习。每位医师都有自己的专业方向,能熟练运用中医、针刀两种方法为患者提供满意的医疗服务。骨伤科形成了既保持中医特色,又与现代医学紧密结合的诊疗特点,进一步提高诊治效果。科室配备飞利浦双排螺旋CT、美国GE B超、日本奥林巴斯260数字胃肠镜、岛津数字胃肠机、日立7080全自动生化分析仪、DR(放射摄片机)、日立C臂机化学发光免疫定量分析仪等设备。学科带头人许振南,副主任中医师,是江苏省中医药学会针刀专业委员会常委,针刀国际学术交流大会主讲专家之一,兴化市中医学会理事。累计发表论文20余篇,获泰州市自然科学优秀论文奖1项、兴化市科技进步奖2项。

(罗爱华)

体育设施

【概况】 2022年,全市投入资金420万元,新增、更新体育健身设施360处、器材3037件,健身步道14.65千米,行政村、社区体育设施覆盖率达100%,器材入库率100%,位列泰州第一;新增体育场地面积145.3万平方米,总面积达415.7万平方米,人均体育场地面积达3.69平方米。

【体育设施建设】 2022年,建成永丰、千垛、竹泓、戴南、大营等5处基层多功能运动场,26个乡镇(街道)多功能运动场建设全覆盖。投入资金约38万元,对兴健园、生态园、紫荆河公园等公园进行升级改造,配置笼式足球、笼式篮球、乒乓球场、一代健身路径、二代健身路径、棋牌桌等体育健身设施77件,3座体育公园已竣工投入使用;有健身路径约1400套,对200处超保期健身路径进行统一更新置换。年内,陈堡镇、大邹镇多功能运动场获评“2022年度全省最美乡村健身公园”。2022年,陈堡草荡泰州水上运动训练基地成功承办二十届省运会皮划艇、赛艇比赛,获“最佳赛场”称号。

群众体育

【概况】 2022年,兴化市印发《兴化市全民健身实施计划》《关于进一步加强兴化市健身设施管理维护的通知》《兴化市体育为民突破行动全民健身场地设施建设方案》,明确工作职责,细化工作任务。组织迎省运足球、篮球邀请赛、象棋精英赛等30多项群众性体育赛事。开展全民健身特色志愿服务活动,加强城乡社会体育指导员队伍建设,招募大学生志愿者68名、文体广旅系统志愿者79名。

【体育社团】 截至12月底,兴化所有乡镇(街道)均成立或备案成立体育总会、社会体育指导员协会、老年人体育协会以及2个单项体育协会,市级单项体育协会34个、民办非企俱乐部46个,体育类校外培训机构11个,乡镇体育社会组织141个,社会体育指导员5928名。各体育社团举承办赛事活动40项次以上,新增足球俱乐部1家。

【全民健身活动】 2月9日,举办市跆拳道三级社会体育指导员培训班,共培训三级社会体育指导员31名;5月21日,举办二级社会体育指导员太极拳项目培训班,共培训二级社会体育指导员103人;5月21日,举办青少年骑行活动,青苔港兴化服务区开赛,此次活动由市体育总会主办,兴化市自行车运动协会承办,全程20千米,终点为兴东镇润城体育公园;6月11日,市迎省运排球邀请赛在新区体育馆举行,此次比赛由市体育总会主办,市排球协会承办,8支队伍近100人参加比赛,经过激烈的角逐,兴化市排协青年队获得冠军;6月22日,举办“全民庆省运奋进新征程”掼蛋比赛活动,50多人参赛;9月25日,举办市广场舞大赛赛前培训,近200人乡镇(街道)的文艺骨干和广场舞爱好者参加;10月7日,举办第四届职工运动会,在兴化市人民体育场举行,300余名干部职工参加比赛。10月10日,由市总工会、市体育总会主办,农村商业银行冠名赞助,市篮球运动协会承办的"农商银行杯"兴化市第十二届篮球联赛暨2022年兴化市篮球运动协会俱乐部联赛,经过17天,23支队伍参赛,其中中老年组6支、成年组17支,参赛人员528人,苏兴建设工程有限公司获得冠军。举办"全民迎省运"系列活动40余项次,参与人数2万人次以上;举办群众性体育赛事活动、江苏省第二届健身气功·八段锦网络达标赛,参与达3900人次。组织参加了省健骨操比赛、省第三届网络运动会等线上赛事,均获得较好成绩。举办元旦跑步活动、新春舞龙大赛、端午龙舟大赛、广场舞大赛、三球联赛、公开水域冬泳活动、兴化市《国家体育锻炼标准》达标赛以及全民迎省运系列活动等群众性赛事活动50余项次,参加体育锻炼的人口占比达40.3%。

竞技体育

【概况】 2022年,兴化市优化业余训练项目结构,提高训练效益,增强竞技体育整体实力。成功举办江苏省第二十届省运会,承担篮球(五人制、三人制)、举重、皮划艇、国际象棋、赛艇等赛事活动,兴化市运动员获金牌10枚、银牌5枚、铜牌4枚。

2022年8月20日,江苏省第二十届运动会象棋比赛落幕。图为颁奖仪式 (市文体广旅局/供图)

【赛事活动】 1月8日,举办兴化市第六届运动会农民部拔河比赛,赛事由兴化市人民政府主办,市文体广电和旅游局、市农业农村局、市体育总会联合承办。比赛有15支代表队200人参加,安丰镇代表队获第一名。2月5日,"迎省运 贺新春"足球邀请赛在体育场落下帷幕,此次比赛由市体育总会主办,市足球协会承办,全市8支足球劲旅应邀参加,经过3天7轮的激烈角逐,兴奥队、人民医院队、高博队分获冠亚季军。9月3日,2022年中国体育彩票全国象棋民间棋王争霸赛总决赛在市体育场全民健身馆拉开帷幕,本次赛事由市体育总会主办,市体育彩票服务中心、市棋牌运动协会承办,经过1天7轮激烈的角逐,市青年棋手单宇获个人冠军,吴长亮、李伟伟分别获得亚军季军。11月2日,全国国际象棋锦标赛个人甲组比赛在兴化开幕。此次比赛由国家体育总局棋牌运动管理中心、中国国际象棋协会和兴化市人民政府主办,比赛分别通过11轮单循环赛决出冠军。11月3—9日,"体育彩票杯"2022全国国际象棋锦标赛个人甲组的比赛在兴化开幕,比赛由国家体育总局棋牌运动管理中心、中国国际象棋协会、兴化市人民政府主办,江苏省棋类运动协会和兴化市文体广电和旅游局承办,比赛采取循环赛制,12名棋手进行9天11轮,时限采用慢棋制,每方90分钟,每步棋加30秒。

表28 2022年兴化市运动员参加省级以上赛事获奖情况一览表

比赛名称	参赛项目	姓名	获得名次
亚洲柔道锦标赛团体	成人组	苟俊龙	第三名
世界锦标赛柔道团体	成人组	苟俊龙	第五名
2022年全国国际象棋之乡网络联赛	国际象棋	顾毅、焦兆瑞、高木子嫣、王涵辰、郭诗然	第五名
2022年江苏省国际象棋等级赛(苏北赛区)	男子二级组	张楷瑞	第九名

续表 28

比赛名称	参赛项目	姓名	获得名次
2022 年江苏省国际象棋等级赛(苏北赛区)	男子二级组	吴坤昱	第十三名
2022 年江苏省国际象棋等级赛(苏北赛区)	女子二级组	高楚玉	第四名
2022 年江苏省国际象棋等级赛(苏北赛区)	男子三级组	于为盛	第三名
2022 年江苏省国际象棋等级赛(苏北赛区)	男子三级组	邵懿兴	第九名
2022 年江苏省国际象棋等级赛(苏北赛区)	男子三级组	李龚睿	第十二名
2022 年江苏省国际象棋等级赛(苏北赛区)	女子三级组	邹芷仪	第八名
2022 年江苏省国际象棋等级赛(苏南赛区)	女子二级组	吴雨辰	第二名
2022 年江苏省国际象棋等级赛(苏南赛区)	男子三级组	王意城	第五名
2022 年江苏省国际象棋等级赛(苏南赛区)	女子三级组	卢书瑶	第八名
江苏省第 20 届运动会国际象棋比赛	男子 13—14 岁组个人赛	顾毅	冠军
江苏省第 20 届运动会国际象棋比赛	男子 13—14 岁组个人赛	焦兆瑞	第四名
江苏省第 20 届运动会国际象棋比赛	男子 13—14 岁组个人赛	魏建州	第六名
江苏省第 20 届运动会国际象棋比赛	男子 13—14 岁组团体赛	魏建州、焦兆瑞、顾毅	冠军
江苏省第 20 届运动会国际象棋比赛	女子 13—14 岁组个人赛	苏美玲	第三名
江苏省第 20 届运动会国际象棋比赛	女子 13—14 岁组个人赛	李涵政	第四名
江苏省第 20 届运动会国际象棋比赛	女子 13—14 岁组团体赛	苏美玲、李涵政	第二名
江苏省第 20 届运动会国际象棋比赛	男子 11—12 岁组个人赛	邵明雨	第八名
江苏省第 20 届运动会国际象棋比赛	男子 11—12 岁组团体赛	李陈、周李谦、邵明雨	第二名
江苏省第 20 届运动会国际象棋比赛	女子 11—12 岁组个人赛	高木子嫣	冠军
江苏省第 20 届运动会国际象棋比赛	女子 11—12 岁组个人赛	郭诗然	第二名
江苏省第 20 届运动会国际象棋比赛	女子 11—12 岁组个人赛	王涵辰	第三名
江苏省第 20 届运动会国际象棋比赛	女子 11—12 岁组团体赛	高木子嫣、郭诗然、王涵辰	冠军
江苏省第 20 届运动会国际象棋比赛	男子 10 岁以下组个人赛	陈子杰	第七名
江苏省第 20 届运动会国际象棋比赛	男子 10 岁以下组团体赛	季承瀚、陈子杰、嵇宬熙	第四名
江苏省第 20 届运动会国际象棋比赛	女子 10 岁以下组个人赛	吴雨辰	第三名
江苏省第 20 届运动会国际象棋比赛	女子 10 岁以下组个人赛	徐昕辰	第八名
江苏省第 20 届运动会国际象棋比赛	女子 10 岁以下组团体赛	吴雨辰、张蓓可、徐昕辰	第二名
国际象棋棋协大师赛(江苏)	女子一级组	吴雨辰	第二名
国际象棋棋协大师赛(江苏)	女子一级组	张蓓可	第八名
国际象棋棋协大师赛(江苏)	男子一级组	陈子杰	第九名
国际象棋棋协大师赛(江苏)	女子候补组	李涵政	冠军
国际象棋棋协大师赛(江苏)	女子候补组	苏美玲	第四名
国际象棋棋协大师赛(江苏)	女子候补组	徐昕辰	第七名
国际象棋棋协大师赛(江苏)	男子候补组	祁铉明	第四名
江苏省第 20 届运动会	青少年部五人制篮球(16—17 岁组)	—	第六名
江苏省第 20 届运动会	青少年部三人制篮球比赛(14—15 岁组)	—	第五名
江苏省第 20 届运动会	青少年部三人制篮球比赛(16—17 岁组)	—	2 队:第三名 1 队:第七名
江苏省第 20 届运动会	青少年部“泰州中天控股杯”五人制篮球比赛(12—13 岁组)	—	第四名

续表 28

比赛名称	参赛项目	姓名	获得名次
2022 年江苏省青少年篮球(县组)锦标赛	13—14 岁组	—	第四名
2022 年江苏省青少年篮球(县组)锦标赛	16—17 岁组	—	第四名
江苏省第二十届省运会青少年部游泳比赛	男子组 100 米蛙泳	许俊安	第一名
江苏省第二十届省运会青少年部游泳比赛	女子组 100 米仰泳	曹诗岑	第四名
江苏省第二十届省运会青少年部游泳比赛	男子组 200 米蛙泳	吴呈熙	第五名
江苏省第二十届省运会青少年部游泳比赛	4×50 米自由泳接力	张云超等	第六名
2022 年江苏省青少年游泳(县组)锦标赛	11—12 岁男子组 100 米蛙泳	许俊安	第一名
2022 年江苏省青少年游泳(县组)锦标赛	11—12 岁男子组 100 米蛙泳	吴呈熙	第二名
2022 年江苏省青少年游泳(县组)锦标赛	11—12 岁女子组 100 米仰泳	曹诗岑	第三名
2022 年江苏省青少年游泳(县组)锦标赛	11—12 岁男子组 200 米蛙泳	许俊安	第一名
2022 年江苏省青少年游泳(县组)锦标赛	11—12 岁男子组 200 米蛙泳	吴呈熙	第二名
2022 年江苏省青少年游泳(县组)锦标赛	11—12 岁男子组 200 米自由泳	吴呈熙	第五名
2022 年江苏省青少年游泳锦标赛	15—17 岁 女子组 100 米蝶泳	赵敏	第二名
2022 年江苏省青少年游泳锦标赛	15—17 岁 女子组 200 米仰泳	赵敏	第三名
2022 年江苏省青少年游泳锦标赛	15—17 岁 女子组 100 米仰泳	赵敏	第四名
2022 年江苏省青少年游泳锦标赛	15—17 岁 女子组 200 米蝶泳	赵敏	第六名
2022 年江苏省青少年游泳锦标赛	15—17 岁 男子组 200 米蝶泳	陈磊	第六名
江苏省青少年跆拳道(县组)锦标赛	10—11 岁组男子 50 千克级	周俊泽	第三名
江苏省青少年跆拳道(县组)锦标赛	10—11 岁组男子 26 千克级	刘恒	第五名
江苏省青少年跆拳道锦标赛	16—17 岁组男子 51 千克级	吴章瑞	第一名
江苏省青少年跆拳道锦标赛	16—17 岁组男子 59 千克级	焦毅仁	第二名

体育产业

【概况】 2022 年,市文体广电和旅游局从体育彩票公益金中安排 60 万元,专项扶持培育各类体育社团。以市体育总会为龙头,完善各单项协会组织机构,提升体育服务指导水平,盘活社会资源,有组织、有特色地开展各类群众性体育活动,努力提高人民群众的身体素质、体育意识和科学健身水平。全年,兴化市体育馆全年免费接待健身人员 18.2 万人次,对外开放 323 天,开展各类公益体育文化活动 12 场次,受益人员超 1000 人次。承办赛事 22 场次,为机关和企业事业单位提供群体赛事服务 15 场次。

【体彩销售】 2022 年,兴化市体彩在售网点 173 个,其中城区销售网点 82 个,乡镇销售网点 91 个,实现乡镇全覆盖,全年累计销售额 1.81 亿元,体彩公益金收入 990 万元。

(王　翔)

就业创业

【概况】　全年城镇新增就业1.2万人，支持成功自主创业9543人，扶持农民自主创业6629人，组织创业培训2782人。发放“富民贷”1.8亿元，发放普惠性稳岗返还资金2041.8万元；发放初创及带动就业补贴32.8万元，惠及35家企业，带动就业105人；发放租金补贴148.1万元，惠及173家经营户。发放灵活就业社保补贴1654.4万元、公益性岗位补贴540.5万元。新增省级创业孵化基地1家、市级创业孵化基地1家，城镇调查失业率控制在5%以内。

【重点群体就业】　2022年，兴化市设立工作专员主动开展上门用工指导服务，了解企业经营状况、用工需求和招工缺口。建立重点企业岗位需求清单、公共就业服务需求清单，建立“一对一”工作联系机制，为重点企业配备一名“就业服务专员”，送政策、送服务上门，协助解决用工问题。针对企业职工、就业重点群体及高危行业领域和特种作业人员开展大规模的职业技能培训，提升就业技能，促进充分就业。

【暖蜂驿站】　兴化市依托社区党群服务中心、“城市港湾”等阵地资源，高标准打造首批46个“暖蜂驿站”，为新就业群体提供“温馨港湾”。发布《快递外卖骑手党建暖“新”十条》等政策，推动“暖蜂驿站”等服务工作制度化、规范化、科学化，实施“1+8+N”服务模式，实现对新就业群体暖心服务全覆盖。“暖蜂驿站”紧紧围绕以关爱新就业群体为中心的服务理念。每天8:30—17:30开放，为新就业群体提供无线上网、免费茶水、歇脚休息、手机充电、防雨用具、免费书籍、应急药品、防疫物资8项基本服务项目。此外，“暖蜂驿站”依托各党群服务中心资源，组织读书会活动，引导快递员、外卖小哥学习政治理论、党史知识、交通安全知识。

【政策惠民】　发放普惠性稳岗返还企业3131家、2041.8万元，涉及岗位4.99万个，发放灵活就业社保补贴1654.4万元、1.14万人次，单位吸纳就业困难人员社保补贴35万元、96人次。发放公益性岗位补贴540.5万元、709人次。发放失业保险金1528.6万元、1799人，发放失业补助金407.2万元、1417人。

【创业富民】　举办兴化市第七届创意创业大赛暨2022年创业典型评选活动。“让兴化农产品网行天下走进千家万户”项目获第五届“中国创翼”创业创新大赛江苏赛区服务业组第二名。推进“三送三进”“创业政策大礼包”大派送宣传活动，保障各项创业富民政策落地生效，在全市营造良好创业氛围。

【就业服务】　围绕省高质量发展要求，集中力量、精准发力，持续做大做实。突出企业用工主体，鼓励企业开发岗位吸纳就业。充分摸排企业用工需求，优化招聘服务，着力打造线上、线下互联互通的招聘公共就业服务平台，开展各类就业服务专项活动，满足企业用工需求。强化部门联动，及时主动掌握各类投

2022 年 8 月,市人社局在兴化高新区组织开展“泰爱才”人才服务进园区活动　（市人社局/供图）

资和重点项目竣工达产情况,着力做好用工保障。全年开展“新春大型线上联动招聘活动”“高校毕业生专场招聘会”“春风送岗 兴好有你”“金秋招聘月”等系列专场招聘活动 96 场,线上线下参与招聘企业累计 2836 家次,发布就业岗位 3.94 万个。

（陈　华）

收入与消费

【居民收入】　2022 年,全体居民人均可支配收入 40112 元,首次突破 4 万元,比上年增加 2249 元,增长 5.9%。其中工资性收入 23083 元,同比增长 6.3%;经营性净收入 10269 元,增长 5.0%;财产净收入 1267 元,增长 1.9%;转移净收入 5493 元,增长 7.1%。农村居民人均可支配收入 27638 元,同比增长 7%,城镇居民人均可支配收入 51154 元,增长 5.2%。

【居民消费】　2022 年,全市社会消费品零售总额 315.36 亿元,同比增长 6.8%,增速列泰州第 1 位。从消费类型看,批发零售业表现较好,批发业、零售业销售额同比分别增长 15.6%、12.6%,增速均列泰州第 1 位。

【市场物价】　2022 年,兴化市做好疫情防控和生活保供工作,加强对全市日常生活必需品的市场监测和供应调度,对大型商超、加油站民生保供物资车辆的运输保障实行闭环管理。严把通行证发放,实行“企业自查、签订承诺书,属地乡镇审核、签字盖章,部门核验、当场发证”三级把关程序;按照“四定四专”管理办法,督促企业落实防疫主体责任;规范卸货操作,落实“两点一线”闭环管理。秉持服务企业、助力企业发展理念,发放“兴化市商超、加油站物资保供车辆临时通行证”192 张。加强对市面上的市场供应实行日监测、周监测和零报告,制定市场供应应急预案,保障市场供应和物价稳定,监测全市大型超市的日常生活必需品销售和库存情况,实时掌握市场供应情况;确保蔬菜、肉蛋奶、粮食等日常生活必需品市场销售正常、供应充足、价格平稳。

（侯素萍　余友银）

社会保险

【概况】　2022 年末,城乡基本养老保险参保人数 58.60 万人,其中企业职工养老保险 14.35 万人,城乡居民养老保险 42.18 万人,机关事业单位养老保险 2.07 万人。城乡基本养老保险待遇领取人数 42.43 万人,其中企业职工养老保险 7.35 万人、城乡居民养老保险 33.70 万人、机关事业单位养老保险 1.38 万人。城乡居民养老保险续缴费率 97.13%。新增 4275 名被征地农民纳入保障范围。

【养老保险】　按照上级统一部署,推进全市机关事业养老保险各项业务经办工作。机关事业单位养老保险在编参保人数 2.07 万人,养老保险基金收入 9.24 亿元,基金支出 9.19 亿元,基金结余 471 万元。常态化开展机关事业单位退休“中人”待遇核定工作,全年共完成 622 名退休“中人”待遇核定补发。城乡居民基础养老金实现“11 连增”,从每人每月 208 元提高到 228 元。提高企业和机关事业单位退休人员养老金水平,企业退休人员月人均养老金水平从 2487 元提高到 2608 元。

【医疗和生育保险】　为贯彻落实全民参保的工作要求,将 3 万余未参保名单,下发到各乡镇开展“找人行动”,要求逐人逐户精准排查,确保标识到每一个人,对应保未保人员全力动员，防止漏保、断保现象发生。引导个体工商户、新就业形态从业人员等参加职工医保，优化提升参保结构。推进出生医学证明、户口登记、医保参保登记“出生一件事”联办，主动通知324名新生儿家属及时缴纳居民医保费用。全年利用短信通知灵活就业参保人员及时缴费2万人次，暂停死亡人员缴费约2.5万人，主动联系退费42件。

【失业保险】 截至2022年底，全市失业保险参保人数10.08万人，企业职工失业保险新增参保人数1.55万人。发放失业保险金1528.6万元，失业补助金407.2万元。

【工伤保险】 2022年，工伤保险参保人数12.73万人。规范工伤保险基金部分支出项目管理，严格执行审批程序，做好待遇审核，确保待遇支付。按照政策及时调整支付伤残津贴、生活护理等费用。

（王海华 陈 华）

社会救助

【城乡低保】 全市在册城乡低保10424户15520人，全年累计发放低保费用9376.84万元；自2022年7月1日起，将城乡低保标准提高至每人每月770元。累计核减低保1564户2587人，新增510户843人。开展特殊困难群体救助帮扶专项排查整治，累计入户排查5.02万人；开展低保边缘和支出型困难家庭认定，认定低保边缘家庭1957人、支出型困难家庭117人。

【特困供养】 2022年，核减特困人员1010人，新增468人。为12319名特困人员累计发放供养资金1.48亿元，为14321名重残人员累计发放生活补贴1.28亿元，为17520名重残人员发放重残护理补贴2146.9万元。疫情防控期间新增不见面审批低保91户151人、特困66人。

【困境儿童救助】 2022年，以开展创建全国未成年人保护示范市为契机，建立“大未保、新机制、更精准”兴化模式；2822名困境儿童纳入保障，发放保障资金1777万元，实现困境儿童应保尽保；圆梦困境儿童“微心愿”756个；持续开展“大手拉小手”关爱保护行动，2895名“大手”与5551名“小手”成功结对；汇聚关爱保护合力，打通部门、政策壁垒，会诊解决复杂疑难个案30多件。

【教育救助】 2022年，兴化市加强未成年人关爱保护，成立困境、留守儿童教育关爱保护工作领导小组，排查困境、留守儿童，开展结对帮扶。完善覆盖全学段的学生资助体系，全年共资助家庭经济困难学生25989人次，发放资助资金2008.32万元，学生资助工作连续7年评为“省优”。开展“心向阳光健康成长”未成年人心理健康教育宣传活动，提高中小学生心理素质和社会适应能力。加强法治教育课程建设，上好“开学第一堂法治课”，邀请法治副校长开展法治教育。完善家校共育体系，成立家校共同发展委员会。完善家访制度，开展“家长学习陪护指导”“青春期家庭教育引导”“家庭心理健康呵护”“安全教育提醒”等系列专题教育指导活动。

（蒋春峰）

【医疗救助】 持续推进医疗保障“三保险、四救助、双预警”兜底保障机制，对民政局、扶贫办、军人事务管理局等部门2022年免缴人员在册名单，进行动态维护、逐一排查，及时调整。明确困难人员申报时点和申报格式，确保困难人员享受应有的医疗保障。截至12月底，全市有应资助人员48853人，其中重残13889人、低保15470人。困难对象动态调整共核减3595人次，新增1380人次。全市困难人员门诊救助28.25万人次，救助金额3614.31万元；住院救助2.32万人次，救助金额3485.28万元。

【临时救助】 放宽临时救助户籍申请限制，累计临时救助1.03万人次687.78万元。春节期间及时发放一次性生活补贴518.01万元，临时救助备用金550万元。集中采购发放棉被3000条、棉衣3700件。加强分散特困人员照料服务，向困难群众配送救助物资12.6万元。

【流浪乞讨人员救助】 全年共救助各类对象79人，开展街面巡查190余次，出动车辆120辆次、人员350余人次，处置街面临时救助流浪乞讨人员45人次。遇到高于35℃的高温天气或0℃以下的严寒天气，及时启动街面巡查预案；节假日等关键时间节点24小时上街巡查。

2022 年 9 月 30 日,市红十字会对困难群众实行人道救助

(市红十字会/供图)

【司法救助】 2022 年,全市巩固拓展脱贫攻坚成果,发放司法救助金 69.8 万元。做实“大走访大落实”“挂钩帮扶”等专项工作,走访 350 户,援助 3 个行政村党建组长项目。

【人道救助】 2022 年,开展“博爱送万家”活动,慰问困难群众 1015 户,发放慰问金及物资总价值 67.89 万元;自主设立“博爱助医”救助项目,救助 37 名重大疾病患者,发放救助金 10.8 万元。依托“5·8”博爱周、“99 公益日”线上筹资项目,筹资 15.16 万元;线下以“博爱万人捐”活动为主,募集资金 216.34 万元;接受疫情防控捐赠款物 162.8 万元;全年筹资总额累计 394.3 万元。

【慈善救助】 2022 年,全市各级慈善组织共募集善款 459.32 万元,支出善款 896.56 万元,救助困难群众 7300 人次,其中慈善医资助 562 人 75.36 万元。投入资金 115 万元,购置血透机 12 台,救助尿毒症患者 477 人次。投入 65 万元,资助困难学生。截至年底,全市 3 个街道办事处建立具有独立法人资格的慈善会。

社会福利

【儿童福利机构建设】 2022 年,散居孤儿保障标准提高至每人每月 1848 元,将 2822 名困境儿童纳入各类保障,发放保障资金 1777 万元。建立健全市乡镇村三级未保工作机制,切实完善村级“儿童关爱之家”建设,配齐配全村级“儿童主任”523 人。儿童“关爱之家”“中心 + 实践”基地实现乡镇(街道)全覆盖。健全建市、乡镇、村居三级大未保体系,建立“闭环处置、部门联动、褒奖激励”的新机制,探索出“大数据、网格化、铁脚板”更精准的主动保障模式。开发出智能、集成、高效的未成年人关爱保护信息系统,实体化组建市未成年人关爱保护中心,发放儿童主任交通、通信补贴。成立“泰州市兴化益行儿童基金会”“兴化市成长护航公益协会”,募集资金 500 万元。

【残疾人福利】 2022 年,无固定收入重残人员生活补贴提高至 770 元每人每月;一户多残、以老养残人员补贴提高至 462 元每人每月。将农村重度残疾人护理补贴标准由每月 80 元调整至 100 元。为 1.43 万名重残人员累计发放生活补贴 1.28 亿元,为 1.75 万名重残人员发放重残护理补贴 2146.9 万元。

【老龄福利】 2022 年,全市 60 周岁以上老年人约 40 万人。制

2022 年,市民政部门在福利院举行重阳节敬老活动 (市民政局/供图)

定出台《“兴有颐养”农村养老服务体系建设改革创新试点工作方案》，指导试点乡镇以公办民营、卫生院托管、政府购买服务等形式进行运营体制改革。破解公办养老机构运营机制现状。建成城市街道综合养老服务中心3个、农村区域性养老服务中心5个，完成困难老年人家庭适老化改造900户，新社会福利院投入运营，打造AAA级标准居家养老服务中心30家，推进5个新建小区养老服务设施建设。强化人才队伍培育，组织护理员轮训，累计培训养老护理员409人，备案养老机构36家，床位数6837张，其中护理型床位5018张，占比73.39%。扩大居家上门服务覆盖面，上门服务覆盖率97.8%。

【福利彩票】 2022年，福彩销售8315万元，增幅13.2%。其中电脑票销售7098万元，同比增长527万元，增幅8%；即开票销售1217万元，同比增长445万元，增幅57.6%。全年销量位列泰州各市(区)第1，福彩与体彩(7888万元)同质游戏市场占比为51.3%。新增投注机8台，退机11台，新增智能终端机3台。

(李正泉 朱 锋)

住房保障

【概况】 2022年，发放租赁补贴279户21.21万元，公租房实物配租在册家庭568户。32户家庭向所在社区递交了住房保障申请，经社区初审、街道办复审、保障住房发展中心审核及综合认定，27户新申请住房保障家庭符合市保障条件，其中1户符合租赁补贴发放标准、5户符合公租房保障标准、21户符合经适房购买标准。

【直管公房管理】 2022年，兴化市出台《兴化市党政机关办公用房管理办法》《关于加强党政机关办公用房维修管理的通知》等一系列制度和规定，为规范管理党政机关办公用房提供了抓手。完成了省党政机关办公用房管理信息系统优化升级，进一步夯实了办公用房基础数据。将市行政审批局办公用房权属转移登记至住房保障中心名下，开启了兴化党政机关办公用房集中统一权属的先例。

【住房公积金管理】 2022年，市住房公积金中心坚持把归集扩面作为公积金事业的发展之基、生存之本。开展以“催建、催缴、催调”为主要内容的“三催”活动，加大欠缴和低标准缴交单位的催缴催调力度，切实把“三催”工作落到实处。加大公积金政策宣传广度和深度，增强企业建制积极性和职工维护自身公积金权益意识，以点带面，循序渐进。坚持“一查、二问、三核实”原则，确保手续真实、合规。常态化执行窗口轮流值班制度和窗口工作人员晚半小时下班制度。至年底，新增缴存单位121个，新增开户职工4299人，住房公积金已开户单位1851家，已开户职工62816人。归集总额9.01亿元，比上年下降7.58%，完成年度考核指标100.78%，归集余额26.6亿元。发放个人住房公积金贷款479户、1.6亿元，贷款发放额下降35.91%，贷款余额13.8亿元。贷款抵押率98.86%，贷款逾期率0.01‰。

【安置房项目建设】 三水家园及周边道路配套设施项目(水产安置房)位于城区花园路北侧、文林路东侧，总用地面积3.5万平方米，总建筑面积12万平方米，其中地上建筑面积8.3万平方米、地下建筑面积3.7万平方米。建设安置房13栋、592套。2020年8月14日开工，2022年7月29日竣工验收，2022年12月交付安置，总投资5.34亿元。

2022年5月25日，北樊安置房工程主体竣工 (梅立成/摄)

配套道路新建工程起点为水产村安置房小区西侧文林路,向东延伸至道路桩号K0+300处,再向南延伸至水产村安置房小区南侧花园路,长448米、宽7米,并在西侧新建1处16个车位的停车场。另外,新建从安置房接至南大街的污水接驳工程DN200-600污水管道0.9千米及提升泵站一座,总投资937.58万元。新杨花苑(杨花安置房二期)项目位于兴姜河东路西、花园人家东支路东、野行大桥东接线北、青苔港南路南,总用地面积4.06万平方米,总建筑面积8.5万平方米,其中地上建筑面积5.5万平方米、地下建筑面积3万平方米。建设安置房18栋、490套。2020年9月22日开工,2022年9月23日竣工验收,总投资3.95亿元。五里亭家园(东五里安置房)及周边道路项目位于城区兴临路西侧、南亭路路北侧,占地面积3.72万平方米,总建筑面积10.57亿平方米,其中地上建筑面积7.89亿平方米、地下建筑面积2.67亿平方米,建设安置房11栋、560套。2020年3月立项批复,2020年9月29日开工,2022年12月底竣工验收,总投资5.21亿元。内含一条城市支路,位于安置房北侧,长327米、宽8~16米,总投资307.5万元,2022年12月6日竣工验收。张垛花园(张皮安置房)项目位于城区文昌路以南、东皋路以东,占地面积6.78万平方米,总建筑面积19.24万平方米,其中地上建筑面积13.69万平方米、地下建筑面积5.54万平方米,建设安置房18栋、1084套。2021年8月立项批复,12月25日开工,截至2022年12月底安置房已全部封顶,进入装饰装修阶段,总投资约11.79亿元。通裕花园(通裕纺织厂安置房)项目位于城区姜堰河路西、水乡路北侧,占地面积6.01万平方米,总建筑面积16.27万平方米,其中地上建筑面积11.28万平方米、地下建筑面积4.99万平方米。安置房建筑面积8.01万平方米,新建安置房11栋楼、640套。经济适用房建筑面积2.87万平方米,新建经济适用房5栋楼、308套,总投资约8.9亿元。截至2022年12月底,项目已落实勘察、设计、监理、检测等单位,完成施工图审查。南亭雅苑(东五里二期安置房)项目位于城区南亭路以南、兴临路以西,占地面积4.29万平方米,总建筑面积12.75万平方米、其中地上建筑面积9.09万平方米、地下建筑面积3.66万平方米,建设安置房11栋、696套,总投资7.55亿元。截至2022年12月底,项目已确定EPC总承包单位。北樊馨苑(北樊安置房)项目位于城区张庄路西、将军庙路南,总用地面积5.22万平方米,总建筑面积15.08万平方米,其中地上建筑面积11.42万平方米、地下建筑面积3.66万平方米。分成A、B、C三个地块施建,即A区为7幢18层楼,C区为6幢18层楼、1幢17层楼,共772套;B区为1幢3层社区用房,项目总投资6.45亿元。截至2022年12月底,已完成分户验收。

(苗 浩 梅立成)

2022年6月10日,小戚路安置房兴姜和苑住户签订入住协议

(梅立成/摄)

人口家庭

【人口家庭状况】 截至2022年末，兴化市户籍人口148.73万人，其中男性77.96万人、女性70.77万人。总户数48.63万户，在户籍人口中，当年出生5906人，人口出生率3.94‰；死亡17099人，人口死亡率11.42‰。常住人口112.28万人，其中城镇人口66.14万人，常住人口城镇化率58.91%，提高0.77个百分点。

【计生特殊家庭帮扶】 落实计划生育特殊家庭就医绿色通道，为3302名计生特殊人员办理住院护理及大病补助保险，投保总金额74万元，赔付727人，赔付金额70万元。严格按照规范程序，组织实施奖励扶助工作，发放农村奖励扶助金6955万元，特别扶助金3309万元，三级并发症特扶金604万元，城镇非从业居民一次性奖励金100万元，持证退休职工一次性奖励金764万元，独生子女父母奖励金32万元。举办奖励扶助专题业务培训，提高基层工作人员的业务水平和工作能力。定期组织奖励特扶工作专项督查，确保奖扶信息真实可靠。做细做实计生特殊家庭联系人制度、家庭医生签约、就医绿色通道“三个全覆盖”，提高计生特殊家庭的生活质量和幸福指数。

【婚姻登记】 2022年共办理婚姻登记1.24万对，线上“不见面”服务共受理1.18万件，线上线下共接待办事群众3.5万余人次。深化“放管服”改革，在泰州率先出台“结婚一件事”改革实施方案，实现婚姻登记新政在兴化“落地”。设置“跨省通办”“婚姻一件事”专窗，为办事群众带来快捷和便利。创新优化政务服务，推出微信公众号24小时便民咨询服务平台，为当事人及司法部门调阅档案2419次，“婚姻一件事”联办受理1186件。打造从婚前到婚后“全站式”服务，对处于离婚冷静期的家庭进行专业社工婚姻辅导服务。社工介入婚姻危机87件，并成功缓解48例。

【收养管理】 2022年，办理收养登记5例。加强对各类儿童福利机构以及弃婴(儿)收养工作的指导和管理，会同公安等部门做好弃婴(儿)的接收、救治、安置工作，提高弃婴(儿)的养育质量和抚育水平。

【殡葬服务】 加快兴化殡仪馆扩建主体工程建设，推进公益性殡葬设施改扩建，倡导文明新风，全年清理整治散坟2671座，绿化遮挡公路沿线传统老坟地近1.33公顷。完成垛田街道中心公墓、沈坨镇中心公墓和千垛镇苏宋公墓提档升级，疫情防控期间采取网络祭扫、集体代祭扫等方式为群众提供祭扫服务。

(罗爱华　李正泉)

关心下一代工作

【概况】 市关工委将2022年定为“关工创新发展年”，按照“三关一围绕”工作思路，举办全省主题教育活动开学第一课“致敬‘世界狙击之王’张桃芳”活动。建立“双五好”(五好关工委、五好五老)活动指导小组，把创建任务分解到关工委成员单位。把党建线、关工线考评结果作为排定综合奖等次和发放工作补贴的依据。围绕市关工委成立三十周年,编辑《老骥伏枥秉初心,砥砺奋进三十年》专辑,制作《薪火相传,铸就大爱》专题片,召开高规格的纪念暨表彰大会,推广32个关工品牌。

【系列教育活动】 2022年,全市各级关工委围绕"老少心向党,喜迎二十大"主题,开展系列教育活动,对广大青少年进行爱党爱国爱社会主义教育,收到良好的教育效果。3月,在景范教育集团景范校区举行全市"老少心向党,喜迎二十大"主题教育启动仪式。各地除组织"五老"撰写讲稿走进学校宣讲外,充分利用本地丰富的红色资源,组织青少年走进各类教育实践基地、走进社区、走进农村、走进企业,开展寻访英雄模范、时代楷模等活动,并举办征文、演讲比赛,老少同台文艺演出、知识竞赛等活动。全市105所中小学和幼儿园参加省关工委、省教育系统关工委和关心下一代周报社组织的"党的光辉照我心,童心喜迎二十大"主题征稿活动,共投稿7214件,市关工委、市教育局关工委、新生中心小学、景范学校获省最佳组织奖;戴南中心小学等15所学校获省优秀组织奖。市关工委在主题教育中倡导的红色文化、传统文化进校园活动的做法和成果被《新华日报》报道。

【困境儿童帮扶】 通过向上争取专项资金、搭建社会各界爱心人士捐资助学平台、鼓励机关干部挂钩帮扶、"双特双助关爱成长捐款""五老"奉献爱心等途径筹措资金,关爱帮扶困境儿童。市关工委和市未保委联合实施暖冬助学计划,筹措资金3.05万元,资助61名困境儿童;与市慈善总会联合开展"百名特困学子慈善救助行动",筹措资金20万元,资助100名特困学生。2022年,全市各级关工委用于帮扶救助的资金达300万元,受惠学生近3000人。各基层关工委还配合市老区三会推荐100余名中考落榜的困难家庭学生免费就读扬州天海职校,解决他们的学习和就业困难,达到"救助一个学生,助推一个家庭脱困"的效果。

【校外教育辅导】 为解决留守、困境儿童的校外辅导和托管问题,因地制宜办好校外教育辅导站,在加强学生思想道德教育的同时,普遍开设书法绘画、音乐舞蹈、趣味英语、国学基础、课外阅读及机器人、无人机等课程,受到学生及家长的欢迎和好评。2022年,全市各级辅导站共开班508个,参加辅导站活动的学生3.93万人次,参加辅导的在职老师566人,"五老"396人,在校大学生等其他人员230人。

【教育帮扶】 2022年,全市共资助家庭经济困难学生2.6万人次,发放资助金2008.31万元。资助考入普通高校的贫困新生82人,金额20万元。做好生源地助学贷款工作,与227名家庭经济困难学生签订助学贷款合同,发放助学贷款270.4万元。拓宽资助渠道,举行第二届葛家澍教育基金捐赠暨"家澍奖"颁奖仪式。全年共走访经济困难学生家庭1.03万个,发放各类宣传册5万余份。开展"爱心帮扶、师生结对"资助育人活动,与3281名学生建立一对一的帮扶关系。学生资助管理中心的改革试点方案在全省推广,学生资助管理工作连续七年被评为"省优"。

【万名"五老"做万件好事活动】 全市各级关工委围绕党政工作中心,发挥"五老"独特优势,持续开展"万名'五老'做万件好事"特色活动,在乡村基层组织建设、文明城市建设和美好乡村建设、矛盾调解、抗击新冠肺炎疫情、助推青年农民创业等方面做出贡献。农业系统关工委开展"三扶两创"活动,组织320名老农业科技工作者扶助219名农村青年创新创业,协助创办家庭农场、合作社等新型经营组织55个,创建市级青年农民创业示范基地(创业之星)36个,其中泰州市级创业示范基地1个。乡村关工委组织"五老"志愿者在乡村振兴、环境整治、矛盾协调、扶贫济困等方面发挥独特作用;城乡"五老"志愿者在疫情防控工作中,不计报酬、不畏艰辛,坚守在卡口,奔波于村庄、社区,受到人民群众的一致好评。

【未成年人违法犯罪预防】 市关工委道德法治宣讲团常年深入城乡学校开展道德法治宣讲,各基层关工委也结合当地实际,开展形式多样的宣教活动,增强青少年法律意识,培养他们遵纪守法的良好习惯。全市共有625名"五老"志愿者与271名

“矫正”“临界”“五失”青少年结对帮教，被帮教对象逐年减少、帮教效果显著提高。注重巩固学校周边环境整治成果，组织“五老”志愿者，以“三代”巡查员、网吧监督员、安全护苗队、校车驿站服务员等形式，协助维护学校周边环境安全和秩序。各地在健全制度、规范运行的基础上，大力推进公安派出所关爱工作站与基层关工委工作的深度融合，提升关爱工作成效，共同为青少年健康成长创造良好的社会环境。2022年，全市有514个村（社区）保持了未成年人零犯罪、零受害，占比98.5%。

（花在明　王焕兵）

老龄事务

【概况】 全市有60周岁以上老龄人口40万人，享受高龄人员养老待遇补贴（尊老金）的人数6.7万人。全市有备案养老机构36家，其中敬老院35家，有床位数6837张，其中护理型5018张，占比73.39%。全年新建3家区域性养老服务中心，3家公建民营农村敬老院。全市有居家养老服务站点375个，持证养老护理员1494人。扩大居家上门服务覆盖面，上门服务覆盖率97.8%。

【老年人服务】 2022年，兴化市制定出台《“兴有颐养”农村养老服务体系建设改革创新试点工作方案》，指导试点乡镇以公办民营、卫生院托管、政府购买服务等形式进行运营体制改革。破解公办养老机构运营机制现状。全市有敬老院35家。完成困难老年人家庭适老化改造900户；新社会福利院投入运营；打造3A级标准居家养老服务中心30家，推进5个新建小区养老服务设施建设。

（李正泉）

残疾人事务

【概况】 2022年，全市有各类残疾人10.98万人，占全市总人口的7.1%，持证残疾人31353人，占泰州全市持证人数的25.47%。其中视力残疾4501人、听力残疾1043人、言语残疾47人、肢体残疾16006人、智力残疾4883人、精神残疾3607人、多重残疾1266人，一级、二级重度残疾18527人。

【残疾人文化体育】 2022年，以“残疾人之家”辐射圈带动全市残疾人共同参与“书香兴化”全民阅读节活动。组织开展残疾人文化进家庭“五个一”活动和适合残疾人特点的群众性文体活动、趣味性文体活动。组织残疾人书画爱好者参加泰州市残联、泰州市残疾人文联举办的残疾人书画培训班。9月，市残联选送14名运动员参加江苏省第11届残疾人运动会，在团体和个人项目中夺得金牌5枚、银牌3枚、铜牌7枚。市残联主要负责人走进《12345政风热线》栏目，线上与残疾人朋友进行互动。开展“助残日”慰问康复机构残疾儿童活动，与市特殊教育学校学生开展“特别的爱给特别的你”慰问走访活动。在“学习强国”、交汇点、中国东海网、新浪网等省级以上媒体发表文章32篇、兴化新媒体发表文章23篇，电视台播出助残新闻18条，“兴化市残联”公众号全年发布信息223条。

【残疾人保障】 2022年，开展特殊困难群体救助帮扶专项排查整治行动，建立民政、人社、医保、残联长效数据交互机制，不断提高精准救助实效，推动各项残疾人补贴政策实施到位。投入129.19万元为全市3.14万名持证残疾人购买意外伤害综合保险，实现持证残疾人意外保险全覆盖，确保全市残疾人不漏保、不脱保。为38名残疾人发放机动轮椅车燃油补贴9880元，为5名残疾人发放C5驾照补贴8500元。发放残疾学生和残疾人子女教育补贴1.8万元，9名学生获得救助。开展“圆梦行动”，共计给残疾群众家庭发放彩电、洗衣机等家电650台。做好2022年度省政府民生实事项目，精准确定托养对象，科学制定工作方案，经科学评标后确定居家托养服务机构，为400名肢体重度残疾人和智力、精神残疾人提供居家托养服务。

【康复医疗】 2022年，探索康复机构资质认定新路径，针对长期以来制约儿童康复机构资质申领问题，主动与教育、卫健等主管部门沟通协调，坚决关停淘汰一批“无资质”“小作坊式”康复机构，推进“公办康复中心”服务模式优化升级，与市妇幼保健院、市四院签订合作协议，联合开办肢体（脑瘫）、智力和孤独症儿童康复项目。出台《兴化市孤独症儿童基本康复服务全覆盖行动实施方案》，实现孤独症儿童康复服务标准全覆盖，全市有康复需求的残疾儿童都能够得到及时、优质的康复服务。"三助一给"传统项目全面推进,发放适配辅助器具556件;实施贫困白内障免费手术40例,手术成功率100%;加大排查力度,继续为585名精神残疾人免费送药。残疾儿童康复服务流程更加科学,服务对象更加个性化,服务形式更加高效,为全市341名0~14岁残疾儿童提供了免费康复服务,家长康复满意度98%。

【残疾人就业培训】 2022年,聚焦有就业意向、就业能力的残疾人群体,持续强化就业服务,扩岗政策应用尽用。全年年审残疾人就业企业171家,安置残疾人871人。完成新增实名制就业信息筛查录入886人,其中按比例就业348人。落实残疾人自主创业一次性奖励,对13名创业残疾人发放创业补贴3.9万元。按照"实需、实用、实效"的原则,分类别、多层次开展残疾人职业技能和农村实用技术培训,举办电子商务、抖音带货、水产养殖、果蔬种植等实用技术培训班,培训残疾人538人,选送3名残疾人参加全省残疾人居家客服培训班。举办2022年度残疾人就业援助月网络专场招聘会,30名残疾人通过网络招聘实现就业。

(朱　锋)

退役军人事务

【概况】 2022年,兴化市退役军人事务局(以下简称市退役军人事务局)以"让退役军人获得感成色更足"为主线,以争创"四个一流"为目标,全面完成服务保障体系建设、安置就业、优待抚恤、权益维护等目标任务。开展岗位练兵比武活动,收集整理涉军相关政策法律,编印600册。开展示范型退役军人服务站建设创建工作"回头看",围绕"军味浓、服务优、亮点足、内涵深"的总体要求,推动全市服务保障机构规范化、制度化运行。建立局退役军人重点工作督查小组,常态化指导督促乡镇(街道)服务站落实落细相关政策,统筹开展退役军人就业创业、优抚帮扶、走访慰问等工作,联合司法部门全面构建退役军人法律援助网络服务体系。全年接待退役军人法律咨询近80人次,其中法律援助5件。

【安置就业】 2022年,市退役军人事务局完成军转干部和符合政府安排工作条件退役士兵积分选岗工作。组织开展待安置转业士官"七一红色第一课"实境教育活动,举办泰州市首个"逐月领取退役金"退役军人返乡欢迎会。

【"兴"好有你品牌打造】 2022年,市退役军人事务局致力打造"'兴'好有你"退役军人就业创业品牌,构建"政企+高校""线上+线下"模式,通过摸清就业创业底数需求、开展网络"云智聘"、打造就业"小超市"、建立退役军人就业创业导师库和劳动权益援助专家库、设立退役军人创业孵化基地等务实举措,助力广大退役军人就业有底气、创业有作为。

【优待抚恤】 2022年,市退役军人事务局突破性改革重点优抚对象住院医疗保险政策,全年资助参保4445人,受理住院医疗保险789人次,约32万元。及时新增申报各类抚恤补助165人。全面推进优抚对象免费健康体检和疗养工作,克服疫情影响,圆满完成长期疗养96人次,省退役军人事务厅短期疗养91人次、下乡巡诊慰问302人次,免费健康体检5747人。稳步推进优待证申领工作,举行全市退役军人和优抚对象优待证发放仪式,同步推出"邮电驿站""随军兴"专属套餐、市内景区公交免费等优待项目,全市发放优待证3.36万人。

【拥军褒扬纪念】 2022年,市退役军人事务局开展省级双拥模范城创建工作,实现"九连冠"。开展"最美退役军人、最美军嫂"评选、清明祭英烈、烈士公祭日、烈士寻亲等活动,帮助3名烈士找到亲属。采用集体和上门等方式为78名荣立三等功以上军人家庭送上喜报。建立军地互办实事清单制度,妥善解决部队来函问题9件。争取资金对16个乡镇19处革命烈士纪念设施进行提档升级。持续开展走访慰问活动,全年发放慰问金和慰问品950万元。

(张　燕)

民族宗教事务

【概况】 至2022年底,全市有苗族、壮族、回族等42个少数民族,少数民族常住人口2992人,少数民族流动人口1658人,分布全市26个乡镇(街道)。有佛教、道教、天主教、基督教,宗教团体3个,宗教活动场所84处,其中佛教54处、道教7处、天主教1处、基督教22处。年内，市委统战部（民宗局）以“铸牢中华民族共同体意识”为主线，以“坚持我国宗教中国化”为方向，不断夯实基层基础，抓实各项工作举措，有力维护全市民族团结、宗教和顺、社会和谐。

2022年6月24日，市民宗局在基督教恩典堂对全市宗教场所负责人开展“整治非法宗教活动、遏制宗教渗透蔓延”培训会 （颜 奕/摄）

【民族宗教政策法规宣传】 围绕“宗教思想中国化、宗教文化中国化、宗教队伍中国化、宗教工作法治化”，指导宗教界深入学习贯彻党的二十大精神，开展党史学习教育、升国旗仪式、“我与国旗合个影”等活动。佛教界举行“喜迎二十大”书画笔会，道教界组织参观红色教育基地，基督教“三自”爱国运动委员会举办“喜迎二十大 颂党爱国歌唱会”等。组织宗教界人士开展助学、助残、敬老等活动，打造佛道教“阳光助学”、基督教“爱心助残”等宗教慈善品牌。推进宗教场所法治宣传教育基地建设和宗教场所法人登记工作，开展场所“四进”活动。制定下发《兴化市宗教团体管理办法》，落实宗教团体重要事项及时报告和年度工作书面报告机制。指导兴化市佛协完成换届工作，开展“教风建设提升年”活动，查找作风问题15个并完成整改。推进崇俭戒奢教育，建立健全违规犯戒教职人员退出、教职人员认证备案前联审联察等机制。

2022年7月29日，市民宗局组织开展江苏省“红石榴夏令营”兴化分站活动 （舒 苏/摄）

【少数民族群众服务】 扩大“红石榴家园”“石榴籽家园”影响力，在文峰社区打造集民族政策宣传、民族感情交流、便民服务咨询、纠纷排查化解等功能于一体的少数民族之家。新建戴南镇裴马村“石榴籽家园”，在兴达钢帘线公司开展“我在兴达有个家”系列活动，13个族别、51名少数民族职工参加。推进民族团结进步“进校园 进课堂 进书本”，全市75所中小学、11万中小学生全覆盖。组织江苏省“红石榴夏令营”兴化分站活动，开展“学习二十大 · 永远跟党走”暨铸牢中华民族共同体意识主题征文活动。指导戴泽初级中学与新疆克州二中举行“同上一节课 共享团结情”主题云班会。在景范学校、戴南中心小学等中小学开展形式多样的民族团结进步教育活动。

【宗教场所安全管理】 指导全市依法登记的84家宗教场所完成管理组织换届和成员备案工作。完善宗教场所民主、财务、安全等管理制度，在全市农村场所形成道教、基督教团体总代账，佛教聘请村级会计代记账的管理模式。落实宗教活动场所准入退出机制，对兴东镇兴莲寺和沈坨基督教聚会点完成场所注销程序。开展民族宗教政策法规学习月、“法律法规进场所”等活动，举办6场专题知识讲座，受教人员逾1400人次。法华古寺、恩典堂、上方寺、东岳庙、崇文堂等5家场所被表彰为2022年度泰州市宗教活动场所法治宣传教育基地。开展宗教领域“两个专项”整治工作。持续推进宗教场所安全工作专项整治，结合“安全生产大检查”和“安全生产百日攻坚行动”，全面排查全市84处依法登记的宗教场所和民间信仰场所，发现并整改安全隐患201个。召开全市宗教工作专题会议，全面部署专项排查，以市委统战部专项督查、乡镇(街道)全面排查、宗教团体(场所)自查的形式，对宗教场所开展两轮排查，排查问题138个并全部完成整改。

(舒 苏)

基层建设

【概况】 2022年，市民政局督促指导54个行业管理部门、26个属地乡镇街道选派党建工作指导员联系所属社会组织，规范社会组织党组织建设。强化市社会组织培育服务中心运行管理，从孵化培育、骨干培养、项目扶持等方面，紧紧围绕入驻组织发展需求，免费提供活动场所和办公设施，提供全方位支持服务。

【社会组织管理】 2022年，年检社会组织671家，成立登记47家，变更登记168家，换届换证86家。结合全市优化营商环境行动要求，开展以行业协会商会为重点的社会团体大排查大整治。建立健全行业协会商会涉企收费投诉举报和查处机制，联合相关部门开展专项检查。全面梳理长期不年检的社会组织名单，累计注销52家。强化党对社会组织的领导，重点发展社区服务类、社会工作类、慈善类及枢纽型、支持型社会组织；市级社会组织培育服务中心运行，成立登记乡镇社会组织综合服务中心12个；全市有注册登记社会组织1728个，其中民办企业单位1105个、社会团体622个、基金会1个，主要分布在养老、农业、文化、教育、卫生、助残、工商、慈善、社会工作等领域。社会组织11个，涉及的主管单位有50家。

【社区建设】 2022年，打造“全科社工”服务模式，城市社区实现“全科社工”服务全覆盖，开展服务技能培训、多岗位轮岗锻炼、服务技能大比武、各类社工业务竞赛评选等形式多样的活动，提高社区工作者服务群众的技能本领，培养“一专多能”的社区工作“全科人才”。组织全国社工考试报名和培训工作，391人通过考试。

【基层治理】 2022年，进一步强化基层治理制度保障，联合市委组织部、农业农村局出台《关于进一步规范提升村务监督工作的通知》，健全完善村务监督体系。出台《开展志愿服务记录与证明抽查工作的实施方案》，加强志愿服务记录证明监管。联合市财政局、慈善总会出台《兴化市“兴好有你”慈善和社会工作站建设实施方案》，推进慈善和社工站建设。

(李正泉)

公共安全

防灾减灾

【概况】　2022 年，市应急管理局将普查成果转换应用作为 2022 年工作重点，实现普查成果与应急需求精准对接，将风险普查数据运用到风险监测、风险处置与应急联动中去，进一步提升工作效能。3 月 11 日，兴化市在应急指挥中心本地化部署自然灾害综合风险普查成果数据可视化系统，实现普查数据与应急指挥平台相结合。

【气象灾害防御】　2022 年，市应急管理局发挥市减灾办议事协调作用，强化部门间的衔接和信息共享，加强对台风、暴雨、强对流等灾害性天气预警监测和会商研判，提高短临天气预报的时效性、准确性，广泛进行安全提示，引导企业和社会公众做好防范应对工作，最大限度减少灾害造成的人员伤亡和财产损失，全年下发气象灾害应对工作提示单 17 份。特别是防御台风“梅花”，市应急管理局由班子成员带队，每晚对重点企业进行安全巡查、重点领域开展安全督查。

2022 年 8 月，市气象台开展灾害风险普查绩效评估检查

（市气象台/供图）

【水旱灾害防御】　2022 年，市水利局与上级防汛防旱指挥部和气象部门沟通，及时会商研判天气趋势，加强实时监测，第一时间预警响应。针对 12 号台风“梅花”影响，连夜通过市防指向乡镇（街道）和相关部门发出应急指令，市水利局立即组织 6 个防台抗台检查督导组，配合市委、市政府领导深入各地检查指导，全力做好抗台应急工作，最大限度地减少灾害损失，保证全市安全度汛。针对汛后出现的旱情，及时申请上级主管部门向里下河地区补水 61.5 亿立方米，其中高港枢纽引水 33.63 亿立方米、江都枢纽引水 27.87 亿立方米，保障全市用水需求。

【防震减灾】　2022 年，组织全市灾害信息员业务培训 4 次 1110 人次，组织乡镇（街道、开发区）灾害信息员（A、B）角开展省应急管理厅及泰州市应急管理局组织的关于模拟极端自然灾害情况下灾情报送演练，共报送模拟灾害信息687条。将防灾减灾救灾纳入网格化治理体系,进一步加强防灾减灾救灾基层力量。

(郭 爱 周广学)

安全生产监督管理

【概况】 2022年,市应急管理局着力防范化解安全生产和自然灾害重大风险,切实提升灾害事故防范救援能力。截至12月,全市安全生产事故起数和死亡人数同比分别下降25%、42.86%,未发生较大以上或有影响的安全生产事故,未发生自然灾害亡人事故,全市安全生产形势总体平稳向好。

【专项整治】 围绕48项专项整治年度重点任务、55条大检查要点和92项重点攻坚内容,扎实开展安全生产专项整治三年行动、安全生产大检查和百日攻坚行动。2022年,全市累计排查发现各类安全隐患20866项,其中重大隐患排查40项,立案646起,罚款6161.32万元。开展危化品安全专项整治"三年大灶",推动全市2554家危化品使用单位运用"危化品安全信息系统"开展隐患自查自纠。扎实开展工贸行业"百日清零"行动,聘请专家对全市3家钢铁企业、3家深井铸造企业、68家粉尘涉爆企业、153家液氨制氢企业进行全覆盖检查。将安全生产重点工作任务纳入全市高质量综合考核重点内容,并建立"周调度、月通报、季督查、年考核"等工作机制,强化跟踪督促。市安委办、7个安全生产督导组定期赴乡镇、部门和重点企业开展安全生产督查,发现问题隐患,及时反馈交办,确保各项目标任务落地落实。

【执法监督】 2022年,坚持精准执法,共执法检查企业541家,排查隐患2478项,其中重大隐患27项,均已落实停产停业整顿或停用相关设备、设施等现场处理措施,事前立案178起,一案双罚案件88起。建立安全风险管控清单,推动全市3848家工业企业常态化开展风险报告,累计报送较大及以上安全风险1.4875万条。加大对风险突出、管控能力不足、发生事故概率较高的企业监管力度,将有限的执法力量投入事故防范的重点环节,严厉打击安全生产违法违规行为,倒逼企业落实主体责任。

【市场安全管理】 2022年,市场监督管理局联合商务局、消防应急救援大队、农业农村局、城管局、公安局,对城区11个农贸市场从规章制度、明火操作、规范用电、设施管理、主体责任及市场周边活禽交易点位进行专项检查。开展消费调解11次。在食用农产品批发市场、零售市场和水产品批发市场开展"长江禁捕打非断链"专项整治行动,检查批发市场、农贸市场、商超和餐饮单位3860家次,未发现非法渔获物。召开疫情防控推进会议,优化调整疫情防控应急预案,督促市场主办方落实主体责任,各农贸(批发)市场严格落实点位长责任制,严格执行值班值守制度和疫情防控相关措施。

(余友银)

应急管理

【安全宣传教育】 2022年,全市开展安全生产月、安全文化"五进""百团进百万企业千万员工"安全宣讲等活动,强化安全文化教育体验基地运用,进一步提升全社会的安全意识和应急处置能力。全市有246名领导干部参与安全专题宣讲,累计

2022年6月1日,兴化市"安全生产月"活动启动

(市应急管理局/供图)

宣讲 246 场，覆盖企业 706 家，覆盖员工 1.43 万人次。

【队伍建设】 提请市委市政府印发《兴化市深化应急管理综合行政执法改革实施方案》《兴化市应急管理综合行政执法大队职能配置、内设机构和人员编制规定》。积极推动乡镇（街道）安监局（办）整合应急管理各项职能成立乡镇（街道）应急管理局，全市 26 个乡镇（街道）均成立应急管理局，进一步夯实基层基础。建成与省市互联互通应急指挥系统，修订发布总体应急预案 1 个、专项预案 32 个及部门预案 25 个，进一步完善乡镇预案 26 个。

【应急救援】 2022 年，市应急管理局加大防汛防台、危险化学品、建筑施工、城镇燃气、油气管道、人员密集场所等重点领域演练频次，进一步提升应急处置能力。出台《兴化市市级应急物资储备管理办法》，进一步规范应急物资储备管理工作，提高突发事件预防和应急救援处置保障能力。3—4 月，调拨 50 顶帐篷给昭阳街道、2 个移动厕所给人民医院用于疫情防控工作。严格落实 24 小时值班制度，合理化安排值班值守人员，及时接收、处理国家应急指挥综合业务系统内通知、信息，同时做好相关预警信息的转发工作。完成节假日、党的二十大等重要时段的安全防范信息报送工作。全年共接受并交办处理电话举报 79 件、12345 网上信访工单 87 件、市长信箱信件 6 件、阳光信访平台 4 件、国家应急管理部信访平台 1 件，信访按时结案率 100%。成功处置海南镇“8·16”危化品运输车辆被撞事故和宁靖盐高速安丰路段“8·28”危化品车辆泄漏事故，避免事态扩大化。全年推动政府部门组织演练 439 次，镇街组织演练 59 次，企业自行演练 1.14 万次。年内，兴化市应急管理局被江苏省安全生产委员会办公室评为 2020—2022 年度省级安全发展示范城市创建工作先进地区。

（郭　爱）

消防安全

【概况】 2022 年，全市消防救援部门共接警出动 1048 起（其中火灾扑救 417 起、抢险救援 631 起），出动车 2085 辆次，出动警力 9889 人次，抢救被困人员 92 人，疏散被困人员 186 人，抢救财产价值 4308.29 万元。

【基础建设】 全面落实“5·11”泰州市消防工作会议精神，开展火灾防控专项治理，夯实基层消防安全基础，不断提升应急救援能力，完成以防火、灭火和抢险救援为中心的各项任务，实现社会面火灾形势和队伍管理“双稳定”。新建五里西路消防救援站完成训练塔，改造执勤车辆和车库设施“一短三快”、购置多功能抢险车和战勤保障分队车辆等，依托得胜湖专职队建立“119＋120”联动急救站。戴南、安丰、戴窑、大垛、陈堡、千垛、钓鱼、沙沟 8 家一、二级政府专职消防队全面投入执勤。城市第三消防站纳入政府民生实事项目并开工建设，开发区、城中、城南、昌荣、竹泓、张郭、合陈专职消防队完成立项、资金审批和图纸设计。市政府投入 148 万元启动编制 23 家乡镇消防专项规划。建成一级消防站 2 个，二级消防站 6 个，三级专职消防队 17 个，社区微型消防站 24 个，危化品、燃气、电力、电梯、水上救援等专业救援队伍 12 支。全年共开展支队级森林火灾扑救及军地联合抗洪演练各 1 次、多部门联合演练 5 次、大队级演练 12 次、中队级演练 97 次、专职队演练 374 次，修订重点单位数字化预案 167 家，制作小区作战熟悉图 176

2022 年 12 月 22 日，市应急管理局举行 2022 年兴化市高处坠落事故应急演练
（市应急管理局/供图）

家,大中队、专职队开展防火巡查847家。

【队伍建设】 狠抓“两个经常性”工作,固化条令条例暨基层建设纲要学习月成效,狠抓全员岗位练兵、提升实战训练能力,严明纪律规矩、培育优良作风,确保队伍高度集中统一和安全稳定。2022年,大队被评为“2019—2021年度江苏省文明单位”、先后2次在支队业务比武竞赛中获得团体前三名,五里西路消防救援站团支部被省总队评为“五四红旗团支部”,1人被市委宣传部、团市委评选为“最美兴化人——最美青年”,1人被泰州支队记三等功,先后31人次受到上级表彰。

【防火监督】 2022年,及时调整消委会组成人员,市消委办每月“派单式”下发工作任务,发送《工作提示函》《工作建议函》《整改督办单》64份。印发乡镇(街道)和消委会成员单位《年度工作任务清单》,所有乡镇(街道)全部挂牌成立消防工作站并与消委办一体化办公。继续开展消防安全专项整治三年行动,组织开展自建房、“九小场所”、居民住宅小区、电动自行车、商场市场和大型商业综合体、“祥泰高层”等系列专项治理,全面推动消防安全大检查、消防安全百日攻坚、营商环境百日攻坚等系列专项行动,有效防范化解消防安全领域重大风险隐患。消防救援大队按照“双随机一公开”、疫情防控、优化营商环境、执法规范化要求,科学制订检查计划、抽查比例、频次和对象,年内,共检查单位1322家次,发现隐患或违法行为3256处(起)、督改3217处(起),下发责令改正通知书662份,临时查封单位2家,行政办案115起,责令三停8家,罚款164.61万元,当场警告26人,销案摘牌重大火灾隐患单位5家。新建市政消火栓100个,推广安装独立式感烟火灾探测报警器709只、简易喷淋装置81套、电气火灾监控系统86套、电动车智能化充电系统203套。集中开展安全生产月、119消防宣传月、防灾减灾日等系列大型宣传活动,建成微型消防体验点4处、科普教育基地1处、消防体验室4处;开展宣传“五进”,发动“大小喇叭”常态播发消防公益广告或安全提示,张贴海报及挂图1万余份;组织参观消防站或体验馆200余次、9000余人;预约培训演练80余次、1万余人;联合市融媒体中心开展专题访谈2次、隐患曝光5次、打铁趁热宣传3次。结合疫情防控要求,引导群众利用“全民消防学习平台”“消防安全码”开展自主学习,提升群众的识险避险、自防自救能力。

(陈红兵)

网络和信息安全

【概况】 2022年,成立全省县(区)首家网络名人联盟党委,推动新业态新就业群体党建工作守正创新。在三市三区中率先成立兴化市自媒体协会,推动行业自治,培育、团结和凝聚网络人士。壮大网络文明志愿者队伍,强化网上道德示范引领,开展时代楷模、道德模范、劳动模范、身边好人等典型案例和事迹网上宣传。江苏百喜电子商务有限公司党支部获2022年“苏网先锋”先进集体称号,中国好人“洋葱书记”李廷胜当选“中国网事·感动2022”年度网络感动人物,市公安局民警刘人杰当选“全省青年好网民”。

【网络安全宣传】 2022年,全市健全应急指挥体系,加大软硬件投入保障力度,完善网络安全态势感知等系统建设,推进数据资源整合。选拔优秀队伍、个人参加泰州市网络安全知识技能大赛,承办技能竞赛并获第一名,获优秀组织奖。常态化开展网络安全检查,加强重要数据安全管理,加大个人信息保护力度,全面提升网络安全防护能力,确保网络安全服务保障工作“滴水不漏”。

(徐亚军)

昭阳街道

【概况】 昭阳街道系江苏省兴化市人民政府所在地。地处江淮之间,苏中里下河腹地,长江三角洲沿江经济带。东邻垛田街道,南接临城街道(江苏省兴化市经济开发区),西与千垛镇及高邮市毗邻,北与兴东镇相望。行政区域面积23.7平方千米,辖16个社区居委会,5个行政村,1个城堡合作社,常住人口88706户、21.42万人,登记在册党员4990人,共建单位67个,居民小区231个,社区工作人员163人,平均每个社区居委会有10名工作人员,其中大专以上学历的150人,平均年龄38.5岁。2022年,全街道实现地区生产总值65.33亿元,比2021年增长8.04%;税收收入4.63亿元,一般公共预算收入3.02亿元,比2021年分别增长9.5%、15.4%;实现农村人均可支配收入42379元,增长7.39%;城镇人均可支配收入51154元,增长5.2%。

【经济建设】 新增规上工业企业1家,完成规上工业产值2.04亿元,同比增长15.3%,工业开票销售6.9亿元,同比增长12.2%。新签约亿元项目2个,新开工亿元以上重大项目1个,完成亿元竣工项目3个。实施重点企业梯度培育工程,申报科技专利15项,其中授权发明专利1项。科技创新项目6项,新增产学研合作项目1项。推进"亩均论英雄"改革,盘活闲置项目1个,用地面积50亩。完成"智改数转"数据基础能力提升项目1个。出台政策打造建筑业支柱产业,全年新增资质类建筑企业7家,完成资质内建筑业总产值190亿元,同比增长9.8%。新增规上服务业企业4家,限额以上贸易企业33家,实现限额贸易营业收入50.16亿元,同比增长19%。加快文旅融合发展,八字桥文旅休闲街区创成省级夜间文旅消费集聚区。

【社会事业】 以全国文明城市创建为抓手,开展各领域整治提升专项行动,整治西外环、荡南路沿线环境,提升城市风貌。投入1.53亿元,完成王家塘东区、新阳公寓等27个老旧小区项目改造。推进房屋征收,西城门大街、航道站东侧协商征收项目共签约518户,签约率100%;张家北路项目签约181户,全部腾空。铁匠巷地块项目征收有序推进。处理数字化城管案件249件,查处各类违法建设75起,拆除违建面积4782.2平方米。深化"一居一品"创建,新义社区服务品牌被评为"泰州十佳社区服务品牌",南沧、海池社区被评为"泰州社区优秀服务品牌"。加强社工人才队伍建设,59名基层工作人员获得初级、中级社工资格证书,15名全科社工纳入泰州市百名全科社工领先名单,2名全科社工获评泰州市首届"星火杯"金牌社工。探索"1+4+16""社区社会组织培育发展"新模式,培育草根组织27个,激活僵化社区社会组织49个。全面落实稳就业举措,新增创业3630人,带动就业5150人,扶持成功创业1620人,发放创业富民贷款2600多万元。新增企业职工养老保险3450人、工伤保险3410人、失业保险3410人,城乡居民养老保险续保率95%。核停低保196

2022 年 5 月 29 日，昭阳街道召开 2022 年文明城市创建工作推进会

（昭阳街道/供图）

户 266 人，新增低保 18 户 27 人。发放临时救助金 20.7 万元，救助 416 人次。完成 64 户高龄老人家庭适老化项目改造。推进未成年人关爱保护，强化 163 名困境儿童动态管理，完成 12 个“梦想小屋”改造。开展“慈善一日捐”等活动，募集善款 6.34 万元，发放慈善救助资金 64.25 万元、救助410 人次。推动文峰、长安、英武、景范社区争创三星级居家养老服务中心建设，实现街道居家养老服务中心星级评定全覆盖；适度放宽为老助餐服务年龄限制，逐步向普惠性过渡，助餐日均服务近 200 人；配合开展政府购买居家养老上门服务，全年为近 3000 名老人提供服务共计 1.6 万次。投入 95.5 万元，做好新生中心小学智慧教育工程建设。实施五岳村卫生室改造，完善村级医疗卫生服务体系建设。举办“文化进万家”惠民演出 85 场，组织参加兴化市 2022 年新春舞龙表演大赛，获得金奖、银奖，兴化市第十四届乌巾荡龙舟大赛获得铜奖，“喜迎二十大幸福舞起来”兴化市广场舞大赛获得优秀奖、优胜奖、最佳组织奖。深化“扫黄打非”斗争，推进“护苗 2022”“绿书签”行动，组织开展“书香进万家”“阅读接力”等线上线下活动，打造“睦邻讲堂”学习实践品牌，营造全民阅读良好氛围。

【生态建设】 2022 年，昭阳街道整治环境，全面提升城市风貌。开展环境治理、睦邻文化、便民服务等主题活动 80 余场，服务居民 3000 余人次。开展人居环境整治百日赛行动，推进村庄清洁，加强对卫生死角、村庄乱堆乱放集中整治，提升村庄环境治理质效。加大农村交通综合整治力度，新建停车场 2 处。加强生态环境保护，取缔关停“散乱污”企业 2 家。全面落实环保体检督查，27 个问题完成整改销号。压实“河长制”工作责任，“全覆盖”“拉网式”“无死角”开展河道“两违三乱”整治，申报生态河道 3 条、打造幸福河道 3 条，直港河获得“淮河流域幸福河湖暨江苏省级幸福河湖”称号。推进水环境整治“突击月”“百日赛”专项行动，完成上官河、下官河、白涂河、直港河等河道专项整治，对 6 家专项整治后的非法码头地块进行生态修复，清理农杂船、住家船 35 条，排查淮河流域入河排污口 175 个，推动国考、省考断面水质

2022 年 6 月 28 日，省政协副主席周继业（右前三）带领省政协调研组到兴化，围绕“完善‘一老一小’服务体系”开展专题调研

（昭阳街道/供图）

稳定达标。强化餐饮油烟治理,规范整顿餐饮企业10家,省大气监测点数据明显好转。

【社会治理】 全年受理群众诉求3598件,响应率、解决率、满意率均达100%。推进“百团进百万企业千万员工”专题宣讲活动,抓好危化品、城镇燃气、消防等17个重点行业领域整治。推进大澡汤浴场安全隐患整治、西霞社区农公新村消防通道阻塞、沧浪社区齿轮厂小区违章搭建泡沫夹芯板建筑2个安全隐患全部整改到位。常态化开展“八五”普法、“反有组织犯罪法”等各类宣传活动,更宽维度营造法治共识。建立健全“网格+警格”工作体系,推进“警法融合 三所共治”,及时预见处置各类矛盾问题517件。划小织密“微网格”防控体系,设立“网格兴锋”功能型党组织与社区“合署办公”。创新打造“昭阳·红哨子”和温泉公馆“智慧小区”综合指挥平台,公开选聘专职网格员221名,聘任新业态新就业群体人员322名。

【景范社区】 位于城东南部,东至兴姜河与垛田街道接壤,西至英武南路到五里东路向东沿兴化大道向南以东,南至过境公路与临城街道接壤,北至车路河,辖区总面积约3.5平方千米,社区党群服务中心面积1600平方米,共有12个小区,常住人口27454人。现有社区工作人员12人,社区党委下设6个党支部,党员209名。2022年,景范社区党委以党建为统领,以“便民利民为民”为主线,实施“自治、法治、德治、共治”一体化推进,着力打造“1086——情系景范”社区志愿服务品牌,并以时代嘉园为示范点,打造“暖心驿站”,建立“初心讲堂”、党建工作室、矛盾纠纷调解中心等阵地,充分发挥基层党组织战斗堡垒作用,集聚社会各层面力量,不断提高服务居民的能力和水平,全力打通服务群众的“最后100米”。打造“‘未’爱筑景——关爱单亲困境儿童”社区服务品牌,设立“护苗联盟”,建立专业社工队伍、志愿者队伍、爱心单位队伍。定期组织服务培训,“一对一”进行跟踪走访,为每个单亲困境儿童建立成长档案,切实了解需求,提供精准服务,做好实时跟踪和回访工作。通过整合辖区公检法的多方力量,切实保护单亲困境儿童的合法权益,发展有利于保护他们身心健康的社会文化环境。完善社区各项服务功能,先后获得“泰州市巾帼文明岗”“泰州市文明社区”“泰州市最美志愿服务站”“江苏省民主法治示范社区”等称号。

2022年9月17日,昭阳街道党工委书记葛同华(左),昭阳街道党工委副书记、办事处主任顾爱荣(右)在电子大屏上共同按下手印,正式启动“昭阳·红哨子”平台暨“多巴安”社区治理研习社 (昭阳街道/供图)

【新义社区】 辖区东至上官河以西,南至拱极路沿九顷路以北,西至海池沿楚水路至长安北路以东,北至过境公路以南。社区现有工作人员10人,居民2558户,6026人;党员112人。辖区60岁以上的老年人占总人口的40%。2022年,以“强组织、重服务、惠民生”为目标,秉承“立足社区、面向家庭、见诸日常、细致入微”的志愿服务理念,运用三级“网格管理责任体系”“五社联动”的方法,打造“银龄潮流”社区服务品牌。年内,获得“江苏省女职工示范社区”“江苏省最美工会户外劳动者服务站点”“泰州市2022年度十佳城乡社区服务品牌”“泰州市巾帼文明岗”“泰州市示范妇女微家”“兴化市离退休老干部党建工作示范点”“兴化市星级职工之家”“兴化市三八红旗集体”等多项称号。

(吴 峰)

表 29 2022 年昭阳街道主要经济社会指标一览表

指标名称	单位	数值	指标名称	单位	数值
总户数	户	56921	一般预算收入	万元	30182
总人口	人	141479	私营个体税收	万元	—
乡镇从业人员数	人	137113	农民人均可支配收入	元	42379
耕地面积	公顷	215.19	中小学校	所	19
地区生产总值	万元	653263	在校学生	人	46900
人均地区生产总值	元	185009	在职教师	人	3458
工业建筑业增加值第二产业增加值	万元	53936	医院	所	17
服务业增加值第三产业增加值	万元	595633	卫生所(室)	个	78
水产品产量	吨	1529	医生数	人	1296
工业企业数	家	44	病床数	张	3509
当年到账外引资金	万美元	—	参加城乡居民基本养老保险人数	人	10309
规上工业销售收入	万元	18350.7	参加城乡居民基本医疗保险人数	人	32027
规上工业利税总额	万元	460.4	享受居民最低生活保障人数	人	668
预算内财政收入	万元	41446			

表 30 2022 年昭阳街道各社区居委会基本情况表

社区名称	社区党委书记	居委会主任	户数(户)	人口(人)
水关	吴江民	吴江民	3485	9729
迎丰	盛 桢	盛 桢	3286	8050
长安	吉 娟	吉 娟	3283	7675
文峰	刘枫川	刘枫川	3295	7519
景范	吴晨霞	吴晨霞	3633	9525
五岳	许小伟	许小伟	3466	8961
儒学	李 敬	李 敬	2439	5189
沧浪	陈 芳	陈 芳	1521	4456
文林	吴庆康	吴庆康	3951	9152
南沧	朱 虹	—	3654	8764
新阳	陈玉华	陈玉华	3427	7672
西霞	李济成(副支书主持工作)	—	3972	10141
牌楼	朱素萍	朱素萍	4461	11358
新义	徐麟祥	徐麟祥	2558	6026
海池	朱 磊	朱 磊	4042	10497
英武	朱美东	朱美东	2401	5958

表 31　2022 年昭阳街道骨干企业基本情况表

企业名称	销售收入(万元)	利税总额(万元)	法定代表人
兴化市万佳机械有限公司	3586.1	255.7	严　伟
江苏弘马家具有限公司	4228.5	142.3	朱建国
兴化市城投供水(集团)有限公司	10536.1	62.4	马建兴

表 32　2022 年昭阳街道各村基本情况表

村名	村支部书记	村委会主任	耕地面积(公顷)	人口(人)	农业总产值(万元)	农民人均纯收入(元)
五岳村	刘长树	刘长树	—	1104	—	44027
沙甸村	陈兆南	陈兆南	—	3198	—	42908
严家村	仇华坤	仇华坤	80	3615	755	41744
城北村	倪　宇	倪　宇	126	2598	1844	41791
新城村	王国建	王国建	19	1288	83	42107

经济开发区(临城街道)

【概况】　兴化经济开发区(临城街道)地处兴化市西南部,东与垛田镇、竹泓镇、沈坨镇接壤,南与陈堡镇为邻,北与千垛镇、昭阳镇相连,辖区总面积 171.53 平方千米。2022 年末,经济开发区(临城街道)总人口 10.01 万人,下辖 7 个社区、23 个行政村。2022 年实现工业开票销售 208.02 亿元,同比增长 11.3%。农业总产值 5.33 亿元,村级集体总收入共 7062.96 万元,村级可支配收入 3929.3 万元。农村居民人均可支配收入增长 9.2%,全区农民人均可支配收入 36864 元。

【经济建设】　2022 年全区有工业企业 779 家,年末新增规上工业企业 22 家。131 家规上工业企业销售收入 172.7 亿元,其中开票销售超亿元企业 39 家;食品类企业开票销售 100.6 亿元,同比增长 17.3%,占全区规上工业开票销售的 58.3%。全年税收收入 9.13 亿元,其中,工业入库税金 5.87 亿元,纳税超千万元企业 6 家。建立健全重点项目专班服务、节点推进机制,抓紧抓实项目建设,新开工亿元以上项目 15 个;新竣工亿元以上项目 16 个。紧扣产业定位,加大项目攻坚突破力度,全年共招引亿元以上项目 39 个,协议总投资 145.6 亿元,其中引进投资 5 亿元以上项目 15 个。加强资产经营管理,全年实现国有资产经营收入 2830.47 万元,长期股权投资 8.32 亿元,确保国有资产保值增值。以"五未"土地整治为抓手,盘活提升低效闲置工业用地 84.39 公顷,退出低端低效企业 25 家,腾退低效用地 25.17 公顷,减少能耗 2.49 万吨标煤。东华链条建成省级智能制造示范车间,五得利面粉成为泰州市工业互联网标杆工厂、省绿色工厂,豹翔科技、东华链条、锁龙消防、瑞德机械、兴利达齿轮、双发机械、兴顺电子、中兴电器等 8 家企业成为省专精特新"小巨人"企业,格林生物、恒源特钢、德创制管等 3 家企业获批为省技术中心企业,21 家企业被认定为高新技术企业,年末共有 65 家企业被认定为高新技术企业,高新技术产业产值占比达 4.21%。全年规模以上工业企业研发经费投入达 6.4 亿元,新增产学研合作项目 15 个,发明专利申请量 78 件,新增有效发明专利 25 件。2022 年,落实"藏粮于地、藏粮于技"战略,提升粮食综合生产能力。全面落实"长牙齿"的耕地保护硬措施,严格规范农村宅基地管理。坚持农地农用,坚决制止并杜绝耕地"非农化"、基本农田"非粮化",加快高标准农田建设速度,新增高标准农田 500 公顷,街道高标准农田面积达到 5066.67 公顷,占耕地总面积的 71.7%。全年粮食播种面积 1.23 万公顷,比上年增加 166.67 公顷。全区粮食和水产品总产量分别达到 10.07 万吨和 1.31 万吨。新增高效农业 5.2 公顷,设施农业 15.1 公顷,累计分别达到 1818.7 公顷、491.9 公顷。新组建家庭农场9个,创建规范化家庭农场5个,农场总体规模达2270.13公顷。全区耕地保护补贴发放18063户,面积5114.9公顷,金额920.68万元。稻谷补贴发放2701户,4838.24公顷,金额720.39万元。秸秆还田作业补贴两季一共发放10338户,8352.24公顷,金额340.55万元;农机具购置补贴户数97户,金额174.77万元;一次性种粮补贴30213户,补贴发放面积2.9万公顷,发放金额551.7万元。加强农田水利设施建设,投入建设资金2250万元,新建、拆建桥梁16座,电灌站27座,衬砌渠道4.7千米,渠系建筑物150座,疏浚生产河46条21.78千米,土方量8.1万立方米,建设田间道路22条16.59千米,拆建圩口闸1座。

【社会事业】　2022年,完成城乡居民基本养老保险续缴27915人,城乡居民养老保险待遇领取资格认证21775人,参加城乡居民基本医疗保险64399人。开发区管委会、民政办牵头慰问各类贫困对象1106户,发放慰问金67.1万元,为区内51名在校贫困学生发放助学金14.15万元,为399户低保户、568人落实最低生活保障,落实配套资金120万元,为3466名80周岁以上老人发放尊老金229.38万元。施耐庵幼儿园、阳山幼儿园建成投入使用,施耐庵初中和施耐庵小学一期主体封顶。北山安置房主体工程竣工,水润隆府安置房、董家安置房、新庄安置房建成交付。全年投入教育、文化、社会保障,医疗卫生,环境保护,农业,交通和住房保障等民生社会事业建设资金2.07亿元,文林南路、新庄路、南山路三条道路“白改黑”工程进场施工,园区核心区污水主管网工程加快推进实施、基本完成主干道施工,环城南路绿化改造提升工程按期完成。稳固防洪排涝设施建设,新建维修圩口闸10座,圩口闸电启闭改造19座,新建维修排涝站6座,加修圩堤21处13.7千米,建设卤汀河防洪设施528米,新建内河驳岸130米,工程投入资金854万元。提速污水管网设施建设,完成污水管网改造7900米,街道辖内15个污水处理设施保持高质量运转,覆盖3个社区、10个行政村。

【生态建设】　全年投入1200多万元打造幸福河湖及生态河道,投入126万元对全区所有圩外河道进行长效保洁,清理水生植物约42万吨,申报星级幸福河2条、生态河道5条。完成板桥故里水产品养殖有限公司三级净化异位修复工程140公顷任务,获评国家级水产健康养殖和生态养殖示范区。

【社会治理】　开展安全生产大检查、百日攻坚专项行动,强化企业主体责任落实,加强对重点行业、重点场所、重点企业的监管,全区安全生产事故数同比下降57%,死亡人数同比下降60%。大力开展“水、土、气”污染防治攻坚行动,加强污水处理厂运营管理,全力做好中央、省环保督察交办问题整改,全区生态环境质量得到进一步改善,2022年,临城街道通过省级生态文明建设示范乡镇创建验收。常态化开展“扫黑除恶”工作,全区社会保持和谐稳定。

（赵朝春）

表33　2022年开发区(临城街道)主要经济社会指标一览表

指标名称	单位	数值	指标名称	单位	数值
总户数	户	26084	农民人均可支配收入	元	36864
总人口	人	100111	中小学校	所	3
乡镇从业人员数	人	59290	幼儿园	所	5
耕地面积	公顷	6940.83	在校学生	人	5541
地区生产总值	万元	1601525	在职教师	人	593
人均地区生产总值	元/人	147491	医院	所	3
水产品产量	吨	13108	卫生所(室)	个	36
工业企业数	家	779	医生数	人	231

续表 33

指标名称	单位	数值	指标名称	单位	数值
实际利用外资	万美元	2204	病床数	张	36
工业开票销售收入	万元	2080153	参加养老保险人数	人	27915
税收收入	万元	91291	参加农村新型合作医疗人数	人	64399
一般预算收入	万元	53877	享受居民最低生活保障人数	人	568

表 34　2022 年开发区(临城街道)骨干企业基本情况表

企业名称	销售收入(万元)	利税总额(万元)	法定代表人
泰州安井食品有限公司	169423.27	15167.99	江　恒
江苏特味浓食品股份有限公司	41844.24	2906.68	姚　峰
东华链条兴化有限公司	73399.16	1646.18	邱建华
顶级手套(兴化)有限公司	4483.94	1321.82	陈志煌
兴化新奥燃气有限公司	26557.76	1105.80	韩继深
兴化顶康食品科技有限公司	37550.28	833.41	吴长庆
江苏豹翔智能科技有限公司	19007.08	808.21	谢国宝
江苏潮源新型建材有限公司	41389.67	781.58	高风华
伽力森食品生物科技(江苏)有限公司	44946.68	685.92	王伟强
伽力森主食企业(江苏)有限公司	—	2209.13	王伟强
保利澳瑞凯(江苏)矿山机械有限公司	6031.41	683.73	周涛山
泰州海大生物饲料有限公司	93596.53	669.30	丁　炜
江苏锁龙消防科技股份有限公司	9545.07	648.69	潘德顺
江苏兴耀新能源科技有限公司	5876.74	535.09	胥太林
江苏瑞德机械有限公司	11240.24	508.79	宋　玻
江苏春龙亚麻纺织有限公司	7854.40	496.73	罗春荣
江苏田园主义健康科技有限公司	19998.74	492.65	薛　磊
兴化日成金属制品有限公司	8564.94	469.30	陈　燕
江苏兴利达齿轮有限公司	10906.89	459.93	蔡　翔
江苏美泉食品工业有限公司	4364.11	447.13	冯　震
拉面说(江苏)食品有限公司	31638.73	432.10	马妮娜
江苏荣鑫木业有限公司	22806.33	430.04	梁春生
玉荣建筑科技(兴化)有限公司	8308.16	383.85	苏清松
顶福食品科技(江苏)有限公司	15334.80	345.07	陈金红
泰州市永宁亚克力制品有限公司	7621.24	317.51	汤月生
兴化市康莹食品有限公司	10934.17	304.89	仇山群
江苏德创制管有限公司	11049.03	287.44	宋　玻
兴化市华荣食品有限公司	11893.46	279.72	胥广荣
兴化市精密铸钢有限公司	10204.91	253.10	张大荣
江苏顶华食品科技有限公司	10107.15	244.63	翟应华

续表34

企业名称	销售收入(万元)	利税总额(万元)	法定代表人
嘉豪食品(江苏)有限公司	4053.98	234.47	阙嘉华
兴化新奥燃气工程有限公司	3194.55	213.11	韩继深
麦肯嘉顿(江苏)食品有限公司	8440.18	212.79	魏粉兰
珠海市华丰食品工业(集团)有限公司兴化分公司	6457.36	211.01	刘　莉
兴化市中伟机械有限公司	5135.98	207.78	张建中
泰州市明森混凝土制品有限公司	6032.29	204.18	咸玉森
兴化市成文建材有限公司	7213.91	192.92	刘雯雯
兴化市恒源特钢有限公司	12998.27	189.67	刘长松
泰州市凌丰金属铸造有限公司	4762.88	178.26	葛文丰
江苏新蕾麦芽有限公司	26840.52	174.07	费　晖
江苏亚森防火门科技有限公司	5519.97	169.96	史庭俊
兴化市东方机械有限责任公司	1953.82	165.99	王寿年
长牌食品(江苏)有限公司	5527.09	157.47	张　春
江苏汇鑫金属材料有限公司	14016.06	152.16	黄加具
江苏兴野食品有限公司	20075.57	135.89	张洪孝
兴化市海润铸钢有限公司	4385.05	132.97	邓志勇
聚金龙玻璃兴化有限公司	321.48	129.66	占兆好
江苏兴顺电子有限公司	16252.15	128.78	司为昆
江苏鑫华能电源科技有限公司	28.57	127.34	高中赞
江苏苏锐制管有限公司	15643.85	127.29	周正才
中国石油化工股份有限公司江苏油田分公司	37816.69	127.29	方志雄
江苏兔创机械有限公司	4331.39	127.13	孙伏来
江苏亿赛特纺织有限公司	16400.87	123.63	符卫民
兴化格林生物制品有限公司	8055.48	120.31	周伯雅
江苏日升电力机械有限公司	3275.85	119.41	徐友心
兴化市金牛机械铸造有限公司	10537.31	118.87	顾海泉
江苏江鑫机械有限公司	496.03	118.28	咸友平
江苏森宏机械有限公司	3563.53	118.07	刘明煌
江苏兴业船艇有限公司	1714.74	117.87	冯诚普
江苏海装金属成型科技有限公司	3706.56	117.12	娄正文
兴化市精锐机械有限公司	3941.99	116.51	任桂余
兴化市同步铸造有限公司	10723.18	109.95	冯庆如
江苏均之成业新型建材有限公司	3553.47	109.47	刘爱华
泰州市兴园预制构件有限公司	9028.87	109.42	朱志鉴
兴化市华伦达铸钢有限公司	8558.70	106.73	周桂华
泰州兴辰环保科技有限公司	3259.86	104.80	袁　锋
江苏华航新材料科技集团有限公司	2159.08	102.98	严忙贤

续表 34

企业名称	销售收入(万元)	利税总额(万元)	法定代表人
科世茂机械设备(兴化)有限公司	2679.23	101.50	沙维祝
江苏创泰特钢制品有限公司	5201.28	99.40	蒉忠芳
江苏捷力电力工程有限公司	6516.34	98.61	李　雯
兴化世友精密铸造有限公司	2689.66	95.20	阮顺喜
兴化市三诚精密锻造有限公司	5663.43	95.05	吴志松
兴化市蓝盾家具有限公司	2204.52	94.87	李凤英
江苏双发机械有限公司	12406.85	94.69	王大亮
江苏美乐肥料有限公司	41192.50	94.00	朱永华
泰州美鑫机械有限公司	4148.04	91.53	陈文美
江苏佑帅幕墙制品有限公司	7219.40	90.57	李　静
泰州市金大纤维科技有限公司	2537.72	85.62	廖兴容
江苏晶道新能源科技有限公司	9814.18	83.83	徐玉盛
泰州市宏图电子有限公司	1054.33	83.67	耿道亮
聚金龙彩印包装兴化有限公司	2831.19	82.91	占兆好
兴化市东昌合金钢有限公司	4776.47	82.32	李冬取
兴化市长城铸钢有限公司	1862.15	81.56	黄建军
江苏华信达特钢科技有限公司	1719.24	78.32	高云玉
兴化市泰龙消防器材有限公司	1682.38	78.00	徐永康
江苏优华达环保材料科技有限公司	2735.91	77.89	刘红梅
兴化市振南合金机械有限公司	1810.17	77.78	金华楠
泰州北清新能源科技有限公司	546.37	75.99	祝鹏杰
兴化市丰华玻璃钢化有限公司	3698.45	74.42	王风和
江苏苏美特机械有限公司	5598.76	73.34	徐建中
梅帝亚(兴化)包装材料有限公司	4365.86	72.78	沈　浩
江苏日晟钢结构有限公司	1653.42	69.53	周　明
兴化市振泰合金钢有限公司	5169.69	69.38	李德江
兴化市恒鑫机械有限公司	2662.90	69.09	蒋义来
江苏李工果蔬机械有限公司	2364.06	69.04	李　勤
江苏瑞宇医疗用品有限公司	3373.75	67.91	戎朝乾
泰州大牛钢结构工程有限公司	2343.85	67.49	刘荣江
兴化市远洋机械有限公司	2492.15	66.04	邹　建
兴化市亚华制剂有限公司	3723.89	64.71	周胜华
江苏大成石化科技有限公司	939.82	63.21	成　杰
华东可可食品(兴化)有限公司	21999.39	63.09	施文伟
江苏欧泰机械有限公司	8395.56	62.00	赵怀兴
兴化市方圆消防器材有限公司	2267.74	61.83	陈久兰
江苏金鼎消防科技有限公司	7717.14	61.58	王　春

续表34

企业名称	销售收入(万元)	利税总额(万元)	法定代表人
玉嵘门窗制造(江苏)有限责任公司	5932.05	61.01	高呈堂
兴化市联盛精密铸钢有限公司	2988.36	59.58	任宝诚
江苏亿鑫齿轮制造有限公司	6454.47	58.95	魏俊华
诚益电子兴化有限公司	3024.55	58.80	钱　钧
兴化市海蓝制衣厂	924.62	58.60	成大妹
江苏聚达机械制造有限公司	962.63	57.92	叶伯旺
兴化市中兴电器制造有限公司	12069.25	57.71	赵银玉
江苏佳隆食品有限公司	927.52	57.53	朱钱昌
江苏东科液压机械有限公司	2350.72	57.44	刘桂来
姚家族(江苏)食品科技有限公司	204.30	57.10	姚建锋
兴化市金鹏合金钢有限公司	4380.27	57.04	王　锋
兴化市金程机械制造有限公司	2140.41	56.89	金加淦
江苏恒械机械有限公司	2259.19	56.24	姜建国
江苏城业管桩有限公司	10842.40	56.02	高风华
江苏锐达地板科技有限公司	740.57	55.52	柏国义
兴化市兴祥消防器材有限公司	2337.60	54.76	房达祥
江苏唐古拉聚合材料有限公司	1253.06	54.74	夏汉忠
江苏长友特钢机械有限公司	5386.63	54.28	王长洪
江苏恒力达机械有限公司	1869.21	54.22	季小为
江苏圆梦精密机械制造有限公司	678.64	53.92	王正美
兴化市盛大精密铸钢有限公司	2741.75	53.05	张大荣
泰州水冶新材料科技有限公司	3288.56	52.78	王炳才
兴化市银文新型建材有限公司	1946.97	52.43	王广明
江苏兴弹紧固件有限公司	1420.85	51.75	付仕华
兴化市龙伯渔具有限公司	2042.38	51.19	朱兴斌
兴化市恒泰弹簧垫圈有限公司	2153.73	51.18	卞晓敏
江苏阳磊混凝土有限公司	1706.26	50.37	陈　鑫
江苏旭峰机械设备有限公司	1515.70	49.95	高延旭
泰州华标建材有限公司	2049.59	49.70	宋鹿群
泰州鼎鑫齿轮有限公司	1175.00	49.57	蔡文尧
泰州市青云钢结构有限公司	2531.95	48.71	徐青云
兴化市荣鑫电源厂	616.86	48.57	金安兰
江苏味冠食品有限公司	2763.01	48.44	徐道存
江苏鑫伟环保设备制造有限公司	3691.96	47.87	陈日和
江苏东晟特种防火门有限公司	1020.50	46.82	何向东
江苏华远电气有限公司	4908.53	46.55	苏元龙
泰州新希望农业有限公司	29529.78	45.63	刘会成

续表 34

企业名称	销售收入（万元）	利税总额（万元）	法定代表人
兴化市三强机械制造有限公司	3778.41	45.38	姚广明
泰州正曦服饰有限公司	516.49	45.30	柳正曦
泰州市鼎益食品有限公司	2244.99	44.87	张福宽
兴化市欧亚渔具有限公司	3234.87	44.79	袁建琴
江苏龙源电气有限公司	2231.11	44.22	葛芝清
兴化市金茂消防器材有限公司	4379.98	43.98	王洪茂
兴化市通舟船舶设备有限公司	2238.02	43.46	肖龙付
江苏永固电力设备安装工程有限公司	1902.57	42.79	陈庆寿
兴化市新泰铸钢有限公司	1374.68	42.54	杨明高
兴化市海康食品有限公司	1317.88	42.48	顾　钧
江苏永捷电气有限公司	8504.64	42.40	倪　彪
江苏瑞泰砂轮制造有限公司	1392.18	42.32	张　军
江苏凯普特动力机械股份有限公司	13515.74	42.13	叶春花
兴化市大地蓝绢纺有限公司	6697.73	41.59	戴香莲
泰州市恺鑫船舶机械有限公司	1912.16	41.09	姚维国
江苏海德机械有限公司	1089.22	41.03	孙洪庆
兴化市盛杰渔具制造有限公司	1512.20	40.79	姚天龙
江苏元宇机电设备有限公司	918.40	40.03	吕元勇
兴化市兴源铸钢有限公司	1453.67	38.84	卜正兴
兴化新奥车用燃气有限公司	1265.64	38.49	韩继深
兴化市工具制造有限公司	998.96	38.44	姚家骏
兴化市天健电热机械有限公司	1588.06	38.41	许帮钱
兴化市富邦机械有限公司	1169.66	37.67	付成军
兴化市津冶合金铸造有限公司	1748.90	37.63	董仁明
兴化裕华机械有限公司	1000.22	37.53	马长义
兴化市中科渗铝钢管有限公司	2885.34	37.50	陈树忠
兴化市非凡彩印包装有限公司	2277.59	37.20	唐子文
兴化市锦鑫建材有限公司	2024.36	36.66	金大鹏
兴化市安邦电器科技有限公司	3286.12	36.65	蒋巧凤
兴化市新速服装有限公司	669.30	36.08	胡春喜
兴化市泰睿包装制品有限公司	1786.73	35.79	徐　炜
江苏中辰机械有限公司	1080.36	35.51	吴建忠
泰州市晨锋机械配件有限公司	3594.31	35.18	章鸿锋
泰州凯德瑞机械配件有限公司	1278.57	34.88	陈　云
兴化通明电气设备有限公司	129.60	33.69	邰红彪
兴化市如松植物油有限公司	14270.96	33.01	张如松
江苏辰希电力科技有限公司	704.61	32.25	吴建忠

续表34

企业名称	销售收入(万元)	利税总额(万元)	法定代表人
江苏海陵机械有限公司	989.14	32.02	仇九贵
兴化市林海机械配件厂	806.99	31.99	徐锦凤
兴化市成功塑料制品厂	3.37	31.88	焦朝斌
开源重工兴化有限公司	1885.99	31.01	吴建东
江苏味丰德食品科技有限公司	1267.06	30.49	朱祝友
江苏弘味食品科技有限公司	2479.35	29.83	王元勤
兴化市三维电热设备厂	793.54	29.72	王生保
恒基电子(泰州)有限公司	366.99	29.34	刘　娜
兴化市华鼎电气设备有限公司	1152.80	29.11	孙慧卿
兴化市英达机械有限公司	348.47	29.01	任有余
泰州市宇锋机械有限公司	219.25	28.54	徐素敏
兴化市光华金属铸件有限公司	1088.06	28.26	曹　海
江苏圣蓝科技有限公司	778.86	28.07	冯宝华
泰州德东金属制品有限公司	534.97	27.94	顾海燕
江苏味真美食品有限公司	923.16	27.94	陈旭东
兴化中天灯具有限公司	366.77	27.84	王继泉
江苏海川液压机械有限公司	749.76	27.82	苏玉宏
兴化巨能标准件有限公司	577.08	27.60	陈良玉
江苏龙桦诚纸业有限公司	3593.94	26.92	吴晨龙
兴化市矿川机械有限公司	1512.97	26.92	殷庆亮
江苏高氏食品有限公司	44.34	26.85	高显明
江苏腾欣工艺品有限公司	155.59	26.76	沈庆丰
泰州市汇浩机械制造有限公司	319.93	26.70	徐恒章
兴化市琦宇机械制造有限公司	3492.26	26.34	张　华
兴化市依之韵服饰有限公司	1238.90	26.08	殷彩凤
兴化市蓉水机械配件厂	562.66	26.04	姜继成
兴化市飞创电子产品有限公司	369.80	25.80	刘　飞
兴化市金建机械有限公司	1325.55	25.25	蒋明瑾
兴化市医疗卫生用品有限公司	1162.17	25.04	洪祖顺
泰州市天润机械有限公司	586.83	24.92	刘学俊
兴化市杰瑞机械有限公司	433.56	24.89	杨国英
东风农机(兴化)有限公司	0.00	24.25	武兴安
兴化大铭渔具有限公司	1189.66	23.80	孙大铭
江苏新兴电子有限公司	295.65	23.49	刘　英
江苏杨万隆食品有限公司	236.84	23.25	王益利
兴化市双华休闲用品有限公司	4027.39	23.19	王庭华
兴化市定仁机械制造有限公司	1261.05	23.13	夏定仁

续表 34

企业名称	销售收入(万元)	利税总额(万元)	法定代表人
兴化市方正机械有限公司	581.72	23.06	丁正大
泰州顶祥食品有限公司	865.50	23.04	姚桂兰
兴化市奥宇机械配件厂	1009.57	22.89	翟万保
兴化市鑫磊气动液压机械制造厂	365.14	22.89	顾继英
江苏泰峰精密机械有限公司	2135.23	22.74	孙建平
泰州市正伍机械有限公司	1078.47	22.21	武　兵
江苏兴纺机械有限公司	56.55	21.73	武东升
兴化市永兴消防器材有限公司	1103.06	21.53	陈建新
泰州市富特铸造材料科技有限公司	942.57	21.50	陈翠萍
江苏金田野食品有限公司	3074.42	21.42	魏维兵
江苏三匹马机械有限公司	817.14	21.39	咸明星
味滋美(江苏)食品有限公司	867.62	21.39	胡翠英
泰州市久力机械有限公司	201.83	21.10	刘　虎
辣口福食品(江苏)有限公司	1587.55	20.96	李玉屏
兴化市亚鑫消防器材有限公司	1488.52	20.90	张兆年
兴化市广华电热电器厂	592.12	20.78	王善中
泰州建权机械有限公司	1538.55	20.35	吴俊杰
兴化市东方渔具厂	242.85	19.81	韩世新
兴化市祥衍机械配件有限公司	981.59	19.80	李荣英
泰州顶润食品有限公司	520.29	19.71	谢巧兰
亚美亚(江苏)食品有限公司	625.72	19.68	左成松
兴化市托翔体育器材有限公司	911.27	19.29	石春山
江苏星宇户外休闲用品有限公司	2188.56	19.22	钱世勤
江苏语航传动技术有限公司	427.43	19.21	刘长勇
兴化市启源机械有限公司	671.81	19.07	丁德元
江苏银联铸钢有限公司	585.37	18.97	刘永荣
兴化市临合铸造厂	543.21	18.66	蒋如珍
江苏裕泰机械有限公司	218.92	18.44	朱良荣
兴化市耀春玻璃制品有限公司	487.43	18.43	徐书林
兴化市峰华机械有限公司	668.59	17.99	张　杰
江苏天禾温室科技有限公司	832.43	17.85	赵　健
味顿(江苏)食品有限公司	190.86	17.70	陈春粉
江苏万佳制衣有限公司	430.31	17.69	董志英
江苏祥磊消防装备有限公司	72.25	17.58	房靖驰
兴化嘉威文体用品有限公司	576.88	16.82	葛　涓
兴化市永英金属材料有限公司	1951.74	16.54	金　斌
兴化市恒庆弹簧垫圈有限公司	1151.10	16.51	苏友顺

续表34

企业名称	销售收入(万元)	利税总额(万元)	法定代表人
兴化市临城冶金设备厂	448.96	16.18	张翠红
兴化市仁堂机械配件厂	1052.10	16.18	周仁堂
江苏美地依体育设施材料有限公司	1001.14	16.09	茅刘华
泰州弘能塑业有限公司	138.17	15.81	姚玉梅
江苏天康食品有限公司	666.48	15.63	王昌贤
兴化市永红机械配件加工厂(普通合伙)	1387.52	15.60	刘学军
江苏顺伟机械有限公司	536.24	15.41	葛冬子
兴化市华辉电子有限公司	1036.50	15.24	张　辉
泰州市亚太防火门窗有限公司	747.85	14.95	夏呈均
江苏双成体育设施材料有限公司	385.45	14.94	崔勇干
兴化市重信工具制造有限公司	494.49	14.92	王雅雯
兴化市世宇户外用品有限公司	212.30	14.90	胡世宇
江苏博思特工贸有限公司	833.64	14.37	陈汉义
江苏沪联节能科技有限公司	723.37	14.36	王　婷
江苏广建机械有限公司	439.49	14.25	戴晓敏
兴化市飞驰玻璃钢船艇有限公司	1309.11	14.17	陈松华
江苏时创机械有限公司	28.39	13.98	宦兆云
江苏润华冷冻食品有限公司	4056.52	13.96	莫鹏启
兴化市思源机械有限公司	436.70	13.91	唐　立
兴化市润凌机械有限公司	154.21	13.91	葛俊斌
江苏庭泰环保设备有限公司	76.08	13.56	顾国琴
江苏康体新材料有限公司	1054.99	13.49	陆银红
泰州市联宇机械设备有限公司	2243.80	13.48	周建龙
兴化市金铃钓具有限公司	182.23	13.36	陆金玲
兴化市中荣塑业有限公司	648.10	13.29	石善红
兴化市亚东机械有限公司	290.95	13.26	翟锦标
江苏北辰食品有限公司	905.85	13.24	赵进泉
泰州市建宇机械有限公司	885.98	12.90	陈兰红
兴化市建达机械厂	1016.53	12.88	刘建桃
兴化市维泽机械厂	802.06	12.83	刘　维
兴化市伯平船舶机械有限公司	399.28	12.83	周锦卫
江苏华裕精密铸造有限公司	1012.05	12.82	宦冬庆
兴化市海汇渔具有限公司	2801.36	12.54	瞿德齐
兴化市峰达钢结构件有限公司	827.03	12.50	沙德满
味众食品泰州有限公司	586.99	12.32	吴正年

续表 34

企业名称	销售收入(万元)	利税总额(万元)	法定代表人
泰州久峰机械设备制造有限公司	388.81	12.20	季长春
兴化市盛泉铸造材料有限公司	1022.40	12.16	周由国
江苏联丰温室工程有限公司	940.06	12.13	陆玉明
江苏润阳工业炉有限公司	469.44	12.10	赵　阳
兴化市康宁包装制品有限公司	1156.37	12.07	魏家荣
泰州美驰机械科技有限公司	549.24	11.85	徐明扬
兴化市宏翔机械厂	374.83	11.85	洪良斌
江苏味口食品有限公司	454.59	11.68	王益利
泰州市京洋户外用品有限公司	1265.78	11.64	王金花
兴化市兴亮紧固件厂	1113.00	11.63	顾明亮
兴化印刷有限责任公司	402.51	11.56	葛凤英
泰州沪诚机械有限公司	435.49	11.50	高文道
兴化市三连铸钢有限公司	953.87	11.49	孙远庆
江苏板桥红木家具有限公司	244.23	11.46	李照民
兴化市泰杰机械有限公司	316.89	11.44	黄立鸿
泰州市鸿鋆纺织有限公司	2742.15	11.39	葛　猛
兴化市金沐文体用品有限公司	248.03	11.31	荣桂江
兴化市嘉鹏电子有限公司	315.51	11.25	潘　俊
兴化市宇昊齿轮有限公司	595.07	11.20	徐建国
兴化市新卫消毒剂厂	515.42	11.19	汤其昌
兴化市福达铸钢有限公司	699.15	11.13	钟学勤
江苏金爵机械制造有限公司	433.49	11.10	孙新宇
兴化市腾龙食品有限公司	1661.78	11.05	解善鹏
兴化市方特机械设备有限公司	644.89	11.01	王同方
兴化市一诚印花有限公司	128.15	10.90	袁晓美
兴化市鸿达彩印包装有限公司	237.70	10.89	刘鸿和
兴化市得力机电设备配件有限公司	377.24	10.83	王桂华
兴化市味聚调味食品有限公司	174.97	10.56	黄永贵
兴化市星环仪表电控设备厂	606.67	10.55	韩俊大
泰州市国凯机械有限公司	447.94	10.48	王新平
兴化市板桥铸钢有限公司	776.88	10.46	朱增学
泰州市正力机械有限公司	865.08	10.29	刘春朝
兴化市北光机械配件制造有限公司	349.70	10.27	许哲申
兴化市华诚纺织机械厂	131.36	10.22	朱仁华
兴化市金鑫包装制品厂	572.19	10.18	金书全

续表 34

企业名称	销售收入(万元)	利税总额(万元)	法定代表人
兴化市呈堂机械厂	191.80	10.12	高呈堂
兴化市大盈金属制品有限公司	119.83	10.08	杨友军
兴化市华唯传感器件有限公司	287.87	10.04	魏洪华
江苏盛钰源机械设备有限公司	126.74	10.04	邹庆凰

表 35　2022 年经济开发区(临城街道)各村、社区基本情况表

村(社区)名	村支部书记	村委会主任	耕地面积(公顷)	人口(人)	农业总产值(万元)	农村居民人均可支配收入(元)
十里亭社区	高和斌	高和斌	—	1512	1037	38485
施耐庵社区	王大勇	王大勇	—	1391	—	34910
紫荆河社区	沈　忱	沈　忱	96.20	3678	893	38249
五里亭社区	葛　松	葛　松	—	3448	81	47309
兴南社区	史寿明	史寿明	171.80	6229	1656	42037
阳山社区	吴　雨	吴　雨	126.60	3889	442	43469
南山社区	李永红	李永红	123.70	2405	571	43177
民富村	赵银步	赵银步	221.43	3156	1453	41854
红星村	陈剑睿	陈剑睿	308.60	2757	1752	35321
董家村	徐阳平	徐阳平	287.40	3064	1714	36423
南塘村	郭　森	郭　森	257.90	2619	1441	37071
南官村	黄　茜	黄　茜	254.50	2520	2479	33171
赵何村	闵　晶	闵　晶	338.32	3028	1784	38963
龙河村	杨　驰	杨　驰	333.00	3178	2156	31243
刘陆村	仇风山(代理)	仇风山(代理)	442.31	5075	2043	32964
曹瓦村	刘祥斌	刘祥斌	330.80	3572	2552	34362
古砖场村	黄　浩	黄　浩	361.38	4429	1476	36925
三王村	吴增阳	吴增阳	261.10	4034	2588	35186
临东村	李　峰	李　峰	306.70	4010	1331	32733
陆横村	金加伟	金加伟	245.80	3049	3960	37435
花沈村	陈华俊	陈华俊	493.80	4774	3098	33762
新姜村	刘长江	刘长江	160.70	3481	1435	35944
西浒垛村	费茂华	费茂华	342.90	3777	2180	30352
朱中村	陈新海	陈新海	296.40	2398	1276	33611
任家村	史业成	史业成	232.80	2283	2475	35405
老阁村	杨正华	杨正华	234.94	2221	1086	39437
安洲村	周志华	周志华	321.90	2376	2193	40875
双潭村	徐正华	徐正华	343.60	3072	4137	39805
西郊村	侯宝亮	侯宝亮	114.30	2297	2061	33061
北郊村	邵炳进	邵炳进	332.20	3408	1981	32292

戴南镇

【概况】 戴南镇位于江苏省中部、泰州市中部、兴化市东南部,地处里下河平原腹地,东与东台市相邻,南与姜堰区接壤,处在以上海市为首的长三角城市群内,境内有京沪高速的支线盐靖高速和229省道、352省道,南临长江,北接淮水,是里下河地区著名的“鱼米之乡”。全镇下辖58个村委会、6个居委会,行政区域面积235.13平方千米,人口18.19万人,外来人口约4万人。

【经济建设】 2022年,全镇实现税收收入18.51亿元,一般公共预算收入9.37亿元;工业开票销售585亿元,同比增长15.6%;固定资产投资90.27亿元,同比增长23.8%;民间投资72.12亿元,同比增长14.8%,其中高技术产业投资6.91亿元,同比增长154%;进出口总额6.76亿美元,同比增长14.8%。有255家规上工业企业,兴达国际、双乐股份2家国内外上市企业,拥有国家不锈钢制品质量监督检验中心、江苏兴化特种不锈钢产业研究院等科技创新平台。年内,兴海、申源、新华合金等3家企业获批国家级专精特新“小巨人”企业,申源集团获评江苏省“质量标杆”;新增省瞪羚企业1家,净增国家高新技术企业33家。全年创成省智能工厂1家、智能车间2家、市智能车间4家,新增三星级企业上云25家、四星级企业上云6家、省两化融合管理体系贯标企业和星级安全防护企业5家。完成科技型中小企业申报340家,兴化高新区(沈阳)离岸创新中心运营启动。全镇推进不锈钢产业“七个集中”,集中冶炼项目顺利投产,不锈钢综合贸易示范区启动建设。全年新增规上企业45家。兴达钢帘线获评工信部制造业单项冠军示范企业,亚盛公司、新宏大集团获批省工业设计中心,博生公司在新三板创新层挂牌,泰州兴达、申源集团、博生公司等国内上市工作稳步推进。深化“亩均论英雄”改革,退出低端低效企业23个,盘活(提升)低效闲置工业用地871亩。项目建设全面提速。5月26日,市委、市政府举行兴化高新区产业项目暨腾龙精线集团有限公司不锈钢线材智能制造项目集中签约仪式,11个亿元以上项目集中签约,计划总投资51.8亿元。全年新签约亿元以上项目38个,新开工5亿元以上内资项目6个、3000万美元以上外资项目1个;新竣工5亿元以上项目4个,实际利用外资6115万美元。完成规上工业企业研发投入12亿元,同比增长9.1%,高新技术产业产值占比达41.72%。

【社会事业】 强化重点群体就业帮扶,组织3批次退役军人专场招聘;新增就业人员6832人,自主创业1371人,创业带动就业3689人。调处劳资纠纷306起,依法追回欠薪620余万元。完善低保救助体系,发放临时救助资金76.38万元,申报帮助困境儿童276名。高标准编制国土空间规划及实用性村庄规划。园区大道全面竣工,新泽路主干道全线通车,非机动车道施工有序进行;完成崇文路建设、山前街改造、双周连接线建设工程;同济路南延、金泽路建设、同心路改造等工程稳步实施。完成迎宾大道与园区东路交叉口景观绿化工程,实施盐靖河东岸、迎宾大道绿化工程,修缮提升市民广场及憩园绿化景观。28座老旧桥梁完成升级改造,44座港湾式公交站台交付使用,1.14万平方米老旧道路实施改善维修。完善教育硬件设施,戴南中心幼儿园二期工程投入使用,戴南中心小学兴达综合楼、戴南高级中学图书馆工程竣工,启动天路双语学校地块收储工作。

2022年10月21日,腾龙精线不锈钢高端线材智能制造项目开工建设

(戴南镇/供图)

【生态建设】 制定“六整治六提升”专项行动方案，落实“错时执法、延时执勤”制度，加大占道经营、户外广告、门店招牌监管整治力度。完成张万弱电地埋、新泽路强弱电地埋。普及压缩车转运模式，开展24个试点村生活垃圾分类，全镇生活垃圾日产日清。保持“两违”防控高压态势，全年共查处违建349起，拆除面积1.42万平方米。开展人居环境整治提升示范创建活动，裴马村创建省级生态美丽宜居示范村，刁良村建成泰州市级特色田园乡村、获评国家级森林乡村，藕杭村获评江苏省绿美乡村，徐唐村通过兴化市级特色田园乡村验收，顾冯等9个村获批兴化市美丽菜园示范村。开展农村人居环境整治攻坚百日赛行动，完成户厕改造709户，打造生态河道16.65千米。推进金属表面处理、挥发性有机物治、工业固废、抛光行业、喷砂工序环保专项整治，开展酸洗行业整治“回头看”，推进污水处理厂北厂区域修复，工业污水处理厂投入试运营，成功入选第四批省生态文明建设示范乡镇。

【社会治理】 开展无证餐饮专项整治，切实维护“舌尖上的安全”。安全防线更加牢固。开展涉炉企业专项整治“回头看”，强化液氨制氢、烟花爆竹、建筑施工、既有房屋、城镇燃气等重点领域安全监管。以“三年大灶”专项整治为抓手，完成12项挂牌督办重大事故隐患整改闭环，排查安全隐患6796项、整改6716项，整改率99%。开展企业“安全会诊”专家服务行动，全年未发生较大及以上安全事故，企业本质安全水平不断提升。深化“精网微格”工程，提高网格化治理精细化、精准化水平。开展信访突出问题攻坚化解行动，有效化解信访积案17件。推进常态化扫黑除恶斗争，依法严厉打击违法犯罪行为，破获刑事案件112起。

【江苏兴达公司“领衔主演”制定的国际标准发布】 3月25日，从国际标准化组织(ISO)官网获悉，由中国牵头起草的ISO 23717:2022 Steel wire and wire products-Hose reinforcement wire《钢丝及其制品——橡胶软管增强用钢丝》获得全票通过，并正式批准发布。该国际标准由江苏兴达钢帘线股份有限公司担任项目负责人，冶金工业信息标准研究院承担项目召集人，联合国内外相关企业共同起草。该标准的发布标志着参与线材制品领域国际标准化影响力进一步提升。

【江苏兴达公司入选2022全国民营企业发明专利500强】 2022年11月2日，中华全国工商业联合会发布“2022民营企业研发投入500家”“2022民营企业发明专利500家”两个榜单，此次评选是为进一步推动民营企业科技创新工作，在2021年度上规模民营企业调研基础上，对8602家营业收入5亿元以上民营企业科技创新情况进行分析后形成的。江苏兴达上榜“2022民营企业发明专利500家”第415位。

【江苏兴达公司获“江苏制造突出贡献奖”优秀企业称号】 2022年12月7日，中共江苏省委、江苏省人民政府发文表彰“江苏制造突出贡献奖”优秀企业、先进个人和先进单位，全省共有50家企业被评为优秀企业，江苏兴达钢帘线股份有限公

2022年11月19日，2022橡胶骨架材料年会举行，江苏兴达钢帘线股份有限公司当选理事长单位　（戴南镇/供图）

司名列其中。“江苏制造突出贡献奖”由省委、省政府主办，旨在提振制造业发展信心，营造建设制造强省的良好氛围。其中优秀企业要求产品具备较强的市场竞争力，在推动创新发展、智能制造、绿色制造等方面具有引领示范作用。

【江苏新宏大集团有限公司入选国家级专精特新“小巨人”企业】 2022年5月17日，工信部发布关于第三批第一年建议支持的国家级专精特新“小巨人”企业名单，江苏新宏大集团有限公司入榜。国家级专精特新“小巨人”企业即重点“小巨人”企业，是从工业和信息化部已认定的专精特新“小巨人”企业中择优遴选，需满足主营业务收入占营业收入比重70%以上，主导产品属于关键领域“补短板”、关键核心技术攻关、填补国内空白(国际空白)，研发经费支出占营业收入比重4%以上等条件。

2022年7月8日，博生医材创新层挂牌暨生物膜车间投产

(戴南镇/供图)

【“双喜临门”——博生医材创新层挂牌暨生物膜车间投产】 2022年7月8日，博生医材“双喜临门”，创新层挂牌暨生物膜车间投产仪式同时进行。石四药集团总裁吴恒耀，兴化市委常委、戴南镇党委书记、兴化高新区党工委书记姚群印出席活动。

(周冬平)

表36　2022年戴南镇主要经济社会指标一览表

指标名称	单位	数值	指标名称	单位	数值
总户数	户	58902	工业利税总额	万元	—
总人口	人	181859	预算内财政收入	万元	103711.01
乡镇从业人员数	人	101560	一般预算收入	万元	93721.6
耕地面积	公顷	11589.32	私营个体税收	万元	—
地区生产总值	万元	4171236	居民储蓄存款余额	万元	—
人均地区生产总值	元	251247	农民人均可支配收入	元	43344
农业增加值	万元	79890	中小学校	所	8
工业增加值	万元	1512900	在校学生	人	15116
建筑业增加值	万元	600789	在职教师	人	1279
服务业增加值	万元	1977657	医院	所	2
生猪出栏	头	133265	卫生所(室)	个	64
家禽出栏	万羽	8.06	医生数	人	290
水产品产量	吨	6046	病床数	张	464
工业企业数	家	3560	参加养老保险人数	人	52268
当年到账外引资金	万美元	3816	参加农村新型合作医疗人数	人	118681
工业销售收入	万元	—	享受居民最低生活保障人数	人	1186

表37 2022年戴南镇骨干企业基本情况表

企业名称	销售收入(万元)	利税总额(万元)	法定代表人
江苏众拓新材料科技有限公司	1148597.6	55025.1	汪卫东
江苏兴达钢帘线股份有限公司	867833.9	72550.7	崔明生
江苏申源集团有限公司	288032.8	8913.5	宫元生
江苏泰富恒通特种材料有限公司	216820.7	3280.5	赵 衡
江苏申源金属资源有限公司	139487.6	19211.4	宫元生
江苏明璐特钢集团有限公司	83744.3	4314.6	马爱明
泰州兴达特种钢丝绳有限公司	76747.6	566.8	王 进
双乐颜料股份有限公司	71686.5	4507.9	杨汉洲
江苏新宏大集团有限公司	70657.6	10120.3	陈爱明
兴化市亚鼎不锈钢制品有限公司	69378.1	5614.1	朱 镕
江苏兴达智能制造有限公司	64793.7	7744.2	王金和
江苏新华合金有限公司	52491.2	2719.2	华大凤
江苏申源特种合金有限公司	46629.6	1902.5	宫元生
江苏申隆锌业有限公司	42153.4	1628.3	戴 鹏
江苏沪宝船舶机械有限公司	37398.6	2197.8	朱其宝
兴化市兆泰金属材料有限公司	37122.8	3439.8	朱玉勤
兴化市泛鑫金属材料有限公司	35491.5	141.6	纪忠和
江苏明璐金属资源有限公司	35177.6	4866.9	马爱明
江苏正通金属封头有限公司	34687.4	2987.9	张维朋
江苏亚盛金属制品有限公司	32828.8	1272.7	蒋红俊
江苏博生医用新材料股份有限公司	30477.5	5732.1	张吕义
江苏星火特钢集团有限公司	29457	2142.6	翟海平
江苏华杰不锈钢制品有限公司	29136.7	1556.3	许春华
兴化市远红外元件厂	24824.1	735.7	戴呈彪
金桥焊材(江苏)有限公司	23992.4	-1355.1	刘晓华
江苏新华达不锈钢有限公司	23680.8	1167.5	姚文学
江苏巨登不锈钢管业有限公司	22329.3	1406.4	郑祥福
江苏佳华金属线有限公司	22194.4	459.7	邹佳华
江苏佳杰特种螺钉有限公司	21857.7	1487.6	王长玉
江苏宏诚船舶科技有限公司	21665.5	1215.3	叶兆才
江苏星华金属资源有限公司	21581.9	2815	华大凤
江苏鸿泽不锈钢丝绳有限公司	21443.2	2468.7	陈春红
泰州飞达电工器材有限公司	20217.6	-132.2	姚 建
泰州市新龙翔金属制品有限公司	19603.5	1250.4	王秋桂
江苏山峰铜业科技有限公司	19005.3	246.1	徐松山
泰州市宏伟锂业有限公司	18347.1	877	戴日桃
泰州市锦峰新材料科技有限公司	16930.6	1550	华忠道
兴化市勇方不锈钢制品有限公司	16627.4	383.5	蒋志勇

续表 37

企业名称	销售收入（万元）	利税总额（万元）	法定代表人
泰州市金阳金属制品有限公司	16163.2	825.4	马明阳
江苏兴海特钢有限公司	16131.4	982	刘庄明
泰州俊宇不锈钢材料有限公司	15922	358.9	仲元美
泰州亚德胶粘制品有限公司	15423	2117.5	陈仕哲
江苏海威封头科技有限公司	15245.1	1114.3	张世勤
泰州新星金属材料有限公司	14565.9	200.3	高新宇
泰州全得不锈钢有限公司	13832.3	1082.3	许国庆
江苏春海电热合金制造有限公司	13798.3	1059.3	叶世海
兴化市聚鑫不锈钢有限公司	12922.5	534.7	翟育宏
兴化市新华龙不锈钢制品有限公司	12051.2	686.3	李飞飞
兴化市戴南新源环保有限公司	11758.1	-1613.9	韩　林
江苏龙跃不锈钢管业有限公司	10930.4	952.7	项益朋
江苏安惠环境设备科技有限公司	10312.9	480.8	窦长林
江苏维卡金属合金材料有限公司	10305.4	572.6	姚立国
江苏中鹏电气有限公司	10239.2	773.5	徐正荣
兴化市环宇焊材有限公司	10075.3	603	李永祥
江苏迅杰环境工程有限公司	10007.8	855.6	单建东
江苏快螺紧固科技有限公司	9791.9	575.3	朱小燕
兴化市兴星纺织有限公司	9393.9	619.2	许国兰
江苏圣迪威五金科技有限公司	9386	399.8	余桂根
江苏金扬子包装科技有限公司	9330.6	838.5	赵京东
江苏新核合金科技有限公司	9236.5	112.5	韩　伟
江苏京生管业有限公司	9065.8	227.1	赵观军
江苏国森封头有限公司	8848.9	486.1	刘佩国
江苏瑞仕达电气设备有限公司	8833.9	1269.9	何宏瑞
江苏圣欣不锈钢制品有限公司	8724.6	529.2	叶圣和
兴化市东亚铜业器材厂	8415.3	508.7	陈文生
江苏申得材料科技有限公司	8394.9	154.1	刘丽华
江苏荣明不锈钢有限公司	8368.7	244.8	徐克荣
江苏圆圆特钢股份有限公司	8345.6	480.8	朱立俊
江苏奥星机械铸造有限公司	8294.2	359.7	赵　轩
兴化市丰泽金属制品有限公司	7885.2	393.7	刘　勇
兴化市春爱不锈钢制品有限公司	7866.3	560	张冬春
泰州市惠泰不锈钢制品有限公司	7848.2	420.7	杜广好
江苏鑫泽不锈钢制品有限公司	7573.8	395.7	王梅兰
泰州市联顺机械有限公司	7552	550.6	陈吉国
泰州市银利标准件制造有限公司	7504.5	366.3	仲银存
泰州市环星不锈钢有限公司	7467.2	397.5	李　杰
江苏兴缘高温线缆有限公司	7465.8	331	吴领春

续表 37

企业名称	销售收入(万元)	利税总额(万元)	法定代表人
江苏宏利达锂业有限公司	7323.6	2181.9	王　洪
泰州市金杰特钢制品有限公司	7120.4	277.1	陈　亮
泰州市天盛不锈钢制品有限公司	7079.5	378.1	周秀兰
兴化市国澳美不锈钢制品厂	6968.6	366.7	姚立国
泰州众易达不锈钢制品有限公司	6569.4	465.6	吉　宇
江苏屹伟不锈钢管业有限公司	6449.7	436.7	郭松先
江苏康业金属制品有限公司	6113.9	287.2	朱四明
江苏鑫璐紧固件有限公司	6064.4	377.6	韩小强
江苏美宇电气有限公司	5964.4	297.7	焦卫根
兴化市苏北铸钢厂	5900	350.6	夏立春
泰州市吉强不锈钢制品有限公司	5835.2	284.4	吉德书
江苏森吉米尔金属制品有限公司	5806.1	427.3	赵　靓
江苏银锡高温线缆有限公司	5797.4	307.9	章志伟
泰州市苏阳不锈钢丝绳有限公司	5796.4	183.5	蒋东阳
兴化市顺盈不锈钢制品有限公司	5786.7	344.8	朱桂风
泰州市年峻不锈钢有限公司	5717.7	299.9	刘巧莲
泰州市大明不锈钢有限公司	5715.1	239.6	丁佩泉
江苏唐刘兴东不锈钢有限公司	5714.4	295.5	曹冬山
江苏锐金钢丝绳索具有限公司	5702	317.5	周金金
泰州耀华工具有限公司	5650.1	345.7	华定龙
江苏泰汇不锈钢有限公司	5570.8	306.5	胡　栋
泰州华盟金属材料有限公司	5566.1	249	张卫祥
江苏钢隆金属制品有限公司	5496.9	390.2	王小凤
兴化市剑达铸造有限公司	5494	413.5	徐　进
泰州市众发钢业有限公司	5419.4	418.5	赵宽平
兴化市飞轮铜管厂	5346.5	622.5	徐步远
兴化市程璐不锈钢制品有限公司	5338.2	337.1	钱党平
江苏浩本金属制品有限公司	5200	402.5	崔明珠
江苏昊博金属制品有限公司	5066.3	230.2	程仁胜
江苏雅固标准件有限公司	5063.6	208.4	陈美华
兴化市苏驰金属制品厂	5018.3	951.1	苏同明
江苏双金新材料有限公司	4990.6	185.4	时金明
兴化市东鹏不锈钢制品厂	4849.1	306.8	刘炳荣
兴化市阳光汽配厂	4831.3	470	蔡永林
泰州市凯辉金属制品有限公司	4821.8	414	沈小燕
兴化市兆驰机械科技有限公司	4748.4	191.4	魏万贵
泰州市龙利得金属制品有限公司	4726.2	248.8	张光龙
江苏金日管业有限公司	4708.5	411.6	章和弟
江苏万新金属制品有限公司	4597.2	294.4	许小军

续表37

企业名称	销售收入（万元）	利税总额（万元）	法定代表人
兴化市光杰金属制品有限公司	4553.4	263.5	陈　光
江苏华耀电器设备有限公司	4543.9	301.2	华　成
江苏冰泓餐饮设备有限公司	4461.4	-109.2	黄　超
兴化市双固建筑装饰工程材料厂	4460.6	198.5	冯志娟
江苏聚顺金属制品有限公司	4391.9	317.3	陈扣林
江苏永上钢管有限公司	4358.3	322.8	黄志平
兴化市晶鑫不锈钢制品有限公司	4336.5	227.2	金扣龙
江苏鹏申高温线缆有限公司	4300.6	337.1	徐文龙
兴化市远泰焊接材料厂	4270.5	225.3	丁小九
江苏鼎跃金属制品有限公司	4250.2	203.4	张跃兵
泰州市伟发金属制品有限公司	4236.5	243.6	刘立兵
江苏凯宇不锈钢制品有限公司	4179	254.7	徐国华
泰州市捷鑫机械设备有限公司	4141.1	375.6	韩斌斌
兴化市腾龙特钢厂	4137	396.9	蒋小庆
江苏味泉食品有限公司	4082.3	197.7	卞建华
泰州市恒越不锈钢制品有限公司	4026.2	319.8	曹学俊
泰州市宏程锻造有限公司	3961.5	214.8	蒋春田
泰州市昌博不锈钢制品有限公司	3946.8	134.1	徐　成
兴化市沪成不锈钢制品厂	3941.9	228.2	王海波
江苏嘉宁建材有限公司	3940.6	417.4	朱月龙
兴化市海洲五金塑料制品厂	3873.6	261.8	黄建海
江苏方舟不锈钢制品有限公司	3857.7	644.4	曹平之
江苏前进不锈钢有限公司	3828.1	279.2	蒋志高
兴化市五鑫耐热钢铸件厂	3655.6	244.5	黄秋平
泰州市永固商品混凝土有限公司	3649	143.9	徐锦贞
泰州市泰业不锈钢制品有限公司	3641.9	203.5	李　寨
兴化市慧钢不锈钢有限公司	3602.5	227.7	徐慧兰
江苏苏中再生资源科技有限公司	3593.9	498.3	许国祥
高泰汽车技术(泰州)有限公司	3491.3	-290.8	王爱平
江苏冶泰特钢制品有限公司	3485.4	254.8	李永圣
兴化市杭氏不锈钢制品厂	3439.9	168	杭乐霞
江苏恒通管件有限公司	3412.6	379.2	王管林
江苏红阳全月机械制造有限公司	3385	271.6	李文权
泰州市超威机电设备制造有限公司	3251.7	277.9	沈根平
江苏晨明不锈钢材料有限公司	3220.3	335.8	颜丽婷
兴化市宏星不锈钢制品有限公司	3202.2	454.6	沈元宏
江苏凌宇环保科技有限公司	3172.1	197.4	周粉军
泰州华夏特钢有限公司	3152.7	177.1	夏兆礼
兴化市戴南振兴石化丝网厂	3078.6	145.9	严小兰

续表 37

企业名称	销售收入（万元）	利税总额（万元）	法定代表人
泰州市建强不锈钢制品有限公司	3076.2	204.6	李其和
江苏恒泰不锈钢管业有限公司	3067	199.2	汤蒙蒙
兴化市云龙不锈钢制品厂	3050.6	241.9	付庆云
泰州市顺拓不锈钢制品有限公司	3042.7	183.2	马春兰
兴化市银龙不锈钢有限公司	3029.3	214.9	胡玉平
泰州市明泽不锈钢制品有限公司	3015.5	246.1	丁佩泉
兴化市飞翔机械配件厂	3007.3	144	周汉翔
兴化市品丰不锈钢制品厂	3002.1	142.8	王龙林
江苏华联金属制品有限公司	2971.7	185.5	陈应华
兴化市创赢通信器材有限公司	2940.5	230.3	夏顺平
江苏新奇步楼梯制造有限公司	2885.8	258.9	李小明
兴化市豪铭机械有限公司	2846.7	43.8	马明亮
泰州市元彬不锈钢制品有限公司	2824.4	311.9	朱元兵
江苏励德特钢制品有限公司	2823.2	189.8	王康进
兴化市南洋不锈钢制品厂	2795.3	120.6	杨晓俊
泰州市滋睿金属制品有限公司	2784.4	167.1	朱增凤
江苏长达特钢制品有限公司	2778.6	214.8	杭长顺
兴化市扁创不锈钢制品厂	2749.7	192.5	祝为泽
兴化市航科材料科技有限公司	2741.5	94.5	杨树楼
兴化市新强龙不锈钢制品有限公司	2738.5	146.9	张建俊
江苏杰佑金属制品有限公司	2728.2	171.8	沐田宝
泰州市炬森特钢制品有限公司	2706	157.4	宋玉本
兴化市欣佳模具有限公司	2686.5	164.1	杨卫星
江苏宇启恒飞电气制造有限公司	2683	96.2	朱义宇
兴化市楚水模具材料厂	2666.5	165.8	焦米珠
兴化市久鑫不锈钢制品厂	2653.1	137.8	许玉根
江苏奥力建筑五金有限公司	2617.3	168.8	朱晓龙
兴化市富翔不锈钢制品有限公司	2616.8	306	翟文豪
泰州盛悦医药包装有限公司	2607.1	352.8	张吕义
兴化市光辰金属制品有限公司	2571.2	115.8	王恒柏
兴化市戴名不锈钢制品厂	2545.1	172.4	朱义庆
泰州市益聚金属制品有限公司	2535.4	99.4	顾珍凤
江苏恒远流体设备有限公司	2491.4	211	丁　丽
泰州市嘉信石化机械有限公司	2477.5	121.8	夏文艳
兴化市得利金属科技有限公司	2464.9	155	胡铁所
泰州市旺中旺不锈钢有限公司	2420.2	130.8	陈扣兰
江苏承耀不锈钢制品有限公司	2417.5	138.8	李瑞华
兴化市洪利不锈钢制品厂	2415.1	163.4	陈红兵
泰州市瑞美机械有限公司	2410.1	159.1	马少雨

续表 37

企业名称	销售收入(万元)	利税总额(万元)	法定代表人
兴化市金源盛不锈钢制品有限公司	2385.8	102.1	杭华靖
泰州市长盈金属制品有限公司	2372	159.9	赵玉华
泰州华泽金属工业有限公司	2369.2	127.3	蒋桂林
泰州市佳乐金属制品有限公司	2314.4	184.4	苏同卫
兴化市鑫富耐热耐磨钢铸造厂	2286.6	158.7	钱冬平
兴化市宏武不锈钢制品有限公司	2276.5	154.2	何月兵
江苏曼瑞新材料有限公司	2221.6	125.9	沈　浩
江苏恒大不锈钢精密铸造有限公司	2214.4	249.6	李　娟
泰州市大华机电设备有限公司	2213.6	151.6	华天来
兴化市佳谕不锈钢有限公司	2209.2	147.8	包月梅
泰州市鼎阳特钢材料有限公司	2186	145.5	陆冬生
泰州凯特机械有限公司	2185.2	80.4	仲爱国
兴化市华瑞纺织有限公司	2170.6	-29.3	周安华
兴化市毅光特钢铸造有限公司	2170	105.6	杭重重
泰州康宝生物科技有限公司	2158.8	150.5	刁扣山
泰州市申工不锈钢制品有限公司	2133.4	171.2	徐志文
兴化市向荣不锈钢制品有限公司	2094.5	216.9	祝玉荣
江苏奥正金属制品有限公司	2092.4	176.1	陈芳芳
兴化市凯立德不锈钢制品有限公司	2080.8	125	谢彬彬
泰州华鑫不锈钢制品有限公司	2076.9	98.1	马存进
兴化市宏盾链条厂	2026.2	103.6	黄　昆
兴化市万鼎不锈钢制品有限公司	2023.4	245.8	顾扣红
兴化市华轩不锈钢制品厂	2016.1	47.5	朱　燕
江苏宝昱莱特种集装箱制造有限公司	2013.6	167.5	高红祥
兴化市鸿威通讯器材配件厂	2013.1	92.8	潘祥栋
泰州市淳强不锈钢有限公司	2012.6	398.5	赵书香
江苏春旭不锈钢制品有限公司	2003.3	195.9	赵应文
江苏申尔电气有限公司	2001	72.3	华粉兰
兴化市兴宇硅橡胶制品厂	2000.9	141.4	高萍凤
江苏八达钛制品有限公司	2000.6	36.7	周建豪
泰州市嘉通装饰材料科技有限公司	2000.3	165.3	刘双辉

表 38　2022 年戴南镇各村基本情况表

村名	村支部书记	村委会主任	耕地面积(公顷)	人口(人)	工农业总产值(万元)	农民人均纯收入(元)
中迎村	姚　平	姚　平	170.79	4344	392195.67	54080
戴泽村	邵海荣	邵海荣	26.61	2521	118678.6	58409
永丰村	翟复华	翟复华	39.71	3499	127632.6	61982
南朱村	丁建瑞	丁建瑞	77.65	2395	181008.6	50919

续表38

村名	村支部书记	村委会主任	耕地面积(公顷)	人口(人)	工农业总产值(万元)	农民人均纯收入(元)
护国社区	沐晓红(10月免) 陈　华(10月任)	沐晓红	—	—	—	—
人民社区	徐子文	徐子文	—	—	—	—
雁伦村	周正斌	周正斌	149.29	3313	130042.9	46305
北姜村	姚海涛	姚海涛	96.02	3311	192391.5	60235
陈祁村	陈根旺	陈根旺	107.63	2131	152198.2	54178
东陈村	刘　伟	蒋爱国	182.38	3288	284532.6	51799
罗顾村	杭正林	杭正林	93.91	3205	510520.25	51477
裴马村	刘勇华	刘勇华	186.93	3769	176220.1	48479
张万村	李文政	李文政	7.8	2088	505814.26	52110
赵家村	马强剑	马强剑	13.92	2631	1204832.7	52844
双沐村	仲旭景	仲旭景	53.24	2310	164132.4	46249
董北村	沐东录	沐东录		3062	794137.09	81985
史堡村	陈其祥(8月任)	—	92.29	3470	555182.53	49734
徐顾村	费来平	费来平	84.63	1655	26935	37573
光孝村	于建亮	于建亮	100.95	1521	.1135308.4	40967
顾庄村	翁乃林	翁乃林	203.98	4509	163959.5	42919
姜何村	张　驰	范建伟	108.02	2990	369460.6	49304
帅垛村	周洪海	周洪海	61.52	2054	242142.8	52328
顾中社区	翁国宏	翁国宏	—	—	—	—
顾北村	刘忠明	刘忠明	340.06	3641	20914	35100
花杨村	顾林森	顾林森		2164	6082	39752
季家村	范春荣	范春荣	219.71	2547	3108	35277
孙堡村	许应龙	许应龙	219.13	1838	16295	34476
石万村	李兆林	李兆林	147.37	1474	22806	33867
北孙村	马宇坤	—	129.67	1565	34500	36945
丁吉村	陈　军(10月免) 费杭华(10月任)	陈　军	171.34	2227	81550	42849
刁良村	王俊岳	王俊岳	227.86	2516	25318	41441
冯田村	王正华	王正华	316.6	2694	4713	36123
管家村	范富强	范富强	332.61	3188	5835	37973
徐唐村	高　翔	高　翔	356.8	3517	4557	40133
蒋庄村	徐　旭(10月免) 王　森(10月任)	徐　旭	120.59	1993	191991.18	45340
刘纪村	章正托	章正托	173.22	3130	359962.29	45642

续表38

村名	村支部书记	村委会主任	耕地面积(公顷)	人口(人)	工农业总产值(万元)	农民人均纯收入(元)
五星村	朱　超	朱　超	419.88	4834	50114.4	39731
罗磨村	华进东	潘　婷	121.57	2565	807640.9	45725
赵万村	戴伯明	戴伯明	130.78	5354	434041.6	49513
张郭社区	赵启军	赵启军	—	—	—	—
欧家村	王松桂	王松桂	100.16	1876	64570.88	44590
同济村	徐开峰	徐开峰	220.38	2634	40479.7	39002
葛尤村	张晓骏	张晓骏	196.03	2424	55694.1	42003
联进村	赵观鹏(10月免)	赵观鹏	247.26	3346	21310.3	39599
福园村	邹友根	邹友根	391.21	3830	16379.8	38302
华庄村	王九荣(10月免) 林正祥(10月任)	王九荣	218.39	1767	7139	38506
港南村	王　森(10月免)	王　森	232.18	2056	12023	43474
藕杭村	王成忠	王成忠	173.66	1668	6486.52	43943
周家村	夏正东	夏正东	165.07	2011	24178.2	44689
南桥村	金如忠	金如忠	229.48	2357	9375	40846
振兴村	周　磊(1月免) 赵观鹏(10月任)	—	196.4	2644	42455.5	41701
唐刘村	蒋婷婷	蒋婷婷	481.01	5123	27139.2	41820
双周村	孙正中	徐开存	614.63	4850	11776	39752
裕民社区	朱光国	朱光国	—	—	—	—
姜太村	吴庆枫	吴庆枫	348.22	3026	3341	30774
茅山村	曹学俊	曹学俊	268.1	3965	12471	31413
纪荀村	王汝彪	王汝彪	284.45	4055	88380.9	31208
茅山北村	蔡三宝	蔡三宝	304.44	2707	21390	30843
朝阳庄村	许秀国	许秀国	243.5	2046	16264	31246
薛杨村	朱文斌	朱文斌	380.06	3275	8562	31237
顾冯村	卢树祥	卢树祥	245.18	2618	3582	31191
孙王村	张秧桂	张秧桂	287.2	2535	2841	30830
南朱庄村	戴巧根	戴巧根	192.57	2001	3540	30930
茅山社区	胥正平	胥正平	—	—	—	—

大垛镇

【概况】 大垛镇地处宁靖盐高速与高兴东公路交会处，宁靖盐高速兴化出口穿镇而过，省级航道梓辛河、新塘港河纵横交错，区位优势明显，水陆交通便捷，位于兴化城区的"东大门"，为兴化市十大古镇之一，历史悠久，文化底蕴深厚，郑板桥的故里，省级文物保护单位——板桥林园坐落于该镇管阮村。行政区域面积72.77平方千米，总人口4.1万人，辖有18个行政村、

1个板桥社区、1个兴化市新源轻工科技产业园。

【经济建设】 2022年,全镇实现地区生产总值26.71亿元,工业开票销售44.75亿元,规上工业总产值39.7亿元,一般公共预算收入7289万元;新增规上工业企业9家。新签约项目12个,其中亿元以上项目10个,新开工亿元以上项目3个,竣工亿元以上项目4个。润通锌业、太顺锌业、鹏达锌业和宝中宝化妆品,入选国家高新技术培育库企业。实施“亩均论英雄”改革,盘活低效闲置用地129亩。完成新开工、新竣工“智改数转”项目21个,实施智能数字化技改项目8个,完成投资5.6亿元。2022年,全镇坚持典型引领、示范先行、先点后面,大力发展现代农业、生态农业,推进高效农业集中连片发展,打造兴化市级现代农业产业示范园。全镇现有新型规模经营主体15家,其中省级示范农场1家,市级示范农场13家,市级示范专业合作社2家。开展各类新型职业农民技能培训247人次。实施高标准农田1600亩,新建2座小型电灌站、4座机耕桥、5条机耕路、16座涵洞。成立大垛镇美丽乡村建设有限公司并实体化运营,帮助经济薄弱村抱团增收。申报党建引领村级集体经济发展重点项目9个,切实增强村集体自身“造血”功能。全年完成村集体经营性收入1249.84万元,其中娄庄村、保宽村和塘港新村3个村经营性收入达100万元以上,其他15个村经营性收入均达50万元以上。

【社会事业】 协助东兴高速和宁盐高速先导段顺利开工。完成2.7千米西塘港河道路安全防护栏安装。新建圩口闸2座,改造维修电启闭闸8座,维修双石排涝站1座。实施高标准农田建设,建成3.4千米硬质路、4座桥、2座小电站和1座圩口闸。投资294万元,完成昌大线府前路1068米提档升级改造工程;投资约2235万元的镇中心幼儿园主体工程项目正在建设。做好退伍军人优待证办理宣传组织工作,残疾人持证968名,9月顺利完成第六次残疾人代表大会换届工作。铺设镇村污水管网20千米,新建2个村庄生活污水处理设施。戴昭线、大三线、双石大道等道路维修按期完成。板桥路东延工程顺利通车。建成“大垛镇儿童之家”1家、村级儿童之家19家。完成适老化“一户一策”改造19户。救助因病因灾致贫各类救助对象580人,金额达34.28万元。规范做好低保调标工作,年内低保新增5户7人,核减23户31人,全镇低保242户327人。建立健全并动态更新全镇70名困境儿童、54名留守儿童信息。

【生态建设】 以全国文明城市创建为抓手,以人居环境整治为切入点,对镇村主要出入口、道路沿线、垃圾房及村庄内部环境进行全方位的整治。开展人居环境“四清一治一改”、美丽菜园、省级生态宜居美丽示范镇村、省级绿美乡村创建等专项推进活动,坚持领导干部巡河常态化,确保河长制“河常治”,完成西塘港生态河道整治11.5千米,并通过验收;清除乱堆乱放156处、拆除乱搭乱建34处,打造美丽小菜园90处。镇、管阮村、塘港新村分别获得兴化市首批“美丽菜园”示范镇(村)称号。

【社会治理】 开展党群共建美丽乡村行动,建立宣传指导、矛盾调解、环境整治3支志愿攻坚队伍。聚焦社会稳定,加强网格化治理,常态化开展扫黑除恶工作,着力化解社会矛盾纠纷,全面开展风险隐患大排查工作,为经济社会生产提供安全稳定环境。开展三项专项排查工作,迅速成立工作领导小组,多次召开各类专题会议,组织镇村两级人员完成全面梳理排查,做到排查工作入户到位、比对核查精准到位、问题处理及时到位、服务管理落实到位。实施“雪亮工程”建设,扩大高清视频监控摄像头覆盖率,全力打造立体安全防控体系。深入开展安全生产大检查、百日攻坚行动和工贸企业“护航二十大”安全检查,完成“三年大灶”专项整治,推进烟花爆竹和企业泡沫夹心板房整治。落实村级网格化防灾减灾和隐患治理工作。成立镇应急管理局和消防工作站。开展“安全宣传咨询日”“安全城市,你我共享”等专题活动6次,组织“百团进百万企业千万员工”宣讲12场次,常态化开展燃气、用电、消防、食品、自然灾害等安全宣传“五进”活动。全面开展自建房安全隐患摸底排查,完成属地经营性自建房全国信息系统录入29057栋,既有建筑房屋排查23105栋。

(徐杨洋)

表 39　2022 年大垛镇主要经济社会指标一览表

指标名称	单位	数值	指标名称	单位	数值
总户数	户	13238	工业销售收入	万元	447481
总人口	人	40997	一般预算收入	万元	7289
乡镇从业人员数	人	18156	农民人均可支配收入	元	34309
耕地面积	公顷	3375.16	中小学校	所	3
地区生产总值	万元	267103	在校学生	人	1876
人均地区生产总值	元	99673	在职教师	人	237
农业增加值	万元	57474	医院	所	1
工业增加值	万元	75047	卫生所（室）	个	10
建筑业增加值	万元	15596	医生数	人	95
服务业增加值	万元	118985	病床数	张	64
生猪出栏	头	6159	参加养老保险人数	人	23242
家禽出栏	万羽	132	参加农村新型合作医疗人数	人	26558
水产品产量	吨	13047	享受居民最低生活保障人数	人	372
工业企业数	家	415			

表 40　2022 年大垛镇骨干企业基本情况表

企业名称	销售收入（万元）	利税总额（万元）	法定代表人
江苏奋杰有色金属制品有限公司	86083.96	1063.42	孙云杰
兴化金孔雀实业发展有限公司	64701.85	447.77	陆迎春
新烜新材料（泰州）有限公司	42895.58	24.73	李　玮
兴化市庆丰锌品有限公司	12271.82	45.93	陆安庆
兴化市万润锌业有限公司	11477.35	193.75	夏玉干
兴化市兴达锌业制品厂	10803.86	148.39	孙晓琴
江苏众嘉新材料有限公司	9027.54	185.96	陆建峰
泰州鹏达锌业有限公司	9016.15	114.71	王荣祥
兴化市忠信锌业有限公司	8562.16	56.49	周俊华
兴化市太顺锌业有限公司	8049.16	88.81	余万学
江苏古彦铝业有限公司	7387.89	65.17	万凤根
兴化市宝大锌品厂	5946.11	25.59	谭明忠
兴化市华诚锌业有限公司	5515.44	91.41	刘兴华
兴化市天和塑业有限公司	5348.6	49.28	朱美琴
兴化市星锌冶化厂	5327	91.67	石峰城
泰州市鹏程体育设施材料有限公司	4231.66	85.16	刘金中
江苏润通锌业有限公司	4143.21	77.56	徐　云
兴化市奔腾体育设施材料有限公司	4080.08	80.17	刘银萍
江苏新华体育设施材料有限公司	3984.62	62.07	沈　阳
红热新材料（泰州）有限公司	3794.72	22.11	徐新祥

续表 40

企业名称	销售收入（万元）	利税总额（万元）	法定代表人
兴化市朝阳锌业有限公司	3514.71	49.91	翟锦学
泰州市顶锋剃须刀制造有限公司	3492.03	65.54	花正祥
江苏飞鸿体育设施材料有限公司	3250.51	51.56	顾正仓
泰州市兴江锌业制品有限公司	3175.63	52.33	刘兴江
兴化市宝中宝化妆品有限公司	3166.7	37.78	郭荣东
兴化市顺隆锌品有限公司	3087.58	34.54	吴永荣
江苏浩磊金属新材料有限公司	3049.9	49.47	黄连军
兴化市兴盛铝业有限公司	2739.85	49.43	许长维

表 41　2022 年大垛镇各村基本情况表

村名	村支部书记	村委会主任	耕地面积（公顷）	人口（人）	农业总产值（万元）	农民人均纯收入（元）
大何	翟建国	翟建国	302.2	1895	10647	33300
跃进	陈荣明	陈荣明	264	1879	10418	33812
娄庄	董金荣	—	226.7	2006	12427	33275
兴联	高银喜	—	224.9	2032	12577	33360
东刘	刘　键	刘　键	214.9	1639	10775	33346
大陶	任年春	任年春	173.3	1729	12615	33798
保宽	任小祥	任小祥	133.9	1753	19908	33844
从六	王广和	王广和	163.6	2057	18885	34106
安民	陆　路	陆　路	70.7	2239	54905	36512
双石	石　鹏	石　鹏	310.7	3261	16946	33329
塘港新村	翟锦年	翟锦年	299.8	2597	34157	34247
阮中	陈　涛	陈　涛	63.9	2152	15488	34762
管阮	李忠林	李忠林	122.2	1701	15157	37751
陈卞	刘　涛	刘　涛	142.6	1848	14585	35590
盛吴	王少华	王少华	165.6	2346	18847	34218
园区新村	李米扣	李米扣	255.3	3151	23713	33872
吴杨	孙　忠	—	160.5	1759	9121	34807
天河	余友彪	余友彪	120.1	1685	14354	34736
板桥社区	顾　方	顾　方	—	3268	—	—

荻垛镇

【概况】　荻垛镇地处宁靖盐高速公路、229 省道与 344 国道交会处，拟建兴东高速荻垛段出口紧邻集镇南侧，区位优势明显。行政区域总面积 72.4 平方千米，人口 4.41 万人，辖 15 个行政村、1 个居委会和 1 个工业园区。荻垛历史悠久，当年唐王东征，大将薛仁贵曾率部驻于此处，因“荻草丛生，土垛相连”而得名。荻垛镇境内河道纵横，直通国家级口岸泰州港。四通八达的水陆交通网络，助推荻垛的经济社会发展。

【经济建设】　2022 年，实现地区生产总值 23.24 亿元，增长 8.2%；税收收入 1.01 亿元，增长1.32%,一般公共预算收入5301万元,增长2.07%,增幅均位列兴化市第一位;工业开票销售30.18亿元,增长13.8%,规上工业总产值26亿元,增长15.3%,新增规模以上工业企业6家;完成固定资产投资14亿元,增长54.4%。推进高标准农田项目建设,覆盖面积达5万亩。建成泰州优质稻米生产基地3家,种植面积达66.67万平方米。完成集中育供秧面积32万平方米,全镇机插秧面积达2800公顷。新组建农民专业合作社4家、家庭农场15家,成功申报省示范农民专业合作社1家,泰州市级专业合作社2家、泰州市示范家庭农场3家,市级专业合作社1家,市级家庭农场3家,新增土地流转面积523.2公顷。深化农村集体产权制度改革,规范农村产权交易行为,全年完成产权交易606宗,总金额4377.37万元。

【社会事业】 2022年,居民医保参保31200人,参保率98.80%。提高城乡居民养老保险覆盖面,居民养老保险参保26214人,续缴率92.71%以上。全面落实就业创业扶持政策,完成创业培训共100人,发放富民创业贷款700万元,新增创业人员266人,新增就业500人次。为民服务中心开设市场主体登记等相关行政许可和公共服务事项办理业务,实现"一窗受理、当场办结"。坚持就业优先战略,积极帮扶残疾人、零就业家庭成员就业,充分发挥省级电子商务示范镇效应,开展职业技能培训和创业培训,提高公共就业服务水平。推进社会保险扩面,努力实现规上企业长期用工应保尽保,确保企业职工养老保险、工伤保险、医疗保险新增400人以上。注重提升教育质量,西毛幼儿园顺利通过省优质园复审初评,镇中心幼儿园、中心小学均被市教育局评为年度考核综合先进单位。加大基层文化供给,累计举办文艺演出20场,展览130余场,培训讲座超30场次,服务人群5万余人。守护"一老一小"幸福生活,建成"荻苗"未成年人关爱中心,"60℃阳光助餐"为全镇246名80岁以上老人提供暖心服务。开展志愿服务活动1460次,清理乱堆乱放、乱涂乱画81处,整治河道6条、改造桥梁1座、新建公厕11座、维修道路1630平方米、安装太阳能路灯42盏、新增绿化2000平方米。投资3500万元,开展幸福路"白改黑"工程,推进老政府地块安置房建设。健全垃圾清运监管体系,加大镇村垃圾清运频率,确保日产日清。全年新建和改造圩口闸8座、维修排涝站2座、电启闭改造3座,完成丰收圩、南王圩、胜利圩、西毛圩等8处险工患段的加修加固,排查整改全镇48.5千米农村公路线路和102座桥梁隐患13处。推进"四好农村路"高质量建设,完成紫金南路、荻从线、荻廷线、南从线、荻董线的"一镇一环线"建设任务;稳步实施农村公路桥梁提档升级工程,荻一桥、荻三桥、南王西桥改造竣工并通车。

【生态建设】 严格落实河长制,对村级262条河道水环境治理推行河道管护"承包制",完成团结河塾墩至富家段,荻港河西毛段幸福河湖打造工程。开展农村人居环境整治"百日攻坚"行动,启动梓幸村泰州市级特色田园乡村创建工作,梓幸、西毛、塾墩、金石、兴陈等5个村的江苏省美丽宜居示范村全面创成、蒋家村人居环境薄弱村成功摘帽。持续推动农村厕所革命,改造户厕176户。重抓农村生活污水治理,新建污水网13.5千米,唐港、富家2个村完成污水处理设施建设任务。坚决防范遏制"三高一低"产业发展,打好蓝天、碧水、净土保卫战。严格执法监管,加强"散乱污"整治,铁腕整治突出环境问题,确保重点企业污染物达标排放。做好环保督察问题整改销号工作,逐条对照整改省级以上环保督察交办问题共22单,整改21单。加快铜铝合金、体育材料等行业清洁生产改造,强化扬尘、废气管控。

【社会治理】 开展安全生产大检查和夜间巡查,共检查328次,隐患整改1249条。严格落实消防安全工作责任制,深入排查整治火灾隐患136条,全镇安全生产形势平稳,全年未发生较大以上生产安全事故。扎实开展常态化扫黑除恶斗争,深化法治平安创建活动,充分发挥网格化治理体系作用,着力构筑打、防、控一体化的社会治理体系。深入开展"大排查、大起底、大化解"专项行动,调处社会矛盾纠纷400余起,有效化解部分信访积案。

(汤　磊)

表42　2022年荻垛镇主要经济社会指标一览表

指标名称	单位	数值	指标名称	单位	数值
总户数	户	12656	工业利税总额	万元	6132
总人数	人	44058	预算内财政收入	万元	10450
乡镇从业人员数	人	12125	一般公共预算收入	万元	5301
耕地面积	公顷	4417.3	私营个体税收	万元	344.78
地区生产总值	万元	232380	农民人均可支配收入	元	31083
人均地区生产总值	元	87618	中小学校	所	2
农业增加值	万元	51689	在校学生	人	471
工业增加值	万元	77500	在职教师	人	91
建筑业增加值	万元	4586	医院	所	1
服务业增加值	万元	103191	卫生所(室)	个	22
生猪出栏	头	3694	医生数	人	86
家禽出栏	万羽	40.6	病床数	张	36
水产品产量	吨	3750	参加养老保险人数	人	26214
工业企业数	家	353	参加农村新型合作医疗人数	人	34661
当年到账外引资金	万元	—	享受居民最低生活保障人数	人	908
工业销售收入	万元	301804			

表43　2022年荻垛镇骨干企业基本情况表

企业名称	销售收入(万元)	利税总额(万元)	法定代表人
兴化市兴东铸钢有限公司	20722.2	702.53	周长军
泰州华航建材有限公司	5066.5	221.18	严忙贤
泰州华航精密铸造有限公司	6083.3	213.41	严忙贤
兴化市森荣金属制品有限公司	18819.4	221.19	姜森荣
泰州润伟机械有限公司	6312.9	161.42	陈四海
兴化市利克废金属再生有限公司	1819.8	127.12	张玉国
兴化市东方铸钢有限公司	2768.9	108.26	周友龙
兴化市锐达建材机械有限公司	5783.6	98.41	芦永明
江苏彩虹体育设施材料有限公司	4133.3	138.67	殷万友
兴化市舟鹏金属制品有限公司	2368.9	79.12	周洪宝
江苏凯越体育场地设施有限公司	2466.3	76.38	殷万存
江苏天行健体育产业发展有限公司	3187.4	66.08	裴桂雨
泰州宇威金属制品有限公司	—	64.14	沈海龙
江苏兴成新材料有限公司	26251.6	62.94	王兴红
兴化市海达锌品有限公司	3180.1	62.82	董金宝
泰州山鑫铝业有限公司	1343.2	59.97	曹　斌
泰州天睿体育设施材料有限公司	1134.8	58.82	郭存洋
兴化市翔宇体育器材有限公司	2276.1	55.74	邵金粉
兴化市宏丰铝业有限公司	6224.9	50.38	李　正

表44　2022年获垛镇各村基本情况表

村名	村支部书记	村委会主任	耕地面积（公顷）	人口（人）	工农业总产值（万元）	农民人均纯收入（元）
蛰　墩	周国富	周国富	197	1935	28584.64	33630
蒋　家	周加桁	周加桁	212	2421	36300.32	34495
富　家	沙朝阳	沙朝阳	284	2795	37735.04	29206
获　垛	徐银善	徐银善	321	3251	54270.72	29928
四　联	解建祥	解建祥	319	3012	17450.72	27571
西　毛	朱义龙	朱义龙	363	3462	36610.56	30575
新　丰	陆一游	陆一游	262	3069	37699.2	35026
郏　周	刘　庆	刘　庆	196	2124	24037.44	26961
向　阳	吴广进	吴广进	307	3519	41235.04	33823
唐　港	沈　翔	沈　翔	368	3145	10118.08	26731
梓　幸	周天水	周天水	323	2816	10502.24	30165
梓　里	从友潜	从友潜	317	3014	6649.44	29944
润　王	刘志鑫	刘志鑫	320	3165	24572.8	27407
金　石	董荣康	董荣康	304	2961	11006.24	27474
兴　陈	冯　华	冯　华	316	3369	21899.36	30841

戴窑镇

【概况】　戴窑镇地处兴化、东台、大丰三市交界处，有兴化东大门之称，是泰州市重点中心镇之一。行政区域面积97.27平方千米，其中镇区面积6平方千米，耕地面积5953公顷。辖行政村25个、居委会1个、村民小组364个。年末，全镇总户数21574户，总人口63144人，其中非农人口13562人。另有外来暂住人口1569人。

【经济建设】　2022年，实现地区生产总值30.22亿元，同比增长12.6%。工业开票销售收入55.21亿元，同比增长3.2%；完成税收收入5500万元，一般公共财政预算收入2913万元。农业经济持续发展，实现农业增加值6.95亿元，同比增长4.8%。工业转型升级加快，实现工业增加值6.2亿元，同比增长14.6%。第三产业发展提速，实现服务业增加值15.55亿元，同比增长16.15%。以“五未”土地整治为抓手，强化“亩均”意识，顺利完成市交“亩均论英雄”改革2万平方米目标任务。项目建设持续发力。新增项目8个，其中亿元项目4个，完成招商引资8.12亿元。完成亿元签约项目2个，拟投资2.1亿元。亿元开工项目统一齿轮，亿元竣工项目城中鲜食品加工、四季香米业通过泰州市级验收。新增四上企业11家，其中规上工业企业8家，批零住餐3家。园区申报省级龙头企业1家，泰州龙头企业4家、中国百强农产品区域公用品牌4家，绿色食品企业6家。市粮食交易市场获批“省级泰州兴化粮食物流产业园”，市粮食加工集中区获得江苏省农业农村厅第二批农产品加工集中区示范典型案例推介。2022年，全镇坚持农业农村优先发展，不断夯实粮食安全根基，提升农业发展水平。农业基础设施配套逐步完善。完成机耕路6.8千米，硬质渠1.2千米，新建机耕桥4座、电灌站7座，拆建圩口闸1座。完成高标准农田建设2100亩，新建圩口闸2座，改造电启闭4座，维修圩口闸1座、排涝站2座。建成集中育秧面积385亩，水稻机插面积30810亩。土地资源配置持续优化，新签订土地流转面积3879亩。开展粮食生产绿色高质高效技术培训和观摩,培育高素质农民464人。打造兴化优质大米戴窑水稻绿色高质高效核心基地2000公顷。新增粮食绿色高质高效部级示范基地1个。新增泰州市级示范合作社1家、兴化市级合作社1家,泰州市级示范家庭农场1家、兴化市级家庭农场2家。

【社会事业】 组织开展"春风送岗 暖企惠民"线上招聘会,提供"政银携手"金融服务,支持成功自主创业180人,失业保险扩面214人,工伤保险扩面244人。社会保障体系建设持续加强。加大城乡居民养老保险参保工作力度,全力打造"省级15分钟医保服务圈"。关心弱势群体生产生活,发放临时救助22.8万元。办理医疗救助备案,救助金额10.7万元。走访慰问64户,发放慰问金4万元。救助困难学生发放助学金8.5万元。戴窑中学中考成绩为近年之最,平均分比上年提升24.3分,考取兴化中学公费4人、兴化中学指标生11人、楚水高中指标生11人。戴窑人民医院普通外科通过江苏省基层特色科室评审,胃肠中心通过泰州市基层特色科室评审,中医科通过五级中医馆初审,分级诊疗初具规模。2022年,戴窑镇获评"江苏省文明乡镇",新唐林村获评"江苏省文明村",新花园村、窑东村等10个村获评"泰州市文明村"。

【生态建设】 开展集镇部分主干道杆线下埋、米企一条街环境整治、集镇保洁机器换人、车路河风光带优化、乐吾社区西区宜居等民生实事工程,镇容镇貌更加协调、整洁、靓丽。全年清理街道杂物1.1万余处,规范车辆停放2.3万余辆,劝离流动摊贩3248人次,整改登记广告牌870处,清理违法广告3120处,完成12345投诉工单销号278条。新建户改厕163座,整改达标137座。"一米菜园"掀起建设高潮,参与户数3000余户,创成1800多户。对5家包装印刷企业、臻马家居、明灿机械等涉及挥发性有机物排放的10家企业实施废气净化装置改造升级。涉及车路河岸线的15家船厂整治到位,盘活集体土地10万余平方米。实现秸秆大机全量还田、犁耕深翻4333.33公顷、综合利用率97.5%。加强蟹池水草、塘内水体排放管理,完善水质监测包保巡查网络。常态化打捞17条市镇级河道,清除河道垃圾水葫芦3000余吨,清理福寿螺卵80千克,成螺120千克。建成标准化池塘87.87公顷,打造市镇两级生态河道6条。推进林业农网建设,完成成片造林15亩,更新造林8万平方米,农田林网改造13.33万平方米,四旁植树3万株。19个行政村完成增减挂钩任务10.43万平方米,3个行政村占补平衡7.51万平方米。创建市级特色田园乡村1个,美丽宜居村3个,环境整洁村21个。

【社会治理】 坚持常态化扫黑除恶,组织开展《反有组织犯罪法》宣传学习活动,深化"拉网式"社会矛盾风险隐患排查。成立"警网融合"工作专班,不断深挖"警网融合"机制优势,系统联动村(社区)民警、辅警,联合进行"百日行动",加强对重点场所、重点部位的巡逻守护,预防各类治安事件发生。全力护航安全生产。全年开展"重点行业领域百日攻坚行动"等安全生产专项整治,检查2641次。

(袁幸福)

表45 2022年戴窑镇主要经济社会指标一览表

指标名称	单位	数值	指标名称	单位	数值
总户数	户	21574	预算内财政收入	万元	7256
总人口	人	63144	一般预算收入	万元	2913
乡镇从业人员数	人	24215	私营个体税收	万元	6174
耕地面积	公顷	5953	农民人均可支配收入	元	31766
地区生产总值	万元	302176	居民储蓄存款余额	元	—
人均地区生产总值	元	72267	中小学校	所	5
农业增加值	万元	69452			

续表45

指标名称	单位	数值	指标名称	单位	数值
工业增加值	万元	62032	在校学生	人	5611
建筑业增加值	万元	15232	在职教师	人	483
服务业增加值	万元	155460	医院	所	1
生猪出栏	头	30236	卫生所(室)	个	29
家禽出栏	万羽	23.32	医生数	人	197
水产品产量	吨	5746	病床数	张	335
工业企业数	家	105	参加养老保险人数	人	15844
当年到账外引资金	万元	51000	参加农村新型合作医疗人数	人	38039
工业销售收入	万元	552132	享受居民最低生活保障人数	人	494
工业利税总额	万元	39100			

表46 2022年戴窑镇骨干企业基本情况表

企业名称	销售收入(万元)	利税总额(万元)	法定代表人
江苏渝鑫科技股份有限公司	6119	12	蒋 镇
泰州苏兴米业有限公司	2675	206	焦良兴
江苏松发米业有限公司	12769	216	张正志
江苏星明米业有限公司	7129	341	沈兴明
泰州市长前米业有限公司	11330	186	顾长前
兴化市镇西王米业有限公司	3734	276	李文权
泰州月宝米业有限公司	6023	112	吴生华
兴化市兴东米业有限公司	6543	201	焦根尧
兴化市诚成纺织有限公司	4998	185	唐紫云
江苏银海钢结构工程有限公司	2917	190	吴海和
江苏苏中米业有限公司	10350	148	邓春树
江苏鸿泰米业有限公司	5752	170	朱盛如
兴化市旺龙船舶修造有限公司	2450	85	周俊明
江苏光明天成米业有限公司	105580	17890	黄连根
兴化市花园米业有限公司	12352	180	唐根红
江苏荣昌米业有限公司	11996	526	孙志宏
江苏万家福米业有限公司	97034	16496	戴友华
兴化市诚信米业有限公司	2928	79	郜泽红
兴化市中天金属材料有限公司	2136	77	朱 艺
泰州市尼康医用材料有限公司	3477	195	舒锦明
兴化市志宏米业有限公司	7292	171	朱宝传
兴化市金陵米业有限公司	4370	136	宗舜晨
江苏悦丰源农业发展有限公司	7331	197	陈 康
江苏今世味食品有限公司	5358	180	唐珍存
兴化市戴窑镇永生橡胶制品厂	2143	116	陈天干

续表46

企业名称	销售收入(万元)	利税总额(万元)	法定代表人
江苏祥兴米业有限公司	14620	245	陆珍祥
泰州信诚过滤设备有限公司	4179	154	王华桂
兴化市贤人米业有限公司	61639	14238	成凤彩
江苏兴化米业有限公司	6432	83	程向前
兴化市春宏米业有限公司	10060	204	高春宏
兴化市四季香米业有限公司	17709	1928	李德平
兴化市佳鑫米业有限公司	9757	265	唐果存
江苏吉家米业有限公司	9568	252	李晓红
江苏华东包装科技有限公司	9894	1819	周广明
兴化市洁源米业有限公司	2678	25	朱松涛
江苏兴隆米业有限公司	4428	60	朱银彪
泰州立康防水材料有限公司	2064	251	李从明
兴化市方圆米业有限公司	8712	106	高锦芳
兴化市旺盛米业有限公司	9750	149	张桂锋
泰州市悦祥米业有限公司	3807	154	吕建平
兴化市新年米业有限公司	10681	445	朱银国
兴化市田秀秀米业有限公司	3726	125	袁锦凤
江苏润东米业有限公司	6102	322	李开勇
兴化市中业米业有限公司	7052	242	王　根
江苏山连山食品有限公司	6662	342	唐果存
兴化市乾缘新型包装材料有限公司	2070	22	戎双芳
江苏精谷米业有限公司	3037	47	费树春
江苏得其米业有限公司	7355	210	李　平
江苏双龙米业有限公司	4625	52	刘　海
江苏益粮米业有限公司	5481	255	费书岗

表47　2022 年戴窑镇各村基本情况表

村名	村支部书记	村委会主任	耕地面积(公顷)	人口(人)	工农业总产值(万元)	农民人均纯收入(元)
韩窑	韩业青	韩业青	291.13	1947	3210	31953
元友	蒋步宽	蒋步宽	563.27	3256	5512	31956
古牛	李卫俊	李卫俊	341.53	1694	2842	32686
三合	陈天干	陈天干	362.27	1763	2950	30468
三元西	钱福友	钱福友	217.67	2244	2963	31191
三元东	陈桂华	陈桂华	684	1939	3412	31066
灯塔	谢文荣	谢文荣	403.27	2027	3625	29277
联葛	金俊银	金俊银	554.8	2443	4125	28399
新花园	吴银和	吴银和	284	1656	20252	32612
青风	袁汝平	袁汝平	260.47	1555	2524	34121

续表 47

村名	村支部书记	村委会主任	耕地面积(公顷)	人口(人)	工农业总产值(万元)	农民人均纯收入(元)
窑东	吴征明	吴征明	134.4	1804	3752	33806
窑南	周　银	周　银	238.53	1823	4652	32167
恒和	孙国元	孙国元	250.67	1848	42515	32045
锯家	唐苏存	唐苏存	349.13	2091	12563	32785
双里	蒋春红	蒋春红	417.4	2097	6785	32425
果园	朱志荣	朱志荣	189	2397	3865	32144
焦勇	张海波	张海波	511.47	2853	4852	32448
永杰	陈明华	陈明华	403.33	2067	6025	32338
洪亮	刘勤丰	刘勤丰	403.73	2618	6952	30519
刘丰	袁桂荣	袁桂荣	434.33	2337	6325	30796
东三	费书建	费书建	402.27	2859	17852	34570
舍阳	施康乐	施康乐	508.6	2462	2324	32011
叶堡	曹春阳	曹春阳	368.33	1917	2896	30266
新唐林	张银峰	张银峰	337.07	2688	4685	31874
白港	唐余和	唐余和	255.13	2320	6256	30941

合陈镇

【概况】 合陈镇位于兴化最东部,东临沈海高速、204国道与盐城市大丰区草堰镇、白驹镇相毗邻,西邻横泾河与永丰镇交界,南与戴窑镇接壤,北与大营镇隔海沟河相望,地处沿江沿海发展战略“T”形经济带,是国家沿海发展和长三角一体化两大战略的交汇点,通榆河、串场河南北穿境而过,351省道西连宁靖盐高速和宁靖盐公路,直抵兴化千垛菜花景区、李中水上森林公园,东至大丰港、国家AAAAA级麋鹿保护区,是连接大丰、兴化、东台3个全域旅游示范市的节点镇。全镇共有20个行政村,1个居委会,总人口4.96万人,行政区域面积98.9平方千米,耕地面积6698.3公顷。镇内拥有兴化火车站、国家级智慧粮库、浙江油田、兴东水厂、110千伏变电所、汽车齿轮产业园。先后被评为“江苏省文明镇”“江苏省环境优美乡镇”“江苏省卫生镇”“江苏省创业型乡镇”“省级示范小城镇”。

【经济建设】 2022年,实现地区生产总值12.61亿元,同比增长9.14%,农业增加值4.76亿元、工业增加值2.52亿元、建筑业增加值9845万元、服务业增加值5.33亿元;一般公共预算收入1740万元;农村居民人均可支配收入29980元。持续改善营商环境,签约亿元项目1个,亿元技改项目1个,新增工业规上企业2家,规上零售业1家。培育国家级高新技术企业6家,申请发明专利4件,达成产学研合作项目3个。新开工、竣工“智改数转”项目各1个,实施智能化数字化技改项目1个。开展“五未土地”清理,盘活(提升)低效闲置工业用地32.84亩,低端低效退出企业1家,腾退低效用地6.4万平方米。占地面积2000平方米以上工业企业亩均税收1.37万元。

【社会事业】 分类实施20个行政村“多规合一”实用性村庄规划,完成占补平衡1.67万平方米,增减挂钩6.92万平方米。集聚提升类村庄13个,特色发展类村庄2个。完成危房改造7户,农房改善147户。新建1405个“美丽菜园”。桂山村创成泰州市级特色田园乡村,邓桥村创成兴化市级特色田园乡村。新改建农村公路6.3千米、桥梁10座,维修改造危桥46座,实施茅湾河两侧圩口闸电启闭机改造21座。集镇新建停车场1个,打造舒适安全路道6条,清理河道2条,实施8座桥梁路面黑色化改造,完成集镇天然气管网铺设,升级改造合塔集镇农贸市场。开展“一校一品”文化建设,实施“五项素质提升工程”,教育教学质量稳步提升。改造升级卫生院病房综合楼,辖区村卫生室全部实行“乡村一体化”管理。实施文化惠民工程,全年开展文化惠民演出25场,公益电影240场,新增体育场地面积4.1万平方米。新增扶持创业305人,帮助申请创业富民贷款90万元,申领创业孵化基地租金补贴29家。城乡居民基本养老保险扩面210人。发放临时救济534人次,城乡低保标准提高到每人每月770元。全镇退役军人优待证办理工作顺利完成。

【生态建设】 落实河长制、断面长制,持续深化河道“两违三乱”专项整治,对全镇866条村庄河、生产河道和37条市镇级河道沉船、残桩进行打捞清理。打造生态河道5条,总长19.2千米。实施茅湾河清水通道工程,开展海沟河支干河道疏浚和清淤行动,完成海沟河3千米内的水禽养殖清理任务,对海沟河、茅湾河、合塔中心河78处蟹塘下水管网进行改造,省考断面海沟河胜利大桥取水检测点全年达标。开展畜禽污染整治和生态示范场创建,创建省级生态示范场1户、泰州级生态示范场1户,完成兴化市生态示范养殖场复检12户。完成锦贤、陆谦、界牌、恒进4个村污水管网建设任务,铺设主管网19.7千米。完成400户农村户改厕工作。新增造林面积1.24万平方米,农田林网133.33万平方米。

【社会治理】 开展扫黑除恶专项斗争,建立社会矛盾纠纷排查工作机制和“三级”网格化治理机制,实施“雪亮技防工程”,推动网格化平台和治安视频监控系统融合。6家企业接受市局执法检查,4家企业顺利通过泰州市级“专家安全会诊”,2家企业通过1吨以下中频炉企业的验收。全年未发生有影响的安全生产事故。

（朱纯功）

表48　2022年合陈镇主要经济社会指标一览表

指标名称	单位	数值	指标名称	单位	数值
总户数	户	18037	工业利税总额	万元	4431
总人口	人	49555	预算内财政收入	万元	9096
乡镇从业人员数	人	13182	一般预算收入	万元	1740
耕地面积	公顷	6698.29	私营个体税收	万元	2953
地区生产总值	万元	126094	农民人均可支配收入	元	29778
人均地区生产总值	元	43220	中小学校	所	3
农业增加值	万元	47560	在校学生	人	1017
工业增加值	万元	25246	在职教师	人	130
建筑业增加值	万元	9845	医院	所	1
服务业增加值	万元	53288	卫生所(室)	个	22
生猪出栏	头	26424	医生数	人	59
家禽出栏	万羽	128	病床数	张	115
水产品产量	吨	9800	参加养老保险人数	人	28920
工业企业数	家	297	参加农村新型合作医疗人数	人	38139
当年到账外引资金	万元	—	享受居民最低生活保障人数	人	406
工业销售收入	万元	39734			

表 49　2022 年合陈镇骨干企业基本情况表

企业名称	销售收入(万元)	利税总额(万元)	法定代表人
江苏合成齿轮有限公司	2604	74	沈再顺
江苏鑫伟淳幕墙科技有限公司	3132	89	刘　鑫
江苏阳灿木业有限公司	4123	121	李终云
江苏康柏斯机械科技有限公司	3751	43	王　琰
兴化金拓帽业有限公司	2455	61	朱桂阳
兴化市群华机械制造有限公司	1260	73	杨启华
兴化市泰联金属制品有限公司	3318	303	徐坤林

表 50　2022 年合陈镇各村基本情况表

村名	村支部书记	耕地面积(公顷)	人口(人)	工农业总产值(万元)	农民人均纯收入(元)
胜　利	杨长干	309	2087	31701	28260
东联合	夏庆洋(10 月免) 朱凤兵(10 月任)	278.5	1624	30059.99	29205
娄　子	杨雪琴	268.1	1429	33128.67	28342
风　存	成　杰	395.7	2393	34848.92	28675
锦　贤	陈友彬	194.5	1622	29388.87	29825
界　牌	刘加荣	301.8	1856	31526.99	30411
朱　陈	谭圣元	351.3	2002	40550.03	27879
陆　谦	徐旭东	353.4	1773	38631.26	28581
李　秀	李爱和(6 月免)	291.5	1964	32053.72	27364
卜　寨	王文武	447.9	3347	63778.74	28401
九里港	施瑞安	492	3087	53129.69	28258
高　桂	樊远智	315.2	2428	51800.38	31988
许　港	李爱琴	253.6	1547	30478.02	28754
万　沈	成兴芳	252.2	1850	43454.53	28978
桂　山	刘华忠	553.6	3742	59624.92	31445
舍　陈	陈晓马	443.5	3693	91677.78	31938
恒　进	赵　鑫	420.8	2826	47813.88	28885
塔　港	庞继军	212.1	1577	30453.18	30217
邓　桥	沈美兰	288.5	2008	46089.31	35211
幸　福	韩学富	375.9	2355	41861.93	30489
居委会	施汉琴	—	4345	—	—

昌荣镇

【概况】　昌荣镇地处兴化腹部,东部与戴窑、永丰隔河相望,南部与大垛、荻垛相邻,西部与林湖接壤,北依安丰、海南。昌荣镇原名唐子镇,始建于唐朝初年,相传因唐太宗李世民敕封"大唐子民"李姓聚居而得名,后因纪念严昌荣烈士而易名为昌荣镇。全镇总面积 61.64 平方千米,下辖 10 个行政村和 1 个居委会,201 个村民小组,总人口 36235 人。昌荣镇不仅是一个千年古镇,还是一个有着光荣传统的革命老区,是兴化境内原十大镇之一。昌荣镇历史文化悠久,政府驻地唐子村东有"蒿坡庙",历史上被称为"南朝第一寺",村北的木塔寺、木塔晴霞和千年紫槿,被古人称为昭阳十二景之一。昌荣镇自然风光秀美,生态环境优越,水陆交通优势明显,得天独厚,四河四路在境内构成双"井"字形交通网络。东西走向的车路河、白涂河与南北走向的西塘港河、盐靖河在境内相交呈"井"字形。兴戴路、昌合路与宁盐一级公路、宁盐高速公路在境内相交呈"井"字形,正在拓宽浚深的车路河可航行千吨货船直达川东港,昌合公路东接兴长铁路,西连兴化。镇区文化教育、医疗卫生、金融、商贸、交通运输和邮电通信等基础设施齐全。先后获全国双拥模范城集体二等功、江苏省文明乡镇(2019—2021)、江苏省生态文明建设示范乡镇(街道)等称号。

【经济建设】　2022 年,实现地区生产总值 11.6 亿元,增长 13.2%;税收收入 3436 万元,增长 34%;一般公共预算收入 1767 万元,增长 32%;固定资产投资 4.05 亿元;城镇、农村居民人均可支配收入分别为 40887 元、27830 元,分别增长 5.5%、7.6%。规上工业总产值 8.45 亿元,增长 39.5%;规上工业增加值 1.12 亿元,增长 28.7%。京城环保、新天地机械、富民商混、鸿兴建材、顶淳食品、爱思箱包等 6 家企业税收超百万元。建筑业总产值 5.18 亿元,增长 15%。以"长牙齿"的力度保障粮食安全,粮食总产量同比增长 9.4%。对照"六有六强"标准,推进秦湾智慧农业园区建设,完成水产养殖业"两坝三池"尾水处理生态化改造,试点实施"智慧农田"种植项目,初步探索出"1+10+N"的现代农业发展模式,省、泰州市农业农村部门领导多次到园区调研指导,全市农业现代化科技先行县河蟹产业链培训及清塘消毒现场会在园区召开,成功承办第五届兴化市农民丰收节。

【社会事业】　完善保障体系,组织各类培训覆盖 150 人次,新增高技能人才 10 人,新招引高层次人才 5 人次、数字经济人才 7 人次,新增城镇就业 366 人。推进养老和医疗保险缴费工作,养老保险待遇、医保补助标准进一步提高。开展特殊困难群体救助帮扶专项排查整治,系统摸排低保 525 人、特困 323 人、生活困难残疾人 494 人,临时救助 417 人次,发放困难补助 22.6 万元。提档升级村级居家养老中心,完成困难老年人家庭适老化改造 27 户。开展妇女儿童权益保障专项排查整治行动,建成泰州市优秀妇女儿童"家"阵地和江苏省级儿童之家。大力实施文化惠民工程,盐北村创成书香社区,锣鼓书表演队登上省农民丰收节的舞台。推进野孙整村撤并、木塔安置区规划建设。全面推进唐子老街美化、双拥广场绿化亮化、文化景点建设、旅游公厕及垃圾分类示范点建设等民生工程,完成荣达路南延工程,提档升级木塔中心干河桥、荣达路中桥,建成府前路流动摊贩集中便民点,拆除历史违建 4 处、清理违法用地 3 亩,完成 22795 栋自建房安全隐患大排查,环境差、交通堵、停车难、管理水平跟不上等问题得到极大改善。推进整块连片增减挂钩,完成占补平衡 7.47 万平方米,增减挂钩 2.27 万平方米,阶段性改善农房 98 户,各村集体土地上的 C、D 级危房全部消险解危。

【生态建设】　以调优镇村规划建设为抓手,全面推进全国文明城市创建工作。持续推进人居环境整治提升,完成户改厕 68 户,新建圩口闸 2 座,圩口闸电启闭改造 3 座,圩口闸大修 3 座,维修排涝站 3 座,2 个省级生态宜居美丽示范村等待验收,新增泰州市级、兴化市级特色田园乡村各 1 个,成功纳入泰州市"两田一湖"特色田园乡村示范区建设行动计划,市乡村振兴重点工作现场会到本镇观摩。完成植树造林面积 6130 平方米,空气优良率 86.6%,$PM_{2.5}$ 平均浓度 29.9 微克/立方米。持续致力水环境治理,疏浚村级生产河 1 条,整治黑臭水体 1 处,完成 1 条市级幸福河湖、2 条镇级幸福河湖和 10 条村级样板河打造。加快补齐环境基础设施短板,新建村庄生活污水处理设施 1 处,铺设管网 6126 米,覆盖村民 378 户。面上完成中央、省环保专项督察反馈信访整改,关闭"散乱污"企业 2 家、畜禽养殖场 3 家、关闭船舶修造企业 4 家。其中,造拆船企业整治工作被评为全市第四批"向上攀登红旗"。

【乡村生态旅游】　2022 年,坚持以文塑旅、以旅彰文,大力发展文旅产业,统筹严昌荣红色景区一期建设和乡村旅游项目开发，争做全市国家级全域旅游示范区创建的重要节点。强化镇村联动，完成魔法餐厅、老兵回忆营、万泊酒店建设，开发一批文创产品，打造一批精品民宿，聚焦教育研学、军旅体验等目标游客人群，量身定制性价比高、体验感好的优惠套餐，进一步拉长“吃住行游购娱”产业链条，全力做活做优文旅经济。推进严昌荣红色景区一期、万泊酒店二期、魔法餐厅、清风民宿等工程，严昌荣红色军事教育基地被泰州市老区建设促进会推荐参选全国“弘扬老区精神、传承红色基因”示范基地，盐北村乡村旅游生动实践被央视《振兴路上》栏目免费拍摄推广。全年各节点接待游客超万人次，实现第三产业增加值5.3亿元，同比增长12.54%。

【社会治理】 推进安全生产大检查、“百日攻坚”行动，高质量完成“三年大灶”，实现安全生产事故起数和死亡人数双下降。开展“信访突出问题攻坚化解年”行动，推动社会矛盾风险隐患大排查大起底大化解。常态化开展扫黑除恶专项斗争，零容忍打击各类违法犯罪。开展“八五”普法，发放普法材料4000余份，现场宣传6场次，走进校园法治讲课5场次。大力推进政务公开，切实解决民生热点问题，受理12345政府热线交办事项381条，办结率100%，满意率99.48%。

（郑筱薇）

表51　2022年昌荣镇主要经济社会指标一览表

指标名称	单位	数值	指标名称	单位	数值
总户数	户	10950	工业销售收入	万元	84585
总人口	人	35626	工业利税总额	万元	1928
乡镇从业人员数	人	18742	一般预算收入	万元	1767
耕地面积	公顷	3348.67	私营个体税收	万元	—
地区生产总值	万元	116028	农民人均可支配收入	元	27830
人均地区生产总值	元	57957	中小学校	所	4
农业增加值	万元	27056	在校学生	人	450
工业增加值	万元	32358	在职老师	人	128
建筑业增加值	万元	3600	医院	所	1
服务业增加值	万元	53014	卫生所（室）	个	9
生猪出栏	万头	1.02	医生数	人	60
家禽出栏	万羽	42	病床数	张	74
水产品产量	吨	7250	参加养老保险人数	人	9807
工业企业数	家	156	参加农村新型合作医疗人数	人	25511
当年到账外引资金	万元	—	享受居民最低生活保障人数	人	525

表52　2022年昌荣镇骨干企业基本情况表

企业名称	销售收入（万元）	利税总额（万元）	法定代表人
泰州京城环保产业有限公司	6548	213.6	白金玉
兴化市新天地机械制造有限公司	2659	181.7	汤　平
泰州市富民混凝土制品有限公司	5785	161.17	沈　娟
兴化市鸿兴新型建材有限公司	4475	164.02	陈金洪
泰州顶淳食品有限公司	4969	131.19	朱如华
江苏西郊爱思箱包有限公司	1004	104.23	张维昌

续表 52

企业名称	销售收入(万元)	利税总额(万元)	法定代表人
江苏腾飞体育设施材料有限公司	3020	74.85	谢秀权
泰州市锦荣机械有限公司	3314	73.4	孙启均
泰州市昌荣新型墙材有限公司	1460	47.4	蒋久高
泰州正大塑料包装有限公司	2700	41.65	孙井银

表 53 2022 年昌荣镇各村基本情况表

村名	村支部书记	村委会主任	耕地面积(公顷)	工农业总产值(万元)	人口(人)	农民人均纯收入(元)
安仁村	姚德银	—	523.95	29404	5718	28309
宝宏村	—	—	214.33	5462	2325	26516
欣荣村	唐宝来	唐宝来	253.15	4706	2059	28301
唐子村	蒋保全	蒋保全	579.57	95384	7064	24326
陈唐村	杨根宝	杨根宝	327.91	6904	2499	27693
富民村	陈有谋	陈有谋	326.5	46262	2702	23581
双星村	吴永利	吴永利	350.15	7141	3062	24715
盐北村	刘　剑	刘　剑	192.65	6061	1577	24786
朝阳新村	顾　斌	顾　斌	400.89	4485	2868	27573
存德村	钟桂江	钟桂江	610.76	32069	5164	23677

陶庄镇

【概况】 陶庄镇位于兴化市东部,344 国道、203 县道穿境而过,车路河、梓辛河、蚌蜓河、团结河、幸福河、窑头河纵横全镇。全镇总面积 69.63 平方千米,耕地面积 4351 公顷,户籍人口 43459 人,辖 14 个行政村、1 个居委会。“三镇同创”成果丰硕,先后被评为“泰州市文明镇”“江苏省卫生镇”和“江苏省生态文明建设示范乡镇”。

【经济建设】 2022 年全镇实现地区生产总值 10.94 亿元,一般公共预算收入 1474 万元,预算内财政收入 2601 万元,农村居民人均可支配收入 24588 元。实现工业增加值 2.02 亿元,工业开票销售收入 5.1 亿元,规上工业总产值 4.17 亿元。完成固定资产投资 1.026 亿元,工业投资 8698 万元,新增规模以上工业企业 2 家。全年新签约亿元以上项目 3 个,总投资 4.3 亿元,完成开工亿元以上项目 1 个,亿元以上竣工项目 1 个。推进“亩均论英雄”改革,完成盘活(提升)低效闲置工业用地 3.48 万平方米。兴化市红阳玻璃制品有限公司获评三星级上云企业,完成智改数转项目备案 2 家,完成工业互联网二级节点企业注册数 7 家。华普金属制品(泰州)有限公司获评泰州市高新技术企业,新增科技中小型企业 2 家。投资 300 万元建成铁堡村为农服务综合体并投入使用,成功申报园区服务能力提升泰州市级项目。江苏华康农牧科技有限公司成功申报“泰州市农业龙头企业”。实施稻麦绿色高质高效创建示范方 4 个、1.6 万亩,完成全年粮食生产任务,完成省“味稻小镇”复检验收工作。梓辛村、大顾村、季平村整块连片增减挂钩市交任务数 3.33 万平方米,实际完成 3.7 万平方米。占补平衡工作一期工程 2.37 万平方米,二期工程 8393.33 平方米,均已通过市级验收。全镇 2022 年村集体经营性收入完成 1017.02 万元。梓辛村、陶庄村、幸福新村的村集体经营性收入均突破 100 万元。做好“100 + 10”党建引领发展项目,已完成南柯堡、焦庄 2 个村项目,夏北、金戈、季平 3 个村 12 月底前已全部完成招标开工。规范运行农村产权交易平台,邀请第三方机构对提水养殖水面进行重新丈量,增加部分村的集体经营收入。投资300万元建成铁堡村为农服务综合体并投入使用,成功申报园区服务能力提升泰州市级项目。通过园区服务功能硬件建设,“陶庄镇优质稻麦产业园”有望创建“泰州市四星级示范园”。全年完成高素质农民培训234人次。完成农残检测任务4867次。加强农机安全监管和秸秆还田工作,农机具年检率96%以上,实施稻麦秸秆还田6.5万亩。对全镇318家水产养殖户尾水排放实施监管,实施尾水异位修复200亩、原位修复500亩。投资80多万元,建设集公园、停车、宣传、休闲、健身于一体的综合性广场。

【社会事业】 完成城乡劳动者就业技能培训130人,新生代农民工职业技能培训70人。帮扶就业困难人员就业人数176人。城镇新增就业人数413人,新增创业人数130人,扶持成功创业人数101人。新增公益性岗位安置就业困难人员5人。城乡居民医疗保险参保缴费率达98.79%,养老保险扩面人数完成230人,失业保险扩面人数完成95人,工伤保险扩面人数完成100人。开展低保复核工作,实现城乡低保、五保工作制度化、规范化。健全退役军人和其他优抚对象档案和数据库,落实退役士兵优抚金54万元。对全镇1158名残疾人服务与需求全面进行入户调查并建立档案,新增残疾人就业11人。按时按需发放残疾人补贴、辅助器具、生活家电等。2022年中考,34名中心校初三学生考取市四星级高中。陶庄镇卫生院被评为“兴化市文明单位”,消化内镜创建泰州市级特色专科。新建医保为民服务分中心。完成育龄妇女“两癌”筛查2657人,完成65岁以上老人健康体检5929人。镇敬老院完成公建民营改制。建立困境儿童、留守儿童工作台账。新增3名事实无人抚养儿童,1名重病儿童,4名重残儿童,以上8名困境儿童均得到及时的保障关爱。改造桥梁12座,维修破损路面1000多平方米,在全镇主要道路两侧新建32座公交候车亭,安装集镇灯具130盏。“四好农村路”建设获得泰州市通报表扬,陶庄环线获得泰州市“平安放心路”称号。

【生态建设】 开展农村人居环境整治“百日赛”行动。创成泰州市特色田园乡村1家(南柯堡村),整改环境整治薄弱村1家(仲冯舍村),实现环境整洁村创建全覆盖。创建“美丽菜园”示范村4家(梓辛村、南柯堡村、金戈村、陶南村),获评兴化市美丽菜园建设“示范镇”。实施户厕改造496户(其中新建288户、改建208户)。加大镇区大气污染监测站整改工作,对相关企业加大环保巡查力度,督促企业自查自改。省级环保平台交办件全部办结。保障污水管网、分散式污水处理设施正常运行。按照中央环保督察交办和市委、市政府统一部署要求,对东汉钢质造船厂、兴化市达宏造船厂等5家船舶制造企业按照“两断四除”进行整治。做好“两违”“四乱”专项整治工作,杜绝河道乱占、乱建行为,确保全年河道零违建。开展“清剿水葫芦、改善水环境”联保共治专项整治行动和秋季水环境整治“突击月”专项行动。打造村级河长制主题公园2个(南柯堡村、季平村),打造镇级生态河道11.52千米。

【社会治理】 严格落实安全生产责任制,坚持一岗双责,落实领导干部挂钩重大危险源企业。

2022年10月29日,陶庄镇南柯堡村举办“时时做示范 处处当先锋 事事我带头”主题党日活动　(赵　春/摄)

开展安全生产大检查以及涉炉企业专项整治，发现隐患 581 处，整改隐患 526 处，其中重大隐患 5 处，已整改 4 处，确保闭环。网格化规范建设迎接泰州市验收。落实精神病患者 205 人享受“以奖代补”政策。常态化开展扫黑除恶工作，打击整治养老诈骗。推进司法矫正安置帮教等工作，充分利用手机、户外显示屏、媒体报纸、“六进”活动等对镇村干部、居民村民进行法制宣传，编辑传播宣传片 2 件，发放宣传资料 5000 余份，成功调解矛盾纠纷达成书面协议 36 件。

【牛羊肉特色产业】 兴化市文旅发展有限公司签订总投资 2.1 亿元的牛羊肉加工基地暨冷链物流项目已正式开工建设。成立兴化市牛羊肉食品协会功能性党组织，探索产业链党建。制定牛羊肉深加工制作标准，申报“陶庄牛羊肉”地理标志商标。引领陶庄牛羊肉市场规范发展。举办陶庄镇“牛羊肉美食文化节”，提高陶庄牛羊肉的知名度和美誉度，不断扩大市场占有份额，进而推动餐饮文化、旅游文化与农业产业化紧密结合，助推乡村振兴。

（许晶晶）

表 54　2022 年陶庄镇主要经济社会指标一览表

指标名称	单位	数值	指标名称	单位	数值
总户数	户	13782	预算内财政收入	万元	2601
总人口	人	43459	一般预算收入	万元	1474
乡镇从业人员数	人	11468	私营个体税收	万元	756
耕地面积	公顷	4263.72	居民储蓄存款余额	万元	177352
地区生产总值	万元	109400	农民人均可支配收入	元	24588
人均地区生产总值	元	25173	中小学校	所	2
农业增加值	万元	43293	在校学生	人	1347
工业增加值	万元	20169	在职教师	人	145
建筑业增加值	万元	—	医院	所	1
服务业增加值	万元	45969	卫生所(室)	个	19
生猪出栏	头	6800	医生数	人	19
家禽出栏	万羽	260	病床数	张	60
水产品产量	吨	11006	参加养老保险人数	人	30674
工业企业数	家	46	参加农村新型合作医疗人数	人	28680
当年到帐外引资金	万元	—	享受居民最低生活保障人数	人	465
工业销售收入	万元	51000			
工业利税总额	万元	4875			

表 55　2022 年陶庄镇骨干企业基本情况表

企业名称	销售收入(万元)	利税总额(万元)	法定代表人
江苏恒昌粮油有限公司	15067	1445	周怀所
江苏融汇钢管有限公司	4884	470	王日真
兴化市红阳玻璃制品有限公司	3889	807	吕加谷
天茂石化江苏有限公司	3113	764	陈永芳
江苏佳惠米业有限公司	3072	597	贾中银
科威嘉尼(江苏)制冷设备有限公司	2347	206	张　成

表 56　2022 年陶庄镇各村基本情况表

村　名	村支部书记	村委会主任	耕地面积（公顷）	人口（人）	工农业总产值（万元）	农民人均纯收入（元）
南柯堡	柯庆斌	柯庆斌	241.6	2824	4224	28547
焦　庄	范荣宗	范荣宗	140.5	1773	2652	23417
夏　北	姜华伟	姜华伟	246.6	2558	3826	24110
王　寺	赵纯武(8 月免)	赵纯武	226.1	1892	2830	24786
仲冯舍	冯亚仲	冯亚仲	278.9	2786	4167	22225
铁　堡	顾春红	顾春红	432	3680	5504	23666
金　戈	许文才	许文才	264.9	2241	3352	24700
陶　庄	杨存伟	杨存伟	470.7	4147	6202	25233
陶　南	裴小勇	裴小勇	339.4	3265	4883	20842
梓　辛	武银进	武银进	416.6	3850	5758	26944
三和庄	王　建	王　建	247	2166	3239	28917
大　顾	葛长勇	葛长勇	410.4	4234	6332	20609
幸福新	武丙春	武丙春	324.2	3215	4808	23886
季　平	陆志俊	陆志俊	308.6	3192	4774	27509

海南镇

【概况】　海南镇位于兴化市区东北 22 千米处，境内有 233 省道、351 省道和 332 省道等 3 条省道穿过，东临宁靖盐高速公路，北枕大兴金公路和海沟河，邮兴盐公路、渭水河贯穿南北，水陆交通便捷。全镇土地面积 71.64 平方千米，有行政村 13 个、居委会 1 个，总人口 35329 人。拥有多处文化古遗，1991 年出土的唐代船形田字银锭五块，被国家鉴定为一级文物，并作为兴化市博物馆唯一镇馆之宝。绿色农业具有广阔的发展空间，被评定为国家级稻渔共作示范基地、江苏省无公害水产品生产基地、优质稻米生产基地、蚕茧丝绸产业化特色乡镇。至今有着“张联的桑蚕刘泽的蟹，两荡的野鸭双蒋的鱼，种不完的莫顾田，卖不完的新伍虾”的美丽传说。曾获得“江苏省新型小城镇”“江苏省群众文化先进乡镇”“泰州市文明乡镇”“泰州市体育乡镇”“泰州市平安乡镇”“泰州市高效农业示范乡镇”“兴化市创建环境优美乡村工作先进乡镇”“省级生态镇”等称号。2020 年度、2021 年度连续两年获得市委、市政府综合考核先进乡镇(街道)三等奖、2022 年度全市乡镇(街道)乡村振兴工作三等奖。

【经济建设】　2022 年，全镇完成地区生产总值 9.34 亿元，同比增长 5.33%；规上工业总产值 3.51 亿元，同比增长 24.65%；工业开票销售 3.51 亿元；税收收入 1921 万元，服务业税收收入 585 万元，一般公共预算收入 1034 万元；限上批零住餐贸易额 10.34 亿元，新增“四上”企业 6 家。核减注销非正常经营企业法人 18 家。应对 3 家企业因税收政策调整停产带来的影响，新引进、盘活税源企业 5 家。主要领导带队赴外，对接乡贤能人，洽谈项目 6 个。全年亿元项目签约 2 个、开工 1 个、竣工 1 个。完成“智改数转”企业 1 家。深化“亩均论英雄”改革，新上盘活项目 5 个，累计盘活土地面积 18.5 亩，超额完成市交任务。2022 年，新增泰州市级农业龙头企业1家,建成泰州市示范合作社1家、兴化市示范家庭农场1家。组织汛前检查,完善应急预案,做好防汛防旱各项工作。拓宽村集体增收渠道。注册美丽乡村发展公司。建成新伍村小龙虾交易市场,推广"虾蟹混养"稳产高效新模式。完成蟹塘管理费收缴工作。全年发放农业支持保护补贴资金100.52万元、农民种粮一次性补贴资金20.72万元。完成村级集体经营性收入1572.5万元,同比增长26.48%。加大农田水利基础设施建设,完成圩口闸电启闭改造4座,维修圩口闸5座、小电站10座、排涝站2座。

【社会事业】 新增绿化面积11.25亩,超额完成市交任务。实施"幸福河湖"工程,对横港河3.87千米进行疏浚;打造生态河2条,总长7.26千米;打造样板圩3段,总长5.4千米。公共服务不断优化。以便民、惠民、利民为宗旨,打造"一站式"为民服务平台,全年网上办件5973件,其中市场准入办件247件、食品经营许可办件11件。推进创业富民工作,帮助149名困难人员就业,支持167人成功自主创业。开展退役军人优待证申领工作,完成退役士兵下岗再就业和社保接续工作。完成镇残联、村(社区)残协换届工作。完成新农保及城乡居民医保参保缴费工作。"15分钟医保服务圈"通过省级验收。落实社会救助,新增低保、特困人员15人。做好未成年人保护工作,排查留守、困境儿童142名。提升养老服务水平,对镇敬老院进行公办民营改制,择优选择社会力量运营。完成农村道路提档升级2条2.8千米和6座交通桥梁建设,推进农村"四好"公路建设。落实"路长制",开展交通安全隐患排查整改,为群众平安出行提供保障。全年累计开展各类活动161场次。完成镇区供水管网和污水管网改造工程,对文昌路进行拓宽改造提升,对振海路进行提档升级,新建兴丝路AA级公厕。围绕建设生态宜居示范村目标,结合美丽菜园评比,整改人居环境问题661处,建设美丽菜园286处。打造南蒋至新伍段景观动线。创建市级绿化示范村1个、合格村1个。推进农村宅基地改革与管理,加强"两违"防控巡查,现场制止违建25起,拆除违建5处。完成自建房排查和新系统录入、农房改善和低收入群体危房改造及"房地一体"工作。实施增减挂钩2万平方米,占补平衡19.33万平方米。

【生态建设】 以文明城市创建为抓手,综合行政执法局开展专项整治行动26次,对镇区杆线进行整治。采取堵疏结合方式,在环镇东路划设便民疏导点,严禁沿街商铺占道经营。抓好工业集中区、农业面源污染整治,杜绝"散乱污"企业。完成中央环保督办案件销号,投资400多万元实施胡老村污水管网工程,加强大气环境动态监测,全镇生态环境质量得到提升。严控养殖尾水、水草不达标排放。整治河道3条,关停生猪养殖点7家,断面水质监测点全部达到Ⅲ类标准。拆除苏果超市周边违章建筑,对两侧道路进行改造,铺设雨污水管道,改变脏乱差和汛期排水难问题。

【社会治理】 开展"八五"普法,派出所、司法所、综治中心联合开展未成年人保护、打击整治电信诈骗和养老诈骗等专项普法宣传。常态化开展扫黑除恶行动,打击侵害妇女儿童合法权益违法案件2起。持续深化信访攻坚,接待办理群众来信来访20批28人次、阳光系统信访件79件。健全大调解工作机制,成功调解各类复杂矛盾纠纷68起。推进安全生产专项整治活动,农产品安全、食品安全无不良事件发生,全镇安全发展大局持续稳定。

【新伍村】 2022年,新伍村通过党建引领护航,实现养殖目标亩均"150千克虾、100千克蟹"双丰收,养殖效果"稳产高效"双保障,亩均纯收入达到8000元以上,每户养殖户平均增加1000元每亩左右的纯收入。土地流转管理费从上年的25万元增加至30万元,土地资源发包租金从每年均价900元每亩上涨至每年均价2000元每亩,最高发包租金可达2600元每亩。村集体经营收入突破200万元,同比增长42%。

(高庆凯)

表57　2022年海南镇主要经济社会指标一览表

指标名称	单位	数值	指标名称	单位	数值
总户数	户	11503	工业利税总额	万元	1795
总人口	人	35329	预算内财政收入	万元	1242
乡镇从业人员数	人	10151	一般公共预算收入	万元	1034
耕地面积	公顷	3827.63	私营个体税收	万元	—
地区生产总值	万元	93416	居民储蓄存款余额	万元	158124
人均地区生产总值	元	45503	农民人均可支配收入	元	27486
农业增加值	万元	35831	中小学校	所	2
工业增加值	万元	9131	在校学生	人	2753
建筑业增加值	万元	6262	在职教师	人	184
服务业增加值	万元	42192	医院	所	1
生猪出栏	头	46276	卫生所(室)	个	13
家禽出栏	万羽	37	医生数	人	86
水产品产量	吨	9716	病床数	张	106
工业企业数	家	54	参加养老保险人数	人	10536
当年到账外引资金	万元	—	参加农村新型合作医疗人数	人	24869
工业销售收入	万元	35126	享受居民最低生活保障人数	人	285

表58　2022年海南镇骨干企业基本情况表

企业名称	销售收入(万元)	利税总额(万元)	法定代表人
泰州市柏林丝绸有限公司	4768	820	陈定柏
兴化新禾食品有限公司	2283	336	陈伟才
江苏钮味莱生物科技有限公司	3214	605	徐春银
江苏丹盛食品有限公司	2828	356	郑晓勇
兴化市宁思制刷有限公司	4214	713	叶　秀
泰州聚森纺织有限公司	3678	429	陆海风
兴化市丝康丝绸有限公司	3265	604	成晓兰

表59　2022年海南镇各村基本情况表

村名	村支部书记	村委会主任	耕地面积(公顷)	人口(人)	工农业总产值(万元)	农民人均纯收入(元)
金储	袁树宏(11月任)	卞高华	161.09	1838	11121	23698
西荡	戴义茂	戴义茂	208.74	2002	11341	29048
东荡	陈开银	陈开银	201.09	1716	13644	30008
胡老	袁树宏	袁树宏	501.18	3607	18807	25590
刘泽	李春宝(11月任)	—	264.06	2023	14202	31368
南蒋	陈文彬	陈文彬	136.39	1770	13756	26188

续表 59

村名	村支部书记	村委会主任	耕地面积（公顷）	人口（人）	工农业总产值（万元）	农民人均纯收入（元）
北蒋	蒋加圣	蒋加圣	207.07	2162	14226	29326
新伍	杨永前	杨永前	229.17	2618	14198	29738
中兴	陈广林	陈广林	360.5	1983	13528	23380
蔡高	陆　凡(11 月任)	—	370.21	4695	19540	29326
许唐	唐友前	唐友前	303.92	2504	14354	24610
苏海	苏凤军	苏凤军	423.09	3232	24357	28406
莫顾	蒋长宏	蒋长宏	489.74	3119	23011	24366

大邹镇

【概况】 大邹镇位于兴化市的最北部，是兴化市的“北大门”，距今已有 1200 多年历史，古称“邹庄”，与盐城市隔河相望，为兴化十大古老集镇之一，是江苏省文明乡镇。镇辖 11 个行政村和 1 个社区，下有 30 个责任区 141 个村民小组，总人口 25293 人。总面积 46.57 平方千米，先后获“江苏省文明乡镇”“江苏省生态乡镇”“江苏省体育强镇”“泰州市文明乡镇”“泰州市平安创建先进乡镇”称号。

【经济建设】 2022 年实现地区生产总值 7.11 亿元，同比增长 10.89%；税收收入 2300 万元，同比增长 26.88%；一般公共预算收入 1213 万元，同比增长 13.91%；制造业增加值、规上文化产业增加值、规上服务业企业营业收入、限上批零住餐贸易额 2.88 亿元、规上工业增加值、规上工业总产值等经济指标都有较大幅度提升。新增“四上”单位数 2 个。“亩均论英雄”改革成效显著，盘活 7000 平方米闲置厂房资源。江苏奥立新型材料有限公司优化重组，实现竣工达产。加快推进万兴木业有限公司二期项目，潮帆钢结构闲置厂房招引亿元项目彭晟塑业完成立项。大吴线农业产业园区初具雏形，园区粮食仓储等一批项目通过市级批准。吴家庄粮食农地股份合作社、绿丰生态家庭农场等农企进一步做大做强，“竹芸”大米、吉里葡萄、芦家坝草鸡蛋等特色农产品品牌效应不断放大。加快农村基础设施建设，完成 7 座农桥改造，新建圩口闸 1 座，维修圩口闸 2 座、排涝站 2 座，实施圩口闸电启闭改造 3 座。加强土地规划利用，完成土地增减挂钩面积 1.4 万平方米，土地占补平衡 14.33 万平方米。实施兴盐界河沿河 300 米 133.33 公顷蟹塘复垦，打造成优质高效粮食种植区。光伏发电、水产品收购门市建设租赁、开发区厂房出租、粮食烘干设施建设等村集体经济项目成效显著，全年村级集体经营性收入增加近 200 万元，农村居民人均可支配收入 2.54 万元，同比增幅 9.1%。

【社会事业】 2022 年，全镇投入 150 万元完成敬老院食堂改造。全镇村(居)民养老保险续缴工作达到 95.46%；完成代缴困难人员城乡居民养老保险身份认证 195 人；企业退休人员认证完成率 100%。出台《村民建房审核暂行办法》，累计办理农户建房审批 54 件，其中危旧房 30 户，完成老旧房改造任务；开展危旧房大排查，累计排查图斑 15639 个，发现 C 级危房 37 处，已完成修缮，D 级危房 11 处，已全部拆除。建设复兴村张文农村生活污水项目 1 个。完成大中线“四好农村路”打造，开通邹海路，完成新海河路安保设施安装工程，完成大宏连接线建设，完成 13 座镇村公交站台升级改造工程。聚焦“老弱病残”，补齐民生短板。健全社会救助体系，提升兜底保障，新增低保 11 户、20 人，退出低保 18 户、25 人；为全镇 1376 户建档立卡户购买防返贫保险。结合时间节点，对困难群众、老党员、革命军人开展慰问帮扶活动，累计慰问帮扶 429 人次。落实创业就业政策，新增扶持创业 80 人、城镇就业 178 人。新增残疾人“两项补贴”75 人。投入 100 多万元完成双溪文化广场升级改造，双溪文化广场入选“2022 年全省最美乡村健身广场”。打造标准化室外篮球场1个,更换全民体育健身器材16套。投入30万元完成中心小学、幼儿园环境整治。中心卫生院食堂和附属用房完成主体工程建设。

【生态建设】 以"两镇一城"创建为契机,投入600多万元开展集镇空间治理,实施双溪路、抗大路黑色化改造,完成双溪文化广场打造,实施主干道空中乱线整治下埋6.5千米,完成晚晴广场、中心桥河长制主题公园、虹桥停车场建设,完成中学后河周边环境整治。壮大集镇管理力量,以宣传引导和重点整治相结合,集镇秩序明显改善。省级卫生镇创建通过明察暗访,文明城市创建第三方测评名次比2021年同期水平明显提升。村庄环境加快改善。坚持规划先行,启动各村实用型"多规合一"村庄规划编制,6个行政村编制方案通过省级备案。镇财政投入100余万元实施农村人居环境"百日攻坚"行动,农村环境提升明显,各村"美丽菜园"各美其美、亮点纷呈,吉耿村泰州市特色田园乡村创建通过泰州验收。常态化对全镇生态环境保护开展巡查督查,完成燃煤锅炉改造、扬尘污染治理以及兴盐界河全线7千米浅滩清理工程。完成54公顷池塘生态化改造。深入实施节能减排,拆除酱醋厂。积极开展生态河道打造,通过省级验收6千米。改革完善水环境管理机制,全镇境内的国省考断面水质全年检测达标。

【社会治理】 充分发挥"网格+大数据+铁脚板"治理优势,有效化解各类民事纠纷259起。定期召开信访工作联席会议,建立"网格+信访"工作机制,形成责任压实在村(社区)、信访化解在网格的工作闭环。开展反有组织犯罪、禁毒、反邪教、反诈、反恐等工作,重拳打击各类违法行为,人民群众的安全感进一步提高。严格落实16个专项责任制,推进安全生产大检查、"百日会战"专项整治行动,聘请安全生产专家"把脉问诊",排除各类安全隐患125处,全年未发生有影响的生产安全事故。

【吉耿村】 地处大邹镇的西北角,由吉里、耿家2个自然村合并而成,全村有10个村民小组,总人口1737人,与中堡镇隔河相望。2022年入选泰州市特色田园乡村创建村。吉耿村除水产养殖业外,还有初具规模的吉耿果蔬产业园,主要种植水蜜桃、翠冠梨、阳光玫瑰葡萄等品种。2016年流转土地240亩创立吉磊果蔬家庭农场,年产值200多万元,获纯利50多万元。该农场吸收本村8名建档立卡户常年务工,人均年收入1.2万元。该村先后获省级康居示范村、江苏省绿美村庄、泰州市文明村、兴化市先进基层党组织等称号。

(王兆金)

表60 2022年大邹镇主要经济社会指标一览表

指标名称	单位	数值	指标名称	单位	数值
总户数	户	8307	家禽出栏	万羽	23.3
总人口	人	25293	水产品产量	吨	4017
乡镇从业人数	人	7269	工业企业数	家	250
耕地面积	公顷	2562.16	当年到账外引资金	万元	42
地区生产总值	万元	71118	工业销售收入	万元	30126
人均地区生产总值	元	55038	农民人均可支配收入	元	25410
农业增加值	万元	29681	中小学校	所	2
工业增加值	万元	14235	在校学生	人	899
建筑业增加值	万元	360.92	在职教师	人	101
服务业增加值	万元	919.22	医院	所	1
生猪出栏	头	3236	卫生所(室)	个	13

续表 60

指标名称	单位	数值	指标名称	单位	数值
工业利税总额	万元	2025	医生数	人	45
预算内财政收入	万元	4717.99	病床数	张	145
一般预算收入	万元	1213	参加养老保险人数	人	7041
私营个体税收	万元	330	参加农村新型合作医疗人数	人	17764
居民储蓄存款余额	万元	60000	享受居民最低生活保障人数	人	407

表 61 2022 年大邹镇骨干企业基本情况表

企业名称	销售收入(万元)	利税总额(万元)	法定代表人
江苏恒安电力工具有限公司	2050	120	任万忠
兴化市永盛电力器材有限公司	2233	197	王建山
泰州新佑拓耐磨材料有限公司	2009	8	朱　勇
兴化市佳辉电力器具有限公司	1062	86.6	顾　勇
江苏荣伟集装箱制造有限公司	1700	4.5	葛荣保
兴化市万达电力工具有限公司	4573	507	张广志
江苏万联塑业有限公司	200	17.2	陈惠华
泰州市春达动物药业饲料有限公司	135	3.6	房元喧
兴化市恒威生物技术有限公司	400	0.7	万传江
泰州市共展电气有限公司	650	11	王　健
泰州市鸿旺塑料制品有限公司	50	0.2	赵国书
兴化永安电力工具有限公司	170	49.3	王月芹

表 62 2022 年大邹镇各村基本情况表

村名	村支部书记	村委会主任	耕地面积(公顷)	人口(人)	工农业总产值(万元)	农民人均纯收入(元)
双溪	郝华江	郝华江	161.43	2385	11200.68	25795
渭水	王连勇	王连勇	200.09	1694	8768.07	25640
友谊	江玉祥	江玉祥	271.17	2657	15485.97	27015
万家	闵长骏	邹百和	181.54	1630	8979.47	25242
芦家坝	王志健	王志健	226.01	1891	10252.25	25204
复兴	许邵军	许邵军	310.08	2134	9748.84	24280
沈五	徐　艳	闵长骏	223.32	1775	9434.26	24322
吉耿	王德军	王德军	221.07	1737	11373.21	27512
新庄	陆小军	陆小军	261.81	1872	9445.32	24172
吴家庄	邹　骁	邹　骁	195.65	1785	6487.58	24181
兴盐	周沛萱	周沛萱	256.55	2233	12969.94	25647

永丰镇

【概况】 永丰镇位于兴化东北部。东接合陈镇,南界戴窑镇,西濒昌荣、安丰两镇,北邻安丰、新垛、大营三镇。全镇交通十分便利:东连新长铁路和204国道,南接344国道,西连1515盐靖高速和229省道,与盐靖高速公路互通,北接465(大兴金)省道;新张公路(203县道)纵贯全镇南北,351省道途经该镇集镇中心和5个行政村,在镇境内长达8千米;加上南北向的雄港河、永东河、横泾河、塘港河,东西向的白涂河、永林河、永粮河、双港河、双营河、海沟河,形成南北东西畅通无阻的水陆交通网络。土地总面积69.61平方千米,人口42357人。镇辖居委会1个,行政村18个,村民小组285个。战争年代,永丰镇为苏北革命红色根据地之一,是新四军、解放军指挥战斗和召开会议的聚集地,素有苏北"小莫斯科"之称。兴化第一所培养教师和革命干部的学校"朱严师范"就是在徐扬庄创办的。被誉为"东方黑格尔"的清代文化名人、著名文学艺术理论家刘熙载陵墓就在镇政府所在地徐扬村;该镇的新熹村朱龙庄自然村是著名理学家朱熹后裔的迁居之地,建有朱氏祠堂,据朱氏族谱记载,朱龙庄大多数朱姓农户皆为朱熹后裔。

【经济建设】 2022年,实现地区生产总值9.13亿元,农业增加值3.35亿元,工业增加值1.95亿元,建筑业增加值4400万元,服务业增加值3.83亿元;一般公共预算收入953万元;预算内财政收入1896万元;工业开票销售收入1.85亿元,农村居民人均可支配收入27478元。江苏众禾生物科技有限公司的动物饲料加工项目顺利开工,兴化鑫亭古建园林工程建设有限公司的智能木雕项目通过竣工验收,泰州正华传动有限公司的传动链条项目正在图审,泰州海特利保温材料有限公司的碳化稻壳球、稻壳喷雾农业项目正在办理用地手续。全镇水产品养殖以河蟹为主包括龙虾、青虾、鳜鱼等水产品养殖的面积4100余公顷,是全国首批"中国河蟹之乡"之一,全镇河蟹养殖面积近6万亩,是泰州市"一村一品"示范镇。建成全国"一村一品"示范村1家、省级电子商务示范村2家;建有苏中第一家河蟹交易市场和兴化第一家村级电子商务产业园,线上线下年销售水产品总额达30多亿元。拥有水产养殖专业合作社56家,家庭农场32家,泰州市级以上农业龙头企业5家、上规模农产品深加工企业2家。2022年,已建立江苏板桥控股集团、可可溢香(江苏)味业有限公司两家"企业+家庭农场+农户"的联合发展机制。永丰镇还是苏中一带有名的羊肉盛产地。永丰人加工、销售、食用"徐扬羊肉"有200余年的历史,因其绿色生态的本地草山羊和传统而独特的加工工艺,使得该镇销售的冻羊肉、冻羊糕以不留膻味、色鲜味美、香嫩耐品而名扬四方,而且永丰人制作的"全羊宴"更是让众多品尝者赞不绝口;完成东棒徐村(亲蟹体验区)特色保护村落规划和泰州市现代渔业产业园规划编制。

【社会事业】 推进现代化教育基础建设,实施中心校食堂操作间建设、小学部和初中部路面维修及教工宿舍空调安装工程,2所学校监控全覆盖,4所学校食堂"气改电"工程落实到位。认真落实各项计生惠民政策,实施正常奖扶292户、特殊奖扶8户,发放生育登记证68份、独生子女父母光荣证51份,完成省下发的人口信息平台核对数据3400人。较好地完成兵役登记、兵源潜力调查、民兵编组点验和全年征兵任务。启动徐扬、兴港两个村档建设和《永丰镇志》编纂工程,2022年底完成资料收集工作。引进高层次人才4人,帮助就业困难人员就业123人,支持成功自主创业132人,失业保险、工伤保险扩面53人;完成在册的365户低保、377名特困人员授权书签订和上传工作,开展AAA级居家养老服务中心等级评定和"五美驿站"建设申报工作,推进困难群体专项排查和困境留守儿童、妇女、老人关爱保护工作,实施临时救助和慈善救助582人,救助资金41.4万元。完成430米的农村公路提档升级,新建农村桥梁5座;完成道路维修2119平方米,消除道路安全隐患26处,安装防撞护栏2280米,减速带18处、135米,安装交通信号监控灯1处;实施351省道集镇段商住房立面改造二期工程,按照"风格统一、色调协调"的标准重新制作店铺招牌;中俄天然气管道过境工程顺利完工,集镇和工业集中区接通天然气。推进"多规合一"工作,实现行政村规划编制全覆盖,全力推进土地复垦工作,完成复垦面积

5.29万平方米，完成土地增减平衡9526.67平方米。

【生态建设】 夏秋两季“双禁”和秸秆离田工作成效显著，顺利通过市级验收。完成镇区接通合陈污水处理厂的管网建设，苏杨、四合、迎新、东棒徐等4个村的污水处理设施建设全面竣工，完成户厕改造195户。按照“五面清洁”“六无八有”标准，全面开展人居环境整治行动，水葫芦清剿、断面水质提升、生态河道建设、水环境整治和村庄环境长效管理、美丽菜园建设等工作有效推进，全市召开的乡村振兴现场会观摩四合村的刘营自然村，明兴村顺利通过泰州市“生态宜居美丽乡村”验收。围绕省级卫生镇创建工作，强化集镇经营户“门前三包”，安排电信、移动、广电等单位对镇区范围内杆线乱象进行全面整理。强化后街背巷乱污整治，杂物、垃圾全面清理到位，清除小广告5000余处。投入20多万元对镇区3条河道进行全面治理，清理沉船、渔船、住家船42条，清除水草、河边垃圾300余吨。卫生镇创建通过省级验收。针对村庄环境基础较差、群众改善提升环境愿望比较强烈的实际，结合《兴化市2022年度农村人居环境改善提升行动实施方案》，按照“五面清洁”“六有八无”要求，推进“旱厕清零、巷道硬化、拆危治乱、河道整治、美化亮化”等“五大工程”建设。先后拆除猪圈235栏，拆除破旧空关房26间，清理积存垃圾65处、打捞虾笼围

2022年7月2日，全市乡村振兴工作现场会参会人员观摩永丰镇四合村 (丁日阳/摄)

网900余条，新砌小围墙2300多米，浇筑硬质化巷道8200平方米，架设路灯130盏，绘制墙面宣传画21处1000余平方米，鼓励和引导223户农户参与“美丽菜园”建设，全村人居环境大为改善。建立和完善村庄环境长效管护机制。着力打造宜业宜居、舒适优雅、群众满意的美丽宜居环境。

【社会治理】 推行为民服务中心、综合指挥中心和网格化服务中心实施“马上办、网上办、就近办、一次办”服务方式。农村产权交易平台项目成交215个，绿色通道115个，线上交易100个，合同签订率100%；办理市民卡业务47张，充值业务89次，年审14次，办理个体工商户设立、注销、变更项目148份。严格落实“安全生产15条”硬措施，压紧压实“三个责任”，深入推进安全生产专项整治，规范企业生产经营活动，结合重要节日和全国两会、第二十届省运会等特殊时段，开展各类安全生产大检查125场次，整改安全隐患356条，完成兴化市交办隐患整改12个、重大隐患整改2个，全年未发生安全生产重大事故。坚持高压态势，推进扫黑除恶专项斗争常态化，抓好各类案件查处工作，保持全镇稳定正常的社会治安秩序。

【永丰河蟹交易市场备案成为“省级创业孵化示范基地”】 2022年9月28日，江苏省人力资源社会保障厅、江苏省财政厅下发《关于下达2022年江苏省大学生优秀创业项目和省级创业建设任务的通知》，兴化市永丰河蟹交易市场被备案为“省级创业孵化示范基地”，泰州仅2家。该市场建成于2010年6月，是苏中第一家河蟹交易市场，投资总额1.3亿元，占地面积3.8万平方米，由河蟹交易区、河鲜及鲜冻食品展示区、综合服务区、水产品暂存区、污物处理辅助设施区等六部分组成，与之配套的有检疫系统、市场信息管理系统、信息发布及网上交易系统、电子结算系统等；市场东侧，还建有集住宿、洗浴、餐

2022 年 8 月,兴化市永丰河蟹交易市场　（朱红伟/摄）

饮、娱乐于一体的多功能服务中心。市场拥有河蟹收购门面房 380 套,停车场 1 万平方米。河蟹、龙虾等水产品远销北京、上海、天津、广州、辽宁、浙江、江苏、湖南、内蒙古等全国大部分地区。建成以来,年均交易额保持在 30 亿元左右,2022 年成交量 3.129 万吨,交易额 30.1 亿元。市场先后被评为江苏省农村文明集市创建示范点、江苏省规范市场、泰州市农业龙头企业、文明诚信市场、重合同守信用企业、消费者协会诚信单位等。

【永丰镇与江苏农牧科技职业学院签订“产教融合、电商助农”合作项目】　2022 年 10 月 10 日,永丰镇人民政府与江苏农牧科技职业学院成功签订并现场启动“产教融合、电商助农”合作项目,兴化市委常委、市政府副市长汪园、市人大常委会副主任常传林、市人民政府副市长王晓秋和市委组织部、市委宣传部、商务局、农业农村局、文体广电旅游局、融媒体中心等市级机关部门负责人参加项目启动仪式。永丰镇是“中国河蟹之乡”和“蟹塘月色”特色小镇,河蟹养殖面积近 6 万亩,常年产量在 6000 吨左右。“产教融合、电商助农”项目的签订和启动,将与江苏农牧科技职业学院合作,吸引更多的年轻人和返乡大学生,组建电商团队,加大“蟹塘月色”河蟹品牌宣传推介和网上销售份额,进一步提升永丰镇河蟹等水产品的美誉度和影响力。江苏农牧科技职业学院党委委员、副校长唐现文宣布:此次合作是产教深度融合的具体实践,是助力乡村产业振兴、促进农产品消费的具体行动;参加项目实施的电商团队,一直以来倾情服务“三农”,是省高职教育高水平专业团队,团队所有成员均具有跨境电子商务、农产品电商运营、网络营销策划等实践经验。未来,团队将充分利用电商平台全方位推广、立体化销售,提升品牌美誉度和传播力,推动永丰河蟹产业健康稳定发展,实现互利共赢。

【江苏省归国华侨联合会到兴化市永丰镇开展送文化、送医疗、送法律“三下乡”活动】　2022 年 10 月 18 日上午,由江苏省归国华侨联合会主办,兴化市人民政府、省委驻兴化市乡村振兴工作队承办的“魅力江苏·侨爱乡粹”送文化、送医疗、送法律“三下乡”活动在永丰镇刘熙载文化园举办。江苏省归国华侨联合会副主席张霓,兴化市市委常委、副市长汪园,兴化市侨联主席王颉,永丰镇党委副书记、镇长王军,党委副书记窦小勇等参

2022 年 10 月 10 日,永丰镇举行“产教融合、电商助农”项目启动仪式
（丁日阳/摄）

加活动。省侨联副主席张霓一行向永丰中心校捐赠价值2万元的各类书籍,并走访慰问部分集镇困难群众。活动现场,来自省中医院的专家为集镇周边的群众开展义诊活动,并向他们赠送家用常备药品等小礼包。江苏龙蟠律师事务所的律师们不仅现场给群众解答生活中遇到的法律困惑,还向他们发放"以案释法"的专业书籍。本次活动现场义诊和接受法律咨询150多人次,既给孩子们送去各类丰富多彩的书籍,也将健康生活理念植入人心,同时还增强群众学法、懂法、知法、用法的意识。

2022年12月,永丰镇明兴村通过评审,被命名为"绿美乡村"。图为江苏省绿美乡村——明兴村新貌 (朱红伟/摄)

【明兴村建成省级"绿美乡村"和江苏省卫生村】 2022年12月,永丰镇明兴村成功通过江苏省"绿美乡村"评审,并被命名为江苏省卫生村。明兴村位于永丰镇西部,由新刘、吴明、范丰3个自然村合并而成。全村13个村民小组,638户村民,人口2372人,党员75名,耕地面积219.86公顷;2022年,村级集体经济收入49.23万元,农民人均可支配收入27648元。2022年,该村围绕除危拆破、清杂治乱等重点,投入800多万元,着力打造"水面清、坡面清、路面净、墙面整、院面洁"的人居环境风貌。全村共拆除猪圈露天粪坑127户、空心房和破房17户28间,清理路边乱堆乱放52处、乱挂乱涂130多处、庭院围墙20多处、坡面1300多米,疏浚河道2条共750米;新建农民公寓1处24户,安置房2处24户;建成公厕3座、健身广场2处1300平方米,浇筑硬质化巷道4200平方米;栽植女贞、石榴、红叶石兰等3000多株,新增绿化面积2000平方米;安装路灯50多盏,墙面涂白3000平方米,墙面彩绘750平方米。新建的人文亭、沿河栈道、廉政文化墙等成为一道靓丽的风景线。

【永丰镇被命名为2022年江苏省卫生镇】 永丰镇继2021年被命名为泰州市卫生镇之后,江苏省爱国卫生运动委员会下发《关于命名2022年江苏省卫生乡镇、卫生村的决定》,永丰镇又被命名为2022年江苏省卫生镇,另有新熹、徐扬、东棒徐、桑富等4个村被命名为2022年江苏省卫生村。

【徐扬村】 徐扬村是永丰镇政府所在地,2001年原由徐南、徐北两个村合并而成;2019年在全市行政村规模优化调整中,将沙仁村并入徐扬村。2022年底共有21个村民小组,1058户村民,3488人,党员110名。耕地面积295.15公顷,个私企业10家。据有关资料考证,徐扬村古称徐扬庄。1944年5月起,先后隶属兴化县、溱潼县。抗日战争和解放战争期间,徐扬庄是苏北红色根据地之一,为新四军、解放军召开会议、指挥战斗的聚集地,素有"苏北小莫斯科"之称。1948年12月,徐南、徐北两村归兴化县永丰乡。1981年体制改革时归属徐扬公社,2000年乡镇区划调整后归属永丰乡(镇),徐扬村先后为永丰人民公社、永丰乡、徐扬乡、永丰镇党委、政府机关办公的所在地。该村充分利用集镇所在地的优势,全力发展工业企业,先后办起化工厂、毛条厂、家具厂、农具厂、农修厂等企业,并有100多家商家,工商业成为村级主体经济,2015年,该村还创办兴化市第一家村级电子商务产业园。该村先后被评为"江苏省民主法治先进村""泰州市文明村""泰州市廉政建设示范村",2004—2022年,先后10多次被评为"兴化市先进党支部",并多次获永丰镇年度综合先进村一、二、三等奖。

(朱巧宝)

表63 2022年永丰镇主要经济社会指标一览表

指标名称	单位	数值	指标名称	单位	数值
总户数	户	14504	工业销售收入	万元	18482
总人口	人	42357	预算内财政收入	万元	1896
乡镇从业人员数	人	19148	一般预算收入	万元	953
耕地面积	公顷	4525.01	私营个体税收	万元	—
地区生产总值	万元	91323	居民储蓄存款余额	万元	130000
人均地区生产总值	元	40597	农民人均可支配收入	元	27478
农业增加值	万元	33536	中小学校	所	3
工业增加值	万元	19462	在校学生	人	886
建筑业增加值	万元	4351	在职教师	人	83
服务业增加值	万元	38325	医院	所	1
生猪出栏	头	21950	卫生所(室)	个	19
家禽出栏	万羽	25.6	医务人员	人	36
水产品产量	吨	7954	病床数	张	285
工业利税总额	万元	329	参加养老保险人数	人	11593
工业企业数	家	465	参加农村新型合作医疗人数	人	28220
当年到账外引资金	万元	—	享受居民最低生活保障人数	人	600

表64 2022年永丰镇骨干企业基本情况表

企业名称	销售收入(万元)	利税总额(万元)	法定代表人
泰州秸能生物质科技有限公司	2550	220	殷惠军
兴化市超越涤纶制品有限公司	3680	218	赵剑莉
兴化市隆昌医用敷料有限责任公司	1785	189	戎朝乾
兴化市久阳保温材料有限公司	1685	185	唐长红
兴化市匠承古建园林营造有限公司	1850	185	沈海蓉
兴化市润翔内燃机配件厂	1750	158	居桂华
江苏板桥控股集团有限公司	1825	152	魏荣成
兴化市华良敷料有限公司	1590	125	刘昀承
可可溢香(江苏)味业有限公司	2358	118	丁建才
兴化市丝诺旅游保健卫生用品厂	1450	115	宋志辉
江苏味香浓食品配料有限公司	1422	108	唐广平
江苏迈杰工艺品有限公司	1185	108	叶振裔
兴化市新艺达香料科技有限公司	1086	101	沈　巍

表 65　2022 年永丰镇各村基本情况表

村名	村党支部书记	村委会主任	耕地面积（公顷）	人口（人）	农村居民人均可支配收入(元)
徐　扬	孙昌兵	孙昌兵	295.15	3488	29492
桑　富	征明军	征明军	196.74	1692	27622
三　联	沈彩阳(8 月免) 凡　深(8 月任)	沈彩阳(8 月免) 凡　深	190.34	1546	25899
捷　行	朱红伟	朱红伟	298.14	2557	28306
新　熹	许华东	许华东	336.18	3627	28521
三　星	韦兴平	韦兴平	261.6	2249	26786
东　倪	焦满全	焦满全	298.14	2431	28183
四　合	张正刚	张正刚	284.11	3074	26792
东棒徐	凡　深(8 月免) 沈彩阳(8 月任)	沈彩阳	109.8	1836	27732
永　联	宗洪华	宗洪华	261.15	2571	26377
永　兴	姚大巡	姚大巡	224.33	2386	26767
兴　盛	翟爱民	翟爱民	519.94	3396	28572
四　塔	周春凤(8 月免) 冯春建(8 月任)	周春凤(8 月辞)	183.02	1966	26364
明　兴	吴友达	吴友达	219.86	2372	27648
兴　港	葛昭和	葛昭和	405.24	3654	28144
迎　新	王正海	王正海	187.85	2172	25028
苏　扬	王步桂	王步桂	199.45	2361	26057
如　意	浦江波(8 月免) 王前门(8 月任)	王前门	190.14	2968	26344

安丰镇

【概况】　安丰，因明代知府安仁治水有功而得名、因中国河蟹之乡而扬名、因华中二分区而闻名。地处兴化市的东北部，素有“兴化之要冲、泰州之门户”的美誉。行政区域面积 208.59 平方千米、总人口 116841 人，下辖 42 个行政村、5 个社区居委会、1 个泰州市级工业园区。先后被评为“国家重点镇”“中国河蟹之乡”“国家级生态镇”“中国最美宜居宜业宜游小镇”“全国乡村特色产业十亿元镇”“中国全民养蟹第一镇”“江苏省重点中心镇”“江苏省中小企业基地”“泰州市级小城市”“泰州市级工业园区”和“兴化城市副中心”。安丰大闸蟹开捕季被评为“中国最具特色生态旅游节庆”。

【经济建设】　2022 年，完成地区生产总值 49.25 亿元，同比增长 10%，其中一产增加值 14.14 亿元、二产增加值 7.59 亿元、三产增加值 24.62 亿元。紧扣“两链两业”，围绕招商方向、整合产业资源，持续抓好“驻点招商”“靶向招商”和“以商引商”，推动形成“人人参与招商引资、个个谋求项目突破”的浓厚氛围。制定《关于推行工业企业“亩均论英雄”综合评价改革的实施办法（试行）》，将 208 家工业企业分为绿、黄、橙、红档次，通过用地、用能、用水、排污、融资等资源要素的差别化配置“区别对待”，督促低效工业企业通过增资技改、嫁接重组和协商处置等途径实现精准评价、靶向施策。新增规上企业 8 家、“新四板”上市企业 6 家、盘活低效闲置用地 8.67 万平方米，占市交任务 100%。强化区容环境管理，严禁企业违法建设。对兴盐界河以南 414.2 公顷蟹塘进行平整复垦、公开发包，实施 186.67 公顷大豆玉米带状复合种植示范方和部级水稻绿色高质高效示范片创建工作。积极培育以河蟹养殖、加工为主的家庭农场、养殖大户、合作组织等新型农业经营体系。全年培训职业农民356人次、培育经营组织37家。打好村级基础设施使用和土地流转管理服务费收缴“主动战”,对42个村收取基础设施使用和土地流转管理服务费1111.3万元,平均每村增加集体经济收入26.46万元。

【社会事业】　新增就业3256人,创业985人,创业带动就业2452人;健全社会保障体系,新增参加城乡居民基本养老保险的人数达2146人,完成城乡居民养老保险续缴42675人,续保率96%以上。做好低保对象核查核减工作,核减低保202户305人、新增低保46户55人。改建农村道路危桥24座。提高公共文体服务供给水平,新增镇村健身网点61个、布设更新健身路径81套。加强农产品质量安全监管,保障人民群众舌尖上的安全。全年完成农残速测6000批次、打印食用农产品的电子合格证12.4万份。

【生态建设】　严格落实“党政同责、一岗双责”要求,压实属地管理责任、单位监管责任、企业主体责任,打好督查、考核、问责“组合拳”,把责任和压力层层传递。全年实施停电企业5家、取缔小橡塑生产企业3家。推进重点行业挥发性有机物污染减排行动,推进污水管网建设,实施18个行政村的生活污水截污纳管工程,镇区全部按照“十个必接”要求覆盖到位。开展环境整治行动,因村施策、务实整治。全年清理积存垃圾2500吨、拆除闲置房屋56间。42个村建成3476块7.8万平方米的“美丽菜园”。安东村被评为“江苏省特色田园乡村”“兴化市美丽菜园示范村”。持续实施防洪排涝能力提升和农机装备能力提升两个“四年行动计划”。新建圩口闸1座、改造(维修)电启闭圩口闸24座、维修排涝站4座、加修圩堤土方2.2万立方米。

【社会治理】　开展信访积案大化解大突破活动,全年接访235批次、来信109封,化解信访矛盾296件。持续开展扫黑除恶常态化工作,提升群众的安全感。聚焦安全生产突出问题,全年开展“安全生产全面大检查”7次142人次,排查和整改操作规程、台账制度等安全隐患1712个。

(高友常)

表66　2022年安丰镇主要经济社会指标一览表

指标名称	单位	数值	指标名称	单位	数值
总户数	户	41090	工业开票销售收入	亿元	25.83
总人口	人	116841	工业利税总额	亿元	0.44
乡镇从业人员数	人	37033	预算内财政收入	万元	27586
耕地面积	公顷	13945.36	一般公共预算收入	万元	7655
地区生产总值	万元	492542	私营个体税收	万元	15311
人均地区生产总值	元	62750	农民人均可支配收入	元	30155
农业增加值	万元	141428	中小学校	所	6
工业增加值	万元	75919	在校学生	人	5647
建筑业增加值	万元	28956	在职教师	人	520
服务业增加值	万元	246239	医院	所	5
生猪出栏	头	21500	医生数	人	287
家禽出栏	万羽	92	病床数	张	434
水产品产量	吨	33800	参加养老保险人数	人	37650
工业企业数	家	176	参加农村新型合作医疗人数	人	76227
当年到账外引资金	万元	—	享受居民最低生活保障人数	人	2166

表67　2022年安丰镇骨干企业基本情况表

企业名称	销售收入(万元)	利税总额(万元)	法定代表人
兴化市兴宇电炉材料有限公司	24692.0	139.5	王寿于
兴化市达源盛金属制品有限公司	19927.3	190.2	韩　飞
兴化市卡特金属制品有限公司	14420.8	139.2	葛承华
江苏盛丰纤维科技有限公司	14162.7	852.9	徐　峰
江苏正美生态木业有限公司	12170.4	126.7	吴亚明
泰州兴康金属铸造有限公司	9424.7	127.2	智月刘
江苏昊星新材料有限公司	8632.0	28.8	周志峰
兴化炜泰制衣有限公司	7838.3	342.9	顾　懋
泰州东鼎光电科技有限公司	6906.2	48.3	戚荣玉
兴化市荣乙塑料制品有限公司	5881.6	91.2	王卫平
江苏红膏饲料有限公司	5497.6	47.7	周登峰
兴化市鼎发铜制品有限公司	5436.1	17.2	蒋殿秀
泰州鑫晟金属制品有限公司	5006.0	68.2	杨　阳
江苏大紧合路材有限公司	4454.7	29.6	葛冬晨
泰州长新纺织(兴化)有限公司	3973.1	0.5	王安坚
江苏大鹏电缆有限公司	3881.2	5.5	顾高楼
兴化市正福塑业有限公司	3842.9	62.9	张福验
泰州市美鑫铸造有限公司	3767.9	71.0	陈文美
兴化市盛特纺织有限公司	3163.1	18.3	陈中剑
兴化市欧凯塑料管业有限公司	3112.3	102.0	李富荣
泰州市同创装饰材料有限公司	2547.4	109.0	候　勇
兴化市郑氏金属制品有限公司	2356.0	18.5	郑荣展
兴化市丰源建材有限公司	2234.3	32.7	李存海
兴化市宝城密封材料有限公司	2228.3	109.7	万大祥
江苏鼎丰电炉设备有限公司	2201.7	45.8	黄福群
江苏神彩印刷包装材料有限公司	2148.0	36.2	葛　庆
泰州亚航金属结构有限公司	2118.9	3.1	郝洪山
兴化市日盛包装材料有限公司	2065.7	28.9	陈汝高
江苏飞月轴瓦有限公司	2049.1	96.9	刘仁宽
兴化市宇存金属铸造有限公司	2017.4	6.2	陈利军

表68 2022年安丰镇各村基本情况表

村名	村支部书记	村委会主任	耕地面积(公顷)	人口(人)	工农业总产值(万元)	农民人均纯收入(元)
万耿	耿德嵩(10月免)	耿德嵩	356	2488	2779.68	29830
万刘	刘庆堂	刘庆堂	321	2086	3169.59	29435
西南	高　彬(5月任) 周桂喜(5月免)	周桂喜(5月免)	260	2042	4461.4	29227
三庄	朱　俊(5月免) 葛于群(5月任)	朱　俊(5月免)	442	2465	5291.25	29467
寺万	许卫兴	许卫兴	247	1419	2785.38	29694
东郊	袁日爱	袁日爱	376	3040	3664.09	29486
安东	禹志祥	禹志祥	349	3426	22080.45	34672
九丰	翟长宽	翟长宽	287	3194	19258.98	32933
新北郊	杨友华	杨友华	232	3735	29854.93	34203
东新合	丁如满(5月免)	丁如满(5月免)	292	2080	5291.47	29492
五庄	丁晓扬(5月免)	丁晓扬(5月免)	266	1744	3890.64	29547
塘港	丁春建	丁春建	358	2589	3933.62	29160
黄庄	成礼才	成礼才	494	3206	14035.46	33575
富强	成玉贵	成玉贵	414	2504	6188.89	29741
新陆宴	蔡红桂	蔡红桂	387	3038	11156.87	29946
中圩	王广胜(10月任) 黄金茂(10月免)	黄金茂(10月免)	327	2849	10629.19	29183
大杨庄	陈　超	陈　超	278	1950	6182.62	29543
张阳	王文林	王文林	270	1367	9698.53	29024
沈曹	周长斌	周长斌	245	1924	6020.87	29984
四和	葛达桂	葛达桂	316	2427	6263.76	29771
祁戚	戚兴祥	戚兴祥	351	2828	1259.7	29509
钟祁	陈忠兰	陈忠兰	314	2035	853.94	29743
肖家	沈红卫	沈红卫	301	2174	2277.56	29753
联合	吴杰凯	吴杰凯	206	1625	1481.43	29434
民乐	徐殿根	徐殿根	338	1707	1375.62	29426
钟南	沈万健	沈万健	361	2244	1252.82	29276
韩周	韩　坚	韩　坚	223	1499	951.44	30068
双凤	王万俊	王万俊	392	2700	1715.59	29723
孙联	孙银锋	孙银锋	265	1518	971.39	29925
黎明	王昌银	王昌银	356	2695	1824.91	29074
文好	孙庭高	孙庭高	447	2965	2550.89	30154
新元	郭乃安	郭乃安	342	2927	2579.19	29180
下圩	马文礼(5月免) 孙　鹏(5月任)	马文礼(5月免)	513	3458	1889.21	29859
同盟	殷银根	殷银根	277	1589	1065.13	29993
洋港	陆学红	陆学红	384	2270	1681.09	29702

续表 68

村名	村支部书记	村委会主任	耕地面积（公顷）	人口（人）	工农业总产值（万元）	农民人均纯收入（元）
刘文	孙宝祥	孙宝祥	288	1893	1487.78	29517
双联	成　俊	成　俊	329	2344	1622.02	29842
联富	钟柯华	钟柯华	296	1971	1443.21	29908
清洋	王兆美(5月免) 徐　浩(5月任)	徐　浩(5月任)	269	1614	1169.79	29058
双建	郝新松(10月免)	郝新松(10月免)	450	2443	1706.04	29449
朝阳	邹小军	邹小军	278	2008	1448.97	29682
李东	娄益存	娄益存	489	3245	2193.88	29034

新垛镇

【概况】 《水浒传》作者、元末明初大文学家施耐庵故里——新垛镇，位于市境东北，东邻大丰，南濒海沟河，北与盐城郊区隔河相望，下辖11个行政村、1个居民委员会，行政区域总面积49.08平方千米，其中耕地38246亩。年末，全镇总户数8858户，有户籍人口24086人。2022年，实现地区生产总值81384万元(其中一、二、三产业增加值分别为31608万元、17046万元、32730万元)，税收收入1739.62万元，一般公共预算收入962.78万元；固定资产投资5.64亿元，同比增长79.62%；农村居民人均可支配收入28028元，同比增长9.5%。

【经济建设】 全年完成工业开票销售9.58亿元，增长32.33%；规上工业产值8.35亿元，增长46.49%；工业投资5.37亿元，增长79.6%。新签约亿元以上项目3个，江电扩建技改项目顺利通过泰州市认定完成5亿元以上项目，完成招商引资7.76亿元。竣工亿元项目2个(宝戈保温建材、唐源生物质燃料)，竣工5000万元项目3个(嘉惠服饰、明宏汽贸、俊达压条)；开工亿元项目2个(盛沃节能新材料、纪宇三期)，5亿元项目1个(江电二期技改扩建)；“亩均论英雄”盘活土地面积127.1亩，完成市交任务600%。村集体经营性收入同比提升51.7%，总收入1333.29万元。2022年，全镇新增流转土地4860多亩，新增申报兴化市级示范家庭农场3家、示范合作社1家，泰州市级示范家庭农场2家，省级示范家庭农场1家；申报国家级农民专业合作社示范社1家。推进村集体增收项目，深入调研摸实情、精准对接找思路，新成立1家合作社，5家劳务公司，新建标准厂房2栋。建设光伏项目，促进村集体增收、农民收益。

【社会事业】 城乡低保标准提高到月人均770元，农村特困补助标准提高到月人均1001元，对11名困境儿童落实保障政策。逐步完善退役军人服务保障体系，退役军人优待证办证率位列全市前茅，双拥工作成效明显。常态化开展五低保、特困人员认定、复核，进一步加大临时救助力度，组织开展低收入人口认定，做好脱贫攻坚后半篇文章。2022年，共聘请安全专家检查、专家会诊、夜间专项检查累计17次，发现隐患437条，现场整改213条，发出责令整改通知单57张，整改率100%。全年调解处置纠纷417起，有力维护全镇社会稳定大局。全面落实综治信访工作责任制，全年共受理信访件101件，办结率达98%以上。开展矛盾化解“清零”行动，与市法院联合建成泰州首家共享法庭，全力保护人民生命和财产安全。推进农房改善119户，启动集镇安置区的建设规划；加强农民宅基地管理，全年办理农民建房13户；启动集镇“十必接”工程，全镇12个村(社区)污水管网工程实现全覆盖，24个自然村纳入集镇污水管网，镇污水处理厂进行污水处理提标改造，新建一套一体化污水处理设施，处理规模为每日500吨。新建1000平方米停车

2022 年 12 月 27 日,新垛镇与市人民法院联合建成泰州首家共享法庭

(新垛镇/供图)

场 1 座,对农贸市场、振新路等重要交通路口进行警示信号灯设计。对 9 条提档升级的农村公路进行绿化打造;安装警示防护桩 200 米,乡村道与机耕路交叉口警示牌 36 块;沥青修补桥头跳车、破损路面 1144 平方米;实施路肩培土 720 立方米,道路沥青灌缝 50 平方米;在全市守护公路安全计划中安装防护栏 9485 米;建成集观光、旅游、休息于一体的候车亭 26 个。

【生态建设】 2022 年,以美丽菜园“十百千”创建活动为契机,推行新一轮人居环境整治提升行动,推进乡愁馆、美丽菜园、户改厕等工作,参与创建农户 938 户、创建地块 131 处。获全市首批美丽菜园创建示范镇称号,李施、港西 2 个村获“示范村”称号,港西村成功举办市级乡村振兴现场会,建成全市首个可复制推广乡愁馆 1 个,李施村创成兴化特色田园乡村,徐高村成功甩掉环境整治薄弱村帽子。围绕水环境综合治理,与河海大学合作创办里下河首家水葫芦处置中心。紧扣省考断面水质“增Ⅲ保Ⅲ”的目标,拆除不达标畜禽养殖场 164 家,规范提升 10 家;实施退养还田 40.86 万平方米,夏秋两季秸秆离田 1066.67 公顷,河道清淤 52 条计 86.4 万立方米,省考张高断面水质实现月月达标、全年达标。全面启动营西圩水系优化试点项目,清理河道 18 条,土方 38.7 万立方米,新增耕地面积 20.08 万平方米。开展中央生态环境督察组交办船舶修造(拆)企业专项整治行动,涉及镇内 2 家船厂首批顺利通过市级多部门联合验收。推行林长制落地生效,全年完成新造林面积 5200 平方米。

【社会治理】 全年调解处置纠纷 417 起,有力维护全镇社会稳定大局。落实综治信访工作责任制,共受理信访件 101 件,办结率达 98% 以上。开展矛盾化解“清零”行动,与兴化法院联合建成泰州首家共享法庭,全力保护人民生命和财产安全。聘请安全专家检查、专家会诊、夜间专项检查累计 17 次,发现隐患 437 条,现场整改 213 条,发出责令整改通知单 57 张,整改率 100%。

【港西村】 港西村坐落于新垛镇雌港河西畔,2019 年进行行政村区划调整,由孙家、团结合并而成。现辖钱韩、陈道、南孙、北孙 4 个自然村,下辖 23 个村民小组,总户数 842 户,总人口

2022 年 7 月 2 日,全市乡村振兴现场会在新垛镇港西村召开

(新垛镇/供图)

2428人,区域面积5.55平方千米,耕地面积307公顷。村党总支有党员97名,在编在职村干部6名。在党员、干部、群众的共同努力下,村各方面均有明显提高,干群关系较为融洽,新农村建设有效推进,村两委会的凝聚力和战斗力明显提高。2022年经营性收入133万元,2022年获评“综合先进村一等奖”。

【李施村】 李施村位于新垛镇东北4千米,由李方、李施2个自然村组成,辖12个村民小组,共有党员51名,总人口1389人,总户数515户,耕地面积210.5公顷,全村共流转土地84.67万平方米。2022年村经营性收入60.5万元,人均收入26500元。2022年李施村先后获得江苏省卫生村、江苏省生态宜居美丽乡村、兴化市特色田园乡村、综合先进村等称号。

(沈小伟)

表69　2022年新垛镇主要经济社会指标一览表

指标名称	单位	数值	指标名称	单位	数值
总户数	户	8858	入库税收	万元	1739.62
总人口	人	24086	预算内财政总收入	万元	4686.83
乡镇从业人员数	人	15268	一般预算收入	万元	962.78
耕地面积	公顷	3299.41	农民人均可支配收入	元	28028
地区生产总值	万元	81384	中小学校	所	2
人均地区生产总值	元	33789	在校学生	人	630
一产增加值	万元	31608	在职教师	人	78
二产增加值	万元	17046	医院	所	1
三产增加值	万元	32730	卫生所(室)	个	8
生猪出栏	头	10070	医生数	人	44
家禽存栏	万羽	2.65	病床数	张	70
水产品产量	吨	2000	参加养老保险人数	人	13956
工业企业数	家	32	参加农村新型合作医疗人数	人	16333
当年到账外引资金	万元	—	享受居民最低生活保障人数	人	365
工业开票销售	亿元	9.58			

表70　2022年新垛镇骨干企业基本情况表

企业名称	销售收入(万元)	利税总额(万元)	法定代表人
江苏江电电力设备有限公司	59946.04	211.63	赵燕森
兴化市纪宇塑业有限公司	9219.44	141.02	吉得纪
兴化市广辉劳务服务有限公司	1236.14	79.82	董凯广
兴化市一禾机械厂	2207.89	77.53	陈　娟
兴化市砖瓦二厂	949.62	66.31	周志华
兴化市鑫达塑料有限公司	1327.44	59.21	潘怀兵

表71　2022年新垛镇各村基本情况表

村名	村支部书记	村委会主任	耕地面积（公顷）	人口（人）	工农业总产值（万元）	农村居民人均可支配收入（元）
丰　乐	杨天成	杨天成	152	1865	7408	27716
新城庄	王季勇	王季勇	278.4	3056	8607	26223
港　西	周春烨	周春烨	307	2428	7360	27108
庙　徐	徐宝满	徐宝满	200.9	1650	4930	26606
曹　吉	吉德勇	吉德勇	218.3	2145	6580	26026
新　东	刘海建	刘海建	279.5	2475	10001	25665
施家桥	汤文元	汤文元	383.5	3332	9605	27866
朱彭三庄	朱同峰	朱同峰	167.2	1395	6370	26475
徐　高	成久兰	成久兰	162.7	1307	4445	26038
李　施	吉永华	吉永华	210.5	1389	6355	26500
张　高	张红标	张红标	189.7	1735	7420	27080

钓鱼镇

【概况】 钓鱼镇位于兴化市北部,是历史悠久的水乡古镇,相传因姜太公在此垂钓而得名。如今的钓鱼镇区位优势独特,水陆交通便利,东临“宁靖盐”高速、西接“京沪”高速、北连“兴盐河”、南通“引江河”,三条省级公路(332大兴金、231兴泰、233邮兴盐)穿境而过,乡村道路全面硬质化。行政区域面积74.88平方千米,耕地面积4067.75公顷。下辖13个行政村,1个社区居委会。2022年末,全镇总户数13725户,有户籍人口41976人。

【经济建设】 2022年,实现地区生产总值9.62亿元,工业开票销售7.8亿元,规上工业总产值8.2亿元,高技术产业投资额达895万元。制定三年“智改数转”工作计划,对6家规上企业进行评估。完成接入工业互联网标识解析节点企业2家。盘活闲置土地1处,引进泰州市健达户外体育运动器材项目,正在办理土地手续。智慧星木业地板基材项目已做好开工前准备。胜兴桩业管桩项目已办理土地转让手续。2022年,江苏省农业科学院亚夫科技服务“兴化钓鱼工作站”揭牌成立。“稻麦产业园区”项目小麦核心示范,最高田块单产715.8千克,创泰州小麦最高单产纪录。新增泰州市级“示范农场”2家、兴化市级“示范农场”1家。完成1250亩提水养殖生态化改造。全年村集体经营性收入增加200万元,增长率为15%。新增复式作业机8台、大型拖拉机2台、收割机5台、插秧机4台、高效植保机4台。截至11月21日,完成全镇提水养殖管理服务费超200万元,有效增强村级集体经济实力。水产品批发市场已初具规模,有效带动餐饮业、住宿业、零售业发展。2022年,完成服务业增加值3.4亿元,服务业税收973万元。新增限额以上批零住餐企业1家,拟培育新进库企业6家。

【社会事业】 2022年,全镇落实四项惠农补助项目,补助资金总额1053.85万元。控减农民负担198.76万元,比市控减办额定的减少35.5万元,下降14.52%。举办高素质农民培训班3期(其中省级班2期),科技示范户培训2期,农产品质量安全培训2期;持续加大教育投入,加大钓鱼镇中心校教学附属楼建设力度,累计投入超100万元。投入35万元,对为民服务中心服务大厅进行改造升级。投入55万元,对钓鱼镇卫生院进行病房改造,新购1套医学影像设备59万元,有效提升医疗服务能力。投入60万元,改造电启闭圩口闸4台、维修圩口闸4座、改造排涝站2座、加修圩堤1.2千米;投入2200万元,对钓圣线、文远支线进行提档升级,新建桥梁13座;投入近20万元,提升全镇技防水平,对监控进行更新替换;投资130万元,在分圩港、丁字河,推进12.53千米长的生态河湖建设,12月底工程均已竣工。安居工程正在推进中,钓鱼、北赵、洋汉等村已基本完成土地复垦任务,安居工程已完成启动阶段工作。收回钓鱼农贸市场经营权,投入近100万元对市场进行改造提升;投入50万元,在新时代文明实践所建设文体休闲广场,对客运站进行翻新建设。

【生态建设】 结合市美丽菜园“十百千”创建活动,村“两委”直接或引导农户共建设1460处美丽菜园,打造既能种菜又能观景的幸福小菜园,让村庄增颜值、提气质、升品质,获得市首批“美丽菜园”创建示范镇称号,南赵村、胜利村获得示范村称号。深入挖掘农村优秀传统文化,在空白墙壁上绘制主题鲜明、惟妙惟肖、通俗易懂的彩绘漫画120余幅,通过在人居环境整治工作中注入传统文化元素,展现美丽乡村新气象。对照“拉直(水平、垂直)、捆紧、固定、贴墙”的标准,通过召开交办会、发放交办函的方式,整治空中线路。对集镇主次干道垃圾桶进行全面更新,彻底清除绿化带藏污纳垢和店前污渍沉积。严格落实商家镇容环卫责任制度,狠抓店外经营、占道经营、流动摊点、站牌乱设及非机动车乱停乱放等突出问题。对非公益性广告实行常态化巡查清理工作机制,确保镇区非公益性广告动态清零。投入部分资金,对集镇路面进行及时补修,引导商户改善门面,全力保持集镇干净整洁的良好形象。

【社会治理】 健全互联互通、便捷高效的农村服务管理网络,发挥好“有事好商量”协商议事平台作用。结合“到、进、访”“双解双促双提升”工作,健全议事流程和规则。规范“阳光信访”平台建设,引导群众通过正确的方式、正确的渠道解决自身合理诉求。开展“五好文明家庭”“美丽庭院”“诚信守法户”等评比活动,开展移风易俗活动,形成尊老爱幼、男女平等、夫妻和睦、勤俭持家、邻里团结的良好风气。推进基层武装部规范化和基层民兵组织建设,保障抗洪抢险。推进17个重点行业领域安全生产专项整治,落实“扫黑除恶”专项斗争常态化工作机制,持续推进“净网”行动。推进“金钟罩”小程序推广工作,坚决保护群众利益。推进社会治理技防提升工程,逐步完善“12345”政府热线、数字城管、网格化管理职能,发挥“大数据+网格化+铁脚板”治理优势,推广“苏格通”智能信息平台,实现群众多元需求“一键联通”“一网通办”,打造“民情全掌握、矛盾全化解、服务全方位”的“三全六化”社会治理新模式。全年无重大安全事故发生。

(刘　兴)

表72　2022年钓鱼镇主要经济社会指标一览表

指标名称	单位	数值	指标名称	单位	数值
总户数	户	13725	工业利税总额	万元	7251
总人口	人	41976	预算内财政收入	万元	2384
乡镇从业人员数	人	18947	一般预算收入	万元	2281
耕地面积	公顷	4067.75	私营个体税收	万元	586
地区生产总值	万元	96181	居民储蓄存款余额	万元	74185
人均地区生产总值	元	42564	农民人均可支配收入	元	25598
农业增加值	万元	32148	中小学校	所	3
工业增加值	万元	28792	在校学生	人	478
建筑业增加值	万元	1865	在职教师	人	66
服务业增加值	万元	35241	医院	所	2
生猪出栏	头	17430	卫生所(室)	个	16
家禽出栏	万羽	29.2	医生数	人	26
水产品产量	吨	6883	病床数	张	82

续表 72

指标名称	单位	数值	指标名称	单位	数值
工业企业数	家	82	参加养老保险人数	人	13352
当年到账外引资金	万元	—	参加农村新型合作医疗人数	人	30389
工业销售收入	万元	84835	享受居民最低生活保障人数	人	670

表 73　2022 年钓鱼镇骨干企业基本情况表

企业名称	销售收入(万元)	利税总额(万元)	法定代表人
江苏上峰水泥有限公司	33401	1316	骆　兴
兴化市联富食品有限公司	14169	1525	刘庆峥
兴化市永泰新材料有限公司	18155	658	朱志伟
兴化市祥盛建材厂	3657	155	姚青珍
兴化市富华纺织品有限公司	2739	55	苏远保
兴化市兴亚针织服饰有限公司	985	110	夏定道
兴化市星宇服饰有限公司	750	73	朱俊兵

表 74　2022 年钓鱼镇各村基本情况表

村名	村支部书记	村委会主任	耕地面积(公顷)	人口(人)	工农业总产值(万元)	农民人均纯收入(元)
钓鱼村	刘　兴	刘　兴	525.6	5368	15102	21285
胜利村	陆奇珍	陆奇珍	289.9	2479	2991	20816
春景村	许高松	许高松	342.4	3158	2943	19821
北赵村	赵润栋	赵润栋	290.9	2449	6424	19847
八尺沟村	王益鹏	王益鹏	274.4	3469	3682	20515
北芙蓉村	邵玉江	邵玉江	278.1	3375	3383	20652
南芙蓉村	夏桂军	夏桂军	244.1	2286	5122	20353
洋汊村	房兴树	房兴树	399.3	3239	3386	20427
园区村	陆进成	陆进成	258.6	2843	3725	20612
檀孙村	李　江	李　江	251.9	2547	3004	20151
南赵村	冶远秋	冶远秋	266.9	2421	7267	20033
吉城村	陆　峰	陆　峰	336.5	3312	4763	20588
中朝村	沈步炳	沈步炳	339.6	3339	4151	19992

大营镇

【概况】　大营镇行政区域面积 50.81 平方千米，下辖 10 个行政村，1 个社区居委会，185 个村民小组，总人口 24912 人。2022 年，实现生产总值 6.82 亿元，同比增长 14%；工业开票销售 3.93 亿元，同比增长 3%；规上工业产值 3.48 亿元，同比增长 51%；批零住餐贸易额 5.95 亿元，同比增长 160%；规上服务业营业收入 7800 万元，同比增长 66.6%。完成税收收入 1896 万元，公共财政收入 982 万元。新增规上工业企业 6 家，规上工业企业总数达到 10 家。

【经济建设】　推进“智改数转”，鼓励飒雪制冷、兴工机械等企业加大科技投入力度，购置新型设备，进行技术改造。加大高企创建力度，获批国家级高新技术企业2家,其中新增1家,复审1家。备案科技型中小企业4家,新增星级上云企业1家,新增战略性新兴产业2家,新四板挂牌2家,技术合同备案登记5000万元。签约亿元项目2个,其中泰州市润龙陶瓷有限公司已开工建设。诚德建材、安旭纺织、易创科技、江浙通塑业等项目竣工投产。推进"亩均论英雄"改革,新建盘活提升项目3个,涉及用地59亩,退出低效低端企业3家,节约能耗90吨标煤。推进农业供给侧结构性改革作为农业农村工作的主线,强基础、调结构、扩效益,助力农村发展、农民增收、农业增效。新建农民专业合作社2家,其中泰州市级1家。新建家庭农场9家,其中泰州市级2家,兴化市级7家。新增特色农产品基地2个,设施园艺基地1个,申报农业农村重大项目3个、泰州市级龙头企业1家、农业产业化联合体1家。做好粮食产业园区建设,完成省部级小麦绿色高质高效创建任务,辐射面积达1666.67公顷。全省香葱、洋葱生产机械化现场演示会在大营镇召开,43.33万平方米金丝皇菊示范引领带动初步成型。推进水利设施提升工程,完成维修圩口闸5座、排涝站2座、小电站5座,实施电启闭改造5座。全力以赴推动总投资3200万元的万亩高标准农田项目建设,总体工程已完成95%以上。

【社会事业】 巩固好"四好农村路"创建成果,对全镇桥头跳车和部分路面破损进行沥青摊铺和维修,安装临河、临塘段护栏1.2千米,消除交通安全隐患。完成提挡升级公路绿化工程12千米,屯南路、洋子大道及北元路亮化工程完工。全镇38个公交站台高质量完工,均已投入使用。洋子中桥如期通车。全年村级集体经营性收入818.43万元。农村产权交易规范有序,累计进平台交易52笔,交易额达1485.23万元。围绕"一稳定两不愁三保障"及帮扶措施落实,对528户、1328人建档立卡户脱贫情况全面开展"回头看"。成立工作专班,帮助533.33公顷、约4.5万吨洋葱、西瓜等农副产品外销,实现经济效益转化。推进整村连片增减挂钩暨农房改善工作作为优化村落布局、建设宜居宜业和美乡村的重要举措,完成8个村的多规合一实用性村庄规划的编制工作。亲水湾小区完工交付,小区南北主题广场已投入使用。启动整村撤并工作,完成三批10个居民点、400户农户搬迁签约工作,实现增减挂钩188.8亩。新建集中居住小区2处,听水轩42套已经封顶,御水园152套正在建设中。精心打造"营家服务"中介品牌,为搬迁群众收集提供房源信息133条,促成房屋交易78起。农房改善完成631户,"一户一档"档案归集率100%,被市效能办授予"向上攀登红旗"。

【生态建设】 坚持控源截污和生态扩容"双管齐下",研究制定《大营镇国省考断面水质改善提升工作方案》,全力推进水质提升"七大攻坚行动"。对前期拆除的147户畜禽养殖设施定期组织"回头看",严防反弹现象发生。严控新增养殖行为,对国考断面3千米外经整治仍无法达标的养殖场全部落实关停措施。持续加强兴盐界河重要支流溯源整治,投入300多万元,对17条支流开展清淤疏浚,总长33.5千米,土方23.7万立方米。同步设置生态浮床2000平方米,投放螺蛳15吨、鱼苗1000余尾,不断增强水体自净能力。整治封堵农田退水直排口6处、水产养殖直排口16处。建立养殖尾水达标排放申报制度,实施"两坝三池"蟹塘异位修复项目250亩,完成市交蟹塘复垦任务308亩。推进造船企业专项整治行动,德青船厂已完成设备清理、房屋拆除、固化破除,全市首家通过上级验收。推进淮河流域入河排污口排查行动,全面摸清排污口底数,实地排查二级排污口151个。开展"两违四乱"整治行动,拆除房屋10座,破碎沉船杂物100吨,完成无人机巡查变化点整改12处。推进秸秆全量离田,夏秋两季累计离田4万亩,秸秆双禁考核考评位于全市前列。开展人居环境整治工作,人居环境薄弱村高港村顺利"摘帽",屯南村特色田园乡村、高港村生态美丽宜居示范村顺利通过验收。全面推进厕所革命,累计拆除旱厕139处。全力推进全国文明城市创建工作,常态化开展各类创建活动,修补集镇破损路面680余平方米,整理杆线2500米,清理小广告350余条,更换分类垃圾桶200余个。充分发挥"营蜂"志愿服务队"你拍我办"功能,完成曝光问题整改240余件。北片乡镇文明城市创建首场现场会在大营镇召开,全国文明城市创建第三方第二轮测评名列全市乡镇第一。城乡垃圾清运一体化正常运行,转运生活垃圾3753吨。加大镇村污水管网建设力度,全力做好阵营港河水污染治理项目、集镇污水扩面工程,新增接管户471户。全面落实"林长制",新增造林面积5267万平方米,更新造林9万平方米,完善农田林网76.67万平方米,四旁植树栽植10000株,均超额完成市交任务。

【社会治理】 不断加强社会治理,着力构建共建共治共享的社会治理格局。泰州网格系统App登录率、人房关联率、上报事件办结率100%。加大矛盾排查化解力度,截至12月底排查2112件,调解办结率100%,第三季度被市网格中心评为"流动红旗先进乡镇"。高度重视稳就业、促创业,支持成功自主创业62人,创业带动就业320人,引进高层人才3人,城镇新增就业人数274人,超额完成市交任务。倾力打造"15分钟医保服务圈",城乡居民养老保险续保率达95%以上。精心谋划中心幼儿园搬迁改造方案,全力争创省级优质园,计划总投资600万元。持续改造升级硬件设施,不断优化服务功能,提高卫生院综合服务能力。突出规划引领,注重民心所盼,高标准谋划人民路"白改黑"改造方案和市民广场建设方案,高质量完成集镇建筑外立面改造二期工程和集镇亮化工程,集镇形象不断提升。

【阵营村】 地处大营镇腹部,由崔庄、三张、邓家3个自然村合并而成,15个村民小组。现有耕地213.33公顷,户数526户,人口1527人。设党总支1个,下辖阵营村第一党支部和第二党支部两个支部,共有党员72名。2022年工农业总产值6327万元,农民人均可支配收入25890元,获评为"兴化市文明村""泰州市文明村""江苏省卫生村""江苏省传统村落"等。阵营村崔庄原名崔家,公元1855年形成村落,崔家面塑以前叫"做美人"也叫捏巧,由何永章开始传承,后传给徒弟张俊桂(张德山养父)、徐仕英,传承到现在,只有张德山和孙女张金花还在继续坚持。近几年,阵营村以"特色田园乡村"为目标,"五面清洁"为抓手,先后投入100多万元。在建设中,突出文化引领,发掘乡土人才。建设移风易俗文化宣传长廊,宣传新农村相关知识,促进新风貌,提高村民素质,形成特色淳朴村风民俗。村内主庄台四周环水、水网脉络清晰,自然禀赋优越,具备里下河地区典型的生态水乡特色。村民集聚地内桥梁5座,凸显水乡桥特色文化。村内民房一排排鳞次栉比、错落有致。村西的大滩口,鱼儿成群结队,保持原始的水乡生态风貌,鸟与鱼来往嬉戏,人与景相互交融,俨然一副怡然自得的田园风情。近年来,阵营村以特色田园乡村建设为目标,紧紧围绕"七彩阵营"做文章,结合村内河道,做足水文章,发展水经济。创造乡村与特色共生的宜居村庄。

(卞伟东)

表75 2022年大营镇主要经济社会指标一览表

指标名称	单位	数值	指标名称	单位	数值
总户数	户	8453	工业利税总额	万元	33000
总人口	人	24912	预算内财政收入	万元	9620.33
乡镇从业人员数	人	12045	一般预算收入	万元	20246.83
耕地面积	公顷	3646.14	私营个体税收	万元	88
地区生产总值	万元	68229	居民储蓄存款余额	亿元	11.2
人均地区生产总值	元	49144	农民人均可支配纯收入	元	26654
农业增加值	万元	32984	中小学校	所	2
工业增加值	万元	11456	在校学生	人	290
建筑业增加值	万元	3073	在职教师	人	62
服务业增加值	万元	20716	医院	所	1

续表 75

指标名称	单位	数值	指标名称	单位	数值
生猪出栏	头	19800	卫生所(室)	个	10
家禽出栏	万羽	2.4	医生数	人	38
水产品产量	吨	7049	病床数	张	170
工业企业数	家	82	参加养老保险人数	人	7942
当年到账外引资金	万元	—	参加农村新型合作医疗人数	人	17224
工业销售收入	万元	39256	享受居民最低生活保障人数	人	262

表 76 2022 年大营镇骨干企业基本情况表

企业名称	销售收入(万元)	利税总额(万元)	法定代表人
兴化市惠丰混凝土制品有限公司	3505	125	刘荣春
兴化市统全食品有限公司	3093	50	张怀全
兴化市有国米厂	3053	5	顾春围
泰州市中安金属制品有限公司	2960	30	王爱芹
兴化市远东石材加工有限公司	2203	100	赵朝远
泰州市大润机械有限公司	2188	40	陈思雨
江苏安硕材料科技有限公司	3018	100	沈日荣

表 77 2022 年大营镇各村基本情况表

村名	村支部书记	村委会主任	耕地面积(公顷)	人口(人)	工农业总产值(万元)	农民人均可支配收入(元)
大营	王小娟	王小娟	602	4842	—	27104
屯南	朱敏	朱敏	341	2132	—	26714
营丰	陈健	陈健	298	2166	9855	26514
屯军	施爱莲	施爱莲	392	2190	394	26152
洋子	束爱明	束爱明	282	1699	380	25856
联镇	祁恒旭	祁恒旭	351	1949	4812	22168
屯北	柏龙辉	柏龙辉	343	2232	3080	26000
高港	肖锋	肖锋	361	1965	2735	26050
阵营	董攀	董攀	272	1527	6327	25890
营中	董德康	董德康	382	2458	3500	26784
居委会	李冬梅	李冬梅	5	1753	—	25000

沙沟镇

【概况】 沙沟镇位于泰州市西北部,地处盐都、建湖、宝应、高邮、兴化五县(市)交会处,是江苏省地理中心。沙沟资源丰富,生态宜人,物产丰殷,是里下河地区著名的鱼米之乡。沙沟是里下河文化的发祥地之一,古镇徽派建筑文化、传统民俗文化、湖荡渔业文化、宗教菩提文化、红色革命文化、地方饮食文化、孝道感恩文化、生态健康文化特色明显。沙沟是中国历史文化名镇、国家级最美渔村、国家AAA级旅游景区、泰州市“渔文化”特色小镇、江苏省第二批旅游风情小镇创建单位。全镇辖1个社区、17个行政村,行政区域面积127.81平方千米。2022年年末,总户数16117户,总人口50906人。

【经济建设】 2022年,实现地区生产总值14.41亿元,同比增长3.8%;一般公共预算收入2665万元,同比增长16.8%;农民人均可支配收入28481元,同比增长10.1%。招引2家一级资质建筑企业、2家二级资质建筑企业、1家物流企业,完成1个5亿元竣工项目。帮助兴华有色金属等企业纾困解难、复工复产,减免3家小微企业房租12.11万元。现代农业优势巩固提升。持续打造以崔垛红薯、金荡香米、生态鱼、藕虾共作为代表的四大特色产业园区,全力争创国家农业产业强镇,推动农业转型升级。新增耕地面积36.4万平方米,承担农业农村部水稻绿色高质高效创建万亩示范片和江苏省2个千亩示范方项目。全镇3135.13公顷小麦喜获丰收,单产平均532.5千克,亩产值1576元,产量、产值、效益均创历史新高。完成市交新增造林1.47万平方米,森林抚育15.87万平方米,四旁植树4.5万株,农田林网66.67万平方米目标。帮助经营主体成功办理农商行惠农贷款500万元,积极申报“江苏省民间文艺之乡”。

【社会事业】 投入72万元,实施周奋幼儿园更新提升工程,顺利通过省优质园复审评估,完成投资近2000万元的新区中心幼儿园主体工程建设。2022年中考均分列全市公办初中第一方阵,超兴化中学控制线17人,超楚水高中控制线42人,80人被三星级以上高中录取,获得“兴化市教育教学质量考核综合二等奖”。开展乡村公益医疗互助项目推广工作,提升医疗保障水平。做好常态化疫情防控工作,提升应急处置能力,保障人民群众生命健康安全。发挥兴化市人民医院医共体驻沙沟医院专家工作室暨联合病房等平台作用,嫁接人才优势和医疗资源,创成二级综合医院和省级基层区域医疗卫生中心。完成沙沟市政府旧址提档升级工程,成功入选2023年国家AAAA级旅游景区创建单位。统筹规划“非遗暨老行当”展览馆、板桥塾馆、后大街红色文化广场等项目,基本完成米仓客栈与石梁茶馆建设。实施沙沟中心敬老院二期扩建工程,进一步改善老年人生活环境。落实优抚政策,发放义务兵家庭优待金和退役士兵经济补偿金13.8万元。成功举办高素质农民培训班,累计培训218人次。沙沟渔具渔法入选省第五届非遗展,板凳龙舞入选省运会宣传推介体育项目,《沙沟镇志》获评2022年度江苏省史志作品优秀成果,石梁村入选中国传统村落名录。

【生态建设】 水金村创成泰州市特色田园乡村,制定《沙沟镇2022年度农村人居环境改善提升行动实施方案》,扎实开展农村人居环境整治“四清一美一提升”百日攻坚行动,打造美丽菜园615个,获评兴化市“美丽菜园创建示范乡镇”,斜沟、官河、仲北、崔新等4个村获“美丽菜园创建示范村”称号。水环境和河长制工作落实常态长效管护措施始终处于全市第一方阵。乡村振兴工作走在全市前列,被确定为泰州市乡村振兴中心镇创建单位和特色田园乡村建设示范区创建乡镇。全力做好阜溧高速项目建设服务保障及矛盾协调,扎实推进兴龙村戚家居民点房屋搬迁安置工作,完成崔垛新村、沙北村拆迁户集中再建小区主体工程建设。盐沙大桥、王庄大桥、崔垛大桥顺利通车,进一步优化全镇交通路网。

【社会治理】 严格落实党政领导干部安全生产责任制,组织召开安全生产联席会议6次,开展安全生产大检查362次,排查整改安全隐患1043条。组织消防安全、防震逃生、防汛抗洪等应急演练11次,人民东路创成“消防安全示范一条街”,二级消防站成功投入使用。有力实施信访件“红黄蓝”分级管理制度,排查调处矛盾纠纷51起。积极探索“乡贤+基层治理”模式,新成立3个村级联合调解中心,共调处资源发包、建房等矛盾纠纷86起。开展“亮身份、大巡防”活动,构建“民警+辅警+网格员”工作机制,对重点场所、重点部位开展联合巡逻守护活动,进一步预防各类治安事件的发生。

【崔垛东村】 崔垛东村地处沙沟镇东南部,由2个行政村合并而成。2019年7月,在新一轮行政村优化中,将原崔垛一村、崔垛四村合并为新的崔垛东村。

现有23个村民小组,共982户、3795人,耕地475.42公顷,村党总支下设2个党支部,共有党员65名,村"两委"成员9人,在编村干部8人。2022年村级集体总收入6438万元,农民人均可支配收入27959元。农民主要经济收入为外出务工收入,种植业以独特的园垛经济种植模式为主。村新建农桥2座,机耕路4000米,河道浚深3000米,给群众农业生产带来便利。修建敬老院,为老百姓提供方便,解决村内老人养老的问题,解决安全隐患,提升村庄面貌,村民幸福指数进一步提升。打造"崔垛丑薯"品牌,以成立农产品销售合作社为主体,逐步把资源优势转变为品牌优势,把品牌优势转变为市场优势。改建公厕3座,方便群众生活需求,提高村庄整体环境。修建污水管网设施,通过管网铺设、泵站收集等手段,将居民家中厨房、卫生间的生活污水实现集中收集、统一处理、达标排放,切实改善和持续提升农村人居环境。

【沙北村】　沙北村由王庄、朱夏、王舍等3个自然村组成,13个村民小组,713户,户籍人口2399人,党员65人;有水面资源609.07公顷,以水产养殖和荷藕种植为支柱产业,2022年末村集体经营性收入为1100余万元,人均可支配收入26873万元。沙北村实行党建"五子四格"工作法,以党建带村建,促进治理体系的完善和治理能力的提高。盘活集体资源,实行产权制度改革,将村民的经营权转变为村股份经济合作社股权;激活生产要素,推进基础设施的改造和生产方式的改进,提高种养效益,促进"村""民"增收。推进里下河"洼地治理"工程,积极实施沙黄河两岸拆迁户的搬迁,建设符合里下河风格的村民集中再建小区;建设沿沙黄河、村东河两岸的硬质驳岸;在全村范围内进行污水管网改造,确保生活污水不下河。美丽乡村日臻成熟。2022年,被江苏省农业农村厅评为"百村实践 共同富裕"新型农村集体经济典型案例。拉开村庄整体发展新局面。

(张汉卿　王　灿)

表78　2022年沙沟镇主要经济社会指标一览表

指标名称	单位	数值	指标名称	单位	数值
总户数	户	16117	预算内财政收入	万元	5418
总人口	人	50906	一般预算收入	万元	2665
乡镇从业人员数	人	8795	私营个体税收	万元	5354
耕地面积	公顷	6401.26	居民储蓄存款余额	万元	—
地区生产总值	万元	144065	农民人均可支配收入	元	27959
人均地区生产总值	元	64071	中小学校	所	6
农业增加值	万元	75633	在校学生	人	2421
工业增加值	万元	16254	在职教师	人	225
建筑业增加值	万元	9461	医院	所	2
服务业增加值	万元	52119	卫生所(室)	个	32
生猪出栏	头	16952	医生数	人	142
家禽出栏	万羽	13.5	病床数	张	235
水产品产量	吨	37131	参加养老保险人数	人	39435
工业企业数	家	16	参加农村新型合作医疗人数	人	48956
工业销售收入	万元	27734	享受居民最低生活保障人数	人	1065
工业利税总额	万元	690			

表 79　2022 年沙沟镇骨干企业基本情况表

企业名称	销售收入(万元)	利税总额(万元)	法定代表人
江苏金莎食品有限公司	2218	19.8	莫鹏启
江苏强铖印染机械有限公司	1492	75	王征冬
兴化市兴华有色金属制品厂	2883	67	王秀琴

表 80　2022 年沙沟镇各村基本情况表

村名	村支部书记	村委会主任	耕地面积(公顷)	人口(人)	工农业总产值(万元)	农民人均纯收入(元)
兴龙	王永青	王永青	219.9	2647	5820.61	28117
官河	李维月	李维月	517.09	2605	5899.69	27361
联溪	汪洪锦	汪洪锦	111.63	1484	4700.84	37247
水金	高广军	高广军	86.47	2186	5238.85	28300
董庄	陈文法	陈文法	360.37	2234	4365.71	27777
光耀	张汉卿	张汉卿	413.93	2384	4946.58	27289
高桂	盛荣耀	盛荣耀	438.25	3042	6092.05	27846
石梁	丁建华	丁建华	102.52	2189	3943.56	26376
沙北	王建友	王建友	381.49	2399	4831.64	26873
崔东	王柏全	王柏全	475.42	3795	6438.15	28707
崔垛新	房　艳	房　艳	204.46	2655	5246.99	30302
斜沟	马成云	马成云	328.68	2698	4652.13	27004
付堡	卢　骏	卢　骏	252.98	1794	3905.54	30552
时堡	卜来安	刘长荣	646.75	5178	10409.08	26559
仲南	潘乾宏	潘乾宏	473.2	3008	5997.45	26718
仲北	周　鑫	周　鑫	328.35	2784	6379.68	27902
三界	冯小侃	冯小侃	367.99	2598	5383.19	26056

千垛镇

【概况】　千垛镇地处兴化西北部水网地区,辖 28 个行政村和 1 个居委会,总人口 78616 人。行政区域面积 184.81 平方千米,其中,耕地面积 7926.7 公顷,水面 8858.8 公顷,湿地(菜花荡、洋汉荡)2868.53 公顷,是兴化市湿地面积最大、旅游资源最多、田园综合体和特色田园乡村建设最早的乡镇。先后获江苏省文明镇、江苏省生态文明示范镇称号,镇域内东罗村入选中国美丽休闲乡村、中国最美村镇、全国乡村旅游重点村、全国文明村、江苏省首批特色田园乡村;东旺村获评全国乡村特色产业亿元村、江苏省生态文明示范村;徐圩村获江苏省生态文明示范村、江苏省特色田园乡村、江苏省乡村旅游重点村称号;陈杨村获江苏省生态文明示范村、兴化市特色田园乡村称号。

【经济建设】　2022 年实现地区生产总值 28.56 亿元,增幅 11.1%;一般公共财政预算收入 3169 万元,增幅 9.8%;完成规上工业总产值 6.79 亿元,增幅 6.5%;完成工业开票销售 7.18 亿元,增幅 2.53%;规上企业文化产业增加值、制造业增加值、规上工业增加值、服务业增加值同比分别增长 30.2%、8.1%、7.2%、7.5%。新签约亿元项目 2 个,新开工亿元项目 1 个,完成亿元竣工项目 1 个,完成“智改数转”企业 3 个,盘活低效闲置用地 2.53 万平方米。税收收入持续向好,服务业税收 969 万元,增幅 6.91%;工业入库税收 4466 万元,增幅 51.39%。华电兴化太阳能公司税收增长实现新突破,列全市企业贡献税收第9位,全年在千垛镇贡献入库税收2805万元,同比增长超2倍。认真开展企业走访调研,为企业安全复工、错峰开工、平稳生产提供有力保障,全力打造"有求必应、无事不扰,舒心畅快、廉洁高效"的一流营商环境。全年新增规上工业1家,规上建筑业3家,规上批零住餐业1家。实施高标准农田零散地整治53.33万平方米,推广机插秧3800公顷,新建电灌站3座,机耕桥3座,机耕路5条,涵洞4座。荡西圩整圩推进6.59千米,完成3座电启闭闸、2座排涝站、2座闸站一体工程建设。推进高效农业集中连片发展,构建以园区为载体的现代农业发展体系,千岛园果蔬专业合作社成功打造为江苏省特色农产品(绿色)示范基地,李中休闲农业产业园区被认定为泰州市三星级现代农业产业示范园,镇农村产权交易服务中心市场监测评价位列全省所有乡镇第20位,泰州市第2位。建成省级移栽油菜全过程机械化绿色高效生产示范基地2个、占地417亩。培育新型农业经营主体,开展新型职业农民技能培训449人次,专项技术培训7次。

【社会事业】 围绕"8420"(80%的村集体经营性收入超过50万元,40%的村集体经营性收入超过100万元,20%的村集体经营性收入超过200万元,集体经营性收入35万元以下的经济薄弱村全面清零)发展目标任务,"一村一策"制定村集体经营性收入增收方案,全镇各村集体经营性收入总计5863.28万元,超额完成市交目标任务,9个村集体经营性收入达200万元以上,7个村集体经营性收入达100万元以上,全面消除集体经营性收入30万元以下行政村。成立全市首家美丽乡村建设有限公司并实体化运营,促进经济薄弱村抱团增收。顾赵安置房进入施工阶段;千垛污水处理厂及管网改造主体工程基本结束;李中河、李健河生态河道建设全面完成;舜川路、房石水路提档升级按时保质完成;351省道西延线、顾兴路、沙昭线集镇段绿化、景观小品升级改造全部完成;千垛美路23处公交站台升级改造如期竣工;李健烈士陵园、中心幼儿园、缸顾小学教学楼等设施改造提升项目顺利完成;全面推广垃圾分类收集,完成陈杨垃圾填埋场封场工作;市公共卫生医疗中心主体结构完成封顶;缸顾卫生院医养结合体完成设计,基础设施建设全面加强。严格执行永久基本农田保护责任制度和动态巡查制度,拆除、整治违法建设21起,实施增减挂钩面积4.13万平方米,占补平衡复垦面积25万平方米。姜戴等村省级投资土地综合整治项目如期竣工。实施全镇农村住房分类改善101户,"一户一档"档案归集率100%。切实发挥"兜底中的兜底"作用,规范做好社会救助工作,全年救助因病因灾各类对象968人,救助金额达61.2万元;核停低保121户,新增47户;核停五保56户,新增五保16户。城乡居民养老保险续缴率94%,居民医疗保险实现全覆盖。高质量推进居家养老上门服务工作,全年服务老人2737人次。精准做好未成年人保护工作,完成各类困境儿童信息采集,实现困境儿童"微心愿"49个。高标准打造"15分钟医保服务圈"市级示范点,顺利通过省级验收,打通服务群众"最后一公里"。

【生态建设】 开展水环境专项整治行动,落实常态化保洁和督查机制,李中河生态河道代表泰州市幸福河湖,成为献礼党的二十大专题片采风现场。以全国文明城市创建为抓手,开展人居环境"四清一治一改"、美丽菜(果)园创建等专项推进活动,新建户厕70座,改造137座,村容村貌持续改善。完成瞿冯村新建渡口河西村民整体搬迁安居工作,成功撤销全市最后一道在册渡口,彻底消除村民出行安全隐患,群众幸福感、获得感显著提升。创建省级生态宜居美丽示范镇村、省级绿美乡村、特色田园乡村,推动陈杨村"木易"文旅共享空间打造、"野奢营地"露营项目招引、黑高村房屋立面改造、姜戴村村史馆建设等一批项目。2022年,千垛镇获评泰州市特色田园乡村先进集体;东旺村入选全国乡村特色产业超亿元村;陈杨村获评江苏省生态文明建设示范村,通过泰州市特色田园乡村验收;徐圩村、东罗村分获泰州田园办组织的高质量发展二、三等奖;黑高村通过兴化市特色田园乡村验收;徐圩、东罗、姜戴、陈杨、东旺、黑高等村入选泰州市首批乡村振兴示范村创建名单。依托千垛景区、里下河国家湿地公园、徐马荒原生态湿地3个核心区,着力打造3个特色田园乡村集聚区,千垛特色田园乡村示范区纳入全省五个之一、省第一批特色田园乡村示范区建设。将全镇民宿穿珠成链,形成“垛上人家”“林里人家”“芦里人家”3个民宿集聚区,擦亮“千垛万家”民宿区域品牌。东罗亲子民宿、徐圩芦花里民宿、万旺归园田居民宿投入运营。持续加强历史文化保护力度,对草堰港遗址启动保护性挖掘。放大东罗特田首提地效应,东罗老街商铺进一步提档升级,形成“一业带动多业”的良好业态。成功举办千垛瓜果采摘节、农民丰收节、民宿节等多个重要节庆活动,央视、人民网、新华网、“学习强国”学习平台等国家主流媒体频繁聚焦,千垛生态旅游知名度、美誉度、影响力进一步提升。徐马荒生态建设持续推进,徐圩村获评江苏省乡村旅游重点村。

【社会治理】 坚持人民至上、生命至上,坚决落实国家疫情防控方针政策,因时因势调整优化防控措施,最大限度保护人民生命安全和身体健康,最大限度减少疫情对经济社会发展的影响。严格落实安全生产责任,大力开展食品药品、烟花爆竹、自建房等领域安全隐患专项排查整治,切实维护人民群众生命财产安全。坚决打好污染防治攻坚战,加大“散、乱、污”企业清理整治力度,生态环境持续改善。科学合理制定网格工作者职责清单和网格工作负面清单,深化“警网融合”“平安前哨”工程,网格泰治理平台信息数据处在全市前列,第三季度获评“流动红旗乡镇”。落细落实“信访突出问题攻坚化解年”行动,推动社会矛盾风险隐患大排查大起底大化解。坚持召开信访工作联席会议,及时会商、研判突出信访问题,全面落实包保化解责任。2022年,信访件受理率、回复率、办结率、满意度评价率均为100%,获“泰州市信访矛盾化解示范乡镇”“兴化市信访综合考核先进单位”等称号。

(许小扣)

表81 2022年千垛镇主要经济社会指标一览表

指标名称	单位	数值	指标名称	单位	数值
总户数	户	22804	工业利税总额	万元	24531
总人口	人	78616	一般预算收入	万元	3169
乡镇从业人员数	人	33215	私营个体税收	万元	2246
耕地面积	公顷	7926.7	非税收入	万元	269
地区生产总值	万元	285551	居民储蓄存款余额	万元	159400
人均地区生产总值	元	77470	农民人均可支配收入	元	29710
农业增加值	万元	108720	中小学校	所	7
工业增加值	万元	67920	在校学生	人	1571
建筑业增加值	万元	17510	在职教师	人	285
服务业增加值	万元	108910	医院	所	3
生猪出栏	头	3800	卫生所(室)	个	33
家禽出栏	万羽	213000	医生数	人	99
水产品产量	吨	42365	病床数	张	110
工业企业数	家	56	参加养老保险人数	人	29354
当年到账外引资金	万元	—	参加农村新型合作医疗人数	人	51688
工业销售收入	万元	71781	享受居民最低生活保障人数	人	1184

表 82　2022 年千垛镇骨干企业基本情况表

企业名称	销售收入(万元)	利税总额(万元)	法定代表人
华电兴化太阳能发电有限公司	28333	12540	王武士
兴化市楚水绢纺有限公司	12750	2348	戴香莲
江苏鑫岳装饰材料有限公司	4394	528	刘　伟
松永福利器具制造(江苏)有限公司	2421	276	尹滕晴保
兴化市丰汇建材有限公司	8292	1119	徐建荣

表 83　2022 年千垛镇各村基本情况表

村名	村党(总)支部书记	村委会主任	耕地面积(公顷)	人口(人)	工农业总产值(万元)	农民人均纯收入(元)
陈杨	潘久平	潘久平	141	1698	10048	30825.92
丁沙	丁玉林	丁玉林	183	1794	10856	29269.91
白涂河	钱骏麒	赵荣盼	334	3084	16029	29180.7
荡朱	朱炳庆	张　璐	247	1840	10228	29119.4
北沙	朱春信	朱春信	160	1500	10366	29416.21
徐圩	邵茂同	邵茂同	229	1706	10238	31930.96
马港	孙桂瑜	孙桂瑜	237	1642	9727	30382.38
姜戴	许小扣	许小扣	270	1458	10605	29906.32
夏许	戴中余	戴中余	275	1729	9704	30242.33
水兴	王　超	刘仁庐	362	3171	16837	30700.26
华南	刘仁良	刘仁良	216	2406	11189	28681.97
顾赵	顾海平	顾海平	454	6007	25482	29134.75
黑高	王利华(10 月免)	王利华	160	2965	12908	28262.52
李南	翟林海	翟林海	127	1599	11390	27129.64
红星社	沙志涛	沙志涛	422	3295	18410	28677.14
天鹅	邵　荣	邵　荣	237	2328	12627	30558.99
草王村	顾国平	顾国平	426	4164	18251	29180.45
苏宋	马景阳	马景阳	203	3156	14492	30644.98
刘家沟	房根龙	房根龙	493	2365	13836	29290.99
联谊	翟小祥	翟小祥	307	2349	17378	27939.27
黄邳	王长荣	王长荣	495	6333	30087	29406.39
缸顾	范雪峰	范雪峰	772	6376	68261	29730.89
房石水	周永生	周永生	166	1932	20215	27578.96
夏广	苍玉干	苍玉干	129	1443	20387	27441.76
瞿冯	蔡道香	蔡道香	234	2250	30312	30479.9
东罗	罗宝田	罗宝田	181	3596	49793	31015.21
万旺	蒋传春(3 月免)	蒋传春	128	1627	23504	27008.54
东旺	李　茂	刘广凯	221	4704	63065	30825.92

中堡镇

【概况】 地处兴化市西北部生态湿地核心保护区的中堡镇,资源禀赋得天独厚,自然环境十分优越,有着"半湾活水千江月,一粒沉沙万斛珠"的自然生态美景。镇域总面积83.93平方千米,辖10个行政村、1个社区,205个村民小组。境内湖泊水面资源丰富,现拥有水产养殖面积3300公顷,各类水产品年上市总量近2万吨,列泰州市乡镇之首。231省道、332省道横贯全镇,水陆交通十分便捷。大纵湖生态养殖保护区,生态环境优美,自然风光独特,这里春天百草催生、春意盎然;夏日莲花满湖、鱼儿戏水;秋天鸟语花香、菊黄蟹肥;冬天獐鸡结伴、野鸭成群,为兴化市市级风景名胜区。

【经济建设】 2022年,全镇实现地区生产总值12.95亿元;完成一般预算收入6959.3万元;税收收入2721万元;工业开票销售收入3.73亿元;服务业税收558万元。完成亿元签约项目6个,新开工1个亿元项目,新竣工2个飞地亿元项目。规上工业总产值3.12亿元。农香源食品技改开工建设;垄尚米业完成技改;通科机械开工建设,主体厂房封顶;恒润玻璃成功开发百叶窗新兴产品,实现产品附加值进一步提升。对24平方千米国家级生态红线保护区进行保护修复,组建工作专班,推进大纵湖200公顷圈围养殖区退养。大纵湖获批省休闲运动基地。建成蜈蚣湖法治文化园。蜈蚣湖5千米森林步道项目纳入省政府2023年民生实事项目。完成兴盐界河300米范围内蟹塘复垦。成片造林16.07万平方米,其中净增造林面积1.4万平方米,完善农田林网179.53万平方米,创建省绿美村庄、市绿化合格村各1个。村级集体经济持续壮大,实现村集体经营性收入50万元以上村全覆盖。陆家甸村入选泰州市级特色田园乡村创建村,获评省生态文明建设示范乡镇、省卫生镇。加强与万科集团壹禾壹斗农业公司的合作,持续放大"垄尚米业"等农业龙头企业的示范效应,大力推进"农业+休闲观光""农业+服务业",积极培育现代科技农业产业。率先在全市推进秸秆打包离田,泰州市委主要领导到本镇考察调研。水稻机插秧秧池面积超过300亩,超额完成市交任务。兴化市富堡渔业生态产业园、兴化市中堡粮食产业园获评泰州市"三星"级现代农业产业园。江苏垄尚米业有限公司年开票销售1.81亿元;兴化市壹禾壹斗农业发展有限公司创建的大米品牌"八十八仓",年销售额2855万元。

【社会事业】 2022年末,有学校1所,教师总数73人,在校学生793人。坚持教育优先优质发展,连续四年对优秀学子进行奖学,中心校获评省智慧校园、泰州市文明校园。把人民群众的生命健康安全放在首位,常态化做好新冠肺炎疫情防控。成功创建市级15分钟医保服务圈示范点。对现役军人家庭进行"八一"走访慰问。圆满完成79户农房改善任务。集中实施5个村的村庄多规合一编制工作。完成17座公路桥梁改造。全镇污水管网主管道正常运行,投入1800余万元建设大纵湖村、龙江村污水处理设施。完成户改厕130户。新建电灌站1座,维修电灌站5座,完成圩口闸电启闭改造2座,维修排涝站2座。完成西孤南大河、大溪河6千米生态河道建设。加强历史文化

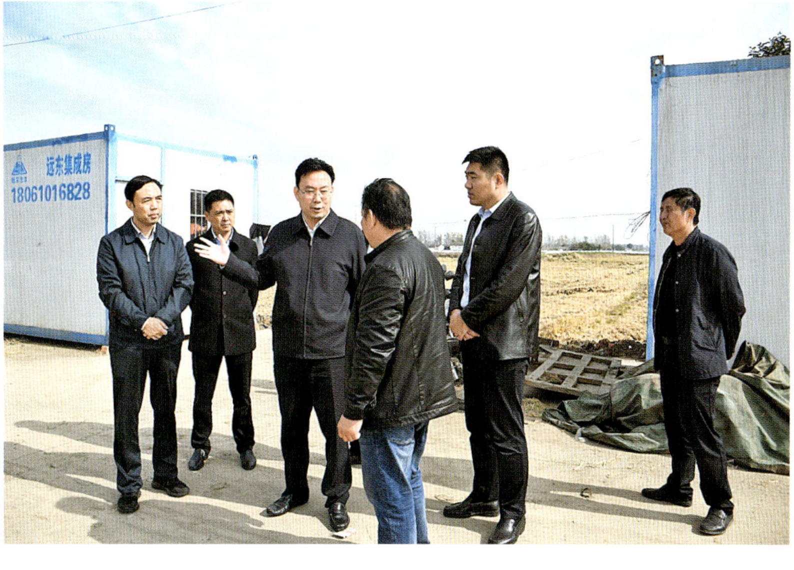

2022年11月6日,市委副书记常冬海(中)到中堡镇考察秸秆离田工作 (中堡镇/供图)

的保护传承和修复,建成毕飞宇读书处;放大泰州老字号"正童食品"、泰州市非物质文化遗产"中庄醉蟹"和兴化市非物质文化遗产"兴化泥塑"的品牌效益。传承和弘扬乡土文化。"双湖"淮剧沙龙每周六到村、社区百姓大舞台开展文化惠民活动。组建代表队参加兴化市"喜庆二十大 幸福舞起来"广场舞大赛,获全市第三名。选送小品《喜事新风》在"喜迎二十大 一起向未来"市新创暨群众文艺调演中获优秀奖。

2022 年 12 月,大纵湖飞鸟图　　（中堡镇/供图）

【生态建设】　紧抓建设"里下河生态经济示范区"契机,主动融入全域旅游创建,致力发展集观光、休闲、养生、娱乐于一体的旅游经济。围绕大纵湖、蜈蚣湖开发与管理,推进大纵湖省级湿地公园、蜈蚣湖省级湿地保护小区创建,大纵湖获批省休闲运动基地,着力把大纵湖、蜈蚣湖打造成以"低碳、健康、生活"为特色的"家门口"旅游风景区。推进农村人居环境、水环境整治。落实专班对全镇主要河道水生植物进行打捞,新设置卡口 16 处、维修 36 处。对河道地笼等非法渔具进行全面清理,拆除地笼 160 余条。完成兴盐界河 300 米范围内蟹塘复垦。开展"清剿水葫芦、改善水环境"百日赛专项行动,调用人力 1.5 万余人次,车船 6500 余条次,累计打捞漂浮物 5 万余吨,有效改善全镇水环境。集中清理中庄河,轮船、河船、破碎船只 3500 吨。在全镇范围内大力推进农村人居环境、水环境整治。开展"美丽菜园"创建活动,拆除猪圈 39 处、旱厕 47 处,清理乱堆乱放 169 处、乱搭乱建 43 处、乱扔乱抛 83 处。完成户改厕 130 户。陆家甸村入选泰州特色田园乡村创建村。投资 1800 多万元建设大纵湖村、龙江村污水处理设施。坚决严防违法用地,进一步推进土地复垦。大力实施乡村振兴战略,加强镇村基础设施建设和环境治理。

2022 年 4 月 7 日,泰州市副市长周小慧(前中)考察中堡镇水产责任区渔民住家船整治　　（中堡镇/供图）

【社会治理】　全镇 17 个行业专班开展安全生产检查 26 次,共排查出一般安全隐患 351 处,全部完成整改。班子成员挂钩的重大安全隐患全部整改到位。对充气点、饭店、九小场所以及小区车库等燃气使用点进行排查,整改隐患 25 起。在全镇组织开展村、单位、企业消防安全责任人的消防安全培训演练 5 次。贯彻落实"八五"普法规划,建成蜈蚣湖法治文化园,4 月 29 日,兴化市扫黑办、法宣办在蜈蚣湖法治文化园举办《中华人民共和国反有组织犯罪法》集中宣传教育活动。开展法律十进普法活动,调处各类矛盾纠纷98起。坚持政府建设、经济建设齐抓共管,工会、共青团、妇联、人武、双拥、老干部等工作整体推动,全镇广大干群的精神状态明显改善,百姓幸福指数得到提升。

(卞殿荣)

表84 2022年中堡镇主要经济社会指标一览表

指标名称	单位	数值	指标名称	单位	数值
总户数	户	10286	工业利税总额	万元	279
总人口	人	33429	预算内财政收入	万元	14379.8
乡镇从业人员数	人	9546	一般预算收入	万元	6959.3
耕地面积	公顷	3182.3	私营个体税收	万元	1431
地区生产总值	万元	129539	居民储蓄存款余额	万元	59347
人均地区生产总值	元	82247	农民人均可支配收入	元	30665
农业增加值	万元	48164	中小学校	所	1
工业增加值	万元	12027	在校学生	人	793
建筑业增加值	万元	13679	在职教师	人	73
服务业增加值	万元	55669	医院	所	1
生猪出栏	头	3902	卫生所(室)	个	10
家禽出栏	万羽	3.5	医生数	人	57
水产品产量	吨	17691	病床数	张	33
工业企业数	家	107	参加养老保险人数	人	18908
当年到账外引资金	万元	—	参加农村新型合作医疗人数	人	28394
工业销售收入	万元	37277	享受居民最低生活保障人数	人	563

表85 2022年中堡镇骨干企业基本情况表

企业名称	销售收入(万元)	利税总额(万元)	法定代表人
泰州市农香源食品有限公司	2360.4	122	房广高
兴化市祥盛纸制品有限公司	2127.1	222	薛兴本
泰州恒润玻璃制品有限公司	6919.6	709.4	张高成
江苏垄尚米业有限公司	18976.4	882.4	马广众

表86 2022年中堡镇各村基本情况表

村名	村支部书记	村委会主任	耕地面积(公顷)	人口(人)	工农业总产值(万元)	农民人均可支配收入(元)
戚家	陈焕春	陈焕春	389.8	3411	10552	29855
东皋	程兆余	程兆余	324.7	3182	7614	27578
朱野	刘　森	刘　森	158.1	1840	3809	24947
陆家甸	刘宏卫	刘宏卫	169.6	2099	8707	34174

续表 86

村名	村支部书记	村委会主任	耕地面积（公顷）	人口（人）	工农业总产值（万元）	农民人均可支配收入（元）
沙湾	房兴波	房兴波	161.6	2715	6956	28463
长安庄	张崇安	张崇安	409.3	3568	10986	33197
大纵湖	郭付杰	郭付杰	303.4	4122	15180	29380
东荡庄	朱　莎	朱　莎	177.3	1709	5397	32255
中堡	张长建	王　蓝	393.6	4794	14543	32112
龙江	林　镇	林　镇	559.2	4133	14096	29397

兴东镇

【概况】 兴东镇地处兴化城东北郊，行政区域面积104.17平方千米，下辖19个行政村、2个居委会，全镇16856户、56445人，拥有1家市级脱水蔬菜加工园区、1家温室材料园区和1家精密机械特色园区和2家市级水产养殖场。

【经济建设】 2022年实现地区生产总值23.91亿元；税收收入1.17亿元；一般公共预算收入6225万元；农民人均可支配收入28117元。落实“疫情要防住、经济要稳住、发展要安全”重大要求，出台《工业经济、科技创新高质量发展考核实施办法》，精准调度重点经济指标，开展营商环境走访，梳理解决疫情期间影响企业运行的堵点、痛点，深入推进“亩均论英雄”改革、启动“智改数转”，抓好产业链项目招引建设。2022年，实现工业开票销售18.69亿元，新增规上工业企业3家，1家企业进入上市股改；清退低效企业5家，盘活闲置用地46.51亩；完成省上云企业和智改数转项目各1家；签约项目5个，新招引开工项目4个，总投资4.57亿元，其中亿元项目2个，竣工亿元项目1个。新获批国家高新技术企业3家。完成建筑业、服务业税收分别于4769.56万元、2793万元。新增家庭农场46家，其中粮食种植家庭农场6家。创建绿色食品企业2家，“三品”覆盖率100%。执行资产资源网上交易制度，全年交易项目159个、成交额1678.73万元、溢价155.1万元。致力完成村级集体增收年度目标，3个村年经营收益100万元以上，其中200万元以上1个。引导农业经营主体购置农用机械66台(套)，发放国家补贴40万多元，秸秆全量还田面积逐年增加。发展现代服务业，培植规上服务业企业，新增1家规上服务业企业。

【社会事业】 完善提升镇村环境长效保洁机制，加快公共基础设施配套，新建停车场2处、候车亭2个；维修润城公园、集镇桥梁以及路肩、路牙；清理小广告400余处、积存垃圾20多吨，出新停车线2000余米。常态化组织“巡河、巡湖”，建成生态河道5条、15.9千米。启动“林长制”，完成成片造林25.6亩、更新造林120亩、农田林网1000亩，创成省级、市级绿化示范村各1个。建成薄弱村冷库增收项目、主干河样板工程、微型停车场等民生实事。投资950万元的西陆连接线主体已竣工。编制城塔线大中修设计方案，兴西路防护栏安装全部竣工。新增低保对象16户，特困对象8户，解决696户困难群众临时救助35.4万元。建立镇未成年人关爱保护站和21个村社区“儿童之家”。加强基础教学的质量管理，兴东初级中学教学和生源整体质量稳中有升。

【生态建设】 推进“五面清洁”“四清一治一改”，实施“一事一议”财政奖补项目、户厕改造、美丽菜园建设、农村人居环境整治攻坚“百日赛”等行动，完成1个村户厕整村改造，周韩村通过泰州特色田园乡村建设验收。策应中央、省市环保督察，完成4件交办单整改销号，关闭取缔小橡塑加工点6家。落实降尘措施，加大国、省考断面水质达标整治监管，整治提升家禽屠宰点1家，关闭反弹畜禽养殖点5处，清理打捞水面杂物和垃圾510吨，查处企业违规排放1起。配合完成桑德污水处置公司产权回收,服务市级污水厂扩容建设。

【社会治理】 开展网格员“亮身份、大巡访”活动,完善网格员绩效考核意见,促进网格化工作走深走实,获得全市季度“流动红旗中心”1次。定期开展信访维稳研判、交办,化解6件存量疑难信访。推进扫黑除恶常态化,开展“八五”普法。推进土地复垦,完成占补平衡项目246亩。开展私挖蟹塘反弹整治专项行动,占用耕地发展提水养殖行为得到遏制。

【兴化水利文化馆开馆】 2022年3月11日,兴化市举办水利文化馆开馆暨省级水情教育基地揭牌仪式。省水利厅党组成员、副厅长高圣明,市长殷俊、市委副书记常冬海参加活动。副市长王晓秋主持活动。兴化水利文化馆位于兴东镇朱庄村,共分两层,第一层为科普体验区,主要介绍水的基本知识、兴化最具特色的水情特点;第二层主要介绍兴化治水历史和水利建设成就,展示兴化最具地标性的“水”特色。该馆被省水利厅、省委宣传部、省财政厅、省科协、共青团省委五部门联合命名为省级水情教育基地,是全省13家成功创建单位中的唯一县级单位,也是泰州市首个创建成功单位。

【江苏干热岩勘探预查钻探二期项目启动】 2022年10月18日,省地调院组织专家一行到兴东镇荡北村干热岩勘查项目现场,对“苏热2井”场开钻前各项准备工作进行验收,标志着干热岩二期勘探预查钻探项目正式启动。该项目由中石化华东石油工程有限公司中标。据测算,泰州地区干热岩资源蕴藏量折合标准煤196亿吨,通过热交换系统提取地下岩层热能,可实现全过程零排放、零污染,对促进碳达峰碳中和有积极作用。

【推动“美丽菜园”建设】 2022年,兴东镇紧扣创建2个示范引领村、2个美丽宜居村,其他村持续推进“五面清洁”“四清一治一改”的目标,制定项目清单,实行销号管理。针对人居环境整治拆除让出空间长效管护难的问题,兴东镇以周韩村、湖北庄村作为先行示范村,推进“美丽菜园”创建,总结经验后向全镇推广。在创建过程中,该镇充分尊重村民意愿,引导种植应季蔬菜瓜果。全镇共建成“泰美小园示范带”暨“开心菜园教学实践点”1115处、2.79万平方米。

(杨洪江)

表87 2022年兴东镇主要经济社会指标一览表

指标名称	单位	数值	指标名称	单位	数值
总户数	户	16856	工业开票销售收入	万元	186879
总人口	人	56445	预算内财政收入	万元	11711
乡镇从业人员数	人	19882	一般预算收入	万元	6225
耕地面积	公顷	4719.68	农民人均可支配收入	元	28117
地区生产总值	万元	239078	中小学校	所	3
人均地区生产总值	元	42356	在校学生	人	1258
农业增加值	万元	75306	在职教师	人	206
工业增加值	万元	49583	医院	所	2
建筑业增加值	万元	38936	卫生所(室)	个	17
服务业增加值	万元	75253	医生数	人	80
生猪出栏	头	9335	病床数	张	68
家禽出栏	万羽	80.68	参加城乡居民养老保险人数	人	16635
水产品产量	万千克	16650	参加城乡居民医疗保险人数	人	37820
工业企业数	家	121	享受居民最低生活保障人数	人	855

表 88 2022 年兴东镇骨干企业基本情况表

企业名称	销售收入(万元)	利税总额(万元)	法定代表人
兴化市绿禾食品有限公司	4070	150.8	王益淳
兴化市长虹食品有限公司	6967	451.6	邓金明
兴化市东奥食品有限公司	9667	246.4	刘兆桂
兴化市嘉禾食品有限公司	13633	808.3	赵其东
兴化市瑞盛食品有限公司	2049	101.28	步志堂
江苏金达电热电器有限公司	4185	295	倪高金
兴化市康华食品公司	2661	114.38	王昌华
兴化市润禾食品公司	2967	204.52	陈明岭
兴化市兴友塑料制品公司	3520	231.55	顾庭桂
创璟农业设备集团有限公司	12418	541	赵吉宽
江苏远通塑胶制品有限公司	10357	388.3	刘小欢
兴化市热华能源有限公司	3303	277.4	朱 瑞
兴化市同城渔具有限公司	3604	82.5	张长荣
江苏义丰饲料有限公司	4335	128.38	赵义桂
兴化市生辉塑业有限公司	3501	383.9	夏安太
江苏吉得利食品有限公司	8390	777	芦忠桂
兴化市鑫润温室设备配件有限公司	2215	224.6	赵 敏
兴化市生城建材有限公司	4803	159.7	智月森
兴化市绿味食品有限公司	4287	231.4	张兴燕
江苏润城塑胶科技有限公司	5826	297.58	李刘兵
江苏嘉利新型建材发展有限公司	4936	361.1	付春华
江苏润泰金属表面处理有限公司	3327	164.4	冯国兰
江苏雨燕婴童用品科技有限公司	3360	185.8	陈玉兰
兴化市高氏机械科技有限公司	1456	82	庞雪梅

表 89 2022 年兴东镇各村基本情况表

村名	村支部书记	村委会主任	耕地面积(公顷)	人口(人)	工农业总产值(万元)	农民人均纯收入(元)
高新	夏乐宝	夏乐宝	184.11	2526	24173	28680
荡北	贺开元	贺开元	237.29	2521	13009	28028
牛陆庄	金明秀	金明秀	201.18	1570	9077	27006
兴北	胡泽琪	胡泽琪	247.36	2974	8782	27174
张沙	唐明祥	唐明祥	137.08	1644	8737	27156
新中	沙小升	沙小升	153.58	1905	8022	27053
周韩	张永国	张永国	366.36	3434	14701	30246

续表 89

村名	村支部书记	村委会主任	耕地面积(公顷)	人口(人)	工农业总产值(万元)	农民人均纯收入(元)
朱庄	倪中华	倪中华	161.87	2050	12727	28477
巾荡	张美付	张美付	219.99	2516	10698	29849
西鲍	范月平	范月平	340.05	3280	18635	30109
平旺	居　胜	居　胜	329.62	3659	25958	28762
东鲍	陆秀海	陆秀海	316.76	5827	35158	27901
湖北庄	徐义庭	徐义庭	568.17	6698	29644	27115
赵献	赵金珠	赵金珠	175.51	2363	11728	27367
塔头	冯福年	冯福年	102.07	1815	10561	26890
沈沟	蒋满芳	蒋满芳	248.33	2867	14150	27703
海河	苏高峰	苏高峰	374.08	3375	13695	27361
联发	付正鑫	付正鑫	94.47	1905	43410	30692
孙唐	沙国平	许　华	187.46	1864	6797	26653

陈堡镇

【概况】 陈堡镇地处兴化西南部,与扬州市江都区、高邮市接壤,总面积80.57平方千米,下辖15个行政村和1个居委会,总人口4.21万人。共有党支部72个,党员1577人。陈堡镇工业实力雄厚,以精密铸锻造和电子元器件两大特色产业为主,现有工业企业154家,其中规上企业40家、高新企业31家。境内拥有兴化市精密铸造产业园,已有建成区2600亩,入园企业65家,园区成功获批“中国精密铸锻造产业基地”“中国产学研创新示范基地”等,省铸造学会在陈堡成立铸造熔模专委会。陈堡镇农业特色鲜明,拥有泰州市级现代农业示范园,沿陈唐线和兴泰线基本实现现代高效规模农业全覆盖,形成万亩果蔬生产基地。“红富堡”“绿食缘”品牌蔬菜、“裕明”“野园”品牌草鸡享誉大江南北。陈堡草荡成为全省首个整湖成湖的退圩还湖项目,建成泰州水上运动训练基地,护航第二十届省运会水上运动赛事圆满完成。

【经济建设】 2022年,实现地区生产总值31.38亿元,税收收入1.02亿元,一般公共预算收入5603万元,农民人均可支配收入36083元。2022年实现工业增加值9.21亿元,工业开票销售25.5亿元,工业入库税金1.32亿元,完成固定资产投资12.98亿元,其中工业投资10.43亿元,规上工业产值23.2亿元。建立招商引资项目库,跟踪有效信息45条,组织外出宣传推介和招商活动9次,协助筹办精密铸造产业发展论坛,签约亿元项目13个,在谈项目信息37个。深化“亩均论英雄”改革,多途径盘活闲置厂房,盘活工业用地82.46亩。全镇新上项目27个,其中技改项目15个,3家增资技改企业税收同期增幅均在50%以上;通过泰州亿元开工认定项目3个,亿元竣工项目4个,超额完成市交目标。注重培育优质企业,新增规上企业7家,企业上云3家,贯标2家;申报高新技术企业入库18家,获批14家;完成产学研合作项目7家,技术合同登记额完成2.33亿元,两化融合全部完成,全年发明专利拥有量127个。成功落户3个农业建设项目,其中1个建设项目入选省库。完成1700亩高标准农田建设,粮食优质品种覆盖率达95%以上,水稻优质食味米覆盖率达90%以上。新申报省级示范家庭农场1家,泰州级示范家庭农场5家,兴化级示范家庭农场3家。新购农机150台,审验农机205台,改造圩口闸电启闭5座,维修圩口闸1座,维修排涝站1座。完成农残速测4800批次、胶体金检测200批次,在6个镇级尾水监测点抽样检测水产养殖水质18批次。集体增收多点突破。对照“8420”目标,因地制宜实施光伏发电、劳务公司、烘干房改造提升等增收项目,其中申报财政扶持项目6个。全年实现村集体经营性收入1094万元,较上年增长201.2万元。唐庄、宁乡、向沟、校果等4个村集体收入超100万元,陈家堡、蒋庄、曹黄、伍康、东彭等5个村集体收入超50万元,30万元以下村全部清零。

【社会事业】　推动镇村功能提档升级,建成陈东河沿河道路、陈堡河沿河步道,完成老集镇改造、后街背巷、交通北路整治等提升工程,完成镇区损坏路灯维修,实施滨河广场绿化改造与亮化提升工程。推进集镇污水管网建设,提升改造污水处理工艺,集镇污水处理率达85%,行政村污水处理设施建成率达到93%。持续关心教育事业发展,幼儿教育水平和教学管理水平显著提升,小学"晨晓"素质教育品牌影响力不断扩大,初级中学教学质量稳步提升。不断加大医疗卫生投入,村级标准化卫生室实现全覆盖,卫生院新防保大楼建成并投入使用,"陆长勤名医工作室"全面建成开放,基层医疗水平不断提升。加大农村留守困难儿童保护力度,瞄准46名困境儿童落实"大手牵小手"关爱项目。开展应对人口老龄化行动,指导村居养老服务中心常态化运营,完成17户适老化改造。网格化管理水平全面提升,实现网格微信群居民入群全覆盖,"网格化"终端登录率、巡防走访率、事件办结率、人房关联率、数据合规率100%。安全形势平稳向好,调整优化安委会设置,全面落实驻厂员制度,全镇35家风险较大企业均落实领导挂钩制度,开展危化品、违法违规"小化工"、冶金工贸等行业专项整治,累计排查安全隐患1500余条,检查工贸企业188家,所有隐患全部完成整改销号。全面落实双拥优抚政策,保障退役士兵和优抚对象合法权益,预备役、民族宗教、妇女儿童、残疾人、红十字、关心下一代等工作取得新成绩。

2022年9月16日,兴化市第二届阅读马拉松大赛陈堡赛区"开跑"
(陈堡镇/供图)

【生态建设】　重点推进生态环保,严格落实环境保护"党政同责、一岗双责",打赢蓝天保卫战、治水升级战、固废清零战。围绕幸福河湖建设,贯彻落实"河湖长制",完善日常巡查和考核机制,建成唐庄村级河长制工作站。实施"样板河"打造工程,打造校阳河、卤汀河示范河道。推动"水岸同治",对驳岸沿线违章搭建、乱堆乱放、绿化带挖翻种植等现象开展集中整治,通过整体覆土绿化、驳岸统一打造,构建"河畅、水清、岸绿、景美"的生态岸线。加强工业废气污染整治,全面推行建筑行业"绿色施工",开展防汛抗旱工作,做好秸秆禁烧禁抛宣传监督工作,常态化落实值班巡查,实现秸秆还田面积4.9万亩,秸秆综合利用率保持95%以上。以第二十届省运会水上运动中心项目为契机,陈堡草荡水上运动小镇并已定稿设计方案。充分发挥生态经济效益,依托草荡湖渔业资源规划打造生态休闲垂钓公园,初步对接专业人员确定了方案可行性。结合唐庄省级特色田园乡村,打造"唐庄—草荡"文化品牌。

【社会治理】　纵深推进扫黑除恶专项斗争,开展消防安全隐患排查,正式运营陈堡镇专职消防员工作站。深入开展企业安全生产专项整治,排查各类安全隐患1514条,下发限期整改指令书188份,按期整改销号率达98%,市交重大隐患全部销号。

(王安杰)

表 90　2022 年陈堡镇主要经济社会指标一览表

指标名称	单位	数值	指标名称	单位	数值
总户数	户	13610	工业利税总额	万元	—
总人口	人	42086	一般预算收入	万元	5603
从业人员数	人	22400	税收收入	万元	10248
耕地面积	公顷	4508.53	私营个体税收	万元	—
地区生产总值	万元	313760	农村居民人均纯收入	元	36083
人均地区生产总值	元	111164	中小学校	所	2
农业增加值	万元	69177	在校学生	人	1645
工业增加值	万元	81810	在职教师	人	174
建筑业增加值	万元	23675	医院	所	1
服务业增加值	万元	139099	卫生所(室)	个	16
生猪出栏	头	59052	医生数	人	131
家禽出栏	万羽	32	病床数	张	122
水产品产量	吨	16599	参加居民养老保险人数	人	10058
新增规模以上工业企业	家	7	参加农村新型合作医疗人数	人	27835
工业销售收入	万元	254957	享受居民最低生活保障人数	人	348

表 91　2022 年陈堡镇骨干企业基本情况表

企业名称	销售收入(万元)	利税总额(万元)	法定代表人
江苏威鹰机械有限公司	41688.7	1144.42	张太良
江苏海宇机械有限公司	12029	470.76	顾成义
兴化市志恒金属制品有限公司	6370.5	75.19	张志桃
兴化市雅兰机械制造有限公司	9671.3	111.14	张雅岚
泰州市金鹰精密铸造有限公司	8696.5	—	朱德本
江苏国叅金属制品有限公司	7234.6	188.02	王　叅
兴化市金鑫香米业有限公司	6063	—	陈广根
江苏华能电子有限公司	5220.3	105.27	张长华
江苏大华电子有限公司	3993.7	144.74	张长华
泰州市仲利洁具有限公司	5718.59	—	周正东
泰州市中亿洁具有限公司	2404.57	—	房长林
泰州市博世特精密铸造有限公司	3347.66	79.88	张凤祥
兴化市常兴建材厂	4445.5	342.70	谷加标
泰州易威德电气有限公司	2812.6	102.08	沈万康
江苏科宁新材料有限公司	5237	84.10	曹剑华
泰州远冠橡塑制品有限公司	3305.6	—	陈建川
兴化市华宇电子有限公司	2940.3	140.67	钱万进
泰州华丰精密铸造有限公司	5178.8	146.90	王友良
泰州良冶机械有限公司	2005.1	59.34	王支山
江苏渊山金属制品有限公司	3790.6	—	刘长进

续表91

企业名称	销售收入(万元)	利税总额(万元)	法定代表人
江苏金洲精密铸造有限公司	2643.47	—	刘国海
泰州安邦精密铸造有限公司	2420.7	56.57	金万忠
江苏优耐特体育器材科技有限公司	4159.4	—	谭　华
泰州永航精密铸造有限公司	2471.5	59.31	朱桂高
泰州市天元精密铸造有限公司	2702	91.43	任怀军
泰州市麦迅特机械制造有限公司	2364.9	58.92	夏爱华
兴化市志堡塑料包装有限公司	2190	—	梅年华
江苏汉诺威铸业有限公司	2271.3	79.82	朱凯晓
凯镇(泰州)精密机械有限公司	3226.5	—	王　勇
江苏鑫润精密铸造有限公司	2007.6	52	金裕宽
江苏鑫润轨道交通车辆配件有限公司	1524	—	周　华
兴化市华讯达电子有限公司	2006.5	78.94	黄海涛
兴化市天泽汽车配件有限公司	2191.1	—	林瑜琴
兴化市龙盛机械制造有限公司	2110.52	64.11	王俊昌
泰州市天奕纺织品有限公司	2156.9	—	严　俊
江苏增帆船舶配件有限公司	5338.9	—	闫　增
泰州市亿旺化纤科技有限公司	5414.2	—	薛建清
江苏鸿博卫浴有限公司	2199.5	—	房长林
泰州荣业机械制造有限公司	2179.3	52.96	陈广荣
兴化市顺帆健身用品厂	1471.3	51.03	孙晓勇

表92　2022年陈堡镇各村基本情况表

村名	村支部书记	村委会主任	耕地面积(公顷)	人口(人)	工农业总产值(万元)	农村居民人均纯收入(元)
陈家堡村	王树华	王树华	274.8	4064	12334	33170
蔡堡村	黄兆华	黄兆华	317.91	3197	42827	30989
曹黄村	黄国能	黄国能	137.73	1880	6114	31432
东彭村	周正伟	周正伟	186.19	1719	17273.36	27459
高里庄村	钱仁浦	钱仁浦	310.9	2526	67815.3	31030
蒋庄村	韦传芝	韦传芝	294.93	3059	37763	33414
里堡村	周晓春	周晓春	390.88	2335	9063	28281
宁乡村	姚贵远	姚贵远	233.74	1644	4922	32481
四林村	唐俊祥	唐俊祥	226.7	2337	7050	34908
唐庄村	翟龙升	翟龙升	269.75	2878	2417	35160
伍康村	戴广荣	戴广荣	566.7	4122	29125	29742
武泽村	唐传宝	唐传宝	382.07	3433	43724	31585
向沟村	王春喜	王春喜	346.67	1671	5623	30723
校果村	王友华	王友华	204.37	1807	12040.3	29563
袁家庄村	邵爱斌	邵爱斌	291.56	3008	25270	34670

周庄镇

【概况】 周庄镇位于兴化市南部,是江苏省文明镇、生态文明示范镇和兴化市“两区三园”的重要板块之一。地处泰州和兴化的中端,区位交通优势独特,沿231省道行车10分钟直达启扬高速(泰州北出口)和泰州火车站,行车20分钟可抵达扬州泰州国际机场。阜溧高速与352省道在境内交会,设有互通出口。即将开工建设的盐泰锡宜常城际高速公路经过周庄。集镇西侧的省三级航道卤汀河直通长江。镇域面积92.52平方千米,人口4.99万人,辖18个行政村,2个社区居委会。全年实现地区生产总值36亿元,比上年增长8.7%,公共财政预算收入4858万元,农村居民人均可支配收入36491元。

【经济建设】 2022年,周庄镇坚持以项目为牵引、以改革破难题、以创新添活力,切实抓好招商引资项目建设,新签约亿元以上项目9个,其中5亿元以上项目3个,投资10.8亿元的佰莘节能科技项目成功落户,大博金属、滤得新材料等4个项目开工建设。华彩文化、安钢精铸等4个项目竣工达产。完成规上工业总产值20亿元,增长5.7%,其中战略性新兴产业产值4.1亿元,增长27.1%。实现工业开票销售23.12亿元,增长14.1%,新增“小进规”企业3家。推进“亩均论英雄”改革,强化“五未土地”处置,盘活低效闲置工业用地187.9亩,“亩均论英雄”专项改革工作获泰州市集体三等功。崴思公司3C高性能膜材料生产车间创成省级智能车间,通发塑业、鑫盛电气等5家企业创成星级上云企业,完成茂华纸品等2家企业数据基础能力提升。引导企业加强招“才”引“智”,走实走好科技兴企之路,全镇企业新引进高层次人才10名,达成产学研合作项目5个,新增国家科技型中小企业30家。完成高标准农田配套设施提升工程,入选省首批高标准农田示范项目,创成泰州市现代农业产业园区。新型农业经营主体持续壮大,新增家庭农场10家、示范家庭农场5家、示范合作社5家。重视农产品品牌建设,申报认定3个省绿色农产品品牌。组建罗氏沼虾产业发展联合体,兴亿虾苗公司获评泰州市农业产业龙头企业。推动巩固拓展脱贫攻坚成果同乡村振兴有效衔接,建成消费扶贫馆。突出“一村一策”,优化“双百”项目,组织实施村级集体增收“8420”工程。服务业发展保持良好态势,实现增加值15.86亿元。

【社会事业】 2022年,周庄镇坚持人民至上、生命至上,因时因势调整优化防控措施,精准抓好常态化疫情防控,有序组织、稳妥推进疫苗接种,60周岁以上人群首针接种率93.2%,二针接种率87.6%,获全市“向上攀登红旗”。全年完成城乡居民养老保险续保12530人,医保筹资31028人,新增企业职工社保扩面260人。在全市率先试点推广“福村宝”乡村公益医疗互助项目,为防止百姓因病致贫再添保障。镇为民服务中心医保窗口获得省级15分钟医保服务圈示范点授牌。开展电子商务、企业富民培训,拓展就业创业渠道,新增扶持就业450人,创业带动就业1300人。坚持教育优先优质发展,制定出台支持培育教学八条意见、“优秀学子”奖励办法,周庄高中教学楼投入使用,加快实施周庄初中教学楼加固工程,开工建设周庄中心幼儿园。周庄中心卫生院发热门诊交付使用,病房大楼改扩建工程竣工,“优质服务”基层行创建顺利通过验收。组织“文化进万家”惠民演出90场次,丰富群众精神文化生活。周北等2个村成功申报兴化市“AAA级居家养老服务中心”,殷庄“五美驿站”顺利通过泰州市级验收。开展妇女儿童权益保障专项排查整治行动,未成年人关爱保护工作成绩斐然。

【生态建设】 持续深化人居环境整治,新建美丽菜园1200个,改造户厕158座,殷庄创建省级特色田园乡村。深入推进水环境整治,打造渭水河等2条幸福河道、向阳河等5条生态河道。加强水利设施建设,改造电启闭圩口闸6座,维修圩口闸6座、排涝站2座,加修加固圩堤2470米。完成“三区三线”划定方案,实施土地占补平衡416亩,超额完成市交任务。完成卤汀河备用水源地保护区“退渔还田”工程。创建省健康生态养殖示范场3家、兴化市级生态示范养殖场2家,拆除关停家禽屠宰点4个。加快补齐环境基础设施短板,西浒等3个村生态污水处理设施陆续投入运行。新增成片造林14.7亩、更新造林100亩。依法依规整治“散乱污”企业2家,卤汀河船厂专项整治通过市级验收。

【社会治理】　网格化社会治理走在全市前列,信访接待中心窗口通过省级“人民满意窗口”验收。推进“八五”普法教育,开展常态化扫黑除恶斗争,零容忍打击违法犯罪行为,法治周庄、平安周庄建设成效显著。持续抓好安全生产专项整治三年行动,排查治理各类安全风险隐患1516个。食品药品安全监管扎实有效,有力保障人民生命健康安全。统筹加快镇村建设,完成周庄南河景观绿化工程,实施政通路、振兴路黑色化改造,建成镇区世纪大道、政通路、迎宾路沿途8个公交站台。上争财政奖补“一事一议”项目,完成四美等4个村道路升级改造、农桥维修工程。改造周边公路桥梁4座、周陈公路桥梁2个,极大地提高了安全通达能级。依照“多规合一”实用性村庄规划,严抓“两违”防治,完成农房改善184户。

【佰莘节能科技项目落户】　2022年8月8日,上海佰莘建设工程有限公司投资10.8亿元(分两批)的佰莘节能科技项目与周庄镇签订意向协议。10月12日,周庄镇举行佰莘节能科技装配式建筑项目签收仪式,智能系统门窗、装配式建材项目落户周庄工业园区。项目计划新增用地11.6公顷,其中一期项目总投资5.2亿元,项目建成投产可形成装配式钢构组件4万吨、单铝板200万平方米、单天板20万平方米、系统门窗6万平方米、五金1540吨。项目年产值10亿元,年增利税3000万元。上海佰莘建设工程有限公司始建于1998年,从事设计、生产、制作、安装各类土建工程、建筑幕墙、金属门窗、钢结构生产与装配、装潢装饰工程等,获“鲁班奖”“白玉兰奖”。一期项目新增用地约4.27公顷,建筑面积约5万平方米,购置五轴重型数控复合角双头切割锯、三轴加工中心、数控任意角双头锯床、端面铣床、重型高精度铣床、机器人自动抓手(气动)等设备,主要产品工艺流程:开料、切割、加工、焊接、组装、质检。主要产品为铝单板、门窗、幕墙、钢结构组件。

【殷庄村创成省级特色田园乡村】　殷庄村地处周庄镇区东北侧,231、352两条省道纵横穿越村境,产业基础较好,村风民风淳朴。2022年,殷庄村启动省级特色田园乡村创建,投资1800万元建成九龙口大道、九子广场、法治文化广场、滨河栈道、记忆殷庄馆、非遗传承馆、农民书画室、农耕渔趣体验点、花卉种植园、休闲垂钓园及产业发展中心,2022年11月顺利通过省级特色田园乡村考核验收,一幅“绿水和风、殷实之庄”的美丽图景充分展现。

(周长青)

表93　2022年周庄镇主要经济社会指标一览表

指标名称	单位	数值	指标名称	单位	数值
总户数	户	17829	工业利税总额	万元	4488
总人口	人	49902	预算内财政收入	万元	—
乡镇从业人员数	人	27000	一般预算收入	万元	4858
耕地面积	公顷	5081.91	私营个体税收	万元	—
地区生产总值	万元	359676	农民人均可支配收入	元	36491
人均地区生产总值	元	107102	中小学校	所	4
农业增加值	万元	73645	在校学生	人	3488
工业增加值	万元	127448	在职教师	人	450
建筑业增加值	万元	—	医院	所	2
服务业增加值	万元	158583	卫生所(室)	个	20
生猪出栏	头	6760	医生数	人	127
家禽出栏	万羽	17.61	病床数	张	129
水产品产量	吨	19232	参加养老保险人数	人	12350

续表 93

指标名称	单位	数值	指标名称	单位	数值
工业企业数	家	260	参加农村新型合作医疗人数	人	31028
当年到账外引资金	万元	—	享受居民最低生活保障人数	人	260
工业销售收入	万元	231214			

表 94　2022 年周庄镇骨干企业基本情况表

企业名称	销售收入(万元)	利税总额(万元)	法定代表人
江苏双蝶集团有限公司	2267	224	陈　涌
泰州市茂华纸品有限公司	18368	2250	徐友明
泰州市通发塑业有限公司	9912	860	王荣祥
兴化市美联碳素制品有限公司	17832	1167	彭秧党
江苏昊鹏机械有限公司	6318	443	丁宏山
江苏易兆电器有限公司	3254	365	高建国
泰州市众擎金属制品有限公司	6053	416	戴书勤
江苏江兴电力器材有限公司	4381	473	金爱华
兴化市康华碳素制品有限公司	8146	354	伏嵩华
兴化市华盛木业有限公司	3366	476	沈小华
泰州市正阳麦芽有限公司	26662	2371	曹建民
兴化市正阳水泥有限公司	8910	482	颜广银
泰州茂翔电子器材有限公司	3283	379	颜婷婷

表 95　2022 年周庄镇各村基本情况表

村名	村支部书记	村委会主任	耕地面积(公顷)	人口(人)	工农业总产值(万元)	农民人均纯收入(元)
边　城	张文祥	张文祥	484.3	4160	17445	28166
西边城	樊三山	樊三山	385.2	2956	11110	26797
黄　界	许长征	许长征	366.2	2268	9073	28673
伍　张	李如玉	李如玉	295.4	2274	8366	27307
夏　泊	王九华	王九华	235.5	1930	7800	25322
周　北	周玉红	周玉红	236.5	1706	5752	25495
官　庄	赵有才	赵有才	436.8	2826	11688	25559
东　浒	盛金平	盛金平	488.2	3208	12585	28953
东坂伦	蒋　诚(7 月免)	蒋　诚(7 月免)	231.1	1970	9343	27822
西坂伦	蒋军华	蒋军华	316.9	2883	15610	27329
四　美	沈德庆(7 月免)	沈德庆(7 月免)	395.7	3815	21814	28019
西　浒	刘晓东	刘晓东	248.7	2036	9168	27725
周　郊	钱　刚	钱　刚	192.4	2148	14029	27668

续表 95

村名	村支部书记	村委会主任	耕地面积（公顷）	人口（人）	工农业总产值（万元）	农民人均纯收入（元）
薛　庄	周　晨	周　晨	85.3	931	47471	34880
邬　牛	—	—	215.3	1803	8545	27925
颜　吕	顾林凤	顾林凤	247.9	1852	7404	27014
殷　庄	周　根	周　根	215.7	1812	7136	27577
周　泽	高春荣	高春荣	262.1	2051	7562	25729

垛田街道

【概况】 垛田素称“千垛之乡”“民间艺术之乡”，位于兴化城的东南部。2018 年，撤销兴化市垛田镇，设立兴化市垛田街道。以原垛田镇所辖区域以及兴东镇的新南、钱戴 2 个村委会，林湖乡的湖东、戴家 2 个村委会区域为垛田街道行政区域。垛田街道与得胜湖生态文化旅游产业园区实行街区合一。撤镇建街后，行政区域总面积 82.85 平方千米，辖 18 个行政村、1 个居委会，总户数 19011 户，总人口 72451 人，耕地面积 2474.69 公顷，水面养殖面积 2528 公顷。境内河沟纵横交错，垛岸星罗棋布，似千万小岛荡漾于水面之上。历史上就以种植蔬菜为主，年产蔬菜 25 万吨，有“蔬菜之乡”的美称，是全国最大的脱水蔬菜加工基地、出口基地、集散地。水陆交通便利，车路河、兴姜河、白涂河穿境而过，344 国道、231 省道和 351 省道贯穿全境。

【经济建设】 2022 年，完成地区生产总值 31.18 亿元，同比增长 6.1%；实现税收收入 1.98 亿元，同比下降 7.7%；完成一般公共预算收入 1.07 亿元，同比下降 9.5%；实现工业开票销售 21.26 亿元，同比增长 9.8%；固定资产投资 14.95 亿元，同比增长 41.8%，其中民间投资 4.98 亿元，同比增长 74.6%；高技术产业投资 2903 万元，同比增长 24.8%。全年公开招投标工程项目 43 个，累计节约成本 233.62 万元；产权交易平台（村级资产资源）交易村数 19 个，交易总笔数 163 笔，为村集体增加收入 169.61 万元。“亩均论英雄”改革全面推进，共盘活项目 3 个，盘活用地 3.33 万平方米；完成 1 个“退二进三”项目前期工作。成立兴化市脱水果蔬电商联合会，完成申报省级三星上云企业、“智改数转”项目 2 家，培育 3 家企业“智改数转”项目；规上企业研发费用逆势增长，非正常经营企业法人核减完成 386 家。新增规上工业企业 4 家、服务业企业 2 家、批零住餐企业 10 家。实施村级集体经济发展“双百”工程，培植申报光伏发电、土地租赁、便民家宴、盘活闲置资源等项目 7 个，强化项目调度，确保项目收益。19 个村（社区）累计实现经营性收入 1577 万元，完成率 105.4%。街道连续三年被评为“全国乡村特色产业超十亿元镇”。围绕农业园区提档升级，加快推进中国·垛田龙香芋科技示范园区项目建设，完成园区门景工程项目规划设计并开展招标建设前期工作。推进种质资源扩繁基地建设，进一步扩大地方特色农产品规模化种植。完成 2 家农业龙头企业监测任务，新申报 1 个市级农业龙头企业，顶能科技绿色蔬菜出口基地认定为省级出口示范基地。

【社会事业】 2022 年，新建“两闸一站”及部分圩堤加修全面竣工，兴姜河、跃进河 8 千米生态河道顺利通过验收，城区联防联动防汛演练成效显著。完成电子商务、新型职业农民、渔业养殖、非遗传承等“创业＋”培训 350 人次。违法用工行为打击有力，规范企业用工支付，上门检查企业 100 多家、督促企业补签合同 600 余份，协同市劳动监察大队处理北樊安置房、兴化中学、中医院等项目拖欠农民工工资问题。垛田中心小学教学质量稳步攀升，获得“全市教学工作质量奖”。组织开展“礼赞新时代 追梦复兴路”主题宣讲 26 场次、“三十六垛”等非遗巡展活动 160 场、农家书屋主题全民阅读活动 190 场、文艺巡演 31 场、送红色电影下乡 184 场，举办“喜迎二十大 奋进新征程”垛田农民画主题作品展，垛田农民画研究会入选江苏省“优秀群众文化团队”培育库。医疗资源向一线倾斜,社区卫生服务中心深入村(社区)为60岁以上老人提供健康体检等系列服务。计生服务工作有序推进,完成独生子女奖扶、免费孕前优生健康检查全年任务。

【生态建设】 整治乱搭乱建40处、拆除破旧房屋25间,整治旱厕45座、猪圈30座,引导农户创建“美丽菜园”630处。新增村庄绿化18000平方米,清理小广告3500余处、村内沟塘201处、畜禽粪污、农业生产废弃物3100余千克。推进厕所革命,户厕改造新建、整改达标户数283户。深入开展河湖“第二轮水环境突击月”和“清剿水葫芦、改善水环境”专项整治行动,加大市、镇级骨干河道打捞力度,共清理绿萍及水面漂浮物近4万吨,征收及破碎沉船闲置船528吨。长江办交办白涂河两侧环境整治有力,顺利通过长江办“回头看”整改销号。完成中央环保督察广福金属中频炉取缔工作,中瑞路桥、华旭工程扬尘污染整治工作,解决市督查组交办梓辛河南侧芦洲段砂石企业、湖东航工船厂环境污染问题。扎实抓好“三全”秸秆双禁和综合利用工作,夏季、秋季秸秆双禁工作全面通过市级考核验收。

【社会治理】 实行安全隐患闭环整改销号管理,全年共排查整改安全生产隐患2043条。推进“九小场所、涉炉企业、小区车库燃气、群租房危房危桥”等重点领域拉网式整治,组织开展“安全生产月”、安全生产宣传“五进”等系列活动,切实提高企业安全生产意识,着力提升本质安全水平,推动街道安全形势稳定向好。推进“无黑”街道创建,常态化开展扫黑除恶斗争,零容忍打击违法犯罪,保护人民群众生命财产安全。紧扣“大数据+网格化+铁脚板”,推动形成线上线下一体、部门与村协同共治的网格化管理体系,全年共上报、处置、办结各类有效事件25656件,服务特殊人群3208人次。全年累计化解市交信访积案12件、处理阳光信访交办117件;及时启动快速反应机制。完成得胜湖退圩还湖、北樊等边角地359户失地农民保险参保工作。“15分钟医保服务圈”创建通过泰州验收,电子社保卡申领激活率位居全市前列,退役军人优待证申领全部发放到位。动态管理低保、五保、重残、困境儿童等各类社会救助对象;开展“安康关爱行动”,完成适老化改造项目61户,开展残疾人之家各项活动,服务周边村居残疾人659人次。

【城乡建设】 完成体育(文化)中心、北樊安置房周边地块及道路、城市综合体、新区高中北拟上市地块、城南污水厂等18个项目征地服务工作任务;协调处置文旅桃李府、玉澜园,城南污水厂等项目建设过程中各类矛盾问题。启动何家垛二期房屋征收(搬迁)工作,高质量完成房屋现状测绘图编制,核对户籍信息,保障一户一宅认定;大力推进杨花二期、张庄路西侧厂房等地块征收项目扫尾,实现施耐庵东路东延地块房屋征收项目签约率、腾空率双百目标;戴昭线垛田段路面维修二期工程竣工交付。积极实施生命防护工程,完成新钱村危桥改造,在戴昭线安装300余米防撞护栏,安装警示桩151根、减速带539米,有效化解交通安全隐患问题。城钱线2座危桥改造纳入农村公路提档升级工程且建成通行。抓好城乡违建防控,扎实开展耕地“非农化”排查整治,坚决整治各类私搭乱建行为,全年整改“非粮化”卫星图斑6宗,查处各类违法建设68次,拆除违法建设45起,配合国土部门处理违法用地3起,复垦面积约2300平方米,市防违办月度考核均为优秀,年度考核第一名。

【金岛社区】 位于兴化市南亭路以南、231省道以西、中和路以北、文峰路以东垛田街道辖区内,社区居委会设在府东花园小区。金岛社区的前身——城东村在2004年10月由小戚、将庙、上甸3个自然村合并而成,2019年12月在原城东村基础上成立垛田街道金岛社区,辖区有兴姜和苑、府东花园、钻石花苑小区,截至2022年底入住2632户,常住人口7635人,社区有党员97人,社区工作人员9人,下辖金岛物业公司工作人员16人,街道网格化服务管理中心设在府东花园小区。社区党群服务中心现有面积800平方米,由便民服务大厅、学习宣传教育娱乐等功能室组成,为小区居民提供全方位、多层次的综合服务。

【戴家村】 地处市区东10千米处,南临344国道,北接戴昭公路,前依梓辛河,后枕车路河,境内有“南荡遗址”、得胜湖、癞子荡等自然人文资源,水陆交通便捷，地理位置优越。于2001年由原5个自然村合并成行政村，下设23个村民小组，共1550户5256人，耕地面积221.2公顷，水面5746亩，以鱼蟹为代表的淡水养殖为该村主导产业。以党建带动、引领水产养殖、笼网编织等戴家特色产业发展。与辖区内戴家工业园区中的重点企业中源塑业、嘉味多食品等企业实行村企共建，提升产业规模、扩大规格品种，拓宽销售渠道，多种途径实现增收致富。近年来，先后培养致富能手26名，全村1651户中，从事笼网编织的有363户，从事水产养殖的有249户、三产服务业的有895户。

（王　韵）

表96　2022年垛田街道主要经济社会指标一览表

指标名称	单位	数值	指标名称	单位	数值
总户数	户	19011	工业利润总额	万元	19123
总人口	人	72451	预算内财政收入	万元	19162.07
乡镇从业人数	人	25927	一般预算收入	万元	10696.04
耕地面积	公顷	2474.69	私营个体税收	万元	4361
地区生产总值	万元	311764	农民人均可支配收入	元	28428
人均地区生产总值	元	43031	中小学校	所	1
农业增加值	万元	56165	在校学生	人	1620
工业增加值	万元	73020	在职教师	人	111
建筑业增加值	万元	24340	医院	所	1
服务业增加值	万元	158239	卫生所(室)	个	24
生猪出栏	万头	0.022	医生数	人	46
家禽出栏	万羽	14.7	病床数	张	88
水产品产量	吨	15522	参加养老保险人数	人	18706
工业企业数	家	119	参加农村新型合作医疗人数	人	47799
工业销售收入	万元	212582	享受居民最低生活保障人数	人	379

表97　2022年垛田街道骨干企业基本情况表

企业名称	销售收入(万元)	利润总额(万元)	法定代表人
江苏华科塑业有限公司	4150.5	129.9	潘成功
兴化市大林食品有限公司	5341.1	381.2	王益林
兴化市宏升食品有限公司	11628.6	772.4	王益洪
江苏顶能食品有限公司	3742.2	187.7	王祝善
兴化市联发食品有限公司	8875.5	743.2	王笛庭
江苏盛和食品有限公司	3990.8	142.4	唐爱玲
兴化市方圆消防器材有限公司	2469.3	194.1	王书红
兴化市华成镀锌管件有限公司	17117.8	899.7	葛满全
兴化市广福金属制品有限公司	65782.9	3935.9	陈尧年
兴化市维泰食品有限公司	2053.6	291.4	赵庆斌

续表 97

企业名称	销售收入(万元)	利润总额(万元)	法定代表人
江苏中源食品有限公司	3967.3	158.5	吴　正
兴化市联升食品有限公司	9913.6	966.1	刘庆森
顶能科技有限公司	15299.3	1670.1	王祝善
江苏振亚生物科技有限公司	5817	244.7	王粉碗
江苏久春温室设备有限公司	4058.6	100.9	曹玉锁
江苏华硕食品有限公司	3999.4	121.6	张雷善
兴化市明松食品有限公司	4766.8	292.4	刘庆明

表 98　2022 年垛田街道各村基本情况表

村名	村支部书记	村委会主任	耕地面积(公顷)	人口(人)	农业总产值(万元)	农民人均纯收入(元)
芦洲	王永明	王永明	326.1	8316	28819	3390
平安垛	陈鹤进	陈鹤进	169.4	4068	2862	7035
孔长	顾　冲	—	80.7	2232	6472	28996
杨荡	韩建和	韩建和	68.7	1589	3510	22089
高家荡	张　泉	张　泉	143.6	3624	19654	54233
莲溪湖	唐　浩	孙朝阳	126.1	5039	9730	19309
张皮垛	张日长	张日长	153.6	3941	9993	25357
何家垛	俞步国	俞步国	34.4	3323	4995	15032
凤凰垛	翟拥军	翟拥军	76.9	3406	1998	5866
花园垛	徐义涛	徐兴付	57.3	3328	3337	10027
新徐垛	殷振华	殷振华	78.5	2969	5059	17039
得胜	陈付猛	陈付猛	88.3	3470	3510	10115
申家佃	赵玉中	赵玉中	62.2	2107	2725	12933
湖西	周同书	周同书	124.3	3278	6714	20482
戴家	毛小松	毛小松	221.2	5256	33827	64359
湖东	丁小娟	王涌南	182.5	3929	12630	32146
新钱	朱青阳	朱青阳	195	3229	3118	9656
王横	王一俊	王一俊	251.5	4531	13255	29254
金岛社区	钱　钢	钱　钢	4.5	4762	77	162

竹泓镇

【概况】 竹泓镇又名竹泓港，是兴化市十大古镇之一，位于兴化城东南 15 千米处，是典型的四边环水、九河汇聚、地势十分低洼的水乡泽国。竹泓镇历史悠久，文化底蕴深厚，清代著名画家郑板桥曾坐馆于竹四自然村，竹四至今仍有郑氏家族后裔。周顺昌，明“后七君子”之一，天启年葬于竹泓港。全镇总面积 64.27 平方千米，下辖 13 个行政村、1 个居委会，总

2022年2月16日,泰州文旅集团调研竹泓木船文旅产业

(竹泓镇/供图)

人口3.94万人。竹泓镇是省级电子商务示范镇,也是省民间艺术之乡、群众文化先进乡镇、体育强镇。2008年,“竹泓传统木船制造工艺”被列入中国国家级非物质文化遗产名录。

【经济建设】　2022年,全年实现地区生产总值9.28亿元,增幅10.3%;一般公共预算收入1831万元,增幅4.75%;城镇居民人均可支配收入34270元,增幅7.3%;农村居民人均可支配收入27154元,增幅5.8%;工业开票7.12亿元,规上工业总产值4.38亿元。高度重视粮食安全,稳定粮食播种面积,严格落实耕地保护“非粮化”,新增粮食面积6.67公顷,新增大豆种植面积80公顷。对泰州市级农业产业园区提档升级,不断发展现代高效农业,提升休闲旅游农业发展水平。加大水利设施建设,2022年完成圩口闸改造电启闭4座,新建圩口闸1座,维修排涝站2座。全年完成村级经营性收入726.16万元,同比增长18.7%,其中完成100万元以上的村1个,50万至100万元以上的村8个,30万至50万元的村4个,全面消除30万元以下的村。

【社会事业】　兴泓路景观再升级,对沿线绿化进行增植、补栽,对三连串红灯笼和“十元素”景观常态化维护。对集镇人行横道线、道路标线、学校门口禁停网格线和交通桥梁表面进行出新。继续实施兴泓路、创业路、市场北路、竹九路、老兴泰公路的“亮化”工程,拓宽安泰路,对安泰路、板桥路、市场路的照明设施进行改造,提高后街背巷的照明亮度。做好三次改水和镇区污水管网接管工程的提升工作,市场北路AAA级旅游公厕投入使用。大力支持教育事业发展,持续加强学校、卫生院硬件基础设施投入,完善竹泓初中操场夜间照明设施,高标准打造幼儿园户外活动基地。新卫生院门诊大楼投入使用,二期病房楼正在建设。加大水利设施建设,全年完成圩口闸改造电启闭4座,新建圩口闸1座,维修排涝站2座。

【生态建设】　先后动员3000余人次参与人居环境整治“五治理、四提升”活动,开展积存垃圾清理行动,清理整治河塘沟渠23条。推进尖沟村泰州市特色田园乡村建设,打造新泓村美丽菜园、舒余村人居环境整治等现场,农村户改厕目标任务顺利通过验收,解徐王村争创省级生态宜居村通过泰州市级验收,环境薄弱村九港村整治已处于扫尾阶段。土地复垦工作有力推进,全年实现占补平衡项目825.5亩,竹二村北荡整村拆并增减挂钩项目接近成功扫尾。

【社会治理】　坚持以群众观点统揽信访工作,创新信访工作方法,多措并举化解矛盾纠纷,圆满化解所有积案信访,2022年2月被泰州市表彰为信访工作综合示范乡镇,大力营造风清气正、政通人和的社会环境。推行殡葬改革。平安建设持续深化,法治建设深入人心,安全生产一抓到底。全年共组织11次各类安全生产大检查,共检查排查出各类安全生产隐患1300多条,及时下发整改通知,并跟踪督查,使安全隐患全部得到整改,确保全镇安全形势稳定可控。

(徐晟龙)

表 99 2022 年竹泓镇主要经济社会指标一览表

指标名称	单位	数值	指标名称	单位	数值
总户数	户	12823	工业利税总额	万元	16800
总人口	人	39371	税收收入	万元	2700
乡镇从业人员数	人	14962	一般预算收入	万元	1831
耕地面积	公顷	3061.14	增值税	万元	2038
地区生产总值	万元	92790	农民人均可支配收入	元	27154
人均地区生产总值	元	43653	中小学校	所	2
农业增加值	万元	26234	在校学生	人	1033
工业增加值	万元	25702	在职教师	人	116
建筑业增加值	万元	3870	医院	所	1
服务业增加值	万元	40854	卫生所(室)	所	10
生猪出栏	万头	1.31	医生数	人	38
家禽出栏	万羽	28.7	病床数	张	26
水产品产量	吨	7633	参加养老保险人数	万人	1.04
工业企业数	家	79	参加农村新型合作医疗人数	万人	2.8
工业销售收入	亿元	21	享受居民最低生活保障人数	人	331

表 100 2022 年竹泓镇骨干企业基本情况表

企业名称	销售收入(万元)	利税总额(万元)	法定代表人
江苏苏航船业集团有限公司	6596	1539	丁 松
江苏华新环保设备科技有限公司	2868	540	姚金元
江苏盛裕化纤有限公司	8943	1022	徐 锋
泰州市辉航化纤有限公司	3165	293	吴春明
兴化市发斯特食品科技有限公司	6013	817	郑同进

表 101 2022 年竹泓镇各村基本情况表

村名	村支部书记	耕地面积(公顷)	人口(人)	工农业总产值(万元)	农民人均纯收入(元)
竹一村	孙宏根	463.46	3681	5194	25883
竹二村	冯庆兵	3006	2607	4332	29924
新港村	许松荣	5478.9	3428	6305	26954
冯家村	王 勇	2321.55	1725	2694	25730
新泓村	徐国胜	3810	3310	4168	27820
志方村	徐承晔	3224.25	2651	4297	27195
九港村	徐德广	2202.15	2360	2578	25480
北张舍村	丁仁柏	3980.85	2755	3784	26151
尖沟村	许风韦	1916.1	2016	2396	30590
舒余村	—	3597.45	3077	4495	29251
振南村	张长春	5308.65	3312	4654	26367
解徐王村	刘永桃	4648.5	2995	4224	24106
东高魏村	蔡月涛	2919.45	2083	2814	25876

林湖乡

【概况】 林湖乡位于兴化市境中部,东邻宁靖盐高速公路,南接344国道,西傍京沪高速,北连351省道,大周公路穿境而过,位置优越,交通便捷。境内湖荡环抱,河沟纵横,田垛并行,自然风光优美,水土物产丰富,是兴化典型的原生态"鱼米之乡"之一。全乡行政区域面积46.48平方千米,共有9个行政村,1个社区,总人口27666人。林湖乡人文历史悠久,文化底蕴深厚,现有古遗存13处,其中省级和市级文物保护单位各1处,2006年发现的江淮地区最大的魏庄影山头遗址将兴化的人文历史向前推进6600多年。同时,林湖乡还是兴化早期的抗日革命根据地之一,乡境内有梓辛河伏击战、华中军区第一野战医院等多处革命遗址,有林湖乡籍革命烈士100多人。

【经济建设】 2022年,林湖乡牢牢把握"疫情要防住、经济要稳住、发展要安全"工作总要求,经济运行呈现稳定有序的良好态势。全年地区生产总值8.23亿元、财政收入2235.18万元,一般公共财政预算税收收入1041.29万元,工业开票销售2.85亿元,工业企业税收1291.92万元。规上企业3家(2022年新增规上工业企业2家),新增"四上企业"5家,其中批发业4家,服务业(文化产业)1家,全乡在谈项目3个、5亿元签约项目1个、新开工项目1个、在建项目2个、竣工项目1个。持续优化营商环境,继续打造调味食品总部中心,依托江苏万味隆美味食品配料有限公司二期工程,投资1500万元,规划建设2500平方米调味品产品展示厅、直播间,致力于打造"林湖味道"品牌。完成农业招商引资项目2个,农业农村重大项目2个。按照"六有""六强"标准,建成泰州三星级林湖现代农业产业园区。加大各类政策支持力度,完成万企联万村9家。新增兴化市级以上示范合作社2家,示范家庭农场4家,其中省级示范家庭农场1家。充分发挥农业机械现代化优势,全乡农业机械化率达98%,特色农业机械化率达70%。扎实做好秸秆"双禁"和综合利用工作,落实秸秆还田补助面积4000亩,全乡秸秆还田综合利用率100%。虾蟹混养兴化模式技术集成与应用成果获省农业科学技术推广三等奖。收取土地流转管理服务费203.2万元,全乡实现经营性收入872万元。

【社会事业】 推进集镇环境改造升级,林湖连接线"白改黑"工程完工通车;建成并投入使用AAA级旅游公厕2座;完成206县道与232省道交叉口、东林路与胜湖路交叉口红绿灯安装;原址重建铁陆大桥、西朱大桥;影山头遗址陈列馆竣工开放;卫生院硬件改造升级投入使用;建成1000平方米多功能运动场。投资200多万元打造共长10.26千米的农村生态河道4条,新建圩口闸、排涝站各1座。科学划定"三区三线",编制8个村"多规合一"实用性村庄规划和全乡国土空间规划。完成农房改善改造128户,低收入农户危房改造8户。高标准实施完成耕地占补平衡复垦323.7亩,城乡建设用地增加挂钩复垦7.01亩。用足优抚、优待、特困、低保、临时救济、慈善等政策,发放特困人员供养、农村最低生活保障、城镇最低生活保障、临时救济、慈善等各类社会救助金527.8万元;落实贫困人员居家养老、孤困儿童基本生活保障、高龄、残疾人等补贴福利420.41万元。完成城乡居民基本养老保险缴费7812人,千元以上缴费3050人,完成医保筹资18465人。福村宝试点参保12795人,理赔188人次,赔付金额22.26万元。全年新增就业337人,举办高素质农民培训223人次,开展电商培训118人次。全乡62人参加中考,41人达普高分数线,同比增长12%。紧扣"喜迎二十大"主题,推进文化惠民系列活动,开展文艺会演35场次,举办展板展览24次,累计服务127120人次。编排、选送优秀节目参加市级"飞燕"百姓名嘴宣讲十九届六中全会活动,并获二等奖和三等奖;组织参加兴化市新创暨群众文艺调演活动,获优秀奖。

【生态建设】 推进农村人居环境整治和"三清一提升"百日攻坚行动,拆除户厕379座,危房45处,整治村内臭水塘口18个、露天粪坑8个,完成户厕改建280座,建成"美丽菜园"297处,示范村2家,示范户25户,建设休闲广场5处,村庄新招标绿化3680平方米。铁陆村、西丁村成功创建省级生态美丽宜居示范村。深化"散乱污"企业专项整治,引导企业减少污染排放、落实治污措施。推进畜禽养殖污染治理，抓好畜禽养殖“立行立改”及达标整治工作。完成兴飞蚯蚓养殖场中央环保交办件销号工作。指导魏庄村、姚富村、西丁村、铁陆村垃圾分类工作，实现垃圾减量化、资源化、无害化处理。完成植树造林面积6.9亩，栽植农田林网面积200亩。排查入河排污口386个。全乡空气优良天数占比85.7%，全市排名第4。2022年，获批江苏省第四批省生态文明建设示范乡镇和泰州市卫生镇，魏庄、铁陆、西丁、姚富、马家等5个村被评为泰州市卫生村。

【社会治理】 全乡60岁以上人群疫苗首针接种率92.72%，二针接种率87.61%，动态实现“应种尽种”。牢固树立安全发展理念，巩固“一年小灶”“三年大灶”成果，高标准开展全行业、全领域安全生产专项整治，完成“1+13+X+Y”的应急预案的编制工作，全乡全年未发生安全生产责任事故。强化燃气安全意识，全年开展燃气安全知识进村宣传4次，进企业宣传2次。开展自建房安全隐患排查，其中经营性自建房302栋，其他非经营性自建房14441栋，隐患全部整改到位。处理各类信访件9起、省级积案化解1起。持续深化扫黑除恶斗争，加强“技防+人防”体系建设。推动网格建设规范化，全乡30个网格全部通过泰州市网格规范化验收，并获兴化市“流动红旗”。

（华 磊）

表102 2022年林湖乡主要经济社会指标一览表

指标名称	单位	数值	指标名称	单位	数值
总户数	户	9618	工业利税总额	万元	2248
总人口	人	27666	预算内财政收入	万元	2235.18
乡镇从业人员数	人	6074	一般预算收入	万元	1131.51
耕地面积	公顷	2406.55	私营个体税收	万元	—
地区生产总值	万元	82274	居民储蓄存款余额	万元	94500
人均地区生产总值	元	58978	农民人均可支配收入	元	26083
农业增加值	万元	38880	中小学校	所	1
工业增加值	万元	8802	在校学生	人	525
建筑业增加值	万元	9614	在职教师	人	109
服务业增加值	万元	24978	医院	所	1
生猪出栏	头	8600	卫生所（室）	个	8
家禽出栏	万羽	116.842	医生数	人	10
水产品产量	吨	10153	病床数	张	30
工业企业数	家	60	参加养老保险人数	人	13580
当年到账外引资金	万元	—	参加农村新型合作医疗人数	人	18465
工业销售收入	万元	28501	享受居民最低生活保障人数	人	278

表103 2022年林湖乡骨干企业基本情况表

企业名称	销售收入（万元）	利税总额（万元）	法定代表人
兴化市楚雄建筑安装有限公司	161685	1826	任昭勇
兴化市三圆锌品有限公司	7795	614.4	王 俊
泰州津大味业有限公司	2431	281.3	姚 贵

表 104 2022 年林湖乡各村基本情况表

村名	村支部书记	村委会主任	耕地面积（公顷）	人口（人）	农民人均可支配收入（元）
魏庄村	王生祥	王生祥	642.77	5806	24116
铁陆村	陈浩建	陈浩建	125.43	1420	23054
西丁村	杨去明	杨去明	241.58	2749	27123
强胜村	张正忠	张正忠	388.94	3788	25745
姚富村	姚杏龙	姚杏龙	213.48	2680	26194
朱陈庄村	刘宏兴(8 月免)	刘宏兴	251.5	2537	24002
马家村	丁德银	丁德银	177.12	3004	24897
湾朱村	屠洪富	屠洪富	208.43	2317	23217
朱胖村	刘　驹	刘　驹	141.94	1743	24988

沈坨镇

【概况】 兴化市十大古镇之一。镇域面积 49.57 平方千米，辖 10 个行政村、1 个社区，耕地面积 2649.42 公顷，人口 2.54 万人。地处兴化市腹部，232 省道贯穿南北，沈张公路横跨东西，省级航道蚌蜒河、兴姜河在此交汇，水陆交通便利，地理位置优越。紧紧围绕“工业强镇、生态立镇、产业富镇、文旅兴镇、法治安镇”五大战略，攻坚克难，锐意进取，破冰前行，经济运行健康平稳，社会大局安定和谐，各项工作取得新的进展，古老的沈坨正焕发出前所未有的新活力。淳朴的民风、良好的基础设施、优美的生态环境、良好的营商环境，已经形成铸造、橡塑、机械、服饰、木业等特色产业 + 碧根果、水蜜桃、无花果、白玉枇杷、葡萄、火龙果、奶油草莓等 50 多种林果产业集群，受到客商的青睐。2022 年被泰州市委、市政府表彰为“2015—2021 年度全市平安建设先进集体”。

【经济建设】 2022 年，全年实现地区生产总值 9.78 亿元，同比增长 13.3%；一般公共预算收入 2874 万元；完成招商引资实绩 3.5 亿元，同比增长 15%；工业开票销售收入 11.97 亿元，同比增幅 44.19%；规上工业总产值完成 8.78 亿元，同比增幅 36.58%；农村居民人均可支配收入 27638 元，同比增长 9%。盘活工业用地 3.33 万平方米，净增规上工业企业 6 家，新增“四上”单位 7 家、企业星级上云数 3 家；完成“智改数转”项目 3 个。完成亿元以上项目签约 2 家、开工 2 家、竣工 2 家；完成 5000 万元以上开工项目 3 家、竣工 3 家。1—11 月乡镇(街道)高质量发展考核指标完成情况列复合类乡镇首位，获得三季度高质量发展考核“向上攀登红旗”。全镇实现规上工业研发经费 2628 万元，完成市交目标的 103.46%。完成技术合同成交额 1.727 亿元。成功申报国家高新技术企业 3 家。沈坨镇打造“碧根果 + N”的林果产业党

2022 年 7 月 8 日，沈坨镇现代农业园区水蜜桃丰收采摘场景

（沈坨镇/供图）

2022 年 5 月 20 日，沈坨镇组织市镇两级人大代表实地查看民生实事项目进展情况 （沈坨镇/供图）

建扶贫综合体。开展抓党建促“村”“民”共富行动，全镇 10 个村集体经济呈现多元发展业态。全镇实现村级集体经营性收入 50 万元以上全覆盖，其中 100 万元以上的村 4 个、200 万元以上的村 1 个。

【社会事业】 实现城乡居民养老保险参保缴费率 96.30%，养老保险资格认证率 91.21%，均位于全市前列。圆满完成全市公益医疗互助试点工作。累计完成新增就业 410 余人，支持自主创业 42 人，发放创业富民贷款 1 人、一次性创业补贴 1 户。强化困难群体社会救助常态化核对和定期复核。帮助 100 名精神障碍患者及家庭落实“以奖代补”政策。全面排查村（居）留守儿童、困境儿童、边缘儿童等特殊群体，全镇 50 名留守儿童、42 名困境儿童均落实“1 + 5”帮带结对。完成 65 岁老人及建档立卡低收入人员体检 4106 人，职业卫生体检 309 人，退休职工体检 173 人，35 ~ 64 岁妇女“两癌”筛查体检 1700 人。高标完成征兵工作，实现村民兵连部规范化建设全覆盖。保障教育经费投入，实现校园监控无死角覆盖，完成多媒体教学系统升级。注重师德师风建设，提升教育教学质量。

【生态建设】 强力推进文明城市创建，扎实开展“六整治六提升”专项行动，老旧小区、后街背巷、农贸市场等得到有效整治。农村生活垃圾分类省级试点工作获评“优秀等次”。完成沈坨广场提档升级改造。新建公交站台 20 个、集镇旅游公厕 3 座。新建改造园区、集镇小区、敬老院、医院及溱潼路等下水管道 550 米。优化完善集镇保洁路段划分，签订门前三包责任书 100 余份。加强集镇路灯管理，及时对集镇 585 盏路灯进行调时管控，进一步明确第三方常态化管护巡查，确保亮化率。紧扣示范镇村创建目标，扎实开展人居环境整治，拆除乱搭乱建 472 处，清理乱堆乱放 2019 处。创成省级生态宜居美丽示范镇和 4 个示范村，获评全市首批“十佳美丽菜园示范镇”。创建泰州市乡村振兴示范村 2 个，创成兴化市特色田园乡村 1 个。完成 350 亩养殖池塘标准化改造工作。创成泰州市、兴化市生态养殖场各 1 家。高标准完成冒竹河 3.43 千米市级生态样板河道打造，沈北后河获评泰州市五星级幸福河湖。

2022 年 8 月 4 日，全市村党组织书记培训班参训人员集中观摩省级特色田园乡村沈坨镇崇禄村 （沈坨镇/供图）

【社会治理】 定期开展特殊人群帮促活动,持续深化"警法融合"共管共教模式,严格落实网格员定期跟踪走访制度。扎实开展"安全大检查""百日攻坚"等专项行动,建立工作组及时履职"三色预警"机制,聘请第三方为企业安全生产把脉问诊,全面落实涉危、涉炉、涉爆、有限空间等重点行业领域专项整治,从严从实推动"第一责任人"守法履责,全面排查整改各类事故隐患。安全生产工作特色亮点多次被《现代快报》、中国网、泰州网等新闻媒体推介。基层社会治理成效明显,2022 年被泰州市委、市政府评为 2015—2021 年"平安建设先进集体";连续 4 年被兴化市委、市政府评为推进市域社会治理现代化更高水平平安兴化建设一等奖;两次上榜全市网格化社会治理"流动红旗中心"名单。

【关华复村】 沈垞镇关华复村由原来的华谈、复兴、关口 3 个自然村合并而成,地处沈垞镇东部,与戴南荻垛大垛 3 个乡镇接壤,宁靖盐高速穿村而过,共有村民小组 14 个,村民 608 户,2186 人,党员 57 名,村干部 6 名。辖区面积 3.2 平方千米,耕地面积 210 公顷,水面资源面积 1451 亩,专业合作社及家庭农场(12 个),主要以水稻和高效水产养殖为主。农民人均可支配收入 27780 元,2022 年经营性收入合计 84.5 万元。相继获得兴化市村庄环境整治一等奖、兴化市小康示范村、兴化市文明村、省级卫生村及水美乡村、兴化市最美乡村等称号,2022 年成功创建兴化市特色田园乡村。建成唐港河粮食加工中心 1 处,兴化市日根蛋制品厂等。2022 年河蟹养殖规模 1420 亩,商品蟹产量达 200 吨左右,总产值 1800 万元左右。

(周建秋)

表 105 2022 年沈垞镇主要经济社会指标一览表

指标名称	单位	数值	指标名称	单位	数值
总户数	户	8399	工业利税总额	万元	6225
总人口	人	25382	预算内财政收入	万元	5442
乡镇从业人员数	人	8065	一般预算收入	万元	2874
耕地面积	公顷	2649.42	私营个体税收	万元	685
地区生产总值	亿元	9.78	农民人均可支配收入	元	27780
人均地区生产总值	元	70125	中小学校	所	1
农业增加值	万元	36667	在校学生	人	401
工业增加值	万元	13514	在职教师	人	81
建筑业增加值	万元	28062	医院	所	1
服务业增加值	万元	19594	卫生所(室)	个	8
生猪出栏	头	14724	医生数	人	62
家禽出栏	万羽	87	病床数	张	51
水产品产量	吨	3548	参加养老保险人数	人	16186
工业企业数	家	101	参加农村新型合作医疗人数	人	16733
当年到账外引资金	万元	—	享受居民最低生活保障人数	人	414
工业销售收入	万元	121349			

　　　　张　迅
市财政国库集中支付中心
主　任　赵惠敏(女)
市政府国有资产监督管理办公室
主　任　张冬健(兼)
副主任　陆开将
市地方金融监督管理局
局　长　赵桂银(2月免)
　　　　陈永斌(2月任)
党组书记　赵桂银(1月免)
　　　　　陈永斌(1月任)
副局长　邵小琴(女)
　　　　景　兵(挂职,10月免)
　　　　练　波
市住房和城乡建设局
局　长　陈建中
党组书记　陈建中
副局长　张兰军(女)
　　　　李振华
　　　　翁利荣(12月免)
　　　　顾　斌(12月任)
总工程师　徐中海
市地震局(挂牌)
局　长　陈建中(兼)
副局长　戴春年
市人防办
主　任　陈建中(兼)
副主任邹泰宗
市建筑业发展中心
主　任　朱开俊
市保障住房发展中心
主　任　赵金年
市征收服务中心
主　任
市城市管理局
局　长　孙广周
党组书记　孙广周
副局长　黄金军
　　　　顾玉祥(2月免)
　　　　黄爱军
　　　　王　敏(11月任)
市城市管理综合行政执法局
局　长　孙广周(兼)
副局长　周红兵
△市城市管理行政执法大队
大队长
市交通运输局
局　长　刘震祥(2月任)
党组书记　刘震祥(2月任)
党组副书记　刘震祥(2月免)
副局长　刘震祥(2月免)
　　　　王忠山
　　　　汤　澎
　　　　王长春
△市交通运输综合行政执法大队
大队长　顾田玉
△市公路事业发展中心
主　任　喻　翔
△市港航事业发展中心
副主任　万元其(主持工作)
△市公共交通服务中心
主　任　何应武(11月任)
△市邮政业安全发展中心
主　任　翟德璧
市农业农村局
局　长　邵国昱
党组书记　邵国昱
副局长　吴领高
　　　　倪建明
　　　　万世华
　　　　陈炳干(9月任)
总畜牧兽医师　袁萍莉(女,9月免)
总农艺师　徐松春
市乡村振兴局
局　长　邵国昱(兼)
副局长　陈炳干(9月免)
　　　　袁萍莉(女,9月任)
　　　　龚　丹(女,8月任)
市委农村工作办公室
主　任　邵国昱(兼)

副主任　平文策
市现代农业发展服务中心
主　任　徐松春(2 月免)
　　　　周德银(2 月任)
市农业农村社会事务服务中心
主　任　吴胜国(2 月任)
市水利局
局　长　李　华(2 月免)
　　　　冯建祥(2 月任)
党组书记　李　华(2 月免)
　　　　　冯建祥(2 月任)
副局长　华　实
　　　　陈凯祥
　　　　陆钦亮(9 月免)
　　　　夏红卫(9 月任)
总工程师　夏红卫(9 月免)
市供销合作总社
理事会主任　万光明
党委书记　万光明
党委副书记　孙　华
理事会副主任　孙　华
　　　　　　　陈德银
　　　　　　　倪兴松
监事会主任　唐　薇(女)
市教育局
党组书记　顾晓斌
局　长　顾晓斌
副局长　滕　艳(女)
　　　　陆仁杰(11 月免)
　　　　戴兴宏
　　　　戴金萍(女,挂职)
　　　　杨林俊(12 月任)
△市政府教育督导室(挂牌)
主　任　顾晓斌(兼)
△市教师发展中心
副主任　沈玉荣
　　　　杨林俊(11 月免)
　　　　朱　倩(女)
江苏省兴化中学
党委书记　顾晓斌
校　长　黄　荣
副校长　金红兵
　　　　戴　军(9 月任)
　　　　王世勇(9 月任)
副书记　熊　辉
泰州电大兴化分校
副校长　戴金萍(女)
江苏省兴化中等专业学校
校　长　滕　艳(女)
副校长　王新民
　　　　唐兴杰(9 月任)
市文体广电和旅游局
局　长　郭庆军
党组书记　郭庆军
副局长　陈宁军
　　　　徐　俊
　　　　黄天桩
　　　　汪夕禄
　　　　刁汉云(挂职,7 月任)
△市文化市场综合执法大队
大队长　洪　流
副大队长　姜玉建
市融媒体中心
主　任　陈志云(2 月免)
　　　　邢寿和(2 月任)
党委书记　陈志云(2 月免)
　　　　　邢寿和(2 月任)
副主任　孙友信
　　　　姜帷韬
　　　　李骥翔(8 月任)
纪委书记　李骥翔(8 月免)
副总编辑　花　艳(女,8 月任)
江苏有线兴化分公司
总经理　陈又专
副总经理　马　乾
　　　　　杨　辉(女)
　　　　　陆晓庆(12 月免)
纪委书记　栾忠明
市卫生健康委员会
主　任　孙　健

党组书记　孙　健
副主任　朱秀慧(女)
　　　　曹恒源
　　　　孙荣贵(2 月任)

市人民医院

党委书记　沈卫国
院　长　张　彤
党委副书记　张　彤
　　　　　　王玉芳(女,2 月任)
副院长　邓新桃
　　　　张汉年
　　　　周永华(2 月免)
　　　　朱　强
人力资源部部长　魏　勇
纪委书记　朱丽丹(女,2 月任)
纪委副书记　朱丽丹(女,2 月免)
党政办主任　王玉芳(女,2 月免)
　　　　　　陈　琦(2 月任)
医务部部长　李宽正

△市中医院

院　长　曹恒源(2 月免)
　　　　周永华(兼,2 月任)
党委书记　苗　忠

△市第二人民医院

院　长　曹恒源(9 月免)
　　　　殷松嵩(9 月任)
党支部书记　刘志高(8 月免)

△市疾病预防控制中心

主　任　孙荣贵(2 月免)
　　　　周天文(2 月任)

△市卫生监督所

所　长　周　曙

市公安局

局　长　明　冠
党委书记　明　冠
政　委　李从德(11 月免)
　　　　翟广益(11 月任)
副局长　徐永海(11 月免)
　　　　翟广益(11 月免)
　　　　孙建国(9 月免)
　　　　唐寿裁
　　　　邹　瑜(9 月任)
　　　　姚建云
　　　　顾长俊(5 月任)
　　　　高　峰(5 月任)
　　　　严广山(9 月任)
党委副书记　李从德(11 月免)
　　　　　　徐永海(11 月免)
　　　　　　翟广益(11 月任)

△政治处

主　任　宗　华(11 月免)
　　　　袁　枫(11 月任)

△办公室

主　任　袁　枫(11 月免)
　　　　李桂兵(11 月任)

△指挥中心

主　任　顾金良
教导员　吉开良

△合成作战中心

主　任　胡　彬(4 月任)

△治安大队

大队长　解小龙(11 月任)
教导员　朱克家

△交警大队

大队长　高　峰

△刑警大队

大队长　顾长俊
教导员　王网存(2 月免)
　　　　胡立云(11 月任)

△经侦大队

教导员　徐根东
大队长　张勇慧(11 月任)

△禁毒大队

大队长　刘　健
教导员　朱伯华

△国保大队

大队长　邹玉斌
教导员　戴柏荣

△警务督察大队

大队长　李　华

△巡特警大队
大队长　陈长华(11 月免)
教导员　孙国圣(11 月免)
　　　　华　勇(11 月任)
△网安大队
大队长　许友根(11 月免)
　　　　胡　彬(11 月任)
教导员　沈应佳
△水警大队
大队长　周永华(11 月免)
　　　　陈礼中(11 月任)
△食药环侦大队
大队长　王月清
教导员　邓维宾
市司法局
局　长　唐　彪
党组书记　唐　彪
副局长　张永涛(2 月免)
　　　　舒永喻(11 月免)
　　　　欣爱忠
　　　　周余杰(2 月任)
　　　　李维举(12 月任)
△市社会矛盾纠纷调处中心
主　任　沈　沉
△市委全面依法治市委员会办公室
副主任　焦华云
市民政局
局　长　陈　坚(2 月免)
　　　　朱树萍(女,2 月任)
党组书记　陈　坚(2 月免)
　　　　李庆斌(2 月任)
副局长　潘国岭
　　　　李如贵
　　　　刘志方
　　　　刘祥裕(2 月免)
市退役军人事务局
局　长　殷爱根
党组书记　殷爱根
副局长　陈立新
　　　　侯兆才

政协兴化市委员会

常务委员会
主　席　沙顺喜(1 月免)
　　　　徐立华(1 月任)
党组书记　沙顺喜(1 月免)
　　　　徐立华(1 月任)
党组副书记　邹祥龙(1 月免)
　　　　徐立华(1 月免)
　　　　常冬海(1 月任)
　　　　刘春龙(1 月任)
副主席　刘春龙
　　　　刘　忠(1 月任)
　　　　丁永明
　　　　刘玲洁
　　　　黄　荣(1 月任)
　　　　邹祥龙(1 月免)
　　　　王福全(1 月免)
秘书长　金国明
市政协办公室
主　任　金国明
副主任　郝文斌(12 月免)
经济科技委员会
主　任　刘仕兵
副主任　张　洋
社会法制委员会
主　任　陈洪亮
副主任　潘智伟
学习文史(对外联谊)委员会
主　任　朱树萍(女,2 月免)
　　　　冯巧岚(女,12 月任)
副主任　朱俊方
教育卫生文化体育委员会
主　任　周　斌(4 月免)
　　　　蒋兆所(4 月任)
副主任　丁碧云(女)
提案委员会
主　任　蒋兆所(4 月免)
　　　　孙启翔(4 月任)
副主任　许丽华(女,11 月免)

中共兴化市纪律检查委员会

书　记　常　军
副书记　刘华斌(8月免)
　　　　陈卫华
　　　　张　华(12月任)
常　委　居道满
　　　　陈　松
　　　　叶建军
　　　　李维举(12月免)
办公室(调查研究室)
主　任　杨小鹏
干部管理监督室
主　任　梅家森
宣传教育室
副主任　戴庭忠(11月任)
党风政风监督室
副主任　周晓柳(女,8月任)
信访室
主　任　万长勇
案件监督管理室
主　任　卢　蓉(女)
市审查调查服务中心
法定代表人　杨小鹏(兼)
第一审查调查室
主　任　杨梓林(2月免)
副主任　王宝俊(5月任,主持工作)
第二审查调查室
主　任　夏玉祥(2月免)
　　　　王荣庆(2月任)
第三审查调查室
主　任　严正德
第四审查调查室
主　任　史存盛
第五监督检查室
副主任　王小芳(女,5月任,主持工作)
第六监督检查室
副主任　戴文宇(主持工作)
第七监督检查室
主　任　张元年(2月免)
　　　　周　勇(2月任)
第八监督检查室
副主任　徐云鹏(主持工作)
第九监督检查室
主　任　王荣庆(2月免)
　　　　周华桂(2月任)
第十监督检查室
主　任　张元年(2月任)
第十一监督检查室
主　任　袁文杰(11月免)
　　　　王小丽(女,11月任)
第十二监督检查室
主　任　凌　军
第十三监督检查室
主　任　周永美
第十四监督检查室
主　任　姚志坚
案件审理室
主　任　舒远来
机关党委专职副书记　单　祥(8月免)
第一派驻纪检监察组
组　长　张华峰
第二派驻纪检监察组
副组长　刘　栋(主持工作)
第三派驻纪检监察组
组　长　徐长江
第四派驻纪检监察组
副组长　周鹏大(主持工作)
第五派驻纪检监察组
组　长　张正存
第六派驻纪检监察组
组　长　史荣斌
第七派驻纪检监察组
组　长　解卫星
第八派驻纪检监察组
组　长　沈毅东
第九派驻纪检监察组
组　长　朱国栋
第十派驻纪检监察组
副组长　倪　明(主持工作)

第十一派驻纪检监察组

组　长　王　琴(女,8月免)

　　　　袁文杰(11月任)

第十二派驻纪检监察组

组　长　瞿洪献

第十三派驻纪检监察组

组　长　刘增存

兴化市监察委员会

主　任　常　军(1月任)

副主任　刘华斌(8月免)

　　　　陈卫华

　　　　张　华(12月免)

监委委员　居道满

　　　　　陈　松

　　　　　杨梓林

　　　　　夏玉祥

园　区

江苏省兴化经济开发区管委会

党工委书记　牛世杰(4月免)

　　　　　　刘　锋(8月任)

副书记　陈　林

　　　　花军阳(11月免)

　　　　张　庆(11月任)

主　任　陈　林

副主任　佘正春

　　　　张　庆(11月免)

　　　　朱义龙(8月免)

　　　　蒋富干

　　　　张书健(9月免)

　　　　周　健(11月任)

纪工委书记　黄　岗(8月免)

　　　　　　王　琴(女,8月任)

市科技工业园区管委会

主　任　瞿日玉

副主任　徐　驰

　　　　吉德全

　　　　高荣才

市调味品产业园区管理办公室

主　任　赵益华(9月任)

副主任　王　飞(8月任)

　　　　刘海峻

市经济发展有限公司

董事长　赵百森

总经理　周志山

副总经理　高瑞丰(9月免)

　　　　　陈银敏

　　　　　崔圣东

　　　　　芦金忠

　　　　　张　杰

江苏省兴化高新技术产业开发区

党工委书记　姚群印

管委会主任　林建祥

党工委副书记　林建祥　李建龙

管委会副主任　张跃军

　　　　　　　仲旭升

　　　　　　　夏立进

　　　　　　　刘　悝

党工委委员　周洪波

　　　　　　张跃军

　　　　　　仲旭升

　　　　　　赵京东

　　　　　　王巧红(女)

　　　　　　顾　鑫

　　　　　　吴忠伟

　　　　　　夏立进

法院　检察院　人武部

市法院

院　长　钱惠彬

党组书记　钱惠彬

党组副书记　居　祥

副院长　居　祥

　　　　刘艳生

　　　　钱　晖

张　勤(女,12 月任)
徐开勇(12 月任)

△政治部

主　任　王　澄

△执行局

副局长　朱　隽
专职委委员　徐开勇(12 月免)
花兴柏(11 月任)
姚卫强(11 月任)

市人民检察院

检察长　张红成
党组书记　张红成
副检察长　曹　军
成广进
陆秀勇(挂职,12 月免)
陈桂才
专职委委员　苏　莉(女)
翁立萍(女,8 月任)

△政治部

主　任　方　扬(女)

市人民武装部

部　长　乔富涛
政　委　张晓华

群众团体

市工商业联合会

主　席　丁永明
党组书记　沙增平(2 月免)
陈志云(2 月任)
副主席　耿洪盛
娄秀兰(女)

市总工会

主　席　常传林(兼)
党组书记　张永辉
副主席　张永辉
徐　璐(8 月免)
王　军
包志和
翟培云(兼)
单　祥(10 月任)
张太良(兼)

市妇女联合会

主　席　周小娟(女)
党组书记　周小娟(女)
副主席　沙金霞(女)
翁立萍(女,挂职,8 月免)
李　勤(女,兼)

共青团兴化市委员会

书　记　沈　妍(女,9 月免)
胡　炜(9 月任)
副书记　胡　炜(9 月免)
吴家润
季　彪(挂职)
卞书垚(挂职,8 月免)
丁　松(兼,8 月免)
柯　伟(9 月任)
张孙侃(兼,9 月任)

市科学技术协会

主　席　吴怀明
党组书记　吴怀明
副主席　施　燕(女)
唐　劲(2 月任)

市残疾人联合会

理事长　朱兴波
党组书记　朱兴波
副理事长　王　萍(女)
王新建

市红十字会

会　长　王　辉(11 月任)
专职副会长　谢贵春
副会长　王建韬

市归国华侨联合会

主　席　王　颉

条线管理部门

国家税务总局兴化市税务局

局　长　沈　杰
党委书记　沈　杰
党委副书记　刘佑渠
副局长　刘佑渠

赵增权
丁桂庆(12月免)
刘兴文(8月免)
赵观存(6月免)
汤　旭(1月免)
陈加宽(6月免)
纪检组长　吴　峰(4月免)
许文瑾(4月任)

市自然资源和规划局

局　长　方晓春
党委书记　方晓春
副局长　史宏祥
张文军
王书远
裴正明
徐　波
钮扣华
总工程师　王增锦
机关党委书记　邹庆涛

市林业局(挂牌)

局　长　方晓春(兼)

市土地开发储备中心

副主任　张　海
陈　锐
姚锡江

△市不动产登记中心

主　任　王太富

泰州市兴化生态环境局

局　长　赵永刚
分党组书记　赵永刚
副局长　朱立群
沈德全
萧万茂(7月免)
孙晓玲(女)

生态环境综合行政执法局

局　长　杨卫民

生态环境综合行政执法一局

局　长　蒋步祥

生态环境综合行政执法二局

局　长　何　浪

市住房公积金管理中心

主　任　闵　华(女)
副主任　苗　浩
陈　杰

中国邮政兴化分公司

总经理　孙俊杰(7月免)
刘婷婷(女,7月任)
党委书记　孙俊杰(7月免)
刘婷婷(女,7月任)
副总经理　杜　鹏
吴　疆
陈　晨(8月免)
江　玲(女,8月任)
纪委书记　杜　鹏(兼)
工会主席　陈　晨(兼,8月免)
吴　疆(兼,8月任)

泰州市兴化烟草专卖局(分公司)

局　长　朱　琳(女,11月免)
许祥荣(11月任)
党组书记　朱　琳(女,11月免)
许祥荣(11月任)
副局长　冯　明(5月免)
刘　波(5月任)
副经理　顾原源(6月任)

△兴化市盐务管理局(盐业公司)

经　理　李茂顺
副经理　魏红革

市气象局

局　长　张振国
党组书记　张振国
副局长　邹学智
纪检组长　顾　岚

国网江苏省电力有限公司兴化市供电分公司

总经理　贾　俊
党委书记　汤　茜(女)
副总经理　汤　茜(女)
戴玉华
朱赤宁
许　泉
薛林政(3月免)

夏　勇(3 月任)
党委副书记　贾　俊
纪委书记　金保华
工会主席　金保华
总工程师　王　锐

国家统计局兴化调查队

队　长　邵小勇
副队长　蒋茂彬
纪检组长　张自强

中国人民银行兴化市支行

行　长　凌　彤(10 月免)
景　兵(10 月任)
党组书记　凌　彤(10 月免)
景　兵(10 月任)
副行长　孙向东(9 月免)
李　俊
纪检组长　李　俊

中国建设银行股份有限公司兴化支行

行　长　袁晓东
党委书记　袁晓东
副行长　洪成干
朱　文
纪委书记　徐晓萍(女)

中国银行股份有限公司兴化支行

行　长　陈　旻
副行长　顾国庆(11 月免)
王程飞(11 月任)
金　慎
黄　珏

中国工商银行股份有限公司兴化支行

行　长　叶晓光
党总支书记　叶晓光
副行长　赵　进
陈振华
陈　明(女,7 月免)
董　祥(7 月任)

江苏兴化农村商业银行股份有限公司

董事长　曹文铭
行　长　华　飞
党委副书记　张永军
监事长　张　杰
副行业　朱万存
童文勇
刘建国

中国农业发展银行兴化市支行

行　长　徐敏慧(女)
党支部书记　徐敏慧(女)
副行长　蒋高翔

中国农业银行股份有限公司兴化支行

行　长　张亚辉
党委书记　张亚辉
副行长　顾秋贵
袁　艺
刘　杰
党委副书记　侯万亮
纪委书记　侯万亮

中国邮政储蓄银行股份有限公司兴化市支行

行　长　朱大康(11 月免)
何清涛(11 月任)
党总支书记　朱大康(11 月免)
何清涛(11 月任)
副行长　何锋余(3 月免)
陈　新

中信建投兴化牌楼西路证券营业部

总经理　凌　童(12 月免)
吴勇军(12 月任)
副总经理　徐爱军
孙　涛
王　卉(女)

华泰证券兴化英武中路证券营业部

总经理　蔡理昂

中国人民财产保险股份有限公司兴化支公司

经　理　申家岚(3 月免)
翟向明(3 月任)
副经理　魏　东
翟向明(3 月免)
郭小勇
夏华勇(3 月任)

中国人寿保险股份有限公司兴化支公司

经　理　梅　军

副经理　刘　宁

中国电信股份有限公司兴化分公司

总经理　蒋　锋

纪委书记　李　俊

中国移动通信集团江苏有限公司兴化分公司

总经理　常　骥

副总经理　王　元

　　　　吉　祥

　　　　徐　睿(3 月任)

中国联合网络通信有限公司兴化市公司

总经理　谢天海

乡镇、街道负责人机构

昭阳街道

书　记　葛同华(女)

副书记　顾爱荣

　　　　薛　梅(女,2 月免)

　　　　鲍美华

　　　　邹小安(8 月任)

主　任　顾爱荣

副主任　陆　宁(女)

　　　　李　炎

　　　　邹小安(8 月免)

　　　　王建云

　　　　唐　鹃(女)

　　　　仇华坤(8 月任)

人大工委主任　王中东

人大工委副主任　黄翠芳(女)

纪工委书记　陈友进(8 月免)

　　　　王普国(8 月任)

组织委员　张　舒

宣传委员　潘小俊(2 月免)

　　　　朱晓伟(2 月任)

统战委员　王祯才

政法委员　朱晓燕(女)

临城街道

党工委书记　花军阳(2 月免)

　　　　牛世杰(2 月任,7 月免)

党工委副书记　冯巧岚(女,8 月免)

　　　　余星光(8 月任)

　　　　王吉徐

人大工委主任　刘桂东

人大工委副主任　蔡建荣

办事处主任　冯巧岚(女,9 月免)

　　　　余星光(9 月任)

办事处副主任　许兴红

　　　　陈少华

　　　　倪琴凤(女)

　　　　仇栋林(2 月任)

纪工委书记　张志平

组织委员　仇栋林(2 月免)

　　　　傅铮君(2 月任)

宣传委员　袁天胜(2 月任)

统战委员　汪　蓉(女)

政法委员　张小荣

垛田街道

党工委书记　崔淦才(1 月免)

　　　　徐德龙(1 月任)

党工委副书记　毛登铭(2 月免)

　　　　汪子泉(2 月任)

　　　　李爱武(2 月任)

办事处主任　汪子泉(2 月任)

办事处副主任　张杰华

　　　　李忠隽

　　　　王　栋

　　　　王俊杰

　　　　姜锦珠(11 月任)

人大工委主任　汪子泉(2 月免)

　　　　毛登铭(2 月任)

人大工委副主任　鲍　枫

纪工委书记　沈　忱

组织委员　王　建

宣传委员　王俊杰(兼)

统战委员　王俊杰(兼)

政法委员　毛登铭(兼)

△得胜湖生态文化旅游产业园区管理委员会

主　任　崔淦才(2 月免)

　　　　徐德龙(2 月任)

副主任　姚秋实

　　　　严立东(9 月免)

戴南镇

党委书记 姚群印

党委副书记 林建祥

刘 林

朱立兵(8 月任)

朱 纯(2 月免)

镇 长 林建祥

副镇长 朱静霞(女)

周洪波

杭淑萍(女)

王恒梁

宋朝勇

朱立兵(8 月免)

华 飞(8 月任,候选)

人大主席 张 伟

纪委书记 施年庆

组织委员 王玉琴(女)

宣传委员 刘 惺

统战委员 冯建明

政法委员 沈红林

戴南镇行政管理体制改革内设机构

△党政办公室

主 任 王学兵

△党群工作局

局 长 姚玉明

△规划建设局

局 长 黄秀华

△农业农村局

局 长 陆彩新

△社会事业局

局 长 朱静霞(女,兼,8 月免)

智小波(8 月任)

△综合行政执法局

局 长 汤国忠

△财政局

局 长 王 俊(8 月免)

△政法和社会管理局

局 长 何应智

△为民服务中心

主 任 周宝辉

大垛镇

党委书记 陈永根(1 月免)

朱 纯(1 月任)

副书记 王高监

樊俊宏

镇 长 王高监

副镇长 朱广才

刘 斌

唐 勇

韩建华

谷 牧

人大主席 费 艳(女)

纪委书记 张加亮

组织委员 尤梦雅(女)

宣传委员 朱广才(兼)

统战委员 朱广才(兼)

荻垛镇

党委书记 陈永斌(1 月免)

成 晨(1 月任)

党委副书记 刘 荣(8 月免)

朱 晨(8 月任)

朱正宽

镇 长 朱 晨(8 月任,候选)

刘 荣(8 月免)

副镇长 周俊荣

郝 春

李 凯(11 月免)

陈 莉(女,1 月任)

人大主席 朱 晨(兼,1 月任,8 月免)

纪委书记 顾玉成(2 月免)

孙千院(8 月任)

组织委员 庞晓娟(女)

宣传委员 刘红桂

统战委员 刘红桂(兼)

政法委员 朱正宽(兼)

戴窑镇

党委书记 沈 浮

党委副书记 邢寿和(2 月免)

刘祥裕(2 月任)

顾玉成(2 月任)

镇　长　邢寿和(2 月免)
刘祥裕(7 月任)
副镇长　张　驰(女,8 月免)
刘　勇
张　明
唐峰满
胡东升
张文干(9 月任,候选)
人大主席　陈有进(8 月免)
葛　颖(8 月任,候选)
人大副主席　张　明
纪委书记　刘荣江
组织委员　刘晓琴(女,2 月免)
王小将(2 月任)
宣传委员　张　驰(女,兼,8 月免)
张文干(9 月任)
统战委员　张　驰(女,兼,8 月免)
张文干(兼,9 月任)
政法委员　顾玉成(兼,2 月任)

合陈镇

党委书记　方迎峰(6 月免)
张　华(6 月任,8 月免)
顾士坤(8 月任)
党委副书记　陈　芬(女)
唐扬兴
镇　长　陈　芬(女)
副镇长　杨存涛
王　剑(8 月免)
许昊天(1 月任,11 月免)
张兴荣(1 月任)
人大主席　唐　劲(2 月免)
周世洋(2 月任,候选)
纪委书记　丁心亮
组织委员　万丽萍(女)
宣传委员　张兴荣(兼)
统战委员　张兴荣
政法委员　唐扬兴

昌荣镇

党委书记　陆章华
党委副书记　沈文海
李爱武(2 月免)
石友山(2 月任)
镇　长　沈文海
副镇长　夏洪涛(1 月任)
葛　彦(女)
王爱兵
孙　瑶(女)
王亚伟(1 月任)
人大主席　黄海涛
纪委书记　石友山(2 月免)
刘晓琴(女,2 月任)
组织委员　孙干院(8 月免)
夏春霞(女,8 月任)
宣传委员　葛　彦(女,兼)
统战委员　葛　彦(女,兼)
政法委员　黄海涛(兼)

陶庄镇

党委书记　罗国瑞
党委副书记　余星光(8 月免)
王书东(8 月任)
王益兰(女)
镇　长　余星光(8 月免)
王书东(8 月任,候选)
副镇长　张耀民(8 月免)
汤华林
赵益华
胡勇兵(8 月免)
韩雅倩(女)
孙　艺(女,8 月任,候选)
人大主席　丁　坚
纪委书记　周　颢
政法委员　丁　坚(兼)
宣传委员　王浩天
统战委员　王浩天(兼)
组织委员　瞿海荣(8 月免)

海南镇

党委书记　陈友连
党委副书记　王道斌
周世洋(2 月免)
潘小俊(2 月任)

镇　长　王道斌
副镇长　周亚年
苏建祥(11 月免)
陆荣华
任　岳
傅倩雯(女)
许　雯(女,11 月任,候选)
人大主席　殷志年
纪委书记　周　杰
组织委员　赵　鉴
宣传委员　陆荣华(兼)
统战委员　陆荣华(兼)
政法委员　殷志年(兼)

大邹镇

党委书记　杨日国
党委副书记　赵　辉
唐朱生
镇　长　赵　辉
人大主席　邹启达
纪委书记　刘　坚(2 月免)
朱水锋(2 月任)
副镇长　万传和
王国祥
卞玉祥
杨海斌
组织委员　颜良秀(女)
宣传委员　张　敏(女)
统战委员　张　敏(女,兼)

永丰镇

党委书记　冯建祥(2 月免)
高　松(2 月任)
党委副书记　王　军
朱竹兴
镇　长　王　军
副镇长　孙子坤
林中健
朱长建
黄小婷(女)
陆群先
人大主席　王书东(8 月免)
陈友进(8 月任,候选人)
纪委书记　顾日灿
组织委员　朱晓伟(2 月免)
朱　晨(8 月任)
宣传委员　林中健(兼)
统战委员　林中健(兼)
政法委员　朱竹兴(兼)

安丰镇

党委书记　浦　成(2 月免)
王晓秋(2 月任)
副书记　顾士坤(8 月免)
夏富强
张圣林
镇　长　顾士坤(8 月免)
刘　荣(8 月任)
副镇长　朱　军(8 月免)
万连凤
陆银昆
高　彬
孙　鹏
邹如明
张　弛(女,8 月任,候选)
人大主席　王　兵
纪委书记　葛　峰
组织委员　许兆娟(女)
宣传委员　万昌彬
统战委员　万昌彬(兼)
政法委员　王　兵

新垛镇

党委书记　朱丹薇(女,2 月任)
王　勇(2 月免)
副书记　朱丹薇(2 月免)
赵俊林(8 月免)
邰爱祥(2 月任)
汪　洋(8 月任)
镇　长　朱丹薇(女,2 月免)
邰爱祥(7 月任)
副镇长　汪　洋(8 月免)
徐广杰(8 月免)
陈　海

王　虹(女)
庞宝剑(8月任,候选)
人大主席　许健康
纪委书记　张文干(8月免)
王　剑(8月任)
组织委员　庞宝剑(8月免)
徐广杰(8月任)
宣传委员　沈小伟
统战委员　沈小伟(兼)
政法委员　许健康(兼)

钓鱼镇

党委书记　李庆斌(2月免)
金　雷(2月任)
副书记　龚　坚
徐志成
镇　长　龚　坚
副镇长　张长杰(8月免)
姚鹤勇
周　军(8月免)
吕道林
朱恒均(11月免)
刘茜瑶(女)
朱佳伟(11月任,候选)
人大主席　唐　俊
纪委书记　曹　玮(8月免)
张长杰(8月任)
组织委员　聂凤平(女,8月免)
林中江(8月任)
宣传委员　周　军(兼,8月免)
聂凤平(女,兼,8月任)
统战委员　周　军(兼,8月免)
聂凤平(女,兼,8月免)
政法委员　唐　俊(兼)

大营镇

党委书记　房　俊
党委副书记　沙进军
王　锋
镇　长　沙进军
副镇长　任　峰(8月免)
王继宏
张　清(女)
孔令帅
冯俊杰
人大主席　张照林
纪委书记　陆晓峰
组织委员　韩　笑
宣传委员　张　清(女,兼)
统战委员　张　清(女,兼)
政法委员　王　锋(兼)

沙沟镇

党委书记　徐德龙(1月免)
朱鸿业(1月任)
党委副书记　陈富钧
姜正明
吴玲玲(女,8月任)
镇　长　陈富钧
副镇长　陈加庚
史华香(女)
肖兴刚
赵俊峰
丁永华
人大主席　陈　生(2月免)
黄晓强(12月任,候选)
纪委书记　王小丽(女,11月免)
组织委员　吴玲玲(女,8月免)
解莉莉(女,8月任)
宣传委员　徐卫国(兼)
统战委员　徐卫国(兼)
政法委员　姜正明(兼)

千垛镇

党委书记　裴马年(女,1月免)
陈荣才(1月任)
副书记　徐　璥
赵宏高(8月免)
韩　峰
钱　怡(女,8月任)
镇　长　徐　璥
副镇长　瞿殿忠
张启书
瞿如俊
王圣山
刘仁庐

人大主席　梅　兴(2 月任,候选)
　　　　　陈永松(2 月免)
纪委书记　张洪权(8 月任)
　　　　　芦　峥(女,8 月免)
组织委员　赵芳婷(女)
宣传委员　刘广凯
统战委员　刘广凯(兼)
政法委员　沙建祥

中堡镇

党委书记　顾小兵
党委副书记　周建根(8 月免)
　　　　　　葛　颖(女,8 月免)
　　　　　　杨　峰(8 月任)
镇　长　周建根(8 月免)
　　　　郝文斌(11 月任)
副镇长　王金付
　　　　童洋帅
　　　　徐功银
　　　　钱　红(女,7 月任)
　　　　竺　笑(女,11 月任,候选)
人大主席　薛　森
纪委书记　李　希(8 月免)
　　　　　朱　军(8 月任)
组织委员　朱　荣
宣传委员　王金付(兼)
统战委员　王金付(兼)
政法委员　邹　磊

兴东镇

党委书记　吴桂强(2 月免)
　　　　　张书健(8 月任)
党委副书记　金晓晖(8 月免)
　　　　　　殷　俊
　　　　　　万安健(8 月任)
镇　长　金晓晖(8 月免)
　　　　万安健(11 月任,候选)
副镇长　叶重怀
　　　　王　炜
　　　　董华龙
　　　　沙国平
　　　　史伟建
人大主席　刘德军
纪委书记　王寿华
组织委员　黄晓意
宣传委员　叶重怀(兼,8 月免)
　　　　　沈舒芹(女,8 月任)
统战委员　沈舒芹(女,兼,8 月任)
　　　　　刘　丹(女,8 月免)

陈堡镇

党委书记　杨　蓓(女,8 月免)
　　　　　薛　超(8 月任)
党委副书记　薛　超(8 月免)
　　　　　　周根凤
　　　　　　赵宏高(8 月任)
镇　长　薛　超(8 月免)
　　　　赵宏高(8 月任)
副镇长　唐新华
　　　　刘　云
　　　　许碧云(女)
　　　　陈　刚(8 月任,候选)
人大主席　朱军林
纪委书记　金　玲(女)
组织委员　周　娟(女)
宣传委员　陆玉海
统战委员　陆玉海(兼)
政法委员　黄　鹏

周庄镇

书　记　吉金楼
副书记　任怀平
　　　　朱志兵
镇　长　任怀平
副镇长　王　琪(女,2 月免)
　　　　刘春萍(女)
　　　　张国华
　　　　顾天晓(女)
　　　　周　明(11 月免)
　　　　李春潮(8 月任,候选)
人大主席　吴付生
纪委书记　赵明宇
组织委员　徐　明
宣传委员　钱　怡(女,9 月免)
　　　　　顾天晓(女,兼,9 月任)
统战委员　钱　怡(女,9 月免)

顾天晓(女,兼,9 月任)
政法委员　邵国昀(9 月免)
李春潮(兼,9 月任)

林湖乡

党委书记　成　晨(女,1 月免)
周锦坤(1 月任,8 月免)
周建根(8 月任)
党委副书记　周锦坤(2 月免)
顾诗华
薛　梅(女,2 月任)
乡　长　周锦坤(2 月免)
薛　梅(女,2 月任,候选)
副乡长　徐永辉
陈旭东
顾世荣
赵桂荣(7 月任)
人大主席　许少华
纪委书记　王普国(8 月免)
任　峰(8 月任)
组织委员　董芸芸(女)
宣传委员　华　磊(女,8 月任)
统战委员　华　磊(女,兼,8 月任)
解莉莉(女,8 月免)

沈坨镇

党委书记　朱鸿业(1 月免)
房宝才(1 月任)
副书记　房宝才(1 月免)
吴　健(2 月免)
沈妍(女,1 月任)
袁凯中(2 月任)
镇　长　房宝才(1 月免)
沈　妍(女,7 月任)
副镇长　俞春华
杨荣德
朱晓斌(1 月任)
袁振沪(1 月任)
葛海燕(女,1 月任)
人大主席　吴文峰(3 月免)
吴　健(7 月任)
纪委书记　袁凯中(3 月免)
卢　峥(女,9 月任)
组织委员　刘骏华
宣传委员　朱晓斌(兼)
统战委员　朱晓斌(兼)
政法委员　杨荣德(兼)

重要文献选录

深入学习贯彻党的二十大精神 奋力开启中国式现代化兴化新征程

——在中共兴化市委十三届三次全会上的讲话

(2022 年 12 月 30 日)

市委书记　陈锋剑

一、高效统筹疫情防控和经济社会发展,“二次创业”迈出坚实步伐

今年以来,面对严峻复杂的国内外形势,全市上下以迎接党的二十大、学习宣传贯彻党的二十大精神为主线,深入落实中央关于“疫情要防住、经济要稳住、发展要安全”系列决策部署和省委、泰州市委工作要求,各项事业取得新成绩。

一是经济运行稳中向好。预计全年实现地区生产总值增长 5%,入选中国县域经济百强市、全国综合实力百强市、中国工业百强市。支持工业企业积极化解疫情带来的不利因素,预计实现规上工业开票销售增长 10%;完成对外直接投资 4600 万美元,位居泰州首位。兴达钢帘线获评工信部制造业单项冠军示范企业。扎实推进“亩均论英雄”改革和“五未土地”整治,全年盘活(提升)低效闲置工业用地 3400 亩,有力支持安井食品三期、盛泰科技、申源集团技改等 14 个“三比一提升”重大产业项目开工,全年新竣工 5 亿元以上重大项目10个。注重把科技创新摆上重要位置，实施“智能化改造、数字化转型”项目200个，兴化（南京）离岸创新中心正式运行，净增高新技术企业59家、国家科技型中小企业130家，分别同比增长25%、21%。博生医材成为全市首家新三板创新层挂牌企业。夏熟产量效益创历史新高，建成高标准农田3.3万亩，入选农业现代化示范区创建名单。兴化垛田成功入选世界灌溉工程遗产，千垛镇获批全国“一村一品”示范村镇。服务业提质增效，成功入选首批省文旅产业融合发展示范区，里下河国家湿地公园通过验收，开发区获批两业深度融合区域集聚发展省级试点。

二是城乡环境不断改善。强力推进全国文明城市创建，完成老旧小区改造43个，创建省级生态宜居美丽示范镇1个、示范村50个，实现省级下达厕所革命目标，推进新时代文明实践阵地提升工程，建成10个示范所、100个示范站和群众身边的实践点513个。科学划定国土空间“三区三线”，获自然资源部批复。阜溧高速加速推进，宁盐高速顺利开工。强力推进中央环保督察以及省、泰州交办问题整改，清退复垦水产面积9023亩，小造（修）船、橡胶颗粒、氧化锌、涉炉企业重点行业整治基本到位。系统实施水环境整治，持续推进城镇污水处理提质增效精准攻坚333行动，建成8个达标区，升级改造15个乡镇污水处理厂。建成养殖尾水达标排放示范基地3300亩，新建60个村庄生活污水处理设施，国省考断面水质优Ⅲ比例达100%，直港河获评省级幸福河湖。入选全省首批生态产品价值实现机制试点。全年空气质量优良天数比率80%，$PM_{2.5}$平均浓度30.4微克/立方米，分别列泰州第二、第一。

三是民生福祉持续提升。坚持人民至上、生命至上，认真落实国家疫情防控方针政策，因时因势调整优化疫情防控措施，切实抓好常态化疫情防控。高标准开展全行业、全领域安全生产专项整治，全市安全生产事故起数和死亡人数同比分别下降28.8%、60%。认真落实就业优先政策，城市零就业和农村零转移家庭保持动态清零，人力资源服务产业园正式开园运营，全年新增就业1.2万人。城乡居民人均可支配收入预计分别达39036元和21004元，增长5.4%、7.5%。持续深化教育改革，全市域推进义务教育集团化办学，新（改扩）建中小学幼儿园12所，中高考成绩稳步提升。公共卫生医疗中心、妇女儿童健康中心加快推进，沙沟中心卫生院建成省级基层区域医疗卫生中心。社会保障待遇逐年提高，城乡居民基础养老金标准每人每月提高到228元，基本公共卫生服务补助实现“12年连增”。建成并运营水上运动训练基地，顺利承办第二十届省运会篮球、赛艇等6个大项比赛项目。新建26个多功能运动场，实现乡镇街道全覆盖。聚焦“一老一小”，建成城市街道综合养老服务中心3个、农村区域性养老服务中心5个；成立益行儿童基金会、成长护航公益协会，建成省级示范型保护工作站2个。扎实推进“信访突出攻坚化解年”行动，统筹实施省法治市、省法治政府建设示范市创建工作，出台行政复议“硬核十六条”，持续深化扫黑除恶斗争和政法队伍教育整顿，社会大局保持和谐稳定。

四是从严治党纵深推进。精心组织“喜迎二十大”“学习贯彻二十大精神”系列主题活动，成功举办“建功新时代 奋进梦水乡”新闻发布会，开设《解读党的二十大报告》专题节目，策划推出“贯彻党的二十大精神在基层”系列报道。坚持市领导带头，充分发挥百姓名嘴宣讲团、“银发生辉”宣讲团、青年讲师团队伍作用，组织开展党的二十大精神“六进”宣讲活动。精神文明新风深入人心，1人当选“中国网事·感动2022”年度网络感动人物，5人获评江苏好人，位列泰州第一。大力实施“党建引领 共兴共富”三年行动计划，成立26个“水乡兴锋”工作团和14支乡村振兴工作队，开展“村村到、户户进、人人访”集中走访活动，解决了一批老百姓关注的热点难点问题。重视加强市委人才工作，面向新业态新就业群体，打造“兴”新向荣党建品牌，全省率先成立网络名人联盟党委。聘请236名民生工程监督员，深入开展整治群众身边腐败和作风突出问题“清风行动”，扎实推进“幸福兴化·兴好有你”作风效能大提升专项行动，严肃查处一批有影响的案件。全力支持人大、政协依法履职。圆满完成团委、残联、红十字会、慈善总会换届工作。党管武装、统战、双拥、关心下一代等工作富有成效。

同志们，回顾即将过去的一年，成绩来之不易。这些成绩的取得，根本在于有习近平总书记作为党中央的核心、全党的核心掌舵领航，在于有习近平新时代中国特色社会主义思想的科学指引，在于省委、省政府和泰州市委、市政府的坚强领导,在于全市上下众志成城、团结奋斗。在此,谨向全市奋斗在一线的广大干部群众致以诚挚的问候和崇高的敬意!

在肯定成绩的同时,我们也清醒看到当前经济社会发展面临的困难和问题,主要表现在:重大产业项目还不够多,经济增长的基础还不牢固,财政收支平衡压力较大,营商环境整治需要持续深化,干部队伍工作作风和能力建设仍需加强,一些领域腐败、“微腐败”问题时有发生,等等。对此,需要我们在今后工作中予以高度重视,并切实加以解决。

二、深刻领悟“两个确立”的决定性意义,自觉把思想和行动统一到党的二十大精神上来

党的二十大是在全党全国各族人民迈上全面建设社会主义现代化国家新征程、向第二个百年奋斗目标进军的关键时刻召开的一次十分重要的大会,为新时代新征程党和国家事业发展、实现第二个百年奋斗目标指明了前进方向、确立了行动指南。学习宣传贯彻好党的二十大精神,是当前和今后一个时期的首要政治任务。全市上下要按照中央、省委和泰州市委的部署,反复读原文、深入悟原理,持续拓展深度、延伸广度,自觉用党的二十大精神统一思想、统一意志、统一行动。一要深刻领会党的二十大的主题,坚定不移把习近平新时代中国特色社会主义推向前进。二要深刻领会过去五年工作和新时代十年的伟大变革,更加坚定中国特色社会主义道路自信、理论自信、制度自信、文化自信。三要深刻领会开辟马克思主义中国化时代化新境界,坚持好、运用好贯穿其中的立场观点方法,更加自觉用党的创新理论武装头脑、指导实践、推动工作。四要深刻领会新时代新征程中国共产党的使命任务,把党的二十大作出的重大决策部署付诸于行动、见之于成效。五要深刻领会中国式现代化的中国特色和本质要求,牢牢把握推进中国式现代化“五个坚持”重大原则。六要深刻领会社会主义经济建设、政治建设、文化建设、社会建设、生态文明建设等方面的重大部署,协同贯彻落实好教育科技人才、法治建设、国家安全等方面的重大部署,在新征程上全面推进中国式现代化兴化新实践。七要深刻领会“江山就是人民、人民就是江山”的根本立场,不断实现发展为了人民、发展依靠人民、发展成果由人民共享。八要深刻领会坚持党的全面领导和全面从严治党的重大部署,增强“永远在路上”的政治自觉,深入推进新时代党的建设新的伟大工程。九要深刻领会“三个务必”的谆谆教导和团结奋斗的时代要求,大力弘扬伟大建党精神,敢于斗争、善于斗争,众志成城打开事业发展新天地。党的二十大还对国防和军队建设、港澳台工作、外交工作等方面提出大政方针、作出工作部署,我们要认真学习领会。

学习贯彻党的二十大精神最重要最根本的是深刻领悟“两个确立”的决定性意义,深刻理解其历史逻辑、理论逻辑、实践逻辑,切实增进政治认同、思想认同、理论认同、情感认同,以实际行动和实际成效拥护“两个确立”、做到“两个维护”。

“两个确立”是新时代十年最大政治成果、最重要历史经验、最客观实践结论。党的十八大以来,面对党和国家面临形势的复杂性和严峻性,习近平总书记在风云变幻中举旗定向、掌舵领航,在大战大考中指挥若定、运筹帷幄,在惊涛骇浪中力挽狂澜、砥柱中流,不愧为党的核心、人民领袖、军队统帅。正是因为我们党确立了习近平同志党中央的核心、全党的核心地位,确立了习近平新时代中国特色社会主义思想的指导地位,才有力解决了影响党长期执政、国家长治久安、人民幸福安康的突出矛盾和问题,党的政治领导力、思想引领力、群众组织力、社会号召力显著增强。我们要深刻领悟,“两个确立”是新时代十年伟大变革的决定性因素,是党的事业兴旺发达之所在,是国家长治久安之所在,是民族前途命运之所在,是人民幸福安康之所在。我们要坚持做到一切行动听指挥,自觉在大局下思考和行动,在以习近平同志为核心的党中央周围团结成“一块坚硬的钢铁”,步调一致向前进。

“两个确立”是新时代引领党和国家事业从胜利走向新的胜利的政治保证。党的二十大擘画的全面建设社会主义现代化国家蓝图壮阔雄伟,面临的机遇和风险前所未有,需要防范化解的矛盾隐患更加错综复杂。党的百年奋斗史告诉我们,目标越是远大,风险挑战越是严峻,使命任务越是艰巨,就越需要坚强领导核心的掌舵领航。面对前进道路上风高浪急甚至惊涛骇浪的重大考验,习近平总书记继续掌舵领航,是党之大幸、国之大幸、军队之大幸、人民之大幸。我们要深刻领悟,“两个确立”对全面建设社会主义现代化国家、全面推进中华民族伟大复兴、实现党的第二个百年奋斗目标具有决定性意义，是我们应对一切不确定性的最大确定性、最大底气、最大保证。我们必须倍加珍惜、坚定捍卫、长期坚持“两个确立”，更加自觉地把“两个确立”铭刻在内心中、落实到行动上，始终沿着习近平总书记指引的方向奋勇前进。

“两个确立”是走好新的赶考之路必须始终坚持的重大政治原则，也是必须全面贯彻的重大实践要求。现在，“两个确立”已经成为全党全军全国各族人民的高度共识和共同意志。奋进新征程，我们要更加坚定地忠诚核心、信赖核心、紧跟核心、维护核心，坚决维护党中央权威和集中统一领导，学深悟透笃行习近平新时代中国特色社会主义思想，不断提高政治判断力、政治领悟力、政治执行力，做到政治上绝对忠诚、思想上高度统一、意志上更加坚韧、行动上坚决有力。要把坚定捍卫“两个确立”体现在坚决贯彻党中央决策部署的行动上，体现在履职尽责、做好本职工作的实效上，体现在党员干部的日常言行上，知责于心、担责于身、履责于行，紧跟习近平总书记走好新的赶考之路，不断夺取新的伟大胜利。

党的二十大胜利召开后，二十届中共中央政治局就学习贯彻党的二十大精神进行第一次集体学习。习近平总书记要求“全党要在全面学习、全面把握、全面落实上下功夫”，强调“在把握总目标、总方向、总要求的前提下，对各项目标和任务进行细化，有针对性地拿出落实的具体方案，制定明确的时间表、施工图，扎扎实实向前推进”。深入贯彻落实习近平总书记重要指示要求，“全面学习”是前提，“全面把握”是关键，“全面落实”是根本。为此，市委研究决定，用五个月左右的时间，在全市上下组织开展“学习宣传二十大精神 贯彻落实现代化任务”调研活动，根据中央部署，立足兴化实际，调研形成中国式现代化兴化新实践的具体方案，切实把“全面学习”引向深入、让“全面把握”了然于心、为“全面落实”打好基础。

调研活动要注重做到三个方面：首先，要以全局的视野选题，做到抓住重点、找准关键。党的二十大精神内容丰富，如果调研课题太宽泛，往往就难以深入下去。正是基于这样的考虑，市委常委会研究下发了市四套班子成员领衔的重点课题。同时，面向广大党员干部发布了“小专题”，也是引导大家以小切口导入，深化研究，学深悟透。各部门单位、镇街园区要在全面学习、全面把握的基础上，既着眼全局，又从自身实际出发，找准主攻方向，抓住重点任务，选好调研课题。其次，要以争先的意识入题，做到吃透政策、抢抓先机。围绕贯彻落实党的二十大精神，国家各部委将会推出一系列重大举措，出台一系列重要政策，省级层面也会跟进出台相应意见和政策。政策是最大的红利、最好的机遇。我们唯有研究政策比别人早一步，才可能抢抓政策比别人快一拍。从现在到明年上半年，是政策推出的密集期，更是我们抢抓政策的重要窗口期。对确定的调研课题，我们首先要眼睛向上，找更多的资源、花更多的精力，向国家部委和省相关部门寻策问道，请他们帮助传道授业。只要知道国家、省的总体方案、主要政策，我们的调研就找准了方向，就成功了一半。第三，要以务实的作风解题，做到方案可行、计划有序。知道了国家、省的工作方向，就要研究兴化有什么、缺什么，进而提出干什么、怎么干。要善于透过现象看到本质，善于把局部工作放到全局中思考，善于抓住主要矛盾和矛盾的主要方面，这样形成的方案才有前瞻性、指导性、可行性。同时，根据任务的“轻重缓急”、群众的“急难愁盼”以及财政的承受能力等，形成近两三年的具体举措，列出项目清单，排出时间表、路线图。

主题调研活动是市委作出的一项重要部署。各部门单位、镇街园区要高度重视，专题研究、专题部署、专题推进，班子带头，加强协同，拿出有含金量的调研报告；同时，要组织中层干部、后备干部、年轻干部主动参与，进而带动广大党员干部积极参与，把学习贯彻党的二十大精神引向深入。

三、深刻把握并坚持好、运用好贯穿习近平新时代中国特色社会主义思想的立场观点方法，扎实推进中国式现代化兴化新实践

党的二十大报告指出，学习贯彻习近平新时代中国特色社会主义思想，深刻把握并坚持好、运用好贯穿其中的立场观点方法，必须坚持人民至上、必须坚持自信自立、必须坚持守正创新、必须坚持问题导向、必须坚持系统观念、必须坚持胸怀天下。“六个必须坚持”是贯穿习近平新时代中国特色社会主义思想的立场观点方法，是我们谋划推进中国式现代化兴化新实践必须牢牢把握的基本点。我们要全面系统学、及时跟进学、深入思考学、联系实际学,不断领悟蕴含其中的根本政治立场、重大原则方向、强烈使命担当和科学工作方法,让兴化新实践符合时代发展的方向,让中国式现代化现实图景在兴化大地可观可感。

遵循“六个必须坚持”的立场观点方法,开启中国式现代化兴化新征程,当前和今后一个时期,要重点抓好以下六个方面:

1. 坚持稳中求进,走好具有兴化特色的高质量发展之路。我市经济总量突破千亿大关,靠的是实体经济;兴化要跨越赶超,更要靠实体经济。要坚持稳中求进工作总基调,立足兴化产业基础和特色,把准方向、突出重点,稳步推进产业高质量发展。

在发展主体上,要充分依靠并全力服务好现有企业。现有企业是兴化发展和稳定的基石,是最现实最直接的增长点。现有企业稳住了,我们的各项工作就有了稳的基础。当前,企业发展很不容易。多关心企业、多服务企业、多支持企业,是我们抓好经济工作的首要任务、头版头条。市委、市政府将常态化开展政企沟通,定期组织企业走访活动,构建及时回应企业关切、及时解决企业难题的机制。各镇街园区、经济部门与企业的联系要更紧密,更多站在企业的角度想问题、找办法,第一时间帮助企业解决好遇到的众多小微问题,成为构建“亲”“清”政商关系的主体力量。要聚焦涉企行政检查处罚、中介机构服务等突出问题,找准症结、建立制度,用制度防范和解决难题。要精心筹备产业发展大会,肯定企业贡献,坚定企业家信心,增强企业加快发展的动力。

在发展方向上,要致力构建特色产业集群。经过多年发展,我市已经形成了不锈钢、健康食品、装备制造等特色产业,各镇街也有一定的产业特色和资源优势。我们要在支持现有企业做大做强的同时,从现有产业特色、资源禀赋出发,选准主攻方向,加大招商力度。既要注重以企引企、以商引商,更要加强招商策划,重点研究招引对象在哪里、沟通途径有哪些、项目落地靠什么等关键问题,让工作更有方向、举措更为精准。要在招引头部企业、旗舰项目上狠下功夫,超前做好土地、能耗、环境等资源要素储备,组织精干力量第一时间精准了解投资信息,各级主要负责人第一时间跟进洽谈,提高项目招引成功率。要以开发区和高新区为主体,选准主导产业的细分领域,系统整合好离岸创新中心、孵化平台、产业基金等,让创新资源在兴化更有吸附力、生命力。要加强部门与镇街联动,支持乡镇从既有实际出发,大力发展吸纳就业的富民产业,建设具有发展前景、当地能够承载的特色工业片区。要把做大做强建筑业作为富民产业来抓紧抓好,支持建筑业企业资质升级,培优育强龙头企业。

在发展布局上,要推动“两区三园”提升承载功能。“两区三园”地区生产总值占全市70%以上,工业产值占全市80%以上,是我们经济高质量发展的主战场、主阵地。要深入推进“亩均论英雄”改革,加大低效闲置土地盘活力度,加强园区道路、排污等基础设施建设,为重大项目迅速落地创造条件。高新区、开发区要深入了解产业发展所需、企业发展所盼,以吸引留住更多新型技能人才为主,加强商贸休闲中心、学校、人才公寓等功能建设,努力打造人才流入高地,建设富有生机活力的产业新城、城市新区。要在全市范围内选优配强园区工作班子、招商队伍,优化队伍结构,提高抓经济工作的能力和水平。

2. 注重城乡协同,走好以人为核心的新型城镇化之路。“以人为核心”就是把人流动集聚的方向作为城镇建设发展的方向,围绕人群的特点和需求来完善城镇功能。要从城区、集镇、农村三个层面,总结近几年来人口流动规律,把握未来几年人口流动趋势,既要尊重客观规律,更要发挥主观能动性,前瞻性、系统化推进兴化城镇村一体化规划、建设和发展。

要以创成全国文明城市为目标,推进城市更新。全省预计推荐国测名额8~10个,去年我市成绩在全省列第9,创成全国文明城市的基础还不稳固。明年是全国文明城市创建决胜之年,得分占总分的60%。全市上下要全员参与、全域共创,以更大的力度、更高的标准,矢志首创必成。要针对创建中的短板,深入梳理市容环卫、居民小区、集贸市场、物业管理、基础设施等方面存在的突出问题,大力实施专项提升行动,逐条逐项查漏补缺、整改达标。要强化定点定责定人的推进机制,构建全市域、全天候的巡查督查机制,以推动问题整改为切入点,不断提升创建水平。要注重发挥群众的主体作用,充分听取群众意见,过细做好群众工作,不断提高群众共建共享的参与度和满意度。

要以国土空间规划为引领,推进乡村发展。

根据全国统一部署,我市正在编制的国土空间总体规划(2021～2035)是第一个涵盖全市域全要素的"多规合一"的总体规划。明年2月底前,市级国土空间总体规划要上报省政府审批。各乡镇要及早研究国土空间规划编制工作,围绕产业发展、公共服务、基础设施、环境整治等各类项目需求,谋深谋细镇域用地布局方案等规划内容,为新一轮发展留出空间、作出引领。要重视加强并提升重点村庄规划编制工作,选择一批集聚提升、特色保护等发展类村庄,统筹发展目标、产业策划、土地整治、居民点布局、功能提升等内容,深化实用性村庄规划编制,为面上推进积累经验。

要以强化水环境综合治理为重点,彰显兴化特色。作为全省乃至全国知名的水城水乡,水网密布、湖荡纵横是兴化最鲜明的地域特色。这对我们整治好水环境、保护好水生态提出了更高的要求。在城区,明年要着力解决并明显提升污水收集浓度,同时要加快污水处理提质增效达标区建设步伐,推进污水治理向岸上延伸、向源头延伸。在乡镇,要在相对统一管理的基础上,全面开展主管网修复扩面工程,从机制上压实乡镇推进"十必接"的责任和动力,迅速提升并巩固污水设施运行负荷率和进水浓度。在农村,要对已建成的设施进行"回头看",优化生活污水项目建设方案,有效提升污水处理设施正常运行率。要严格落实河湖长制、断面长制,持续开展河道污水直排口溯源排查,确保国省考断面水质稳定达标。

3. 树立效益导向,走好文化和旅游深度融合发展之路。旅游是以人的空间流动为基础的消费行为。兴化推动文旅融合资源多、基础好、前景广。要树立以游客为中心的发展理念,把"吸引游客更多、停留时间更长、消费增长更快"作为工作指向,立足当前抓联动,着眼长远抓内涵,深入推进国家全域旅游示范区创建,推进文化和旅游深度融合发展,推进我市全域旅游发展模式向质量效益型转变。

要立足当前抓联动,做热旅游业。经过多年的不懈努力,我市文旅产业取得了长足发展,创成全省首批全域旅游示范区、里下河国家湿地公园。当前及今后一个时期,要立足已有好的基础,强化系统观念,进一步提升我市文旅产业的吸引力,推动旅游业从门票经济向产业经济转变。要强化景区联动,开发一批精品线路。整合千垛菜花、里下河国家湿地公园、沙沟古镇、大纵湖、金东门、八字桥、特色田园乡村等资源,加快推动景点、田园、水系等串点成线、连线成片,根据一年四季不同特色,深度开发一批两日游、多日游、节庆游的精品线路,引导游客在兴化停留时间更长、游玩活动更多。要强化要素联动,确立一批合作单位。聚焦"吃住行游购娱",在全市范围内筛选一批餐饮、住宿、购物的重点合作单位,在长三角地区筛选一批重点合作旅行社,加强质量把关,根据不同目标游客需求,量身定制性价比高、体验感好的优惠套餐,进一步增强对游客的吸引力。要强化活动联动,推出一批主题节庆活动。文旅融合首先要活动融合。文化产业人群虽然规模不大,但影响力大。要高质量承办省乡村旅游节,继续办好千垛菜花旅游节、品蟹赏菊旅游季等活动,联合举办春秋招商会、郑板桥艺术节、国际象棋比赛等活动,联动推出一批规模互补、内容互嵌的"四季组歌",进一步提升兴化对外的综合影响力。要强化区域联动,组建一批旅游联盟。当前,我市游客还是以长三角地区为主、以周边地区为主。要加强在上海、浙江、苏南的精准宣传,探索与大丰、东台、姜堰等周边城市组建旅游联盟,借助旅行社和线上平台公司等力量,更有针对性地吸引外地游客来兴化旅游。

要着眼长远重内涵,做强旅游业。目前,全省47家申报国家全域旅游示范区创建城市中,我市的排名相对靠后。这说明我们有优势,但优势还不强。清晰的定位、鲜明的特色是文旅产业发展的核心竞争力。要精心做好策划。兴化既有千垛菜花、水上森林等自然生态,也有蒋庄、影山头等古人类遗址,更有郑板桥、施耐庵等文化标识。要深度挖掘"江苏大公园、人文梦水乡"的内涵,加强全域旅游的整体策划,把生态优势放大,把文化基因激活,把历史记忆重现,打造令人耳目一新、闻之向往的旅游品牌,成为长三角乃至全国有人文特色内涵的旅游高地。要科学编制规划。编制好概念性旅游规划和景区专项规划,明确游客市场人群定位,因地制宜、因人而异建设景区功能项目,是向质量效益型旅游业发展的前提和基础。要积极拓展文化产业重点应用场景,在景区发展"文化+"消费新场景,打造更多参与式、体验式的综合性文旅项目,探索开发多层次、特色化、高品质的旅游产品体系,丰富游客的文化体验形式和消费模式。要周密制订计划。根据景区发展规划,统筹考虑游客需求、市场效益和资金投入能力等多种因素,按照“轻重缓急”编排今后两三年要实施的旅游项目,合理安排建设任务和序时。

市委、市政府将成立文旅产业发展委员会,高位调度、加强协同,形成齐抓共管的强大推动力。

4. 优化服务供给,走好新时代共同富裕之路。要坚持尽力而为、量力而行,深入群众、深入基层,真正了解人民最关心、最直接、最现实的利益问题,着力解决好人民群众的“急难愁盼”,在发展中保障和改善民生,扎实推进共同富裕。

要更加重视促进就业。就业是最大的民生。稳住了就业,就稳住了社会基本盘。我们强调对现有企业优化服务,说到底就是保就业、保民生。今年中央经济工作会议,再次把“稳就业”作为经济工作的重要内容,更加凸显了当前就业工作的极端重要性。要把鼓励吸纳更多人就业,作为评价企业贡献的重要标准,作为各类涉企奖补扶持政策的重要考量,激励企业承担稳就业的社会责任。要全面强化就业优先政策,健全就业促进机制,加大对毕业生、脱贫家庭、低保家庭、因疫情失业人员等重点群体就业援助力度。要深化产教融合协同育人,引导职业学校、各类职业技能培训中心围绕企业需求,培养高技能产业工人队伍。要鼓励本地企业、新型农业经营主体因地制宜发展富民产业,带动老百姓在“家门口”就业,使人人都有通过勤奋劳动实现自身发展的机会。

要更加重视养老保障。兴化60周岁以上的人口超过35万人,占总人口比重超过30%,大大超过全国平均水平。然而,我市养老机构床位闲置率高,又与养老需求不相适应。要坚持把普惠养老作为事业发展,把高端养老作为产业培育,加快构建多层次养老服务体系。要统筹卫生、民政、医保、残联等多方资源,推动乡镇卫生院向医养康养融合转型,优化公办养老投入运营机制和护理险运作机制,优先满足失能半失能老年人需求,优先增强政策性兜底保障能力。要深入了解居家养老需求,把居家养老服务办在老百姓的心坎上。要完善镇村医疗管理机制,给予基层卫生人才队伍更多政策关心,推动医疗资源进镇到村,推动村(社区)卫生室和照料中心一体化发展。要立足我市独有的生态资源优势,鼓励我市国有企业与高端养老机构加强合作,发展一批高端养老项目。

要更加重视教育公平。要开展省级义务教育优质均衡发展市创建,根据人口流动趋向科学谋划全市教育资源布局规划(2023—2035),稳步优化调整城区义务教育学校施教区,逐步化解大校额、大班额问题。要重视加强乡镇教育资源配置,引导生源大幅萎缩的学校合理撤并,加大客籍教师住房保障力度,促进城乡公平发展。要从民办学校和校外培训机构办学中看到社会需求、群众需求,在规范发展的同时,加强公办学校保障能力,满足社会和群众的合理需求。

要更加重视房地产市场平稳健康发展。去年以来,全国房地产市场出现急剧变化,这种趋势短期内不会改变。要站在经济社会发展的全局高度,重视房地产市场发展,以政策性引导和市场化运作相结合,推动其平稳度过转型期。要坚持“房住不炒”的发展导向,围绕支持首套房、扩大高层次人才购房补助范围、实物化拆迁安置等方面完善政策、协同发力,在推进老旧小区、棚户区连片改造上加大力度,支持刚性和改善性住房需求,激发房地产市场活力。要研究出台国有企业参与房地产开发管理办法,既鼓励我市国有企业在房地产开发领域加快实体化步伐,又切实守住不新增隐性债务、不造成较大经营性亏损、不发生廉政风险等底线。需要特别强调的是,政策性引导房地产消费是有限的,国有企业参与房地产开发也是阶段性的,都是房地产市场转型发展中的过渡性安排。这意味着政府性基金收入仍会持续下降,而且降幅会越来越大,地方可用财力会越来越少。我们要按照中央部署和省级要求,全面地、坚定地、深入地推进财政预算管理。财政资金在保工资、保民生、保运转的基础上,以收定支、量入为出,实行特定类项目“零基预算”,严格落实大额资金审核、审批制度,强化专项资金绩效评估和审计监督。

5. 强化基层基础,走好共建共治共享的市域治理之路。强化社会治理,重点在加强基层,关键在夯实基础。要突破原有的思维模式、工作边界,更加注重联合联动,努力建设人人有责、人人尽责、人人享有的社会治理共同体。

要全面加强区域社会治理综合指挥中心建设。坚持实用实战实效导向,全面推进市镇两级综合指挥中心的信息化建设、网格化建设,加强部门职能整合、线上平台融合、网格力量聚合,逐步实现线上网络"一网汇聚"、线下网格"一网指挥"、线上线下"一网通办"。要加快推动"12345"政务热线、"我的兴化"民生互动平台、110报警服务台高效联动,畅通社情民意通道,及时回应群众关切。要强化督查考核机制,既要举一反三、健全制度,尽可能减少同类问题的再次发生;更要在办理民生难题中,对事对人、知事识人,直接检验考察各级党员干部的民生情怀、务实作风和大局意识。

要全面加强特殊群体的关爱服务。坚持市、镇、村三级联动,加强对贫困人口、留守儿童和妇女、老年人、残疾人、"五保户"等人群的关爱服务,做到人员信息掌握到位、帮扶机制建立到位、扶助政策落实到位。要定期、统一开展全市范围内排查活动,组织基层及时排查上报动态情况,以家庭为单位,确保特定人群信息在相对时点内一户不少、一人不漏。市有关部门和各镇街园区要把特定人群关爱服务摆上重要位置,加强协调、推动协同,整合基层组织、"五老"、社会志愿者和爱心人士力量,建立健全覆盖全面、突出重点的关爱服务机制。要加强民生政策贯彻执行情况的专项审计和巡察,把发生在民生领域、侵害群众切身利益的事视为"高压线",金额再小也绝不容忍、严惩不贷。

要全面推进法治兴化建设。今年以来,我市行政诉讼败诉率大幅下降,政法队伍整顿向纵深推进,涉法涉诉信访不断化解,依法治市建设取得了阶段性成效。但我们也要看到,总体还不稳固,要发挥好固根本、稳预期、利长远的保障作用还需要持续发力。要深化首轮省法治市和第二批省法治政府建设示范市"二省联创",更好发挥市委市政府法律顾问、法律专家库成员和公职律师作用,重视加强重点部门关键岗位的专业化队伍建设,严格落实行政复议应诉"硬核十六条",推进法治督察、行政执法监督、行政复议、备案审查一体联动,全面提升行政争议实质性化解成效。要审慎开展涉企执法处罚,根据对社会危害程度、主观意愿情况区别对待。对在安全生产、环境保护方面存在较大风险隐患,且主观上屡拖不改的,要依法从严处置;对社会危害程度小的轻微违法行为和一般违法行为,要出台不予行政处罚和从轻减轻处罚的意见,并明确相应的项目清单。

6. 增强底线思维,走好统筹发展和安全之路。要增强风险意识,树立底线思维,下好先手棋、打好主动仗,有效防范化解各类风险隐患,有力保障人民生命安全、维护社会和谐稳定。

要打好安全管理主动仗。安全管理已由生产领域向社会领域拓展,由事后急救向事先预防转变。要紧盯重点领域、重点场所、重点企业的重点环节、重点岗位、重点时段,加大安全隐患排查整治力度。要善于运用科技手段,积极引入"第三方"专业力量,及时发现安全风险、消除事故隐患,坚决防范遏制重特大安全事故发生。要突出消防安全,聚焦人员密集、"三合一"、群租房、老旧住宅、高层建筑等场所,进一步加强消防安全"四个能力"建设。从市领导开始,坚持各级领导特别是主要领导挂钩重大安全风险隐患,督促化解、动态调整,以领导干部"时时放心不下"的责任感换取百姓"时时放心的下"的安全感。

要打好污染防治攻坚战。围绕中央和省环保督察交办问题,高质量完成整改销号。要扎实开展"回头看",举一反三排查同行业、同区域、同类型的相关问题,持续深入打好蓝天、碧水、净土三大保卫战。要统筹实施水林田湖荡生态保护修复,以省生态产品价值实现机制试点为抓手,打通双向转换通道,让多样生态源源不断释放经济红利。

要打好信访维稳攻坚战。当前我市信访形势依然严峻,信访总量居全省前列;国治件、省攻件化解进度缓慢、化解质效不高。要强力推进我市自有的涉众型信访案件化解,建立精干攻坚专班,深入分析问题成因,完善联合化解机制,推动取得实质性进展。要稳步推进个性化积案减存量,找准问题症结,讲究方法、分类攻坚,把合理诉求解决到位、把不合理诉求稳控到位、对困难信访群体帮扶到位、对违法行为依法处理到位,坚决把风险化解在基层、人员吸附在当地。要高度重视初信初访,严格落实首办责任制,推动矛盾纠纷化解在早、处置在小。

四、切实增强"永远在路上"的政治自觉,坚决扛起"全面从严治党"的政治责任

全面建设社会主义现代化国家、全面推进中华民族伟大复兴,关键在党。党的二十大强调,全面从严治党永远在路上,党的自我革命永远在路上,充分体现了我们党作为世界上最大的马克思主义政党时刻保持解决大党独有难题的清醒和坚定,充分彰显了我们党将自我革命进行到底的坚定意志。市委将从兴化实际出发,坚持问题导向,加强全面从严治党和党的自我革命的制度建设,确保党始终成为兴化现代化建设的坚强领导核心。

1. 坚持和加强党的全面领导。我们的全部事业都建立在坚持和加强党的全面领导这个基础上,必须全面、系统、整体加以落实。要深刻领悟“两个确立”的决定性意义,牢记“国之大者”,增强“四个意识”、坚定“四个自信”、做到“两个维护”,深入贯彻落实中央政治局关于加强和维护党中央集中统一领导的若干规定,确保习近平总书记重要指示和党中央决策部署在兴化不折不扣落到实处。全市各级党组织书记特别是各部门单位、镇街园区“一把手”作为党建第一责任人,要牢固树立“抓好党建是本职,不抓党建是失职,抓不好党建不称职”的观念,压紧压实全面从严治党主体责任,作好表率、带好班子、管好队伍,带头严明政治纪律和政治规矩,带头执行好市委作出的各项决策部署,始终把纪律和规矩挺在前面,始终恪守“五个必须”、严防“七个有之”,自觉防止和反对个人主义、分散主义、自由主义、本位主义,确保政令畅通、令行禁止。要通过加强党的建设和领导干部带头,教育引导广大党员干部切实增强政治纪律和政治规矩,做到心中有责、心中有戒、心中有惧,确保全市上下心往一处想、劲往一处使。

2. 全面锻造堪当重任的干部队伍。开启中国式现代化兴化新征程,关键在各级领导干部。要根据不同类别的干部群体,坚持以问题为导向,研究出台务实管用的制度,通过扎紧制度的“笼子”,更加富有成效地推动干部队伍的选拔、管理和监督。要严格落实新时代好干部标准,坚持全方位、多角度、近距离考察识别干部,打造人岗相适、结构优化的专业化干部队伍。要聚焦破解工作中的重大矛盾、重大难题、重大风险,选派一批勇于担当、敢于斗争的干部到一线攻坚、在一线锤炼、从一线成长,练就能够挑起更重担子的宽肩膀、硬本领。要完善综合绩效考核体系,健全担当作为激励保护机制,强化职级晋升导向,让“干与不干、干多干少、干好干坏”就是不一样,激发广大干部对兴化事业负责、对家乡人民尽责。

3. 切实增强基层党组织政治功能和组织功能。要突出大抓基层的鲜明导向,以基层党建“五聚焦五落实”深化提升行动为抓手,推进村(涉农社区)干部专业化、社区工作者职业化、“两新”组织党务工作者专业化,推动农村、社区、机关、国企、“两新”组织等领域党的建设全面加强。要加大新业态新就业群体功能型党组织建设力度,不断扩大党在新经济组织、新社会组织、新就业群体中的影响力,激活党在基层的“神经末梢”。要把加强村(社区)干部队伍建设,特别是把整顿软弱涣散党组织摆上重要位置,把选拔培养党组织书记摆上重要位置,多途径选配、多元化激励,并加强制度化管理、绩效化考核,不断增强村(居)党组织组织力、战斗力。

4. 坚持用制度建设保障廉洁兴化建设。制度建设是全面从严治党的重要保障,是督促各级领导干部“严于律己、严负其责、严管所辖”的关键所在。要以加强“三重一大”制度建设为重点,强化对“一把手”和领导班子监督,不断提升重大事项决策规范化、制度化、程序化水平。要强化派驻纪检组力量,加强重点单位内审机构建设,系统加强纪检监督、审计监督,既全面覆盖更抓好重点。要坚持问题导向,深刻吸取查处案件教训,加强对权力集中、资金密集领域的执纪监督,举一反三、抓本治源、完善制度,坚持不敢腐、不能腐、不想腐一体推进,致力取得更多制度性成果和更大治理效能,着力营造风清气正的政治生态。

同志们,新征程肩负着新使命,新使命更要有新作为。让我们更加紧密地团结在以习近平同志为核心的党中央周围,深入学习贯彻党的二十大精神,踔厉奋发、苦干实干,奋力开启中国式现代化兴化新征程,不断开创兴化更加美好的未来!

(市委办)

市委十三届三次全会项目观摩

政府工作报告
——2023年1月2日在兴化市第十七届人民代表大会第二次会议上
市长 殷 俊

一、2022年工作回顾

过去的一年,我们坚持以习近平新时代中国特色社会主义思想为指导,在市委的正确领导下,紧紧围绕迎接党的二十大、学习宣传贯彻党的二十大精神主题主线,牢牢把握稳中求进工作总基调,全面落实"疫情要防住、经济要稳住、发展要安全"重大要求,有效应对各类风险挑战,立足千亿新起点,"二次创业"再出发,较好完成了市十七届人大一次会议确定的各项目标任务。

经济运行企稳向好。落实稳住经济一揽子政策措施,出台"工业企业纾困15条""农产品保供6条""服务业纾困21条",高效统筹疫情防控和经济社会发展。预计实现地区生产总值1100亿元,增长5%;一般公共预算收入48亿元,增长4%;固定资产投资372亿元,增长14.5%;城镇、农村居民人均可支配收入51563元、27824元,分别增长6%、7.7%。入选全国综合实力百强市、中国工业百强市、中国创新百强市。工业经济克难而进。实现规上工业总产值987亿元,增长13.8%;规上工业增加值211亿元,增长8%;工业开票销售1100亿元,增长10%。税收超千万元的企业达19家。兴达公司荣获国家级制造业单项冠军、"江苏制造突出贡献奖"优秀企业,威鹰机械、兴海特钢等4家企业获评国家级专精特新"小巨人"企业。建筑业实现总产值653亿元,增长15%。现代农业稳产增效。新增高标准农田3.3万亩,创成粮油绿色高质高效示范片60个。粮食总产124.36万吨,位列全省第二,夏熟产量效益创历史新高。启动国家级现代农业产业园创建,入选全国农业现代化示范区创建名单,全国农业科技现代化先行县共建综合考评位列首位。举办"兴化大闸蟹"开捕节、澳门专场品鉴会,线上线下年交易额突破200亿元。垛田灌排工程体系入选第九批世界灌溉工程遗产名录。农村产权交易额全省领先。服务业加快发展。实现第三产业增加值515亿元,增长5%;社会消费品零售总额316亿元,增长7%。不锈钢综合贸易示范区、恒兴科技园列入2022年省服务业重点项目,开发区获批省"两业深度融合"试点单位。举办品蟹赏菊旅游季、第五届施耐庵文学奖评选活动,入选首批江苏省文化和旅游产业融合发展示范区。开展"苏新消费·活力水乡"消费促进活动,八字桥文旅休闲街区获批省级夜间文旅消费集聚区。

转型升级步伐有力。坚持以项目为牵引、以改革破难题、以创新添活力,发展内生动力不断增强。项目建设扎实推进。深入开展"三比一提升"行动,腾龙精线、吉得利食品等一批优质项目成功签约,安井食品三期、申源集团技改等一批产业项目开工建设,兴达扩建、亚盛高性能特种合金线材等一批重大项目投产达效。全年新签约亿元以上项目150个,其中5亿元以上项目30个;新开工亿元以上项目55个,其中5亿元(3000万美元)以上项目14个;新竣工亿元以上项目60个,其中5亿元以上项目10个。大力推进"亩均论英雄"改革,加大"批而未供、供而未用"土地处置力度,盘活低效闲置工业用地3400亩。改革开放持续深化。实施优化营商环境三年行动计划,推行政务服务一网通办、就近可办,实现工程建设项目"拿地即开工""拿地即发证"。推动各类惠企政策精准直达,减税降费20.36亿元。加大金融服务实体经济力度,在全省率先推出"抗疫贷"系列金融产品,博生医材在新三板创新层挂牌。清理整合国有融资平台,完成国企改革三年行动收官战,国投控股获2A+信用评级。出台支持开发区打造中国健康食品产业名城扶持政策,重点园区基础设施和功能配套加快完善。建立与昆山经济开发区互动机制,伽力森主食与日世食品签约合作。完成进出口总额11亿美元,实际利用外资8000万美元。创新活力不断释放。完成200个智能化改造数字化转型项目,对353家企业开展免费诊断服务,创成省级智能车间2家、星级上云企业107家。建设运行兴化(南京)离岸创新中心。新增国家高新技术企业130家、省创新型领军企业1家,获批省级众创空间1家。达成产学研合作项目64项,新建校企联盟15家。组织“才智兴化”系列活动,新引进高层次人才288名,“悦园”人才公寓投入使用。

城乡发展统筹协调。以精明增长为路径,以创成全国文明城市为目标,推动城乡融合发展。城市功能日趋完善。高质量完成“三区三线”划定。一体规划高铁枢纽片区、得胜湖片区,系统推进东部未来城建设。完成老旧小区改造27个,三水家园、兴姜和苑等安置房竣工交付。延伸直港河、沧浪河等滨河步道,打通施耐庵东路、板桥西路等断头路。新改建公交站台310个、停车场4座,新增停车位680个、充电桩260个。开展市容环境、交通秩序、违法建设等专项整治,实施物业管理攻坚提升两年行动,创成6个“祥泰小区”。全面推广垃圾分类,完成垃圾填埋场封场。宁盐高速兴化先导段顺利开工,阜溧高速建湖至兴化段加快建设,盐泰锡常宜铁路进入可研批复阶段。镇村面貌明显改观。科学编制“多规合一”实用性村庄规划,大力推进整块连片增减挂钩,完成农房改造改善5057户,入选省高品质农房改善示范项目2个,行政村集体土地上的C级、D级危房全部消险解危。持续深化镇村环境整治,创成省级生态宜居美丽示范镇1个、示范村50个。完成户厕改造4645户。启动以千垛镇为核心的江苏省特色田园乡村示范区建设,新增省级特色田园乡村2个、泰州市级特色田园乡村8个。新改建农村公路38千米、桥梁158座。维修改造圩口闸100座、排涝站50座,实施圩口闸电启闭改造100座。生态本底更加牢固。空气优良率80%,$PM_{2.5}$平均浓度30.4微克/立方米,分别列泰州第二、第一。启动实施海沟河综合整治工程,清退复垦兴盐界河沿线9203亩养殖塘口,国省考断面水质优Ⅲ比例达100%。建成幸福河湖102条、河长制主题公园5个,兴化市水利文化馆开馆。加快补齐环境基础设施短板,实施城南污水处理厂扩容提升工程,完成8个污水处理提质增效达标区建设,编制乡镇生活污水排水规划,铺设镇村污水管网320千米,新建60个村庄生活污水处理设施。创成里下河国家湿地公园,亮相《湿地公约》第十四届缔约方大会。完成成片造林4000亩。开展涉炉、船舶修造(拆)等行业专项整治,着力整改中央、省生态环境保护督察反馈交办问题。

民生福祉日益增进。深入践行以人民为中心的发展思想,将全部财力的80%以上用于改善民生,不断满足人民对美好生活的向往。社会保障提标扩面。千方百计稳定就业,发放各类补贴补助1790万元,新增就业1.2万人,扶持创业9543人,城镇登记失业率控制在5%以内。组织各类培训1万人次,人力资源服务产业园开园运营。实施居民防贫综合保障保险,城乡养老保险待遇、医保补助标准进一步提高,主要险种参保率保持在98.5%以上。开展特殊困难群体救助帮扶专项排查整治,城乡低保标准提高到每人每月770元。退役军人服务保障体系更加健全,实现省级双拥模范城“九连冠”。社会事业协同共进。坚持教育优先优质发展,城区6所幼儿园建成投用、5所中小学加快建设,义务教育学校集团化办学全覆盖,民营学校办学进一步规范,中高考成绩稳步提升。创成省级区域卫生中心1家,新购置救护车29辆,新增ICU重症床位42张,紧密型医共体服务能力和院前急救水平有效提升。建成城市街道综合养老服务中心3个、农村区域性养老服务中心5个,完成困难老年人家庭适老化改造900户,新社会福利院投入运营。开展妇女儿童权益保障专项排查整治行动,成立益行儿童基金会、成长护航公益协会。大力实施文化惠民工程,文化馆获评江苏省示范小剧场。建成陈堡草荡水上运动中心,圆满完成第二十届省运会赛事承办任务。社会治理扎实有效。坚持人民至上、生命至上,坚决落实国家疫情防控方针政策,因时因势调整优化防控措施,最大程度保护人民生命安全和身体健康,最大限度减少疫情对经济社会发展的影响。扎实推进安全生产大检查、百日攻坚行动,高质量完成“三年大灶”专项整治,生产安全事故起数、死亡人数保持“双下降”。落细落实“信访突出问题攻坚化解年”行动,推动社会矛盾风险隐患大排查大起底大化解,常态化开展扫黑除恶,零容忍打击各类违法犯罪,圆满完成党的二十大安保维稳任务。国防动员、民族宗教、外事侨务、史志档案等工作取得新进展,气象、供电、残疾人、慈善、红十字、关心下一代等工作取得新成绩。

自身建设守正创新。全面学习把握落实党的二十大精神,不断增强“四个意识”、坚定“四个自信”,坚决捍卫“两个确立”、做到“两个维护”。突出唯实唯勤工作导向,高标准农田建设和幸福河湖工作获省政府真抓实干督查激励表彰。认真落实重大事项向市人大常委会报告、向市政协通报制度,自觉接受市人大、市政协和各方面监督,高质量办理人大代表建议258件、政协提案409件。开展“八五”普法,推进基层综合执法规范化建设,实施行政复议应诉“硬核十六条”,行政诉讼败诉率大幅下降。大力推进政务公开,政府门户网站获评“2022年度中国优秀政务网站”。畅通“我的兴化”民生互动平台、“12345”政务服务热线、“市长信箱”等渠道,探索建立民生工程人民监督制度。坚持勤俭节约“过紧日子”,一般性和专项支出保持“双下降”,高效完成年度化债任务。建立健全内部审计制度,实行投资审计项目计划管理,全面提升审计监督质效。强化政府系统正风肃纪反腐,严格落实党风廉政建设和意识形态工作责任制,驰而不息纠治“四风”,大力开展优化营商环境作风效能大提升专项行动,全面整肃“中梗阻”和不作为、慢作为、乱作为,从快从严查处市场监管领域违法违纪案件。

各位代表,面对复杂严峻的外部环境和多重超预期的困难挑战,过去一年所取得的成绩殊为不易。这是习近平新时代中国特色社会主义思想在兴化生动实践的结果,是上级党委政府和市委正确领导的结果,是市人大、市政协及社会各界关心支持的结果,是全市人民团结拼搏、辛勤付出的结果。在此,我代表市人民政府,向全市广大干部群众,向全体人大代表、政协委员,向工商联、党外代表人士、各人民团体和离退休老同志,向驻兴部队官兵、政法干警,向所有关心、支持兴化发展的海内外朋友,致以崇高的敬意和衷心的感谢!

我们也清醒地认识到,全市经济社会发展中还存在一些问题和不足,主要是:经济下行压力加大,企业投资意愿和信心减弱,财政收支平衡难度增加;标志性重大产业项目储备不足,新增长点培育不快,自主创新能力不强,转型升级任重道远;城乡之间、区域之间发展不平衡,教育医疗、养老托育、生态环境、社会治理等方面与群众期待还有不小差距;少数干部担当意识、斗争精神不足,一些部门争先进位不够主动,部分领域腐败问题时有发生,营商环境还要下更大力气改进。对此,我们一定高度重视,采取有力措施,切实加以解决。

二、2023年工作任务

今年是全面贯彻落实党的二十大精神的开局之年,是奋力开启中国式现代化兴化新征程的起步之年,做好今年工作意义重大。

今年政府工作的总体要求是:高举习近平新时代中国特色社会主义思想伟大旗帜,对标对表党的二十大精神,深刻把握并坚持好、运用好贯穿其中的立场观点方法,按照中央和省委经济工作会议、省委十四届三次全会、泰州市委六届四次五次全会和市委十三届三次全会部署安排,坚持稳中求进工作总基调,完整、准确、全面贯彻新发展理念,扎实走好“高质量发展、新型城镇化、文旅深度融合、共同富裕、市域治理、统筹发展和安全”具有兴化特色的“六条路径”,奋力开启中国式现代化兴化新征程。

全市经济社会发展的主要调控目标安排为:地区生产总值增长6.5%左右,一般公共预算收入增长6%,规模以上固定资产投资增长11%,社会消费品零售总额增长8%,城镇、农村居民人均可支配收入分别增长7%、8%,节能减排完成省定目标,安全生产形势持续稳定向好。

围绕上述目标,今年将重点抓好以下三个方面10项工作:

(一)聚焦产业更强,在创新创造中筑牢发展之基

坚持把发展经济的着力点放在实体经济上,从现有产业基础和特色出发,把准主攻方向,加快建设现代化产业体系,推动经济实现质的有效提升和量的合理增长。

1. 强化重大项目牵引。坚定不移把项目作为经济工作的中心和推动发展的关键,高水平策划项目,高精度招引项目,高效率推进项目。大力实施“三比一提升”行动,选优配强专职招商队伍,紧盯头部企业和旗舰项目,强化“一把手”招商推进机制,开展链式招商、以商引商,着力提高项目招引的成功率和精准度。借力行业协会、产业联盟、专业机构,积极拓宽项目源、引入新增量。精心举办千垛菜花旅游节投资环境说明会等主题招商活动,全年新签约亿元(1000万美元)以上项目120个,其中5亿元(3000万美元)以上项目30个。围绕项目全生命周期,优化固化领导挂钩、帮办代办、专人专办、专题会办等机制,建立健全重大项目全程跟跑服务体系,力促不锈钢综合贸易示范区、众拓二期等项目按期开工,安井食品三期、康通新材料等项目早日达效。全年新开工亿元

(1000万美元)以上项目60个,其中5亿元(3000万美元)以上项目18个;新竣工亿元(1000万美元)以上项目70个,其中5亿元(3000万美元)以上项目11个;新增列省重大项目2个。突出园区“主板”功能,持续深化“亩均论英雄”改革,更大力度盘活低效闲置工业用地,加快各类资源要素向“两区三园”集中,全力支持高新区、开发区提档升级、争先进位,高位推动周庄陈堡、大垛荻垛、安丰工业园区做强特色产业、形成比较优势。

2. 构建特色产业集群。聚力主导产业转型出关,持续深化“再造一个新戴南”战略部署,系统实施市场、冶炼、酸洗、物流、质检、展示、交易“七个集中”,推动不锈钢产业集群化发展,向特种材料和深度加工两端延伸。支持开发区打造中国健康食品产业名城,以调味品产业集聚区为牵引,深耕细作食品加工产业,推动健康食品与生态旅游、医疗康养有机结合,积极融入泰州大健康产业体系。整合存量铸造产能,引导铸锻造产业向成套设备和高附加值产品领域拓展,不断提升产业链现代化水平。聚焦金属新材料、节能环保、高端装备制造等新兴产业领域,攻坚建链补链延链关键环节,着力培育和发展一批专注细分市场、创新能力强、成长性好的“单打冠军”和专精特新“小巨人”企业,推动战略性新兴产业融合集群发展。加快建筑业绿色发展,支持苏兴、永泰等企业晋升特级资质,建筑业总产值力争突破700亿规模。坚持把数字经济作为企业转型发展的关键增量,实施智能化改造数字化转型项目240个、1000万元以上技改项目100个,创成省级互联网标杆工厂1家、省级智能车间2家、星级上云企业80家。常态化开展政企沟通,定期组织早茶峰会、企业家座谈会、企业走访等活动,加快构建及时回应企业关切、及时解决企业难题的机制,着力坚定企业家信心。

3. 促进文旅深度融合。牢固树立以游客为中心的文旅发展理念,深耕兴化厚重的人文底蕴和丰富的旅游资源,坚持以文塑旅、以旅彰文,大力发展文旅产业,积极申报国家历史文化名城,全力争创国家级全域旅游示范区。成立市文化旅游产业发展委员会,统筹景区规划建设和旅游项目开发,策划编排贯穿全年、规模互补、内容互嵌的“四季”文旅活动。实体化运作乌巾荡省级旅游度假区,提档升级千垛菜花、湿地公园、万亩荷塘、沙沟古镇等核心景区,推出一批精品旅游线路。深度挖掘“江苏大公园、人文梦水乡”内涵,创意开发“水墨”“水浒”文化IP,放大八字桥、金东门、银北门人文效应,加强蒋庄、影山头、草堰港遗址保护利用,丰富游客文化体验,致力打造长三角乃至全国极具人文魅力和地域风情的旅游目的地。强化区域联动,组建旅游联盟,针对不同目标游客,量身定制性价比高、体验感好的优惠套餐,让游客在兴化游玩更舒心、停留更长久。策应后疫情时代消费趋势和群众需求,积极培育新消费、新供给、新业态,开发一批文创产品、旅游商品,打造一批星级酒店、精品民宿,新建一批自驾游基地、房车露营地,多措并举提振文旅消费,进一步拉长“吃住行游购娱”产业链条,推动旅游业从门票经济向产业经济转变。

4. 加速新旧动能转换。持续深化“放管服”改革,对标最高水准和最好水平,大力推进政务服务标准化、规范化、便利化,加快构建全市通办、就近能办、异地可办的政务服务新模式,进一步擦亮“兴舒畅”营商环境品牌。深化金融领域改革,推动金融助力实体经济政策直通、产品直达、服务直送,用好用足企业上市扶持政策,梯次打造资本市场“兴化板块”。加快国有企业市场化、实体化转型步伐,壮大主营业务,增加经营收入,做强资产规模。加强和规范国资国企监管,牢牢守住不新增隐性债务、不造成较大经营性亏损、不发生廉政风险的底线。立足“双循环”发展格局,进一步深化与昆山经济开发区的互动合作,精准承接长三角城市群产业梯度转移,鼓励本土龙头企业更大力度“走出去”,形成一批外向型经济新增长点。全年完成进出口总额11亿美元,实际利用外资2.1亿美元。大力实施高新技术企业培育三年行动计划,新认定国家高新技术企业80家、科技型中小企业700家。深化产学研对接,系统整合离岸创新中心、研发孵化平台、科创产业基金等,推动兴达、申源等骨干企业与科研院所共建联合创新中心,增强企业研发创新能力。更大力度招才引智,优化完善人才吸引政策,打造青年和人才友好型城市。

(二)聚焦生态更优,在提标提质中展现城乡之美

坚持以人为核心,遵循城市发展规律,一体推进城镇村规划、建设、管理,促进城乡共生共荣、各美其美。

5. 提升城市内涵品质。高质量完成国土空间总体规划编制,加快推动专项规划、详细规划编制,形成保护利用“一张图”。注重系统谋划,紧贴民生需求,突出务实管用,统筹实施年度城建计划项目、交通计划项目、民生实事项目。聚焦新城建设,进一步优化空间布局和功能设计,加快完善市政、管网等基础设施配套,高起点、高标准推进东部未来城建设。聚力城市更新,加快北水关大桥、备战桥重建,实施兴姜河东路、施耐庵东路东延等道路骨架工程,适时启动东皋路、五里路快速化改造,实施张阳北区等17个老旧小区改造,完成2个污水处理提质增效达标区建设。深化“创建为民、创建惠民、创建利民、创建靠民”理念,聚焦老百姓反映强烈的居住环境、市容市貌、交通秩序、集贸市场、违法建设等突出问题,开展专项提升行动,全员发动,全域共创,全力以赴创成全国文明城市。深化党建引领下的社区、业委会、物管企业“三驾马车”齐抓共管机制,完成物业管理攻坚提升两年行动,实质性提升小区物管服务水平。全面推广生活垃圾“四分类”模式,不断提高垃圾收集、转运、处置率。全力服务保障阜溧、宁盐、东兴高速公路建设,积极配合推进盐泰锡常宜铁路、盐靖高速扩建项目前期工作,加快构建现代化交通网络。

6. 全面推进乡村振兴。扛起粮食安全重任,严守耕地保护红线,改造提升高标准农田6万亩以上,全域打造高产稳产“吨粮田”。推广应用农业物联网技术,大力发展智慧农业、高效农业、生态农业,叫响“千垛百味”农产品区域公用品牌。以全国农业科技现代化先行县共建为抓手,加快全国农业现代化示范区建设,创成省级现代农业产业示范园,争创国家级现代农业产业园。结合新一轮镇村布局规划调整,更大力度推进土地增减挂钩。大力实施乡村建设行动,改造改善农房2500户,创成省高品质农房改善示范项目2个。深入推进农村人居环境整治提升五年行动,全面对标“五面清洁”,开展公共空间治理,推广建设一批美丽菜园、乡愁馆,创成省级生态宜居美丽示范镇1个、示范村50个。新增省级特色田园乡村2个、泰州市级特色田园乡村5个,加快江苏省特色田园乡村示范区创建步伐,推动由点的创建向区域集聚示范延伸。加强农村水利基础设施建设,维修圩口闸70座、排涝站35座,完成圩口闸电启闭改造70座。实施乡村公路大中修、县乡公路危桥改造工程,新改建农村公路43千米、桥梁60座,争创“四好农村路”国家示范市。开展富民强村帮促行动,鼓励本土企业、新型农业经营主体因地制宜发展富民产业,壮大村级集体经济收入,培育泰州市级乡村振兴“三强”中心镇3个、“三好”示范村40个,打造宜居宜业和美乡村的兴化样板。

7. 守好生态绿色家底。坚持精准治污、科学治污、依法治污,加强污染物协同共治,健全现代环境治理体系。持续深入打好蓝天、碧水、净土保卫战,严控工业废气排放、建筑工地扬尘,空气优良率达81%以上,$PM_{2.5}$浓度不超过30微克/立方米。坚持以“河长制”促进“河长治”,重点开展淮河流域入河排污口、兴盐界河、雌港雄港等专项治理,完成21.8千米海沟河综合整治项目。持续开展幸福河湖建设,高标准打造生态河道170千米。加强土壤污染源头治理,严控农业面源污染,推进秸秆禁烧禁抛和综合利用。坚决整改中央、省生态环境保护督察反馈交办问题,确保按时销号清零。一体推进镇村污水管网修复建设、厂区改造提升,进一步提高污水处理设施运行率和负荷率。统筹实施生态系统保护修复,成片造林3300亩。启动里下河国家湿地公园二期项目,申报国际重要湿地。积极推进碳达峰碳中和,加快发展方式绿色转型,打造低碳产业发展示范基地,实施绿色化改造项目10个,创成省级以上绿色工厂2家。以生态产品价值实现省级试点为抓手,加快探索排污权、用能权、碳排放权交易,打通双向转换通道,形成“金山”反哺“青山”的良性循环机制。

(三)聚焦民生更好,在共建共享中走实共富之路

更加注重民生工作的精准度、精细度、平衡度,紧紧抓住人民最关心、最直接、最现实的利益问题,尽力而为,量力而行,不断在发展中保障和改善民生。

8. 努力增强群众获得感。落实落细就业优先政策,持续加大援企稳岗力度,鼓励企业积极承担稳就业的社会责任,促进高校毕业生、农民工、退役军人等重点群体多渠道灵活就业。坚持以创业带动就业,完善创业扶持政策,保障创业富民贴息贷款、稳岗返还、以工代训补贴、社保补贴等应发尽发。全年举办专场招聘活动30场以上,开展职业技能培训8000人次以上,新增就业1万人以上,扶持创业5000人以上。统筹做大“蛋糕”与分好

“蛋糕”,实施居民收入倍增计划,增加低收入群体收入,扩大中等收入群体,让群众的腰包“鼓”得更加充实、更有保障。健全防贫预警处置机制,巩固拓展脱贫攻坚成果。大力实施全民参保计划,企业职工养老、失业、工伤保险分别新增1万人。深化医保支付方式改革,提升医保基金使用质效。坚持“房住不炒”定位,支持刚性和改善性住房需求,为群众提供更好住房保障。全面落实最低生活保障、特困人员供养、残疾人服务、临时价格补贴等兜底措施,健全分层分类的社会救助体系,统筹做好慈善事业、社会福利、优抚安置等工作,进一步织密民生保障网络。

9. 着力提升百姓幸福感。落实立德树人根本任务,提升教学质量,促进教育公平,办好人民满意的教育。科学谋划全市教育资源布局规划(2023—2035),持续优化城乡教育资源配置,建成投用幼儿园4所、义务教育阶段学校5所,逐步化解“大校额”“大班额”问题,争创省级义务教育优质均衡发展市。支持兴化中学创建省高品质示范高中、第一中学创建四星级高中。引导规范民办教育发展,协同治理校外培训机构。务实推进“双减”工作,注重学生心理疏导和法治教育,有效缓解教育“内卷”焦虑。加强市域紧密型医共体建设,健全分级诊疗制度,完善乡镇卫生院与市级医院双向转诊体系,推动优质医疗资源下沉扩容。积极应对人口老龄化趋势,大力发展普惠养老事业和高端养老产业,推动具备条件的乡镇卫生院向医养、康养融合转型,优化公办养老投入运营机制和长期护理险运作机制,更好满足老年人健康需要。建设市级老年人活动中心,优化居家养老服务供给,加快构建多层次养老服务体系。加强困境儿童、留守儿童关爱保护,争创全国首批未成年人保护示范市。完善公共文化服务供给,满足人民群众精神文化需求。开展全民健身活动,策划运营陈堡草荡水上运动中心,积极承办各类赛事活动,发展水上运动等时尚业态和体验项目。

10. 全力保障居民安全感。认真落实新阶段疫情防控各项政策要求,平稳有序调优防控措施,聚焦“保健康、防重症”,加大群众就医用药保障力度,推进老年人等易感群体疫苗接种,确保顺利渡过流行期。全面巩固“三年大灶”整治成效,压紧压实各方责任,紧盯“最让人放心不下”的行业领域和环节部位,充分发挥党政领导挂钩化解重大风险隐患、安全生产专业委员会等机制作用,深入开展安全风险隐患大排查大整治,坚决防范较大及以上事故发生,确保安全形势平稳向好。严格落实食品安全属地管理和企业主体“两个责任”,守好群众“舌尖上的安全”。加强重点行业监管,有效防范化解房地产、民间集资、非法金融等领域风险,牢牢守住不发生系统性区域性风险的底线。坚持实用实战实效导向,建设建强数字化综合指挥体系,加快构建网格化管理、精细化服务、信息化支撑、开放共享的基层治理平台。保持扫黑除恶高压态势,重拳严打群众反映强烈的违法犯罪活动。坚持和发展新时代“枫桥经验”,完善社会矛盾纠纷预防调处化解综合机制,巩固“信访突出问题攻坚化解年”行动成效,重抓涉众型信访案件化解,稳步推进初信初访办理、重复信访治理、信访积案攻坚,及时就地解决群众合理诉求,确保社会大局和谐稳定。

三、建设新时代人民满意政府

各位代表,新征程肩负新使命,新使命呼唤新作为。我们将以党的二十大精神为指引,大力弘扬伟大建党精神,全面加强和改进政府自身建设,不断推进政府治理体系和治理能力现代化。

永葆对党忠诚的政治本色。坚持不懈以习近平新时代中国特色社会主义思想凝心铸魂,更加自觉用党的二十大精神统一思想、统一意志、统一行动,坚定拥护“两个确立”,坚决做到“两个维护”,不断提升政治判断力、政治领悟力、政治执行力。严格落实意识形态工作责任制,在涉及旗帜、道路、方向等重大原则问题上,做到眼睛特别明亮、头脑特别清醒、立场特别坚定。全面加强政府系统党的建设,深刻领悟“三个务必”谆谆教导,始终牢记“五个必由之路”,在党的旗帜下团结成“一块坚硬的钢铁”。坚决落实中央、省市委各项决策部署,切实做到一切行动听指挥、步调一致向前进。

强化真抓实干的责任担当。时刻牢记人民就是江山、江山就是人民,始终把群众摆在心中的最高位置,树牢唯实唯勤的工作导向,彰显真抓实干的鲜明特质。遵循“六个必须坚持”,运用好贯穿其中的立场观点方法,以市委“学习宣传二十大精神 贯彻落实现代化任务”调研活动为抓手,加强工作的前瞻思考、系统研究、上争寻策、聚焦突破、集成推进,让政府系统协同运转的“齿轮”咬合更紧、联动更畅，推动上级精神在兴化落地生根、落实见效。面对复杂棘手问题，坚持原则，敢于斗争，综合运用科学的战略战术和创新的方式方法解题破题，多为办成想办法，不为不办找理由。健全完善政府执行、督查、考评“三位一体”的工作闭环，确保各项工作从部署到落实都环环相扣、有始有终。

提高依法行政的能力水平。全面贯彻落实习近平法治思想，扎实开展“八五”普法，深化首轮省法治市和第二批省法治政府建设示范市“二省联创”。严格执行市人大及其常委会的决议、决定，依法接受市人大及其常委会监督，主动接受市政协民主监督，自觉接受纪委监委专责监督，诚恳接受社会和舆论监督，进一步加强财政、审计、统计监督。高质量办理人大代表建议和政协提案。规范执行“三重一大”行政决策程序，坚持民主集中制，不断提升决策科学化、民主化、法治化水平。大力推进政务公开，进一步畅通社情民意反映渠道，广泛听取社会各界意见建议，及时准确回应社会关切。

营造风清气正的良好生态。坚决扛起全面从严治党政治责任，充分发扬自我革命精神，切实履行“一岗双责”，持续加强政府系统党风廉政建设。严明政治纪律和政治规矩，严格执行中央八项规定及其实施细则精神，深化整治权力集中、资金密集、资源富集领域的腐败问题。树牢“过紧日子”思想，坚持量入为出、以收定支，严控“三公”经费，压减非刚性支出，加强预算绩效管理，稳步化解政府债务，真正将有限的财力用在刀刃上，以政府系统的“紧日子”换取人民群众的“好日子”。

各位代表，群之所为事无不成，众之所举业无不胜。让我们更加紧密地团结在以习近平同志为核心的党中央周围，高举习近平新时代中国特色社会主义思想伟大旗帜，在市委的坚强领导下，全面贯彻党的二十大精神，知重负重、唯实唯勤，踔厉奋发、勇毅前行，扎实推进中国式现代化兴化新实践，为开创兴化更加美好的未来而努力奋斗！

（政府办）

表 116　重要文件目录

文件编号	文件标题
兴发〔2022〕5 号	关于支持兴化经济开发区打造中国健康食品产业名城的意见
兴发〔2022〕9 号	《关于完善网格化机制夯实社会治理基础的实施方案》的通知
兴发〔2022〕11 号	关于表彰 2021 年度先进集体、先进个人的决定
兴委发〔2022〕7 号	关于 2021 年度工作总结和下一步工作安排的报告
兴委发〔2022〕16 号	关于 2021 年度法治政府建设工作情况的报告
兴委发〔2022〕34 号	关于贯彻落实全面推进河（湖）长制情况的报告
兴办字〔2022〕9 号	关于印发《兴化市优化营商环境三年行动计划》的通知
兴办字〔2022〕12 号	关于印发《2022 年全市农业农村重大项目建设实施意见》的通知
兴委办发〔2022〕6 号	关于印发《兴化市“全国农业科技现代化先行县”创建工作方案》的通知
兴政发〔2022〕9 号	市政府关于印发《兴化市 2022 年度城市建设计划》的通知
兴政发〔2022〕19 号	市人民政府关于全面禁止垃圾露天焚烧污染环境的通告
兴政发〔2022〕36 号	市人民政府关于全面禁止农作物秸秆和垃圾露天焚烧及抛入水体污染环境的通告
兴政发〔2022〕42 号	关于印发《兴化市全名科学素质行动规划实施方案（2022—2035）》的通知
兴政办发〔2022〕14 号	市政府办公室关于印发《兴化市 2022 年度农村人居环境改善提升行动实施方案》的通知
兴政办发〔2022〕15 号	市政府办公室关于印发《兴化市深化“亩均论英雄”改革加快闲置和低效工业用地提质增效两年行动计划（2022—2023 年）》的通知
兴政办发〔2022〕26 号	市政府办公室关于印发《兴化市船舶修造（拆）企业专项整治工作实施方案》的通知
兴政办发〔2022〕33 号	市政府办公室关于印发《兴化市橡胶颗粒（体育材料）生产企业专项整治工作实施方案》的通知
兴政办发〔2022〕34 号	市政府办公室关于印发《兴化市锌品生产企业专项整治工作实施方案》的通知
兴政办发〔2022〕47 号	市政府办公室关于印发《兴化市 2022 年秸秆机械化还田实施办法》的通知

续表 116

文件编号	文件标题
兴政办发〔2022〕54 号	市政府办公室关于印发 2022 年兴化市人民政府规范性文件制定计划的通知
兴政办发〔2022〕60 号	市政府办公室关于印发《兴化市加快推进省级农业生产全程全面机械化示范县建设工作实施意见》的通知
兴政办发〔2022〕67 号	市政府办公室关于印发《兴化市池塘养殖尾水污染防治实施方案(试行)》的通知
兴政办发〔2022〕70 号	市政府办公室关于印发《兴化市中小企业转贷应急资金管理办法》的通知
兴政办发〔2022〕73 号	市政府办公室关于印发《兴化市水产养殖池塘标准化改造实施方案(2022—2025)》的通知
兴政办发〔2022〕83 号	市政府办公室关于印发《兴化市再生资源回收网点和报废机动车回收场地布点规划(2021—2025 年)实施方案》的通知
兴政办发〔2022〕88 号	市政府办公室关于公布行政规范性文件清理结果的通知

表 117　2022 年中央、省主要媒体有关兴化报道题录

媒体名称	报道题目	刊播时间
人民网	江苏兴化:高质发展高效治理“双轮驱动”奋力绘就新时代鱼米之乡美丽画卷	2022 年 1 月 6 日
人民网	江苏兴化:一茬接着一茬干全力打造“新时代鱼米之乡”	2022 年 1 月 11 日
人民网	江苏兴化:项目建设结硕果 GDP 首破千亿大关	2022 年 1 月 25 日
新华网	江苏兴化:项目建设结硕果 GDP 首破千亿大关	2022 年 1 月 25 日
人民网	“银北门品蟹一条街”盛大开街	2022 年 1 月 1 日
新华网	“银北门品蟹一条街”盛大开街	2022 年 1 月 1 日
中国网	“银北门品蟹一条街”盛大开街	2022 年 1 月 1 日
新华社	徐马荒湿地:候鸟、芦荻、碧波绘就原生态风光	2022 年 1 月 7 日
新华社	千城百县看中国丨江苏兴化:“兴化香葱”香飘四方	2022 年 1 月 11 日
新华社	江苏兴化:“草莓村”喜迎丰收季	2022 年 1 月 21 日
新华社	江苏兴化:鱼跃人欢冬季捕鱼庆丰年	2022 年 1 月 22 日
《农民日报》	《江苏兴化大营镇联镇村:洋葱产业成就小康梦》	2022 年 1 月 8 日
新华网	江苏兴化:“家门口”的产业园助推产业兴旺农民增收	2022 年 1 月 12 日
《新华日报》	《优化营商环境再升级,“兴税”品牌凝聚税费服务新合力》	2022 年 1 月 20 日
《江苏经济报》	《兴化党建引领金融助力乡村振兴》	2022 年 1 月 4 日
人民网	江苏兴化:危旧房居民宾馆里温暖过大年	2022 年 1 月 29 日
新华网	江苏兴化:12 户危旧房居民宾馆里温暖过大年	2022 年 1 月 29 日
人民网	新春走基层丨江苏兴化:“孤岛人家”乔迁记	2022 年 1 月 29 日
《新华日报》	“孤岛人家”喜迁幸福家园	2022 年 1 月 22 日
新华网	江苏兴化:完善教育基础设施提升教育惠民水平	2022 年 1 月 15 日
新华网	江苏兴化:优化交通安全设施让市民享受高品质出行	2022 年 1 月 16 日
新华网	江苏兴化:强化安居保障供给让群众住有所居住享乐居	2022 年 1 月 20 日
新华网	江苏兴化:“爱老食堂”传递幸福滋味	2022 年 1 月 24 日
人民网	江苏兴化“银北门品蟹 条街”开街市委书记客串主播“代言”	2022 年 1 月 1 日
新华网	江苏兴化:“银北门品蟹条街”开街,“一只蟹”的故事精彩不断	2022 年 1 月 1 日
央广网	泰州兴化:“银北门品蟹条街”盛装开街	2022 年 1 月 1 日
中国网	江苏兴化市:“银北门品蟹条街”隆重开街	2022 年 1 月 1 日

续表 117

媒体名称	报道题目	刊播时间
新华网	兴化市海南镇找准着力点推进“四史”学习再深入	
新华网	江苏:兴化临城街道:生态养殖促进尾水达标排放	2022 年 1 月 3 日
新华网	江苏苏兴化:“一件事一次办”,新生儿“不麻烦”	2022 年 1 月 4 日
新华网	江苏兴化:“四大工程”创建“匠心筑梦城建惠民”品牌	2022 年 1 月 5 日
新华网	江苏兴化:边学习、边调研、边工作、边总结,推动纪检监察工作高质量发展	2022 年 1 月 6 日
新华社	徐马荒湿地:候鸟、芦荻、碧波绘就原生态风光	2022 年 1 月 7 日
新华网	江苏兴化:改善农村人居环境建设美丽宜居乡村	2022 年 1 月 8 日
《农民日报》	江苏兴化大营镇联镇村洋葱产业成就小康梦	2022 年 1 月 8 日
新华网	江苏兴化:挖掘清廉元素打造廉洁乡村	2022 年 1 月 10 日
新华网	江苏兴化:遇见“湿地精灵”	2022 年 1 月 11 日
新华网	江苏兴化:激发新活力,“小进规”助力中小企业“破茧成蝶”	2022 年 1 月 11 日
中国发展网	江苏兴化市海南镇:河长制引来碧水清流	2022 年 1 月 12 日
新华网	兴化市沈坨镇:“党建 +”引领产业发展激活乡村振兴动力	2022 年 1 月 13 日
新华网	江苏兴化:“孤岛人家”搬进“梦想家园”	2022 年 1 月 13 日
新华网	江苏兴化:党建为媒促融合村企联建助振兴	2022 年 1 月 14 日
新华网	江苏兴化:完善教育基础设施提升教育惠民水平	2022 年 1 月 15 日
新华网	江苏兴化:优化交通安全设施让市民享受高品质出行	2022 年 1 月 16 日
新华社	江苏兴化:垛田农民画里的“年味”	2022 年 1 月 16 日
新华社	江苏兴化:年糕飘香年味浓	2022 年 1 月 16 日
新华网	兴化中堡镇:好生态带来好效益	2022 年 1 月 17 日
新华网	兴化市多举措牢牢守住节前安全防线	2022 年 1 月 18 日
新华网	江苏兴化:开展“春风行动”助推全民阅读	2022 年 1 月 18 日
新华网	江苏兴化:三个“全覆盖”促三级河道“焕新颜”	2022 年 1 月 19 日
新华网	江苏兴化:强化安居保障供给让群众住有所居住享乐居	2022 年 1 月 20 日
新华网	江苏兴化:助力碳中和,打造城区 3 千米电动汽车充电服务国	2022 年 1 月 21 日
新华社	江苏兴化:“草莓村”喜迎丰收季	2022 年 1 月 21 日
新华社	江苏兴化:鱼跃人欢冬季捕鱼庆丰年	2022 年 1 月 22 日
新华网	江苏兴化:老旧小区改造让市民幸福感原地“升级”	2022 年 1 月 22 日
新华网	兴化 - 企策精准护航筑牢安全根基助力企业发展	2022 年 1 月 22 日
央视网	江苏兴化:率先推行“特种设备安全领域信用分类精准监管”	2022 年 1 月 24 日
新华网	江苏兴化:“爱老食堂”传递幸福滋味	2022 年 1 月 24 日
人民网	办实事 I 江苏兴化网友留言反映出行难,改线的公交又“回来”了!	2022 年 1 月 25 日
新华网	江苏兴化:完善养老服务体系让老年人乐享晚年	2022 年 1 月 26 日
新华网	兴化戴南 8000 多名党员参加“微信各训”——在家门口“上大学”让“远飞风筝不断线”	2022 年 1 月 26 日
新华网	江苏兴化市供销合作总社荣获 2021 年度省“二十强县级供销合作社”	2022 年 1 月 27 日
新华网	兴化市海南镇巧用“四法”开展冬训课堂	2022 年 1 月 28 日
《人民日报》	家乡年味儿大 PK	2022 年 1 月 28 日
新华网	江苏兴化:12 户危旧房居民宾馆里温暖过大年	2022 年 1 月 29 日
人民网	新春走基层 江苏兴化:“孤岛人家”乔迁记	2022 年 1 月 29 日

续表117

媒体名称	报道题目	刊播时间
人民网	江苏兴化:危旧房居民宾馆里温暖过大年	2022年1月29日
新华社	江苏兴化:虎年画虎迎新春	2022年1月30日
新华网	幸福裴马春意浓大红灯笼亮起来	2022年1月31日
《新华日报》	兴化:“四大工程”创建“匠心筑梦城建惠民”品牌	2022年1月4日
《江苏经济报》	兴化党建引领金融助力乡村振兴	2022年1月4日
《江苏法治报》	兴化“法治套餐”服务乡村振兴	2022年1月17日
江苏经济网	兴化农商银行为加快建设新时代鱼米之乡注入金融力量	2022年1月21日
《新华日报》	“孤岛人家”喜迁幸福家园	2022年1月22日
江苏经济网	兴化农商银行各项存款突破500亿元	2022年1月26日
《新华日报》	兴化三镇“书记项目”获授“响上攀登红旗”	2022年1月27日
《新华日报》	兴化农商银行:为建设新时代鱼米之乡贡献金融力量	2022年1月27日
《新华日报》	优化营商环境再升级,“兴税”品牌凝聚税费服务新合力	2022年1月29日
人民网	禁放工作做得好泰州兴化主城“静悄悄”	2022年2月6日
新华网	江苏泰州兴化:多彩“田园”助力乡村振兴	2022年2月6日
新华网	兴化市下好节后安全“先手棋”	2022年2月7日
新华网	实绩论英雄!兴化戴南镇新春党政联席会“亮”出112道“考题”	2022年2月8日
新华网	江苏兴化:在提升城市品质中打造宜居环境	2022年2月8日
人民网	江苏兴化:河湖共治做好“加减法”	2022年2月8日
新华网	江苏兴化:全力构筑未成年人保护“同心圆”	2022年2月10日
新华网	兴化戴南镇积极开展“亮身份,大巡访”活动	2022年2月10日
新华网	兴化市戴南企业为北京冬奥会升旗系统贡献智慧	2022年2月11日
新华网	冬奥会颁奖升旗现场闪耀“兴化智慧”	2022年2月11日
新华网	江苏兴化:2000多网格工作者赴基层“亮身份、大巡访”	2022年2月14日
《中国纪检监察报》	以苟活为羞以避事为耻	2022年2月14日
央广国际在线	兴化大垛镇:保姆式服务助力企业复工复产	2022年2月15日
新华社	江苏兴化:诗意盎然徐马荒	2022年2月16日
《中国纪检监察报》	蹊跷的工作餐费	2022年2月16日
新华网	江苏兴化:诗意盎然徐马荒	2022年2月16日
新华网	江苏兴化:打造“兴有优教”教育品牌持续推	2022年2月16日
新华网	量化指标责任到人——兴化市戴南镇城建口工进师资队伍建设	2022年2月17日
新华社	江苏兴化:白鹭驻足生态好作会议不讲“正确的废话”	2022年2月17日
新华网	江苏兴化:白鹭驻足生态好	2022年2月18日
新华网	兴化:奋力谱写“繁荣繁华梦水乡”新篇章	2022年2月18日
新华网	江苏兴化:总投资110亿元,32个重大项目开工	2022年2月18日
人民网	江苏兴化32个重大项目开工总投资110亿元为经济高质量发展赋能	2022年2月18日
人民网	江苏兴化748家规上重点企业全部复工复产	2022年2月19日
新华网	江苏兴化:为新业态劳动者打造温暖“娘家”	2022年2月20日
新华网	兴化兴达百名营销人员听博士讲“精准营销”	2022年2月21日
央广网	施耐庵文化园赋能“生态+”打造兴化小镇特色文旅	2022年2月21日
新华网	江苏兴化:医保个人账户“家庭共济”惠万家	2022年2月23日

续表 117

媒体名称	报道题目	刊播时间
新华社	江苏:蟹塘"春播"正当时早春时节抢抓农时	2022 年 2 月 23 日
《人民公安报》	兴化全力把公安窗口建成百姓希望的模样	2022 年 2 月 24 日
新华网	泰州兴化:以"党建大脑"提升发展质效	2022 年 2 月 24 日
新华网	兴化市戴南镇荣膺江苏省生态文明建设示范乡镇称号	2022 年 2 月 24 日
新华网	江苏兴化:开展电商培训赋能乡村振兴	2022 年 2 月 24 日
新华网	江苏兴化:念好"三字经"冲刺"开门红"	2022 年 2 月 25 日
中央电视台	《我的美丽乡村》淮扬水乡育水经	2022 年 2 月 25 日
新华网	兴化海南镇:造就乡村振兴生力军	2022 年 2 月 26 日
新华网	江苏兴化大邹镇:升级"集镇客厅"让居民生活更舒心	2022 年 2 月 27 日
中央电视台	《振兴路上》民间文化美起来	2022 年 2 月 27 日
新华网	江苏兴化获垛镇:"承包制"提升河道管护成效	2022 年 2 月 28 日
《新华日报》	"长大后我也要当警察"	2022 年 2 月 5 日
《新华日报》	冬奥开幕式雪花引导牌光源出自兴化人之手	2022 年 2 月 10 日
江苏公共	泰州兴化:工作 11 年首次回乡过年 90 后消防员遇火情勇扑救	2022 年 2 月 11 日
《新华日报》	英雄家乡组织观影《狙击手》	2022 年 2 月 14 日
《新华日报》	竹泓小木船"游"进冬奥村	2022 年 2 月 14 日
《新华日报》	冬奥会颁奖升旗现场闪耀"兴化智慧"	2022 年 2 月 14 日
《江苏法治报》	兴化"援法议事"议出新貌	2022 年 2 月 14 日
《新华日报》	奋力谱写"繁荣繁华梦水乡"新篇章	2022 年 2 月 18 日
《江苏法治报》	"'兴'有善治"矩阵彰显爱的张力	2022 年 2 月 23 日
《新华日报》	兴化以"党建大脑"提升发展质效	2022 年 2 月 24 日
《新华日报》	兴化农商银行:高举红旗跟党走青春建功新时代	2022 年 2 月 24 日
《新华日报》	打工 10 年,还清 28 万元欠债	2022 年 2 月 26 日
江苏卫视	不负春光抢农时科学田管引入新品静待千垛	2022 年 2 月 27 日
江苏公共	泰州兴化:千垛菜花进入返青期科学田管确保如期盛放花海美景	2022 年 2 月 27 日
《新华日报》	兴化:"一线实干"讲习所让招商引资跑出加速度	2022 年 2 月 28 日
《人民日报》	刘锦兰代表加大水利建设支持力度	2022 年 3 月 7 日
新华网	江苏兴化安丰镇:用文明力量凝聚社会治理"同心园"	2022 年 3 月 7 日
央广国际在线	泰州兴化市大垛:"党建 + 网格"助推社会治理	2022 年 3 月 8 日
人民网	江苏兴化:打造近悦远来的"人才梦水乡"	2022 年 3 月 8 日
新华网	江苏兴化:容缺审批为项目建设提速	2022 年 3 月 9 日
新华网	江苏兴化垛田街道:文化清流滋润百姓美好生活	2022 年 3 月 10 日
新华网	江苏兴化:洋葱产业成就"小康梦"	2022 年 3 月 11 日
央广网	舟行花海间客在画中游江苏兴化万亩油菜花即将盛放	2022 年 3 月 11 日
新华社	拍春 棕头鸦雀穿梭油菜花间	2022 年 3 月 11 日
新华网	江苏兴化:积极准备迎接"菜花节"	2022 年 3 月 12 日
新华网	兴化市戴南镇干部"敲响"百姓"平安门"	2022 年 3 月 14 日
新华网	兴化市 10 名水质义务监督员上岗护佑碧水清流	2022 年 3 月 14 日
新华网	江苏兴化:"网格兴锋"疫情防控进行时	2022 年 3 月 14 日
新华网	兴化:把好巡察整改第一关	2022 年 3 月 14 日

续表 117

媒体名称	报道题目	刊播时间
人民网	江苏兴化:“网格兴锋”筑牢疫情防控屏障	2022 年 3 月 14 日
央广网	江苏兴化:开展“敲门行动”当好疫情防控“守门员”	2022 年 3 月 15 日
央视频	兴化万亩油菜花海惊艳盛放,舟行其中,宛若仙境	2022 年 3 月 15 日
中央电视台	黄金海油菜花田	2022 年 3 月 15 日
新华网	把生态立镇贯穿“再造一个新戴南”全过程	2022 年 3 月 16 日
新华网	江苏兴化周庄镇:小小网格员战“疫”大力量	2022 年 3 月 17 日
新华网	江苏兴化:发挥党员“硬核力”彰显抗疫“奋战红”	2022 年 3 月 19 日
新华网	江苏兴化大垛镇:“灯光行动”守护万家灯火	2022 年 3 月 20 日
新华网	江苏兴化:小小配送点浓浓为民情	2022 年 3 月 21 日
《中国纪检监察报》	江苏省兴化市纪委监委开展优化营商环境专项督查	2022 年 3 月 23 日
新华网	江苏兴化:强化市场检测调度全市生活物资供应充足	2022 年 3 月 23 日
中国发展网	江苏兴化市永丰镇:快速筑牢疫情防控“红色堡垒”	2022 年 3 月 23 日
人民网	江苏兴化:千垛菜花美景如画	2022 年 3 月 24 日
中央电视台	乡聚春天里千岛垛田油菜花开	2022 年 3 月 24 日
新华网	兴化沈纶镇:为居家健康管理人员送上“精神食粮”	2022 年 3 月 24 日
新华网	江苏兴化:生态河道别样美	2022 年 3 月 25 日
新华网	兴化永丰镇:特色农业引领乡村振兴	2022 年 3 月 25 日
新华网	人间三月芳菲绽兴化千垛菜花次第开	2022 年 3 月 25 日
《中国纪检监察报》	无意之语牵出问题线索	2022 年 3 月 26 日
新华网	江苏兴化:农贸市场防疫监管不留“空白”	2022 年 3 月 26 日
新华网	江苏兴化:保障民生物资稳定供应	2022 年 3 月 27 日
新华网	江苏兴化:“天天走基层”锻造“融媒尖兵”	2022 年 3 月 28 日
新华社	江苏兴化:千垛菜花次第开(慢直播)	2022 年 3 月 29 日
人民网	江苏兴化:采购运输闭环管理农副产品供应稳定有序	2022 年 3 月 29 日
新华社	江苏兴化:千垛菜花黄	2022 年 3 月 29 日
中央电视台	江苏兴化春天的中国油菜花开醉千垛田水交错十里香	2022 年 3 月 30 日
新华网	国网兴化市供电公司筑牢疫情防线护卫供电安全	2022 年 3 月 30 日
人民网	江苏兴化:同心战疫“兴”好有你	2022 年 3 月 31 日
新华网	江苏兴化:“兴”好有你,温暖同行	2022 年 3 月 31 日
江苏城市频道	里下河国家湿地公园:万鸟翔集尽显生态之美	2022 年 3 月 6 日
《新华日报》	油菜花里的文学乡	2022 年 3 月 10 日
《新华日报》	“茅山号子”上央视引出故事一串串	2022 年 3 月 11 日
《新华日报》	兴化:营商环境再优化项目建设“虎”力全开	2022 年 3 月 15 日
《新华日报》	兴化:“四大检察”助力未成年人“六大保护”	2022 年 3 月 23 日
《新华日报》	兴化市创新推行“民生工程人民监督”提升 群众获得感幸福感	2022 年 3 月 25 日
《新华日报》	绿水青山这样变“金山银山”(组稿)	2022 年 3 月 29 日
《新华日报》	兴化大力实施人才兴教战略	2022 年 3 月 30 日
中央电视台	大美中国 · 江苏兴化千垛菜花	2022 年 4 月 1 日
央广网	央广网 · 正直播丨垛上花开金满地	2022 年 4 月 2 日
人民网	江苏兴化:诗意水乡徐圩树	2022 年 4 月 2 日

续表 117

媒体名称	报道题目	刊播时间
新华网	乘势而上,“千亿”兴化再出发	2022 年 4 月 2 日
新华网	兴化垛田,为何全球瞩目	2022 年 4 月 3 日
新华网	江苏火化:“全电”景区 绿色出行	2022 年 4 月 4 日
新华网	兴化戴南沈培林夫妻搭档创作疫情防控方言“大刷叭”	2022 年 4 月 5 日
人民网	助力服务业工业发展江苏兴化企业连迎纾困“及时雨”	2022 年 4 月 6 日
人民网	兴化防范区内中小学校、幼儿园复课	2022 年 4 月 7 日
中国青年报	江苏兴化万亩油菜花盛放	2022 年 4 月 8 日
《人民日报》	行花中 游画里	2022 年 4 月 8 日
新华网	兴化市戴南镇百余“河边公园”让老百姓“在家门口旅游”	2022 年 4 月 11 日
新华网	江苏兴化:“生物净化兵”呵护河湖生态	2022 年 4 月 12 日
新华网	泰州兴化沈坨镇:打造“四色”实境课堂 提升党员教育实效	2022 年 4 月 13 日
新华网	汇智聚力,构建新兴产业发展新格局	2022 年 4 月 16 日
新华网	江苏泰州兴化:协商成果痞头落地金融产品助力实体经济发展	2022 年 4 月 17 日
新华网	江苏省兴化经济开发区全力保供园区企业复工复产	2022 年 4 月 19 日
新华网	江苏兴化推进重大项目快开工快建设 31 个项目逐一落实“会办意见”	2022 年 4 月 21 日
人民网	江芬兴化:畅通销售渠道活鱼“游进”市场	2022 年 4 月 21 日
中央电视台	《我的美丽乡村》湖荡人家 荷藕飘香	2022 年 4 月 21 日
新华网	江苏兴化:科投赋能,智慧农业助力春耕	2022 年 4 月 22 日
人民网	江苏兴化:“链”式发展 推动主导产业“强壮筋骨”	2022 年 4 月 24 日
新华社	江苏兴化:小小番茄果映红乡村振兴路	2022 年 4 月 24 日
新华网	江苏兴化:数字赋能,农产品上行销路广	2022 年 4 月 26 日
人民网	江苏兴化入选全国农产品数字化百强县	2022 年 4 月 26 日
新华网	江芬泰州兴化:“内”“外”结合,力促工业经济平稳增长	2022 年 4 月 27 日
中央电视台	江苏兴化:智慧管理 实现播种管信息化作业	2022 年 4 月 28 日
新华网	江苏兴化:呵护职工合法权益 凝聚推动发展动力	2022 年 4 月 28 日
央广网	7 个项目签约落户江苏省兴化经济丌发区	2022 年 4 月 29 日
新华网	泰州兴化:激发党建“最强引擎”助力乡村振兴“水乡兴锋工作团”上阵	2022 年 4 月 29 日
人民网	江苏兴化:“水乡兴锋工作团”激发党建“最强引擎”	2022 年 4 月 29 日
新华网	江苏省兴化经济开发区举行项目集中签约仪式	2022 年 4 月 30 日
《新华日报》	助力疫情防控 贡献金融力量	2022 年 4 月 1 日
《新华日报》	乘势而上,“千亿”兴化再出发	2022 年 4 月 2 日
《新华日报》	兴化昭阳:“兴”锋先行,“小网格”筑牢防疫大屏障	2022 年 4 月 6 日
《江苏法治报》	兴化“法润童心”护成长	2022 年 4 月 18 日
《新华日报》	兴化“检察蓝”守护千垛春色	2022 年 4 月 19 日
《江苏经济报》	兴化:引入金融活水助力地方经济高质量发展	2022 年 4 月 26 日
《江苏经济报》	兴化农商银行发布“三大抗疫金融产品”为企业纾困	2022 年 4 月 26 日
新华社	江苏兴化:一张小渔网“织”出乡村振兴梦	2022 年 5 月 5 日
新华网	江苏兴化:志愿服务立新功 “银发三长”在路上	2022 年 5 月 6 日
新华社	江苏兴化:“链”式发展推动主导产业“强筋壮骨”	2022 年 5 月 6 日
新华网	江苏兴化:绿色循环农业厚植乡村振兴生态底色	2022 年 5 月 7 日

续表 117

媒体名称	报道题目	刊播时间
新华网	江苏兴化:“兴”好有你、“职”等你来,就业“小超市”开张	2022 年 5 月 9 日
新华网	党建引领,为泰州兴化乡村振兴引来人才资金项目	2022 年 5 月 9 日
新华社	江苏兴化:夏耕农忙确保粮食稳产	2022 年 5 月 9 日
人民网	兴化垛田灌排体系入选世界灌溉工程遗产中国候选工程名单	2022 年 5 月 11 日
新华网	江苏兴化经济开发区:厉兵秣马“战疫情”,奋楫笃行“云招商”	2022 年 5 月 12 日
新华网	兴化:江苏省首部产业工人自创文学作品集《匠心笔梦》首发	2022 年 5 月 13 日
新华网	江苏兴化:水蛭养殖走出别样“蛭”富路	2022 年 5 月 16 日
人民网	江苏兴化:“亮身份,大巡访”彰显网格温度	2022 年 5 月 16 日
新华网	江苏泰州兴化:强国复兴有我,爱国主义主题宣教活动凝聚发展动能	2022 年 5 月 17 日
新华网	江苏泰州兴化:“兴”好有你,“家”课堂 7 点班提升职工技能进行时	2022 年 5 月 17 日
新华网	江苏兴化:夏播时节 农田育秧忙	2022 年 5 月 19 日
新华网	江苏兴化:挖掘特色资源 打造魅力村庄	2022 年 5 月 20 日
人民网	江苏兴化:生态环境持续改善 逾 50 种国家重点保护野生动植物“安家落户”	2022 年 5 月 20 日
央视新闻	兑现 5 年爱心承诺! 江苏兴化民警为老人贺“百岁生日”	2022 年 5 月 24 日
新华社	江苏兴化:红皮洋葱喜获丰收	2022 年 5 月 24 日
人民网	江苏兴化:芦叶飘香包粽忙	2022 年 5 月 25 日
央广网	11 个亿元以上项目落户兴化高新区计划总投资 51.8 亿元	2022 年 5 月 26 日
新华网	江苏兴化:“一站式”取证中心为未成年人撑起法治“保护伞”	2022 年 5 月 26 日
《中国纪检监察报》	不该收的托养费	2022 年 5 月 27 日
新华网	江苏兴化:用浓郁书香涵养乡村文明	2022 年 5 月 27 日
新华网	江苏兴化:“兴”好有你,“网格化 + 12345 热线”双向融合新机制提升为民服务办事质效	2022 年 5 月 29 日
新华网	江苏兴化构建“生态岛”打造新时代焦米之乡	2022 年 5 月 29 日
新华网	江苏兴化:专业疏果队助力,葡萄园结出“丰收果”	2022 年 5 月 30 日
新华网	江苏兴化:暖人心、促发展,“走心”宣讲汇聚大能量	2022 年 5 月 31 日
《新华日报》	兴化建立农业产业链“链长制”	2022 年 5 月 5 日
《新华日报》	要素资源集聚乡村“活水长流”	2022 年 5 月 9 日
《新华日报》	兴化荣获省自然资源节约集约利用进步奖	2022 年 5 月 17 日
《新华日报》	兴化法院为按期投放蟹苗保驾护航	2022 年 5 月 17 日
江苏经济网	兴化昌荣镇:万亩休闲农业示范园构筑富民新“跑道”	2022 年 5 月 19 日
《江苏法治报》	兴化法润童心护航成长	2022 年 5 月 19 日
《新华日报》	兴化推动生态环境质量持续改善	2022 年 5 月 25 日
《新华日报》	“检企挂钩”做企业的贴心人	2022 年 5 月 26 日
《新华日报》	兴化:放样子亮形象党群同心办实事	2022 年 5 月 31 日
《江苏经济报》	兴化:积极落实助企纾困政策 促进经济平稳健康发展	2022 年 5 月 31 日
新华网	江苏兴化:传承中华传统文化厚植爱党爱国情感	2022 年 6 月 1 日
央广网	江苏兴化:“粽”享端午驭龙竞渡	2022 年 6 月 2 日
新华网	江苏兴化:感受民俗魅力 厚植爱国情怀	2022 年 6 月 2 日
新华网	江苏兴化:“绿书签行动”为青少年构筑健康成长屏障	2022 年 6 月 2 日

续表 117

媒体名称	报道题目	刊播时间
人民网	江苏兴化:龙舟竞渡迎端午	2022 年 6 月 2 日
中国青年网	江苏兴化:“粽”迎端午 古风流长	2022 年 6 月 2 日
新华网	端午至,粽香飘,情绵长	2022 年 6 月 2 日
中央电视台	【中国三农报道】麦子熟了 江苏泰州:250 万亩小麦开镰收割	2022 年 6 月 2 日
人民网	首届长三角旅行社乡村旅游论坛在江苏兴化开幕	2022 年 6 月 8 日
新华网	江苏兴化:“五项机制”推动全面深化改革	2022 年 6 月 9 日
新华网	江苏兴化:“兴”好有你,便民服务站将医保服务送到群众“家门口”	2022 年 6 月 10 日
新华网	泰州兴化市戴南镇近千家“美丽菜园”成为乡村新景点	2022 年 6 月 10 日
新华网	江苏泰州兴化:非遗大集,让老手艺“活”起来	2022 年 6 月 11 日
新华网	江苏省兴化经济开发区举行重大项目集中签约仪式	2022 年 6 月 13 日
新华网	江苏兴化:做足三门功课,助推巡察整改落地见效	2022 年 6 月 13 日
新华网	兴化市周庄镇:“网格蓝＋法律红”擦亮“银发盾牌”	2022 年 6 月 14 日
新华网	江苏兴化:麦穗香里享“悦”读农耕文化润童心	2022 年 6 月 15 日
新华网	泰州兴化市周庄镇:环境整治“三字法”助力省运促提升	2022 年 6 月 15 日
新华网	兴化市周庄镇:“周为民”全力护航,“志”为少年的你!	2022 年 6 月 16 日
新华网	礼赞新时代追梦复兴路兴化市周庄镇举行主题宣讲	2022 年 6 月 20 日
新华网	兴化市戴南镇聘请人大代表当民生工程“人民监督员”	2022 年 6 月 20 日
新华社	江苏兴化:洋葱采收忙村民增收有希望	2022 年 6 月 20 日
新华网	江苏兴化:乡村旅游节展现田野上的“诗与远方”	2022 年 6 月 21 日
央广网	兴化高新区“三马奔腾”拉动“转型快车”	2022 年 6 月 21 日
新华网	强国复兴有我——兴化市周庄镇举办“学习达人”挑战赛	2022 年 6 月 21 日
新华网	江苏兴化:书香助力振兴强国复兴有我	2022 年 6 月 23 日
人民网	江苏兴化组建乡村振兴工作队服务基层:一线经风雨 田头出实绩	2022 年 6 月 23 日
新华网	兴化组建乡村振兴工作队服务基层	2022 年 6 月 23 日
新华网	兴化市周庄镇:书香致远,全民阅读润人心	2022 年 6 月 23 日
新华网	兴化市周庄镇:农家书屋迎省运——童心奋翼向未来	2022 年 6 月 24 日
新华网	江苏兴化:凝“新”聚力、“兴”新向荣,共织发展“同心圆”	2022 年 6 月 24 日
中央电视台	《经济半小时》菜香里飘出新财富	2022 年 6 月 24 日
央广网	兴化市戴南镇百名选手参加“学习达人”挑战赛	2022 年 6 月 25 日
新华网	兴化市戴南镇:道德讲堂歌飞扬	2022 年 6 月 26 日
新华网	江苏兴化:万亩荷塘碧连天	2022 年 6 月 26 日
《人民日报》	江苏兴化万亩荷花 次第开放 沁人心脾	2022 年 6 月 26 日
新华网	共享阅读之乐兴化市周庄镇开展“分众‘悦’读添书香”活动	2022 年 6 月 27 日
央广网	行舟菡萏间 揽尽夏日香 泰州万亩荷塘花开正好	2022 年 6 月 28 日
新华网	砥砺初心使命赓续红色血脉——兴化市周庄镇组织开展爱国主义实境教育活动	2022 年 6 月 29 日
新华网	江苏兴化:志愿服务“赶大集”护苗惠民	2022 年 6 月 29 日
新华网	省委驻兴化市乡村振兴工作队开展岗前业务培训	2022 年 6 月 30 日
新华网	兴化市陈堡镇“放亮”项目擘画乡村振兴新画卷	2022 年 6 月 30 日
《中国纪检监察报》	系好年轻干部廉洁安全带	2022 年 6 月 30 日

续表 117

媒体名称	报道题目	刊播时间
《新华日报》	兴化打造“新兴向荣”党建工作品牌	2022 年 6 月 5 日
《新华日报》	兴化:打好生态环境攻坚战建设新时代“鱼米之乡”	2022 年 6 月 8 日
《新华日报》	兴化“三到位”助夏粮丰产丰收	2022 年 6 月 7 日
《新华日报》	兴化沙沟镇全力推进粮食产业园区建设	2022 年 6 月 15 日
《新华日报》	兴化市昭阳街道用心用情浇灌民族团结之花	2022 年 6 月 22 日
《江苏经济报》	兴化法院把脉村规民约推树良好风尚	2022 年 6 月 22 日
江苏卫视·江苏新时空	农机能“点单”种田有“保姆”江苏智能化服务让农民少费劲多挣钱	2022 年 6 月 22 日
《新华日报》	兴化组建乡村振兴工作队服务基层一线经风雨田头出实绩	2022 年 6 月 23 日
《新华日报》	兴化:文化搭台凝侨心聚缘牵线促发展	2022 年 6 月 29 日
新华网	发出检身自省“七一”倡议展示优秀共产党员风采——兴化市周庄镇“道德讲堂”昂扬奋进新征程	2022 年 7 月 1 日
人民网	产业地标观察 瞄准千亿级,“兴化味道”缘何香飘全国餐桌	2022 年 7 月 2 日
新华网	江苏兴化:花开盛夏“荷”你有约	2022 年 7 月 3 日
中国青年报	江苏兴化:鸟的天堂	2022 年 7 月 3 日
人民网	江苏兴化:夏日荷花美如画	2022 年 7 月 4 日
中国青年报	江苏兴化:映日荷花别样红	2022 年 7 月 4 日
人民网	江苏兴化召开全市乡村振兴重点工作现场会做好今年乡村振兴“下半场”文章	2022 年 7 月 4 日
《新华日报》	靠水吃水,换个“吃法”更有味	2022 年 7 月 5 日
《新华日报》	兴化:五大专区跑出服务“加速度”	2022 年 7 月 5 日
《新华日报》	兴化打造“兴舒畅”政务服务品牌	2022 年 7 月 5 日
新华网	兴化市周庄镇:用好“边角料”,“美丽菜团”扮靓秀美乡村	2022 年 7 月 5 日
新华网	兴化市陈堡镇“青仔公益暑托班”开班啦!	2022 年 7 月 5 日
《新华日报》	兴化沙沟镇:点燃阅读热情打造书香古镇	2022 年 7 月 7 日
《新华日报》	兴化:“一把手”约谈“一把手”夯实法治建设“第一责任”	2022 年 7 月 7 日
新华网	兴化市周庄镇缤纷宣讲将“道理说进你心里”	2022 年 7 月 7 日
中央电视台	【文化十分】匠心传承昀用镜头定格老行当	2022 年 7 月 7 日
新华网	“亩均论英雄”——兴化市戴南镇 4 个投资 5 亿元项目“资源共享”	2022 年 7 月 7 日
《中国纪检监察报》	江苏省兴化市纪委监委开展纾困惠企政策落实情况专项监督	2022 年 7 月 7 日
央广网	“亩均论英雄”——兴化市戴南镇四个投资五亿元项目“资源共享”	2022 年 7 月 7 日
《江苏经济报》	兴化沈坨镇现代农业产业园流金淌银	2022 年 7 月 8 日
新华网	兴化沈坨镇现代农业产业园演绎富民强村美好乐章	2022 年 7 月 8 日
新华网	江苏兴化:开办 98 个“青仔公益暑托班”,惠及全市 2424 名孩子	2022 年 7 月 8 日
《人民日报》	农业文化遗产的珍贵价值(千垛菜花配图)	2022 年 7 月 9 日
新华网	江苏兴化:夏粮收购快速有序,已入库夏粮 42.5 万吨	2022 年 7 月 10 日
《新华日报》	民生无小事办好暖人心 兴化沙沟打造“15 分钟医保服务圈”	2022 年 7 月 11 日
新华网	江苏兴化钓鱼镇:农业项目助推农民增收	2022 年 7 月 11 日
新华网	兴化市戴南镇举办“老百姓写的书”读书分享会推动全民阅读	2022 年 7 月 11 日
《新华日报》	兴化垛田街道:从打造“美丽菜园”向“美丽乡村”转变	2022 年 7 月 12 日
《新华日报》	“兴好有你”托起幸福兴化	2022 年 7 月 12 日

续表 117

媒体名称	报道题目	刊播时间
《新华日报》	兴化:多措并举助企轻装上阵	2022 年 7 月 12 日
江苏经济网	泰州兴化沈坨镇以党建引领推动乡村振兴	2022 年 7 月 12 日
江苏卫视・江苏新时空	高温下 农业生产不放松 “菜篮子”供应有保障	2022 年 7 月 14 日
《法治日报》	兴化市交警不惧高温“烤”验,全身心坚守岗位	2022 年 7 月 14 日
新华网	兴化市周庄镇“七彩的夏日”未成年人暑期活动精彩纷呈	2022 年 7 月 14 日
新华网	江苏兴化:新时代文明实践所(站)“遍地开花” 文明新风吹进万户千家	2022 年 7 月 15 日
新华网	江苏兴化:缤纷阅读助力“精神共富”	2022 年 7 月 16 日
新华网	兴化市周庄镇开展“强国复兴有我”主题宣教活动	2022 年 7 月 17 日
新华网	兴化高新区:突破项目建设压力“实、密、代、早”出成绩	2022 年 7 月 17 日
新华网	兴化市周庄镇:精细治理“连心路”“民生工程”惠民生	2022 年 7 月 18 日
人民网	江苏兴化:垛田龙香芋助农增收	2022 年 7 月 18 日
《江苏法治报》	兴化法院厚植法治沃土赋能高质量发展	2022 年 7 月 19
新华网	江苏兴化:“兴”好有你,贴心服务让养老机构老人平安度夏	2022 年 7 月 19 日
《新华日报》	盘活“金土地”提高“回报率”为建设新时代鱼米之乡注入新动能	2022 年 7 月 20 日
新华网	兴化市周庄镇开展新时代文明志愿服务活动	2022 年 7 月 20 日
《新华日报》	兴化多措并举构建全民反诈新格局	2022 年 7 月 21 日
《新华日报》	重规划、细管理、建平台,兴化市检察院夯实队伍发展基础	2022 年 7 月 21 日
新华网	兴化市周庄镇组织开展“银发生智夕阳红智能服务关爱”主题活动	2022 年 7 月 21 日
新华网	江苏兴化:整治“小行业”——彰显“大文明”	2022 年 7 月 21 日
《新华日报》	兴化农商银行开展大学生暑期实践活动	2022 年 7 月 22 日
新华网	兴化市周庄镇“强国复兴有我”主题宣教活动走新更走心	2022 年 7 月 22 日
人民网	江苏兴化晒出经济高质量发展“成绩单”	2022 年 7 月 23 日
新华网	国网兴化市供电公司:厚植廉洁文化培育优良家风筑牢廉政防线	2022 年 7 月 24 日
中央电视台	《振兴路上》我们村里的“贤人”(下)(昌荣镇盐北村)	2022 年 7 月 24 日
新华网	兴化市周庄镇:开展“传承红色基因”爱国主义教育活动	2022 年 7 月 25 日
新华网	兴化市陈堡镇团委组织少年学员参观海军诞生地纪念馆	2022 年 7 月 25 日
人民网	“美丽菜园”当抓手, 水乡兴化这样书写乡村振兴答卷	2022 年 7 月 26 日
新华网	兴化市周庄镇:抓住关键多维发力学习贯彻《中国共产党宣传工作简史》	2022 年 7 月 26 日
《新华日报》	兴化打造“兴好有爱、流动有家”党建品牌	2022 年 7 月 27 日
新华网	江苏兴化:“志愿红”服务忙 助力群众享书香	2022 年 7 月 27 日
新华网	兴化市戴南镇:天香农场“三件宝”“变”出生态好水稻	2022 年 7 月 27 日
《新华日报》	兴化:“全链式”锻造高素质村干部队伍	2022 年 7 月 28 日
《新华日报》	江苏兴化:“志愿红”服务忙 助力群众享书香	2022 年 7 月 28 日
新华网	兴化:落细落实“三项机制”激发提升干事活力	2022 年 7 月 28 日
《中国纪检监察报》	荒地变良田	2022 年 7 月 28 日

续表 117

媒体名称	报道题目	刊播时间
新华网	兴化市周庄镇:书香致远"阅"享美好,全民阅读正当时	2022 年 7 月 29 日
中央电视台	江苏兴化:乡村振兴工作队下沉一线办实事	2022 年 7 月 29 日
《新华日报》	兴化:深耕本地资源讲好清廉故事	2022 年 7 月 30 日
新华网	兴化市周庄镇开展暑期爱国主义教育活动	2022 年 8 月 1 日
新华网	兴化志愿服务大集活动走进戴南镇	2022 年 8 月 1 日
央广网	兴化市戴南镇:天香农场"三件宝"长出生态好水稻	2022 年 8 月 1 日
人民网	江苏兴化:百名支书话党建区域联动谋振兴	2022 年 8 月 1 日
央广网	兴化市《活力精彩迎省运全民健身庆"八一"》志愿服务大集走进戴南镇	2022 年 8 月 2 日
《人民日报海外版》	地理标志农产品为啥这么"香"	2022 年 8 月 3 日
新华网	兴化市陈堡镇召开镇志编纂工作动员布置会	2022 年 8 月 3 日
新华社客户端	喜结良缘在七夕	2022 年 8 月 4 日
央广网	讲"家乡故事"诵"百姓作品"兴化市戴南镇"七夕"诵读会充满"乡土味"	2022 年 8 月 4 日
新华网	讲"家乡故事"诵"百姓作品"——兴化市戴南镇举行七夕诵读会	2022 年 8 月 4 日
新华网	兴化:非遗课堂快乐暑假	2022 年 8 月 6 日
央视《朝闻天下》	【朝闻天下】高温下水产养殖如何应对? 技术人员深入一线指导不让蟹"中暑"	2022 年 8 月 8 日
新华网	兴化市戴南镇开展庆祝第十四个全民健身日文体节目展演活动	2022 年 8 月 8 日
新华网	兴化市周庄镇开展"我们的节日・七夕"主题活动	2022 年 8 月 8 日
新华网	兴化市戴南镇创建"15 分钟医保服务圈"省级示范点	2022 年 8 月 9 日
人民网	江苏兴化垛田:景观美物产丰	2022 年 8 月 9 日
新华网	兴化市周庄镇:老工业镇燃起新兴产业之火	2022 年 8 月 10 日
新华网	暖心！兴化"爱心爷爷"陈启兴这个暑假继续献爱心	2022 年 8 月 10 日
人民网	立足千亿新起点水乡兴化将如何开启"二次创业"新征程	2022 年 8 月 13 日
新华网	江苏兴化:力推企业"数字化智能化",助力发展效能提升	2022 年 9 月 1 日
新华网	兴化市陈堡镇蒋庄村主题党日活动亮点纷呈	2022 年 9 月 1 日
人民网	江苏兴化:"开学第一课"感受榜样的力量	2022 年 9 月 2 日
新华网	江苏兴化:第五届施耐庵文学奖终评备选作品出炉	2022 年 9 月 5 日
《人民日报》	在发掘中保护 在利用中传承(美丽中国)(组稿)	2022 年 9 月 7 日
中央电视台	【朝闻天下】葡萄长势喜人 种植规模不断扩大	2022 年 9 月 8 日
新华网	兴化高新区创新创业大赛"好戏连台"	2022 年 9 月 8 日
中央电视台	【新闻直播间】江苏兴化 无偿帮办 助企发展	2022 年 9 月 8 日
新华网	江苏兴化:"阅读马拉松"大赛"鸣枪开跑"	2022 年 9 月 10 日
央视新闻	江苏泰州:老郭喜迁新居 享受美好新生活	2022 年 9 月 13 日
新华网	"小集市"汇聚"大公益",兴化市周庄镇新时代文明实践公益集市火热"开市"	2022 年 9 月 14 日
新华网	江苏兴化:多渠道宣传,共筑"网络安全防线"	2022 年 9 月 14 日
人民网	以赛促学以学促干 江苏兴化"四史"知识竞赛开赛	2022 年 9 月 15 日

续表 117

媒体名称	报道题目	刊播时间
新华网	江苏兴化:以赛促学、以学促干,这场“四史”知识竞赛有点燃	2022 年 9 月 15 日
新华网	江苏兴化:“爱心爷答”陈启兴荣膺“江苏慈善奖”	2022 年 9 月 16 日
新华网	国网兴化市供电公司:提升作风效能 服务经济社会发展	2022 年 9 月 16 日
中央电视台	《振兴路上》小料包 大生意	2022 年 9 月 16 日
中央电视台	【新时代新农业】江苏兴化:智慧稻作技术确保粮食丰收无忧	2022 年 9 月 16 日
新华网	江苏兴化:金秋葡萄香满园	2022 年 9 月 17 日
人民网	江苏兴化:十年育人叫响“兴有优教”品牌	2022 年 9 月 17 日
人民网	江苏兴化:金秋葡萄香满园	2022 年 9 月 17 日
新华网	兴化市周庄镇开展“强国复兴有我”主题宣教活动	2022 年 9 月 19 日
新华网	江苏兴化:助老员上岗幸福来敲门	2022 年 9 月 19 日
新华网	礼赞新时代追梦复兴路——兴化市周庄镇理论宣讲“声”入人心	2022 年 9 月 20 日
新华网	江苏兴化:农田建设高标准粮食高产有保障	2022 年 9 月 20 日
新华网	规划师下乡工作站揭牌仪式暨党支部结对共建活动在兴化周庄圆满举行	2022 年 9 月 21 日
新华网	江苏兴化:十年真情呵护 让百姓健康更有“医”靠	2022 年 9 月 21 日
新华网	兴化:“兴善有爱 · 兴好有你”道德讲堂总堂开讲	2022 年 9 月 22 日
新华网	兴化市周庄镇开展“扫黄打非 · 护苗 2022”主题活动	2022 年 9 月 23 日
新华网	“有事好商量”——兴化政协委员戴南履职小组为化解企业“用工难”提出“金点子”	2022 年 9 月 23 日
新华网	兴化昭阳:“三结合”构筑防诈“防火墙”	2022 年 9 月 23 日
中央电视台	【朝闻天下】江苏兴化螃蟹迎来丰收季 数字赋能助增收	2022 年 9 月 25 日
中央电视台	【新闻直播间】五彩之秋好“丰”景地理标志农产品喜获丰收(组稿)	2022 年 9 月 25 日
中央电视台	【新闻联播】兴化大闸蟹画面	2022 年 9 月 25 日
中央电视台	【中国三农报道】江苏兴化:虾蟹混养 提质增效	2022 年 9 月 26 日
中央电视台	【中国三农报道】江苏兴化:起笼捕蟹 年产量有望达到 6.8 万吨	2022 年 9 月 26 日
新华网	兴化市周庄镇开展全民阅读推广活动	2022 年 9 月 26 日
新华网	兴化市陈堡镇深入开展安全生产暨三大专项整治行动	2022 年 9 月 26 日
新华网	兴化戴南镇:校企合作 共建“紧固件人才大学”	2022 年 9 月 27 日
新华网	兴化戴南崛起“紧固件人才大学”	2022 年 9 月 27 日
新华网	2022 兴化大闸蟹正式开捕 30 万蟹农迎来丰收季	2022 年 9 月 27 日
新华网	兴化市陈堡镇:用好“三字经”“放亮”项目出实效	2022 年 9 月 27 日
央广网	兴化戴南镇:校企合作共建“紧固件人才大学”	2022 年 9 月 27 日
新华网	江苏兴化:龙香芋飘香 垛上人欢畅	2022 年 9 月 28 日
新华网	兴化市陈堡镇开展“月月走基层——委员在身边 · 兴有优教”活动	2022 年 9 月 28 日
人民网	江苏兴化:“党建 + 直播”助力特色农产品“漫步云端”	2022 年 9 月 29 日
新华网	国网兴化市供电公司:弘扬清廉家风 打造廉洁兴电	2022 年 9 月 29 日
新华网	江苏兴化:“党建 + 直播”助力特色农产品“漫步云端”	2022 年 9 月 29 日
新华网	兴化市戴南镇评出“十佳”村(社区)党组织书记“放亮”项目奖	2022 年 9 月 29 日
新华网	兴化市陈堡镇守护校园食品安全出实招	2022 年 9 月 29 日
人民网	江苏兴化:缤纷阅读乐享生活	2022 年 9 月 30 日

续表 117

媒体名称	报道题目	刊播时间
新华网	兴化市第二届阅读马拉松大赛陈堡赛区“开跑”	2022 年 9 月 30 日
《新华日报》	兴化十年磨一剑推动生态环境持续向好	2022 年 9 月 1 日
江苏法制报	兴化法治小区示范建设行稳致远	2022 年 9 月 1 日
《新华日报》	开学第一课,感受榜样的力量	2022 年 9 月 2 日
《新华日报》	兴化:集中攻坚空气质量持续向好	2022 年 9 月 6 日
《江苏经济报》	打造金融服务乡村振兴的“兴化模式”	2022 年 9 月 13 日
《新华日报》	兴化蟹农陆银桂:“苏农匠”的新追求	2022 年 9 月 15 日
江苏新时空	江苏:深化“放管服”改革打造一流营商环境	2022 年 9 月 21 日
《新华日报》	“兴”新向荣 凝聚发展“新”力量	2022 年 9 月 22 日
《新华日报》	农业文化遗产 “苏写”时代荣光(兴化垛田传统农业系统)	2022 年 9 月 29 日
新华社	喜讯！我国再添四处世界灌溉工程遗产	2022 年 10 月 6 日
中国经济网	喜讯！我国再添 4 处世界灌溉工程遗产,在这些地方	2022 年 10 月 6 日
中央电视台	【新闻直播间】2022 年世界灌溉工程遗产名录公布我国再添 4 处世界灌溉工程遗产	2022 年 10 月 6 日
《人民日报》	我国新添 4 处世界灌溉工程遗产	2022 年 10 月 7 日
中央电视台	【新闻联播】我国再添 4 处世界灌溉工程遗产	2022 年 10 月 7 日
央广国际在线	江苏兴化举行大闸蟹美食体验活动助力秋季旅游稳步发展	2022 年 10 月 8 日
《人民日报海外版》	中国新添 4 处世界灌溉工程遗产	2022 年 10 月 8 日
《人民日报》	江苏兴化垛田成功入选世界灌溉工程遗产	2022 年 10 月 9 日
央广网	兴化戴窑镇:开展“践行公民道德做文明有礼戴窑人”全民阅读推广活动	2022 年 10 月 9 日
央广网	江苏兴化经济开发区:燃动产业链党建红色引擎激发开发区发展澎湃动力	2022 年 10 月 12 日
人民网	泰州兴化“千亿”再出发奋力建设“新时代鱼米之乡”	2022 年 10 月 13 日
人民网	江苏兴化上线“护企宝”微信小程序优化法治化营商环境	2022 年 10 月 15 日
人民网	江苏兴化:垛田龙香芋喜迎丰收	2022 年 10 月 15 日
《新华日报》	《交出乡村振兴高分答卷》	2022 年 10 月 18 日
江苏电视台	《江海奔涌 非凡十年·全面推进乡村振兴 鱼米之乡今胜昔》	
《新华日报》	千亿再出发 奋力建设新时代鱼米之乡	
《人民日报》	我国新添 4 处世界灌溉工程遗产	2022 年 10 月 7 日
中央电视台	我国新添 4 处世界灌溉工程遗产	2022 年 10 月 7 日
新华社	江苏兴化垛田入选世界灌溉工程遗产名录	2022 年 10 月 9 日
《人民日报·海外版》	兴化垛田“双遗产”名片	2022 年 10 月 31 日
江苏卫视	兴化“垛田灌排工程体系”入选世界灌排工程遗产	
《新华日报》	巧夺天工,鱼米之乡的千年馈赠	2022 年 10 月 13 日
人民网	《江苏兴化:垛田龙香芋喜迎丰收》	2022 年 10 月 15 日
中央电视台	《江苏兴化:菊花开 加工忙》	
《新华日报》	《“因哨施策”,解决群众急难愁盼》	2022 年 10 月 23 日

续表117

媒体名称	报道题目	刊播时间
江苏电视台	兴村富民 金秋蟹肥话丰年	
《人民日报》	江苏省兴化垛田灌排工程体系 万湾多碧水 垛田富农家	2022年12月12日
新华网	国网兴化市供电公司为青年民工扣牢廉洁从业扣子	2022年11月1日
新华网	兴化市戴南镇把新时代文明实践站建成“百姓大学堂”	2022年11月1日
新华网	兴化市周庄镇:触摸民生温度用心办好实事	2022年11月1日
新华网	江苏兴化烟草专卖局:架起便民“连心轿”铺成幸福“致富路”	2022年11月1日
新华网	江苏兴化“小书屋”“大作为”浓浓书香涵养文明乡风	2022年11月1日
央广网	江苏兴化:新时代文明实践所(站)助力“书香戴窖”建设	2022年11月1日
央广网	江苏兴化:“老中青”齐学共悟助推党史学习教育常态长效	2022年11月1日
央广网	兴化市工信局:凝聚“三力”培育月度新增规上工业企业见成效	2022年11月1日
央广国际在线	参州兴化市戴南镇把新时代文明实践站建成“百姓大学堂”	2022年11月1日
人民网	兴化大闸蟹入选2022年农业品牌精品培育名单	2022年11月2日
新华网	江苏泰州兴化:外籍人士走进兴化垛田领略“双遗产”独特魅力	2022年11月4日
新华网	江苏兴化:沙沟美食文化 叫响“水乡滋味”	2022年11月5日
中央电视台	【中国三农报道】江苏兴化:全链条发力 碧根果变身“致富果”	2022年11月7日
人民网	“千垛菊花”迎丰收	2022年11月10日
人民网	江苏兴化完成40户农房改造改善在全省率先完成年度任务	2022年11月10日
新华网	兴化市合陈镇:打通远程教育“最后一公里”搭建党群关系“连心桥”	2022年11月10日
新华网	江苏兴化:4103户农房改造改善完成年度任务	2022年11月10日
新华网	兴化市周庄镇:网络安全进校园文明上网记心间	2022年12月1日
新华网	江苏建兴(建湖至兴化)高速盐宝线特大桥全线贯通	2022年12月1日
中国青年报	江苏兴化:初冬银杏惹人醉	2022年12月2日
中央电视台	江苏兴化:整合分散资源建设“富民工坊”	2022年12月4日
人民网	江苏兴化市沙沟镇沙北村:昔日“荒草滩”今变“聚宝盆”	2022年11月28日
新华网	兴化市戴南镇农村产权交易服务中心受到省通报表彰	2022年12月1日
人民网	江苏兴化:战寒潮江苏兴化千亩洋葱苗移栽忙	2022年12月3日
新华网	兴化市戴南镇人大:打造代表履职“新家园”开好社情民意“直通车”	2022年12月4日
新华网	江苏兴化经济开发区:全力打造千亿级健康食品产业集群	2022年12月30日
《工人日报》	国网兴化市供电公司班组核心业务自主实施能力建设显成效	2022年12月15日
新华网	江苏兴化获全省“城乡公交一体化达标县”	2022年12月7日
新华网	兴化市周庄镇财政局:聚力谋发展理财为人民	2022年12月7日
中央电视台	菊花采摘季江浙多地迎来菊花采摘季游客花田打卡村民直播带货	2022年12月6日
央广网	江苏兴化:葱农栽苗忙走出“集体致富”新模式	2022年12月6日
央广网	江苏兴化:致力打造健康食品产业集聚区	2022年12月6日
人民网	泰州兴化:“五证”发放缩至5个工作日开工投产按下“快进键”	2022年12月8日

续表 117

媒体名称	报道题目	刊播时间
人民网	江苏兴化:银杏染初冬	2022 年 12 月 9 日
新华社	江苏兴化:千亩洋葱苗移栽忙	2022 年 12 月 3 日
新华网	兴化市合陈镇邓桥村倾力打造家门口的“儿童乐园”	2022 年 10 月 14 日
中国日报网	兴化:新业态新就业群体争当传播党的好声音“小喇叭”	2022 年 12 月 10 日
新华网	兴化市沈坨镇开展志愿服务大集活动	2022 年 12 月 17 日
新华社	江苏兴化:“桥下文化角”激活闲置空间	2022 年 12 月 19 日
新华网	江苏兴化:“桥下文化角”激活闲置空间	2022 年 12 月 19 日
《人民日报》	万湾多碧水垛田富农家(世界灌溉工程遗产)	2022 年 12 月 12 日
新华网	江苏兴化:退圩还湖、拆坝放水,生态草荡显现多重效应	2022 年 12 月 12 日
央广网	兴化市戴南镇 64 名党的二十大精神宣传员“赛场考试”	2022 年 12 月 13 日
央广国际在线	泰州兴化戴南镇举办党的二十大精神知识竞赛复赛	2022 年 12 月 14 日
央广网	兴化市林湖乡:“四强化四提升”发挥人大代表主体作用	2022 年 12 月 14 日
中央电视台	《谁知盘中餐》“声”动早餐,“鲜”声夺人的水乡早茶	2022 年 12 月 16 日
新华网	兴化沈坨镇:全民阅读品书香、话发展	2022 年 12 月 14 日
新华网	兴化市周庄镇:规范“人大代表之家”建设搭建代表与群众沟通平台	2022 年 12 月 19 日
新华网	兴化市戴南镇 58 个农家书屋成为老百姓“精神粮仓”	2022 年 12 月 17 日
央视新闻	“湿地精灵”飞临江苏兴化里下河国家湿地公园	2022 年 11 月 16 日
新华社	新华全媒丨江苏兴化:反嘴鹬“做客”里下河国家湿地公园	2022 年 12 月 19 日
新华网	江苏兴化:法治小区“微管理”撬动基层“大治理”	2022 年 12 月 23 日
央广国际在线	泰州兴化市戴南镇 58 个农家书屋成为老百姓“精神粮仓”	2022 年 12 月 20 日
中国日报网	兴化经济开发区(临城街道)再掀党史学习教育新热潮	2022 年 12 月 20 日
央广网	兴化市戴南镇 58 个农家书屋成为老百姓“精神粮仓”	2022 年 12 月 20 日
新华网	国网兴化市供电公司抓整改促提升扎实举措做好巡察“后半篇文章”	2022 年 12 月 21 日
新华网	兴化市陈堡镇:基层减负让乡镇工作动起来	2022 年 12 月 29 日
央视新闻	数万只野生鸟类来江苏兴化徐马荒湿地栖息过冬	2022 年 12 月 22 日
央广网	江苏兴化:诗意徐马荒	2022 年 12 月 22 日
新华网	江苏兴化里下河国家湿地公园正式获封“国字号”	2022 年 12 月 23 日
新华社	江苏兴化:诗意徐马荒	2022 年 12 月 22 日
中央电视台	【中国三农报道】神奇动物在这里丨冬日里的精灵	2022 年 12 月 22 日
新华网	国网兴化市供电公司开展专项行动为发展提供强劲动力	2022 年 12 月 21 日
中国日报网	兴化开发区(临城街道)开展二十大宣讲进企业活动	2022 年 12 月 24 日
央广网	江苏兴化:投资五亿元高性能高温镍基合金新材料项目投产	2022 年 12 月 23 日
人民网	【“一村一品”话振兴】江苏兴化联镇村:“洋葱书记”来后变了样	2022 年 12 月 27 日
人民网	江苏兴化:候鸟翔集冬景如画	2022 年 12 月 27 日
央广网	兴化市戴南镇裴马村:“幸福灯笼”天天挂	2022 年 12 月 28 日

续表 117

媒体名称	报道题目	刊播时间
新华网	兴化市周庄镇:“加减结合”为基层治理减负增效	2022 年 12 月 29 日
央广网	兴化经济开发区:新征程新使命，党建赋能再出发	2022 年 12 月 28 日
央广国际在线	泰州兴化戴南镇裴马村:“幸福灯笼”天天挂	2022 年 12 月 28 日
中国日报网	兴化经开区:新征程新使命党建赋能再出发	2022 年 12 月 28 日
中国日报网	提升乡村“颜值”,兴化开发区开展文明创建志愿服务活动	2022 年 12 月 29 日
人民网	江苏兴化开展“学习宣传二十大精神贯彻落实现代化任务”调研活动	2022 年 12 月 30 日
新华网	江苏兴化开展“学习宣传党的精神贯彻落实现代化任务”调研活动	2022 年 12 月 30 日
新华网	国网兴化市供电公司多措并举推动党风廉政走深走实	2022 年 12 月 29 日
新华网	兴化市戴南镇光孝村民生工程成为“百姓景点”	2022 年 12 月 30 日
中国日报网	兴化开展“学习宣传二十大精神贯彻落实现代化任务”调研活动	2022 年 12 月 30 日
新华网	中国小说学会 2022 年度好小说评议结果揭晓	2022 年 12 月 30 日
新华社	江苏兴化:“鸟界国宝”东方白鹳来湿地越冬	2022 年 12 月 31 日
中国日报网	中国小说学会 2022 年度好小说评议结果揭晓	2022 年 12 月 30 日
新华网	兴化市周庄镇:发挥人大职能作用旳助推稳经济保就业	2022 年 11 月 19 日
《新华日报》	兴化:“小积分”兑出乡风“大文明”	2022 年 12 月 2 日
《新华日报》	兴化打造健康食品产业集聚	2022 年 12 月 4 日
《新华日报》	兴化市昭阳街道:推进“三步走”模式宣讲有温度、实干有力量	2022 年 12 月 6 日
《新华日报》	兴化农商银行:党建共建搭建政银互动桥梁	2022 年 12 月 9 日
《新华日报》	兴化昭阳推动全面从严治党取得新成效	2022 年 12 月 12 日
《新华日报》	兴化:全程监督护航回迁群众“梦想家园”	2022 年 12 月 9 日
《新华日报》	“兴筑先锋”党建联盟促建筑业高质量发展	2022 年 12 月 17 日
《新华日报》	兴化:全面推动燃气行业安全发展	2022 年 12 月 18 日
《新华日报》	兴化农商银行 2022 年开门红启动大会圆满举行	2022 年 12 月 10 日
《新华日报》	兴化检察干部能上能下激活干事热情	2022 年 12 月 19 日
《新华日报》	“洋葱书记”留任记	2022 年 12 月 22 日
《新华日报》	兴化建立基层党建工作四大体系	2022 年 12 月 24 日
《新华日报》	用好职级晋升“杠杆”撬动干事创业活力	2022 年 12 月 24 日
《新华日报》	用好考核“指挥棒”激发发展新动能	2022 年 12 月 24 日
《新华日报》	兴化公务员管理搭上“信息化”快车	2022 年 12 月 24 日
《新华日报》	“三向”发力提升党员远程教育质效	2022 年 12 月 24 日
《新华日报》	“四找”机制严把干部选任监督关	2022 年 12 月 24 日
《新华日报》	“轮岗交流”激活干部队伍“一池春水”	2022 年 12 月 24 日
《新华日报》	“三个注重”选优配强乡镇领导班子	2022 年 12 月 24 日
《新华日报》	兴化多重激励推动党员争当先进	2022 年 12 月 24 日
《新华日报》	兴化筑起新就业群体温馨港湾	2022 年 12 月 24 日
《新华日报》	多维度打造青年和人才友好型城市	2022 年 12 月 24 日

统计资料

表 118　2022 年全市主要综合指标表

	计量单位	2022 年	2021 年	2022 年比 2021 年 ±%
一、地区生产总值(GDP,增幅为可比价)	亿元	1085.19	1020.94	4.3
第一产业增加值	亿元	148.47	141.27	2.2
占 GDP 比重	%	13.7	13.9	
第二产业增加值	亿元	424.96	397.50	4.6
占 GDP 比重	%	39.2	38.9	
#工业	亿元	299.97	280.23	5.3
建筑业	亿元	125.02	117.31	2.8
第三产业增加值	亿元	511.76	482.17	12.6
占 GDP 比重	%	47.2	47.2	
人均地区生产总值(按常住人口)	元	96487	79380	4.6
二、农林牧渔业总产值(现价)	万元	2600512	2457765	5.8
①农业产值	万元	1073194	1006495	6.6
②林业产值	万元	14198	14020	1.3
③牧业产值	万元	213190	163607	30.3
④渔业产值	万元	1153943	1147295	0.6
⑤农业服务业	万元	145987	126348	15.5
三、粮食产量	万吨	124.36	124.35	0.0
其中:夏粮	吨	439472	436177	0.8
秋粮	吨	804115	807332	-0.4
蔬菜及食用菌	吨	913010	906871	0.7
油料产量	吨	29902	28740	4.0
四、规模工业总产值	万元	9873710	8287553	13.9
规模工业利润总额	万元	485677	427513	9.1
五、规模以上固定资产投资完成额	万元	3780085	3243203	16.6
其中:项目投资	万元	3231016	2689742	20.1
房地产开发投资	万元	549069	553461	-0.8
六、社会消费品零售总额	万元	3153554	2952674	6.8
其中:批发零售业	万元	7681561	2509773	206.1
住宿餐饮业	万元	358725	442901	-19.0

续表 118

	计量单位	2022 年	2021 年	2022 年比 2021 年 ±%
七、对外贸易				
1. 当年新批协议注册外资	万美元	17492	26494	-34.0
2. 当年实际到账注册外资	万美元	6095	22338	-73.2
3. 进出口总额	万美元	112529	111723	5.4
其中:出口总额	万美元	104201	105054	4.3
八、交通				
(一)客货运输(吞吐量)				
公路长途客运量	万人	47.3	73.1	-55.6
旅客周转量	万人千米	8233	10950	-54.0
公路水路货运量	万吨	6366.32	6558.39	9.2
货物周转量	万吨千米	2473835	1521878	12.2
(二)年末公路道里程	千米	3075	3075	0.0
其中:等级公路	千米	3075	3075	0.0
九、财政收支				
其中:一般公共预算收入	万元	480194	461636	4.0
基金收入	万元	658840	729673	-9.7
上划中央级收入	万元	236914	270511	-12.4
财政支出	万元	1835445	1746195	5.1
十、金融机构各项存款余额	万元	13583217	12346583	10.0
其中:住户存款	万元	10186790	8595171	18.5
非金融企业存款	万元	2537756	2664969	-4.8
广义政府存款	万元	830343	1057271	-21.5
金融机构各项贷款余额	万元	10850750	9089561	19.4
其中:工业贷款	万元	1753030	1450288	20.9
外币存款余额	万美元	10709	9239	15.9
其中:住户存款	万美元	838	886	-5.4
外币贷款余额	万美元	113	3329	-96.6
十一、年末在岗职工人数	人	39074	40373	-3.2
在岗职工工资总额	万元	406554	389725	4.3
在岗职工年平均工资	元	102765	96679	6.3
城镇居民人均可支配收入	元	51154	48644	5.2
农村居民人均可支配收入	元	27638	25835	7.0

表 119　2022 年全市总户数、总人口、出生、死亡情况表

乡镇	年末总户数(户)	年末总人口(人)		本年度人口变动(人)									
		性别		出生			死亡			迁入		迁出	
		男	女	合计	男	女	合计	男	女	省内迁入	省外迁入	迁往省内	迁往省外
戴窑镇	21574	33105	30039	235	112	123	631	341	290	41	38	538	107
合陈镇	18037	25678	23877	146	92	54	741	382	359	12	19	406	135
永丰镇	14504	22208	20149	146	72	74	660	328	332	19	12	401	93
大营镇	8453	12889	12023	65	37	28	289	153	136	17	10	308	43
新垛镇	8858	12546	11540	68	41	27	280	157	123	15	13	304	47
安丰镇	41090	61408	55433	396	194	202	1514	845	669	58	50	840	192
海南镇	11503	18974	16355	112	45	67	340	172	168	28	10	242	67
钓鱼镇	13725	22514	19462	169	84	85	457	247	210	11	20	294	80
大邹镇	8307	13448	11845	127	67	60	272	158	114	23	10	332	86
沙沟镇	16117	26713	24193	166	84	82	639	351	288	66	38	434	86
千垛镇	22804	42150	36466	320	175	145	867	458	409	38	29	396	97
中堡镇	10286	18018	15411	149	67	82	327	178	149	14	26	283	111
兴东镇	16856	30123	26322	266	133	133	654	353	301	16	19	257	82
林湖乡	9618	14737	12929	103	53	50	436	255	181	16	9	186	48
垛田街道	19011	38128	34323	399	210	189	731	385	346	25	45	217	62
竹泓镇	12823	20976	18395	164	85	79	472	240	232	22	22	239	45
沈伦镇	8399	13343	12039	89	41	48	302	164	138	13	13	187	43
大垛镇	13238	21691	19306	193	94	99	422	229	193	10	19	256	57
荻垛镇	12656	23685	20373	186	105	81	450	266	184	9	24	268	63
陶庄镇	13782	23360	20099	184	101	83	491	252	239	24	25	376	58
昌荣镇	10950	18968	16658	132	59	73	434	211	223	10	10	309	49
周庄镇	17829	25286	24616	131	70	61	595	347	248	31	39	184	54
陈堡镇	13610	21727	20359	136	62	74	545	309	236	14	21	192	58
戴南镇	58902	94624	87235	830	413	417	2309	1284	1025	112	130	658	384
昭阳街道	56921	71276	70203	509	266	243	1172	639	533	145	77	556	248
开发区(临城街道)	29048	52069	48042	485	245	240	1069	594	475	62	67	322	136
合计	488901	779644	707692	5906	3007	2899	17099	9298	7801	851	795	8985	2531

表 120　2022 年全市农林牧渔业总产值

单位：万元

指标名称	按现行价格计算	指标名称	按现行价格计算
农林牧渔业总产值	2600512	(2)造林	1816
一、农业产值	1073194	(3)抚育和管理	959
1. 谷物及其他作物	762734	2. 竹木采运	1433
(1)谷物	408573	其中：村及村以下	
其中：小麦	126221	3. 林产品	9538
稻谷	264695	三、牧业产值	213190
玉米	3963	1. 牲畜饲养	21144
(2)薯类	861	(1)牛的饲养	400
其中：马铃薯		(2)羊的饲养	9851
(3)油料	18558	(3)其他牲畜饲养	
其中：花生	575	(4)奶产品	10893
油菜籽	17303	其中：生牛奶	10893
(4)豆类	6633	(5)毛绒产品	
其中：大豆	5409	其中：羊毛	
(5)棉花		山羊绒	
(6)生麻		(6)其他牲畜副产品	
(7)糖料	4	2. 猪的饲养	60329
(8)烟草		(1)肉猪	60300
(9)其他农作物	328105	(2)猪的副产品	29
其中：饲料作物	8	3. 家禽饲养	130507
2. 蔬菜、食用菌及花卉盆景园艺产品	265923	(1)肉禽	17745
(1)蔬菜(含菜用瓜)	263564	(2)禽蛋	111863
(2)食用菌	2152	(3)羽绒	899
(3)花卉	165	4. 其他畜牧业	1210
(4)盆景园艺	42	其中：蚕茧	24
3. 水果、坚果、茶、饮料和香料	44505	家兔	163
(1)水果(含果用瓜)	44505	四、渔业产品	1153943
其中：苹果		1. 海水产品	
梨	218	其中：养殖	
柑橘	6	(1)鱼类	
(2)食用坚果		(2)虾蟹类	
其中：核桃		(3)贝类	
板栗		(4)藻类	
松子		(5)其他	
(3)茶及饮料原料		2. 淡水产品	1153943
其中：茶		其中：养殖	
(4)香料作物		(1)鱼类	235085
其中：花椒		(2)虾蟹类	897128
八角		(3)贝类	5438
4. 中药材	32	(4)藻类	
二、林业产值	14198	(5)其他	16292
1. 林木的培育和种植	3227	五、农林牧渔服务专业及辅助性活动	145987
(1)育种育苗	452		

表 121　2022 年全市规模以上工业营业收入表

单位：万元

指标名称	本年累计	增幅±%
规模以上工业营业收入	9258985	12.3
1.按轻重工业分		
轻工业	2897727	8.2
重工业	6361258	14.3
2.按企业规模分		
大中型企业	3654186	23.9
小微企业	5604799	5.8
3.按行业分		
#三大主导产业	7390158	15.2
不锈钢制品	4436315	19.1
健康食品	1940151	12
装备制造	1013692	5.8
#其他产业	1868827	2.2
纺织服装	172140	16.5
轻工	388193	-1.6
电子	233958	8.1
医药	60003	-34.2
化工	122791	-0.1
有色金属	491978	3.1
建材	267345	0.8

表 122　2022 年全市规模以上工业利润总额表

单位：万元

指标名称	本年累计	增幅±%
规模以上工业利润总额	485677	9.1
1.按轻重工业分		
轻工业	211857	2.4
重工业	273820	15
2.按企业规模分		
大中型企业	152223	6.4
小微企业	333454	10.4
3.按行业分		
#三大主导产业	363362	16.2
不锈钢制品	147961	14.4
健康食品	148039	14.8
装备制造	67362	24.2
#其他产业	122315	-7.7
纺织服装	10163	-19.9

续表 122

指标名称	本年累计	增幅±%
轻工	34248	-5.9
电子	8782	-0.7
医药	-371	-102.1
化工	4742	-48.9
有色金属	30386	96.9
建材	12318	-3.4

表 123　2022 年全市乡镇(街道)规上工业主要经济指标表

单位:万元

乡镇名称	企业数	工业总产值		利润总额	
		本年累计	增幅±%	本年累计	增幅±%
全市合计	710	9873710	13.9	485677	9.1
戴窑镇	50	621708	6.8	60513	8.5
合陈镇	6	37973	32.1	3123	203.7
永丰镇	2	10648	29.8	960	163.9
大营镇	7	34301	48.7	1388	175.3
新垛镇	6	83462	35	1048	50.8
安丰镇	23	255096	7.9	7977	-25.5
海南镇	8	34147	13.8	4189	4.6
钓鱼镇	6	88767	-12	4277	-32
大邹镇	5	13963	-7.1	232	-26.6
沙沟镇	2	7804	11.4	56	11
千垛镇	6	60834	4	16713	2.6
中堡镇	4	31243	44.9	1676	113.6
兴东镇	24	146168	1.5	4274	20.3
林湖乡	3	13707	9.4	765	115.6
垛田街道	17	191006	13	11232	38.8
竹泓镇	7	43789	-0.3	1603	-66.8
沈伦镇	16	87776	36.6	5190	66.8
大垛镇	35	396946	14.9	39894	82.9
荻垛镇	35	259251	4.1	25372	56.3
陶庄镇	7	46372	29.8	3587	124.1
昌荣镇	10	84585	39.3	9935	35.7
周庄镇	23	200037	5.7	11972	29.1
陈堡镇	37	232207	15.4	9312	12.3
戴南镇	236	4921470	17.8	162672	4.2
昭阳街道	4	20437	15.3	-70	
开发区(临城街道)	131	1950015	12.8	97790	-8.6

索　　引

说　明

一、本索引依照国家标准《索引编制规则(总则)》(GB/T22466－2008)的相关规则进行编制。

二、索引分为主题索引和表格索引。索引(除表格索引外)按标目词第一个字的汉语拼音音序排列,并添加标目首字的大写字母为助检符号。

三、主题索引以条目、正文主题为标目和主要来源进行标引。标目后的数字表示内容所在页码,数字后的拉丁字母a、b、c分别表示版面的左、中、右栏。

四、表格索引以表题为标目,按照在全书中的先后顺序排列。

主题索引

A

B

C

D

H

J

K

L

M

N

P

Q

R

S

T

W

Y

Z

表格索引